Fehlzeiten-Report 2000

Springer-Verlag Berlin Heidelberg GmbH

B. BADURA · M. LITSCH · C. VETTER (Hrsg.)

Fehlzeiten-Report 2000
Zukünftige Arbeitswelten: Gesundheitsschutz und Gesundheitsmanagement

Zahlen, Daten, Analysen aus allen Branchen der Wirtschaft

Mit Beiträgen von
C. Acker · B. Badura · W. Bauer · J. Bentz · H.-J. Bullinger
C. Dieterich · G. Elke · M. Ertl · A. Gerlmaier · M. Kastner
D. Krüger · K. Kuhn · M. Litsch · M. Morschhäuser · B. H. Müller
U. Osterholz · H. Pfaff · U. Pröll · I. Riese · K. Scherrer · S. Schott
W. Slesina · R. Tielsch · C. Vetter · V. Weißmann · J. Wellendorf
G. Westermayer · R. Wieland · W. Winter · A. Zimber · B. Zimolong

Springer

Prof. Dr. BERNHARD BADURA
Universität Bielefeld
Fakultät für Gesundheitswissenschaften
Universitätsstraße 25
33615 Bielefeld

MARTIN LITSCH
CHRISTIAN VETTER
Wissenschaftliches Institut der AOK (WIdO)
Kortrijker Str. 1
53177 Bonn

ISBN 978-3-540-67570-9

Die Deutsche Bibliothek - CIP-Einheitsaufnahme
Zukünftige Arbeitswelten: Gesundheitsschutz und Gesundheitsmanagement / Hrsg.: Bernhard Badura ... - Berlin; Heidelberg; New York; Barcelona; Hongkong; London; Mailand; Paris; Singapur; Tokio; Springer, 2001
  (Fehlzeiten-Report...; 2000)
  ISBN 978-3-540-67570-9   ISBN 978-3-642-56835-0 (eBook)
  DOI 10.1007/978-3-642-56835-0

Dieses Werk ist urheberrechtlich geschützt. Die dadurch begründeten Rechte, insbesondere die der Übersetzung, des Nachdrucks, des Vortrags, der Entnahme von Abbildungen und Tabellen, der Funksendung, der Mikroverfilmung oder der Vervielfältigung auf anderen Wegen und der Speicherung in Datenverarbeitungsanlagen, bleiben, auch bei nur auszugsweiser Verwertung, vorbehalten. Eine Vervielfältigung dieses Werkes oder von Teilen dieses Werkes ist auch im Einzelfall nur in den Grenzen der gesetzlichen Bestimmungen des Urheberrechtsgesetzes der Bundesrepublik Deutschland vom 9. September 1965 in der jeweils geltenden Fassung zulässig. Sie ist grundsätzlich vergütungspflichtig. Zuwiderhandlungen unterliegen den Strafbestimmungen des Urheberrechtsgesetzes.

© Springer-Verlag Berlin Heidelberg 2001
Ursprünglich erschienen bei Springer-Verlag Berlin Heidelberg New York 2001

Die Wiedergabe von Gebrauchsnamen, Handelsnamen, Warenbezeichnungen usw. in diesem Werk berechtigt auch ohne besondere Kennzeichnung nicht zu der Annahme, daß solche Namen im Sinne der Warenzeichen- und Markenschutz-Gesetzgebung als frei zu betrachten wären und daher von jedermann benutzt werden dürften.

Einbandgestaltung: Erich Kirchner, Heidelberg
Satz: K+V Fotosatz GmbH, Beerfelden

SPIN 10769567   14/3130/AG - 5 4 3 2 1 0

Vorwort

Der Fehlzeiten-Report liefert auch in diesem Jahr wieder aktuelle und differenzierte Daten zu den krankheitsbedingten Fehlzeiten in der deutschen Wirtschaft. Wer wissen möchte, wie der Krankenstand im eigenen Unternehmen zu bewerten ist oder welche Besonderheiten im Vergleich zu anderen Betrieben der gleichen Branche bestehen, findet dazu reichhaltiges Material. Die Krankenstandsentwicklung in den einzelnen Wirtschaftszweigen wird detailliert beleuchtet. Die Gründe und Auslöser für Fehlzeiten werden aufgezeigt, so dass Ansatzpunkte für Maßnahmen und Programme zum Erhalt der Gesundheit der Mitarbeiter und zur Reduzierung des Krankenstandes erkennbar werden.

Daneben beschäftigt sich die diesjährige Ausgabe des Fehlzeiten-Reports mit zwei aktuellen Schwerpunktthemen. Im Jahr der Expo liegt es nahe, einen Blick in die Zukunft zu werfen. Die Arbeitswelt verändert sich zur Zeit grundlegend und dies in einem immer rasanteren Tempo. Das hat erhebliche Auswirkungen auf die Gesundheit und Sicherheit der Beschäftigten und stellt den Arbeits- und Gesundheitsschutz vor ganz neue Herausforderungen. Ein Schwerpunktthema des Fehlzeiten-Reports ist daher das Thema Gesundheitsschutz und Gesundheitsmanagement in zukünftigen Arbeitswelten.

Aufgrund der fortschreitenden Internationalisierung und Globalisierung der Wirtschaftsbeziehungen sind bisher eher abgeschottete und autonome nationale und regionale Absatz- und Arbeitsmärkte einem immer intensiveren globalen Wettbewerbsdruck ausgesetzt. Der Wandel vom Anbieter- zum Käufermarkt zwingt die Unternehmen zu verstärkter Kundenorientierung. Die Qualitätsansprüche an die Produkte und Dienstleistungen steigen, die Zahl der Produktvarianten nimmt zu. Gleichzeitig werden die Produktzyklen, die Innovationszeiten und die Lieferfristen immer kürzer.

Die Strategien, mit denen die Unternehmen auf die veränderten Rahmenbedingungen reagieren, sind vielfältig. Viele erhoffen sich Wettbewerbsvorteile durch Fusionen und die Übernahme von Wettbewerbern. Gleichzeitig werden nicht profitable Bereiche ausgegliedert und an externe Dienstleister und Zulieferer abgegeben, um Kosten zu reduzieren und flexibler am Markt agieren zu können. Durch den Trend zum Outsourcing und zur Dezentralisierung entstehen immer mehr kleine Firmen. Das klassische Erfolgsmilieu des Arbeitsschutzes, die großen und mittleren Betriebe, wird in Zukunft wohl eher die Ausnahme sein.

Neue Arbeits- und Beschäftigungsformen nehmen zu. Bereits im Jahr 1995 waren in Westdeutschland nur noch zwei Drittel der Erwerbstätigen in einem „Normalarbeitsverhältnis" beschäftigt. Die traditionelle Vollzeitbeschäftigung wird zunehmend durch Teilzeitarbeit, befristete Arbeitsverhältnisse, geringfügige Beschäftigung, Leih- und Heimarbeit und unterschiedliche Formen der Selbständigkeit abgelöst. Zukünftige Erwerbsbiographien werden in wachsendem Maße durch häufiger wechselnde Beschäftigungsverhältnisse und auch Phasen der Arbeitslosigkeit gekennzeichnet sein.

Die Veränderungen in den Arbeits- und Organisationsstrukturen der Erwerbsarbeit bringen neue Herausforderungen und Belastungen, aber möglicherweise auch Chancen mit sich. Welche Auswirkungen diese Veränderungen im einzelnen auf das Wohlbefinden, die Gesundheit der Beschäftigten und die Arbeitsproduktivität haben, ist bislang nur ansatzweise untersucht worden. Es ist aber davon auszugehen, dass mentale und emotionale Belastungen weiter zunehmen werden. Durch die immer häufigeren Umstrukturierungen in den Unternehmen und die Notwendigkeit zur ständigen Neuorientierung bei gleichzeitiger Arbeitsplatzunsicherheit leidet eine wachsende Zahl von Beschäftigten unter „Veränderungsstress" und starkem Leistungsdruck. Hinzu kommt der Zwang zur permanenten Weiterbildung, da die Halbwertzeit des Wissens immer schneller abnimmt. Immer mehr wird auch von Angestellten unternehmerisches Handeln erwartet.

Aufgrund des demographischen Wandels in der Bevölkerung werden sich nicht zuletzt auch die Altersstrukturen in den Betrieben erheblich verändern. Bislang sind viele Unternehmen darauf nicht ausreichend vorbereitet.

Die Beiträge im ersten Teil des Fehlzeiten-Reports gehen der Frage nach, welche Risiken und Chancen der Strukturwandel in der Arbeitswelt für die Gesundheit und Sicherheit der Beschäftigten mit sich bringt und welche Anforderungen daraus für den Arbeits- und Gesundheitsschutz in zukünftigen Arbeitswelten resultieren. Dargestellt wird auch, wie der langfristige Erfolg betrieblicher Sicherheits- und Gesundheitsarbeit durch die Umsetzung ganzheitlicher Managementkonzepte sichergestellt werden kann. Nicht zuletzt werden innovative

Informationssysteme und Netzwerke vorgestellt, die dazu beitragen, das im Arbeits- und Gesundheitsschutz vorhandene Know-how zu bündeln und für alle Nutzer, vor allem auch Kleinbetriebe, in adäquater Form verfügbar zu machen.

Investitionen in betriebliche Gesundheitsförderungsprogramme sind kein Selbstzweck. Wie alle anderen Investitionen auch müssen sie sich auszahlen. Um den Erfolg gesundheitsförderlicher Maßnahmen angemessen beurteilen zu können, bedarf es entsprechender Verfahren der Dokumentation und Evaluation. Dies wird auch von den Krankenkassen, die durch das Gesundheitsreformgesetz 2000 wieder die Möglichkeit erhalten haben, den Arbeitsschutz ergänzende Maßnahmen der betrieblichen Gesundheitsförderung durchzuführen, betont. In dem jüngst zur Umsetzung dieses Auftrages entwickelten Leitfadenpapier der Spitzenverbände der Krankenkassen heißt es dazu: „Die Spitzenverbände der Krankenkassen unterstreichen die Notwendigkeit, für Maßnahmen der betrieblichen Gesundheitsförderung zweckmäßige Verfahren der Dokumentation und Erfolgskontrolle aufzubauen und als fortlaufende Routinen zu etablieren."

Dokumentiert werden sollte sowohl die Struktur-, die Programm- und die Prozess- als auch die Ergebnisqualität der durchgeführten Interventionen. Dazu wurden seitens der Wissenschaft bereits konkrete Verfahrensvorschläge und Instrumente entwickelt (z. B. Badura, Ritter, Scherf 1999). Der zweite Schwerpunkt des Fehlzeiten-Reports 2000 liegt daher in der Dokumentation exemplarischer Vorgehensweisen zur wissenschaftlichen Begleitung und Evaluation betrieblichen Gesundheitsmanagements. Eine Ex ante-Evaluation einzelner „Maßnahmen", wie sie durch die Medikamentenprüfung vorgegeben und heute auch von den Anhängern der „evidenzbasierten Medizin" gefordert wird, ist für den Bereich des betrieblichen Gesundheitsmanagements kaum praktikabel und in jedem Falle ungenügend. Den Bedingungen und Möglichkeiten einzelner Betriebe scheint eine Ex post-Evaluation als Routineprozess neben Diagnose, Planung und Durchführung einzelner Interventionen sehr viel angemessener. Die dafür nötigen Instrumente müssen allerdings noch erprobt und das dafür in den Betrieben notwendige Know-how muss meist auch erst noch erworben werden. Dazu sollen die Beiträge im zweiten Teil des diesjährigen Fehlzeiten-Reports Anregungen liefern.

Auch in diesem Jahr gilt unser Dank sowohl den Autoren, die Beiträge zu den Schwerpunktthemen beigesteuert haben, als auch den Kolleginnen und Kollegen im Wissenschaftlichen Institut der AOK, ohne deren engagierte Mitarbeit diese Veröffentlichung in der vorliegenden Form nicht möglich gewesen wäre. Neben Heidi Klinger, Ulla

Mielke, Hans-Peter Metzger und Dr. Henner Schellschmidt danken wir insbesondere Clemens Dieterich, der den Fehlzeiten-Report redaktionell betreut hat, Ernst-Peter Beyer, der die Daten zu den krankheitsbedingten Fehlzeiten aufbereitet hat, und Christoph Acker, der durch seinen unermüdlichen Einsatz als Praktikant viel zum Gelingen des Buches beigetragen hat. Über Kritik und Anregungen durch die Leser freuen wir uns. Sie können uns helfen, die Qualität und den praktischen Nutzen des Reports weiter zu steigern.

Bielefeld und Bonn, im August 2000

B. BADURA
M. LITSCH
C. VETTER

Inhaltsverzeichnis

A. Schwerpunktthema: Zukünftige Arbeitswelten – Herausforderungen für den Arbeits- und Gesundheitsschutz

1 Die Arbeitswelt der Zukunft – New Ways of Working
   H.-J. BULLINGER · W. BAUER 3

2 Anforderungen an den Arbeits- und Gesundheitsschutz der Zukunft
   K. KUHN 14

3 Demographischer Wandel: Herausforderung an die betriebliche Gesundheits- und Personalpolitik
   M. MORSCHHÄUSER 24

4 Belastungsdiagnostik und Beanspruchungsmanagement in neuen Arbeits- und Organisationsformen
   R. WIELAND 34

5 Telearbeit als flexible Arbeitsform – Risiken und Chancen für die Gesundheit und Sicherheit der Erwerbstätigen
   M. ERTEL 48

6 Dauerarbeitsplatz Call Center: Gesundheitsförderliche Arbeitsgestaltung senkt Fluktuation und Krankenstand
   K. SCHERRER 61

7 Arbeits- und Gesundheitsschutz in der Gebäudereinigung – Anforderungen an ein Gesundheitsmanagement in einer Branche mit einem hohen Anteil an geringfügiger Beschäftigung
   D. KRÜGER 80

8	Auswirkungen betrieblicher Restrukturierungen auf die Gewährleistung von Sicherheit und Gesundheit A. Gerlmaier · M. Kastner	84
9	Gesundheitsschutz im Kleinbetrieb – Präventive Strategie und praktische Ansätze am Beispiel des Handwerks U. Pröll	102
10	Erfolg im Arbeits- und Gesundheitsschutz durch ein ganzheitliches Management G. Elke · B. Zimolong	114
11	Innovative Informationssysteme und -netzwerke im Bereich des Arbeits- und Gesundheitsschutzes R. Tielsch · B. H. Müller	129

B. Schwerpunktthema: Betriebliches Gesundheitsmanagement – Erfolgreiche Strategien und Praxisbeispiele

12	Evaluation und Qualitätsentwicklung betrieblichen Gesundheitsmanagements B. Badura	145
13	Das Bonus-Modellvorhaben – auf dem Weg zu einem kennzahlengesteuerten integrativen betrieblichen Gesundheitsmanagement U. Osterholz · S. Schott	160
14	Intervention und Evaluation im DaimlerChrysler Werk Berlin: Das Change Assessment Inventar (CAI) als Evaluationsinstrument des Gesundheitsmanagements H. Pfaff · J. Bentz	176
15	Erfolgsfaktoren „gesunder" Betriebe H. Kowalski	191
16	Evaluation von Gesundheitszirkeln W. Slesina	199

17	Gesundheitsförderung in der stationären Altenpflege: Effekte eines Qualifizierungsprogramms für Mitarbeiter und Leitungskräfte A. ZIMBER	213
18	Die Aktion „Sicher und Gesund" der Firma Storck J. WELLENDORF · G. WESTERMAYER · I. RIESE	231
19	Das Betriebliche Gesundheitsmanagement der Fa. Geyer AG – Ein partnerschaftliches Programm für mehr Gesundheit zwischen der Geyer AG und der AOK Bayern W. WINTER	249
20	Betriebliche Gesundheitsförderung im Handwerk. Bewertung einer verhaltenspräventiven Maßnahme im Rahmen eines Gesundheitsprojektes mit der AOK Bayern V. WEISSMANN	262

C. Daten und Analysen

21	Krankheitsbedingte Fehlzeiten in der deutschen Wirtschaft C. VETTER · C. DIETERICH · C. ACKER	277
21.1	Branchenüberblick	277
21.2	Banken und Versicherungen	320
21.3	Baugewerbe	337
21.4	Dienstleistungen	353
21.5	Energiewirtschaft, Wasserversorgung und Bergbau	371
21.6	Handel	389
21.7	Land- und Forstwirtschaft, Tierhaltung und Fischerei	405
21.8	Metallindustrie	423

21.9   Öffentliche Verwaltung und Sozialversicherung 443

21.10 Organisationen ohne Erwerbscharakter
       und private Haushalte 459

21.11 Verarbeitendes Gewerbe (ohne Baugewerbe und Metall) .. 476

21.12 Verkehr und Transport 498

Anhang

Übersicht der Krankheitsartengruppen
nach dem ICD-Schlüssel (9. Revision, 1979) 519
Verzeichnis der Wirtschaftszweige
(Bundesanstalt für Arbeit, 1973) 524
Die Autoren 528

Sachverzeichnis 545

Die Beiträge im Überblick: Kurzzusammenfassungen

**A. Schwerpunktthema: Zukünftige Arbeitswelten –
Herausforderungen für den Arbeits- und Gesundheitsschutz**

1   Die Arbeitswelt der Zukunft – New Ways of Working
    H.-J. BULLINGER · W. BAUER

Die fortschreitende Globalisierung und die Innovationen in der Informations- und Kommunikationstechnik führen zu neuen Formen der Zusammenarbeit im weltweiten Kontext. Strategische Erfolgsfaktoren sind dabei Innovationsorientierung, Lernfähigkeit und Technologieeinsatz. Bisherige hierarchisch aufgebaute Organisationen werden ersetzt durch die Delegation von Verantwortung und Zuweisung autonomer Entscheidungskompetenz; das cross-funktionale Arbeiten in Teams und Projekten wird immer wichtiger. Zunehmende Bedeutung werden in der Zukunft Dienstleistungen und mit Serviceangeboten erweiterte materielle Produkte haben. Insbesondere werden den Informations- und Wissensdienstleistungen die größten Wachstumschancen zugeschrieben. Bezüglich der Qualifikation stellt das Informationszeitalter mit seinen kleinen Teams und virtuellen Unternehmen besonders hohe Anforderungen an die fachliche, soziale und Medienkompetenz der Menschen. Dies erfordert neue Lehr- und Lernformen, die mit hoher Eigenverantwortung umgesetzt werden. Lernen muss als Lebenshaltung verstanden werden und ist damit ein lebenslanger Prozess.

2 Anforderungen an den Arbeits- und Gesundheitsschutz der Zukunft
K. KUHN

Die Bundesrepublik Deutschland erlebt derzeit einen tiefgreifenden Strukturwandel, der sich im technischen und wirtschaftlichen Wandel, dem Wandel der Arbeitswelt sowie in der Sozialstruktur widerspiegelt. Es nehmen neue Beschäftigungsformen zu wie z. B. Leih- und Zeitarbeit, Telearbeit, dauerhaft geringere Beschäftigung und Scheinselbständigkeit als eine Form neuer Selbständigkeit.

Dies zeigt sich im Wandel der Betriebsstrukturen durch die Veränderungen in der inner- und zwischenbetrieblichen Arbeitsteilung, wie Dezentralisierung von Produktions- und Dienstleistungen, Outsourcing von betrieblichen Funktionen, virtuellen Unternehmen, verlängerten Werkbänken sowie Aus- und Neugründungen von Kleinunternehmen.

Der Wandel zeigt sich aber auch in den geänderten Rahmenbedingungen für die Unternehmen wie Globalisierung, Einzelkunden mit individuellen Produkt-, Liefer- und Qualitätsanforderungen, rasanten technologischen Entwicklungen, geänderten Organisationsstrukturen und letztlich verschärftem Wettbewerb. Hierarchische Strukturen werden zunehmend durch flexible, agile Organisationen ersetzt; Organisationen, die auf Teams, Projekten und Prozessen basieren sowie markt- und kundengetrieben sind.

Es ist deshalb erforderlich, die Auswirkungen dieser gesellschaftlichen Wandlungsprozesse rechtzeitig zu erkennen, zu antizipieren und innovativ zu bewältigen, genauso wichtig ist es jedoch, die vorhandenen betrieblichen und überbetrieblichen Strukturen der Problembearbeitung für die Zukunft „fit" zu machen.

3 Demographischer Wandel: Herausforderung an die betriebliche Gesundheits- und Personalpolitik
M. MORSCHHÄUSER

Schon in der Vergangenheit haben sich die Altersstrukturen in vielen Betrieben aufgrund personal- und wirtschaftspolitischer Faktoren gewandelt und Belegschaften sind vielfach – im Durchschnitt – älter geworden. Zukünftig ist aufgrund des demographischen Wandels in der Bevölkerung mit einem weitaus drastischeren betrieblichen Altersstrukturwandel zu rechnen, auf den Unternehmen bislang kaum vorbereitet sind. Damit Beschäftigte auch mit steigendem Alter gesund und leistungsfähig und Betriebe auch mit alternden Belegschaften produktiv und innovativ bleiben können, bedarf es einer langfristig angelegten gesundheitsorientierten Arbeits- und Personalpolitik. Dazu gehört eine verstärkte Berücksichtigung der sich verändernden Arbeitsstrukturen ebenso wie die alternsgerechte Gestaltung von Erwerbsverläufen. Zugleich sind die Beschäftigten zunehmend selbst gefordert, sich für ihren Gesunderhalt zu engagieren.

4 Belastungsdiagnostik und Beanspruchungsmanagement in neuen Arbeits- und Organisationsformen
R. WIELAND

Der Beitrag beschreibt die Veränderungen in den Belastungsstrukturen zukünftiger Arbeit auf der Grundlage eines offenen Mehrschnittstellenmodells. Am Beispiel Zeitarbeit und Telearbeit wird das Modell beispielhaft erläutert und es werden Bezüge zur Selbstregulierung und arbeitsimmanenten Qualifizierung in neuen Arbeitsformen hergestellt.

Der Vergleich traditioneller Arbeit mit neuen Arbeitsformen zeigt, dass sich die Qualität psychischer Belastungen und Beanspruchungen verändert und ihre Quantität zunimmt. Wesentlichen Einfluss auf das Belastungs- und Beanspruchungspotential sowie die Lern- und Entwicklungsmöglichkeiten in der Arbeit haben die Arbeitsinhalte, die Arbeitsaufgaben und die zu ihrer Erfüllung notwendigen Qualifikationen.

Die berichteten Befunde zur Zeit- und Telearbeit weisen darauf hin, dass die Integration lernförderlicher Merkmale der Arbeit als Bindeglied zwischen Arbeitsgestaltung und Selbst- bzw. Kompetenzentwicklung für die Arbeitsformen der Zukunft eine zentrale Rolle spielen werden.

5 Telearbeit als flexible Arbeitsform – Risiken und Chancen für die Gesundheit und Sicherheit der Erwerbstätigen
M. ERTEL

Gegenstand dieses Beitrages sind die Auswirkungen einer Flexibilisierung der Arbeitswelt auf Arbeitsanforderungen und Gesundheit am Beispiel von Telearbeit. Es werden Ergebnisse einer aktuellen empirischen Untersuchung zu freiberuflicher Telearbeit im Medienbereich vorgestellt, die in Kooperation zwischen der Bundesanstalt für Arbeitsschutz und Arbeitsmedizin und der Industriegewerkschaft Medien durchgeführt wird.

Gesundheitliche Risiken bei Telearbeit resultieren zum einen aus der erschwerten Durchsetzbarkeit von Arbeitsschutzvorschriften; zum anderen aber aus der Spezifik der Arbeitssituation selbst: Leistungsverdichtung infolge von ergebnisorientierten Arbeitsprozessen, Entgrenzung von Arbeitszeiten und Arbeitsanforderungen, Verschwimmen der Grenzen zwischen Arbeit und Privatleben.

Es werden Ansatzpunkte aufgezeigt, wie sich ein zeitgemäßer Arbeits- und Gesundheitsschutz diesen Herausforderungen stellen kann.

6 Dauerarbeitsplatz Call Center: Gesundheitsförderliche Arbeitsgestaltung senkt Fluktuation und Krankenstand
K. SCHERRER

Hohe Fluktuation und Fehlzeiten in Telefon Service-Zentren sind für viele Betreiber von Call Centern ein Problem. Für die Tätigkeit am Bildschirmarbeitsplatz mit Telefon sind die synchrone Informationsverarbeitung mehrerer Sinneskanäle (visuell, auditiv, taktil, verbal) sowie die damit erhöhten Anforderungen an die kognitive und emotionale Regulation charakteristisch. Die Transfer- und Kooperationsstelle für Arbeitsgestaltung an der Bergischen Universität Gesamthochschule Wuppertal beschäftigt sich im Rahmen des Forschungsprojekts „Gesundheit und Sicherheit in Neuen Arbeits- und Organisationsformen, gesina"[1] mit den Arbeitsbedingungen und Aufgaben in Call Centern. Nach qualitativen und quantitativen Datenerhebungen wurden Schlussfolgerungen und Maßnahmen für die Arbeitsgestaltung in Call Center entwickelt sowie Dienstleistungen zur Optimierung der Arbeitsorganisation und der Führungsarbeit durchgeführt. Für gesundheitsförderliche Gestaltung ist es nicht nur wichtig, ergonomische Anforderungen (Bildschirmrichtlinie) zu erfüllen und vorhandene Stressoren zu beseitigen, sondern die „Doppelaufgabe" Kommunikationsarbeit (Sach- und Beziehungsebene) durch entsprechende Arbeitsorganisation und Führungsarbeit zu unterstützen. Wenn die steigende Zahl der Call Center-Arbeitsplätze zu Dauerarbeitsplätzen werden sollen, müssen unterschiedliche Gestaltungsmaßnahmen aufeinander abgestimmt und integriert werden.

---

[1] gesina wird gefördert durch den Projektträger Arbeitsgestaltung und Dienstleistungen des bmb+f.

7 Arbeits- und Gesundheitsschutz in der Gebäudereinigung – Anforderungen an ein Gesundheitsmanagement in einer Branche mit einem hohen Anteil an geringfügiger Beschäftigung
D. KRÜGER

Die Umsetzung von Arbeitsschutzerfordernissen und von Konzepten der betrieblichen Gesundheitsförderung stößt bekanntermaßen bei Klein- und Mittelbetrieben auf erhebliche Schwierigkeiten. In Branchen mit einem hohen Anteil an Teilzeitbeschäftigten bzw. an „geringfügiger Beschäftigung" sind Aspekte des Arbeits- und Gesundheitsschutzes nicht minder kritisch zu betrachten. Am Beispiel des Gebäudereiniger-Handwerks, das seine Dienstleistungen nur zu einem geringen Teil mit Vollzeitkräften erbringt, wird ein erfolgversprechender Ansatz für die Organisation des Arbeits- und Gesundheitsschutzes für Unternehmen mit einem hohen Anteil an Teilzeitarbeit diskutiert. In dem Beitrag wird ein integriertes Managementsystem für die Qualitätssicherung sowie den Arbeits- und Gesundheitsschutz vorgestellt. Im Rahmen dieses Ansatzes werden sowohl für das Management als auch für die Mitarbeiterinnen in der Gebäudereinigung Ziele, Vorgaben und Maßnahmen der Arbeitssicherheit und der Gesundheitsförderung transparenter und können wesentlich stärker mit der alltäglichen Leistungserbringung verknüpft werden. Infolge der demographischen Entwicklung werden die Problemlagen hinsichtlich der Personalrekrutierung sowie bezüglich des höheren Durchschnittsalters der Belegschaften für Unternehmen im kommenden Jahrzehnt zunehmend schwieriger. Der Handlungsbedarf für ein Gesundheitsschutzmanagement für Betriebe, die sich bislang auf die Leistungserbringung mit geringfügiger Beschäftigung konzentriert haben, erscheint auch aus diesen Gründen besonders hoch.

8 Auswirkungen betrieblicher Restrukturierungen auf die Gewährleistung von Sicherheit und Gesundheit
A. GERLMAIER · M. KASTNER

Managementstrategien wie Outsourcing, Verschlankungskonzepte, aber auch Fusionierungen verändern in zunehmendem Maße traditionelle Formen der Arbeitsorganisation. In dem Beitrag werden die Auswirkungen dieser neuen Organisationsformen auf die Sicherheit und Gesundheit der darin Beschäftigten beschrieben. Darauf aufbauend wird ein Konzept zur Verbesserung der Sicherheitsarbeit mit Fremdfirmen und Subunternehmen, der Kooperationszirkel Sicherheit, dargestellt und erste Ergebnisse werden diskutiert.

9 Gesundheitsschutz im Kleinbetrieb – Präventive Strategie und praktische Ansätze am Beispiel des Handwerks
U. PRÖLL

Verbesserungen des Gesundheitsschutzes in Klein- und Kleinstbetrieben sind nur über einen kleinschrittigen, auf Nachhaltigkeit angelegten Organisationsentwicklungsprozess denkbar, der das Unternehmen an eine gleichermaßen pragmatische wie systematischere Prävention heranführt. Dabei müssen organisationale Lern- und Entwicklungsprozesse auf den Ebenen Thematisierung und Gesprächskultur, Entscheidungsroutinen, Kompetenz (Präventionstechniken) und Informationsmanagement in Gang gesetzt werden. Dazu bedarf es zielgruppengerechter betrieblicher Instrumente und Handlungshilfen, deren Einsatz durch ein anschlussfähiges Präventions-Leitbild (Leitidee, Motivationskonzept) und eine Unterstützungsstrategie flankiert werden muss, die das kleinbetriebliche Setting als „subsidiäres Netzwerk" intelligent einbezieht. Einen solchen mehrdimensionalen Ansatz verfolgt das ArGU!ment-Projekt der Handwerkskammer Düsseldorf, dessen betriebliches Instrumentarium Selbst-Bewertung und Selbst-Veränderung in einem mittelfristigen, nach Schwerpunktthemen gegliederten Kommunikations- und Lernprozess unterstützen will. Der zugehörige Instrumentenkoffer stellt dem Unternehmen zu allen Prozessdimensionen einfache Hilfsmittel zur Verfügung (Gesprächsleitfäden, Unterweisungshilfen, administrative Instrumente usw.).

10 Erfolg im Arbeits- und Gesundheitsschutz durch ein ganzheitliches Management
G. ELKE · B. ZIMOLONG

Der langfristige Erfolg betrieblicher Sicherheits- und Gesundheitsarbeit basiert nicht auf dem Einsatz einzelner Instrumente oder Programme, sondern auf der Umsetzung eines ganzheitlichen Managementkonzeptes. Ausgehend von exemplarischen Forschungsergebnissen zu den Merkmalen von Unternehmen mit einem hohen Gesundheitsniveau wird das von den Autoren entwickelte Managementsystem GAMAGS (Ganzheitliches Management des Arbeits- und GesundheitsSchutzes) vorgestellt. Mittlerweile konnte GAMAGS mehrfach mit Erfolg, d.h. einer nachweisbaren Verbesserung des Sicherheits- und Gesundheitsniveaus, in der Praxis implementiert werden. Im Beitrag werden die konkrete Einführung des Managementsystems GAMAGS in den betrieblichen Alltag eines Unternehmen aus der Branche Feinmechanik und Elektrotechnik sowie einige Ergebnisse der Erfolgsüberprüfung skizziert.

11 Innovative Informationssysteme und -netzwerke im Bereich des Arbeits- und Gesundheitsschutzes
R. TIELSCH · B. H. MÜLLER

Informationsnetzwerke stellen gerade im Arbeits- und Gesundheitsschutz eine geeignete Vermittlungsstrategie dar, da der Arbeitsschutz nach wie vor ein für Dienstleistungsangebote eher schlechtes Produkt ist. Die einfache, schnelle und zugriffsfreundliche Verfügbarkeit von Informationen ohne aufwendige Suche ist das, was vor allem Klein- und Mittelbetriebe suchen. Diese Anforderungen sind ausschließlich in leistungsfähigen, intelligenten und technikbasierten Netzwerken zu realisieren, zumal, wenn noch flächendeckende Informationsvermittlung wie im Arbeitsschutz vonnöten ist.

Zwei Netzwerkstrategien – ARGEPLAN und KomNet –, auf der Grundlage wissenschaftlicher Konzepte entstanden, werden vorgestellt und in ihrem Beitrag zu Informationsmanagementaufgaben im Arbeits- und Gesundheitsschutz charakterisiert.

Während mit ARGEPLAN ein informationssystematisierendes, anwenderbezogenes Informationsmanagement unter besonderer Berücksichtigung betrieblicher Entwicklungs- und Planungsprozesse angestrebt wird, ist mit KomNet ein dialog- und nachfrageorientiertes Informationssystem mit Call-Center- und Kompetenz-Center-Strukturen bereits seit längerem in NRW in Betrieb. Beide Strategien ergänzen sich und sind – bei effizienter Auslegung und Nutzung – in der Lage, das insgesamt im Arbeits- und Gesundheitsschutz vorhandene Knowhow zu bündeln und für alle Nutzer adäquat verfügbar zu machen.

B. Schwerpunktthema: Betriebliches Gesundheitsmanagement – Erfolgreiche Strategien und Praxisbeispiele

12 Evaluation und Qualitätsentwicklung betrieblichen Gesundheitsmanagements
B. BADURA

In den Anfängen der betrieblichen Gesundheitsförderung bestand eine große Unsicherheit über ihre Ziele und Leistungen. Krankheitsorientierte Ansätze standen gesundheitsorientierten, verhaltensorientierte standen organisationsbezogenen gegenüber. Die Diskussion war geprägt von Rivalitäten zwischen Soziologen, Psychologen, Arbeitswissenschaftlern und Medizinern und von einem Ringen um Konzepte, Strategien und Prioritäten. Der von uns über Jahre hinweg erarbeitete Vorschlag ist ein gänzlich anderer, nämlich ein verfahrensorientierter.

Unsere Suche richtete sich nicht auf einzelne vordringliche Probleme oder wirksame Einzelmaßnahmen, sondern auf ein *verallgemeinerungs- und konsensfähiges Vorgehen*. Unsere beiden Ausgangsfragen lauten: Was sind Kernprozesse in der betrieblichen Gesundheitsförderung? Und: Wie sollten diese Kernprozesse kunstgerecht durchgeführt und bewertet werden – unabhängig davon, welche Probleme, von welcher Disziplin, in welcher Organisation und welche Maßnahmen im einzelnen zur Diskussion gestellt werden?

13 Das Bonus-Modellvorhaben – auf dem Weg zu einem kennzahlengesteuerten integrativen betrieblichen Gesundheitsmanagement
U. Osterholz · S. Schott

Seit jetzt ziemlich genau vier Jahren wird von der AOK für Niedersachsen im Rahmen eines Modellvorhabens geprüft, ob Unternehmen durch einen monetären Anreiz motiviert werden können, die betriebliche Gesundheitssituation systematisch und in einem umfassenden Sinne zu verbessern. Dabei wird geprüft

- ob das Instrument der Selbstbewertung den Unternehmen Hilfe in diesem Prozess bietet,
- ob die in dem Modell genannten Kriterien wirklich die erfolgskritischen Voraussetzungen für eine umfassende Verbesserung der betrieblichen Gesundheitssituation sind und
- ob sich mit dem damit verbundenen umfassenden Managementansatz positive Ergebnisse – und speziell eine längerfristige und nachhaltige Verbesserung der Gesundheitssituation – ergeben, wie sie durch weitere Kriterien gemessen werden.

Darüber hinaus wird in dem Vorhaben evaluiert, ob ein solcher Ansatz zu einer Senkung der Leistungsausgaben in einer oder mehreren der traditionellen Leistungsarten der Krankenkassen (ambulante und stationäre Versorgung, Medikamente, Krankengeld) beiträgt.

Der Bericht gibt Einblick in den empirischen Stand des Projektes. Es muss allerdings deutlich darauf hingewiesen werden, dass hier Zwischenergebnisse vorgestellt werden. Da das Vorhaben aller Voraussicht nach noch weitere vier Jahre läuft, können sich in der Evaluation zu Ende der Laufzeit abweichende Ergebnisse zeigen. Die vorgestellten Ergebnisse dienen den Beteiligten im Projekt zur Überprüfung der Effektivität des bisherigen Vorgehens und zur kontinuierlichen Anpassung und Verbesserung. Das gilt sowohl für die in den Betrieben durchgeführten Maßnahmen als auch auf Seiten der AOK für die Kriterien und Kennzahlen der Bewertung.

14 Intervention und Evaluation im DaimlerChrysler Werk Berlin: Das Change Assessment Inventar (CAI) als Evaluationsinstrument des Gesundheitsmanagements
H. Pfaff · J. Bentz

Ziel des Aufsatzes ist es, ein Instrument zur Messung subjektiver Veränderungseinschätzungen, das Change Assessment Inventar (CAI), darzustellen. Die Möglichkeiten und Grenzen des Einsatzes dieser explorativen Evaluationsmethode im Rahmen der Bewertung von Gesundheitsmanagementprogrammen wird am Beispiel der Bewertung der Gesundheitsförderung im Werk Berlin der DaimlerChrysler AG diskutiert. Die vier Skalen dieses Inventars werden zusammen mit den Ergebnissen der Faktoren- und Reliabilitätsanalysen vorgestellt. Durch das Inventar, das auf der Technik der direkten Veränderungsmessung basiert, wird es möglich, reliable Informationen über die subjektiven Veränderungseinschätzungen der Mitarbeiter zu bekommen. Auf dieser zuverlässigen Datengrundlage kann ein Diskussionsprozess unter den Führungskräften über die potentiellen Ursachen der subjektiven Veränderungsbeurteilungen stattfinden. Die Grenze dieses Inventars ergibt sich daraus, dass die direkte Veränderungsmessung keine Durchführung einer experimentellen Evaluation erlaubt, wie es mit der indirekten Veränderungsmessung (Vorher-Nachher-Messung) möglich wäre. Dafür aber ist das Change Assessment Inventar geeignet, eine explorative Evaluation durchzuführen und Hypothesen bezüglich der Ursachen festgestellter Veränderungen zu generieren.

15 Erfolgsfaktoren „gesunder" Betriebe
H. Kowalski

Die AOK Rheinland verleiht seit einigen Jahren einen Gesundheitspreis an Betriebe mit erfolgreichen Projekten der Betrieblichen Gesundheitsförderung. Das Institut für Betriebliche Gesundheitsförderung der AOK Rheinland hat untersucht, welche gemeinsamen Merkmale die bisherigen sieben Preisträger haben. Dazu zählten u.a. eine gründliche Analyse, gute Kommunikation des Projekts, klare strukturelle Zuordnung, jeweils ein interner „Motor" für das BGF-Projekt und die externe Beratung. Diese und weitere Merkmale werden in der Arbeit beschrieben.

16 Evaluation von Gesundheitszirkeln
W. SLESINA

Gesundheitszirkel dienen der Unterstützung des Gesundheitsschutzes und der Gesundheitsförderung in Organisationen. Der Beitrag benennt exemplarisch wichtige Inhalte der Struktur-, Prozess- und Ergebnisevaluation von Gesundheitszirkeln und erläutert mögliche Methoden der Datengewinnung. Die Frage des geeigneten Studiendesigns wird im Zusammenhang mit den Kriterien der evidenzbasierten Medizin erörtert. Vorliegende Evaluationsstudien erbrachten positive Befunde zu Struktur- und Prozessaspekten von Gesundheitszirkeln. Die Ergebnisevaluation belegte die Wirksamkeit von Gesundheitszirkeln für Änderungsmaßnahmen und für die Verbesserung von Arbeitsbelastungen, Ressourcen sowie gesundheitlichem Befinden der Beschäftigten. Die gesundheitlichen Wirkungen bedürfen aber künftig der verstärkten Betrachtung.

17 Gesundheitsförderung in der stationären Altenpflege: Effekte eines Qualifizierungsprogramms für Mitarbeiter und Leitungskräfte
A. ZIMBER

Insbesondere seit der Einführung der Pflegeversicherung sind die professionellen Anforderungen an das Pflegepersonal in der stationären Altenhilfe deutlich gestiegen. Ziel der Studie war die Entwicklung und Erprobung eines Qualifizierungsprogramms, das den geforderten organisatorischen, sozialen und personalen Kompetenzen Rechnung trägt. Die zwei Trainings, die jeweils aus 12 Sitzungen à 90 Minuten bestehen, richten sich an MitarbeiterInnen bzw. an Leitungskräfte im Pflegedienst. Inhaltliche Schwerpunkte sind die Kommunikation mit Demenzkranken, der Umgang mit Stress sowie die Kommunikation mit bzw. die Führung von MitarbeiterInnen.

Das Programm wurde in einer Pilotstudie mit 14 Gruppen in elf Mannheimer Alten- und Pflegeheimen erprobt. Insgesamt 88 Pflegepersonen, darunter 34 Leitungskräfte und 54 MitarbeiterInnen, nahmen an der Maßnahme regelmäßig teil. In Bezug auf die Auswahl der Themen und seine praktische Verwertbarkeit wurde das Programm von den TeilnehmerInnen positiv beurteilt.

In einer begleitenden wissenschaftlichen Evaluation wurden Programmeffekte im Rahmen eines Kontrollgruppendesigns überprüft. 56 TeilnehmerInnen nahmen an drei schriftlichen Befragungen teil, die vor, unmittelbar nach sowie drei bis vier Monate nach dem Training durchgeführt wurden. 56 Pflegekräfte in sechs Heidelberger Altenpflegeheimen beteiligten sich an zwei Befragungen, die zeitlich parallel stattfanden. Bei den beruflichen Handlungskompetenzen zeigten sich in der Trainingsgruppe Verbesserungen vor allem im Bereich der personalen Kompetenz. Darüber hinaus fand eine Verbesserung des Klimas mit den BewohnerInnen und eine deutliche Reduktion der erlebten Arbeitsbelastung statt; eine Verbesserung der Arbeitsorganisation und des Stationsklimas sowie eine Verringerung der gesundheitlichen Beanspruchung ließ sich dagegen nicht beobachten. Im Vergleich zur Kontrollgruppe waren signifikante Veränderungen lediglich bei den Bewohnerbeziehungen festzustellen.

Aus den Ergebnissen der Pilotstudie werden Empfehlungen für den bedarfsorientierten Einsatz des Qualifizierungsprogramms abgeleitet.

18 Die Aktion „Sicher und Gesund" der Firma Storck
J. WELLENDORF · G. WESTERMAYER · I. RIESE

Bei der Evaluation eines komplexen mehrjährigen Gesundheitsförderungsprojektes ist es eine Herausforderung, wissenschaftliche methodische Standards mit praktischer Umsetzbarkeit zu versöhnen. Zentrale Voraussetzungen für eine Evaluation sind eine möglichst eindeutige Zielformulierung bei Projektbeginn sowie kontinuierliche Prozessdokumentation während des gesamten Projektverlaufs. Der theoretische Ansatz zur Evaluation der Gesellschaft für Betriebliche Gesundheitsförderung unterscheidet drei Ansätze der Ergebnisevaluation: Effektivität, Effizienz und Akzeptanz. Alle drei sollten in einer Evaluation berücksichtigt werden. Die Frage nach der Messbarkeit von Erfolg kann mit Hilfe von theoretisch hergeleiteten und empirisch bei den verschiedenen betrieblichen Interessengruppen erhobenen Evaluationskriterien beantwortet werden. Die Methodenwahl sollte subjektive und objektive Methoden kombinieren.

Bei der Firma Storck wurde im Anschluss an ein langjähriges Gesundheitsförderungsprojekt eine Evaluation durchgeführt. Im vorliegenden Bericht wird die Ausgangssituation bei Storck geschildert. Die Ziele der beteiligten Interessengruppen sowie die daraus abgeleiteten Maßnahmen werden dargestellt und der Projektverlauf beschrieben. Die Ergebnisevaluation wird anhand des Krankenstandes und anhand von Interviewergebnissen für den Gesamtbetrieb sowie anhand einer detaillierten multimethodischen Evaluation in einem Betriebsbereich beschrieben.

19 Das Betriebliche Gesundheitsmanagement der Fa. Geyer AG – Ein partnerschaftliches Programm für mehr Gesundheit zwischen der Geyer AG und der AOK Bayern
W. WINTER

Damit Erfolge in von Krankenkassen initiierten Projekten zur Betrieblichen Gesundheitsförderung langfristig gesichert werden können, müssen Unternehmen die begonnenen Aktivitäten der Gesundheitsförderung fortsetzen. Hierzu bedarf es eines entsprechenden Stellenwertes der Betrieblichen Gesundheitsförderung in den Unternehmenszielen.

Am Beispiel der Firma Geyer AG, einem mittelständischen Unternehmen der Elektrotechnik, schildert der Autor, welche betrieblichen Strukturen sich bei der Entwicklung eines Gesundheitsmanagements nutzen lassen. Ausgehend von der Analyse arbeitsbedingter Gesundheitsgefahren werden der Prozess hin zur Entwicklung einer gesundheitsorientierten Managementstrategie und deren Elemente beschrieben. Entscheidend für den Erfolg war es, die MitarbeiterInnen aktiv in das Projekt einzubinden.

20 Betriebliche Gesundheitsförderung im Handwerk. Bewertung einer verhaltenspräventiven Maßnahme im Rahmen eines Gesundheitsprojektes mit der AOK Bayern
V. WEISSMANN

Maßnahmen der Betrieblichen Gesundheitsförderung zwischen Krankenkassen und kleinen und mittelgroßen Unternehmen (KMU) liefern den beteiligten Partnern teilweise nicht zufriedenstellende Ergebnisse; meist begründet in der Tatsache, dass sich die Voraussetzungen für Erfolge in der BGF an personellen und strukturellen Gegebenheiten von Großunternehmen orientieren und der Transfer auf die besondere Situation von KMU und deren MitarbeiterInnen nur unzureichend glückt.

Der Beitrag liefert ein erfolgreiches Beispiel eines modellhaften Gesundheitsprojektes der AOK Bayern – Die Gesundheitskasse mit verhaltenspräventiver Intervention bei der Schreinerei Kirchner, einem familiären Handwerksbetrieb aus Unterfranken.

C. Daten und Analysen

21 Krankheitsbedingte Fehlzeiten in der deutschen Wirtschaft
C. Vetter · C. Dieterich · C. Acker

Der Beitrag liefert umfassende und differenzierte Daten zu den krankheitsbedingten Fehlzeiten in der deutschen Wirtschaft. Datenbasis sind die Arbeitsunfähigkeitsmeldungen der 12,0 Millionen erwerbstätigen AOK-Mitglieder in der Bundesrepublik Deutschland. Ein einführendes Kapitel gibt zunächst einen Überblick über die allgemeine Krankenstandsentwicklung und wichtige Determinanten des Arbeitsunfähigkeitsgeschehens. Im einzelnen wird u.a. eingegangen auf die Verteilung der Arbeitsunfähigkeit, die Bedeutung von Kurz- und Langzeiterkrankungen und Arbeitsunfällen, regionale Unterschiede in den einzelnen Bundesländern sowie die Abhängigkeit des Krankenstandes von Faktoren wie Betriebsgröße und Beschäftigtenstruktur. In elf separaten Kapiteln wird dann detailliert die Krankenstandsentwicklung in den unterschiedlichen Wirtschaftszweigen analysiert. Insbesondere wird aufgezeigt, wo die Krankheitsschwerpunkte in den einzelnen Branchen liegen, so dass deutlich wird, in welchen Bereichen besonderer Handlungsbedarf besteht.

A. Schwerpunktthema: Zukünftige Arbeitswelten – Herausforderungen für den Arbeits- und Gesundheitsschutz

KAPITEL 1

Die Arbeitswelt der Zukunft – New Ways of Working

H.-J. Bullinger · W. Bauer

Megatrends auf dem Weg zur Zukunft der Arbeit

Die Internationalisierung und Globalisierung der Wirtschafts-, Arbeits- und Sozialbeziehungen sind wesentliche Auslöser und treibende Kräfte für die zukünftigen Entwicklungen der Arbeit. Als Folge dieser Entwicklungen werden bislang eher abgeschottete oder koexistierende nationale Absatz- und Arbeitsmärkte in einen immer intensiveren globalen Wettbewerb eingebunden, der nationale Schwächen und Defizite schonungslos aufdeckt und zu globalen Wanderungen von Arbeitsplätzen in die jeweils wettbewerbsfähigeren Länder führen kann. Gleichzeitig entstehen ungeahnte Chancen für neue Kooperationen und länderübergreifende Geschäftsmodelle.

Entscheidend getrieben wird dieser globale Trend durch die rasanten Entwicklungen im Bereich der Mikroelektronik und der Informations- und Telekommunikationstechnik. Die weltweite Vernetzung, das Internet, die Online-Dienste sowie die Integration verschiedenster Endgeräte wie Computer, Fernsehgeräte, Spielkonsolen und mobile Telefone sind Ergebnisse einer atemberaubenden technischen Revolution. Die enormen wirtschaftlichen Potenziale dieser Vernetzung zeigen sich z.B. in Form der boomenden Aktienmärkte der Internetunternehmen des sich gerade entwickelnden E-Commerce-Marktes, wo Dienstleistungen und Produkte online ausgewählt, geordert und bezahlt werden können (Abb. 1.1). Darüber hinaus ist die Entwicklung in Richtung einer zukünftigen „dot.com"-Gesellschaft an Symptomen wie z.B. Internet-Auktionen und Virtual Communities bereits heute deutlich erkennbar.

Die Globalisierung und Vernetzung der Märkte kommt allerdings erst richtig zum Tragen, wenn immaterielle Dinge – also z.B. Dienstleistungen, Software oder Ideen bzw. Wissen – erzeugt, gehandelt oder weiterverarbeitet werden. Dies zeigt sich beispielsweise in Global Engineering Teams, die rund um die Welt 24 Stunden Forschungs-

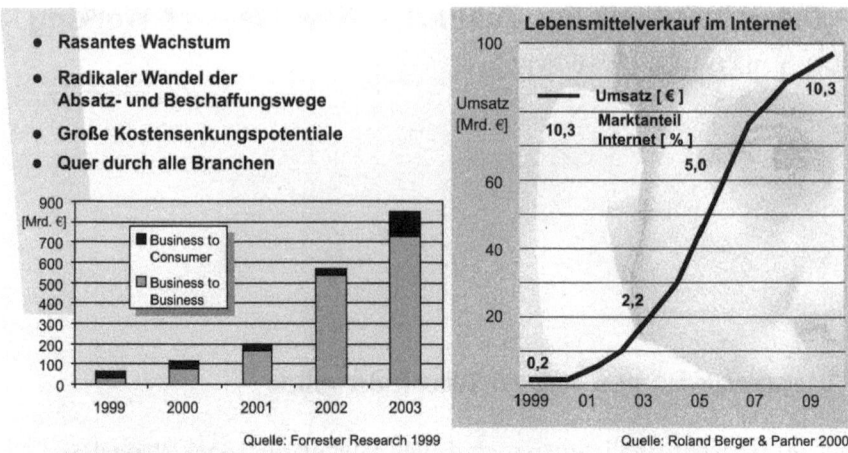

Abb. 1.1. Rasantes Wachstum des E-Commerce

und Entwicklungsarbeit leisten können. Demnach erfordert und forciert die Globalisierung den Trend zu einer Dienstleistungsgesellschaft, in der Wissen zum wesentlichen Kapital einer Volkswirtschaft werden wird. Informationsverarbeitende Tätigkeiten werden demnach in Zukunft die zentrale Rolle spielen.

Die zukünftigen Erwerbstätigen werden vor allem aus den sogenannten TIME-Branchen – Telekommunikation, Informationstechnologie, Medien und Entertainment – kommen. Viele Arbeitsplätze, die heute noch den Sektoren Landwirtschaft oder Produktion zugerechnet werden, gehen durch TIME-Anwendungen in den Informations- bzw. Dienstleistungssektor über. Geschätzt wird, dass die Erwerbstätigkeit in den Informationsberufen von 14 Prozent im Jahre 1907, 18 Prozent im Jahr 1950 auf 55 Prozent im Jahre 2010 anwachsen wird. Weitere Prognosen gehen davon aus, dass allein in Deutschland innerhalb der nächsten 10 Jahre in den TIME-Branchen per Saldo bis zu 250 000 neue Arbeitsplätze entstehen werden (Abb. 1.2).

Diese Beispiele belegen den starken Einfluss, den die Globalisierung und Vernetzung auf die Ausprägung zukünftiger Arbeitsformen und -konzepte haben. Als Konsequenz dieser Entwicklungen werden neue, innovative Organisationskonzepte realisiert werden. Hier darf aber nicht nur einseitig wirtschaftliche Effizienzsteigerung im Mittelpunkt stehen. Vielmehr müssen Arbeitsformen konzipiert werden, die in stärkerem Maße der geänderten Struktur der Arbeit und den unterschiedlichen Bedürfnissen (z.B. Familie, Selbstverwirklichung) der Mitarbeiter entsprechen.

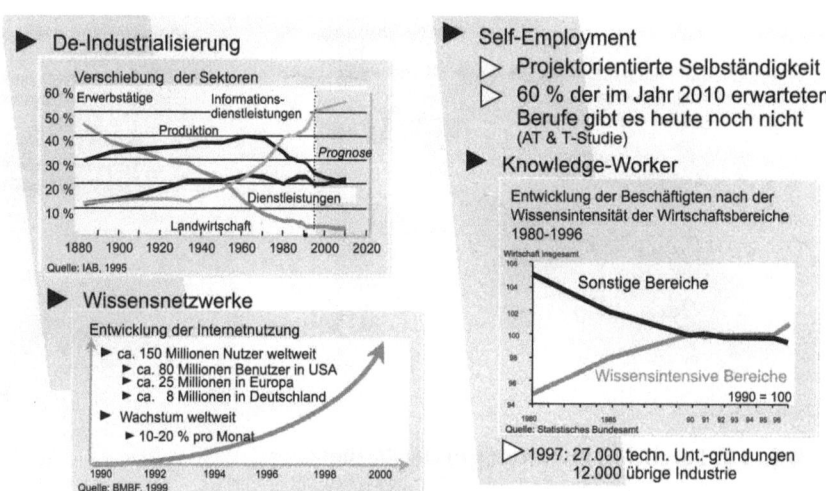

Abb. 1.2. Entwicklung der Wirtschaftssektoren

Vernetzte Arbeitswelten

Gegenwärtig rüsten sich viele Unternehmen für den globalen Wettbewerb durch die Fusion und die Übernahme von Wettbewerbern. Es entstehen auf diese Weise Weltunternehmen, die ihre globale Präsenz nutzen, um Produkte und Dienstleistungen an ihren weltweiten Standorten und Geschäftsbereichen zu entwickeln, zu produzieren und zu verkaufen. Am Massachusetts Institute of Technology (MIT) wurde ein Szenario entworfen, in dem Unternehmen von der Größe und Machtfülle von Ländern entstehen und diese auch teilweise ersetzen. Die Macht der Unternehmenslenker ist dabei möglicherweise größer als die der Regierungschefs. Arbeiten, Leben und Konsum findet in diesem Szenario lediglich innerhalb eines „nationalistisch" und starr anmutenden Weltkonzerns statt. So greifbar dieses Szenario angesichts immer intensiverer Fusionswellen und Übernahmeschlachten auf den Finanzmärkten erscheint, um so mehr zeigt sich bei der aktuellen Entwicklung, dass die fusionierten Unternehmen keinesfalls starre und bürokratische Züge haben, sondern sich immer mehr durch dezentrale vernetzte Strukturen mit viel Verantwortung und Gestaltungsspielraum für die Mitarbeiter auszeichnen.

Die Reduzierung der Hierarchieebenen sowie die Einführung von Prinzipien der Selbstorganisation und Selbststeuerung werden die maßgeblichen Organisationsmerkmale sein, um sich der Flexibilität der Märkte und des Wettbewerbs anzupassen. Dabei zeigt sich auch, dass diese großen Unternehmen keineswegs mehr so viele Mitarbeiter

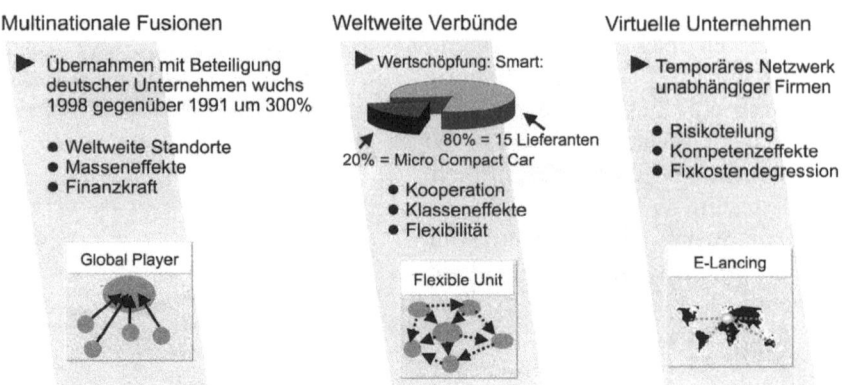

Abb. 1.3. Parallele Entwicklungen der Vernetzung

beschäftigen, sondern vielmehr viele Fertigungs- oder Vertriebsaufgaben an Zulieferer ausgegliedern oder mit ihnen zusammen durchführen. Gelegentlich verbleiben dann nur noch Kernkompetenzen wie z. B. Forschung, Produktentwicklung, Strategieentwicklung und Finanzkontrolle innerhalb des eigenen Konzerns. Die anderen Wertschöpfungsprozesse werden von spezialisierten externen Dienstleistern durchgeführt (Abb. 1.3).

Neben großen Unternehmenskonglomeraten entstehen aber auch sehr kleine und selbständige Einheiten, wie sie sich gegenwärtig vor allem in der Medien- und Softwarebranche bereits in Form von sogenannten „virtuellen Unternehmen" darstellen. Diese virtuellen Unternehmen sind Zusammenschlüsse unabhängiger selbständiger Unternehmer, oftmals als Ein-Mann-Unternehmen, die auch Freelancer bzw. E-Lancer („Electronic Freelancer") genannt werden. Sie schließen sich zur Lösung von Aufgabenstellungen bzw. Aufträgen für eine begrenzte Zeit zusammen. Der Begriff „virtuell" steht hier für ein „scheinbar vorhandenes" Unternehmen, das sich in der Realität aus mehreren über Netzwerke verbundenen Partnern mit unterschiedlichen Kompetenzen zusammensetzt, aber nach außen wie ein einziges Unternehmen wirkt. Bei diesen Unternehmen gibt es demnach keinerlei Hierarchie, die Zielsetzung wird allein durch den Geschäftszweck vorgegeben. Die technischen Voraussetzungen dafür sind E-Mail, Internet, Mobil- und Datenfunk sowie moderne Videokonferenzsysteme, die Unabhängigkeit von einem definierten Standort gewährleisten. Ist der Auftrag erledigt, so löst sich dieses virtuelle Unternehmen wieder auf.

Der große ökonomische Vorteil dieser Organisationsform liegt einerseits in ihrer Flexibilität, auf kurzfristige Marktveränderungen

(z. B. bei Modeartikeln oder zeitkritischen Entwicklungsaufgaben) sehr schnell reagieren zu können, und andererseits kostengünstig und zeitgerecht die benötigten Experten für eine bestimmte Aufgabenstellung und eine bestimmte Zeit zu erhalten.

Es ist zu erwarten, dass die Wirtschaft in den kommenden Jahren stark von derartigen bzw. ähnlichen dezentralen Organisationsformen geprägt sein wird. Gleichzeitig werden sich neben den selbständigen Unternehmern auch die jetzt noch Lohnabhängigen teilweise zu autonomen Leistungsanbietern entwickeln. Von diesem projektbezogenen Angebot des eigenen Fachwissens und der eigenen Arbeitsleistung werden in besonders hohem Maße „Wissensarbeiter", wie z. B. Softwareentwickler, Unternehmensberater, Entwickler und Konstrukteure profitieren.

Arbeitsformen der Zukunft

Heute bekannte Arbeits- und Organisationssstrukturen haben sich aus dem Bedürfnis nach persönlichem Kontakt zu Kollegen und Kunden, nach direkter Verfügbarkeit von teuren informationsverarbeitenden Geräten und nach einfachem und direktem Zugriff auf Informationen ergeben. Im Gegensatz dazu werden zunehmend auf Virtualität basierende Konzepte das Spektrum an Arbeitsszenarien erweitern und sie teilweise auch ersetzen. Beispielsweise ermöglicht Telearbeit in virtuellen Unternehmen bereits heute eine außerordentliche Vielfalt an Arbeitsformen. Abhängig von den Koordinaten der Bürowelt – Ort, Zeit und Struktur – existieren die unterschiedlichsten Varianten nebeneinander (Abb. 1.4). Bei der Home-Office-Telearbeit erfolgt die Arbeit alternierend in der Privatwohnung und im Bürogebäude. Die Vernetzung, wie etwa über Internet, erlaubt es, zu Hause viele Aufgaben zu erledigen, so dass oft nur noch wenige zentrale Arbeitsplätze im Bürogebäude notwendig sind. Diese Arbeitsplätze können dann im Sharingbetrieb von den Telearbeitern gemeinsam genutzt werden.

Beispielsweise können Satellitenbüros – mit entsprechender Informations- und Kommunikationstechnologie ausgestattete Zweigstellen sowohl ständig als auch vorübergehend als Arbeitsplatz dienen. In Nachbarschaftsbüros sind Telearbeiter unterschiedlicher Arbeitgeber tätig, Serviceeinrichtungen wie Sekretariate oder Kantinen werden miteinander geteilt. Die Vorteile dezentraler Bürokonzepte bleiben damit erhalten, aber die Telearbeiter sind nicht völlig isoliert. Vielmehr werden neue Kontakte und Kooperationen zwischen verschiedenen Unternehmen und Menschen befördert. Telezentren werden als Dienstleistungszentren von Kommunen und Wirtschaftsförderungsge-

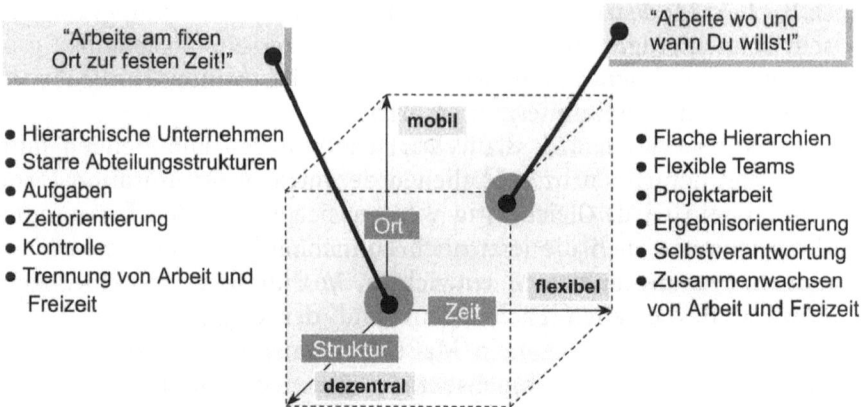

Abb. 1.4. Die zunehmende Auflösung von Raum, Zeit und Struktur in der Arbeitswelt

sellschaften häufig in strukturschwachen Regionen eingerichtet, wo Telearbeit im Sinne eines Nachbarschaftsbüros möglich ist.

Diese Arbeitsformen werden durch die Fortschritte im Bereich der Informations- und Kommunikationstechnik zukünftig noch flexibler, multimedialer und mobiler sein (vgl. Szenariobeispiel in Abb. 1.5). Der Arbeitsplatz kann demnach dank Notebook, Daten- und Mobilfunk überall auf der Welt sein. Unterwegs im Flugzeug, im Hotel, beim Kunden, zu Hause oder im Büro – in diesem Büro der Zukunft wird es aus den bereits dargestellten Gründen möglicherweise überhaupt keine festen Arbeitsplätze mehr geben. Es wird sich immer mehr zu einem Kommunikationstreffpunkt und einer Kreativitätsstätte wandeln, weg von dem Ort, wo heute noch die Anwesenheit der Mitarbeiter überwacht wird. Anhand dieser Beispiele zeigt sich: Je stärker die Wirtschaft in einem Netzwerk zahlreicher, kleiner, flexibler und eigenverantwortlicher Einheiten organisiert ist, um so vielfältiger werden sich die Entwicklungsmöglichkeiten für die einzelnen Mitarbeiter gestalten. So rückt die Vision in greifbare Nähe, frei zu entscheiden, wann, wo und mit wem man gerne arbeiten möchte.

Die Informations- und Kommunikationstechnologien werden bei der Gestaltung menschlicher Arbeit allerdings nicht nur zur Flexibilisierung, Mobilitätserhöhung und Produktivitätssteigerung beitragen. Vielmehr werden sie auch zu einer völlig neuartigen Arbeitsteilung mit Maschinen und Computern führen. Die Menschen werden bei Standardtätigkeiten, aber zunehmend auch bei anspruchsvolleren Aufgaben immer mehr von elektronischen Akteuren, sogenannten „Avataren", unterstützt werden. Diese intelligenten digitalen „Lebewesen" werden die Menschen

Abb. 1.5. Vision eines Telearbeitsplatzes aus dem Projekt OFFICE 21® des Fraunhofer IAO

in Zukunft bei Assistenz- oder Recherchetätigkeiten wesentlich entlasten können. Dabei nutzen diese Akteure massiv die globale Vernetzung. Sie werden Aufgaben wie die Terminplanung, die Reiseplanung und die Reisebuchung durchführen. Sie werden bei ihren Recherchetätigkeiten Angebote vergleichen und ihre menschlichen Herren auf Marktveränderungen hinweisen, bzw. Empfehlungen zum Kauf günstiger Produkte, Rohstoffe oder Aktien geben und fragen, ob sie die vorgeschlagene Transaktion sofort online durchführen sollen. Avatare werden 24 Stunden an 365 Tagen im Jahr arbeiten ohne Gehaltsforderungen, Motivationsprobleme oder Urlaub, aber auch ohne jede Emotionalität. Der Mensch wird mit ihnen unkompliziert über Sprache, Gestik oder Stifteingabe im kommenden UMTS-Netz (Universal Mobile Telecommunications System) von jedem Punkt der Welt aus kommunizieren können.

Es wird deutlich, dass sich den Erwerbspersonen und Unternehmen beträchtliche Chancenpotenziale bieten werden. So lassen sich effizientere Arbeitsweisen entwickeln und es bieten sich gleichzeitig Möglichkeiten zur besseren Abstimmung bzw. Vernetzung zwischen Berufs- und Privatleben. Andererseits muss darauf geachtet werden, dass die dargestellten möglichen und erwartbaren Entwicklungen nicht allein zu Rationalisierungszwecken genutzt werden und die Arbeitsgestaltung auch an den Bedürfnissen und Wünschen der Beschäftigten orientiert ist. Es müssen verstärkt Wertvorstellungen in den Arbeitsprozess einbezogen werden, die den Menschen in den Mittelpunkt der Arbeit rücken. Dies kann z.B. über das Führungskonzept des Management-by-Objectives geschehen, wo zwischen Mitarbeitern und Führungskräften gemeinsam realistische Arbeitsziele vereinbart werden. Der Mensch wird demnach auch in Zukunft das größte und wichtigste Kapital im Unternehmen darstellen.

Change Management

Um die tiefgreifenden Veränderungen der Arbeits- und Lebenswelt erfolgreich meistern zu können, müssen sich die Menschen darauf ausreichend und optimal vorbereiten und/oder vorbereitet werden. Eine zentrale Rolle spielen hier Qualifizierungsmaßnahmen wie der Erwerb von Methodenkompetenzen, Sozialkompetenzen und Fachkompetenzen.

Der Einsatz neuer Technologien und der Bedeutungsgewinn von Wissen und Kreativität im Arbeitsalltag machen es notwendig, Methodenkompetenzen aufzubauen und diese auch in den betrieblichen Arbeitsprozessen umzusetzen. Wichtig sind hier z.B. die Beherrschung von Informations- und Kommunikationstechnologien, das Management von Wissen, die Fähigkeit Fachwissen zu kombinieren, Problemlösungskompetenzen sowie Abstraktionsfähigkeit. Die veränderten organisatorischen Rahmenbedingungen – wie die Zusammenarbeit in kleinen Teams, die Kooperation mit internationalen Partnern oder die Arbeit in virtuellen Unternehmen als E-Lancer – erfordern hingegen vermehrt soziale Kompetenzen. Hier ist z.B. an Teamfähigkeit, Kooperationsfähigkeit, Kommunikationsfähigkeit, aber auch an Selbstaktivierungsfähigkeit zu denken. Dabei wird auch das Fachwissen weiterhin eine große Rolle spielen. Fachkompetenzen müssen allerdings permanent ergänzt werden, um der ständig sinkenden Halbwertszeit von Wissen entgegenzuwirken. Lernen muss deshalb in Zukunft verstärkt als Lebenshaltung verstanden werden und ist damit auch als ein lebenslanger Prozess zu begreifen.

Grundsätzlich werden die Menschen mehr als bisher für ihre eigene Bildung und Weiterbildung verantwortlich sein. Sie müssen also auch lernen, sich selbst auf diese Veränderungen vorzubereiten. Hierfür müssen neue Lehr- und Lernmethoden mit hoher Eigenverantwortung eingesetzt werden. Dabei ist z.B. an Telelernen bzw. multimediabasiertes virtuelles Lernen zu denken, das es den Teilnehmern ermöglicht, sich vom Arbeitsplatz aus oder von zu Hause an einem virtuellen Kurs zu beteiligen, bei dem der Tutor konkrete Aufgabenstellungen vergibt, die von den Teilnehmern gelöst werden sollen. Hierbei handelt es sich um aktives und individuelles Lernen in Gruppen. Die Gruppenkommunikation wird dabei durch den Einsatz von E-Mail, Internet und Videokonferenzen wirkungsvoll unterstützt. Diese Form der Qualifizierung sorgt neben der Vermittlung von Fachwissen und Kommunikationskompetenz auch für eine Verbesserung der Medienkompetenz und ist weitgehend unabhängig von Raum und Zeit. So können beispielsweise Menschen überall auf der Welt an dem gleichen Kurs teilnehmen und globale Lernnetzwerke aufbauen.

Den Beschäftigten werden jedoch auch vermehrt Freiräume zur beruflichen oder privaten Selbstverwirklichung im Sinne einer Weiterqualifikation gegeben. Dabei bieten sich zwischen normalen Arbeitsphasen insbesondere sogenannte Sabbaticals (Lernurlaub) an. Hier handelt es sich um regelmäßige zeitlich begrenzte Freistellungen bzw. Auszeiten von der Arbeit, die es den Mitarbeitern bzw. Selbständigen ermöglichen, auch im Sinne einer Selbstverwirklichung neue Qualifikationen, Fähigkeiten und Know-how zu erwerben. Die Notwendigkeit zur Weiterqualifikation enthält demnach nicht nur Anforderungen, sondern auch ganz erhebliche Chancen für den Einzelnen.

Gesellschaftliche Wirkungen

Die dargestellten Veränderungen in den Bereichen Organisation und Technologie sowie die Notwendigkeiten einer permanenten Weiterqualifizierung werden die bisherigen Formen des Erwerbslebens der Menschen nachhaltig verändern. So fordern beispielsweise neue flexible Organisationsformen statt einer festen Anstellung eine zeitlich begrenzte und nachfrageorientierte Anpassung an die jeweiligen Aufgabenstellungen. Sie werden demnach verstärkt befristet und projektbezogen gestaltet sein. Personalleasing wird damit in Zukunft immer mehr zum Normalfall von Beschäftigung werden. Gleichzeitig wird die Zahl der Selbständigen in den nächsten Jahren immer mehr ansteigen. Lebenslange Beschäftigung wird demnach vermutlich genauso der Vergangenheit angehören wie die Ausübung einer einzigen Tätigkeit während des Erwerbslebens. Darüber hinaus wird das Erwerbsleben in einer vernetzten globalen Wirtschaft durch eine höhere Mobilität bei der Berufsausübung geprägt sein. Folglich werden die Menschen ihren Wohnort auch häufiger im internationalen Umfeld wechseln müssen.

Im Zusammenhang mit diesen Flexibilitätsanforderungen wird die Arbeits- und Lebensarbeitszeit wahrscheinlich generell nicht abnehmen können. Allerdings bietet sich gerade durch die neuen Organisationsformen und Technologien eine bessere Integration zwischen Berufs- und Privatleben an. Arbeitsmodelle wie Teilzeit, Langzeitarbeitskonten oder flexible Arbeitszeiten werden aus diesem Grund aller Wahrscheinlichkeit nach stark zunehmen. Allerdings ist nicht zu erwarten, dass dadurch sämtliche Fragestellungen der Arbeitslosigkeit gelöst werden können. Vielmehr ist auch an Lösungskonzepte zu denken, die den Vorstellungen an eine neue Tätigkeitsgesellschaft entsprechen. Durch die Ausführung von „Non-Profit"-Tätigkeiten im Sinne von karitativen und ehrenamtlichen Aufgaben werden Möglichkeiten geschaffen werden, die zu einer höheren persönlichen aber auch gesellschaftlichen Sinnstiftung führen können. Dabei wird die Grenze zwischen Vollerwerbsarbeit zu Nichterwerbsarbeit fließender gestaltet werden müssen, um den Menschen den Wechsel zu erleichtern. Eine Finanzierung und soziale Absicherung könnte nach Vorstellungen des Club of Rome aus den Ressourcen erfolgen, die bisher für Arbeitslosenunterstützung und Sozialhilfe aufgewendet werden. In vielen westlichen Ländern würde auch dies eine konsequente Reform der Sozialversicherungssysteme erfordern.

Wie viele andere Bereiche unserer Gesellschaften wird auch die Arbeit einen dramatischen Umbruch in der Zukunft erleben. Daraus ergeben sich Chancen und Risiken, die es sinnvoll und zum Wohle der Menschen zu gestalten gilt. Denn, wie schon Georg Christoph Lichtenberg (1742-1799) bemerkte:

„Es ist nicht gesagt, dass es besser wird,
wenn es anders wird,
wenn es aber besser werden soll,
muss es anders werden."

Literatur

[1] Apgar, M.: The Alternative Workplace: Changing where and how people work. Harvard Business Review, 1998.
[2] Beck, U.: Schöne neue Arbeitswelt. Vision: Weltbürgerschaft. Frankfurt/Main, New York: Campus Verlag, 1999.
[3] Bullinger, H.-J., Zinser, S.: Zukunft der Arbeit – Arbeit der Zukunft. In: Hauptverband der gewerblichen Berufsgenossenschaften (HVBG) (Hrsg.): ZUKUNFT DER ARBEIT – The Future of Work. DCM Druck Center: Meckenheim, 1997.
[4] Bullinger, Hans-Jörg, Hermann, Sibylle: Wettbewerbsfaktor Kreativität. Strategien, Konzepte und Praxisbeispiele dienstleistungsorientierter Unternehmen (Hrsg.). Wiesbaden: Gabler Verlag, 2000 (in Druck).
[5] Celente, G.: Trends 2000: How to Prepare for and Profit from the Changes of the 21st Century. New York et al.: Warner Books, 1997.
[6] Eichendorf, W.: Work it Out. Beiträge zur Zukunft der Arbeit. 1. Auflage. Wiesbaden: Universum Verlagsanstalt, 1998.
[7] Grupp, H.: Der Delphi-Report: Innovationen für unsere Zukunft. Stuttgart: Deutsche Verlagsanstalt, 1995.
[8] Giarini O.; Liedtke P. M.: The employment dilemma and the future of work, Müchen: Heyne 1999
[9] Hartkopf, V. et al.: Designing the office of the future: the Japanese approach to tomorrow's workplace. Advanced Building Systems Integration Consortium, the Center for Building Performance and Diagnostics, Carnegie Mellon University. New York: Wiley, 1993.
[10] Hormann, J.: Future Work. Signale für das Leben im 3. Jahrtausend. 2. vollständig überarbeitete und erweiterte Ausgabe. Wiesbaden: Universum Verlagsanstalt, 1998.

[11] Joroff, M.: Delivering the 21st Century Workplace: An Action Framework for CIR, Report extract from the 1999 IDRC Spring World Congress held in Boston, MA. 1999.
[12] Kern, P., Bauer, W., Zinser, S.: Knowledge Worker im globalen Netz – das Büro der Zukunft. In: Warnecke, H.-J. (Hrsg.): Projekt Zukunft: die Megatrends in Wissenschaft und Technik, Köln: 1999.
[13] Kern, P., Ilg, R., Zinser, S.: Organisationsstrukturen im Wandel – aktuelle Entwicklungen und Perspektiven. In: Tessaring, M. (Hrsg.): Die Zukunft der Akademikerbeschäftigung – Dokumentation eines Workshops der Bundesanstalt für Arbeit. Schriftenreihe Beiträge zur Arbeitsmarkt- und Berufsforschung Nr. 201, Nürnberg, 1996.
[14] Mallone T. W.; Laubacher R. J.: The Dawn of the E-Lance Economy. In: Harvard Business Review, 5, 1998
[15] MIT: Global Business Network (GBN)/MIT-Worldview Meeting: Boston, 1999
[16] Opaschowski, H. W.: Feierabend? Von der Zukunft ohne Arbeit zur Arbeit mit Zukunft! Opladen: Leske + Budrich, 1998.
[17] Picot, A.; Reichwald, R.; Wigand, R. T.: Die grenzenlose Unternehmung: Informationen, Organisation und Management. Lehrbuch zur Unternehmensführung im Informationszeitalter. 2., aktualisierte Auflage, Wiesbaden, 1996.
[18] Rifkin, J.: The End of Work. New York: Putnam, 1995.
[19] Schneider, R.; Gentz, M.: Intelligent Office. Verlagsgesellschaft Rudolf Müller, 1997.
[20] Tapscott, D.: Die digitale Revolution: Verheißungen einer vernetzten Welt – die Folgen für Wirtschaft, Management und Gesellschaft. Wiesbaden: Gabler, 1996.
[21] Worthington, J.: Working Place for the Knowledge Economy. In: Cooperative Buildings; Streitz, N. A., Konomi, S., Burkhardt, H. J. (Hrsg.). Berlin: Springer, 1998, S. 2–3.

KAPITEL 2

Anforderungen an den Arbeits- und Gesundheitsschutz der Zukunft

K. KUHN

Arbeitswelt im Wandel

Wir leben zur Zeit in einer sehr turbulenten Umwelt; die gesellschaftlichen Umbrüche beziehen sich auf alle Lebensbereiche. Im Folgenden werden einige Entwicklungen aufgezeigt, die entscheidend für den Wandel von Arbeitsbedingungen und die möglichen Gegenstrategien des Arbeitsschutzes sein werden.[1]

Die Bundesrepublik Deutschland erlebt derzeit einen tiefgreifenden Strukturwandel, der sich im technischen und wirtschaftlichen Wandel, dem Wandel der Arbeitswelt sowie in der Sozialstruktur widerspiegelt. Es nehmen neue Beschäftigungsformen zu wie z.B. Leih- und Zeitarbeit, Telearbeit, dauerhaft geringere Beschäftigung und Scheinselbständigkeit als eine Form neuer Selbständigkeit.

Dies zeigt sich im Wandel der Betriebsstrukturen durch die Veränderungen in der inner- und zwischenbetrieblichen Arbeitsteilung, wie Dezentralisierung von Produktions- und Dienstleistungen, Outsourcing von betrieblichen Funktionen, virtuellen Unternehmen, verlängerten Werkbänken sowie Aus- und Neugründungen von Kleinunternehmen.

Der Wandel zeigt sich aber auch in den geänderten Rahmenbedingungen für die Unternehmen wie Globalisierung, Einzelkunden mit individuellen Produkt-, Liefer- und Qualitätsanforderungen, rasanten technologischen Entwicklungen, geänderten Organisationsstrukturen

---

[1] Zahlreiche Veröffentlichungen und Vorhaben beschäftigen sich mit dem Wandel der Arbeit und den damit verbundenen Konsequenzen für den Arbeitsschutz. Vergl.: Zukunft der Arbeitsbedingungen (1999). Schriftenreihe der BAuA, Tagungsband TB 101. Wirtschaftsverlag NW, Dortmund/Berlin. Scheuch, K.; Haufe, E.; Weihrauch, M. (Hrsg.). Arbeitsschutzforschung. Diskussionen am Ende des 20. Jahrhunderts, BC Verlags- und Mediengesellschaft mbH, Wiesbaden. The changing world of work. European Agency for Safety and Health at Work (1999). Office for Official Publications of the European Communities, Luxembourg.

und letztlich verschärftem Wettbewerb. Hierarchische Strukturen werden zunehmend durch flexible, agile Organisationen ersetzt; Organisationen, die auf Teams, Projekten und Prozessen basieren sowie markt- und kundengetrieben sind. Ziel sind lernende Organisationsstrukturen, um dem permanenten organisatorischen Anpassungsdruck gerecht zu werden.

Es ist deshalb erforderlich, die Auswirkungen dieser gesellschaftlichen Wandlungsprozesse rechtzeitig zu erkennen, zu antizipieren und innovativ zu bewältigen, genauso wichtig ist es jedoch, die vorhandenen betrieblichen und überbetrieblichen Strukturen der Problembearbeitung für die Zukunft „fit" zu machen.

Im herkömmlichen volkswirtschaftlichen Denken ist Arbeit ein Produktionsfaktor, wie Boden und Kapital – er wird unter dem Gesichtspunkt von Kosten betrachtet, die reduziert werden müssen. In einer wissensorientierten Wirtschaft stellen jedoch Menschen eine Hauptressource dar. Innovation und Wandel bei Produkten und Technologien haben ein solches Tempo angenommen, dass sich die Fähigkeit, Wissen zu schaffen, für Unternehmen und ganze Länder als Wettbewerbsvorteil erweisen wird. Unternehmen werden deshalb nicht nur nach ihren Produkten und Maschinen bewertet, sondern in erster Linie nach der Fähigkeit der Belegschaft, Wissen zu schaffen, nach den Menschen, die für sie arbeiten, und danach, was die Arbeit für sie bedeutet.

Der Sicherheits- und Gesundheitsschutz muss für die betriebliche Anwendung einen für die Betriebe praktikablen, betrieblich anwendbaren Gestaltungsansatz entwickeln, der den bisherigen eher regulierten Handlungsansatz ablöst. Die neuen, flexiblen Arbeitsschutzregelungen geben den Betrieben hierbei Spielräume, solche Fähigkeiten zu entwickeln; sie verlangen aber nach noch zu entwickelnden Arbeitsschutzinstrumenten, Leitfäden und Handlungshilfen zur Unterstützung. Insbesondere kleinere und mittlere Unternehmen, die für die deutsche Wirtschaft immer größere Bedeutung erlangen, benötigen diese Unterstützung.

Zur Zeit basieren die meisten europäischen Systeme der sozialen Sicherheit auf einem Beschäftigungsmodell, bei dem vorausgesetzt wird, der „Normalfall" sei lebenslange und unbefristete Beschäftigung, und das Ausscheiden aus dem Erwerbsleben finde am Ende des Arbeitslebens statt. Die Sozialleistungen basieren daher auf einem beitragsbezogenen Versicherungsmodell, und ein Anspruch hängt häufig von ununterbrochenen Beitragszahlungen ab.

Wenn die „herkömmlichen" Arbeitsstrukturen sich, wie dies zur Zeit erlebt wird, im Laufe der nächsten Jahrzehnte noch weiter verändern, hat dies längerfristig enorme Auswirkungen auf die politischen

Strategien im Bereich des sozialen Schutzes. Aus diesen Gründen müssen Mechanismen zur Anpassung der Systeme des sozialen Schutzes erarbeitet werden, die diesen neuen Arbeitsmustern langfristig Rechnung tragen. Unzweifelhaft ist jedoch, dass Erfolge in der Sicherheit und Gesundheit bei der Arbeit nachweislich ihren Niederschlag im Bereich der Sozialpolitik haben, z.B. durch die Verringerung gesellschaftlicher Kosten, durch Rückgang von Unfallziffern, Krankheitsziffern, Sterbeziffern, insbesondere aber auch durch einen Rückgang der Inanspruchnahme medizinischer, sozialer und rehabilitativer Leistungen. Aus diesen Gründen besteht ein erheblicher Bedarf für die Entwicklung und Umsetzung innovativer Präventionskonzepte und -instrumente an den Schnittstellen von Erwerbsarbeit zu den Maßnahmemöglichkeiten der Träger der sozialen Sicherungssysteme. Dies schließt die Entwicklung einer verbesserten Integration (employability) der außerhalb des Erwerbslebens stehenden Erwerbstätigen mit ein.

Die Informationsgesellschaft als Herausforderung

Innovationen in der Informations- und Kommunikationstechnologie haben die Voraussetzungen für eine bis vor kurzem kaum vorstellbare Ausweitung von Informations- und Kommunikationsdiensten- und -anwendungen geschaffen. Die Gewinnung, Verarbeitung, Vermittlung, Verbreitung und Nutzung von Informationen spielen in Wirtschaft und Arbeitswelt eine immer bedeutendere Rolle. Für die Wirtschaft ist der Rohstoff „Information" bereits heute zu einem maßgeblichen Produktionsfaktor geworden.

Die Auswirkungen der Entwicklung zur Informationsgesellschaft auf die Beschäftigung – und damit auch auf den Arbeitsschutz – sind vielfältig und komplex. Sie reichen vom Wandel bestehender Berufe und der Entwicklung neuer Berufsfelder bis hin zur Veränderung von Kooperationsformen innerhalb von Unternehmen, zwischen Unternehmen und Branchen. Der dynamische Charakter des Wandels zur Informationsgesellschaft bringt es mit sich, dass sich Aufgabenschwerpunkte verschieben und neue Aufgabenfelder entstehen. In der Erwerbsbevölkerung wird sich der Anteil der Beschäftigten in regulären Arbeitsverhältnissen bei gleichzeitiger Zunahme atypischer, flexibler Beschäftigungsverhältnisse weiter verringern. Zugleich werden sich durch die neuen Kommunikationsmöglichkeiten die Grenzen zwischen Arbeitswelt und Wohnumwelt für einen wachsenden Teil der Erwerbstätigen verwischen. Telearbeit in unterschiedlicher Form wird sich nach Meinung der Experten in den kommenden Jahren rasch verbreiten, u.a. mit dem Ergebnis, dass sich die Zahl der Freiberufler sowie der Klein- und Kleinstbetriebe deutlich vergrößern wird.

Diese Entwicklungen bedeuten Chancen, aber auch Risiken und neue Herausforderungen für die Menschen, die die neuen Technologien und Anforderungen unter veränderten Bedingungen der Arbeitsorganisation und der Arbeitsform bewältigen müssen. Bildungspolitik, Arbeitsmarktpolitik, aber auch Arbeitsschutzpolitik müssen die Menschen mitnehmen in die neue Informationsgesellschaft und ihnen sinnvolle Arbeit und Perspektiven bieten.

Herausforderungen für die Unternehmen

Die Unternehmen erleben eine Gleichzeitigkeit von Innovations-, Zeit-, Qualitäts-, Preis- und Kostenwettbewerb. Die Bedingungen, unter denen die Unternehmen auf den Weltmärkten heute tätig sind, haben sich noch nie so schnell, so nachhaltig und in so vielen Dimensionen gleichzeitig verändert wie in den letzten Jahren. Da davon auszugehen ist, dass sich dieser Trend noch weiter beschleunigt, müssen die Unternehmen noch viel intensiver und klarer herausarbeiten, wie entscheidende Wettbewerbsvorteile kurz- und langfristig erreicht werden können. So zwingt der zunehmende Wandel vom Anbieter- zum Käufermarkt Industrieunternehmen, verstärkt auf Kundenwünsche einzugehen. Kosten und Durchlaufzeiten müssen reduziert werden, gleichzeitig sind Produktivität, Qualität und Flexibilität zu steigern. Produzierende Unternehmen stehen vor der Aufgabe, Merkmale eines Dienstleistungsunternehmens zu verwirklichen. Die Arbeitskosten als eine Bedingung des Wettbewerbes stehen auf dem Prüfstand. Folgende Entwicklungen werden die Wirklichkeit in den Unternehmen entscheidend beeinflussen:

- die Produkte werden komplexer und hochwertiger,
- die Qualitätsansprüche steigen,
- die Produktvarianten nehmen zu und die Losgrößen sinken,
- die Stückzahlen schwanken,
- die Innovationszeiten werden kürzer,
- die Lieferfristen werden kürzer und die Liefertreue gewinnt an Gewicht.

Dieser Herausforderung kann nur mit modernster Fertigungstechnik und qualifizierten, motivierten Menschen begegnet werden. Dabei erhält die Information als wichtiger Produktionsfaktor neue Qualität und Bedeutung. Die Anforderungen an den Menschen in einer solchen Produktion wandeln sich mit zunehmender Geschwindigkeit; die

Vorsorge für den Erhalt seiner Gesundheit, seiner Motivation und die Gestaltung seiner Arbeitsbedingungen müssen diesen Entwicklungen angepasst werden. Zukünftig steht nicht nur die Bewältigung dieser Herausforderungen durch einen ebenso modernen Gesundheitsschutz im Vordergrund, vielmehr geht es auch darum, einen sozialpolitischen Beitrag zu leisten, um mögliche Folgen eines nicht adäquaten betrieblichen Gesundheitsschutzes, z. B. in Form von Verschleiß, Frühverrentung, Chronifizierung und Arbeitslosigkeit, von vornherein klein zu halten.

Obwohl den Unternehmen in den letzten Jahren bewusst geworden ist, wie bedeutend für den Markterfolg – neben dem „richtigen" Produkt eine exzellente Produktion ist, fehlt es in vielen Fällen an einem umfassenden Verständnis dafür, wie die Produktion zu den strategischen Zielen eines Unternehmens beitragen kann.

Aufbauend auf einer aus der Geschäftsstrategie abgeleiteten Produktionsstrategie müssen Produktstruktur, Produktionsprozesse, Produktionslenkung, Informationsversorgung und – nicht zuletzt – die Organisation eines Betriebes zielgerichtet gestaltet werden. Die Begriffe für solche Wandlungsprozesse (z. B. Business-Design, Reengineering etc.) sind zahllos und beherrschen die Medienlandschaft. Ohne Weichenstellung in Aufbau- und Ablauforganisation werden die vorgegebenen Ziele kaum erreicht werden. Die richtige Organisation ist Voraussetzung für die Durchführung einer Strategie. Danach sind technische Maßnahmen schrittweise zu realisieren. Ohne die Wechselwirkung zwischen den Aufgabenfeldern zu verkennen, muss dies die Stoßrichtung eines Handelns heute sein.

Wandel der Arbeitsbedingungen

Die BIBB/IAB – Erhebung 1998/99 hat besonderes Augenmerk auf die Veränderungs- und Wandlungsprozesse in der Arbeitswelt gelegt.[2] Rund drei Viertel aller Erwerbstätigen (77%) haben eine Änderung im Betrieb erfahren, wobei für 41% sogar eine Auswirkung auf die persönliche Arbeitssituation sich ergeben hat. Die häufigsten Änderungen (44%) betrafen die Einführung neuer Produktionstechniken (neue Maschinen, Werkstoffe oder auch neue Computerprogramme). Bei 29% aller Erwerbstätigen wurden in den letzten zwei Jahren

---

[2] Rolf Jansen. Arbeitsbedingungen, Arbeitsbelastungen und Veränderungen auf betrieblicher Ebene, in: Werner Dostal u.a. (Hrsg.): Wandel der Ewerbsarbeit: Arbeitssituation, Informatisierung, berufliche Mobilität und Weiterbildung, Beiträge zur Arbeitsmarkt- und Berufsforschung, Nürnberg 2000.

Arbeitsbereiche umstrukturiert; bei 13% wirkte sich dies sogar unmittelbar auf die eigene Arbeit aus. Deutlich wird aus den BIBB/IAB-Daten, dass die betriebliche Veränderungsgeschwindigkeit mit der Betriebsgröße deutlich zunimmt. Der Veränderungsdruck schlägt sich auch in der eigenen Arbeitssituation nieder. Aus Sicht der Beschäftigten hat sich die eigene Arbeitssituation in dem zurückliegenden 2-Jahreszeitraum negativ entwickelt: So geben 46% der Erwerbstätigen an, dass Stress und Arbeitsdruck zugenommen haben. Dies steht in einem engen Zusammenhang zu der Feststellung, dass im gleichen Zeitraum auch die fachlichen Anforderungen (42%) gestiegen sind. Interessant ist dabei die Feststellung, dass dort wo Stress und Arbeitsdruck zugenommen haben, gleichzeitig über eine Zunahme der körperlichen Belastungen berichtet wird. Dies gilt gleichermaßen auch für Überstunden sowie für das Risiko, arbeitslos zu werden. Generell ist festzustellen, dass die psychischen, psychosozialen und mentalen Belastungsfaktoren zunehmen und in der Beurteilung der Arbeitsbedingungen immer wichtiger werden. Die gesundheitlichen Folgen drücken sich in einer Zunahme der unspezifischen Beschwerden aus; dieses Problem stellt jedoch für den Arbeitsschutz in Bezug auf Erfassung, Analyse und Bewertung eine große Herausforderung dar.

Herausforderungen für den betrieblichen Gesundheitsschutz

Der betriebliche Gesundheitsschutz steht in einem engen Kontext zu diesen Entwicklungen. Qualitäts- und Kostenmanagement sind heute unverzichtbarer Bestandteil der Dienstleistung „Schutz der Gesundheit". Ausgangspunkt der Qualitätsphilosophie ist dabei die Annahme, dass eine bessere Struktur zu einem besseren Prozess und damit zu einem besseren Ergebnis führt. In dieser Kette hat sich der betriebliche Arbeitsschutz einzubringen und seine Ziele Vorbeugung, Vorsorge und Förderung der Gesundheit zu realisieren. An der Erreichung dieser Ziele wird er gemessen.

Die Handlungsmöglichkeiten des Arbeits- und Gesundheitsschutzes werden nachhaltig verändert, indem z.B. durch das Fehlen betrieblicher Sozial- und Infrastrukturen, bzw. durch die verstärkte Ausgrenzung aus dem klassischen Präventionsbereich die Handlungsmöglichkeiten für den Arbeitsschutz erschwert werden; die großbetrieblichen Leitbilder der Prävention sind nicht mehr ohne weiteres übertragbar. Dies schafft – auch im Kontext des neuen Arbeitsschutzrechtes – einen Modernisierungsdruck für den Arbeitsschutz, der mit der Abnahme seines klassischen Erfolgsmilieus der Mittel- und Großbetriebe noch wachsen wird. Die Umsetzung der präventiven Leitideen des neuen Arbeitschutzrechtes in eine zukunftsweisende Arbeitsschutzpolitik ist damit eine der großen Herausforderungen.

Mit der Erosion der herkömmlichen Arbeitsstrukturen findet auch eine Erosion der tradierten Vorgehensweisen, Strategien und Konzepte im Arbeitsschutz statt. Der Arbeitsschutz hat den neuen Arbeitsmustern Rechnung zu tragen. Das Prinzip der Prävention kann als eine innovative Strategie genutzt werden, die Qualität der Arbeit den gewandelten Bedingungen anzupassen. Leitvorstellung eines solchen Prinzips sollte die Schaffung von Arbeitsplätzen und Arbeitsanforderungen sein, die allen Beschäftigten die Ausübung einer Tätigkeit bis zur Beendigung des Erwerbslebens ermöglichen.

Unter den dringlichen Umsetzungsproblemen sind drei Bereiche hervorzuheben: die große und weiter wachsende Zahl von Klein- und Mittelbetrieben, die Erfassung und Analyse des Bereichs der psychosozialen Belastungen und ihrer Folgen, die Bestimmung einer Standardnormalleistung unter den gewandelten Bedingungen neuer Arbeitsstrukturen und -organisationen unter Einbeziehung älter werdender Belegschaften.

Gesundheit ist mehr als Anwesenheit im Betrieb und Leistungsfähigkeit des Beschäftigten. Gesundheit im Betrieb ist beides: Voraussetzung und Ergebnis einer kontinuierlichen und produktiven Auseinandersetzung mit den Bedingungen und Herausforderungen der Arbeit. Die Förderung persönlicher, organisatorischer und sozialer Gesundheitspotenziale sind heute wichtige Voraussetzungen für den betrieblichen Erfolg und für weitere Produktivitätszuwächse.

Prävention und Arbeitsschutzrecht

Immer mehr setzt sich die Auffassung durch, dass Arbeitsschutz Bestandteil der Unternehmenspolitik sein muss. Das neue Arbeitsschutzrecht fordert Eigeninitiative und Kooperation mit dem Ziel einer systematischen und konsequenten Prävention. Es gehört zu unserem Menschenbild, Sicherheit und Gesundheit der Arbeitnehmerinnen und Arbeitnehmer auf einem hohen Niveau zu schützen.

Das Prinzip der Prävention, das im neuen Arbeitsschutzrecht umfassend verankert ist, kann als innovative Strategie genutzt werden, die Qualität der Arbeit den gewandelten Bedingungen anzupassen. Leitvorstellung eines solchen Prinzips sollte die Schaffung von Arbeitsplätzen und Arbeitsanforderungen sein, die allen Beschäftigten die Ausübung einer Tätigkeit bis zur Beendigung des Erwerbslebens ermöglichen; gleichermaßen muss die anforderungsgerechte Integration derjenigen in eine Beschäftigung nachhaltig unterstützt werden, die außerhalb des Erwerbslebens stehen.

Ziel des neuen Arbeitsschutzrechts ist es, zum Schutz, zum Erhalt und zur Förderung der Gesundheit der Beschäftigten ebenso beizutragen wie zu einer Verbesserung der innerbetrieblichen Strukturen des Managements. Darüber hinaus sichert eine erfolgreiche Prävention eine ungestörte Produktion, indem Fehlzeiten und Fluktuation verhindert oder abgebaut, die Personalanwesenheit erhöht und die Mitarbeitermotivation gesteigert, die Notwendigkeit für Personalpuffer und das Vorhalten von Spezialisten verringert, Planbarkeit und Termintreue gefördert, die Qualitätssicherheit erhöht, ein positives Unternehmensimage befördert werden. Um dieses noch weitgehend brachliegende Innovationspotenzial eines ganzheitlichen Arbeitsschutzes zu nutzen und zu einer besseren Wettbewerbsfähigkeit von Unternehmen und Organisationen beizutragen, bedarf es einer Erweiterung der bisherigen Handlungsmöglichkeiten und Instrumente, die zugleich der Wettbewerbsförderung dienen.

Aus diesen Gründen ergibt sich Handlungsbedarf in folgenden Feldern:

1. Die betrieblichen und überbetrieblichen Handlungsstrukturen im Gestaltungsfeld von Arbeit und Arbeitsbedingungen benötigen Anpassungsprozesse, die – um effizient zu sein – wirkungsvoll von „außen" unterstützt werden müssen.
2. Die Prävention von möglichen und in der Regel sehr „teuren" Gesundheitsschäden muss durch konsequente und innovative Einbeziehung der jeweiligen Handlungsmöglichkeiten der Sozialversicherungszweige nachhaltig weiterentwickelt werden. Es sind Modelle für eine konsequente Ausschöpfung dieser Präventionspotenziale zu entwickeln, die mittelfristig einen nachhaltigen Entlastungseffekt für die Sozialversicherungen bringen können.
3. Qualität, Sicherheit und Gesundheit im betrieblichen Herstell- und Organisationsverlauf sowie im Hinblick auf die am Markt angebotenen Dienstleistungen, Produkte und Waren sind in die unternehmerischen Aufgaben zu integrieren, sowohl was die Zielsetzung (Zielplanung) als auch die Zielerreichung (Durchführung von Maßnahmen) betrifft. Die Integration muss dabei sowohl den Trends der derzeitigen und künftigen Entwicklung inner- wie überbetrieblicher Organisationsformen, als auch den Entwicklungen neuer Dienstleistungsangebote sowie Waren und Produkte angepasst werden.

Tabelle 2.1. Vergleich traditioneller und präventiver Arbeitsschutz

Arbeitsschutzmerkmal	Traditioneller Ansatz	Präventiver Ansatz
Zielrichtung	reaktives Handeln, Nachsorge	proaktives und präventives Handeln
Einbindung ins Unternehmen	AS-Abteilung, SIFA und Arbeitsmediziner	alle Führungskräfte, alle Mitarbeiter
Aufgaben des AS	Kontrolle und Beratung	Motivation, Beratung und Gestaltung
Handlungsansatz	Gesetze, Regelwerk	Ziele, Politik und Kultur des Unternehmens
Maßnahmenauslösung	Unfälle, Beanstandungen, Schäden	KVP, Gestaltungsdefizite
Interventionsrichtung	Erfüllung von Mindestanforderungen	Optimierung gesundheitsförderlicher Arbeitsbedingungen
Einbindung in die Organisation	AS als isolierter Aktionsbereich	AS integrativer Bestandteil betrieblicher MS
Paradigma	Pathogenese	Salutogenese

Die Zukunft hat schon begonnen, vom „heute" ausgehend kann das „morgen" gestaltet werden. Der Arbeitsschutz in Europa muss deshalb seine Gestaltungsmöglichkeiten für die Arbeitswelt der Zukunft aktiv nutzen (Tabelle 2.1), d.h.:

1. Der Arbeitsschutz muss konsequent präventiv orientiert sein.
2. Eine konsequente Prävention setzt Prognosefähigkeit voraus; das erfordert ein europäisches Monitoring der Arbeitsbedingungen.
3. Der Arbeitsschutz muss konsequent in Verfahren, Prozesse und Managementsysteme integriert werden; er muss Bestandteil der Planung sein, d.h. er muss mehr gestaltend und weniger kontrollierend agieren.
4. Der Arbeitsschutz muss die Ressourcen des Einzelnen und von Gruppen zur Selbstorganisation aktiv fördern.
5. Es müssen überprüfbare Kriterien zur Bewertung/Beurteilung der Qualität des Arbeitssystems und des Standes der Technik geschaffen werden.
6. Die europäischen Netzwerke im Arbeitsschutz müssen konsequent weiterentwickelt werden.
7. Bei der Entwicklung neuer Produkte und Technologien muss der Arbeitsschutz entwicklungsbegleitend tätig werden.

Anforderungen an den Arbeits- und Gesundheitsschutz der Zukunft

8. Die Folgen von eingesetzten Produkten (Maschinen, Arbeitsverfahren, Arbeitsstoffen) für die Gesundheit und Arbeitsleistung müssen abschätzbar sein, um sie minimieren zu können.
9. Arbeits- und Gesundheitsschutz muss Teil des Wettbewerbs sein.

KAPITEL 3

Demographischer Wandel: Herausforderung an die betriebliche Gesundheits- und Personalpolitik[1]

M. Morschhäuser

Während gegenwärtig etwa jede bzw. jeder Dritte in der Bevölkerung über 50 Jahre alt ist, wird im Jahre 2030 nahezu die Hälfte zu den über 50-Jährigen zählen. Geburtenrückgang und eine zunehmende Lebenserwartung bewirken in Deutschland wie in allen hochindustrialisierten Ländern – zumindest für die kommenden Jahrzehnte – eine Verkleinerung und zugleich Alterung der Bevölkerung [1]. Dieser Alterungsprozess vollzieht sich in einem Ausmaß, für das es keine historischen Vorbilder gibt, und auch forcierte Zuwanderungen und entsprechend freizügige Einwanderungsgesetze können ihn zwar vermindern, aber nicht verhindern.

Der demografische Wandel wird in der Öffentlichkeit bislang vor allem im Hinblick auf zu erwartende Belastungen der sozialen Sicherungssysteme (insbesondere der Rentenversicherung) diskutiert. Immer weniger Erwerbstätigen wird eine immer größere Anzahl von Rentenbeziehern gegenüberstehen. Aber auch die Gruppe der Erwerbstätigen bzw. das Erwerbspersonenpotenzial[2] werden altern. Nach einer aktuellen Projektion des Instituts für Arbeitsmarkt- und Berufsforschung wird sich der Anteil der 15- bis 29-Jährigen am Erwerbspersonenpotenzial, der sich schon in den vergangenen Jahren stark verringert hat, zukünftig auf einem relativ niedrigen Niveau,

---

[1] Die dieser Veröffentlichung zugrundeliegenden Vorhaben wurden bzw. werden mit Mitteln des Bundesministeriums für Bildung und Forschung unter den Förderkennzeichen 01 HH 960 57 und 01 HH 9901/0 gefördert; letzteres im Rahmen des Gesamtvorhabens „Öffentlichkeits- und Marketingstrategie demographischer Wandel". Die Verantwortung für den Inhalt dieser Veröffentlichung liegt bei der Autorin.

[2] Unter dem *Erwerbspersonenpotenzial* versteht man in der Sozialstatistik sowohl die Erwerbstätigen als auch alle erwerbslosen Personen, die eine Erwerbstätigkeit anstreben (sog. aktive Stille Reserve) und alle weiteren Menschen im Erwerbsalter, die unter für sie günstigen Voraussetzungen (etwa einer entsprechenden Arbeitsmarktlage) eine Erwerbstätigkeit anstreben würden (sog. passive Stille Reserve).

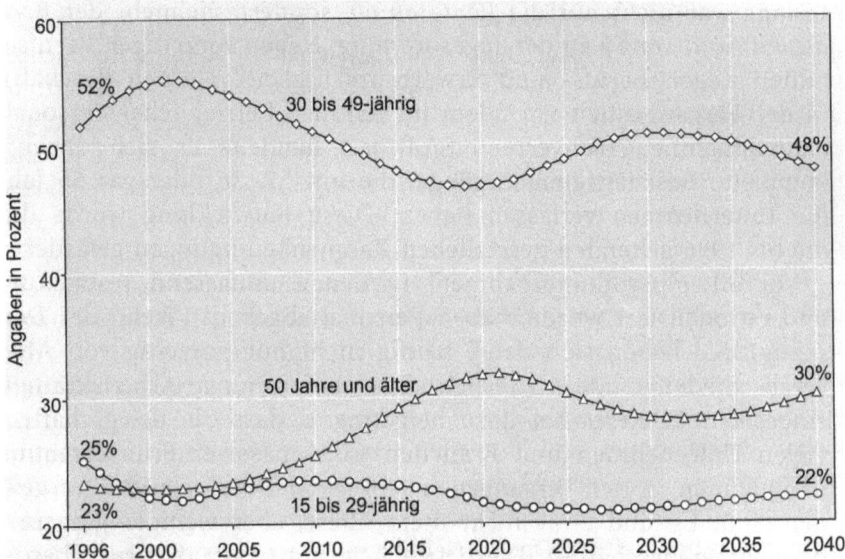

Abb. 3.1. Altersstruktur des gesamtdeutschen Erwerbspersonenpotenzials 1996–2040. (Quelle: Thon 1999; eigene Darstellung)

nämlich bei rund 20 Prozent einpendeln (Abb. 3.1). Die Altersgruppe „50 Jahre und älter" wird dagegen – ausgehend von einem Anteil von rund 23 Prozent im Basisjahr 1996 – bis zum Jahr 2020 auf über 30 Prozent ansteigen und auch langfristig die 30%-Marke kaum mehr unterschreiten. Die mittlere Gruppe der 30- bis 49-Jährigen wächst aktuell und in den nächsten Jahren, vor allem weil geburtenstarke Jahrgänge diese Altersgruppe „durchwandern". Anschließend wird ihr Anteil wieder zurückgehen, bis die Kinder der „Baby-Boom-Generation" für einen weiteren Anstieg sorgen werden [3].

Alternde Belegschaften: Die „Baby-Boom-Generation" kommt in die Jahre

Obwohl es immer mehr Ältere in der Bevölkerung gibt und die (fernere) Lebenserwartung kontinuierlich gestiegen ist, sind aktuell nur relativ wenige Arbeitnehmer und Arbeitnehmerinnen 60 Jahre und älter. Ihr Anteil an allen sozialversicherungspflichtig Beschäftigten beträgt in 1999 mit 622 746 Personen lediglich rund zwei Prozent.[3]

---

[3] Quelle: Bundesanstalt für Arbeit, Referat Beschäftigtenstatistik: Sozialversicherungspflichtig Beschäftigte nach Altersgruppen am 30. Juni 1999 in Deutschland.

Bislang war nicht nur die *Rente ab 60*, sondern vielmehr der *Berufsaustritt weit vor 60* an der Tagesordnung. Neben vorzeitigen Berufsaustritten wegen Berufs- und Erwerbsunfähigkeit[4] wurden Beschäftigte in der Vergangenheit vor allem im Rahmen betrieblicher Personalabbaumaßnahmen frühverrentet; oftmals handelte es sich dabei um komplette Beschäftigtenjahrgänge, die mit 57, 56 oder gar 55 Jahren die Unternehmen verlassen haben. Diese Entwicklung wurde durch die bis 1996 geltenden gesetzlichen Rahmenbedingungen gefördert.[5]

Vor allem Großunternehmen, in denen umfassend restrukturiert und rationalisiert wurde, haben Personal abgebaut (Trend des *Downsizing*). Sie haben sich dabei häufig nicht nur vorzeitig von Älteren verabschiedet, sondern zugleich auch weniger junge Arbeitskräfte neu eingestellt. Letzteres hat dazu beigetragen, dass die Belegschaften in vielen Unternehmen und Branchen trotz massiver Frühverrentungsmaßnahmen in den vergangenen Jahren *im Durchschnitt* älter geworden sind: Es sind zwar nicht mehr ältere, aber weniger jüngere Arbeitnehmer beschäftigt. Die betrieblichen *Altersstrukturen* haben sich somit verändert. Letztlich hat sich in diesen Unternehmen ein ähnlicher Trend wie in der Bevölkerung insgesamt vollzogen: Sie sind geschrumpft und dabei zugleich älter geworden.

Während sich der Anteil jüngerer Arbeitnehmer verkleinert hat[6], sind die mittleren Altersgruppen der 30- bis ca. 45-Jährigen, die „Baby-Boom-Generation", in den meisten größeren Firmen zahlenmäßig besonders stark vertreten. Sie kommen nun in die Jahre und lassen den Altersdurchschnitt von Belegschaften zusätzlich ansteigen, zumal ihre Fluktuation bzw. freiwillige Mobilität im Beschäftigungssystem aufgrund der ungünstigen Arbeitsmarktsituation häufig sehr gering ist.

---

[4] In 1998 gab es in Deutschland 237 075 neue Rentenzugänge wegen verminderter Erwerbsfähigkeit; diese hatten damit einen Anteil von 22,6 Prozent an allen Rentenneuzugängen; Quelle: www.vdr.de/statistik.
[5] Bis zu diesem Zeitpunkt war es möglich, nach langjähriger Beschäftigung und einer anschließenden Phase der Arbeitslosigkeit (Anspruch auf Arbeitslosengeld für die maximale Bezugsdauer von 32 Monaten) mit Alter 60 die Altersrente wegen Arbeitslosigkeit in Anspruch zu nehmen. Diese vorgezogene Altersrente wurde ohne versicherungsmathematische Abschläge ausbezahlt. Betriebliche Abfindungen wurden zudem nicht auf das Arbeitslosengeld angerechnet.
[6] Die Erwerbstätigkeit junger Menschen im Alter von 15 bis 24 Jahren ist in Westdeutschland von 40,5 Prozent im Jahr 1991 auf 30,9 Prozent im Jahr 1995 zurückgegangen, wobei der Anteil der Arbeitslosen und Nichterwerbspersonen (die nicht in der Ausbildung sind) in dieser Altersgruppe im gleichen Zeitraum von 8,6 Prozent auf 12,1 Prozent gestiegen ist [2].

Parallel zur Alterung der Erwerbsbevölkerung vollzieht sich in den Unternehmen ein jeweils eigenständiger *innerbetrieblicher Altersstrukturwandel*. Dieser verläuft von Betrieb zu Betrieb unterschiedlich, je nach Größe, Unternehmensstruktur, wirtschaftlicher Situation, personalpolitischen Weichenstellungen und regionalen bzw. Standortfaktoren. Der demografische Wandel in der Gesamtbevölkerung wird sich dagegen für die meisten Unternehmen erst in der Zukunft deutlich auswirken: Sehr viel weniger jüngere, dafür umso mehr Menschen über 45 Jahre werden dem Arbeitsmarkt zur Verfügung stehen. Zugleich wird die Frühverrentungspraxis angesichts des „Bergs" der geburtenstarken Jahrgänge nicht mehr im gewohnten Umfang greifen und finanziert werden können. Von daher ist damit zu rechnen, dass die Altersgruppen „über 45" zukünftig in Unternehmen in weit größerem Umfang als heute vertreten sein werden.

Betriebliche Alterungsprozesse vollziehen sich schleichend. Bislang werden sie von Personalverantwortlichen kaum zur Kenntnis genommen. Praktizierte umfangreiche Frühverrentungsmaßnahmen haben in manchen real „gealterten" Unternehmen sogar die Illusion genährt, die Belegschaften seien jünger geworden [4]. Stattgefundene Veränderungen der betrieblichen Altersstrukturen werden, selbst in vielen Großunternehmen mit ausdifferenziertem Personalwesen, selten statistisch ausgewertet. Und zukünftig zu erwartende Alterungsprozesse werden aufgrund als dringlicher bewerteter aktueller Probleme und Anforderungen sowie einer gemeinhin kurzfristig orientierten Personalplanung häufig nicht registriert.

Alter und Gesundheit im Arbeitsleben

Warum sollten Unternehmen, in denen der Anteil Älterer wächst, diese Entwicklung im Blick haben? „Ältere" Erwerbstätige, die mit ihren maximal 65 Jahren eigentlich „mitten im Leben stehen", sind prinzipiell nicht weniger leistungsfähig als ihre jüngeren Kollegen [5, 10]. Im Gegenteil: Aufgrund ihrer Berufserfahrung sind sie oftmals entscheidende Leistungsträger und Garanten für Qualität und Stabilität in Unternehmen. Das „Alter" von Beschäftigten wird aus betrieblicher Sicht allerdings dann zu einem Problem und Kostenfaktor, wenn ihre Gesundheit und damit ihre Leistungsfähigkeit beeinträchtigt sind. Außerdem können sich aufgrund nicht mehr zeitgemäßer Qualifikation älterer Arbeitnehmer Einsatzschwierigkeiten ergeben.

Betrachtet man statistische Daten zur Arbeitsunfähigkeit (AU), so erkennt man zwei gegenläufige Entwicklungen: Die Anzahl der *AU-Fälle* sinkt eher mit dem Alter, während die Anzahl der *AU-Tage* dra-

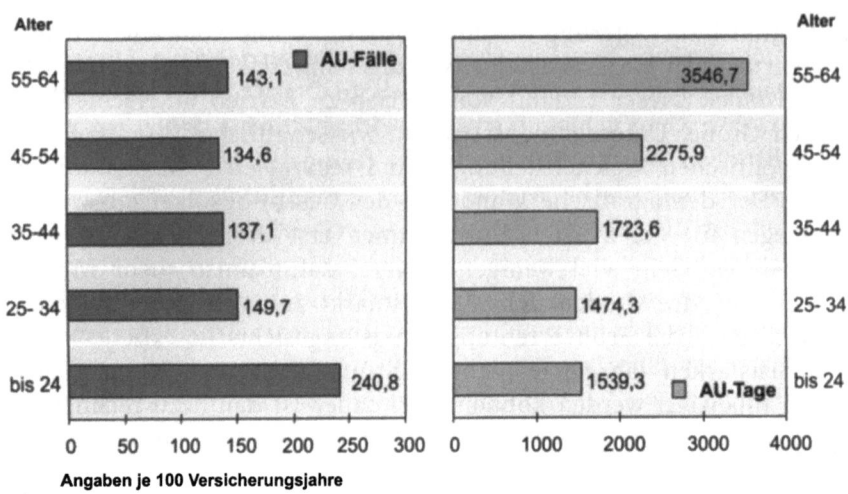

Abb. 3.2. Arbeitsunfähigkeitsfälle und -tage 1999 nach dem Alter. (Quelle: Wissenschaftliches Institut der AOK 2000)

stisch ansteigt (Abb. 3.2).[7] Das heißt: Ältere sind zwar nicht häufiger krank als Jüngere; wenn sie erkranken sind sie jedoch – im Durchschnitt betrachtet – länger arbeitsunfähig. Die 55–64-Jährigen sind – durchschnittlich – mehr als doppelt so lange krank wie diejenigen, die 44 Jahre und jünger sind. (Vergegenwärtigt man sich die altersbezogene Anstiegsrate von AU-Tagen, so kann in Unternehmen mit alternden Belegschaften schon als Erfolg gelten, wenn es gelingt, die Krankenstands- bzw. Gesundheitsrate mittels gesundheits- und personalpolitischer Maßnahmen konstant zu halten.)

Die weitaus höhere Anzahl an AU-Tagen älterer Beschäftigter im Vergleich zu den jüngeren Jahrgängen ist jedoch nicht unbedingt das größte Problem für Betriebe.[8] Kritischer ist oftmals für Unternehmen, wenn ältere Arbeitnehmer nicht gesund und voll leistungsfähig, gleichwohl aber arbeitsfähig sind. Die Anzahl von Beschäftigten mit gesundheitlich bedingten Einsatzeinschränkungen steigt in Betrieben gemeinhin mit dem Alter stark an. Was sie benötigen, ist ein ihrem Leistungsvermögen angepasster, „leidensgerechter" bzw. „fähigkeitsgerechter"

---

[7] Quelle: Wissenschaftliches Institut der AOK. Eine entsprechende altersbezogene Auswertung der AU-Tage und -Fälle auf Basis der Daten des Bundesverbandes der Betriebskrankenkassen spiegelt die gleiche Tendenz wider; vgl. BKK Bundesverband 1999: Krankheitsarten 1998/99, Essen, S. A74–A 77.
[8] Gerade weil ältere Langzeitkranke das AU-Bild prägen, fallen auch etliche von ihnen nach sechs Wochen aus der Lohnfortzahlung heraus und verursachen damit im Vergleich zu den Jüngeren nicht unbedingt die höheren betrieblichen Kosten.

Arbeitsplatz. Tätigkeitsfelder mit reduzierten Arbeitsbelastungen, die früher als Nischen zur Beschäftigung Älterer mit gesundheitlichen Einschränkungen dienten, sind jedoch im Zuge von Modernisierung und Rationalisierung, Outsourcing und Lean Production geschrumpft oder ganz entfallen. Gleichzeitig sind die Leistungsanforderungen in weiten Bereichen von Produktion und Dienstleistung gestiegen und zunehmend einheitlich hoch. Für ältere gesundheitlich beeinträchtigte Arbeitnehmer verringern sich von daher die Einsatzmöglichkeiten, insbesondere wenn sie einseitig oder gering qualifiziert sind [6, S. 119 ff.].

Ein Blick auf die mit dem Altern vermehrt auftretenden Krankheitsarten zeigt: Vor allem die Volkskrankheiten „Muskel- und Skeletterkrankungen" sowie „Herz-Kreislauferkrankungen" steigen altersbezogen steil an; wobei dieser Anstieg schon bei den jüngeren Jahrgängen beginnt (Abb. 3.3). Es sind Erkrankungen, die sich in der Regel schleichend und über Jahre hinweg herausbilden. Aber sie sind keine natürlichen, zwangsläufigen Begleiterscheinungen des Alterns. Wie sich Gesundheit und Leistungsfähigkeit mit dem Älterwerden entwickeln und ob „Rücken" und „Herz" gängigen Arbeitsbelastungen nicht mehr standhalten, das hängt in entscheidendem Maße von Lebensverlauf und Erwerbsbiografie ab. Bedeutsam sind vor allem Art und Dauer der im beruflichen wie außerberuflichen Leben ausgeübten

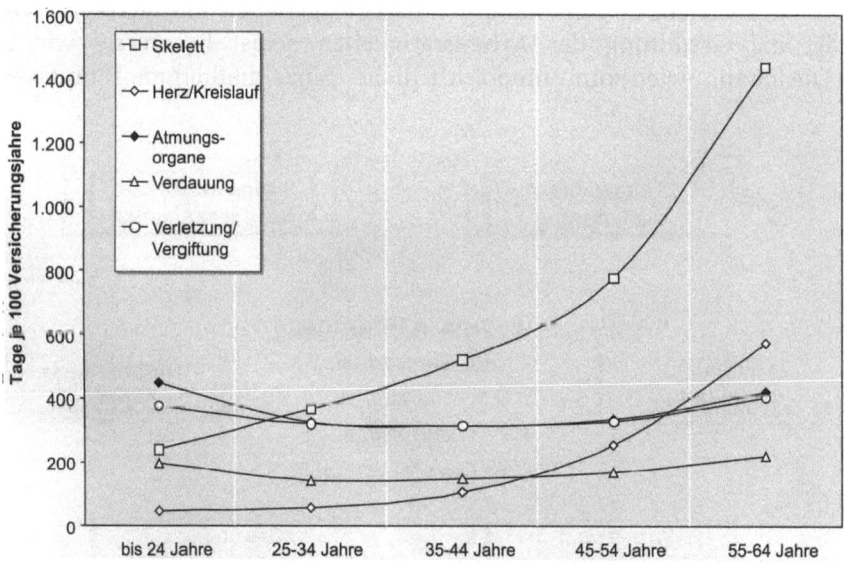

Abb. 3.3. Arbeitsunfähigkeitstage 1999 nach dem Alter und nach Krankheitsarten. (Quelle: Wissenschaftliches Institut der AOK 2000)

Tätigkeiten, die damit einhergehenden Anforderungen und Belastungen sowie die erfahrene Anerkennung oder Entmutigung. Werden Beschäftigte beispielsweise über Jahrzehnte hinweg in belastungsintensiven Tätigkeitsbereichen eingesetzt, arbeiten sie langfristig körperlich schwer, in Wechsel- bzw. Nachtschicht oder stehen sie unter Dauerstress, so steigt das Risiko, krank und „vor der Zeit" alt zu werden. Solche Personaleinsatzmuster tragen mit dazu bei, dass „Altersprobleme" entstehen [7].

Angesichts des stattfindenden und zukünftig verstärkt sich vollziehenden demografischen Wandels wächst daher die Bedeutung einer präventiv und langfristig ausgerichteten betrieblichen Gesundheitsförderung und gesundheitsorientierten Personalpolitik.

Anforderungen an eine zukunfts- und alternsorientierte betriebliche Gesundheitspolitik

Um Arbeit gesundheits- und alternsgerecht zu gestalten, gibt es unterschiedliche Strategien – aber es gibt keinen Königsweg und kein Standardrezept. Grundsätzlich kommt eine breite Palette unterschiedlicher Ansätze in Frage (Abb. 3.4) [8, 9].

Welcher Weg für ein Unternehmen der „richtige" und gangbare ist, hängt ab von den konkreten betrieblichen Ausgangsbedingungen, Problemlagen und Handlungsvoraussetzungen. In einem Frachtumschlagsbetrieb, in dem ständig von Hand gehoben und getragen wird, ist die Gestaltung der Arbeitstätigkeiten selbst besonders wichtig. Dies kann wiederum unterschiedliche Einzelmaßnahmen umfassen,

Abb. 3.4. Handlungsfelder alternsgerechter Arbeitsgestaltung

die sich sowohl auf betriebliche Strukturen und Verhältnisse (z. B. Entwicklung und Einrichtung technischer Hebehilfen) als auch auf Einstellungen und Handlungsweisen der Beschäftigten richten können (z. B. Schulungen zu gesundheitsschonenden Bewegungsabläufen und Förderung des Einsatzes von Hebehilfen). In einem Chemiebetrieb mit vollkontinuierlichem Schichtbetrieb kann dagegen eine belastungsreduzierende Arbeitszeitgestaltung unter Gesundheitsgesichtspunkten als dringlicher bewertet werden.

Um die Herausforderungen des demografischen Wandels zu bewältigen, bedarf es vor allem einer *langfristig* angelegten betrieblichen Gesundheits- und Personalpolitik. Mit Blick auf die Zukunft erscheinen dabei folgende drei Prämissen besonders wichtig:

- **Berücksichtigung sich wandelnder Arbeitsanforderungen**
  Arbeitstätigkeiten und Arbeitsanforderungen unterliegen aufgrund permanenter Innovationen, Produktionsumstellungen und Rationalisierungen einem immer schnelleren Wandel. „Angestammte Arbeitsplätze" gehören zunehmend der Vergangenheit an; flexibler Personaleinsatz und Positionswechsel werden demgegenüber zur Regel. Gesundheitsberichte, Tätigkeitsanalysen oder Gesundheitszirkel, mittels derer aktuell existierende und eingenommene Arbeitsplätze bzw. -situationen untersucht sowie darauf bezogene Problemlösungen entwickelt werden, haben von daher eine zeitlich immer geringer werdende Geltung und Reichweite. Deshalb kommt es in Zukunft entscheidend darauf an, Grundprinzipien zu vereinbaren und institutionell zu verankern, nach denen Arbeit und Personaleinsatz immer wieder neu alterns- und gesundheitsgerecht zu gestalten sind. Diese müssten Bestandteil eines entsprechenden Unternehmensleitbildes sein, nach dem Erhalt und Förderung der Arbeits- und Beschäftigungsfähigkeit älter werdender Arbeitnehmer als eine Zielgröße unternehmerischen Handelns verstanden werden.

- **Gestaltung von Erwerbsverläufen**
  Um Leistungsfähigkeit und Gesundheit von Arbeitnehmern langfristig zu fördern und um einem sich mit dem Älterwerden verändernden Fähigkeitsprofil Rechnung zu tragen, ist eine erwerbsbiografische Perspektive wichtig. Dazu gehört eine, schon in jungen Jahren ansetzende, Gestaltung alternsadäquater Laufbahnen. In der Vergangenheit konnten viele Arbeitnehmer im Laufe ihres Erwerbslebens aus belastungsintensiven Arbeitsbereichen in weniger anstrengende, gleichwohl angesehene Tätigkeitsfelder auf- oder umsteigen (z.B. vom Produktionsarbeiter zum Meister oder vom

Dachdecker zum Hausmeister). Solche ehedem üblichen gesunderhaltenden Karriere- und Laufbahnmuster lassen sich heute im Zuge von Lean Management und steigenden, speziellen Qualifikationsanforderungen immer weniger realisieren. Von daher gilt es, alternsadäquate Positions- und Belastungswechsel und horizontale Karrieren sowie damit verbundene Weiterbildungsmaßnahmen – betriebsintern wie auch betriebsübergreifend – systematisch neu zu planen.

Indem für Beschäftigte an Verschleiß- und Routinearbeitsplätzen (die kurzfristig nicht umgestaltbar sind) eine begrenzte Verweildauer vereinbart wird, können mit der dauerhaften Ausübung solcher Tätigkeiten verbundene Gesundheitsrisiken und Dequalifizierungen vermieden werden. Absehbare Neuanfänge können die Betreffenden zudem – sofern sie sich auf attraktivere neue Tätigkeitsfelder bei zumindest gleicher Entlohnung richten – stark motivieren und auch dadurch gesund erhalten. Des weiteren bietet eine erwerbsverlaufsorientierte Arbeitszeitgestaltung wichtige Potenziale zur Belastungsreduktion und Gesundheitsförderung (z.B. Lebensarbeitszeitkonten, Phasen der Arbeitszeitverkürzung im Erwerbsverlauf für Regeneration und Qualifizierung, begrenzte Ausübungsdauer von Schichtarbeit, gleitender Übergang in den Ruhestand, usw.).

- **Die Beschäftigten als zentrale Akteure**
  Die Beschäftigten als zentrale Akteure zu betrachten, bedeutet mehr als ein beteiligungsorientierter Ansatz betrieblicher Gesundheitsförderung. Gemäß neuen Unternehmensstrategien, die auf Flexibilisierung und Dezentralisierung der betrieblichen Abläufe setzen, wird Arbeitnehmern eine höhere Eigenverantwortung zugebilligt und abverlangt. Als „Mitunternehmer" wie auch in Teams und Arbeitsgruppen sind sie immer mehr selbst verantwortlich dafür, wie sie ihre Arbeit organisieren und ausführen. Damit entscheiden sie selbst auch immer stärker darüber, inwieweit gesundheitsriskant oder gesundheitsschonend gearbeitet wird.

  In diesem Zusammenhang geht es darum, die Eigenverantwortung der Beschäftigten nicht nur für ihre Leistungserbringung, sondern auch für den Erhalt ihrer eigenen langfristigen Leistungsfähigkeit zu fördern. Eine solche Haltung ist nicht nur subjektiv bestimmt, sondern hängt ebenso von förderlichen betrieblichen Rahmenbedingungen und Handlungsvoraussetzungen ab. Hierbei kommt Qualifizierungsmaßnahmen eine herausragende Bedeutung zu: Zum ersten kann mittels fundierter fachlicher Qualifizierung Überforderungen angesichts wachsender Leistungsanforderungen entgegengewirkt werden. Zum zweiten können die soziale Kompetenz geschult und damit ein gesundes Arbeitsklima und Ressourcen für den Gesunderhalt aufgebaut werden. Und zum dritten können unmittelbar auf das Thema „Gesundheit" bezogene Qualifizierungsmaßnahmen dazu beitragen, Gesundheitsbewusstsein und ein gesundheitsorientiertes Arbeiten der Beschäftigten zu fördern.

Leistungs- und Effizienzsteigerung sowie Erhalt und Ausbau der Innovationsfähigkeit sind die zentralen Ziele, nach denen sich Unternehmen richten müssen. Sie sind gebunden an Gesundheit, Leistungsfähigkeit und Leistungsbereitschaft der Beschäftigten. Um diese Voraussetzungen auch mit zukünftig älteren Belegschaften zu gewährleisten, ist von zentraler Bedeutung, die Fähigkeiten und Kompetenzen der Beschäftigten sowie das, was sie gesund erhält, wahrzunehmen und im Sinne einer *Potenzialentwicklung* auszubauen und zu unterstützen. In der Folge ließen sich dann auch längst überholte, doch fortbestehende negative Altersbilder und -klischees verändern.

Literatur

[1] Deutscher Bundestag (1998) (Hrsg) Demographischer Wandel. Zweiter Zwischenbericht der Enquête-Kommission „Demographischer Wandel" – Herausforderungen unserer älter werdenden Gesellschaft an den einzelnen und die Politik, Zur Sache 8/98, Bonn
[2] Engelbrech G, Reinberg A (1998) Jugendliche – Im Sog der Arbeitsmarkt-Turbulenzen. IAB-Kurzbericht, Nürnberg
[3] Fuchs J, Thon M (1999) Potenzialprojektion bis 2040. Nach 2010 sinkt das Angebot an Arbeitskräften. IAB Kurzbericht, Nürnberg
[4] Huber A (2000) Demographischer Wandel, Belegschaftsstrukturen und betriebliche Alterungsprozesse. In: George R, Struck O (Hrsg): Generationenaustausch im Unternehmen, München und Mering, S 71–86
[5] Lehr U (1996) Psychologie des Alterns, Wiesbaden
[6] Marstedt G, Müller R (1998) Ein kranker Stand? Fehlzeiten und Integration älterer Arbeitnehmer im Vergleich Öffentlicher Dienst – Privatwirtschaft, Berlin
[7] Morschhäuser M (2000) Personalentwicklung oder Personalaustausch? Perspektiven alter(n)sbezogener Personalplanung. In: v. Rothkirch Ch (Hrsg): Altern und Arbeit: Herausforderung für Wirtschaft und Gesellschaft, Berlin, S 280–291
[8] (1999) Grundzüge altersgerechter Arbeitsgestaltung. In: Gussone M, Huber A, Morschhäuser M, Petrenz J: Ältere Arbeitnehmer. Altern und Erwerbsarbeit in rechtlicher, arbeits- und sozialwissenschaftlicher Sicht, Frankfurt/ Main, S 101–185
[9] Pack J u.a. (1999) Zukunftsreport demographischer Wandel. Innovationsfähigkeit in einer alternden Gesellschaft, Bonn
[10] Petrenz J (1999) Alter und berufliches Leistungsvermögen. In: Gussone M, Huber A, Morschhäuser M, Petrenz J: Ältere Arbeitnehmer. Altern und Erwerbsarbeit in rechtlicher, arbeits- und sozialwissenschaftlicher Sicht, Frankfurt/ Main, S 63–99

KAPITEL 4

Belastungsdiagnostik und Beanspruchungsmanagement in neuen Arbeits- und Organisationsformen

R. WIELAND

Veränderungen in den Anforderungs- und Belastungsstrukturen zukünftiger Arbeit

Mit den gegenwärtig zu beobachtenden Veränderungen in den Arbeits- und Organisationsstrukturen der Erwerbsarbeit verändern sich die Anforderungs- und Belastungsstrukturen und damit die Qualität und Quantität psychischer und körperlicher Beanspruchungen.

Die Auswirkungen dieser Veränderungen auf die psychische Beanspruchung, die Gesundheit der Beschäftigten und die Arbeitsproduktivität sind bisher nur in Ansätzen untersucht worden. Dies liegt u.a. daran, dass die traditionellen Instrumente zur Belastungsmessung vor dem Hintergrund stabiler und vorhersagbarer Anforderungen und Belastungen entwickelt wurden und sich nicht ohne weiteres auf die Vielfalt der Bedingungen in den neuen Arbeits- und Organisationsformen anwenden lassen. Während die zu bewältigenden Arbeitsaufgaben und -bedingungen in traditionellen Arbeitsformen durch das Beziehungsgefüge „Mensch (Arbeitsaufgabe) – Technik – Organisation" bestimmt werden, weisen neue Arbeitsformen zusätzlich zu bewältigende Anforderungen auf.

Die zukünftige Arbeit wird komplexer, flexibler, orts- und zeitungebundener und durch häufiger wechselnde Beschäftigungsverhältnisse gekennzeichnet sein. Der zunehmende Trend zur Kundenorientierung stellt neben der fachspezifischen Kompetenz hohe Anforderungen an die soziale und kommunikative Kompetenz; Formen der neuen Selbständigkeit (Kleinstunternehmen, Scheinselbständigkeit) erfordern ein hohes Ausmaß an Selbstorganisation und -regulierung. Die traditionelle Vollzeitbeschäftigung wird durch Teil- und Mobilzeitarbeit, durch Telearbeit in ihren verschiedensten Varianten (vom Telearbeitszentrum bis zur Teleheimarbeit), abhängig Selbständige, geringfügig Beschäftigte, Zeitarbeit und neue Formen der Dienstleistung (z.B. Call Center) abgelöst. Die Verlagerung des Arbeitsplatzes nach Hause (Teleheimarbeit) wirft neue Fragen nach dem Verhältnis von Arbeit und Freizeit auf.

Die Arbeitswelt hat inzwischen einen Grad an örtlicher und zeitlicher Flexibilisierung erreicht, der traditionelle Quellen für Beanspruchungen in den Hintergrund und die Bewältigung neuartiger Anforderungen in den Vordergrund treten lässt. Damit werden die Wechselwirkungen zwischen arbeitsimmanenten Lernmöglichkeiten, Gestaltung der Arbeit und der Fähigkeit zur Selbstorganisation und Selbstregulation zur wichtigsten Quelle und zugleich Ressource psychischer Beanspruchung und Gesundheit.

Beanspruchungsmanagement in neuen Arbeitsformen kann deshalb nicht auf den Arbeits- und Gesundheitsschutz begrenzt werden, sondern erfordert gleichzeitig die Schaffung von Möglichkeiten zur beruflichen Kompetenzentwicklung. Voraussetzung dafür sind die Existenz von Entscheidungs- und Handlungsspielräumen oder Freiheitsgraden beim Umgang mit den Arbeitsanforderungen sowie geistig anspruchsvolle und vielfältige Arbeitsaufgaben.

Korrespondierend zu diesen Trends in der Erwerbsarbeit soll der ideale zukünftige Arbeitnehmer oder die ideale Arbeitnehmerin jung, mobil, motiviert, flexibel, kreativ und anpassungsfähig sein, über ein hohes Maß an Kernkompetenzen (fachliche, methodische und soziale Kompetenz) verfügen sowie fortbildungshungrig und bereit zur Nacht- und Wochenendarbeit sein.

Wie die Anforderungen (Arbeitsinhalte, -aufgaben, -bedingungen, Qualifizierungsspektrum) und Belastungen (z. B. Arbeitsplatzunsicherheit, wechselnde Arbeitsplätze) in den künftigen Arbeits- und Organisationsformen im einzelnen aussehen werden, darüber gibt es bisher – abgesehen von eher technisch-orientierten Szenarien – wenig genaue Vorstellungen. Deutlich wird nur eines: Das Anforderungsspektrum hat sich stark erweitert. Galt es in der Vergangenheit, sich mit den Anforderungen und psychischen Belastungen in einer Organisation mit überschaubaren Arbeitsstrukturen, -aufträgen und -rollen, mit fest vorgegebenen zeitlichen, arbeitsvertraglichen und räumlichen Bedingungen auseinander zu setzen, so finden wir in den neuen Arbeits- und Organisationsformen ein Anforderungs- und Belastungsspektrum vor, das eine Reihe zusätzlicher Aufgabenbereiche und Schnittstellen aufweist.

Vom traditionellen Dreieck „Mensch-Technik-Organisation" zum offenen Mehrschnittstellenmodell

Der *traditionelle* Arbeitsplatz ist Teil eines Systems, das durch drei Aufgabenbereiche bzw. Schnittstellen gekennzeichnet ist:

(1) die Mensch-Aufgaben-Schnittstelle mit den individuellen Arbeitsaufträgen- und -aufgaben,
(2) die Organisations-System-Schnittstelle mit ihren kommunikativen und koordinierenden Aufgaben und
(3) die Mensch-Maschine-Schnittstelle mit den interaktiven Aufgaben bzw. Mensch-Maschine-Interaktionen.

Der *zukünftige* Arbeitsplatz dagegen lässt sich durch ein „offenes Mehrschnittstellenmodell" mit einer größeren Anzahl von Aufgabenbereichen oder Schnittstellen beschreiben, welche die Anforderungs- und Belastungsstruktur bestimmen (Abb. 4.1) (vgl. dazu auch Scherrer, Kapitel 6).

Mit welchen zusätzlichen Anforderungen und Belastungen zu rechnen ist, lässt sich am Beispiel *Zeitarbeit* verdeutlichen.

Im Vergleich zu „normalen" Arbeitsplätzen ist der Arbeitsplatz einer Zeitarbeitskraft durch häufigen Wechsel einer Vielzahl von Bedin-

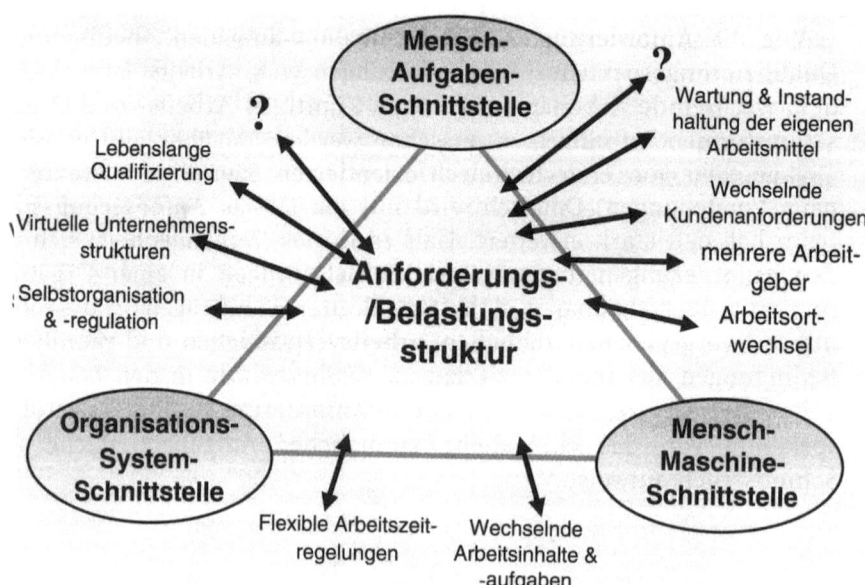

Abb. 4.1. Das offene Mehrschnittstellenmodell zur Beschreibung der Anforderungs- und Belastungsstruktur in neuen Arbeits- und Organisationsformen

gungen gekennzeichnet. Diese reichen vom Wechsel des Arbeitsortes, der Branche, des sozialen Umfeldes, der Arbeitsbedingungen bis hin zu den zu bewältigenden Arbeitsaufgaben. Der häufige Arbeitsplatzwechsel ist verbunden mit hohen Anforderungen an die Fachkompetenz (Arbeitsinhalt, Arbeitsaufgaben, Arbeitsorganisation), die Methodenkompetenz (Einstellen auf neue Arbeitsmittel) und die soziale Kompetenz (neue Rollenanforderungen und KollegInnen) der Zeitarbeitskräfte. Bei Zeitarbeit ist aufgrund der sozialen Randstellung, der besonderen Rolle am Arbeitsplatz und im Organisationsgefüge, verbunden mit Rollenunsicherheiten und Rollenambiguitäten, mit besonders hohen emotionalen Belastungen und Beanspruchungen zu rechnen.

Aufgrund dieser Zusatzbelastungen lässt sich das Mehrschnittstellenmodell „Zeitarbeit" wie in Abb. 4.2 dargestellt charakterisieren. Deutlich wird, dass neben der Analyse und Bewertung – und damit auch Gestaltung – der Anforderungen und Belastungen, die aus den

Abb. 4.2. Das Mehrschnittstellenmodell „Zeitarbeit"

zu bewältigenden Arbeitsaufgaben und -bedingungen resultieren, die Randbedingungen zu berücksichtigen sind, die in Abb. 4.2 aufgeführt sind.

Damit müssen auch für die Belastungsdiagnostik, das Beanspruchungsmanagement und den Arbeits- und Gesundheitsschutz neue Wege gefunden werden.

Im Rahmen des gesina-Projektes – Gesundheit und Sicherheit in neuen Arbeits- und Organisationsformen[1] – wurden diese zusätzlichen Schnittstellen für Telearbeitsplätze, die Tätigkeit im Call Center sowie Arbeitsplätze von Leih-/Zeitarbeitskräften auf der Grundlage umfangreicher Datenerhebungen analysiert und in Bezug auf ihr Belastungs- und Beanspruchungspotenzial bewertet [15, 16].

Selbstregulierung und arbeitsimmanente Qualifizierung

Die neuen Arbeits- und Organisationsformen stellen neue Anforderungen an die Selbstorganisation und Selbstregulation. Merkmale der Arbeitsgestaltung wie Entscheidungs-, Gestaltungs- und Handlungsspielraum oder Zeitsouveränität, denen aufgrund zahlreicher arbeitspsychologischer Studien sehr positive Effekte auf die Stressbewältigung, die Arbeitsmotivation sowie die körperliche und seelische Gesundheit zugeschrieben werden können, erhalten dadurch eine neue, bisher nur wenig untersuchte Bedeutung:

Die mit diesen Begriffen ursprünglich verbundenen Prinzipien zur Gestaltung von Arbeitstätigkeiten müssen für Handlungs- und Regulationserfordernisse auf der Ebene der Selbstorganisation und -regulation erweitert werden.

Selbstorganisation und -regulation werden künftig eine größere Rolle als bisher im Kontext der Umsetzung von Arbeits- und Gesundheitsschutzmaßnahmen spielen, da sich bewährte Arbeitsgestaltungsmerkmale wie Aufgabenvielfalt, Entscheidungs- und Handlungsspielraum sowie Rückmeldung über Arbeitsergebnisse hinsichtlich ihres Beanspruchungspotenzials nicht mehr eindeutig beurteilen lassen. Teleheimarbeit, Teil- oder Mobilzeit, Eigenarbeit oder neue Selbständigkeit stellen z. B. Formen der Beschäftigung dar, die mit vergleichsweise großen Tätigkeitsspielräumen verbunden sind. Dieses Ausmaß an Zeit-, Entscheidungssouveränität und Flexibilität erfordert aber im Gegenzug ein hohes Maß an Selbstorganisation und -regulation. *Individuelle Bewältigungsstile* im Umgang mit Belastungen bestimmen

---

[1] gesina wird vom Projektträger Arbeitsgestaltung und Dienstleistungen des bmb+f gefördert. Laufzeit: 1. 12 .97–30. 3. 2001.

deshalb in solchen neuen Arbeitssituationen stärker als bisher die Arbeitseffizienz und psychische Beanspruchung. Selbstregulierung und -organisation, Zeit- und Ressourcenmanagement sowie Disziplin und Selbstmotivierung an der Nahtstelle von Arbeit, Familie, Freizeit und Erholung müssen erst gelernt und geübt werden, um die Vorteile der Flexibilität bei der „Eigengestaltung" der Arbeit zu Hause positiv zu nutzen.

Belastung und Beanspruchung in neuen Arbeitsformen

Die globalen Trends zeigen, dass mit einer Zunahme psychischer Belastungen und Beanspruchungen zu rechnen ist [3, 14]. Welchen Anteil daran die neuen Arbeitsformen haben, lässt sich gegenwärtig noch nicht umfassend abschätzen. Es gibt Hinweise darauf, dass gerade in neuen Arbeitsformen mit hohen psychischen Belastungen und Beanspruchungen zu rechnen ist.

Vergleich traditioneller Arbeit mit neuen Arbeitsformen

Der Vergleich traditioneller Arbeitsformen mit neuen Arbeitsformen wie Zeit-/Leiharbeit, Teleheimarbeit und Call Center Tätigkeiten zeigt, dass das Belastungspotenzial und die zu erwartenden psychischen Beanspruchungen deutliche Unterschiede aufweisen.

Abb. 4.3 zeigt die Belastungskennwerte von insgesamt 1760 Arbeitsplätzen, deren Belastungspotenzial mit der Synthetischen Belastungs- und Arbeitsanalyse (SynBA, [11, 13]) beurteilt wurde. Das SynBA

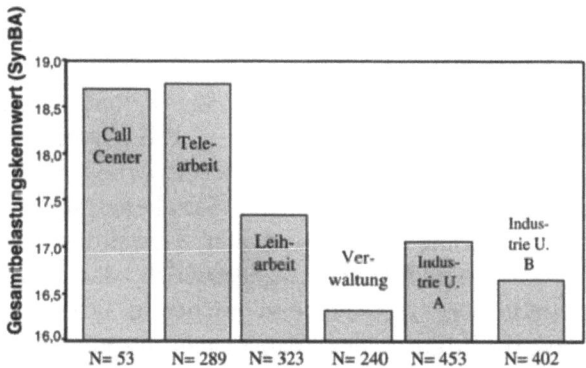

Abb. 4.3. Belastungskennwerte im Vergleich: Call Center, Teleheimarbeit, Leih-/Zeitarbeit, öffentliche Verwaltung, Unternehmen der Computerbranche (A) und Unternehmen der Chemiebranche (B). „N" bezieht sich auf die Anzahl der untersuchten Arbeitsplätze

Verfahren erlaubt theoretisch fundiert und empirisch abgesichert Aussagen darüber, mit welchen *Beanspruchungswirkungen an einem Arbeitsplatz* zu rechnen ist, wenn er bestimmte Belastungs- und Anforderungsmerkmale und Arbeitsbedingungen aufweist. In die Beurteilung einbezogen werden die arbeitsplatzspezifischen Tätigkeiten, der prozentuale Anteil von organisatorischen, bildschirm- oder maschinen-unterstützten und individuellen Aufgaben an der Gesamtarbeitszeit, die Art der Arbeitsaufgaben (Arbeitsinhalt, Anforderungsvielfalt, Handlungsspielräume) und ihre Ausführungsbedingungen (Umgebungsbedingungen, Regulationsbehinderungen etc.), Zeit- und Leistungsvorgaben bei der Arbeit sowie die Kommunikations- und Kooperationsbeziehungen. Die Beschreibung dieser Bedingungen wird im SynBA Verfahren durch die Arbeitsplatzinhaber vorgenommen. Die Beurteilung des Belastungs- und Beanspruchungspotenzials eines Arbeitsplatzes erfolgt – ähnlich wie im Tätigkeitsbewertungssystem (TBS, [5]) – nach einem Mindestanforderungsprofil [11], das Aussagen über (a) die Beanspruchungsoptimalität der Arbeitsgestaltung und (b) den Gestaltungsbedarf ermöglicht.

Die höchsten Belastungskennwerte fanden wir in Untersuchungen in verschiedenen Call Centern und für Teleheimarbeit; die geringsten Belastungskennwerte in einer öffentlichen Verwaltung. Mittlere Rangplätze weisen Zeit-/Leiharbeitsplätze und diejenigen in zwei Industrieunternehmen auf. Die genauere Analyse der Arbeitsplätze in den neuen Arbeitsformen zeigt, dass die wesentlichen Quellen psychischer (Fehl-) Beanspruchung in vergleichsweise wenig anspruchsvollen, oft kurzzyklischen Arbeitsaufgaben mit geringen Entscheidungs- und Handlungsspielräumen liegen. Dies gilt für Call Center Arbeitsplätze [8, 9], für eine große Anzahl von Teleheimarbeitsplätzen [10] sowie für den größten Teil der von uns untersuchten Zeit-/Leiharbeitsplätze [15].

Für 289 Teleheimarbeitsplätze und 323 Zeitarbeitsplätze sind die entsprechenden Belastungsprofile in den Abb. 4.4 und 4.5 dargestellt. Danach weisen die Arbeitsplätze in diesen Arbeitsformen jeweils im Bereich der Arbeitsaufgaben und der Tätigkeitsspielräume einen hohen Gestaltungsbedarf auf. Ein hoher Gestaltungsbedarf bedeutet nach dem Belastungs-Beanspruchungsmodell, das dem SymBA Verfahren zugrunde liegt, dass der entsprechende Arbeitsplatz ein hohes negatives bzw. dysfunktionales Beanspruchungspotenzial aufweist.

Die Folgewirkungen, die sich daraus ergeben, zeigen sich sehr eindrucksvoll am Beispiel der Call Center Tätigkeit: Hier finden sich nicht selten jährliche Fluktuationsraten von 50% sowie Krankheitsraten, die mit 30% weit über dem Durchschnitt traditioneller Arbeits-

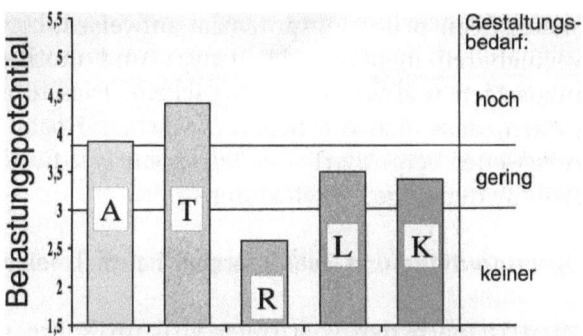

Abb. 4.4. Belastungsprofil bei Zeitarbeit (323 Arbeitsplätze). A = Aufgabenanforderungen, T = Tätigkeitsspielräume, R = Regulations- bzw. Arbeitsbehinderungen, L = Leistungsvorgaben und K = Kooperation/Kommunikation

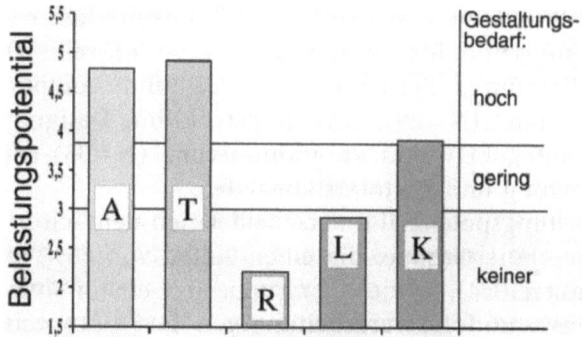

Abb. 4.5. Belastungsprofil bei Teleheimarbeit (289 Arbeitsplätze). A = Aufgabenanforderungen, T = Tätigkeitsspielräume, R = Regulations- bzw. Arbeitsbehinderungen, L = Leistungsvorgaben und K = Kooperation/Kommunikation

plätze liegen. Die Kombination von geringem Entscheidungsspielraum, hoher Arbeitsintensität und geringer sozialer Unterstützung wurde in zahlreichen Längsschnittstudien als Auslöser schlechter Gesundheit in Form von Depression, Erschöpfung, Fehlzeiten und Tablettenkonsum sowie als wesentlicher Einflussfaktor von Herz-Kreislauf-Erkrankungen identifiziert [6]. Diese gesundheitsbeeinträchtigenden Wirkungen von Arbeit sind langfristig dann zu beobachten, wenn die Bewältigung der Arbeitsaufgaben überwiegend mit negativen, dysfunktionalen Beanspruchungen verbunden ist.

Wesentlichen Einfluss auf das Belastungs- und Beanspruchungspotenzial sowie die Lern- und Entwicklungsmöglichkeiten in der Arbeit haben die Art der Tätigkeit und die zu ihrer Ausübung notwendigen Qualifikationserfordernisse [2]. Arbeitstätigkeiten, die ein negatives, dysfunktionales Beanspruchungspotenzial aufweisen, bieten wenig Anreiz, die verfügbaren mentalen, kognitiven und motivationalen Ressourcen einzusetzen und weiter zu entwickeln. Dies führt mittel- und langfristig dazu, dass sich die Schere zwischen Hoch- und Niedrig-Qualifizierten weiter vergrößert. Bei *Teleheimarbeit* finden sich deutliche Hinweise für derartige Entwicklungen.

Belastung, Beanspruchung und Qualifizierung. Beispiel: Teleheimarbeit

Teleheimarbeit ist nach den von Treier [10] im Rahmen des „gesina-Projektes" durchgeführten Clusteranalysen auf der Basis von 289 Arbeitsplätzen durch zwei Kategorien von ausgelagerten Arbeitsaufgaben gekennzeichnet: Einfache, wenig anspruchsvolle Arbeitsaufgaben und anspruchsvolle Tätigkeiten, die ein hohes Qualifikationsniveau voraussetzen. Im Einzelnen lassen sich sechs Tätigkeitscluster unterscheiden: Datenerfassung und Textverarbeitung (N = 128), reine Datenerfassung (N = 33), Beratung, Betreuung, Service und computerunterstützte Kommunikation[2] (N = 29), CAD-Konstruktion, Design, Ingenieurleistungen (N = 27), EDV und Programmierung (N = 33) sowie Journalistik, Übersetzung und Lektoratstätigkeiten.

Das Belastungspotenzial unterscheidet sich deutlich in diesen Tätigkeitsgruppen: Die Gruppe, die einen Anteil von 86% reiner Datenerfassung besitzt (T4), sowie die Gruppe mit einem Anteil Datenerfassung von 33% und Textverarbeitung von 41% (T1) weisen das höchste Belastungspotenzial auf. Das heißt, diese Tätigkeiten sind aufgrund ihrer wenig anspruchsvollen und kurzzyklischen Aufgabenanforderungen (Routinetätigkeiten) sowie der geringen Entscheidungs- und Handlungsspielräume mit negativen, dysfunktionalen Beanspruchungen verbunden (Abb. 4.6).

Das hier untersuchte Tätigkeitsspektrum ist repräsentativ für im Bürobereich anzutreffende Spektren. Wie wir an anderer Stelle deutlich gemacht haben [13], stellt die Differenzierung der Telearbeit nach Tätigkeitskategorien eine wesentliche Grundlage für die Entscheidung dar, Telearbeit einzuführen.

Die in Abb. 4.6 dargestellten Belastungspotenziale sind dabei weitaus höher als diejenigen bei *traditioneller Büroarbeit*. Die vergleichbaren Tätigkeitsgruppen traditioneller Büroarbeit [11, 13] weisen Belastungskennwerte auf, die in Bezug auf den Bereich „Aufgabenanforderungen" mit 4,1 (T1 = 5,16, T4 = 5,49) und „Tätigkeitsspielräume" mit

---

[2] Diese Kategorie ist vergleichbar mit einer Call Center Tätigkeit.

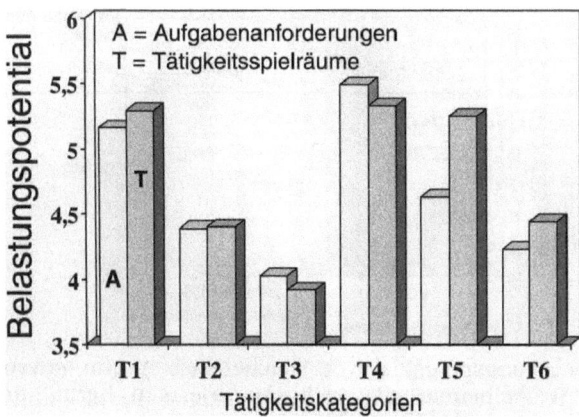

Abb. 4.6. Belastungskennwerte in Abhängigkeit von der Art der Aufgabenanforderungen und den vorhandenen Tätigkeitsspielräumen. T1 = Datenerfassung und Textverarbeitung; T2 = EDV und Programmierung; T3 = Journalistik, Übersetzung und Lektoratstätigkeiten; T4 = reine Datenerfassung; T5 = Beratung, Betreuung, Service und computerunterstützte Kommunikation T6 = CAD-Konstruktion, Design, Ingenieurleistungen. (A: F = 27,7; p < 0,001; T: F = 28,2; p < 0,001)

4,5 (T1 = 5,29, T4 = 5,33; s. Abb. 4.6) deutlich niedriger ausgeprägt sind.

Da TeleheimarbeiterInnen meist wenig Möglichkeiten haben, sich (z.B. durch betriebliche Fortbildungsmaßnahmen) höher zu qualifizieren und/oder neue, erweiterte Aufgabenbereiche zu übernehmen, weisen einfache, wenig anspruchsvolle Tätigkeiten wie sie in den Tätigkeitsgruppen T1, T4 und T5 vorzufinden sind, längerfristig ein hohes Dequalifizierungspotenzial auf. Dies wird vor allem dann der Fall sein, wenn Teleheimarbeit nicht im erlernten Beruf durchgeführt wird: Wie in der Studie von Treier [10] gezeigt wird, ist das Belastungspotenzial dann signifikant höher ausgeprägt, wenn die Arbeit nicht im erlernten Beruf ausgeführt wird (F = 19,2; p < 0,001; vgl. Abb. 4.7). Die überwiegende Anzahl der Personen, die nicht im erlernten Beruf arbeiten, stammt dabei aus den Tätigkeitsgruppen mit wenig anspruchsvollen Tätigkeiten (T1, T4, T5).

Wenn *Teleheimarbeit nicht im erlernten Beruf* (dies trifft in der hier untersuchten Stichprobe für die Hälfte der Personen zu) ausgeführt wird und zudem noch mit einem vergleichsweise hohen Belastungspotenzial verbunden ist (Abb. 4.7), dann dürfte längerfristig mit folgendem Wirkungsgefüge zu rechnen sein: Je länger Teleheimarbeit ausgeführt wird, desto geringer werden (a) die Chancen, wieder Arbeit im erlernten Beruf zu finden, und desto höher ist (b) die

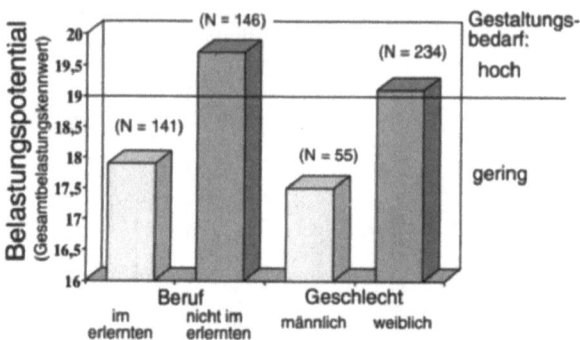

Abb. 4.7. Belastungspotenzial von Teleheimarbeit „im erlernten Beruf" im Vergleich zu Teleheimarbeit „nicht im erlernten Beruf" und differenziert nach Geschlecht (nach [10], S. 397)

Wahrscheinlichkeit der Dequalifizierung. Diese Schlußfolgerungen treffen dabei insbesondere für Frauen zu, da sie einen signifikant höheren Belastungskennwert aufweisen (F=6,6; p<0,01) und insgesamt häufiger in der untersuchten Stichprobe vertreten sind. Hinzukommt, dass gerade Personen mit reiner Datenerfassung (T2) signifikant seltener über ein eigenes Arbeitszimmer verfügen als Personen mit höher qualifizierten Tätigkeitsfeldern, wobei insgesamt nur 15% der 55 untersuchten Männer über kein eigenes Arbeitszimmer verfügen im Gegensatz zu 73% der 234 Frauen. In Bezug auf die Wechselwirkungen zwischen Belastungspotenzial der Tätigkeit und Qualifizierung bzw. Ausbildung zeigt sich zudem, dass das Merkmal „nicht im erlernten Beruf" eine größere Bedeutung für das Belastungspotenzial hat als die schulische und berufliche Qualifikation. In der Gruppe, die im erlernten Beruf arbeitet, weisen TeleheimarbeiterInnen unabhängig von ihrer Ausbildung – Hochschulabschluss, in Ausbildung befindlich und keine Ausbildung – signifikant günstigere Belastungskennwerte auf (p<0,001) als Personen, die nicht im erlernten Beruf arbeiten.

Die geschilderten Befunde verdeutlichen insgesamt, dass bei Teleheimarbeit im Vergleich zu ähnlichen Tätigkeiten in traditionellen Arbeitsformen eine Reihe von Faktoren mit hoher Belastungsrelevanz bzw. negativem, dysfunktionalem Beanspruchungspotenzial hinzukommt. Dabei gilt offenbar: Je einfacher und anspruchsloser die Teleheimarbeit ist, desto stärker kommen zusätzliche Belastungsfaktoren, wie sie im Mehrschnittstellenmodell postuliert wurden, zur Geltung.

Die Anforderungs- und Belastungsspektren neuer Arbeitsformen und die mit ihnen verbundenen Kombinationswirkungen lassen sich jedoch nicht ohne weiteres vergleichen. Für *Zeitarbeit* gilt beispielsweise, dass Zusatzbelastungen wie der häufige Wechsel von Arbeitsort

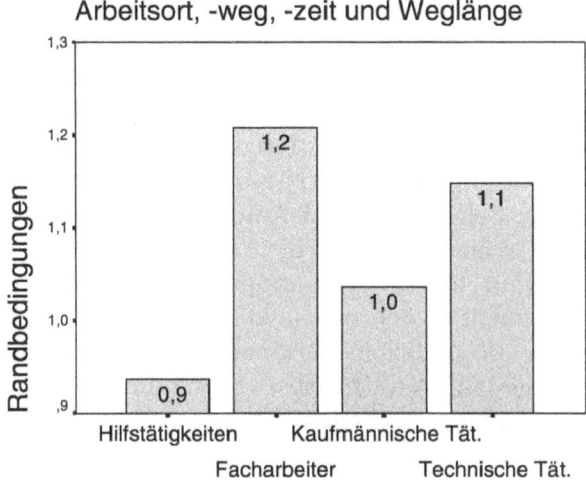

Abb. 4.8. Randbedingungen von Leiharbeit. Abgebildet ist ein Index, der folgende Kennzeichen von Leiharbeit zusammenfasst: Häufigkeit des Arbeitsplatzwechsels, des Wechsels der Anfahrtswege und Anfangszeiten sowie die Länge der Anfahrtswege bzw. der Fahrzeiten [16]

und Arbeitszeit sowie wechselnde Arbeitswege und oft verlängerte Anfahrtszeiten für Hilfstätigkeiten am geringsten ins Gewicht fallen, für Facharbeiter und technische Tätigkeiten dagegen am stärksten ausgeprägt sind.

Dieser statistisch signifikante ($F = 2,71$; $p < 0,030$) Unterschied deutet daraufhin, dass Leiharbeitskräfte für geringer qualifizierte Tätigkeiten offenbar eher in der Nähe des Wohnortes vermittelt werden können und die in Abb. 4.8 dargestellten Zusatzbelastungen für diejenigen Tätigkeiten in geringerem Maße zutreffen, die andererseits ein hohes negatives Belastungspotenzial aufweisen. Für Hilfstätigkeiten ist dieses signifikant größer als für die anderen Tätigkeiten [15].

Fazit

Aus den bisherigen Betrachtungen lässt sich folgendes *Fazit* ziehen: Die neuartigen Anforderungs- und Belastungsstrukturen erfordern neue Belastungs-Beanspruchungskonzepte. Das Mehrschnittstellenmodell stellt eine erste Annäherung dazu dar. Für die Diagnostik und Prognose psychischer Belastungen in neuen Arbeitsformen sind Systematisierungen und Klassifizierungen erforderlich, die es erlauben, die zusätzlichen Belastungsquellen in den verschiedenen neuen Arbeitsformen hinsichtlich ihrer Qualität und Quantität zu bewerten.

Welche neuen Arbeitsformen sich mit welchen Belastungskonstellationen in Zukunft entwickeln werden, darüber gibt es jedoch bisher wenig zuverlässige Prognosen. Abgesehen von Globalprognosen, die einigermaßen verlässlich über den zu erwartenden Strukturwandel von der Industrie- zur Dienstleistungsgesellschaft und zur Wissensgesellschaft Auskunft geben [1, 4, 7] gibt es bisher kaum gesicherte Hinweise über die Belastungs- und Anforderungsstruktur in den neuen Arbeits- und Organisationsformen.

Damit gewinnt für die Belastungsdiagnostik und das Beanspruchungsmanagement in den neuen Arbeitsformen die Integration lernrelevanter bzw. -förderlicher Merkmale der Arbeit als Bindeglied zwischen Arbeitsgestaltung und Selbst- bzw. Kompetenzentwicklung eine besondere Bedeutung. Lernrelevante Eigenschaften der Arbeitsorganisation (z.B. Lernklima, Partizipationsmöglichkeiten), lernrelevante Eigenschaften der Arbeitsaufgabe (z.B. Tätigkeitsspielräume, Rückmeldeprozesse, Transparenz, Sinnhaftigkeit), motivationale Anreize für ein Lernen in und an der Arbeit sowie die Eigenaktivität beim Lernen stellen dabei nach Bergmann [2] Bedingungen dar, die diesen Integrationsprozess optimieren können. Sie tragen damit insbesondere in den neuen Arbeitsformen dazu bei, die Komplexität, Dynamik und Unbestimmtheit zu bewältigen.

Literatur

[1] Beck, U (1999). Schöne neue Arbeitswelt. Vision: Weltbürgergesellschaft. Frankfurt: Campus.
[2] Bergmann, B (1999). Training für den Arbeitsprozess. Zürich: vdf, Hochschulverlag an der ETH Zürich.
[3] European Foundation for the improvement of Living and Working Conditions (1997). Dublin.
[4] Giarini, O & Liedtke, P M (1998). Wie wir arbeiten werden. Hamburg: Hoffmann und Campe.
[5] Hacker, W, Fritsche, B, Richter, P & Iwanowa, A (1995). Tätigkeitsbewertungssystem TBS. Zürich: vdf, Hochschulverlag an der ETH Zürich.
[6] Karasek, R A & Theorell, T (1990). Healthy work, stress, productivity, and the reconstruction of working life. New York: Basic Books.
[7] Risch, W, Heinrich, P & Trommer, R (1999). Expertise: Beschäftigungsentwicklung im Dienstleistungsbereich durch Leistungsinnovation. Chemnitz.
[8] Scherrer, K (2000a). Belastung und Beanspruchung bei der Arbeit im Call Center: Arbeitsgestaltung als Mittel zur Unterstützung der Kommunikationsarbeit. Computerfachwissen, 5, 2000.
[9] Scherrer, K (2000b). Dauerarbeitsplatz Call Center: Gesundheitsförderliche Arbeitsgestaltung senkt Fluktuation und Krankenstand. In: B. Badura, M. Litsch & Ch. Vetter (Hrsg.). Fehlzeiten-Report 2000. Berlin: Springer.

[10] Treier, M (2000). Zu Belastungs- und Beanspruchungsmomenten der Teleheimarbeit unter besonderer Berücksichtigung der Selbst- und Familienregulation. Unveröfftl. Doktorarbeit an der Bergischen Universität Gesamthochschule Wuppertal.
[11] Wieland-Eckelmann, R, Saßmannshauen, A, Rose, M & Schwarz, R (1999). Synthetische Beanspruchungsanalyse SynBA-GA. In Dunckel, H (Hrsg.), Handbuch psychologischer Arbeitsanalyseverfahren, (S. 421–463). Zürich: vdf, Hochschulverlag an der ETH Zürich.
[12] Wieland, R & Koller, F (1999). Bildschirmarbeit auf dem Prüfstand. Bremerhaven: Wirtschaftsverlag NW.
[13] Wieland, R (1999). Beanspruchung und Bildschirmarbeit: Konsequenzen für die Gestaltung von Telearbeitsplätzen. Zeitschrift für Arbeits- und Organisationspsychologie 43, 151–158.
[14] Wieland, R & Scherrer, K (Hrsg.) (2000). Arbeitswelten von morgen. Opladen: Westdeutscher Verlag.
[15] Wieland, R, Grüne, P, Schmitz, U & Roth, K (im Druck). Zeitarbeit optimal gestalten. Bremerhaven: Wirtschaftsverlag NW.
[16] Wieland, R & Scherrer, K (im Druck). Die Arbeitswelten von morgen effizient und human gestalten. Belastungsoptimierung, Arbeits- und Gesundheitsschutz in neuen Arbeitsformen. Zürich: vdf, Hochschulverlag an der ETH Zürich.

KAPITEL 5

Telearbeit als flexible Arbeitsform – Risiken und Chancen für die Gesundheit und Sicherheit der Erwerbstätigen

M. ERTEL

Einleitung

In diesem Beitrag werden Überlegungen zu den gesundheitlichen Folgen einer weitreichenden „Flexibilisierung" der Arbeitswelt [18] und hierauf bezogene Ergebnisse einer empirischen Untersuchung zu freiberuflicher Telearbeit im Medienbereich vorgestellt und erörtert.

Telearbeit als zeitlich und räumlich flexible, auf moderne Informations- und Kommunikationstechniken gestützte Arbeitsform[1] steht hier exemplarisch für einen wachsenden Bereich von Erwerbstätigkeit, der bisher in der Forschung zum Arbeits- und Gesundheitsschutz kaum berücksichtigt wurde [1, S. 122 ff.].

Im rasanten Wandel der Arbeitswelt entstehen zunehmend neue Arbeitsformen außerhalb herkömmlicher betrieblicher Strukturen [1]. Telearbeit nimmt darunter einen herausragenden Stellenwert ein.

Auch wenn die Schätzungen über die Zahl der (bestehenden sowie prognostizierten) Telearbeitsplätze bzw. Telearbeiter/innen je nach Definition unterschiedlich ausfallen, lässt sich im Verlauf der letzten Jahre ein deutlicher Wachstumstrend erkennen. Eine 1997 veröffentlichte Studie des Fraunhofer-Instituts für Arbeitswirtschaft und Organisation (IAO), die im Auftrag des Bundesministeriums für Arbeit und Sozialordnung durchgeführt wurde, bezifferte die Zahl der Telearbeiter/innen per Hochrechnung von betrieblichen Erhebungen auf ca. 875 000 [3]. Nach einer 1999 publizierten Umfrage des Forschungs- und Beratungsinstitutes Empirica betreiben in Deutschland 1 560 000

---

[1] Als Telearbeit werden auf Informations- und Kommunikationstechniken gestützte Tätigkeiten verstanden, die nicht an eine zentrale Betriebsstätte gebunden sind, sondern mobil verrichtet werden. Die Kommunikation innerhalb des Arbeitsteams bzw. zwischen Teleworker und Arbeits- bzw. Auftraggeber erfolgt in der Regel auf elektronischem Weg. Aspekte der Arbeitszeit (Dauer, Lage, Verteilung) und des Arbeitsortes treten gegenüber dem Arbeitsergebnis in den Hintergrund.

Erwerbstätige regelmäßig und 570 000 gelegentlich Telearbeit, darunter auch viele Selbständige [4].

Die zunehmende Auslagerung von Arbeit aus zentralen Betriebsstätten in Form von Telearbeit stellt eine unternehmerische Flexibilisierungsstrategie dar, die darauf abzielt, Produktivitätsreserven zu mobilisieren sowie Kosten- und Wettbewerbsvorteile zu erschließen. Zugleich können räumlich mobile und zeitlich flexible Arbeitsformen – vor allem für Erwerbstätige mit gefragten Qualifikationen – geeignet sein, berufliche Autonomieansprüche (z. B. Unabhängigkeit von betrieblichen Hierarchien, freie Einteilung der Arbeitszeit) zu verwirklichen. Freilich dürfen hierbei die Restriktionen des Arbeitsmarktes nicht übersehen werden.

Da die Medienbranche für die zunehmende Fragmentierung bzw. „Ausfransung" regulärer Arbeitsverhältnisse eine Vorreiterrolle spielt, bot sich eine vertiefte Untersuchung in diesem Bereich an, wobei die Arbeitskontakte zur IG Medien den Zugang überhaupt erst ermöglichten und gemeinsam die Schwerpunkte der Befragung abgestimmt wurden.

Die dargestellten Ergebnisse entstammen dem ersten Teil einer laufenden Längsschnittstudie, die im Rahmen eines Kooperationsprojektes zwischen der Bundesanstalt für Arbeitsschutz und Arbeitsmedizin (Berlin) und dem Beratungsdienst für freie Mitarbeiter („Freienberatung") der Industriegewerkschaft Medien (München) durchgeführt wird. Dieses Projekt zielt zum einen unmittelbar praxisrelevant darauf ab, Gestaltungsanforderungen für sozial- und gesundheitsverträgliche Arbeit im Mediensektor zu entwickeln. Zum anderen sollen neue Erkenntnisse zu Arbeitsbelastungen, Beanspruchungsformen, Bewältigungsweisen und gesundheitlichen Folgewirkungen bei flexibler Arbeit gewonnen werden.

Die Daten wurden mit einer auf die spezifischen Bedingungen von freiberuflicher Telearbeit in der Medienbranche abgestimmten Version des in der Bundesanstalt für Arbeitsschutz und Arbeitsmedizin entwickelten Fragebogens „Gesundheit am Bildschirmarbeitsplatz" [5] erhoben.

Dem Beitrag liegt die Annahme zugrunde, dass gesundheitliche Risiken bei flexiblen Arbeitsformen – und damit verbundene Herausforderungen an den Arbeits- und Gesundheitsschutz – zusammenfassend aus den folgenden Faktoren resultieren [6]:

- Erschwerte Durchsetzbarkeit von Arbeitsschutzvorschriften (aufgrund der zeitlichen und räumlichen Herauslösung von Beschäftigten aus dem Betrieb),

- Leistungsverdichtung durch ergebnisorientierte Arbeitsprozesse,
- Unvorhersehbarkeit von Arbeitsanforderungen, mangelnde Planbarkeit,
- (Selbst-) Überforderung und mangelnde Beachtung gesundheitlicher (Warn)Signale seitens der Teleworker,
- Verschwimmen der Grenzen zwischen Arbeit und Privatsphäre (Gefährdung der Erholungsfähigkeit).

Flexibilisierung und Gesundheit

Allenthalben wird heute von Erwerbstätigen bzw. Berufsanfängern (mehr) „Flexibilität" gefordert. Die Formulierungen in Stellenanzeigen legen hiervon ein beredtes Zeugnis ab. Dagegen steht die Bestimmung des Verhältnisses von „Flexibilität" bzw. „Flexibilisierung" und potenziellen gesundheitlichen Folgewirkungen bis auf vereinzelte Ansätze [16] noch aus.

Phänomenologisch lässt sich „Flexibilität" bzw. „Flexibilisierung" anhand einzelner Dimensionen (Arbeitszeit, Arbeitsort, Arbeitsanforderungen, Beschäftigungsverhältnisse, etc.) näher bestimmen. Begreift man diesen Prozess dagegen in einem erweiterten analytischen Bezugsrahmen als eine „Intensivierung der Nutzung von Arbeitskraft" [12], fällt es leichter, Flexibilisierung systematisch zum Arbeits- und Gesundheitsschutz in Beziehung zu setzen. Aus der Perspektive der Erwerbstätigen ist Flexibilisierung gleichbedeutend mit der Zunahme von Handlungsalternativen: so weisen Hielscher und Hildebrandt [9, S. 246] am Beispiel der flexiblen Arbeitszeitregelung bei VW auf die erhöhte Verantwortung hin, die Beschäftigte nun für ihre Gesundheit haben; etwa, indem sie auf Überlastungssymptome mit einer individuellen Verkürzung ihrer Arbeitszeit reagieren können.

Gerade im Spannungsfeld von Arbeit und Gesundheit können diese erhöhten Freiräume die Erwerbstätigen mit zugespitzten und daher konflikthaften Entscheidungsalternativen konfrontieren. Dies betrifft insbesondere die Frage, ob im Falle einer Beeinträchtigung des Wohlbefindens bzw. der Gesundheit eine Arbeitsunfähigkeit in Anspruch genommen wird [7, S. 197/198].

Da bei Telearbeit der Weg zum betrieblichen Arbeitsplatz entfällt, liegt es nahe, auch dann weiterzuarbeiten, wenn das persönliche Befinden eher eine „Auszeit" nahe legen würde (zur notwendigen Regeneration bzw. zur Vermeidung einer ansonsten drohenden Chronifizierung von zunächst banalen Erkrankungen).

Über die Frage hinausgehend, inwieweit der Krankenstand *allgemein* ein tauglicher Indikator für den Gesundheitszustand einer definierten Population ist [15, 17] sprechen diese Überlegungen meines Erachtens dafür, für die Erfassung des Gesundheitszustandes von „Teleworkern" alternative Indikatoren heranzuziehen. In diesem Beitrag möchte ich diesbezüglich einige Anregungen präsentieren.

Ergebnisse der Untersuchung

Datengrundlage der Studie bildeten 210 Fragebögen, die mit multivariaten Methoden statistisch ausgewertet wurden. Von den Befragten (Journalisten für Printmedien, Rundfunk und Fernsehen, Drehbuchautoren, ferner Photografen, Multimediadesigner, etc. aus dem Organisationsbereich der IG Medien) sind 52% weiblich und 48% männlich. Gegenüber dem Durchschnitt der Erwerbsbevölkerung sind sie überdurchschnittlich jung (50% fallen in die Altersgruppe unter 40 Jahre) und überdurchschnittlich ausgebildet (2/3 verfügen über einen Hochschulabschluss).

Zunächst zeigte sich, dass die Befragten im Hinblick auf die *Einrichtung und Gestaltung ihres häuslichen Arbeitsplatzes* weitgehend auf sich selbst gestellt waren. Sie wurden diesbezüglich weder von einer Fachkraft für Arbeitssicherheit oder einem Betriebsarzt noch von einer betrieblichen Interessenvertretung bzw. ihrer Gewerkschaft unterstützt. Ein Viertel erhielt Hilfe von Arbeitskollegen bzw. Freunden, und 83% gaben an, dass sie sich in Bezug auf ergonomische Aspekte selbst informiert hatten. (Mehrfachantworten waren bei dieser Frage möglich.)

Lediglich 3% bejahten die Frage, ob ihr häuslicher Arbeitsplatz von einer fachkundigen Person überprüft bzw. vor Aufnahme der Arbeit abgenommen wurde; nur 2,4% der Befragten werden betriebsärztlich betreut.

Die *Arbeitssituation* der befragten Freelancer zeichnet sich mit einem Nebeneinander von positiv und negativ eingeschätzten Merkmalen durch ein hohes Maß an Ambivalenz aus: so stehen Abwechslungsreichtum (91%) und großem Handlungsspielraum (78%) welche die Tätigkeit gewähren, erheblicher Marktdruck (72%) und schwankender Arbeitsanfall (71%) gegenüber (Abb. 5.1).

Um angesichts der komplexen Arbeitssituation der untersuchten Freelancer ein integratives Maß für deren Arbeitsbelastung zu erhalten, wurde in Anlehnung an eine frühere Studie [8] danach gefragt, wie die Befragten ihre *Arbeitsbelastung insgesamt* einschätzen. Insgesamt gaben 36% der befragten Telearbeiter/innen eine hohe Arbeitsbelastung an; 64% schätzten ihre Arbeitsbelastung als angemessen ein.

Als ein wesentlicher Belastungsfaktor erwies sich diesbezüglich die *Arbeitszeit*. Charakteristisch für die Arbeitssituation der untersuchten

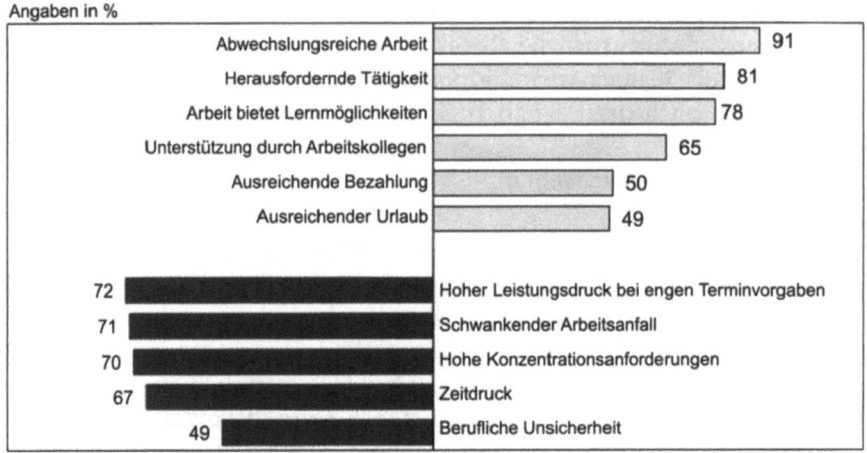

Abb. 5.1. Positive und negative Merkmale der Arbeitssituation (Angaben in Prozent)

Dauer und Verteilung der wöchentlichen Arbeitszeit	Einschätzung der Arbeitsbelastung als zu „hoch"
≤40 Std. (37%)	22%
42–56 Std. (39%)	39%
60–100 Std. (24%)	56%

Abb. 5.2. Wöchentliche Arbeitszeit und Arbeitsbelastung

Gruppe sind weitgehend ungeregelte Arbeitszeiten; Phasen von intensiver Arbeit wechseln sich oft mit Perioden von Auftragsmangel und Unterauslastung ab.

Während die durchschnittliche wöchentliche Arbeitszeit 47 Stunden beträgt, arbeitet ein Viertel der Befragten wöchentlich über 60 Stunden. Lediglich 37% befinden sich im Bereich der für die große Mehrheit der Arbeitnehmer inzwischen tariflich normierten 40-Stunden-Woche. Es zeichnet sich deutlich ab, dass die Länge der Arbeitszeit von wesentlicher Bedeutung für die Einschätzung der Arbeitsbelastung seitens der Freelancer ist (Abb. 5.2).

Das Ausmaß der von den Befragten wahrgenommenen Arbeitsbelastung weist seinerseits einen starken Zusammenhang mit der Häufigkeit der von ihnen angegebenen gesundheitlichen Beschwerden auf (Abb. 5.3). Zum einen ist eine hohe Arbeitsbelastung generell mit einem signifikant erhöhten gesundheitlichen Risiko verbunden. Zugleich fällt auf, dass sich eine hohe Arbeitsbelastung in differenzierter

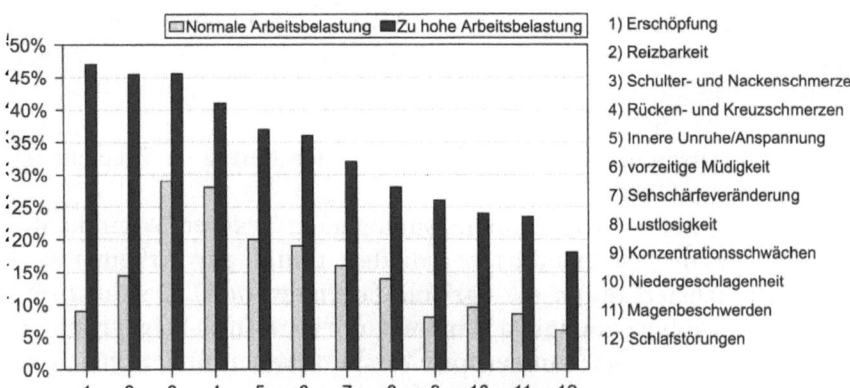

Abb. 5.3. Gesundheitsbeschwerden in Abhängigkeit von der Arbeitsbelastung (p < 0,05)

Weise gesundheitlich niederschlägt. So geben die von hoher Arbeitsbelastung Betroffenen mehr als fünfmal so viel *Erschöpfung* (47% zu 9%) und mehr als dreimal sowie *Reizbarkeit* (45% zu 14%) an wie die Befragten mit normaler (angemessener) Arbeitsbelastung; demnach haben sie ein mehr als fünffach bzw. mehr als dreifach erhöhtes Risiko, an diesen Befindlichkeitsstörungen zu leiden. Dagegen wird die Ausprägung der weit verbreiteten Schulter- und Nackenschmerzen sowie Rücken- und Kreuzschmerzen zwar auch signifikant, aber in deutlich geringerem Ausmaß durch die Höhe der Arbeitsbelastung beeinflusst (hier zeigt sich bei hoher Arbeitsbelastung eine Risikoerhöhung um den Faktor 1,5 bzw. 1,6).

Im Folgenden sollen diese spezifischen Zusammenhänge zwischen Merkmalen der Arbeitssituation und gesundheitlichen Folgewirkungen näher beleuchtet werden. Unter den Merkmalen der Arbeitssituation wird der Faktor Arbeitszeit in seiner quantitativen Dimension (Dauer) und seiner qualitativen Dimension (Intensität) herangezogen.

Als Zielgröße (abhängige Variable) wurde die Variable *Erholungsunfähigkeit* gewählt, ein in vielen Studien validierter psychosozialer Risikofaktor für Herz-Kreislauf-Erkrankungen [13, 14]. Erholungsunfähigkeit kennzeichnet ein gesundheitsriskantes Bewältigungsverhalten, das aus dem Zusammenwirken von Situationsmerkmalen (z.B. Zeit- und Leistungsdruck) mit spezifischen Verhaltensweisen (hohe Identifikation mit der Arbeit, übersteigertes Arbeitsengagement) resultiert [10].

Methodisch wurde zur Untersuchung dieser Zusammenhänge ein auf dem CHI-Quadrat-Test beruhendes multivariates Verfahren angewendet, das die Stichprobe in der Art eines Baumdiagramms in Teilgruppen zerlegt und die Reihenfolge wie auch die Interaktion signifikanter Prädiktoren für eine ausgewählte Zielgröße ermittelt und anschaulich darstellt [2].

Im Durchschnitt erweisen sich 34%[2] der befragten Freelancer als „erholungsunfähig".

Die Ausprägung von Erholungsunfähigkeit[3] variiert signifikant mit der Länge der wöchentlichen Arbeitszeit und der Arbeitsintensität (operationalisiert durch die Variable *Leistungsdruck*). Das höchste Risiko für Erholungsunfähigkeit besteht mit 64% in der Teilgruppe derjenigen, die über 48 Stunden pro Woche arbeiten und zugleich ständig unter Leistungsdruck stehen (Abb. 5.4).

Um die Stabilität der Ergebnisse zu erhöhen, wurde in einem weiteren Abschnitt der Analyse das *gesundheitliche Beschwerdeniveau*[4] als Zielvariable (abhängige Variable) herangezogen. Als signifikante Prädiktoren erwiesen sich hier das *Niveau der psychischen Beanspruchung*[5] (als theoretisch fundierter Indikator für Stresseinwirkungen) und die Qualität des Verhältnisses zwischen Arbeit und Privatleben.

Während im Durchschnitt 48% der befragten Freelancer ein hohes gesundheitliches Beschwerdeniveau (d.h. organunspezifische Beeinträchtigungen des gesundheitlichen Befindens) aufweisen, steigt dieser Anteil in der Teilgruppe derer, die in ihrer Arbeit belastet sind

---

[2] Dieser Anteil ist mehr als doppelt so hoch wie der Anteil der Erholungsunfähigen unter einer Gruppe von im Durchschnitt deutlich älteren und geringer qualifizierten Büroangestellten, von denen 14% als erholungsunfähig eingestuft werden [10].
[3] In den Tabellenfeldern sind die jeweiligen Anteile der Erholungsunfähigen ausgewiesen. Die jeweilige Differenz zu 100% zeigt den Anteil der *Erholungsfähigen* an.
[4] Die Bildung dieser Variable beruhte auf der Annahme, dass die langfristige Einwirkung der hier betrachteten Arbeitsbelastungen Befindensbeeinträchtigungen in *unterschiedlichen* organischen und psychischen Funktionsbereichen nach sich zieht. Als Skalenwert der Skala gesundheitliches Beschwerdeniveau wurde ein ungewichteter Summenindex auf der Basis der ursprünglich insgesamt 25 Einzelbeschwerden gebildet. Für die interne Konsistenz dieser Skala wurde ein Wert von 0,85 (Cronbachs alpha) berechnet. Eine hohe (48%) bzw. niedrige Ausprägung (52%) wurde durch eine Dichotomisierung der Skala (50% Perzentile) erreicht.
[5] Die Variable „psychische Beanspruchung" wurde in Anlehnung an die Dimension *psychological demand* des Demand/Control-Modells von Karasek und Theorell [11] gebildet. Diese Dimension wurde per Indexbildung aus den Variablen Zeitdruck, Leistungsdruck, Überforderung durch die Arbeitsmenge, Überforderung durch die Aufgabenschwierigkeit sowie Informationsfülle gebildet und weist mit 0,75 (Cronbachs alpha) eine ausreichende interne Konsistenz auf.

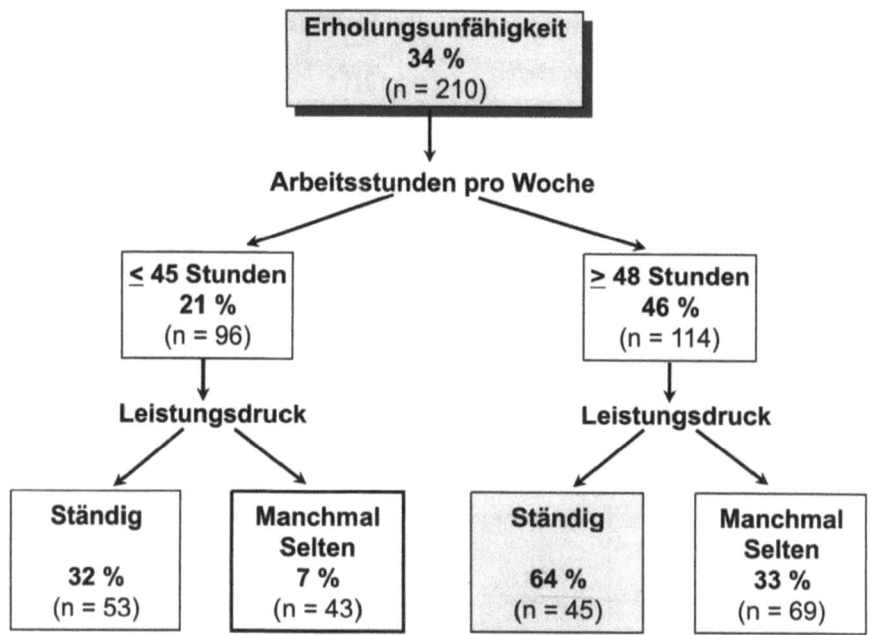

Abb. 5.4. Erholungsunfähigkeit in Abhängigkeit von den Prädiktoren „Arbeitsstunden pro Woche" und „Leistungsdruck" ($p < 0{,}05$)

und zugleich kein ausgewogenes Verhältnis zwischen Arbeit und Privatleben haben, auf 75%. Deutlich kristallisiert sich die gesundheitliche „Pufferwirkung" – gleichsam das salutogene Potenzial – eines ausgewogenen Verhältnisses zwischen Arbeit und Privatleben heraus: der Anteil der Freelancer mit einem hohen gesundheitlichen Beschwerdeniveau reduziert sich deutlich auf 44% in der Teilgruppe derer, die hohe psychische Anforderungen in der Arbeit mit einem insgesamt ausgeglichenen Verhältnis zwischen Arbeit und Privatsphäre verbinden können (Abb. 5.5).

Die bereits oben angesprochene Thematik des erschwerten Gesundheits- bzw. Krankheitsverhaltens unter – im Vergleich zu betrieblich organisierter Arbeit – ungesicherten Rahmenbedingungen wurde mit der Frage nach dem „verdeckten Krankenstand" aufgegriffen. 28% der befragten Freelancer gaben an, oft *trotz Krankheit zu arbeiten*. Dieses Verhalten kann insofern als gesundheitsgefährdend qualifiziert werden, weil es mit dem Risiko der Erschöpfung von Leistungsreserven und der Chronifizierung von Befindlichkeitsstörungen zu manifesten Erkrankungen verbunden ist [17].

Geht man nun den Faktoren nach, die ein in diesem Sinn gesundheitsgefährdendes Verhalten begünstigen, zeigt das Baumdigramm die

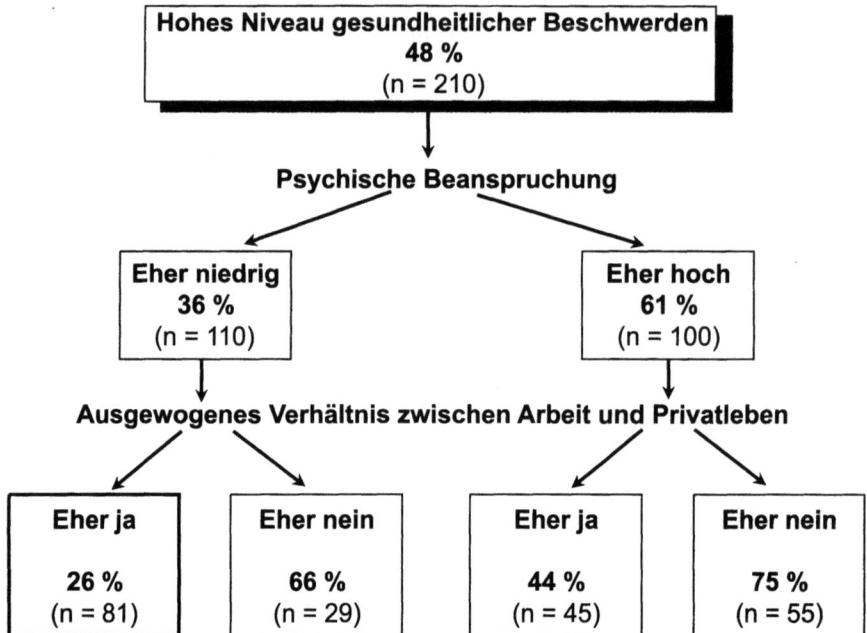

Abb. 5.5. Hohes Niveau gesundheitlicher Beschwerden in Abhängigkeit von den Prädiktoren „Psychische Anforderungen" und „Ausgewogenes Verhältnis zwischen Arbeit und Privatleben"

Kombination der Faktoren „hohe berufliche Unsicherheit" und „hohe Arbeitsbelastung". Unter diesen Bedingungen geben 53% der Befragten an, trotz Krankheit oft zu arbeiten. Dagegen sinkt dieser Anteil in der Teilgruppe derer, die unter relativ günstigen Bedingungen arbeiten (geringe berufliche Unsicherheit, angemessene Arbeitsbelastung), auf 11% (Abb. 5.6).

Eine hohe bzw. überhöhte Arbeitsbelastung führt zum einen zu gesundheitlichen Beeinträchtigungen (vgl. Abb. 5.3) und erschwert zum anderen gesundheitsgerechtes Verhalten (Arbeitsunfähigkeit) im Fall einer Beeinträchtigung des gesundheitlichen Befindens, womit sich ein *pathogener Kreislauf* eröffnet.

Dem Charakter dieser Pilotstudie entsprach es, das Feld von beeinträchtigenden und fördernden Faktoren der Qualität der Arbeit und der Gesundheit zu explorieren, da es auf diesem Gebiet keine Vorläuferuntersuchungen gibt.

Diesem Zweck dienten die beiden sich ergänzenden Fragen nach den schätzenswerten und belastenden Qualitäten der Arbeit. Die hier wiedergegebenen typischen Antworten der befragten Freelancer zeigen (in deren eigenen Worten) die Ambivalenz dieser Arbeitsform,

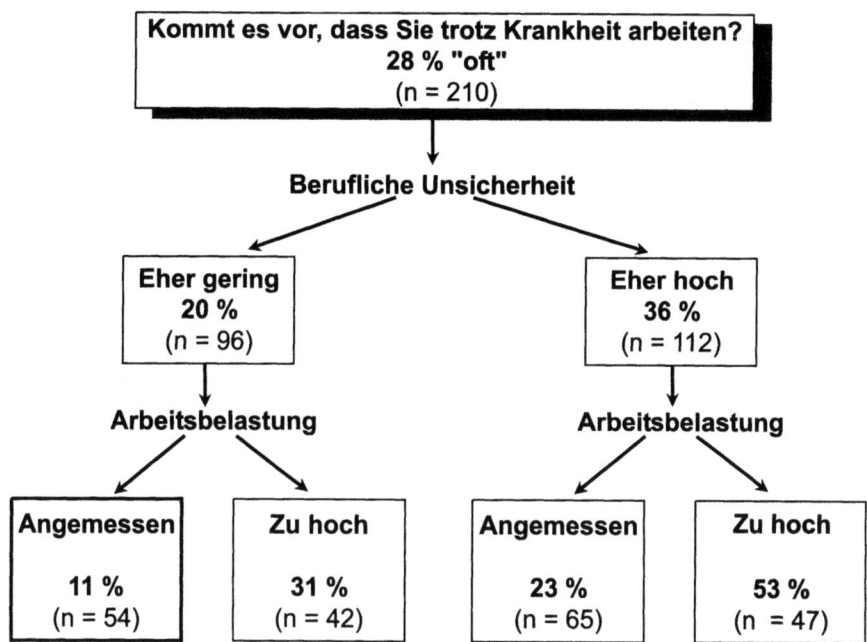

Abb. 5.6. „Arbeit trotz Krankheit" in Abhängigkeit von den Prädiktoren „Berufliche Unsicherheit" und „Arbeitsbelastung". (Durch fehlende Angaben zu „Berufliche Unsicherheit" addieren sich die Zahlen nicht auf 210)

Interessenlagen, Problemlagen und Ansatzpunkte für Verbesserungen in anschaulicher Weise auf (Abb. 5.7).

Zusammenfassung und Schlussfolgerungen

Am Beispiel von freiberuflicher Telearbeit im Medienbereich wurde das salutogene und pathogene Potenzial von flexiblen Arbeitsformen erläutert. Deutlich wurde die Ambivalenz in der Arbeitssituation der befragten Freelancer, die sich in einem Nebeneinander von hoher Leistungsmotivation und hohem Leistungsdruck äußert.

Dem Gewinn an Autonomie, der mit der zeitlichen und räumlichen Flexibilisierung von Arbeitsprozessen für die Erwerbstätigen verbunden ist, stehen erhebliche Risiken gegenüber (Auflösung betrieblicher Strukturen und traditioneller Karrieremuster, die Verlagerung von Verantwortlichkeiten für Arbeitsgestaltung, Arbeitsabläufe und Arbeitszeiten auf die „Arbeitskraftunternehmer"), die von den Betreffenden unterschiedlich wahrgenommen werden.

„Traditionelle" und angesichts einer langjährigen Tradition der Aktivitäten zur Humanisierung des Arbeitslebens überwunden geglaubte

Was schätzen Sie an Ihrer Arbeit am meisten?	Und was vermissen Sie bzw. was belastet Sie bei Ihrer Arbeit am meisten?
Ich kann mich mit Themen beschäftigen, die meinen Interessen entsprechen. Mir redet kaum jemand rein.	Termindruck, Unzuverlässigkeit von Auftraggebern.
Unabhängigkeit, Vielfalt, Kreativität ausleben.	Arbeitsmangel, Akquisedruck.
Dass ich meist frei über meine Zeit verfügen kann.	Die Unsicherheit, morgen kann schon wieder alles ganz anders sein; Absicherung im Krankheitsfall; Altersvorsorge.
Dass ich mir meine Zeit frei einteilen kann, dass ich mir es z.B. häufig gönnen kann, morgens auszuschlafen (Auf diese Art kann ich den ganzen Stress einigermaßen ertragen).	Der ewige Termin- und Leistungsdruck, die zu geringe Bezahlung; nicht zu wissen, wovon ich leben soll, wenn ich älter bin und nicht mehr so viel arbeiten kann.
Keine Chefs, Unabhängigkeit, Vielfalt der Tätigkeiten, Freiheit bei der Wahl der Tätigkeiten.	Unregelmäßiger Arbeitsanfall (erst viele Aufträge gleichzeitig, dann dünne Auftragslage).
Abwechslung und Fortbildung auf vielen Gebieten.	Stress, lange Arbeitszeit, Druck, Konkurrenz.
Das Gefühl, meine eigene Chefin zu sein und letztendlich selbst entscheiden zu können, was und wieviel ich arbeite.	Abnehmende Leistungsfähigkeit mit zunehmendem Alter, Sorge vor längerer Krankheit.

Abb. 5.7. Ausgewählte Antworten auf offene Fragen zur Qualität der Arbeit

Problemlagen wie die ergonomische Qualität der Arbeitsplätze, der Arbeitsrhythmus, die Dauer und die Lage der Arbeitszeit werden in Gestalt scheinbar moderner Arbeitsformen wieder virulent.

Die partielle Auflösung von betrieblicher organisierter Arbeit wirft erhebliche Probleme auf für eine systematische Erfassung und Beurteilung von Arbeitsbedingungen, für die Analyse des gesundheitlichen Zustandes der Erwerbstätigen und, damit verbunden, für die Prävention arbeitsbedingter Erkrankungen. Der Verlust von sozialen Unterstützungsnetzen bei Telearbeit kann zur Folge haben, dass gesundheitlich problematische Verhaltensweisen (z.B. erhöhter Alkoholkonsum) nicht rechtzeitig erkannt werden bzw. sich verfestigen; insbesondere dann, wenn die Betreffenden unter hohem Arbeitsdruck stehen. Auch die gesundheitliche Indikatorfunktion des Krankenstandes bei weitgehend selbstgesteuerten Arbeitsformen außerhalb betrieblicher Zusammenhänge muss überdacht werden.

Das zeitliche und räumliche Ineinandergreifen zwischen Arbeitssphäre und außerberuflichen Lebensbereichen ist mit der Gefahr einer Entgrenzung von Arbeitstätigkeiten verbunden, woraus eine Einschränkung der Erholungsunfähigkeit resultiert. Konzeptionell und methodisch ist hieraus die Schlussfolgerung zu ziehen, dass bei der Berücksichtigung der gesundheitlichen Folgen von flexiblen Arbeitsformen der unmittelbare Bezugsrahmen der Arbeitstätigkeit aufgegeben werden muss.

Eine wichtige Zukunftsaufgabe des Arbeits- und Gesundheitsschutzes dürfte darin bestehen, die neuen Informations- und Kommunikationstechniken und das Internet zu nutzen, um Erwerbstätigen Maßstäbe für „normale" (d. h. zumutbare) Arbeitsanforderungen und Arbeitszeiten zu vermitteln. Auf diese Weise könnten auch soziale Unterstützungsnetze geschaffen werden, die der Tendenz zur Vereinzelung der Teleworker entgegenwirken. Dies wäre auch eine wichtige Voraussetzung, um eine Work-Life-Balance zu erreichen.

Literatur

[1] Baukrowitz A, Boes A, Schwemmle M (1998) Veränderungstendenzen der Arbeit im Übergang zur Informationsgesellschaft – Befunde und Defizite der Forschung. In: Arbeitswelt in Bewegung: Trends, Herausforderungen, Perspektiven/Enquête-Kommission „Zukunft der Medien in Wirtschaft und Gesellschaft; Deutschlands Weg in die Informationsgesellschaft"; Deutscher Bundestag (Hrsg.).- ZV Service, Bonn, S. 21–170
[2] Bühl A, Zöfel P (1996) Professionelle Datenanalyse mit SPSS für Windows. Addison Wesley, Bonn
[3] Bundesministerium für Arbeit und Sozialordnung (Hrsg.): Entwicklung der Telearbeit – arbeitsrechtliche Rahmenbedingungen. Gutachten für das Bundesministerium für Arbeit und Sozialordnung im Auftrag des Fraunhofer-Instituts für Arbeitswirtschaft und Organisation. – Bonn 1997 (Forschungsbericht 269 Sozialforschung)
[4] Empirica (1999): Untersuchung zur Verbreitung von Telearbeit in Europa. http://www.ecatt.com
[5] Ertel M, Junghanns G, Ullsperger P (1994) Gesundheit am Bildschirmarbeitsplatz (GESBI). Wirtschaftsverl. NW, Bremerhaven (Schriftenreihe der Bundesanstalt für Arbeitsmedizin: Forschung, Fb 12.003)
[6] Ertel M, Maintz G, Ullsperger P (2000) Telearbeit – gesund gestaltet. Tips für gesundheitsverträgliche Telearbeit. – (Bundesanstalt für Arbeitsschutz und Arbeitsmedizin: Gesundheitsschutz; 17). – 5., überarbeitete und aktualisierte Auflage, Dortmund/Berlin
[7] Ertel M, Ullsperger P (1996) Telearbeit – Probleme und Gestaltungserfordernisse aus der Perspektive des Arbeits- und Gesundheitsschutzes. In: Kubicek H (Hrsg) Jahrbuch Telekommunikation und Gesellschaft, Band 4. v. Decker, Heidelberg, S. 194–200
[8] Glaser WR, Glaser O (1995) Telearbeit in der Praxis. Psychologische Erfahrungen mit außerbetrieblichen Arbeitsstätten bei der IBM Deutschland GmbH. Luchterhand, Neuwied, Kriftel, Berlin
[9] Hielscher V, Hildebrandt E (1999) Zeit für Lebensqualität. Auswirkungen verkürzter und flexibilisierter Arbeitszeiten auf die Lebensführung. Ed. Sigma, Berlin

[10] Junghanns G, Ertel M, Ullsperger P (1998). Anforderungsbewältigung und Gesundheit bei computergestützter Büroarbeit. Bremerhaven: Wirtschaftsverl. NW. – (Schriftenreihe der Bundesanstalt für Arbeitsschutz und Arbeitsmedizin; Fb 787)
[11] Karasek R, Theorell T (1990) Healthy Work. Stress, productivity and the reconstruction of working life. Basic Books, New York
[12] Minssen H (2000) Entgrenzungen – Begrenzungen. In: Minssen H (Hrsg) Begrenzte Entgrenzungen: Wandlungen von Organisation und Arbeit. Ed. Sigma, Berlin, S. 7–15
[13] Richter P, Hacker W (1998) Belastung und Beanspruchung. Streß, Ermüdung und Burnout im Arbeitsleben. Roland Asanger, Heidelberg
[14] Richter P, Rudolph M, Schmidt CF (1996) Fragebogen zur Analyse belastungsrelevanter Anforderungsbewältigung (FABA). Swets Test Service, Frankfurt am Main
[15] Schwendenwein J (1997) Gesundheitsförderung durch Organisationsentwicklung: Der Krankenstand als Evaluationsindikator. Profil, Wien (Reihe medizinsoziologische Forschung; Bd. 2)
[16] Theorell T (1996) Flexibility at work in relation to employee health. In: Schabracq MJ, Winnubst JAM, Cooper CL (eds) Handbook of work and health Psychology. Wiley, Chichester, New York, pp 147–160
[17] Twardowski U (1998) Krankschreiben oder krank zur Arbeit? Metropolis-Verlag, Marburg (Hochschulschriften, Bd. 42)
[18] Zilian G, Flecker J (1998) Flexibilisierung – Problem oder Lösung? Ed. Sigma, Berlin

KAPITEL 6

Dauerarbeitsplatz Call Center: Gesundheitsförderliche Arbeitsgestaltung senkt Fluktuation und Krankenstand

K. SCHERRER

Call Center als Arbeitsform der Zukunft

Die rasante Entwicklung von Kommunikations- und Informationstechnologien, die steigende Nachfrage nach Beratung und Dienstleistung sowie veränderte Anforderungen der Verbraucher an Service führen zu neuen Arbeitsaufgaben und Organisationsformen. Die Abwicklung großer Anteile des Kundendienstes wird inzwischen über Telefon in Call oder Service Zentren wahrgenommen. In den letzten Jahren wurden viele neue Arbeitsplätze in Telefonzentralen eingerichtet – oft mit öffentlicher Förderung. Ob Inhouse-Center (innerbetriebliche Call Center) oder rechtlich eigenständige Dienstleister, die ausgelagerte Aufträge für Unternehmen bearbeiten, der „Bildschirmarbeitsplatz mit Telefon" stellt neuartige Anforderungen an Betreiber, Beschäftigte sowie den Arbeits- und Gesundheitsschutz.

Einrichtung und Organisation des Call Centers (CC), Arbeitsvertrags und -zeitgestaltung, Entlohnung, Personalauswahl und Qualifizierung, Arbeitsorganisation und Führung erfordern nicht nur die Einhaltung vorhandener Gesetze und Richtlinien (Bildschirmarbeitsverordnung, Arbeitsstättenverordnung, Arbeitsschutzgesetz usw.), sondern auch neue Konzepte zur umfassenden Arbeitsgestaltung für die Förderung von Gesundheit und Produktivität.

Die Gestaltung dieser „Neuen Arbeits- und Organisationsform" Call Center ist sowohl für Beschäftigte als auch die Unternehmen wichtig, weil:
- Der Anteil von Telefon-Computer-Arbeitsplätzen zunehmen wird,
- die Ausbildungs- und Fortbildungskosten steigen,
- die Fluktuation und der Krankenstand oft sehr hoch sind,
- die Belastung und deren Auswirkungen bei der Arbeit (synchrone Inanspruchnahme mehrerer Sinneskanäle) noch wenig bekannt ist,

- die Veränderungen der nächsten Jahre begleitet und gestaltet werden müssen (Internettelefonie, höhere Anforderungen an die Qualifikation),
- der Telefonarbeitsplatz Besonderheiten hat, die neben den oben genannten Faktoren vor allem in den Anforderungen an die Kommunikationsfähigkeit und die emotionale Regulation liegen.

Neue Forschungsarbeiten, daraus abgeleitete Gestaltungsmaßnahmen sowie Seminare zeigen, dass die Integration von Ergonomie, Aufgabengestaltung, emotionaler Unterstützung und Qualifizierung notwendig ist, um diese Arbeitsorganisationsform der Zukunft arbeitswissenschaftlich „abzusichern" und damit für alle Beteiligten gesund und erfolgreich zu gestalten.

Trends und Branchen

Die Anzahl der Call Center in Deutschland werden – mit steigender Tendenz – vom Deutschen Direktmarketing Verband (DDV) für Ende 1998 auf etwa 1500 geschätzt. Eine Studie der Gemini Consulting kommt für 1998 auf eine Zahl von 80000 Arbeitsplätzen; dies entspricht ca. 160000 bis 240000 Beschäftigten, da aufgrund des hohen Anteils von Teilzeitbeschäftigung und Schichtbetriebes meistens 2–3 Beschäftigte pro Arbeitsplatz gerechnet werden. Man geht derzeit davon aus, dass es sich bei etwa 50–60% der Call Center Arbeitsplätze um Inhouse-Arbeitsplätze handelt.

Die Trends im Call Center gehen vor allem in Richtung Internettelefonie, Mail-Beantwortung, Online-Beratung und erfordern höhere Qualifikationen als bisher. Fulfilling Dienstleister wickeln die gesamte Angebotspalette für die Auftraggeber ab: Marktanalysen, Werbung und Marketing-Aktionen, Informationen, Bestellannahme und Reklamationen, Termingeschäft sowie Beratung/Begleitung im Internet. Nach einer Untersuchung des Deutschen Direktmarketing Verbandes (DDV) von 1999 betreiben 30,5% der 5000 umsatzstärksten Unternehmen bereits ein Call Center. Weitere 20,2% planen die Einrichtung eines Call Centers oder die Auslagerung bestimmter Serviceaufgaben in ein Dienstleistungscenter. Bei der Verteilung auf Branchen steht der Versandhandel (80%) an der Spitze, gefolgt von Telekommunikation (55%), Versicherungen (53%) und Banken (33%) (Studie der META Group Deutschland, 348 telefonisch interviewte Unternehmen). Die nächsten Jahre werden gravierende Veränderungen bringen – die aktuellen Trends sind nach einer Umfrage der Call Center Akademie NRW zu 89,5% Internettelefonie/Mailbeantwortung, was sich stark auf die Art der Aufgaben und Qualifizierungen auswirken wird. Neue Systeme wie Spracherkennung und Computer-Telefon-Integration machen einerseits personengebundene Aufgaben zum Teil überflüssig, andererseits die Weiterqualifikation des Personals notwendig.

Nach unserer eigenen, bundesweiten Umfrage im Rahmen des gesina-Projektes[1], haben Call Center als neue Arbeits- und Organisationsform innerhalb von Unternehmen immerhin schon einen Anteil von 7% [8], d. h. das Call Center wird in der Unternehmensstruktur der Zukunft ein wichtiges Element sein, von dem man sich hohe Wettbewerbsvorteile verspricht.

Arbeitsaufgaben, Arbeitsbelastung und -beanspruchung in Call Centern

Das *Tätigkeitsspektrum* in Call und Service Zentren ist breit: Ob Bestell-, Buchungs- und Auftragsannahme, Informations-Hotline, Telemarketing, Beschwerdemanagement, Schadensbearbeitung, Auskunftsdienste oder hoch qualifizierte Beratung und Problemlösung – gemeinsam ist allen Tätigkeiten, dass sie neben der aufgabenspezifischen Kompetenz (Fachkompetenz) ein hohes Maß an kommunikativer und sozialer Kompetenz erfordern.

Die Arbeit im Call Center ist durch eine *Mehrfachtätigkeit* mit hohen mentalen und emotionalen Anforderungen gekennzeichnet: Gleichzeitige Aufnahme und Verarbeitung visueller und auditiver bzw. sprachlicher Signale, manuelle Eingabe von Daten während der Kundenbetreuung (z. B. Kundenadressen mittels der Tastatur) sowie Abgabe sprachlicher Informationen an den Kunden bzw. manuelle Dateneingabe (z. B. Kundenadressen mit Tastatur). Die ständige *Kommunikation* mit wechselnden Kunden am Telefon, das Eingehen auf die unterschiedlichsten Bedürfnisse und Anliegen, die Anforderung, stets freundlich zu sein und zu bleiben, erfordert von den Beschäftigten ein hohes Maß an Daueraufmerksamkeit, Konzentration und emotionaler Selbstregulation [1, 7] sprechen in diesem Kontext von „emotionaler Dissonanz" – der geforderte Ausdruck von Gefühlen, die mit den eigenen nicht übereinstimmen – und „emotionaler Sensitivität" – der Notwendigkeit, sich in die Gefühls- und Problemlage des Kunden hineinzuversetzen.

Wie die bisher vorliegenden Studien in Deutschland [1, 5–7] belegen, sind die Handlungs- und Zeitspielräume oft außerordentlich ein-

---

[1] Das gesina-Projekt – Gesundheit und Sicherheit in neuen Arbeits- und Organisationsformen – wird durch den Projektträger „Arbeitsgestaltung und Dienstleistungen" des bmb+f gefördert.

geengt, vielfach kleiner als die von Verwaltungs- und Bankangestellten, die körperliche Aktivität ist auf ein Minimum reduziert und im Wochenverlauf ist eine signifikante Kumulation von Sättigungs- und Monotoniesymptomen nachweisbar. Das psychologische Erscheinungsbild gegenwärtiger Call Center-Tätigkeiten entspricht vielfach dem klassischen Erscheinungsbild von „Überforderung durch Unterforderung". Der Eigenzustand verschlechtert sich bereits nach 6 Stunden Tätigkeit signifikant in Richtung erhöhter Anspannung, verminderter Aktivierung und vor allem reduzierter Kontaktbereitschaft – einem der Kernmerkmale von Call Center-Anforderungen.

Zu den geschilderten Aufgaben kommt oft noch der *Leistungsdruck* durch ständige Überwachung und Datenauswertung der ACD-Anlage (Automatic Call Distribution) und die Zuschaltung von „Monitorern", die die Qualität und Schnelligkeit der Kundengespräche beurteilen.

Da die Arbeit häufig im Großraumbüro mit Klimaanlage und hohem Geräuschpegel stattfindet und der Platz pro Mitarbeiter oft knapp bemessen ist, ergeben sich zu der Arbeitsaufgabe zusätzliche *Umgebungsbelastungen* mit einem hohen (negativen) Beanspruchungspotenzial.

Kritisch ist auch die *Arbeitszeitgestaltung* im Call Center zu betrachten – dies gilt bisher allerdings weniger für „Inhouse" Call Center. Die strikte Kunden- und Serviceorientierung zwingt die Call Center Betreiber oft dazu, die Betriebs- und Dienstleistungszeiten auszuweiten; dies geht oft hin bis zum völligen „Rund-um-die-Uhr-Arbeiten"; Samstags- und Nachtarbeit wird dabei schnell zur Regel; Sonntagsarbeit ist in vielen Call Centern bereits Realität.

Der Arbeitsplatz im Call Center

Der Call Center Arbeitsplatz ist, wie jeder traditionelle Arbeitsplatz, Teil eines Systems, das drei unterscheidbare Aufgabenbereiche bzw. Schnittstellen umfasst: (1) Organisatorische Aufgaben bzw. die Organisations-System-Schnittstelle (OSS); (2) individuelle, einzelnen Beschäftigten zugeordnete Aufgaben (Arbeitsaufträge- und -aufgaben) bzw. die System-Aufgaben-Schnittstelle (SAS), und (3) interaktive Aufgaben (Mensch-Maschine-Interaktionen) bzw. die Mensch-Maschine-Schnittstelle (MMS).

Diese werden bei der Tätigkeit im Call Center um die Schnittstelle Person – Kunde und evtl. Person – Auftraggeber erweitert. Damit erweitern sich auch die möglichen Belastungsquellen und die psychische Beanspruchung (Abb. 6.1).

Dauerarbeitsplatz Call Center

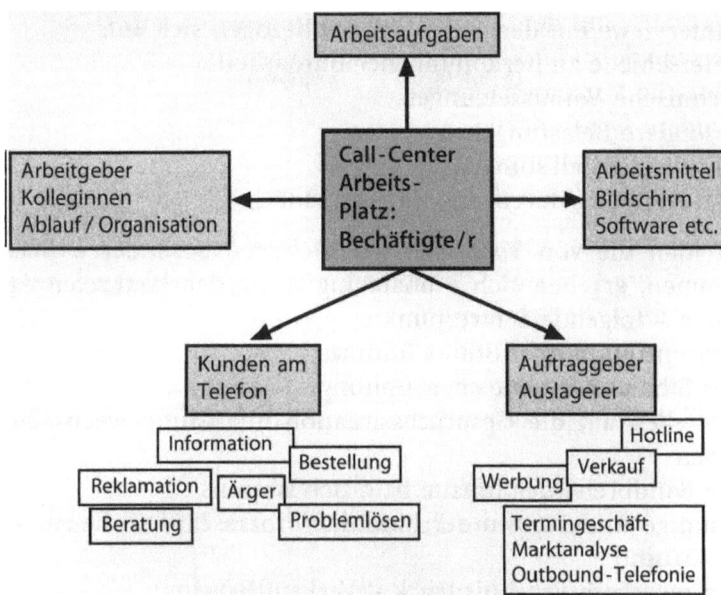

Abb. 6.1. Schnittstellen bei der Arbeit im Call Center

Belastung und Beanspruchung im Call Center: Empirische Daten

Wie sich die Arbeitsbedingungen im Call Center auswirken, haben wir zunächst in fünf *betrieblichen* (inhouse) Call Centern aus unterschiedlichen Branchen anhand von Interviews mit Call Center-Managern oder anderen Vorgesetzten und Beschäftigten (je ein Vorgesetzter und ein/e Beschäftigte/r) untersucht. Diese Gespräche wurden zur Strukturierung des Untersuchungsfeldes und zur Sammlung von inhaltlichen Kategorien wichtiger Arbeitsmerkmale durchgeführt und sollten einen ersten Überblick über die *wahrgenommenen besonderen* Belastungen geben.

Die halbstandardisierten Interviews mit den Führungskräften enthielten Fragen zu:
- Aufgaben des Call Centers
- Organisation und Abwicklung der Aufgaben
- Technische Setzungen (Nachbearbeitungszeit usw.)
- Personal und Arbeitsverträge
- Service- und Arbeitszeiten
- Besondere Belastungen
- Unterstützung der Agents

Die Interviews mit den Beschäftigten bezogen sich auf:
- Unterschiede zu herkömmlicher Büroarbeit
- Technische Voraussetzungen
- Besondere Belastungen
- Emotionale Belastungen
- Unterstützung durch das Management

Fasst man die von *Vorgesetzten* berichteten besonderen Belastungen zusammen, ergeben sich – unabhängig von den konkreten Aufgabeninhalten – folgende Schwerpunkte:
- Konzentration über Stunden hinweg
- Das Sitzen in der gleichen Haltung
- Einstellen auf die Gesprächssituation mit häufig wechselnden Personen
- Die Bandbreite der Inhalte bzw. des Wissens
- Ständige Änderungen der Produkte/Prozesse, über die Auskünfte zu geben sind
- Der messbare Ergebnisdruck – Verkauf/Beratung
- Agenten können nicht agieren, nur reagieren
- Die Freundlichkeit muss aufrecht erhalten werden
- Ungewissheit: man weiß nie, was kommt
- Ärger bei Reklamationen
- Oft müssen dieselben Fragen beantwortet, auf die gleiche Kritik reagiert werden.

Als besondere psychosoziale Belastungen wurden von *Beschäftigten* folgende genannt:
- Am Telefon ist man/frau immer allein
- Ständiger Zeitdruck, wenig interne Kommunikation
- Wenig Anerkennung von Vorgesetzten und KollegInnen
- Unsicherheit bei neuen, schwierigen, komplexen Anfragen
- Konflikte, schwierige Kunden, Dissonanzen
- Erfolglosigkeit (z. B. bei Outbound-Telefonie)
- Mangelnde Entscheidungsfreiheit/offizielle Rollenkompetenz, hinderliche Organisationsstrukturen
- Ständige Veränderungen, Produkte, Software, Informationsflut (intern)
- Die „Geist-Körper-Beziehung" verändert sich

Ergonomie an den Arbeitsplätzen:
Bildschirmrichtlinie und Arbeitsstättenverordnung

Die Einhaltung der Bildschirmrichtlinie der EU bzw. der Bildschirmarbeitsverordnung ist nicht immer selbstverständlich: Überall problematisch ist der Lärmpegel, der bei gleichzeitigen Telefonaten leicht über 55 db(A) und damit in den Hauptanrufzeiten jeweils über längere Zeiträume über dem geforderten Grenzwert für Bildschirmarbeitsplätze liegt. Die Lautstärke behindert die Konzentration, die gerade bei dieser Arbeit so wichtig ist. Hier ist bei der Gestaltung zu erwägen, *wie viele* Personen in einem Raum sitzen sollen und ob zusätzlich Schallschutzwände aufgestellt werden können. Das für Call Center übliche Großraumbüro muss gerade hier hinterfragt werden.

Was Temperatur und Luftfeuchtigkeit angeht, sind – wie bei Bildschirmarbeitsplätzen auch – regelmäßige Überprüfungen angebracht. In klimatisierten Büroräumen war bei unseren Untersuchungen die Luftfeuchtigkeit *immer* unter dem geforderten Optimum von 50–65%, was für Augen und Atemwege eine Belastung über den gesamten Arbeitszeitraum bedeutet. Für die Einrichtung der Call Center Arbeitsplätze werden oft für Bildschirmarbeitsplätze ungeeignete Möbel verwendet. Riesige Bildschirme stehen auf kleinen, schmalen Schreibtischen und die Bewegungsfreiheit der Beschäftigten ist sehr eingeengt. Die übliche „Zwangshaltung" am Bildschirm wird dadurch verstärkt, zur Arbeit notwendige Unterlagen (Informationen, Kataloge etc.) können nicht auf den Schreibtischen ausgebreitet werden.

Analyse der Psychischen Belastung mit einem arbeitspsychologischen Analyseverfahren (SynBA): Belastungskennwerte verschiedener Call Center

Das Verfahren „Synthetische Belastungs- und Arbeitsanalyse" geht von einer „Doppelrolle der Beanspruchung" aus. Einerseits „kostet" Leistung etwas: Energie, Anstrengung, Konzentration, Aufmerksamkeit. Andererseits „bringt" Beanspruchung den Beschäftigten etwas: Arbeitsprodukte, Dienstleistung, Anerkennung, Kompetenzgewinn, Erhalt von Fähig- und Fertigkeiten. Das Beanspruchungspotenzial eines Call Center-Arbeitsplatzes wird in diesem Verfahren auf der Grundlage arbeitspsychologischer Erkenntnisse über die Wirkung von wesentlichen Merkmalen der Aufgaben- und Arbeitsgestaltung ermittelt: Aufgabenanforderungen, Tätigkeitsspielräume, Arbeitsbehinderungen bzw. Regulationshindernisse sowie Leistungsvorgaben. (Literatur zum Verfahren Synthetische Belastungs- und Arbeitsanalyse SynBA: Wieland-Eckelmann et. al. 1999.)

Die quantitativen Daten zur Belastung und Beanspruchung konnten bisher in 4 Call Centern (3 Inhouse-Zentren mit 12, 9 und 18 beurteilten Arbeitsplätzen sowie einem Dienstleistungs-CC mit 14 beurteilten Arbeitsplätzen) erhoben werden. Weitere Daten werden zur Zeit ausgewertet. Im Folgenden wird das Messinstrument kurz dargestellt und die wesentlichen Ergebnisse werden zusammengefasst.

Tätigkeitserfassung als Grundlage: Einzelaufgaben und ihre Zeitanteile

Bevor die Beschäftigten mit einer 5-Stufen-Skala die genannten Gestaltungsmerkmale beurteilen, geben sie die Zeitanteile ihrer Einzelaufgaben (Datenerfassung, Verkauf, Beratung, Reklamationsbearbeitung, Marktanalyse etc.) an. Diese Tätigkeitsbeschreibung ist einerseits Grundlage der Merkmalsbeurteilung und gibt uns andererseits wichtige Informationen für die Bewertung und spätere Gestaltung der Arbeitsplätze und -organisation. Besteht die Arbeit beispielsweise zu 90% aus Datenerfassung, sind hohe Belastungskennwerte nicht weiter verwunderlich. Unsere Bildschirmarbeitsplatzanalysen zeigten schon früher in unterschiedlichen Betrieben den Zusammenhang von Tätigkeit und Belastung. Sachbearbeitung als „Mischarbeit" lässt sich nahezu optimal gestalten. Dies ist bei sehr routinierten, sich oft wiederholenden Aufgaben kaum möglich (Abb. 6.2).

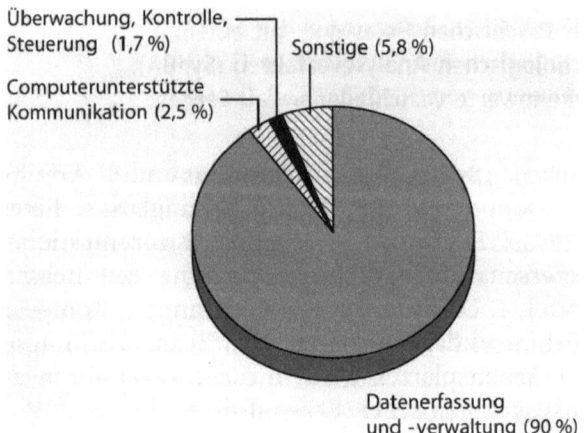

Abb. 6.2. Beispiel der Tätigkeitsverteilung. Der größte Teil der Arbeit besteht aus Datenerfassung und -verwaltung

Die Arbeitsgestaltungsmerkmale

Sie werden von den ArbeitsplatzinhaberInnen mit einer 5-Stufen-Skala auf den Grad ihrer Ausprägung hin beurteilt. Bei den *Aufgabenanforderungen* (A) wird nach Art und Häufigkeit von Aufgaben mit hohem vs. niedrigem Anteil von geistigen Anforderungen oder routinisierten Handlungen unterschieden. Der Gestaltungsbereich „*Tätigkeitsspielräume*" (T) ist u.a. gekennzeichnet durch Aufgaben mit hohem vs. niedrigem Handlungsspielraum bzw. geringen vs. großen Möglichkeiten, den Arbeitsablauf selbst zu planen. Gerade diese beiden Anforderungsgruppen wirken sich positiv auf Qualifizierung, Zufriedenheit und Motivation aus, sollten sich also auf keinen Fall in der „roten Zone" (= dringender Gestaltungsbedarf) bewegen. Aus der

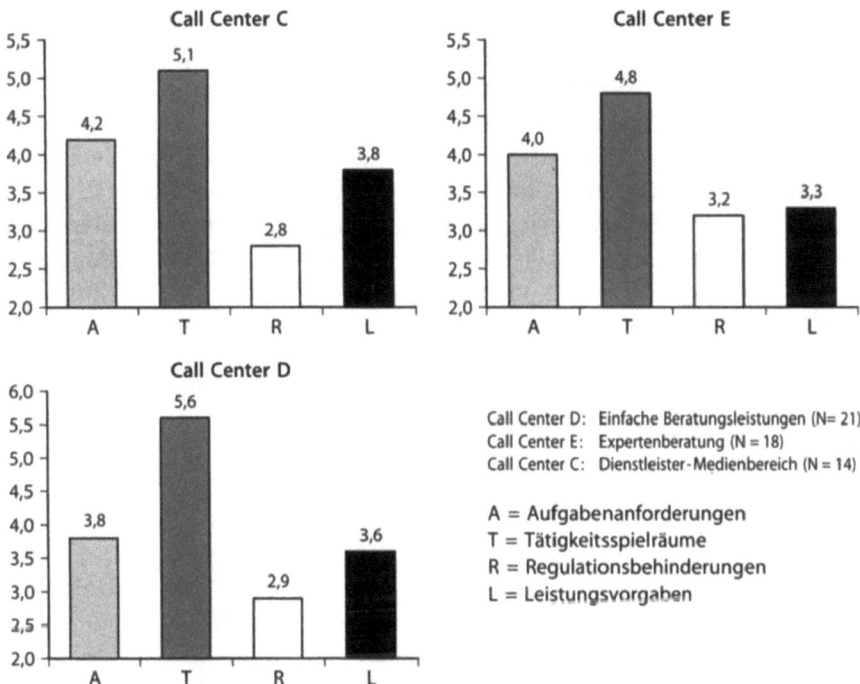

Abb. 6.3. Je höher der Balken, desto stärker ausgeprägt ist das (negative) Beanspruchungspotenzial der Merkmale für den jeweiligen Gestaltungsbereich. Bis 3 = optimal bzw. nicht gestaltungsbedürftig; 3 bis 3,8 = suboptimal, gestaltungswürdig; größer als 3,8 = hoher Gestaltungsbedarf. Die Tätigkeitsspielräume sind überall zu gering ausgeprägt und generieren damit eine hohe Belastung. Regulationsbehinderungen gibt es offenbar sehr wenig. Aufgabenanforderungen müssen oder sollten optimiert werden. Dass die Experten im Call Center E auch optimale Leistungsvorgaben haben, verwundert nicht

Arbeitspsychologie ist bekannt, dass geringe Handlungs- und Entscheidungsspielräume eine wesentliche Quelle von Stresszuständen sind. Dies wirkt sich vor allem bei restriktiven Aufgabenanforderungen entsprechend negativ auf die Gesundheit aus. Das gleiche gilt für Unvorhersagbarkeit und mangelnde Kontrolle, was im Call Center wegen des hohen Kommunikationsanteils und der nicht planbaren Anforderungen ständig zutrifft. *Arbeitsbehinderungen* (R) umfassen Aspekte wie Störungen des Arbeitsablaufs, schlechte Umgebungsbedingungen wie Lärm und Hitze. *Leistungsvorgaben* (L) können sich sowohl positiv als auch negativ auswirken – sie müssen aufgabenangemessen und realistisch sein (Abb. 6.3).

Betrachtung der Belastungen aus den Schnittstellen

Die Betrachtung der drei traditionellen Arbeitsschnittstellen (Person-Aufgabe, Person-Organisation, Person-Arbeitsmittel) im Call Center H zeigt im Grunde repräsentative Größen der Belastung aus der Aufgaben-, der Organisations- und der Maschineschnittstelle (Abb. 6.4). In allen 4 Call Centern war die Belastungsverteilung sehr ähnlich: Die Mensch-Maschine-Schnittstelle weist jeweils das höchste Belastungspotenzial auf, was meist auf die verwendete Software zurückzuführen ist. Die DIN-ISO Kriterien (Aufgabenangemessenheit, Fehlerrobustheit, Transparenz etc.) werden zu wenig beachtet bzw. nicht überprüft. Weiter gibt es in vielen Fällen das Problem der „Kombinationswirkung" von Software, wenn die Beschäftigten mit 2 bis 8 oder noch mehr „Softwaren" in einem Arbeitszyklus zu tun haben.

Die System-Aufgabenschnittstelle SAS liegt im gelben Bereich – ist also nicht dringend gestaltungsbedürftig. Dasselbe gilt (gerade noch)

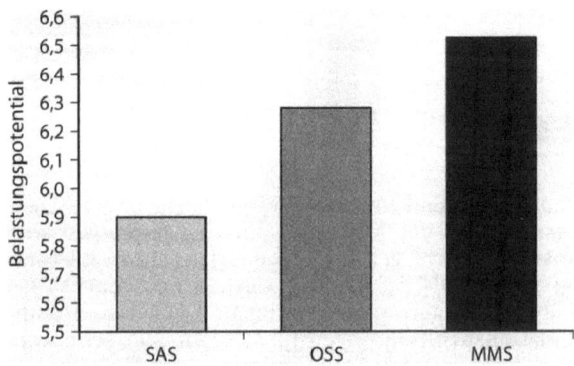

Abb. 6.4. Schnittstellenkennwerte der Belastung im Call Center H

für die Organisationsschnittstelle: Hier ist allerdings zu überlegen, wie die Kommunikation und Koordination möglichst schnell verbessert werden kann. In welcher Weise werden Arbeitsaufträge gegeben, Unterstützung geleistet, Qualifizierungen angeboten? Wie sind die Arbeitszeitabsprachen und die Beziehungen der KollegInnen untereinander?

Was die Arbeitszeit betrifft, entfällt 70% auf die direkte Tätigkeit mit dem Rechner bzw. Bildschirm. Dies zeigt, wie wichtig eine aufgabenangemessene Software ist, um die Gesamtbelastung zu reduzieren.

Bedeutung der Arbeitsaufgabe(n) und der Arbeitsorganisation

Unsere Daten zeigen die Höhe der Belastungskennwerte in Abhängigkeit der Tätigkeitsprofile (hier nicht dargestellt): Kurzzyklische, monotone Call Center Jobs mit geringem Handlungsspielraum, wenig Rückmeldung und hoher Kontrolle weisen höhere Belastungskennwerte auf als Tätigkeiten mit anspruchsvolleren und variableren Anforderungen. Mit anderen Worten: Der „Zuschnitt" der Arbeitsaufgabe (bzw. die Arbeitsorganisation der Arbeitsgruppe oder Abteilung) entscheidet mit über die Belastungen der Beschäftigten.

Je vielfältiger und reichhaltiger die Tätigkeit und die verliehene Rollenkompetenz oder der Entscheidungsspielraum, desto engagierter und eigenverantwortlicher kann die Arbeit durchgeführt werden. Steigt der Anteil der Sachbearbeitung an der Gesamttätigkeit (back-office-Tätigkeiten), wird die Beanspruchung in der Kommunikationsarbeit sinken, weil weniger telefoniert werden muss und der Anforderungswechsel für die MitarbeiterInnen qualifizierend und motivierend wirkt. Das bedeutet, Arbeitsorganisation ist *eine* Chance zur Reduzierung der Belastung und der Optimierung von Beanspruchung (Mischarbeit, Lernmöglichkeiten).

Da selbst qualifizierte Expertentätigkeit im Call Center zum Teil dysfunktionale Aufgabenanforderungen und Handlungsspielräume aufweist, müssen weitere Ursachen von Bedeutung sein. Die Unvorhersehbarkeit und mangelnde Kontrollierbarkeit der Anrufe und Problemstellungen kann dafür verantwortlich sein. Dies lässt sich natürlich schlecht ändern – kann und sollte aber mit anderen Gestaltungsideen kompensiert werden. Dazu mehr am Ende des Artikels.

Telefonieren heißt Kommunizieren: Arbeit auf Sach- und Beziehungsebene

Das Gemeinsame bei allen verschiedenen Call Center-Tätigkeiten ist, dass die Arbeitsaufgabe nur durch Kommunikation bearbeitet werden kann. Diese Kommunikation hat immer eine Sachebene und eine Beziehungsebene, die gleichzeitig Energie und Aufwand erfordert. Fachkompetenzen und kommunikative Fähigkeiten wie verständlicher Ausdruck, klare Aussprache und Einfühlungsvermögen für das Gegenüber werden permanent gemeinsam eingesetzt, sind beim Telefonieren nicht trennbar. Die Freundlichkeit muss ständig aufrechterhalten werden, auch wenn gerade andere Gefühle und Reaktionen „hochkommen". Diese Dissonanz zwischen tatsächlicher Reaktion und dem Ausdruck, der erbracht werden soll, muss immer wieder überwunden werden.

Es müssen Problemlösungsvorschläge bei Ärger und Reklamationen gemacht werden, Kompromisse gefunden, Vorgänge koordiniert werden und vieles mehr. Bei der Aus- und Fortbildung der sogenannten Agents wird dies insofern berücksichtigt, als dass es z.B. Produktseminare gibt *und* Gesprächsführungsschulungen („schwierige Kunden" usw.).

Auch wenn Kommunikation erfolgreich läuft, ist sie anstrengend

Gespräche mit Beschäftigten und Vorgesetzten, Tagungen, Seminare und Podien haben immer wieder gezeigt, dass dieser ständigen „Doppelarbeit" nicht genug Beachtung geschenkt wird. Bei der Darstellung des Sachverhalts kommt irgendwann immer die Bemerkung: „ja – man muss eben wissen, worauf man sich einlässt". Dass dies nicht der Weisheit letzter Schluss ist, wird gerade noch in Anbetracht hoher Fluktuation und des Personalmangels gesehen.

Zentrale Analyse und Gestaltungsschwerpunkte im Call Center

Unsere Daten und bisherigen Erfahrungen sowie Überlegungen für weitere Forschung legen deshalb als zentrale Gestaltungsschwerpunkte im Call Center folgende Bereiche nahe:

Ergonomie und Arbeitsumgebung

Der Ergonomie an Call Center-Arbeitsplätzen kommt eine hohe Bedeutung zu, weil die „Zwangshaltung" der Beschäftigten an Bildschirmarbeitsplätzen durch das Arbeitsmittel Telefon bzw. Headset noch verstärkt wird. Stühle, die dynamisches Sitzen ermöglichen, Schreibtische, die tief und breit genug sind, um Bildschirm, Hilfsmittel und Unterlagen variabel anzuordnen, sind in vielen CC keine Selbstverständlichkeit. Oft reicht ein Blick auf die eng nebeneinander angeordneten Arbeitsplätze, um zu verstehen, dass nur wenige Beschäftigte nicht zuletzt auch aus solchen Gründen länger als 1–2 Jahre bleiben. Es gibt meist keine persönlichen Arbeitsplätze, sondern eine Schublade, die man sich zu Beginn der Arbeit abholt und da platziert, wo es gerade geht. Das bedeutet auch, dass die nächstsitzenden Kolleginnen und Kollegen ständig wechseln.

Die Belegung der Großraumbüros der meisten Dienstleister mit Personen pro Quadrat- oder Kubikmeter ist oft zu hoch – schon in der Planungsphase müssen die Folgen wie steigende Raumtemperatur und Schallpegel berücksichtigt werden. Das subjektive Empfinden an großzügigeren Arbeitsplätzen, die bessere Konzentration ermöglichen und mehr Wertschätzung des Managements signalisieren, könnte sich stark auf das Wohlbefinden und das Betriebsklima auswirken.

Tätigkeitsspektrum, Aufgabenzuschnitt und Arbeitsorganisation

Bisherige Forschung zeigt, dass ein Zusammenhang zwischen dem Tätigkeitsspektrum der Beschäftigten und ihrer Belastung besteht [6]. Stark arbeitsteiliger Aufgabenzuschnitt, kurz getaktete Anrufe, monotone und anforderungsarme Tätigkeiten verursachen sehr schnell Ermüdung, psychische Sättigung und tragen zur Demotivation bei.

Da die Aufgaben im Call Center insgesamt als neue Dienstleistung aufgrund der Telekommunikationstechnologien eher einen Zwischenschritt in der Produktions- und Vermarktungskette darstellen, besteht die Gefahr der Taylorisierung, indem sehr kleinschrittige, sich häufig wiederholende Aufgaben konstruiert werden.

Je vielfältiger, lernförderlicher und komplexer die Aufgaben, desto größer sind die Chancen auf optimale Beanspruchung und langfristige Entwicklung des Personals im Call Center. Die Gestaltung des qualifizierenden Anforderungswechsels in der Call Center-Tätigkeit kann durch Mischung von Front- und Back-Office-Arbeiten, Inbound- und Outbound-Anrufen und/oder Projektorganisation in der Abwicklung von ausgelagerten Aufträgen realisiert werden.

Sozlale Unterstützung

Der Anteil von Kommunikation mit Kunden an der Gesamtkommunikation beträgt in den verschiedenen Call Centern zwischen 80 und 95%, das heißt in vielen Fällen haben Kolleginnen und Kollegen untereinander nur noch extrem wenig miteinander zu tun. Wir fanden einen statistisch bedeutsamen Zusammenhang von „geringer interner Kommunikation" mit Motivation. Da kollegiale Unterstützung ein wesentlicher Stresspuffer ist, muss über die Gestaltung der Gesamtkommunikation im Call Center nachgedacht und bewusst gegengesteuert werden. Diese Steuerung ist Führungsaufgabe.

Das Betriebsklima ist sehr stark an den Beziehungen der Kolleginnen und Kollegen untereinander orientiert. Es müssen gezielt Möglichkeiten und Zeiten zur internen Kommunikation und zum kollegialen Austausch geschaffen bzw. bereitgestellt werden. Dafür müssen informelle Pausen und Gespräche zwischendurch über „Fälle" organisiert werden, die Aufgaben sollten als „gemeinsame Aufgabe des Teams" betrachtet werden, die Gruppe kann im Austausch zum Teil Aufgaben des Coachs übernehmen. Zu prüfen ist, ob die klassische „Bildschirmpause" als Kollegentreff den Austausch über die letzte Stunde ermöglichen kann.

Führungsarbeit im Call Center

Die meisten Call Center haben drei Hierarchieebenen: CC-Manager/ Leitung/Personalabteilung, Teamleiter und die Telefonkontakter bzw. Agents.

- Das Management akquiriert und bestimmt damit weitgehend das Spektrum der Arbeitsaufgaben, es führt durch die Personalabteilung Einstellungen und Qualifizierungen durch. Auch Monitoring und Supervising gehören zum Teil zu dieser Ebene. Zentrale Orientierungen wie Arbeitsorganisation und Führungsstil werden hier festgelegt.
- Die mittlere Ebene der Teamleiter telefoniert meist mit und coacht teilweise die „Agents" anhand der Bandaufnahmen. Diese mittlere Ebene ist eine Art „neuralgischer Punkt" in der Weitergabe von Informationen, Aufgabenstellungen, Rückmeldung und Motivation des Personals. Die „Sandwich"-Rolle der Teamleiter ist augenscheinlich und muss Grundlage der Gestaltung von Führungsarbeit sein.
  Die Beschäftigten haben oft wenig Chancen, aktiv in die Gestaltung ihrer Arbeit einzugreifen. Wechselnde Arbeitsplätze, hohe Fluktuation und frühe Demotivation sind die Folge. Call Center-Jobs werden aufgrund der Bedingungen meist nicht als Dauerarbeitsplätze gesehen. Transparenz der Agentur-Entwicklung sowie die gemeinsame Bildung von Perspektiven für die Beschäftigten können einen großen Beitrag in der Personalarbeit leisten.
- Die Führungsarbeit im Call Center muss auf diese besonderen Bedingungen ausgewogen eingestellt werden. Damit hängen auch in starkem Maß Größen wie Krankenstand und Fluktuation zusam-

men. Wenn die Arbeitsaufgaben – auch bei Gestaltung der Organisation und Koordination – nicht viel Abwechslung und Handlungsspielräume bereitstellen *können*, kann das durch Vorgesetzte und ihre Art der Führung, Aufgabenstellung und Kommunikation etwas aufgefangen werden.

Bei einfachen Aufgaben: Noch mehr Mitarbeiterorientierung

Wir gehen davon aus, dass es im Wesentlichen den sach- und den mitarbeiterorientierten Führungsstil gibt. Wenn nun die „Sache" (Arbeitsaufgabe) sehr gleichartig, kurzzyklisch, und anforderungsarm ist, kann das – trotz hoher Aufmerksamkeitsbindung (unter anderem durch die Beziehungsebene beim Service) – zu Monotonie und psychischer Sättigung führen. Hier stellt die Arbeitsaufgabe selbst kein Motivationspotenzial bereit. Für Führungskräfte bedeutet das, dass sie sehr mitarbeiterbezogen darauf reagieren sollten. Mit anderen Worten: wenn schon die Agents am Telefon ständig Ärger oder gleiche Anforderungen haben, sollte die Organisation – sprich Hierarchie/ Vorgesetzte – Unterstützung, Kollegialität und Empathie anbieten. Das kann Kaffee und Kuchen am Freitag Nachmittag sein, wenn viele Beschwerden und Reklamationen waren oder die gemeinsame Runde nach erfolgreicher Outbound-Telefonie. Kontrolle ist gut – Vertrauen ist besser.

Qualifizierung

Einstellungsdiagnostik, Eingangsqualifizierung sowie die weiteren Bildungsmaßnahmen haben wesentlich auch wiederum die Sach-/Fachebene sowie Beziehungsebene zum Inhalt. Belastungen können mit Steigerung der Fachkompetenz sowie mit der Steigerung der kommunikativen Kompetenz reduziert werden. Dabei ist den Beschäftigten ein Einblick in die Funktionsweise von Belastung und Beanspruchung zu ermöglichen, um damit die Fähigkeit zur Selbstregulation zu erhöhen.

Die beschriebenen und einige weitere Gestaltungsfelder sind in der Tabelle 6.1 zusammengefasst.

Tabelle 6.1. Analyse- und Gestaltungsschwerpunkte im Call Center

Analyse- und Gestaltungsbereiche im Call Center	Beurteilung der Belastungen und Anforderungen (Kennwerte, Grenzwerte, Leitbilder zur Gestaltung)
Ergonomie Hardware, Arbeitsmöbel **Arbeitsumgebung** Schall, Temperatur, Feuchte, Licht	**Richtlinien, Gesetze und Verordnungen** • Arbeitsstättenverordnung • Arbeitsschutzgesetz • Bildschirmarbeitsverordnung
Arbeitsorganisation Arbeitsteilung Aufgabenzuschnitte	**Branchen- bzw. produktbezogene Profile** (z. B. Inhouse vs. Dienstleistungs-Center, Inbound vs. Outbound, Arbeitsteilung vs. Projektorganisation, einfache Aufgaben vs. qualifizierte Aufgaben etc.)
Arbeitszeiten Rechtliche, organisationale und individuelle Bedingungen	Arbeitszeitmodelle, individuelle Zeitgestaltungsmöglichkeiten, Zeitkoordination, Verteilung der Arbeitszeit
Software Benutzerbeurteilung Expertensysteme	**ISO-Kriterien:** Aufgabenangemessenheit, Transparenz, Lernförderlichkeit usw. anpassen **Mensch-Maschine-Arbeitsteilung**
Kommunikation Strukturanalyse von Kommunikationsprozessen	**Externe vs. interne Kommunikation** (Anteile) Kennwerte zur Beurteilung der emotionalen u. kognitiven Anteile, Stimmbelastung
Personalauswahl Eignungsverfahren **Qualifizierungen:** Inhalte für Agents, Teamleiter, Manager	Anforderungsprofil der Tätigkeit **Entwicklungs- und Karrierechancen** Persönlichkeits- und Qualifizierungsprofil
Führung Strukturen, Instrumente, Formen und Inhalte	Aufgaben- und mitarbeiterbezogene Führung **Transparenz und Partizipation**
Soziale Unterstützung KollegInnenverhalten	Ausmaß sozialer Unterstützung Zeit für gemeinsame Kommunikation

Zusammenfassung der wichtigsten Aspekte der Arbeitsgestaltung im Call Center: möglichst viele Einflussfaktoren berücksichtigen und aufeinander abstimmen

Da Call Center noch eine vergleichsweise junge Geschichte aufweisen, ist zu erwarten, dass sich die Vielfalt der bisher ausgeübten Dienstleistungen und Tätigkeiten noch erweitert. Der Trend zum Internet-Anschluss wird Online-Führung und -Beratung für Kunden bei Abruf von Dienstleistungen in den komplexen Strukturen des Netzes als Arbeitsaufgabe der Agenten/innen etablieren. Erste Online-Dienste haben die Entwicklung zum „Communication" bzw. „Competence Center" bereits vollzogen. Die daraus resultierenden psychischen Belastungen und Beanspruchungen sind im Grunde neuartig und stellen eine Herausforderung für Diagnose, Arbeitsgestaltung und Beanspruchungsoptimierung dar.

Die Anstrengung und Unvorhersehbarkeit der Kommunikation, die sowohl bei Erfolg als auch bei qualifizierten, komplexen Anforderungen auftritt, muss durch andere gestaltungsfähige Faktoren aufgefangen werden. Wenn die Bedingungen (Tätigkeit, Umgebung, Ergonomie etc.) *und* die Möglichkeiten für die Beschäftigten (Entwicklung, Qualifizierung, Chancen etc.) „stimmen", kann der Call Center-Arbeitsplatz zum Dauerarbeitsplatz werden.

Für die *Gestaltung der Arbeitsplätze und Arbeitsaufgaben in Call Centern* betrachten wir folgende Punkte als wesentlich:

- **Die Bildschirmarbeitsverordnung und das Arbeitsschutzgesetz einhalten:** Immerhin decken diese Bestimmungen einen wichtigen Teil der Arbeitsplätze ab. Wenn die Psychische Belastung (§ 3) und Arbeitsorganisation auch noch erhoben und in der Gestaltung berücksichtigt werden, kann man den Betreibern von Call Center gratulieren.
- **Arbeitsorganisation:** Die starke Arbeitsteilung muss zum Teil wieder aufgehoben werden. Anzahl der Anrufe nicht zu hoch schrauben und Dauer nicht zu kurz takten (schneller und mehr telefonieren gerät schon mittelfristig an Grenzen für die Kommunikatoren). Vollständige Arbeitsaufgaben und Mitsprache können durch Projekte organisiert werden. Mischarbeit durch Anreicherung der Aufgaben und Sachbearbeitungsanteile ermöglichen.
- **Arbeitsmittel überprüfen:** Ist die Software aufgaben-angemessen und anwendungsfreundlich? Welche Verbesserungen können vorgenommen werden?
- **Führungsarbeit: Sach- und Beziehungsebene unterstützen:** Kompensation monotoner Arbeitsaufgaben durch mitarbeiterbezogene Führung ermöglichen. Organisierte Formen wie Gruppenpausen, Coaching, kollegialen Austausch anbieten, durch Rückmeldung Kompetenzgefühl steigern, individuelle Lösungen „belohnen". Nicht nur Kunden, sondern auch Beschäftigte binden: Die Organisation Call Center nicht nur auf externe – sondern auch auf interne Kunden – sprich Beschäftigte ausrichten.
- **Zeit spielt eine wichtige Rolle** in der Frage der Verarbeitung von Ärger, Dissonanzen und Konflikten. Werden Emotionen ohne Aus-

drucks- und Reaktionsmöglichkeit immer weiter „gesammelt" und aufgestaut, kann sich dies auf das Wohlbefinden der Beschäftigten und die Qualität der Arbeit auf der Sachebene auswirken. Elemente wie Kurzpausen, selbstausgelöste/beendbare dynamische Nachbearbeitungszeiten können hier unterstützend wirken und Gespräche mit KollegInnen bei direkten Anlässen ermöglichen.
- **Qualifizierungen** regelmäßig für alle Beschäftigten anbieten. Bausteine zum Thema „schwierige Kunden" nicht als allgemeine „Rezeptsammlung" anlegen, sondern den TeilnehmerInnen und Teilnehmern die Möglichkeit geben, sich als individuelle Person zu verhalten.
- **Partizipation und Handlungsspielraum im Arbeitsprozess:** Wenn Mitsprache in der Abteilung und vom Teamleiter gefragt ist und Beschäftigte als Experten in eigener Sache ernst genommen werden, kann mit Eigenverantwortung bzw. Entscheidungsspielraum so mancher Koordinationsvorgang überflüssig werden und können einige Belastungen kompensiert werden.

Weitere Informationen zu Angeboten und Dienstleistungen der Transferstelle sowie Fragebögen zur Belastungs- und Arbeitsanalyse im Call Center können bei der Autorin angefordert werden:

Transfer- und Kooperationsstelle für Arbeitsgestaltung an der Bergischen Universität Gesamthochschule Wuppertal, Hofaue 39, 42103 Wuppertal (Tel.: 0202 439 4701).
E-Mail: scherrer@sanus.erziwi.uni-wuppertal.de.

Literatur

[1] Isic, A, Dormann, C & Zapf, D (1999). Belastungen und Ressourcen an Call Center-Arbeitsplätzen. *Zeitschrift für Arbeitswissenschaft 53*, 202–208.
[2] Menzler-Trott, E (1998). *Call Center Kultur*. In: Computer-Fachwissen 4/98.
[3] Menzler-Trott, E (1998). *Call Center: Reorganisation tut not!* In: Computer-Fachwissen 11/98.
[4] Metz, A-M. & Rothe, H-J (1999). Erfassung und Bewertung psychischer Belastungen – Screening pathogener Arbeitsbelastungen. *Ergo-med. 2*, 122–126.
[5] Metz, A-M, Rothe, H-J & Degener, M (im Druck). Belastungsprofile von Beschäftigten in Call Centers.
[6] Scherrer, K, Wieland, R (1999). Belastung und Beanspruchung bei der Arbeit im Call Center: Erste Ergebnisse einer Interviewstudie und arbeitspsychologischen Belastungsanalyse. In: Kastner, M. Gesundheit und Sicherheit in neuen Arbeits- und Organisationsformen.
[7] Scherrer, K (2000). Belastung und Beanspruchung im Call Center. In: Computer Fachwissen, 5/2000.

[8] Treier, M, Wieland, R (1999). Befragung zum Arbeits- und Gesundheitsschutz in neuen Arbeitsformen. gesina-aktuell, Sonderausgaabe 1, August 1999, S. 1–48.
[9] Wieland-Eckelmann, R, Saßmannshauen, A, Rose, M & Schwarz, R (1999). Synthetische Beanspruchungsanalyse SynBA-GA. In Dunckel, H. (Hrsg.), Handbuch psychologischer Arbeitsanalyseverfahren, Zürich: vdf, Stuttgart: Teubner.
[10] Wieland-Eckelmann, R, Baggen, R, Saßmanshausen, A, Schmitz,Ademmer, C & Rose, M (1996). Gestaltung beanspruchungsoptimaler Bildschirmarbeit. Grundlagen und Verfahren für die Praxis. Bremerhaven: Wirtschaftsverlag NW.
[11] Wieland, R (1999). Beanspruchung und Bildschirmarbeit: Konsequenzen für die Gestaltung von Telearbeitsplätzen. Zeitschrift für Arbeits- und Organisationspsychologie.

KAPITEL 7

Arbeits- und Gesundheitsschutz in der Gebäudereinigung – Anforderungen an ein Gesundheitsmanagement in einer Branche mit einem hohen Anteil an geringfügiger Beschäftigung

D. KRÜGER

Einleitung

Der Dienstleistungsbereich der Gebäudereinigung verzeichnete in den 90er Jahren ein starkes Beschäftigungs- und Umsatzwachstum. Diese Entwicklung trifft für alle Länder der EU zu; in Deutschland ist die Beschäftigung beispielsweise von 466 Tausend Personen (1991) auf etwa 750 Tausend im Jahr 1998 gewachsen [1].

Der weitaus größte Teil dieser Beschäftigten ist in gewerblichen Reinigungsunternehmen des Gebäudereinigerhandwerks tätig. Daneben ist ein weiterer Teil im öffentlichen Dienst in der Reinigung von Krankenhäusern, Kindergärten, Schulen und Altenheimen usw. beschäftigt. Nicht zuletzt durch Outsourcing von Reinigungsfunktionen im öffentlichen Dienstleistungsbereich gehörte das Gebäudereinigerhandwerk in den 90er Jahren zu einer äußerst wachstumsintensiven Branche. Reinigungsbetriebe erwirtschafteten nach Angaben des Bundesinnungsverbands des Gebäudereinigerhandwerks 1995 einen Umsatz von ca. 13 Milliarden DM.

Die Beschäftigungsstruktur der gewerblichen Reinigungsbetriebe zeichnet sich durch einen hohen Anteil von Frauenerwerbstätigkeit (über 80%) in Form un- und angelernter Arbeit und als Teilzeittätigkeit – häufig in Form sogenannter „geringfügiger Beschäftigung" (630-DM-Jobs) – aus.

Die Betriebsstruktur im Gebäudereinigerhandwerk ist nicht durch die typischen Betriebsgrößenklassen von Kleinst- und Kleinbetrieben im Handwerk charakterisiert. Reinigungsbetriebe sind in der Regel mittlere Unternehmen von mehreren hundert Mitarbeitern bzw. Großunternehmen mit mehreren tausend Beschäftigten. In der Gebäudereinigung wird die Arbeit in einem Objekt (z.B. ein Krankenhaus, eine Sparkassenfiliale, eine Schule) von zahlreichen Reinigungskräften unter Anleitung eines Vorarbeiters ausgeführt. Die unterschiedlichen Reinigungstätigkeiten (z.B. Fußboden wischen, Staubsaugen, Abfall beseitigen) werden üblicherweise unter Zugrundelegung von Reinigungsplänen und klar definierten Zeitvorgaben ausgeführt. Verbunden mit dem starken Beschäftigungs- und Umsatzwachstum in den 90er Jahren war eine Arbeitsintensivierung, die sich durch eine wesentliche Erhöhung der Reinigungsflächenleistung pro Stunde auszeichnete.

Über die Belastungsseite in diesem Berufsfeld und über die daraus resultierenden gesundheitlichen Folgen für die Reinigungskräfte sind in Deutschland nur wenig wissenschaftlich fundierte Aussagen zu finden. Demgegenüber sind in Finnland, Schweden, USA und Großbritannien vielfältige Untersuchungen zur Belastungssituation und zu gesundheitlichen Aspekten durchgeführt worden [2]. Zahlreiche Studien aus diesen Ländern kommen zu dem Ergebnis, dass gesundheitliche Beschwerden und arbeitsbedingte Erkrankungen bei der Berufsgruppe der Reinigungskräfte überdurchschnittlich hoch sind. Nach Angaben des Bundesverbandes der Innungskrankenkassen beispielsweise beträgt die durchschnittliche Arbeitsunfähigkeitszeit durch Krankheit in der Branche der Gebäudereinigung 24,6 Tage (im Jahr 1998) gegenüber 18,8 Tagen (im Jahr 1998) bezogen auf den Durchschnitt aller Branchen.

Hervorzuheben sind die Problembereiche der Muskel- und Skeletterkrankungen, Beschwerden der Haut und psychosomatische Erkrankungen [3]. Die dargestellte Problemlage hat in den 90er Jahren bei-

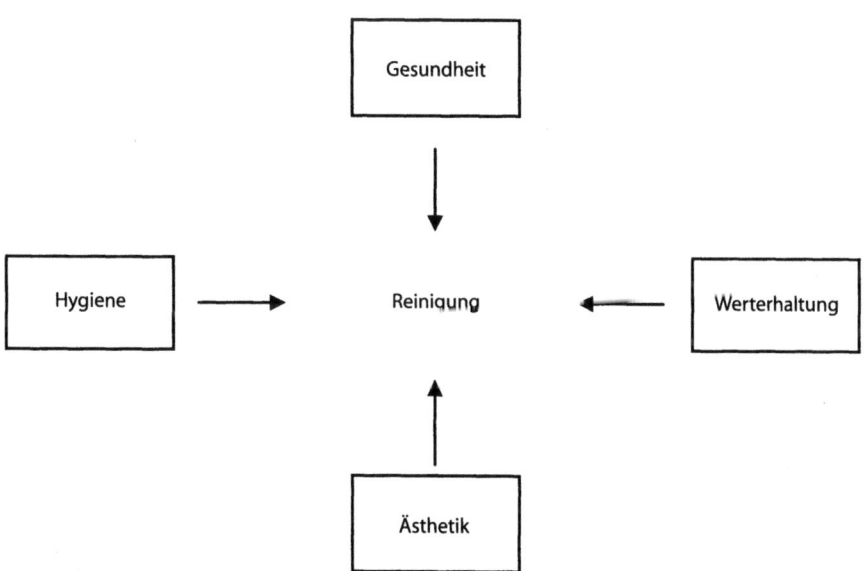

Abb. 7.1. Qualitätsanforderungen an die Gebäudereinigung

spielsweise in den nordischen Staaten zu einer intensiven Diskussion über mögliche Präventionsstrategien geführt. Dabei wurde deutlich, dass die Zusammenhänge zwischen Belastungen und Gesundheitsbeschwerden in der Regel durch multifaktorielle Verursachungsketten bestimmt sind.

Eine Darstellung der Qualitätsanforderungen an die Gebäudereinigung zeigt Abb. 7.1.

Tätigkeitsmerkmale, Arbeitsbedingungen und sozialer Status

Die Aufgabe der Gebäudereinigung (Unterhaltsreinigung) ist die regelmäßige Herstellung von Sauberkeit und Hygiene in öffentlichen und gewerblichen Objekten wie Büros, Verwaltungen, Krankenhäuser, Schulen, Altenheimen, Kindergärten, Kaufhäuser etc. Dabei sind regelmäßig anfallende Tätigkeiten vor allem die Fußbodenreinigung (nass/feucht/trocken), das Reinigen von Einrichtungsgegenständen, die Reinigung sanitärer Anlagen und die Abfallbeseitigung.

Der Einsatz von Reinigungstechnik in Form von Maschinen ist sehr gering und ausschließlich auf die Fußbodenreinigung (Staubsauger, Bohnermaschinen, selbstfahrende Reinigungsmaschinen) beschränkt. Bei den verschiedenen Reinigungstätigkeiten werden sehr häufig Reinigungschemikalien, Desinfektionsmittel und Wasser eingesetzt. Reinigungsaufgaben sind also mit einem hohen Anteil an Feuchtarbeit verbunden.

Insgesamt gesehen bestehen Reinigungstätigkeiten fast ausschließlich aus manueller Arbeit. Dabei herrscht eine standardisierte Aufgabenabwicklung vor. Für die auszuführenden Tätigkeiten liegen in der Regel Leistungsvorgaben vor, z.B. in einer Stunde zu reinigende Flächen. Die Tätigkeitsstruktur von Reinigungskräften basiert auf einer extremen Arbeitsteilung, da in der Regel neben Reinigungstätigkeiten keine anderen Aufgaben zu ihren Arbeitsbereichen gehören. Die Reinigungstätigkeit ist zudem eine einseitige, wenig abwechslungsreiche monotone Tätigkeit.

Kennzeichnend für die Arbeitsbedingungen sind die Alleinarbeit der Reinigungskraft in einem sogenannten „Reinigungsrevier", eine Aufgabenabwicklung, die häufig nach Dienstschluss in den Objekten bzw. in sehr frühen Morgenstunden vor Dienstbeginn stattfindet, sowie eine stetige Arbeitsintensivierung durch Rationalisierung und Erhöhung der Flächenleistungen.

Bei den weiblichen Reinigungskräften ist häufig eine Doppelbelastung durch Beruf und Familie anzutreffen. Infolge der Arbeitsbedingungen und gesellschaftlicher Geringschätzung des Reinigens erfährt die Reinigungskraft in ihrer Arbeit keine angemessene Beachtung und soziale Anerkennung. Eine unauffällige Reinigung gilt als selbstverständlich und wird als „Jede-Frau-Tätigkeit" („Putzen kann jeder") betrachtet [4].

Beschäftigungsverhältnisse bei gewerblichen Reinigungsbetrieben sind überwiegend Teilzeitarbeit bzw. -formen „geringfügiger Beschäftigung". Reinigungskräfte bei öffentlichen Arbeitgebern arbeiten demgegenüber häufig in Vollzeittätigkeit. Der Anteil der ausländischen Beschäftigten ist in den 90er Jahren stetig gewachsen und liegt inzwischen über 50% der Beschäftigten in dieser Branche. Daneben wurden im vergangenen Jahrzehnt bei vielen öffentlichen Institutionen Reinigungsfunktionen durch Outsourcing privatisiert. Die sogenannte Eigenreinigung unterliegt heute fast überall dem Druck der Auslagerung in gewerbliche Reinigungsunternehmen bzw. der Überleitung in Service GmbHs mit für die Beschäftigten schlechterer Tarifstruktur.

Organisation des Arbeits- und Gesundheitsschutzes

Durch die Umsetzung der EU-Richtlinie „Durchführung von Maßnahmen zur Verbesserung der Sicherheit und des Gesundheitsschutzes der Arbeitnehmer bei der Arbeit" (Richtlinie 89/391 EWG) im deutschen Arbeitsschutzgesetz von 1996 trägt der Unternehmer die Verantwortung für die Arbeitssicherheit und den Gesundheitsschutz der Beschäftigten. Die für einen präventiven Arbeits- und Gesundheitsschutz notwendigen betrieblichen Maßnahmen ergeben sich aus der gemäß § 5 ArbSchG durchzuführenden „Beurteilung der Arbeitsbedingungen". Diese Beurteilung hat die allgemeinen Grundsätze der Gefahrenverhütung in der EU-Richtlinie zu berücksichtigen [1].

Um Aussagen zum Arbeits- und Gesundheitsschutz von Reinigungskräften im Rahmen einer Gefährdungsbeurteilung machen zu können, müssen im Zuge einer ganzheitlichen Betrachtung die Arbeitsinhalte, die Arbeitsplatzsituation und die Arbeitsumgebung analysiert werden. Dabei sind alle wesentlichen Gefährdungen und Belastungen zu ermitteln, zu bewerten und zu dokumentieren.

Die EU-Richtlinie und das Arbeitsschutzgesetz verlangen die Einbindung des Managements und eine Organisation des Arbeits- und Gesundheitsschutzes. In dieser Hinsicht müssen betriebliche Verfahren entwickelt werden. Die Gefährdungsbeurteilung im Arbeits- und Gesundheitsschutz ähnelt als Managementaufgabe der internen Kontrolle nach ISO 9000 im Qualitätsmanagement [5].

In einem integrierten Managementsystem von Qualitäts-, Arbeits- und Gesundheitsschutzmanagement könnten die verbindenden Ele-

Gefährdungs-dimensionen	Belastungsfaktoren	Fragen/Hinweise
1. Gefährdungen durch Mängel im Arbeitsschutz-managementsystem	• Ziele, Standards • Verantwortung • Kommunikation, Dokumentation • Beteiligung der Mitarbeiter • Unterweisung • Betriebsanweisungen • Benutzen persönlicher Schutzausrüstung • Erste-Hilfe-Systeme • Gefährliche Arbeiten • besonders gefährdete Mitarbeiter	Einbezug aller Führungsebenen in das betriebliche Arbeits- und Gesundheitssystem Ist der Arbeits- und Gesundheitsschutz in ein vorhandenes betriebliches Qualitätsmanagementsystem integriert? Kooperation zwischen Fachkraft für Arbeitssicherheit und Betriebsärzten Liegt ein betrieblicher Gesundheitsbericht vor? Werden die Belange ausländischer Beschäftigter ausreichend berücksichtigt (z. B. Unterrichtung in ihrer Muttersprache)?
2. Gefährdungen durch die Arbeitsumgebung	• bauliche Gegebenheiten • Einrichtungsgegenstände • Rutsch- und Stolpergefahren • Beleuchtung • Verkehrswege/Transport • Raumklima	Begehung des Reinigungsobjektes bei Durchführung der Reinigungstätigkeiten Durchsicht der Unfallstatistik Belüftung der zu reinigenden Räume überprüfen
3. Gefährdung durch Nichtbeachten ergonomischer Prinzipien Physiologische Belastungsfaktoren	• schwere körperliche Arbeit • einseitig belastende körperliche Arbeit (z. B. Zwangshaltungen) • ungeeignete Betriebsmittel (sichere und erschwernisfreie Handhabung von Reinigungsgeräten)	Heben und Tragen von Lasten (Häufigkeit/Obergrenze) Häufigkeit/Dauer körperlicher Belastungen Tätigkeitswechsel/Arbeitsorganisation/Gruppenarbeit Ausfallzeiten, Fluktuation
4. Mechanische Gefährdung	• Transportmittel (z. B. Reinigungswagen) • Gegenstände, Teile mit gefährlichen Oberflächen (→ persönliche Schutzausrüstung) • Stehleitern • Verlegung von Kabeln oder Leitungen	Stehen Unfälle im Zusammenhang mit mechanischen Gefährdungen? Werden regelmäßig Unterweisungen durchgeführt?
5. Elektrische Gefährdung	• Elektrische Betriebsmittel z. B. Staubsauger, Einscheibenmaschine) • Sicherheitsabstände beim Arbeiten in der Nähe von unter Spannung stehenden Anlagen und Geräten • Steckdosen und Leitungen	Werden elektrische Betriebsmittel geprüft? Sind Betriebsmittel mit CE- bzw. GS-Zeichen gekennzeichnet?

Arbeits- und Gesundheitsschutz in der Gebäudereinigung

Gefährdungs-dimensionen	Belastungsfaktoren	Fragen/Hinweise
6. Gefahrstoffe	• Gefahrstoffverzeichnis (→ Sicherheitsdatenblatt) • Betriebsanweisungen • Unterweisung • Hautbelastungen und Hautschutz • Schutzhandschuhe • Umgang mit Desinfektions-/Reinigungsmittel	Liegen arbeitsplatz- und tätigkeitsbezogene Dosierungsanleitungen für Reinigungschemikalien vor? Welche betrieblichen Funktionsträger sind verantwortlich für persönliche Schutzausrüstungen?
7. Biologische Gefährdungen	• Häufigkeit der Gefährdungen durch Infektiosität (→ Krankenhausreinigung) • Kontamination (z. B. in lüftungstechnischen Anlagen)	Finden arbeitsmedizinische Vorsorgeuntersuchungen und Schutzimpfungen statt? Werden Spritzen und Kanülen in geschlossenen, bruchsicheren Behältern in den Abfall gegeben?
8. Psychische Belastungsfaktoren	• Arbeitsbedingungen (z. B. Führungskompetenz, Unterstützung) • Arbeitsinhalte (z. B. Handlungsspielraum) • Arbeitsorganisation (z. B. Zeitdruck) • Arbeitszeitregelung (z. B. Nachtarbeit)	Fragebogen/Interview zur Stresssituation? Finden betriebliche Gesundheitszirkel statt?

Abb. 7.2. Struktur der Gefährdungsbeurteilung in der Gebäudereinigung

mente die Managementverantwortung, die Prozessorientierung, die Prävention/Verbesserung und die Beteiligung der Mitarbeiter sein [6].

Für eine Branche wie die Gebäudereinigung, wo die Qualität der Leistungserbringung fast ausschließlich durch das „Humankapital" bestimmt wird, erscheint ein integriertes Managementsystem für die Qualitätssicherung und den Arbeits- und Gesundheitsschutz als adäquate Herangehensweise. Mit einem integrierten Managementsystem können sowohl präventive Maßnahmen des Arbeits- und Gesundheitsschutzes als auch Korrekturen in einem kontinuierlichen Verbesserungsprozess umgesetzt werden. Die Integration des Arbeits- und Gesundheitsschutzes in das Qualitätsmanagement sollte sich insbesondere auf folgende Bereiche/Schnittstellen beziehen:

Information, Kommunikation, Beteiligung
– Mitarbeitergespräche

- Kontinuierlicher Verbesserungsprozess
- Qualitätszirkel

Dokumentation
- Verfahrensanweisungen
- Arbeitsanweisungen
- Gesundheitsberichterstattung

Prävention
- Einweisung, Schulung
- Gesundheitsförderung

Supervision
- Audits
- Evaluation

Der Stellenwert des Arbeits- und Gesundheitsschutzes im betrieblichen Alltag erfährt durch ein integriertes Managementsystem eine deutliche Ausrichtung und gewinnt dadurch wesentlich an Bedeutung. Für Management und Mitarbeiter werden Ziele, Vorgaben und Maßnahmen der Arbeitssicherheit und der Prävention transparenter. Durch verstärkte Kommunikation und Selbstverantwortung der Mitarbeiter erhöhen sich die Chancen für die Beachtung von Arbeitsschutzerfordernissen oder für Maßnahmen der betrieblichen Gesundheitsförderung. Insgesamt werden die Zusammenhänge zwischen der Qualität der Arbeitsbedingungen und der Effizienz der Leistungserbringung sowie der Wechselbeziehungen für Gesundheit und Krankheit auf verschiedenen Ebenen im Betrieb zum Diskussionsgegenstand: beispielsweise bei Überlegungen zur Arbeitsorganisation und Personalrekrutierung auf Geschäftsführungsebene oder bei Erörterungen von Mitarbeitern im Rahmen von Qualitätszirkeln.

Betrachtet man betrieblicherseits die Organisation des Arbeits- und Gesundheitsschutzes in der Gebäudereinigung in Deutschland, herrschen große Defizite in der gesetzlichen Umsetzung der im Arbeitsschutzgesetz vorgeschriebenen Gefährdungsbeurteilung. Zumindest unterbleibt in der Regel eine systemische Betrachtung aller Gefährdungsdimensionen (Abb. 7.2). Auf der anderen Seite sind viele Großbetriebe der Gebäudereinigung nach DIN ISO 9001 zertifiziert. Fast überall ist aber dort eine Integration des Arbeits- und Gesundheitsschutzes in das Qualitätsmanagement unterblieben. Daneben gibt es aber auch Positivbeispiele für eine gelungene Integration von Qualitäts- und Gesundheitsmanagement in der Gebäudereinigung [6]. Darüber hinaus sind auch aus anderen Handwerkszweigen/Branchen erfolgreiche integrative Managementkonzepte bekannt [7].

Im Gebäudereinigerhandwerk wird in den nächsten 5 Jahren die Integration des Arbeits- und Gesundheitsschutzes in bestehende oder zu entwickelnde Qualitätsmanagementsysteme eine große Herausforderung darstellen.

Beschäftigungsentwicklung und Gesundheitsmanagement

Reinigungsunternehmen haben einen hohen Anteil an Teilzeitarbeit, darunter wiederum einen hohen Anteil an „geringfügiger Beschäftigung" (630-DM-Jobs). Durch gesetzmäßige Veränderungen in der Sozialversicherung in Bezug auf die „geringfügige Beschäftigung" haben im Laufe des letzten Jahres einige Veränderungen hinsichtlich der Zusammensetzung in den Mitarbeiterkategorien in Reinigungsunternehmen stattgefunden. Geringfügige Beschäftigungsverhältnisse sind dabei zugunsten von Teilzeitarbeitsverhältnissen zurückgegangen. Eine zahlenmäßig exakte Angabe über die Größe von geringfügiger Beschäftigung in dieser Branche (wie in allen anderen Branchen auch) lässt sich aufgrund fehlender Daten (Statistisches Bundesamt, Bundesanstalt für Arbeit) nicht machen. Insofern können nur das Zahlenmaterial einzelner Innungen bzw. Schätzungen herangezogen werden. Danach bestehen etwa 250 Tausend geringfügige Beschäftigungsverhältnisse in der Gebäudereinigung. Zählt man Teilzeitarbeitsverhältnisse dazu, dürfte der Anteil der Beschäftigten, der keiner Vollzeittätigkeit nachgeht, bei über 70% liegen.

Geringfügige Beschäftigung und Teilzeitarbeit stellen die Wirksamkeit einer klassischen Herangehensweise beim Arbeits- und Gesundheitsschutz vor schwer lösbare Probleme. Ein niedriger sozialer Status und ein geringes Einkommen ist mit geringer Qualifikation, unüblichen Arbeitszeiten, Zeitdruck, Mehrfachbelastung und häufig Mehrfachjobs verbunden. Wesentlich erfolgversprechender für ein Gesundheitsmanagement ist bei dieser Problemlage der oben diskutierte Ansatz eines integrativen Qualitäts- und Gesundheitsmanagements. Dabei müssen präventive Strategien in den Vordergrund von Handlungsmaßnahmen rücken. Auf allen Ebenen des Managements muss es zu der Einsicht kommen, dass Qualität und Leistung auch in der Gebäudereinigung letztlich auf Dauer nur von gesunden und motivierten Mitarbeitern erbracht werden können [8]. Damit bestimmte körperliche und psychische Belastungen vermieden werden können, sind Arbeitsbedingungen präventiv zu gestalten: beispielsweise durch Reduzierung von Feuchtarbeit, durch Einsatz ergonomischer Reinigungstechnik, durch Qualifizierung und Schulung und durch eine Arbeitsorganisation, die dauerhafte, einseitige Belastungen vermeidet. In zahlreichen Interventionsstudien – vor allem in Schweden und Finnland – sind die präventiven Wirkungen von Gestaltungsmaßnahmen auf die gesundheitliche Problemlage von Reinigungskräften gezeigt worden [2].

Richtet man den Blick auf die Zukunft, so wird die Problemlage für die Betriebe schwieriger. Infolge der demografischen Entwicklung ist abzusehen, dass das durchschnittliche Beschäftigtenalter in der Gebäudereinigung ansteigen wird [9]. Insofern werden präventive Ansätze im Gesundheitsmanagement im nächsten Jahrzehnt einen zentralen Stellenwert für die betriebliche Leistungsfähigkeit bekommen müssen.

Literatur

[1] Krüger D (1998) Gefährdungsanalyse bei Reinigungskräften im Kontext des europäischen Arbeits- und Gesundheitsschutzes. In: Huth E, Jacob S, Lang S (Hrsg) Reinigung 2000. Wirtschaftsverlag NW, Bremerhaven, S. 13–23

[2] Krüger D, Louhevaara V, Nielsen J, Schneider T (1997) Risk Assessment and Preventive Strategies in Cleaning Work. Wirtschaftsverlag NW, Hamburg

[3] Peschke M (1998) Physische und psycho-soziale Belastungen der Reinigungskräfte – Faktoren und Präventionsansätze. In: Huth E, Jacob S, Lang S (Hrsg) Reinigung 2000. Wirtschaftsverlag NW, Bremerhaven, S. 5–12

[4] Merz W (1995) Frauen im Gebäudereiniger-Handwerk. Peter Lang, Frankfurt am Main

[5] Ritter A, Langhoff Th (1998) Arbeitsschutzmanagementsysteme. Wirtschaftsverlag NW, Dortmund/Berlin

[6] Schulz T (1999) Managementsystem im Gebäudereiniger-Handwerk. Wirtschaftsverlag NW, Dortmund/Berlin

[7] Ritter A, Reim O, Schulte A (2000) Praxisbeispiele für eine erfolgreiche Integration von Sicherheit und Gesundheitsschutz in zeitgemäße Führungskonzepte kleiner Betriebe. Wirtschaftsverlag NW, Dortmund/Berlin

[8] Bundesanstalt für Arbeitsschutz und Arbeitsmedizin (Hrsg) (1999) Managementsysteme im Arbeitsschutz. Wirtschaftsverlag NW, Dortmund/Berlin

[9] Ilmarinen J (1999) Ältere Mitarbeiterinnen in Reinigungstätigkeiten. In: Huth E, Jacob S (Hrsg) Reinigung 2000 plus. Wirtschaftsverlag NW, Bremerhaven, S. 134–156

KAPITEL 8

Auswirkungen betrieblicher Restruktierungen auf die Gewährleistung von Sicherheit und Gesundheit

A. GERLMAIER · M. KASTNER

Ausgangspunkt

Flexibilität und Beweglichkeit gehören inzwischen zu den Leitbildern unserer globalisierten Wirtschaftswelt. Immer mehr Unternehmen erhoffen sich durch Fusionierungen, Downsizing und Outsourcing Wettbewerbsvorteile auf zunehmend dynamischeren und komplexeren Märkten. Das Prinzip der „Besinnung auf die Kernkompetenzen" erfreut sich großer Beliebtheit: allein im Zeitraum zwischen 1994 und 1995 waren über 20 000 Unternehmen und über 210 000 Beschäftigte in der BRD unmittelbar von Auslagerungen betroffen, Tendenz steigend [3].

Der Begriff Outsourcing kennzeichnet im Allgemeinen die Beauftragung einer außerhalb der Unternehmung liegenden Quelle zur Erbringung einer Leistung, wenn diese preiswerter als die Eigenerstellung ist [17]. Das Spektrum potenziell auszulagernder Aufgaben umfasst inzwischen sämtliche Wirtschafts- und Funktionsbereiche, es reicht von Wartungs- über Logistikdienstleistungen, von IT-Aufgaben bis hin zur arbeitsmedizinischen Betreuung.

Neben einer schnellen Reduktion von Fixkosten durch verminderte Personal- und Organisationskosten wird ein weiterer Vorteil bei dieser Managementstrategie darin gesehen, flexibel auf Leistungen und Know-how Dritter zugreifen zu können, womit sich aus betriebswirtschaftlicher Perspektive Einsparungspotenziale gegenüber einem in der Vergangenheit üblichen Personalpuffer ergeben können [7].

In der Konsequenz führen Verkleinerungs- aber auch Fusionierungsstrategien zu veränderten Unternehmens-, Arbeits- und Sozialstrukturen; ehemals feste Strukturen und Muster von intern und extern verwischen zunehmend. Der gegenwärtig anhaltende Prozess der Ausgliederung von Unternehmensteilen und die daraus resultierenden höheren Beschäftigungsanteile im Dienstleistungsbereich („Tertiärisierung") haben wiederum einen gravierenden Einfluss auf die Entwicklung veränderter Beschäftigungs- und Organisationsformen und

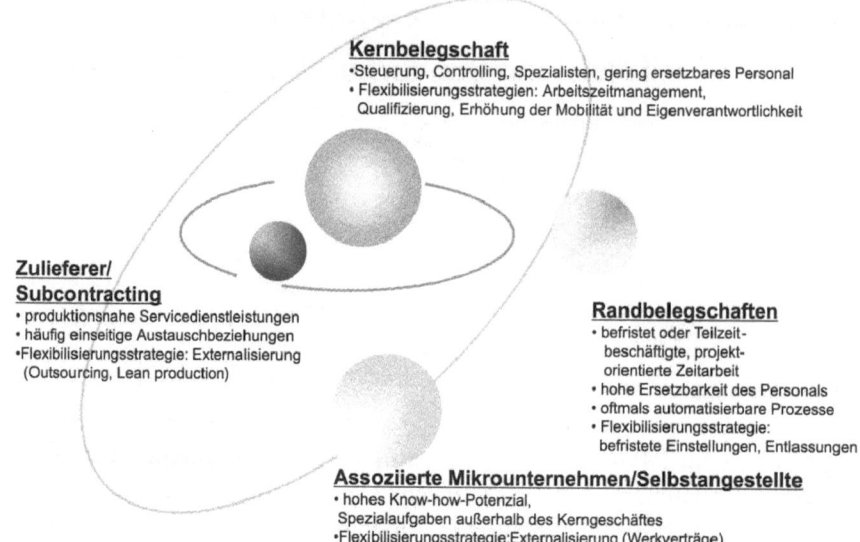

Abb. 8.1. Unternehmensformen der Zukunft

die Arbeitsbedingungen der darin tätigen Menschen. Modelle flexibler oder „fluider" Organisationen beschreiben zukünftige Unternehmen als Kernunternehmen mit hoch spezialisierten und motivierten Stammbelegschaften, um die sich austauschbare Randbelegschaften sowie Zulieferer und externe Dienstleister, aber auch freie Mitarbeiter als ‚Knowledge-Worker' gruppieren werden [6, 10] (Abb. 8.1).

Verschlankte oder neue Netzwerkorganisationen stellen veränderte Anforderungen an die Flexibilität, die Kompetenzen und Bewältigungsstrategien der Beschäftigten, aber auch an die Steuerung und Koordination derartiger Unternehmensformen.

Der beschleunigte Wegfall bisher durch das Normalarbeitsverhältnis (unbefristete Vollzeitbeschäftigung) abgesicherter Schutzrechte und sozialer Errungenschaften von Beschäftigen, wie sie in traditionellen Unternehmensformen üblich waren, führt dazu, dass unternehmerische Risiken immer häufiger auf die Mitarbeiter herunter gebrochen werden [15]. Das bedeutet für immer mehr Menschen Zeitverträge, hohe Anforderungen an die geografische Mobilität, ökonomische Unsicherheit, aber auch mehr Optionalität und Eigenverantwortung [14]. Verschiedene Autoren zeichnen als Bild des zukünftigen Erwerbstätigen die „Selbst-GmbH", bei der jeder Einzelne seinen Arbeitsort und seine Arbeitszeit bestimmt, selbst für seine berufliche (Weiter-) Qualifikation auf dem Markt sorgt und für seine Sicherheit und Gesundheit eigenverantwortlich zuständig ist [2].

Kurzfristige betriebswirtschaftliche Erfolge stehen oft im Mittelpunkt betrieblicher Reorganisationsmaßnahmen wie Outsourcing, Downsizing oder vergleichbaren Managementstrategien. Den weitreichenden Folgen aus Sicht des Personalmanagements und der Gesundheitsförderung widmen sich gegenwärtig nur vereinzelte Studien [1].

Immer stärker führen permanente Veränderungen in den Unternehmen, Arbeitsplatzunsicherheit, damit verbundene Ängste und Kontrollverluste dazu, dass eine wachsende Zahl von Beschäftigten unter „Veränderungsstress" und starkem Leistungsdruck leidet [15]. Eine für die seelische Gesundheit notwendige Balance aus Stabilität und Neuerung wird labiler, Erschöpfungszustände und die Zunahme psychischer Probleme und gesundheitlicher Beschwerden sind nicht selten die Folge.

Die Auswirkungen von Reorganisationsmaßnahmen auf die Sicherheit und Gesundheit sind jedoch noch weitreichender, sie betreffen nicht nur die verbliebenen Mitarbeiter in den „Kernunternehmen", die oft mit Verlustängsten und Arbeitsüberforderungen konfrontiert sind, sondern auch die Arbeitsbedingungen der sog. Randbelegschaften und „Fremdfirmenmitarbeiter", deren Anzahl durch veränderte Markt- und Unternehmensstrukturen weiter zunehmen dürfte.

Problemstellung

Die steigende Vergabe von Aufträgen an externe Dienstleister im Rahmen betrieblicher Reorganisationsprozesse hat gerade im gewerblichen Bereich bedeutende Auswirkungen auf die Gewährleistung des Arbeits- und Gesundheitsschutzes, wie Medienberichte über schwere Unfälle in Zusammenhang mit Fremdfirmenarbeiten verdeutlichen (z. B. Brand am Düsseldorfer Flughafen). Die zunehmende Diversifizierung von Unternehmensbereichen in eigenständige oder semi-abhängige Einheiten stellt den normierten Arbeitsschutz hierbei vor deutliche Probleme bei der Gewährleistung einheitlicher Standards zum Arbeits- und Gesundheitsschutz. Dazu zählen uneindeutige Verantwortlichkeitsregelungen etwa bei verworrenen Subunternehmerkontrakten sowie fehlende oder nicht ausreichende Arbeitsschutzstrukturen bei den oft kleinen Dienstleistungsbetrieben, deren Organisationsdefizite durch ständige interne Umstrukturierungen und Personalfluktuation noch verstärkt werden.

Führungsverantwortliche und Vertreter des Arbeits- und Gesundheitsschutzes sehen sich hierbei mit einer Reihe komplexer Problemstellungen und Anforderungen konfrontiert:

- Auftragsvergabepraxis: Durch die vom Auftraggeber häufig praktizierte Auftragsvergabe an den günstigsten Anbieter besteht das Risiko, dass Auftragnehmer am falschen Ende Kosten einsparen, um den Auftrag zu bekommen (qualifiziertes Personal, sichere Werkzeuge und Maschinen oder persönliche Schutzausrüstung [24]). Derartige Entwicklungen stehen wiederum in Zusammenhang mit oft ruinösen Konkurrenzbedingungen der Auftragnehmer untereinander, insbesondere bei hohen Abhängigkeitsbeziehungen zum Kunden.
- Organisationsgestaltung beim Dienstleister: Bei Outsourcing-Dienstleistern handelt es sich oft um kleine und hoch flexible Organisationseinheiten (Kleinbetriebe, dezentral organisierte Profitcenter), deren Beschäftigte immer dann und dort arbeiten, wo ihr Auftraggeber sie gerade benötigt. Die von den Fremdfirmen abgeforderte Flexibilität erzeugt wiederum vermehrte Mobilitätsanforderungen an die Mitarbeiter (ständig wechselnde Arbeitsorte, Arbeit auf Abruf) sowie den beschleunigten Einsatz neu angelernter oder Zeitarbeitskräfte. Beides sind Faktoren, die mit einem erhöhten Sicherheitsrisiko für die Beschäftigten und ihre Arbeitsumgebung einher gehen [23].
- Rechtskonstellationen: Fremdfirmen sind als Auftragnehmer für die Erbringung ihrer Leistung ebenso wie für ihre Sicherheitsorganisation weitgehend selbst (finanziell und personell) verantwortlich, können aber bestimmte Arbeitsbedingungen ihrer Mitarbeiter (z.B. enge Durchlüftungsschächte) nicht beeinflussen. Der Gesetzgeber sieht jedoch aufgrund der besonderen Schnittstellenproblematik bei externer Auftragsvergabe umfangreiche Informations- und Koordinationspflichten für den Auftraggeber bei Arbeiten mit mehreren Auftragnehmern vor (u.a. Arbeitsschutzgesetz, § 8, Abs. 1 Satz 1 und 2, ArbSchG bzw. § 6 Abs. 1 VBG 1, sowie jüngst die Baustellenverordnung).
- Organisationskultur: Outsourcing-Aktivitäten führen nicht selten zu sozialen Spannungen zwischen Externen und Belegschaftsmitgliedern („Die gehören nicht zu uns" [16]). Hier sind einerseits Verlustängste bei der Stammbelegschaft zu nennen, nicht selten fühlen sich aber auch Fremdfirmenmitarbeiter vor Ort ungerecht behandelt und ausgegrenzt (z.B. durch Nichtberücksichtigung beim Vorschlagswesen etc.), was einen deutlichen emotionalen Belastungsfaktor darstellen kann.

Ein adäquates Informations- und Personalmanagement stellt daher eine wichtige Voraussetzung dar, um gegenseitige Gefährdungen zu reduzieren und dabei hochwertige Dienstleistungen und Produkte zu gewährleisten [8].

Hintergrund der Studie

Mittlerweile engagieren sich immer mehr Unternehmen für die Sicherheit ihrer Subunternehmen [25]. Neben potenziellen Gefährdungen eigener Mitarbeiter bzw. Beschädigungen von Anlagen und Einrichtungen durch Subunternehmen spielen Aspekte wie ein negatives Unternehmensimage bei Unfällen mit Fremdfirmen sowie rechtliche Anforderungen (Informations- und Koordinationspflichten) eine zunehmend bedeutendere Rolle für ein solches Engagement.

Inzwischen gibt es verschiedene Formen des Sicherheitsmanagements im Umgang mit Subunternehmen. Dazu zählt die Einforderung von Sicherheits-Management-Zertifikaten (z. B. Sicherheits-Certifikat-Contraktoren, SCC) oder die Einbeziehung von Fremdfirmenunfällen in die eigene Unfallstatistik [21]. Häufig liegt aber auch nur eine unsystematische, überwiegend verhaltensbezogene Kontrolle der Fremdfirmen vor: kommt es zu Beschädigungen oder Fehlverhalten fremden Personals, erfolgt keine weitere Auftragsvergabe an den Dienstleister. Diese Form der Steuerung ist nicht nur als wenig präventiv einzustufen, sie verhindert eine tiefergehende Analyse der Ursachen und Zusammenhänge. Fehlende zwischenbetriebliche Rückkopplungsschleifen über die Ursachen mangelnder Sicherheit und Qualität von Dienstleistungen verhindern Lernprozesse und die Optimierung von Arbeitsprozessen. Hinzu kommt, dass Sicherheits- und Qualitäts-Zertifikate allein keinen Garant für sicheres Verhalten vor Ort darstellen.

Entwicklung eines integrativen Sicherheitsmanagements auf Basis der Organisationsentwicklung

Vor diesem Hintergrund wurde innerhalb des vom BMBF-geförderten Forschungsprojektes gesina (Gesundheit und Sicherheit in Neuen Arbeits- und Organisationsformen) in Zusammenarbeit mit einem Automobilhersteller und zwei seiner Fremdfirmen ein Instrument für ein integratives Sicherheitsmanagement entwickelt, der Kooperationszirkel Sicherheit. Dieses wird zur Zeit evaluiert. Das Verfahren wurde im Rahmen einer Organisations-Entwicklungsmaßnahme als Zirkelkonzept konzipiert [5, 22]. Es hat zum Ziel, durch zwischenbetriebliche Kooperation unter Beteiligung aller Betroffenen das Informations- und Qualitätsmanagement im Arbeitsschutz unter Ausnutzung vorhandener (Personal-) Ressourcen zu optimieren und dabei Vorteile für Auftraggeber und -nehmer zu erzeugen [9]. Dem Kooperationszirkel Sicherheit liegt dabei die systemtheoretische Idee zugrunde, dass Kunden, Fremdfirmen und Zulieferer Teile eines komplexen sozio-technischen Gesamtsystems darstellen [14]. Die Prozesse innerhalb und zwischen diesen (teilweise autonomen) Subsystemen zu optimieren heißt, Synergie-Effekte als Wettbewerbsvorteile für beide Partner zu nutzen.

Die Förderung zwischenbetrieblicher Lern- und Kommunikationsprozesse dient hierbei nicht nur der Verbesserung sicherheitsrelevanter Abläufe, sie hat in der Regel ebenfalls positive Auswirkungen auf das Qualitäts- und Innovationsmanagement in den Unternehmen.

Die Entwicklung eines zwischenbetrieblichen Sicherheitsmanagements bedeutete für die Beteiligten im Projekt:

- Gemeinsame Erarbeitung der Ziele und Festlegung der Verantwortlichkeiten von Auftragnehmern und -gebern. Hierbei stellte sich die Erzeugung von „Win-Win-Situationen" zwischen Auftraggebern und Dienstleistern („was habe ich davon", „wie hoch ist mein Einsatz", „was bekomme ich dafür") als wichtiges Element des Konzeptes heraus (vgl. „Syn-Egoismus" [12] bzw. sozialpsychologisch fundierte Equity-/Spiel-Theorien).
- Verbesserung der zwischenbetrieblichen Informations- & Kommunikationsprozesse im Arbeitsschutz durch das Reflektieren bisheriger suboptimaler Prozesse und gemeinsames Entwickeln von Verbesserungsmöglichkeiten.
- Ganzheitlichkeit: Neben Aktivitäten auf der Führungsebene wurden Mitarbeiterzirkel in den Fremdfirmen eingeführt. Ziel war es, die dortigen Mitarbeiter an Entscheidungs- und Umsetzungsprozessen aktiv zu beteiligen, dabei deren Wissen als Experten vor Ort zu integrieren (Verbesserungsvorschläge) sowie sie für Sicherheitsbelange zu sensibilisieren und qualifizieren [22].

Methode

Der Kooperationszirkel Sicherheit setzte sich aus zwei überlappenden Teilnehmerkreisen zusammen, dem Steuergremium und dem Mitarbeiterzirkel. Im Steuergremium befanden sich Vertreter der Arbeitssicherheit, Werksschutz, Fremdfirmenkoordinatoren des Auftraggebers sowie die Leiter der Fremdfirmen vor Ort. An den Mitarbeiterzirkeln nahmen 3–5 Mitarbeitern einer Fremdfirma je Unternehmen, deren Vorgesetzte, Sicherheitsbeauftragte und ein Moderationsteam teil. Die Sitzungen fanden in 4–6 wöchigem Abstand zu Schichtbeginn bzw. Schichtende statt, die Sitzungsdauer betrug 1,5 Stunden, insgesamt wurden 5 Sitzungen durchgeführt.

Zur Überprüfung der Wirksamkeit der Maßnahmen wurden Vorher-Nachher-Messungen anhand folgender Kriterien vorgenommen: Risikokennzahlen (Gefährdungsanalysen), Einschätzung der Arbeitsbelastungen (Mitarbeiterbefragung), subjektive Einschätzungen zur Wirksamkeit der Zirkel durch die Zirkelteilnehmer, Verbandbucheintragungen sowie Fehlzeiten. Zum gegenwärtigen Stand der Untersuchung stehen Daten der Nachher-Messung zur Belastungsänderung sowie eine Analyse der Fehlzeiten und Verbandbucheintragungen noch aus.

Durchführung des Kooperationszirkel Sicherheit

Der Ablauf des Kooperationszirkels orientierte sich an der Vorgehensweise der Organisationsentwicklung nach [4, S. 53] bzw. daraus abgeleiteter Formen im Rahmen des betrieblichen Sicherheits- und Gesundheitsmanagements [20].

Phase 1: Einrichtung des Steuerkreises. Nach der Gewinnung von Fremdfirmen und Fremdfirmenkoordinatoren erfolgten in den ersten Sitzungen Ist-Zustandsanalysen aus den jeweiligen Perspektiven der Anwesenden, der sich die Festlegung der Ziele der Maßnahme, des Ressourceneinsatzes, der Dauer und des Ablaufs anschlossen.

Phase 2: Ist-Analyse der Belastungen und Gefährdungen der Fremdfirmenbeschäftigten. Mit den Verantwortlichen der zwei beteiligten Fremdfirmen sowie interessierten Mitarbeitern wurden Gefährdungsanalysen für ihre Arbeitsbereiche durchgeführt, ebenso erfolgte eine Mitarbeiterbefragung zur Belastungswahrnehmung und Arbeitszufriedenheit der Beschäftigten in den beiden Fremdfirmen.

Phase 3: Intervention – Zirkelarbeit und Steuerkreis. Sowohl im Steuerkreis als auch in den Mitarbeiterzirkeln wurden auf Basis der Analyseergebnisse gesundheitliche und arbeitsorganisatorische Probleme diskutiert, Verbesserungsvorschläge erarbeitet und Umsetzungsverantwortliche bestimmt.

Phase 4: (parallel zu Phase 3) Steuergremium. Basierend auf den Verbesserungsvorschlägen wurden bei dem Automobilhersteller und bei den Fremdfirmen erste Maßnahmen eingeleitet.

Phase 5: Nachher-Erhebung – Veränderungen der Belastungs- und Gefährdungssituation. Vier Wochen nach der letzten Zirkelsitzung erfolgte eine Erhebung zur Wirksamkeit und Akzeptanz der Mitarbeiterzirkel, drei Monate später soll eine Nachher-Erhebung ergeben, inwiefern sich Belastungen und Gefährdungen reduziert haben bzw.

sich eine Verbesserung der Kommunikations- und Kooperationsprozesse ergeben hat.

Ergebnisse

Nachfolgend sind die in der Maßnahme ermittelten Gefährdungen und Belastungen, die resultierenden Änderungsvorschläge sowie erste Ergebnisse zur Wirksamkeit des Zirkel dargestellt.

Stichprobe der Fremdfirmenbeschäftigten

Bei den zwei Fremdfirmen, die in der Pilotphase teilnahmen, handelt es sich um ein Industrie-Reinigungsunternehmen (30–40 Mitarbeiter, Alter zwischen 19–61 Jahre, Durchschnitt 34 Jahre) sowie ein Industrie-Wartungsunternehmen (9–15 Mitarbeiter, zwischen 19–54 Jahre, Durchschnitt 38 Jahre), die kontinuierlich im Werk des Automobilherstellers tätig sind. Die nachfolgenden Daten wurden im Rahmen einer Mitarbeiterbefragung dieser beiden Unternehmen vor Beginn des Kooperationszirkels erhoben. Die Ergebnisse besitzen keinen Anspruch auf Repräsentativität, sondern sollen die Belastungssituation der dort Beschäftigten veranschaulichen.

An der schriftlichen Befragung nahmen im Reinigungsunternehmen insgesamt 27 Mitarbeiter teil, im Wartungsunternehmen waren es 9 Mitarbeiter. Dies entspricht einer Totalerhebung der seinerzeit am Standort tätigen Beschäftigten beider Fremdfirmen.

Während im Reinigungsunternehmen überwiegend an- bzw. ungelernte Kräfte tätig sind, arbeiten im Wartungsunternehmen hauptsächlich Mitarbeiter mit Facharbeiterausbildung.

Belastungs- und Gefährdungssituation der Fremdfirmenbeschäftigten

Arbeitszeitregelungen. Die Arbeitszeiten in beiden Fremdfirmen richten sich stark an den Schichtzeiten und Wünschen des Auftraggebers aus. Die Beschäftigten des Reinigungsunternehmens arbeiten in Nachtschicht und an Wochenenden jeweils nach Produktionsschluss. 50% der Mitarbeiter (Männeranteil: 100%, Ausländeranteil: 85%) haben eine Vollzeitbeschäftigung, die andere Hälfte arbeitet in Teilzeit und auf Abruf (Männeranteil: 73%, Ausländeranteil: 20%).

Die Beschäftigten des Wartungsunternehmens (Männeranteil: 100%, Ausländeranteil: 10%) sind überwiegend in der Tagschicht tätig, regelmäßig werden Wochenendarbeit und Überstunden geleistet, um Sonderaufgaben zu erledigen.

Ausmaß physikalischer, aufgabenbezogener und sozialer Belastungen. Im Bereich der physikalischen Belastungen zeigen sich sowohl für die Beschäftigten im Reinigungs- als auch im Wartungsunternehmen hohe Risikopotenziale für die Sicherheit und Gesundheit.

Die Hälfte der 27 Mitarbeiter im Reinigungsunternehmen fühlt sich durch schmutzige Arbeiten ziemlich oder stark belastet. Des weiteren werden von jedem dritten Beschäftigten körperlich schwere Arbeiten, Zwangshaltungen und der Umgang mit gefährlichen Stoffen als starke Belastungsfaktoren angegeben.

Im Wartungsbetrieb ergeben sich deutliche Belastungen durch Lärm und gefährliche Arbeitsstoffe (4 von 9 Nennungen), über die Hälfte der Mitarbeiter beklagt sich über monotone Arbeitsabläufe, 5 der 9 Befragten fühlen sich unterfordert. Auch hinsichtlich der Wahrnehmung psychosozialer Belastungen zeigen sich deutliche Unterschiede zwischen den beiden Unternehmen. Vor allem bei den Beschäftigten im Wartungsunternehmen spielen soziale Konflikte mit Kollegen und dem Kunden eine große Rolle (3 von 9 der Beschäftigten berichten darüber). Als Ursachen wurden innerhalb des Zirkels überwiegend hohe Abhängigkeiten von Mitarbeitern des Automobilherstellers (Materialvergabe, Maschinenbenutzung), soziale Spannungen durch ungenügende Koordination und gegenseitige Behinderungen (z.B. Arbeitsunterbrechungen bei den Beschäftigten des Kunden durch Reparaturarbeiten) sowie Anfeindungen genannt, die sich aus der Rolle als „Fremdfirmenmitarbeiter" innerhalb der Stammbelegschaft ergeben.

Gesundheitliche Auswirkungen. In hoher Übereinstimmung mit den Ergebnissen anderer Studien [18] berichten die Mitarbeiter über deutliche gesundheitliche Beschwerden in Zusammenhang mit ihren Arbeitsbedingungen (Tabelle 8.1).

Tabelle 8.1. Ausmaß gesundheitlicher Beeinträchtigungen (häufigste drei Nennungen)

Industriereinigung	N = 28	Industriewartung	N = 9
Kopfschmerzen	46%	Rückenbeschwerden	56%
Rückenbeschwerden	36%	Kopfschmerzen	33%
Hauterkrankungen	21%	Atemwegserkrankungen	33%

Erarbeitung und Umsetzung von Verbesserungsvorschlägen

Aufbauend auf den Ergebnissen der Befragung und der Gefährdungsanalysen wurden im Mitarbeiterzirkel und im Steuerkreis Veränderungsvorschläge entwickelt. Zum gegenwärtigen Zeitpunkt sind Änderungsvorschläge in folgenden Bereichen umgesetzt worden:

Sicherheitsmanagement und -koordination
- Erarbeitung einer Checkliste „Sicherheitsorganisation für Fremdfirmen", in der wichtige Ansprechpartner und Regelungen im Werk festgehalten sind.
- Systematische Bereitstellung vorhandener Gefährdungsanalysen und Gefahrstoffblätter durch den Auftraggeber (u.a. Verbesserung des Intranetzugangs für arbeitsschutzrelevante Bereiche).
- Systematische Analyse der Unfall- und Verletzungsschwerpunkte von Fremdfirmen im Werk.

Kooperation
- Öffnung der Beratungs- und Ausgabestelle für persönliche Schutzausrüstung (PSA) für Fremdfirmen, damit verbesserter Zugang zu vergünstigter und hochwertiger PSA.
- Möglichkeit der Inanspruchnahme des werksärztlichen Dienstes zur Durchführung von Vorsorgeuntersuchungen bei Fremdfirmenbeschäftigten (Verrechnung).
- Öffnung des Vorschlagswesens für Fremdfirmenbeschäftigte (Einbezug der Abteilung für betriebliches Vorschlagswesen in den Steuerkreis).

Arbeitsgestalterische Maßnahmen und Sicherheitsverhalten
- Begehung und Beseitigung von Gefahrenstellen, die bei den Gefährdungsanalysen zu Tage kamen durch Auftraggeber und Fremdfirmen.
- Optimierung der Arbeitsgestaltung bei den Fremdfirmen (Schutzscheiben bei Gabelstapler, Gestaltung der Werkstatt, z.B. flexible Trennwände bei gefährdenden Arbeiten) durch die Verantwortlichen der jeweiligen Fremdfirmen.
- Förderung der PSA-Benutzung der Fremdfirmenmitarbeiter durch im Zirkel entwickelte „Spielregeln" (z.B. durch soziale Kontrolle und Verstärkung, Beteiligung an der Auswahl der PSA).
- Umfangreiche Unterweisungen durch Vorgesetzte bzw. erfahrende Mitarbeiter in den Fremdfirmen als Ergebnis der Diskussionen in den Zirkeln (Benutzung von Atemmasken, Flexen, etc.).
- Gewinnung von Zirkelteilnehmern zur Ausbildung zum Sicherheits-/Qualitätsbeauftragten bzw. Fachkraft für Arbeitssicherheit.

Bewertung der Wirksamkeit des Kooperationszirkels aus Sicht der Fremdfirmen

Eine Befragung der Zirkelteilnehmer vier Wochen nach Abschluss der Sitzungen ergab sowohl bei den anwesenden Führungskräften als auch bei den Mitarbeitern eine überwiegend positive Einschätzung der Maßnahme. Drei von vier Zirkelteilnehmern im Reinigungsunternehmen bzw. 100% der Teilnehmer des Zirkels im Wartungsunternehmen gaben an, dass alle oder viele für sie relevanten Belastungen im Zirkel benannt wurden. 3/4 (Reinigung) bzw. 4 von 5 (Wartung) der Zirkelteilnehmer beider Fremdunternehmen berichteten, dass sich einzelne Arbeitsbelastungen für sie verbessert haben. Insgesamt zeigten sich alle Teilnehmer aus dem Wartungsunternehmen und 3/4 der Teilnehmer aus dem Reinigungsunternehmen mit dem Ergebnis der Zirkel zufrieden.

Insbesondere bei den Beschäftigten des Wartungsunternehmens, die vor Beginn des Zirkels über ein hohes Ausmaß sozialer Konflikte berichteten, ergaben sich deutliche Verbesserungen des Betriebsklimas (100% Nennungen), besonders das Verhältnis zu Vorgesetzten und dem Kunden wurde nach dem Kooperationszirkel als besser beschrieben (Tabelle 8.2).

Ausblick

Zukünftig werden immer mehr Beschäftigte in dezentral organisierten Dienstleistungsunternehmen und -netzen tätig sein, eine Entwicklung, der auch in den Bereichen Arbeitssicherheit und Gesundheitsförde-

Tabelle 8.2. Ergebnisse der Nachbefragung der Zirkelteilnehmer

	Teilnehmer Wartung (N=5, davon 4 Mitarbeiter, ein Vorgesetzter)	Teilnehmer Reinigung (N = 4, davon 3 Mitarbeiter, ein Vorgesetzter)
Verbesserung des Betriebsklimas	Verbessert: 5 Gleichgeblieben: 0	Verbessert: 3 Gleichgeblieben: 1
Verbesserung des Verhältnisses zum Vorgesetzten	Verbessert: 1 Gleichgeblieben: 3	Verbessert: 5 Gleichgeblieben: 0
Verbesserung des Verhältnisses zum Kunden	Sehr positiv: 2 Positiv: 1 Keine Angabe: 2	Sehr positiv: 2 Positiv: 1 Teils-teils: 1

rung Rechnung zu tragen ist. Neben Trends hin zu Verantwortungsdelegation, neuer Selbstständigkeit mit vielen Entscheidungsspielräumen und überwiegend geistig anspruchsvollen Tätigkeiten wird es auch weiterhin eine ganze Reihe von Arbeitsplätzen, insbesondere im Dienstleistungssektor geben, bei denen es sich um anforderungsarme, stark zergliederte Restaufgaben mit teilweise hohem Gefährdungspotenzial handelt.

Hierbei stellt die Gestaltung der Außenbeziehungen zu Kunden, Lieferanten und Fremdfirmen im Hinblick auf die Verbesserung von Sicherheits- bzw. Qualitätsstandards eine zunehmend strategische Dimension für den Unternehmenserfolg dar [26].

Inwiefern interaktions- und prozessorientierte Verfahren der Organisationsentwicklung für einen präventiv ausgerichteten Arbeits- und Gesundheitsschutz mit Fremdfirmen genutzt werden können, zeigen erste Resultate des Kooperationszirkels Sicherheit. Anzumerken bleibt, dass die von der Abteilung Arbeitssicherheit initiierte Maßnahme über sicherheitsrelevante Aspekte hinaus weitere Kreise zog. Die Mitarbeiter der in der Pilotphase einbezogenen Wartungsfirma reichen inzwischen Verbesserungsvorschläge zur Optimierung der Produktionsabläufe im Automobilwerk ein.

Eine abschließende Evaluation des Vorhabens wird im Herbst 2000 vorliegen.

Literatur

[1] Baeckmann S von (1998) Downsizing – zwischen unternehmerischer Notwendigkeit und individueller Katastrophe. Hamp, München
[2] Baegte M (1999). Subjektivität als Ideologie. Von der Entfremdung in der Arbeit zur Entfremdung auf dem Arbeitsmarkt? In Schmidt G (Hrsg) Kein Ende der Arbeitsgesellschaft. edition sigma, Berlin, S. 3
[3] Bellmann L et al. (1996) Flexibilität von Betrieben in Deutschland. IAB, Nürnberg
[4] Becker H, Langosch I (1995). Produktivität und Menschlichkeit. Enke, Stuttgart
[5] Bungard W (1992) Qualitätszirkel in der Arbeitswelt. Göttingen, Stuttgart
[6] Dahrendorf R, Köhler E, Piotet F (1986). Neue Arbeits- und Tätigkeitsformen. Stiftung zur Verbesserung der Lebens- und Arbeitsbedingungen, Dublin
[7] Franze F (1998). Outsourcing: Begriffliche und kostentheoretische Aspekte. Haupt, Bern
[8] Gerlmaier A, Kastner M (1999) Outsourcing – Auswirkungen betrieblicher Verkleinerungstendenzen auf die Gewährleistung von Sicherheit und Gesundheit. In: Kastner M (Hrsg) Gesundheit und Sicherheit in neuen Arbeits- und Organisationsformen. Maori, Herdecke, S. 147–172.
[9] Gerlmaier A, Böcker M, Kastner M. (2000). Integratives Sicherheitsmanagement bei Outsourcing-Prozessen – der Kooperationszirkel Sicher-

heit. In Gesellschaft für Arbeitswissenschaft (Hrsg) Komplexe Arbeitssysteme – Herausforderung für Analyse und Gestaltung. GFA-Press, Dortmund, S. 501–505
[10] Handy C (1993). The age of reason. Harvard Business School, Cambridge
[11] Hoffmann E, Walwei U (1998). Längerfristige Entwicklung von Erwerbsformen in Westdeutschland. IAB-Kurzbericht 2, S. 3–8.
[12] Kastner M (1999). Syn-Egoismus. Herder, Freiburg
[13] Kastner M (1999c). Globalisierung, Auswirkungen auf Organisationen und Mitarbeiter. In Kastner M (Hrsg.) Gesundheit und Sicherheit in neuen Arbeits- und Organisationsformen. Maori, Herdecke, S. 29–52
[14] Kastner M & Gerlmaier A (1999). Die Balance von Arbeiten und Leben fördern. Personalführung Plus 2, 6–15.
[15] Krumpholz D (1998). Die Konsequenzen des Wertewandels für Organisationen und Führungskräfte. Gruppendynamik 4, S. 349–358
[16] Kock K (1990). Die austauschbare Belegschaft. Bund Verlag, Köln
[17] Lamers S M (1997). Reorganisation der betrieblichen Personalarbeit durch Outsourcing. Dissertation, Universität Münster
[18] Letourneux V (1998). Ungesicherte Arbeitsverhältnisse und Arbeitsbedingungen in der EU. Europäische Stiftung zur Verbesserung der Lebens- und Arbeitsbedingungen, Dublin
[19] Mohr W & Figgen M (1995). Staatliche Gesundheitsschutzüberwachung in arbeitspsychologischen Problembereichen. In: Ludborzs B, Nold H, Rüttinger B (Hrsg) Psychologie der Arbeitssicherheit. Asanger, Heidelberg, S. 339–350
[20] Münch E (1999). Drehbuch für das betriebliche Gesundheitsmanagement. In Badura B, Ritter W, Scherf, M (Hrsg): Betriebliches Gesundheitsmanagement. edition sigma, Berlin
[21] Pischon A, Liesegang D G (1997). Arbeitssicherheit als Bestandteil eines umfassenden Mangementsystems. Haefner-Verlag, Heidelberg
[22] Slesina W, Beuels F R, Sochert F (1998). Betriebliche Gesundheitsförderung. Entwicklung und Evaluation von Gesundheitszirkeln zur Prävention arbeitsbedingter Erkrankungen. Beltz, Weinheim
[23] Süddeutsche Metall-Berufsgenossenschaft (1998). SMBG Mitteilungsblatt. 3, S. 18–23
[24] Tepasse R (1995) Handbuch Sicherheits- und Gesundheitsschutz-Koordination. Erich Schmidt Verlag, Berlin
[25] Wettberg W (1999). Fremdfirmen und Leiharbeit. In: Hoyos C, Frey D (Hrsg) Arbeits- und Organisationspsychologie. Psychologie Verlags Union, Weinheim, S. 160–165
[26] Zink K J (1998). Bewertung ganzheitlicher Unternehmensführung. Hanser, München

KAPITEL 9

Gesundheitsschutz im Kleinbetrieb –
Präventive Strategie und praktische Ansätze
am Beispiel des Handwerks

U. PRÖLL

Präventionsstrategische Prämissen

Noch in den achtziger Jahren hatten die öffentlichen Bemühungen um Sicherheit und Gesundheit bei der Arbeit vor allem die großen Unternehmen im Blick. Im Laufe des letzten Jahrzehnts ist nun das kleinbetrieblich-mittelständische Segment auf der präventionspolitischen Agenda weit nach oben gerückt und es wird mit Hochdruck an sektorspezifischen Konzepten und Instrumenten für Arbeitsschutz und Gesundheitsförderung gearbeitet. Auch der Forschungsbereich „Arbeit und Gesundheit" der Sozialforschungsstelle Dortmund (sfs) beteiligt sich seit einigen Jahren intensiv an der Forschung und Beratung auf diesem Themenfeld. Im Mittelpunkt steht dabei die Frage, wie die in kleinen Unternehmen tätigen Menschen die alltägliche „Herstellung" ihrer Gesundheit und Sicherheit mit den ihnen verfügbaren Ressourcen systematischer und zuverlässiger gestalten und wie sie dabei von außen möglichst effektiv und nachhaltig unterstützt werden können. So verstanden schließt diese Aufgabe drei strategische Prämissen ein:

1. **Eigentätigkeit und Selbsthilfe vor Dienstleistung und Intervention**
   Auch in der kleinbetrieblichen Prävention ist Eigentätigkeit und Eigeninitiative auf Grundlage endogener Ressourcen grundsätzlich möglich und durch nichts zu ersetzen. Modelle, die das Kleinunternehmen in erster Linie als Stammkunden externer präventionsfachlicher Dienstleister oder „Kompetenzzentren" sehen, sind logistisch nicht zu realisieren, geschweige denn zu finanzieren. Externe Unterstützungsangebote können also nur in Relation zu einem vorgängigen Modell betrieblichen Eigenhandelns bedarfsgerecht zugeschnitten werden.
2. **Ressourcen entwickeln**
   Nachhaltige Prävention erschöpft sich nicht allein im institutionalisierten Abbau von definierten Gefährdungen und Belastungen; sie

muss auch die generalisierten Widerstandskräfte und Bewältigungsmöglichkeiten von Einzelnen, Gruppen, Gemeinschaften und Betrieben im Umgang mit Risiken sichern und ausbauen. Solche gesundheitsdienlichen Potenziale sind in der typischen kleinbetrieblichen Arbeits- und Sozialverfassung z. B. in Form relativ weiter Handlungs- und Kontrollspielräume der Beschäftigten, hoher fachlicher Kompetenz, betriebsgemeinschaftlicher Arbeitskulturen und unbürokratischer Kooperationsformen angelegt.

3. **Natürliche Vernetzungen einbeziehen**
Aber auch organisatorisch-institutionelle Netzwerke und regionale oder branchenmäßige Verflechtungen der Kleinunternehmen können präventive Funktionen tragen, weil sie eine „soziale Infrastruktur" auch für Dialog, Motivation, Information und Beratung zum Thema Sicherheit und Gesundheit bieten (z. B. das Innungswesen und die verbandliche Fachberatung im Handwerk). Die kleinbetriebliche Arbeitswelt gliedert sich in eine Vielzahl solcher „Milieus", die je besondere soziale Wirkungsgefüge für jegliche Präventionsbemühungen darstellen. Das deutsche Handwerk lässt sich unter Präventionsgesichtspunkten durchaus als prototypisch für ein solches kleinbetriebliches *setting* fassen.

Konturen eines Präventionskonzeptes für kleine Handwerksunternehmen

Die Ergebnisse unserer empirischen Arbeit[1] haben wir für den Dialog in und mit der Zielgruppe bzw. der Fachöffentlichkeit in Form eines *Leitbild-Vorschlages* „Prävention im Handwerk" verdichtet. Dieses Leitbild-Angebot sollte einerseits die handwerksinterne Positionsbestimmung zum Thema Arbeits- und Gesundheitsschutz befördern, andererseits eine Plattform für den Dialog zwischen dem Handwerk und den Institutionen des Arbeitsschutzes und der Gesundheitsförderung über eine *gemeinsame* Ziel- und Handlungsorientierung bilden. Inhaltlich enthält dieser Leitbildvorschlag folgende Eckpunkte:

---

[1] Auf Einzelheiten kann hier nicht eingegangen werden; vgl. dazu insbesondere die Beiträge der sfs-AutorInnen in Pröll (1998) [3]. In unseren empirischen Untersuchungen im Rahmen von zwei mehrjährigen Projekten haben wir uns auf *Mikrobetriebe* der Sektoren Handwerk, Industrie und Einzelhandel konzentriert. Dabei wurden Betriebsfallstudien (Interviews, Beobachtungen) mit Netzwerk- u. Potenzialanalysen auf zwischenbetrieblicher Ebene (verbandliche Bindungen und Nachfrageverhalten der Unternehmen; Potenziale der Institutionen im Umfeld) kombiniert. Eine Bilanzierung von über 20 Modellprojekten unter dem Gesichtspunkt praktischer Interventionserfahrungen komplettierte das Vorgehen. Eine integrierende Publikation ist für Herbst 2000 vorgesehen.

Leitidee: „Gesundes Handwerk"

Die Inhaber und Beschäftigten der Handwerksunternehmen sind durch rein formalrechtliche Argumente und globale Unfallstatistiken nur sehr schwer zu einer systematischeren Prävention zu motivieren. Krankenstandsquoten liegen in den meisten Gewerken auf einem relativ niedrigen Niveau, so dass deren weitere Senkung nur bedingt ein Präventionsmotiv darstellt. Dagegen besteht innerhalb des Handwerks – insbesondere bei den noch auf eine längere Erwerbsperspektive orientierten jüngeren Unternehmern – kaum ein Zweifel daran, dass das wirtschaftliche Überleben von der spezifischen Qualität der Humanressourcen abhängen wird: Selbständigkeit, Qualifikation und Qualitätsbewusstsein, Sozialkompetenz (insbesondere in der Kundenbeziehung), Leistungsbereitschaft und -fähigkeit, Kreativität, Innovations- und Arbeitsfreude von Mitarbeitern und Betriebsinhabern – und zwar bis in ein möglichst hohes Erwerbsalter! – sind wesentliche Voraussetzungen dafür, sich als Kleinunternehmen den Chancen und Risiken eines zunehmend turbulenten Arbeits- und Wirtschaftslebens erfolgreich zu stellen. An diesen Aspekt der vorausschauenden Pflege des Humanvermögens bzw. der eigenen Arbeitskraft kann erfolgreich angeknüpft werden. Eine solche Leitidee ist weitgehend konvergent mit der stark auf *human resources* und Organisationsentwicklung setzenden Modernisierungsdiskussion innerhalb des Handwerks [1].

Betriebliches Handlungsmodell: Gemeinschaftsarbeit

Angesichts des hohen Grades von Selbstorganisation und Selbstverantwortung der meisten Handwerksbeschäftigten einerseits und der chronischen Überforderung der Inhaber andererseits sollte weniger auf die *operative* als die *organisatorische* Führungsverantwortung des Unternehmers gesetzt werden. Dabei könnte das hohe Qualifikations- und Handlungspotenzial der Beschäftigten bei der operativen Selbstregulierung in einem arbeitsteilig-betriebsgemeinschaftlichen Handlungsmodell stärker zur Geltung kommen, als es in den unternehmerzentrierten Handlungskonzepten des Arbeitsschutzes („Unternehmermodell") zurzeit der Fall ist. Alle Mitarbeitergruppen, von den erfahrenen Fachkräften über mitarbeitende Ehefrauen bis zu den Auszubildenden, könnten entsprechend ihrer jeweiligen Handlungsreichweite stärker in die organisierte betriebliche Verantwortung für Gesundheit und Sicherheit genommen werden. Die formalrechtliche Garantenstellung des Unternehmers bleibt davon unberührt.

Instrumente: alltagsintegrierte Hilfsmittel

Hier besteht dringender Instrumentierungsbedarf vor allem auf zwei Aufgabenfeldern eines kleinbetriebsspezifischen „Präventions-Managements": Noch immer unbefriedigend ist die Klein(st)betriebstauglichkeit des Instrumentariums für die Ermittlung und Planung von Handlungsbedarf, die als „Gefährdungsbeurteilung" nach § 5 Arbeitsschutzgesetz auch von Kleinunternehmen gefordert wird. Die diesbezüglichen Verfahrensangebote sind u.E. noch zu sehr auf Sicherheitstechnik und Unfallverhütung fixiert, zu sicherheitssystematisch strukturiert und basieren auf einem Nutzerkonzept, in dem der Unternehmer gleichsam als „einsamer Revisor" seines Betriebes erscheint. Optimierungen müssten hier noch mehr Rücksicht auf die Alltagsabläufe im Kleinbetrieb nehmen und stärker auf Kommunikation und Kooperation setzen. Flankierend besteht Bedarf an kompakten betrieblichen Informations- und Dokumentationshilfen, die die Unternehmen bei der Sicherung des unverzichtbaren Minimums an bürokratischer Routine im Arbeitsschutz (Behördenverkehr, Dokumentation, Informationsmanagement) unterstützen. Präzisierende konzeptionelle Überlegungen dazu und erste modellhafte praktische Entwicklungsschritte werden weiter unten vorgestellt.

Externe Unterstützung: subsidiäre Netze

Handwerker fragen Information und Beratung bevorzugt im vertrauten lokalen Umfeld der Selbsthilfe- und Selbstverwaltungseinrichtungen des eigenen Gewerks bzw. Handwerks nach (Innung, Fachverband, Kreishandwerkerschaft, Handwerkskammer, Krankenkasse). Vertrauensbasis, arbeitskulturelle Nähe, relativ niedrige Zugangsschwellen, überwiegend kostenlose Angebote, subtile Kenntnisse der typischen Betriebsverhältnisse usw. sind Ressourcen, die möglichst genutzt werden sollten, um präventionsfachliche Unterstützungsfunktionen zu integrieren. Hier ist ein erfolgversprechender Ansatzpunkt in der Optimierung des arbeitsteiligen Zusammenspiels der verschiedenen Ebenen der Handwerksorganisation unter Nutzung ihrer jeweiligen institutionellen Stärken (Bildungsinfrastrukturen, Beratersysteme, Medienzugänge usw.) zu sehen.

Praktisches Beispiel: Betriebliche Handlungs- und Entwicklungshilfen im ArGU!ment-Projekt der Handwerkskammer Düsseldorf

Die Handwerkskammer Düsseldorf, Zentrum für Umwelt und Energie, arbeitet seit 1996 – unterstützt von der Sozialforschungsstelle Dortmund – an einem handwerksspezifischen Modell für den Arbeits- und Gesundheitsschutz. Das Projekt „ArGU!ment"[2] orientiert sich dabei an den oben skizzierten Leitbild-Vorstellungen, die zugleich den Zielkonsens und die gemeinsame Arbeitsplattform der am Projekt beteiligten Institutionen darstellen (regionale Handwerksorganisation, Innungskrankenkasse, Berufsgenossenschaften, staatliche Arbeitsschutzverwaltung u.a.). Ein zentraler Instrumentenbaustein dieses Modells zielt auf die Entwicklung eines betrieblichen „Präventions-Managements". Damit wird versucht, den im betriebsgemeinschaftlichen Handlungsmodell angelegten Gedanken einer auf Kooperation und Kommunikation basierenden Selbsteinschätzung und Selbstveränderung des Präventionsstatus zu realisieren und dies mit dem Angebot einer integrierten Organisationshilfe zu verbinden. Mit der Anwendung des Instruments soll die rechtliche Verpflichtung zur Durchführung einer „Gefährdungsbeurteilung" optimal erfüllt werden können.

Ein solches Prozedere muss einen strukturverändernden präventiven Zweck erfüllen. Es darf also weder zu einer formal korrekten, aber folgenlosen Erfüllung öffentlich-rechtlicher Vorschriften degenerieren noch sollte es sich auf eine bloß punktuelle „Oberflächensanierung" beschränken, deren Effekte vielleicht nach wenigen Wochen rauen Betriebsalltags wieder verpufft sind. Sinn macht eine „Gefährdungsbeurteilung" im Kleinbetrieb also nur als integrierter Bestandteil eines kleinschrittigen, aber nachhaltigen betrieblichen Entwicklungsprozesses zu einer systematisch(er)en Prävention. Damit sind (mindestens) vier Zieldimensionen tangiert:

- **Thematisierung und Gesprächskultur.** Gesundheit und Sicherheit werden als nicht nur legitime, sondern auch betriebsnützliche Themen gekennzeichnet, über die zu reden völlig normal und zweckmäßig ist.
- **Organisationsentwicklung.** Gesundheit und Sicherheit werden zuverlässiger und expliziter als Kriterien und Referenzen in betrieblichen Entscheidungsroutinen verankert. Hierbei handelt es gleich-

---

[2] Vgl. dazu Fromm und Pröll (1998) [2]. Das ArGU!ment-Vorhaben und das Nachfolgeprojekt Gesundes Handwerk in NRW wurden bzw. werden im EU-kofinanzierten NRW-Landesprogramm QUATRO gefördert.

sam um einen Lernprozess zweiter Ordnung im Sinne der „lernenden Organisation".
- **Kompetenzerwerb.** Einschlägige praktische „Präventionstechniken" finden vermehrt Eingang in die berufliche Routine – von der individuellen Arbeitsausführung über die Auftrags- und Baustellenplanung bis zur Betriebsgestaltung usw.
- **Routine und Effizienz.** Es bildet sich die Basis-Infrastruktur eines kleinbetrieblichen „Präventions-Managements" heraus, das Informationsgewinnung, Entscheidungsfindung und die Bearbeitung unabwendbarer Anforderungen der Arbeitsschutzbürokratie unterstützt und dadurch zu Stabilisierungseffekten und Zeitersparnis führt.

Einen Überblick über die Logik und die Bausteinstruktur des Instrumentariums gibt Abb. 9.1.

Für die *Bewertung und Entwicklung des betrieblichen Präventionsstatus* (Motto: Wie gesund und sicher ist unser Betrieb?) werden im Endausbau des Systems strukturgleiche *Tools für ca. 20 Schwerpunktthemen* zur Verfügung stehen. Die Spanne reicht dabei von Themen der klassischen Unfallverhütung und Arbeitssicherheit (Erste Hilfe, Brandschutz, Räume und Wege, Leitern und Gerüste usw.) über ergonomische Problembereiche (Heben und Tragen, Büro und Bildschirmarbeit usw.) bis zu den eher organisationalen Faktoren (Führung und Kommunikation, Stress vermeiden und bewältigen usw.). Zu *jedem Themenschwerpunkt* stellt die Handlungshilfe vier Werkzeuge zur Verfügung:

- Sie enthält zunächst orientierende und motivierende *Informationen für den Unternehmer*, die auf den präventiven und zugleich wirtschaftlichen Nutzen einer Beschäftigung mit dem jeweiligen Thema abstellen.
- *Prüfkriterien* – verknüpft mit *Gestaltungshinweisen* – finden sich in einer „Checkliste", die als Leitfaden für das Gespräch mit den Beschäftigten konzipiert ist („Gefährdungsbeurteilung" im engeren Sinne).
- *Informations- und Aktionsmedien* (Plakate, Handzettel usw.) sollen den Prozess der betrieblichen Thematisierung und die Sensibilisierung der Mitarbeiter unterstützen.
- Themenspezifische *Unterweisungshilfen* sollen dem Unternehmer bzw. seinen Führungskräften bei der Wahrnehmung ihrer diesbezüglichen Aufgaben eine Hilfe sein.

Während der gerade beschriebene Teil des Instrumentariums primär auf die Förderung in den Bereichen Thematisierung, Kommunikation und Kompetenz gerichtet ist, dient eine zweite Ebene eher der informatorischen und administrativen Unterstützung des laufenden Ar-

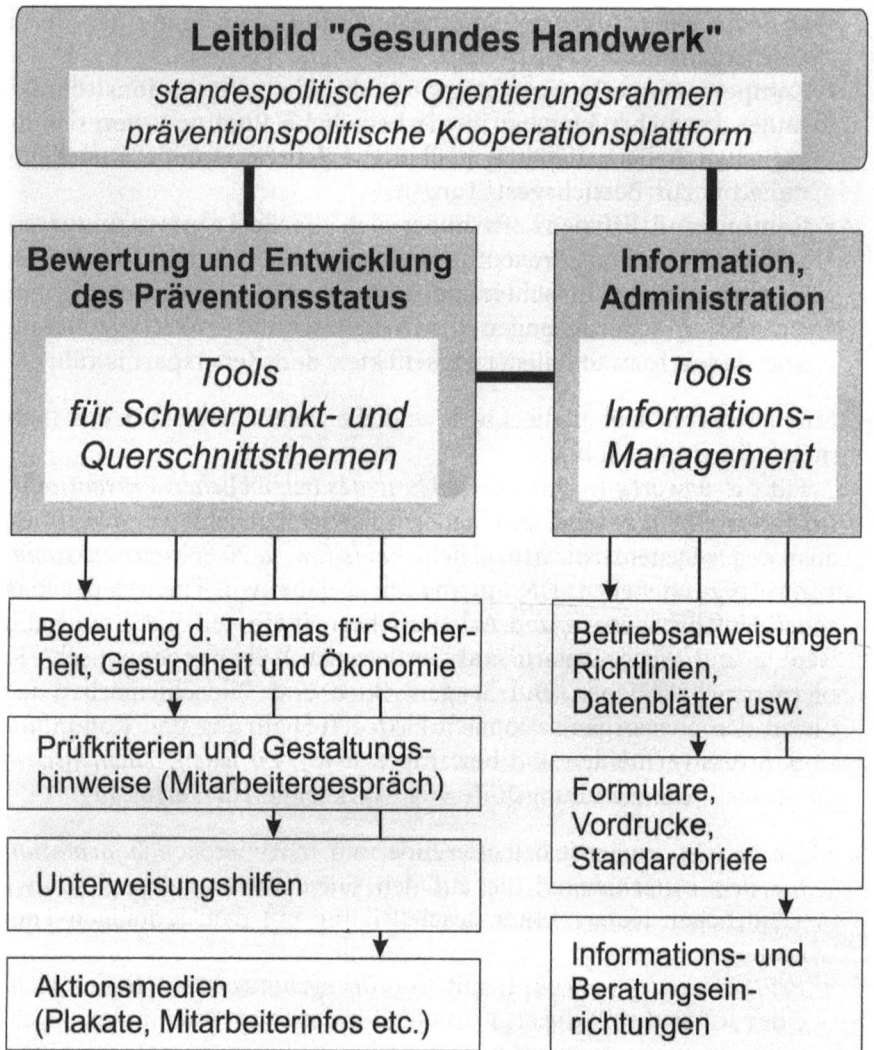

Abb. 9.1. Integrierte gewerksspezifische Handlungshilfen im ArGU!ment-Projekt der Handwerkskammer Düsseldorf

beitsschutz-Geschäfts (Organisation und Routine). Er enthält neben allgemeinen handwerksrelevanten Informationen zum Arbeits- und Gesundheitsschutz (Informations- und Beratungseinrichtungen usw.) spezifische Informationen und Organisationshilfen zu den einzelnen Themenschwerpunkten (Betriebsanweisungen, Datenblätter, Vordrucke und Formulare für den Behördenverkehr usw.). Diese sind nach einer Ablage- und Ordnungssystematik gegliedert, die der Betrieb auch für das laufende Informationsmanagement nutzen kann.

Bei der Erstellung der Handlungshilfen wird soweit wie möglich auf vorhandene Materialien der Arbeitsschutzinstitutionen als Module zurückgegriffen. Denn in der Regel handelt es sich um sicherheitsfachlich wie didaktisch durchdachte Bausteine (z. B. die zahlreichen gewerk- und tätigkeitsbezogenen Sicherheitshinweise), denen es jedoch an der Einbindung in ein handwerklich-kleinbetriebsspezifisches Handlungskonzept und in ein entsprechendes Kommunikationsszenario fehlt (Abb. 9.2).

Den *idealtypischen Anwendungsprozess* veranschaulicht Abb. 9.2. Er ist auf eine Zeitschiene von ca. 12 bis 24 Monaten angelegt, in deren Verlauf die für das einzelne Unternehmen relevanten Themenschwerpunkte sukzessive abgearbeitet werden. Mit dieser methodischen Spreizung ist in erster Linie eine Verstetigung und Verbreiterung des organisationalen Lernprozesses angezielt; sie bietet darüber hinaus aber auch Chancen, den Gesamtaufwand für die Gefährdungsbeurteilung auf ein in das Alltagsgeschäft leichter integrierbares Maß zu entzerren.

Auswahl und Prioritätenfolge der Schwerpunktthemen dürfen dabei nicht dem Zufall überlassen sein. Außerdem muss sichergestellt sein, dass eklatante Unfall- und Gesundheitsrisiken von „bußgeldfähigem" Zuschnitt vor die Klammer gezogen und sofort bearbeitet werden. Dies erfordert zum Einstieg eine Art Grob-Screening, mit dem eine Prioritätenfolge sachlich begründet werden kann. Auch hierfür bietet sich die Form eines leitfadengestützten Mitarbeitergespräches (ähnlich einem Sicherheits- oder Gesundheitszirkel) an.

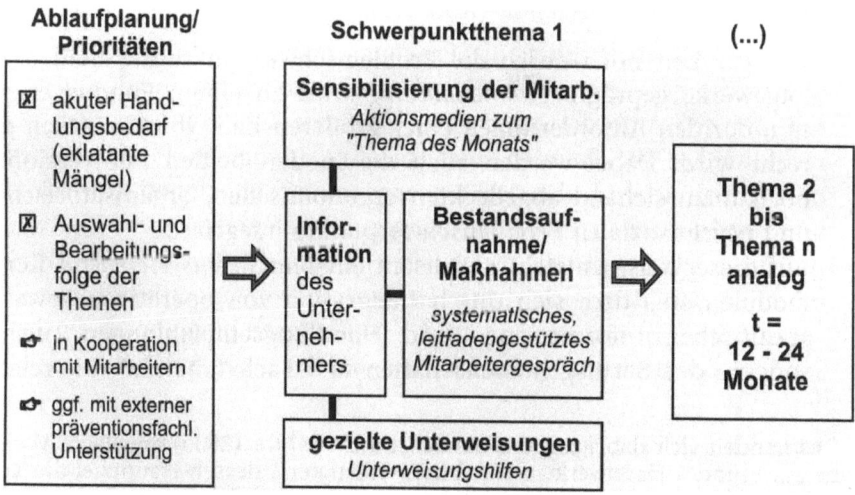

Abb. 9.2. Verfahrensmodell „Gefährdungsbeurteilung" im ArGU!ment-Projekt

Der gesamte Prozess ist so pragmatisch konzipiert und instrumentiert, dass er bei entsprechender Handlungsmotivation grundsätzlich in betrieblicher Eigenregie durchgeführt werden kann. Gleichwohl wäre eine externe Unterstützung – insbesondere in der ersten Prozessphase – überaus hilfreich. Hier könnte eine besonders effektive und effiziente Unterstützungsfunktion für die präventionsfachliche Betreuung liegen, die nun auch Klein- und Kleinstunternehmen in geringem Umfang in Anspruch nehmen müssen. Aber auch Berufsgenossenschaften, Fachverbände und Innungen könnten sich hierbei im Rahmen ihrer vorhandenen Ressourcen einbringen. So besteht die Chance einer optimalen Verzahnung von betrieblicher Eigeninitiative und externer Betreuung, d.h. einer Kooperation, die den Ausbau betrieblicher Ressourcen gezielt fördert und nicht durch ein „Outsourcing" behindert.

Der hier skizzierte Modellansatz wurde im Rahmen des ArGU!ment-Projektes (1996–1999) zunächst in Pilotversionen für das Maler- und Lackiererhandwerk und das Fleischerhandwerk realisiert. Hierzu wurden je zwei Ordnersysteme erarbeitet und in begrenzter Auflage über die Handwerksorganisation zum Selbstkostenpreis an interessierte Unternehmen abgegeben. Die Erfahrungen aus der Entwicklungs- und Erprobungsphase und die recht erfreuliche Nachfrage aus weiteren Betrieben und Innungen der Pilotgewerke waren so ermutigend, dass in einem nachgeschalteten Transferprojekt eine weitere Optimierung in Angriff genommen wurde.[3] Neben einer Reihe von Maßnahmen zur Ausweitung und Intensivierung des Leitbild-Dialoges und zur Konsolidierung des Beratungskonzeptes auf Landesebene steht dabei vor allem die Weiterentwicklung des betrieblichen Instrumentariums auf der Agenda (Abb. 9.3):

- Der zur Zeit noch durch die Problemschwerpunkte der beiden Pilotgewerke geprägte *Themenkatalog* wird zu einem Fundus *erweitert*, der den Anforderungen einer größeren Zahl von Gewerken gerecht wird. Dabei werden auch die in den beiden Pilotversionen noch unzureichend abgedeckten ergonomischen, organisatorischen und psychosozialen Problemschwerpunkte integriert.
- Auf diese Weise entsteht gleichsam ein *Baukastensystem* von Kernmodulen, aus dem sich durch Integration von operativen gewerkspezifischen Informationen und Handlungsempfehlungen (insbesondere der Berufsgenossenschaften und Fachverbände) mit relativ

---

[3] Es handelt sich dabei um das zunächst auf ein Jahr (2000) angelegte Vorhaben „Gesundes Handwerk in Nordrhein-Westfalen", dessen Hauptziel die Vorbereitung des landesbezogenen Breitentransfers der Ergebnisse aus dem lokalen Modellprojekt „ArGU!ment" ist.

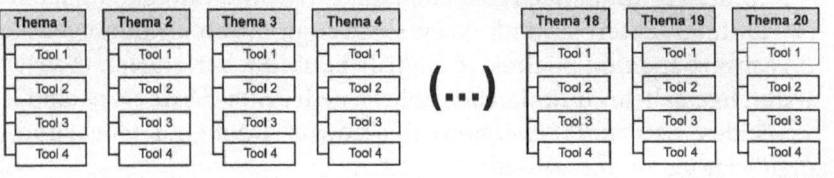

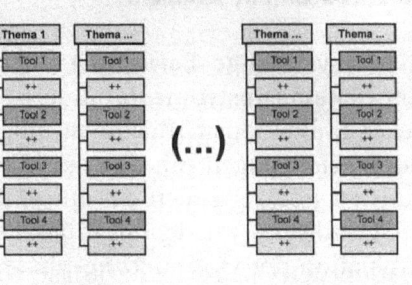

Abb. 9.3. Weiterentwicklung der ArGU!ment-Handlungshilfen im QUATRO-Transferprojekt „Gesundes Handwerk in Nordrhein-Westfalen"

geringem Aufwand gewerkspezifische Handlungshilfen arrangieren lassen. Diese Maßanfertigungen sollen bedarfsweise von gewerklichen Facharbeitskreisen erstellt werden, in denen Innungen, Fachverbände, Handwerkskammer, Krankenkasse, Berufsgenossenschaft und Arbeitsschutzverwaltung kooperieren. Dieses Produktionsverfahren wird im Projektverlauf in einem regionalen Pilotprojekt (vermutlich im Sanitär-Heizung-Klima-Gewerk) erprobt.

Da EDV-Einsatz und Internet-Beteiligung auch in Klein- und Handwerksbetrieben rapide voranschreiten, soll das erweiterte Baukastensystem als digitales Informationssystem realisiert werden. Das Internet dient dabei einmal als ideales Medium für den kooperativen, interinstitutionellen Entwicklungsprozess, zum anderen als Option für den späteren direkten Nutzerzugriff. So soll frühzeitig der Anschluss an die technischen und kommunikativen Möglichkeiten der neuen Medien sichergestellt werden. Im vorliegenden Fall sind das vor allem:

- Dezentrale und nachfrageabhängige Reproduktionsmöglichkeiten (Herunterkopieren und Vervielfältigung) durch Innungen oder Fachverbände oder direkter Zugriff betrieblicher Nutzer. Aufwendig durchgestaltete und konventionell gedruckte Ordnersysteme (wie bei den beiden Pilotversionen) sind auf Dauer zu teuer und nur aufwendig zu aktualisieren.
- Interne Strukturierungsmöglichkeiten (Längs- und Querverweise) und externe Verknüpfungsmöglichkeiten mit anderen Informationsquellen über sog. Hyperlinks.
- Flexible technische Optionen für multimediale Erweiterungen und interaktive Vermittlungstechniken.

Perspektiven und Probleme

Eine zuverlässige Bewertung der Praxistauglichkeit des dargestellten Entwicklungsinstrumentariums ist erst im Zusammenhang systematischer Evaluationsmaßnahmen möglich. Eine Bilanzierung von Anwendungserfahrungen mit den ca. 150 von Innungen und Betrieben abgerufenen Pilotversionen des Info-Managers für das Maler- und Lackierer-Handwerk wurde im Frühjahr 2000 begonnen, eine begleitende Evaluation der Optimierungsphase wird sich anschließen.

Die kritischen Punkte liegen dabei auf der Hand: Das Verfahren erfordert zwar keine Vertrautheit mit dem Fachcode des Arbeitsschutzes und es lässt sich flexibel an betriebliche Problemschwerpunkte anpassen. Es ist gleichwohl für kleinbetriebliche Verhältnisse relativ aufwendig und erfordert eine optimistische Nutzenerwartung der Anwender, aus der sich vor allem das nötige Durchhaltevermögen speist. Denn mit der Spreizung zum mittelfristigen Prozess ist nicht nur eine Entzerrung des Gesamtaufwandes verbunden; es wachsen auch die Risiken des „Versandens" im Alltagsgeschäft. Die motivationalen Voraussetzungen für eine adäquate Anwendung werden deshalb am ehesten in den Unternehmen vorliegen, in denen zumindest ansatzweise ein kooperativer Führungsstil etabliert ist und deren Inhaber von den

Potenzialen kommunikativer und humanressourcen-orientierter Betriebsführungskonzepte einigermaßen überzeugt sind. Der Anteil dieses Unternehmenstyps ist – auch im Handwerk – bereits heute beachtlich und er wird mit großer Wahrscheinlichkeit stetig wachsen. Daneben wird die Diffusionsgeschwindigkeit auch vom „Marketing" seitens der Handwerksorganisation und von der Unterstützung durch Fachverbände und Arbeitsschutzinstitutionen abhängen.

Kleinbetriebe mit ähnlichen strukturellen und motivationalen Voraussetzungen sind selbstverständlich auch außerhalb des Handwerks in großer Zahl anzutreffen. Von daher scheint das dargestellte Entwicklungskonzept nebst betrieblichem Instrumentarium grundsätzlich auch außerhalb des Handwerks adaptierbar. Das rahmende Unterstützungskonzept der „subsidiären Netze" müsste allerdings an die abweichenden institutionellen und verbandlichen Strukturen der nicht-handwerklichen Settings angepasst werden.

Literatur

[1] Ax C (1997) Das Handwerk der Zukunft. Leitbilder für nachhaltiges Wirtschaften. Basel/Boston/Berlin
[2] Fromm C, Pröll U (1998) ArGU!ment – ein regionales Modellprojekt zur Weiterbildung und Betriebsberatung im Arbeits- und Gesundheitsschutz des Handwerks. In: Pröll U (Hrsg.) (1998)
[3] Pröll U (Hrsg.) (1998) Arbeit und Gesundheit im Kleinbetrieb. Forschungsergebnisse und Präventionserfahrungen (Tagungsdokumentation), Dortmund (sfs: Beiträge aus der Forschung Bd. 104)

KAPITEL 10

Erfolg im Arbeits- und Gesundheitsschutz durch ein ganzheitliches Management (GAMAGS)

G. ELKE · B. ZIMOLONG

Die Gesundheit der Mitarbeiter stellt eine der wichtigsten Ressourcen für den unternehmerischen Erfolg dar. Zugleich werden das psychische und physische Wohlbefinden ebenso wie die Entwicklungspotenziale der Beschäftigten von der Arbeit, ihren Bedingungen und ihrer Gestaltung maßgeblich beeinflusst. Erwerbsarbeit kann gleichermaßen zur Beeinträchtigung als auch zur Förderung von Gesundheit beitragen. Aufgrund der vielfältigen positiven wie negativen wechselseitigen Abhängigkeiten der Erwerbsarbeit und der Gesundheit umfasst die betriebliche Gesundheitsarbeit ein weites Feld an Aktivitäten, dessen Spektrum von einzelnen Instrumenten, Kursen, über Programme, gesundheitsförderliche Arbeitssystemgestaltung und Personalführung bis hin zu übergreifenden Managementansätzen des Arbeits- und Gesundheitsschutzes (AGS) reicht.

Der langfristige Erfolg betrieblicher Sicherheits- und Gesundheitsarbeit basiert allerdings nicht auf dem Einsatz einzelner Instrumente oder Programme, sondern auf der Umsetzung eines ganzheitlichen Konzeptes [3, 9, 14, 16]. Gesundheit wird zu einem integralen Bestandteil unternehmerischer Leistungen und als organisationaler Lern- und Entwicklungsprozess aufgefasst. Gesundheitsförderung wird damit zu einer Teilaufgabe des betrieblichen Managements und stellt einen wichtigen Aspekt im Rahmen der Entwicklung motivationaler und qualifikatorischer Potenziale der Beschäftigten dar.

Unternehmen mit einem hohen Gesundheitsniveau: Untersuchungsergebnisse

Die Ergebnisse der GAMAGS-Feldstudie[1] belegen, dass in Unternehmen mit einem erfolgreichen Arbeits- und Gesundheitsschutz (AGS) sicheres und gesundheitsförderliches Verhalten zur Selbstverständlichkeit geworden sind.

Untersucht wurde in der Studie das Management des AGS in 16 Unternehmen mit unterschiedlichen Leistungsniveaus im AGS aus den Branchen Chemie, Kohle- und Papierverarbeitung. Für das betriebliche Sicherheitsniveau wurde die Unfallhäufigkeit und für das Gesundheitsniveau die Quote der krankheitsbedingten Fehlzeiten herangezogen. Zur Untersuchung des Zusammenhangs zwischen Management und Leistungen im Gesundheitsschutz erfolgte eine Aufteilung der Unternehmen am Median der Fehlzeitenquoten (FZQ). Im Jahr 1997 wiesen die Unternehmen der Gruppe mit einem hohem Gesundheitsniveau (N = 8) eine krankheitsbedingte FZQ von weniger als 5,25% (Gruppendurchschnitt von 4,43%) auf, die Unternehmen mit einem niedrigem Gesundheitsniveau (N = 8) eine FZQ von mehr als 5,30% mit einem Durchschnitt von 6,19%. Der Durchschnittswert über alle Unternehmen betrug für die letzten drei Jahre (1995–1997) 5,86% mit einer Variationsbreite zwischen 3,17% und 7,90%.

In den Unternehmen mit einem hohen Gesundheitsniveau sind die Beschäftigten besser qualifiziert und auch stärker motiviert als ihre Kollegen aus den Unternehmen mit einem niedrigen Gesundheitsniveau. Wie Abb. 10.1 zeigt, besitzen sie mehr Kenntnisse über Sicherheits- und Gesundheitsrisiken und schätzen ihre Fähigkeiten im Umgang mit den Risiken besser ein. Zugleich ist Gesundheit für sie ein Wert von hoher persönlicher Bedeutung und sie sind bereit sich für die Sicherheit und Gesundheit an ihrem Arbeitsplatz zu engagieren und Verantwortung zu übernehmen [21].

Die Ergebnisse der GAMAGS-Feldstudie unterstreichen, wie eine Vielzahl von empirischen Arbeiten [8, 11, 12], nicht nur den engen

---

[1] Verbundvorhaben „Prävention im betrieblichen Arbeits- und Gesundheitsschutz – Ganzheitliches Management des betrieblichen Arbeits- und Gesundheitsschutzes: Entwicklung von Bewertungskriterien und Gestaltungshilfen für die Integration von Arbeitssicherheit und Gesundheitsförderung in die betriebliche Organisation", Verbundpartner: Ruhr-Universität Bochum, Katholische Stiftungsfachhochschule München, Institut für Angewandte Psychologie „Diagnose und Transfer" München; Leitung: B. Zimolong, G. Elke; Förderung durch den Projektträger „Arbeit und Technik" des Bundesministeriums für Bildung, Wissenschaft, Forschung und Technologie von 1995 bis 1998.

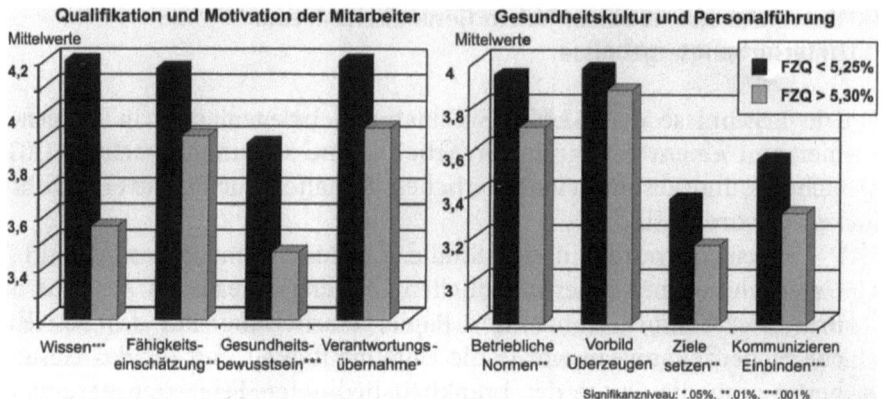

Abb. 10.1. Ergebnisse der Befragung mit dem FAGS (Fragebogen zum Arbeits- und Gesundheitsschutz) in jeweils acht Unternehmen mit einem hohen Gesundheitsniveau (FZQ <5,25%: N=252 Mitarbeiter) und einem niedrigen Gesundheitsniveau (FZQ >5,30%: N=263 Mitarbeiter)

Zusammenhang zwischen guten Leistungen im AGS und den individuellen Ressourcen Qualifikation und Motivation auf Mitarbeiterebene, sondern sie bestätigen ebenfalls die zentrale Rolle der Führung und einer positiven Sicherheits- und Gesundheitskultur. In Unternehmen mit einem hohen Gesundheitsniveau werden Sicherheit und Gesundheit als nicht infrage zu stellende betriebliche Handlungsnormen akzeptiert (Abb. 10.1).

Im AGS werden Ziele gesetzt, ihre Umsetzung überwacht und die Ergebnisse an die Mitarbeiter zurückgemeldet. Neben der systematischen Personalführung, die u.a. auch den Einsatz von Beurteilungs- und Anreizsystemen im AGS umfasst, zeichnen sich erfolgreiche Unternehmen vor allem dadurch aus, dass die Beschäftigten in Entscheidungen und Maßnahmen des AGS einbezogen werden. Gleichzeitig wird, wie in Abb. 10.1 dargestellt, signifikant häufiger als in Unternehmen mit einem niedrigen Sicherheits- und Gesundheitsniveau über Sicherheit und Gesundheit im betrieblichen Alltag gesprochen [18, 19].

Managementsystem GAMAGS

Das Management und die Führungskräfte sind die zentralen Promotoren für eine positive Sicherheits- und Gesundheitskultur und ein hohes Leistungsniveau im AGS. Die Förderung von Sicherheit und Gesundheit ist vorrangig eine Führungsaufgabe. Sie muss wie alle Prozesse zur Leistungserbringung in einem Unternehmen gemanagt, d.h.

geplant, gestaltet und organisiert werden. Zur Umsetzung dieser Führungsaufgaben werden vor allem in größeren Unternehmen auch im AGS immer häufiger Managementsysteme eingeführt. Sie regeln, u.a. in Form von Handbüchern, die Verteilung der Aufgaben, Zuständigkeiten und Verantwortung im AGS, legen den Rahmen für die Gestaltung der Prozesse und der Zusammenarbeit fest und beinhalten sowohl Regeln zur Risikokontrolle als auch zur Erfolgskontrolle des Managementsystems selbst, indem z.B. regelmäßige Audits festgeschrieben werden. Arbeitsschutz-Management-Systeme (AMS) sind aufeinander abgestimmte organisatorische Regelungen, die die konsequente Umsetzung von Sicherheit und Gesundheit als Standards im betrieblichen Alltag strukturell unterstützen und eine kontinuierliche Verbesserung gewährleisten sollen.

GAMAGS (GAnzheitliches Management des betrieblichen Arbeits- und GesundheitsSchutzes) ist ein Managementsystem zur Umsetzung eines systematischen, unternehmensweit abgestimmten präventiven Arbeitsschutzes. GAMAGS steht für einen präventiv und nachhaltig wirksamen AGS, der von der Politik und Philosophie eines Unternehmens getragen und zum Bestandteil der Geschäftsstrategie geworden ist.

Entwicklung

GAMAGS ist am Lehrstuhl für Arbeits- und Organisationspsychologie der Ruhr-Universität Bochum als Konzept für ein AMS entwickelt und in verschiedenen Unternehmen erfolgreich eingesetzt worden. Zu der Entwicklung haben im Wesentlichen drei Quellen beigetragen:

- die internationalen Forschungsergebnisse und best practices zum Risikomanagement,
- die am Lehrstuhl gesammelten zehnjährigen Erfahrungen mit der Einführung, Entwicklung und Evaluation von GAMAGS in vier größeren Betrieben und
- die Ergebnisse aus der bislang umfangreichsten empirischen Studie (GAMAGS-Feldstudie) zum Management von Sicherheit und Gesundheit.

GAMAGS als AMS-Konzept ist in [17], die Ergebnisse der GAMAGS-Feldstudie sind in [18, 19], die theoretische Fundierung, die Umsetzung von GAMAGS in der Praxis sowie die Ergebnisse der Evaluationen sind in [3] beschrieben. In Abb. 10.2 sind die Gestaltungsfelder von GAMAGS dargestellt.

GAMAGS fördert und unterstützt durch den kombinierten Einsatz von erfolgreichen Managementprinzipien und best practices die Füh-

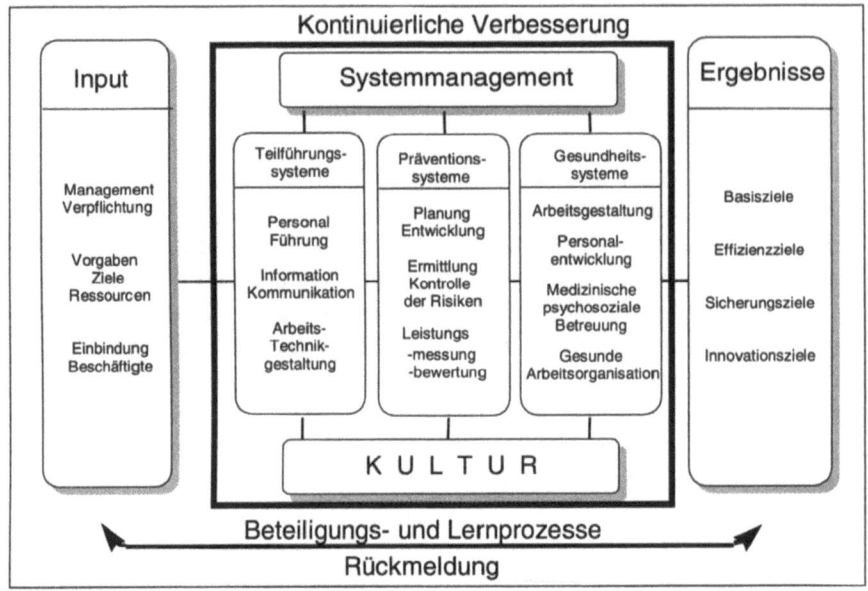

Abb. 10.2. Gestaltungsfelder von GAMAGS [18]

rungskräfte und ihre Mitarbeiter, eigenverantwortlich die gesetzten Ziele im AGS zu erreichen und stetig zu verbessern. GAMAGS ist so konzipiert, dass der allgemeine Managementteil, das Systemmanagement, auf dem Management-Zyklus der BS 8800 aufbaut, also mit dem generischen Managementteil der ISO 14001 kompatibel ist [7].

Gestaltungsfelder

Neben der „Arbeits- und Technikgestaltung" liegt der Schwerpunkt des Systemmanagements von GAMAGS auf den Gestaltungsfeldern „Personal und Führung" und „Information und Kommunikation". Durch GAMAGS soll gewährleistet werden, dass sicheres und gesundheitsförderliches Verhalten in einem Betrieb zur Norm, Sicherheit und Gesundheit zu Zielen des alltäglichen Führungsverhaltens werden. Die Beschäftigten müssen die notwendigen Fähigkeiten besitzen, um den ihnen übertragenen Pflichten und Verantwortungen nachzukommen und die angestrebten Ziele zu erreichen. Dazu bedarf es eines Personal- und Führungssystems, in dem Ziele, Anforderungsprofile und Qualifizierungsmaßnahmen systematisch miteinander verknüpft sind. Werden in der Organisation Beurteilungen durchgeführt, sollen sie auch die Leistungen im Arbeitsschutz umfassen. Sie können mit Anreizsystemen verknüpft werden.

Durch das Informations- und Kommunikationssystem soll ein effektiver und offener Austausch von Informationen über den AGS erfolgen. Insbesondere werden individuelle und organisationale Lernprozesse durch die Information und Kommunikation über kritische Ereignisse und Unfälle (reaktive Daten), über Ergebnisse aus Gefährdungs-/Belastungsbeurteilungen und Risikoabschätzungen (proaktive Daten) sowie aus Begehungen und Audits unterstützt. Die fachliche Beratung und Dienstleistung von internen und externen Fachleuten leisten spezielle Hilfestellungen in Einzelfragen.

Ziele und Rückmeldung bilden den Kernprozess von individuellem und organisationalem Lernen. Einbeziehung und Partizipation steigern das Lernergebnis. Die Motivation zur Beteiligung und Verantwortungsübernahme wird insbesondere gefördert durch:

- ausreichende und regelmäßige Information und Kommunikation über die Praxis des AGS,
- Beteiligung an der Planung von Änderungen, an Begehungen und Gefährdungsbeurteilungen sowie an der Ableitung und Einrichtung von AGS-Vorkehrungen,
- Einbindung der Leistungen im AGS als einen Teil der Gesamtleistung für die Organisation und die
- Beurteilung von Leistungen im AGS und Honorierung der Ergebnisse.

Präventions- und Gesundheitssysteme

Präventions- und Gesundheitssysteme dienen zur Umsetzung der besonderen Anforderungen an das Management des AGS, im Hinblick auf den Schutz und die Förderung von Sicherheit und Gesundheit. Der Planung des AGS, die auf denselben Verfahren und Prinzipien wie die der Geschäftsplanung basiert, kommt für die Prävention eine wichtige Rolle zu. Gefahren, Gefährdungen der Sicherheit und Gesundheit sollen erkannt, Risiken abgeschätzt und kontrolliert werden, bevor sie sich nachteilig auf Personen, Einrichtungen oder Prozesse auswirken können. Gleichzeitig sind die Ressourcen und Potenziale, die mit der Einrichtung neuer Systeme oder Verfahren, kurz mit betrieblichen Veränderungen, verbunden sind, zu berücksichtigen und zu nutzen. Der Schwerpunkt eines präventiven AGS liegt auf einer frühzeitigen Ermittlung und Kontrolle von Risiken. Insbesondere über die Ermittlung und Bewertung von Gefahren, Gefährdungen und Belastungen, an denen die Beschäftigten beteiligt sind, können die betrieblichen Prozesse mit dem Ziel einer konsequenten Prävention verändert werden. Die Messung und Bewertung der Leistungen im AGS und ihre Rückmeldung bilden die Grundlage für Lernprozesse und die Verbesserung im AGS.

Die Hauptansatzpunkte betrieblicher Gesundheitsförderung liegen gleichermaßen in der Gestaltung der Arbeit, ihren Inhalten, Bedingungen und ihrer Organisation, wie auch in der Personalentwicklung, basierend auf einer systematischen Personalführung. Aufgrund des engen Zusammenhangs zwischen der Arbeitssystemgestaltung, der gesundheitlichen Belastungen und Ressourcen bildet die gesundheitsgerechte Gestaltung der Arbeitswelt als Verhältnisprävention die Grundvoraussetzung für einen hohen Gesundheitsstand.

Eine Integration des AMS in die vorhandenen Strukturen und Prozesse auf den verschiedenen Unternehmensebenen erfolgt in GAMAGS vor allem durch:

- die Willenserklärung und das Commitment der Leitung,
- Zielvorgaben und Bereitstellung von Ressourcen,
- die Übertragung von Pflichten und Verantwortungen auf alle Beschäftigten,
- eine Beteiligung und Einbeziehung aller Beschäftigten einschließlich der Kontraktoren, Partnerfirmen sowie Anwohner von Anlagen,
- durch die Teilführungssysteme „Personal und Führung", „Information und Kommunikation" sowie „Arbeits- und Technikgestaltung" und
- die Förderung einer positiven AGS-Kultur.

Nachfolgend werden die Einführung des Managementsystems GAMAGS in den betrieblichen Alltag eines Unternehmen skizziert und einige Ergebnisse der Evaluation der Implementierung dargestellt [3].

Einführung und Evaluation von GAMAGS in der betrieblichen Praxis

Anlass

Den Anstoß für die Einführung von GAMAGS in einem Unternehmen aus der Branche Feinmechanik und Elektrotechnik bildeten die relativ hohen Unfallzahlen, die überdurchschnittlichen Kosten durch krankheitsbedingte Fehlzeiten und ein fehlendes Konzept für ein systematisches Vorgehen im AGS. Das Unternehmen beauftragte den Lehrstuhl für Arbeits- und Organisationspsychologie der Ruhr-Universität ein Managementkonzept zur nachhaltigen Verbesserung des AGS für diesen Betrieb zu entwickeln und einzuführen. Die Einführung startete

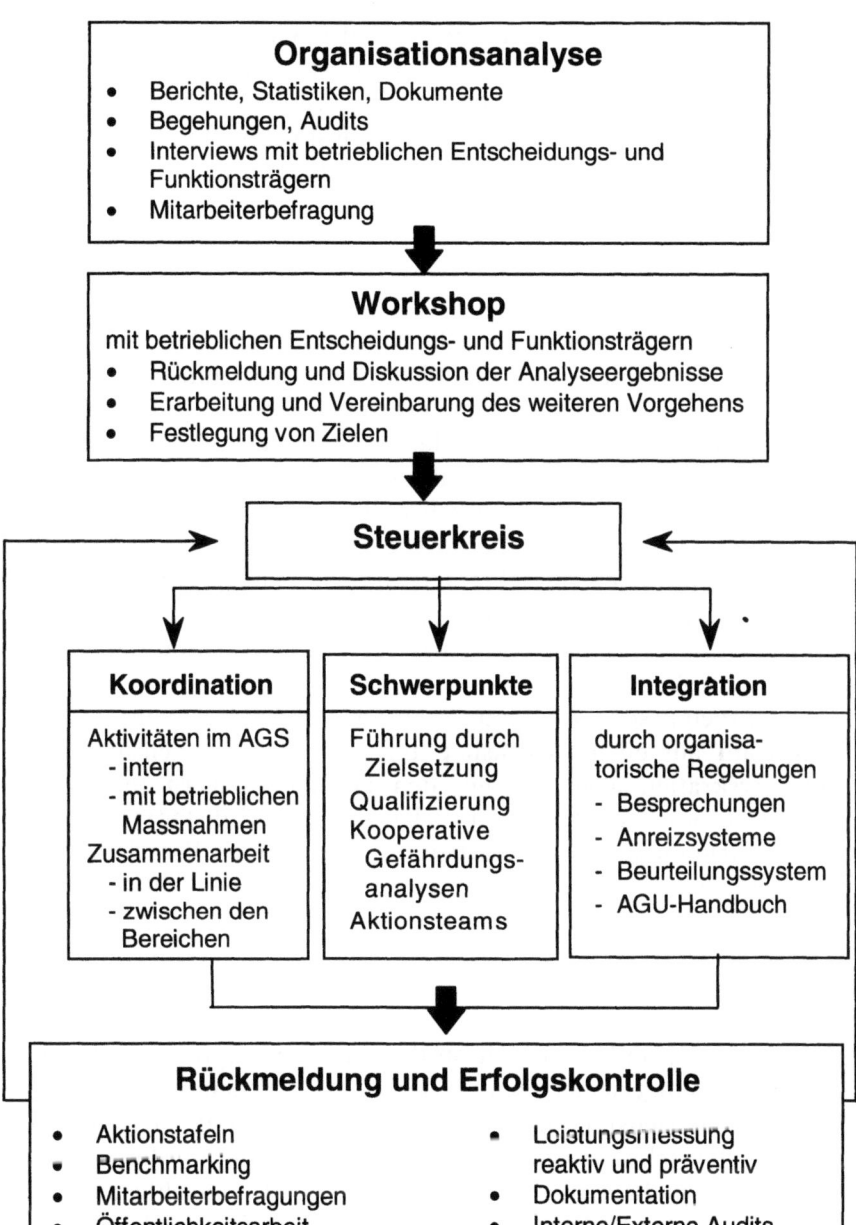

Abb. 10.3. Einführung des Managementsystems GAMAGS

in einem Werksbereich mit 120 Beschäftigten und wurde dann nach und nach auf das gesamte Werk mit ca. 800 Mitarbeitern ausgedehnt. Der Schwerpunkt lag zunächst auf der Verbesserung der Arbeitssicherheit. In Abb. 10. 3 ist der Einführungsprozess von GAMAGS skizziert, zugleich werden Beispiele für Maßnahmen in den einzelnen Phasen angegeben [2].

Organisationsanalyse

Im ersten Schritt erfolgte eine Bestandsaufnahme des Leistungsstandes, der Organisation und der bisherigen Maßnahmen im AGS. Die Ergebnisse der Organisationsanalyse zeigten, dass der Leistungsstand des Arbeits- und Gesundheitsschutzes in diesem Betrieb, verglichen mit der durchschnittlichen Unfall- und Fehlzeitenentwicklung in der Branche, als unterdurchschnittlich zu bewerten war. Die Arbeits- und Technikgestaltung wiesen ebenso wie die Organisation und Steuerung des AGS erhebliche Schwachstellen auf. Die Führungskräfte sahen den AGS nicht als ihre Aufgabe an. Es gab weder eine systematische Personalführung noch fand eine ausreichende Information und Kommunikation im AGS statt.

Die Ergebnisse der Organisationsanalyse wurden von dem Beratungsteam auf einem Workshop mit der Unternehmensleitung, den Führungskräften aller Ebenen, den Funktionsträgern im AGS und Vertretern des Betriebsrates zurückgemeldet und diskutiert. Sie bildeten die Grundlage für die Erarbeitung des weiteren Vorgehens. Als erstes Ziel wurde vereinbart, die Anzahl der meldepflichtigen Arbeitsunfälle im Laufe von 12 Monaten zu halbieren.

Maßnahmen

Zur Steuerung und Koordination des Einführungsprozesses wurde ein Steuerkreis eingerichtet, dem neben dem Werksleiter und den Beratern, der Betriebsrat, die Leiter der Personal- und Sicherheitsabteilung, der Betriebsarzt sowie alle Führungskräfte der mittleren und oberen Ebene des Bereiches als ständige Mitglieder angehörten. Geleitet wurde der Steuerkreis vom Werksleiter. Die Treffen fanden monatlich statt. Aufgaben waren: Schwerpunkte zu setzen, Aktivitäten und Maßnahmen abzustimmen, zu koordinieren und organisatorische Regelungen zu erarbeiten, die eine Umsetzung von Sicherheit und Gesundheit in die betrieblichen Abläufe auf Dauer forderten und förderten.

Im Mittelpunkt stand neben einer Klärung und Festlegung der Verantwortlichkeiten und Zuständigkeiten, die Einführung der „Führung durch Zielsetzung" im AGS in Kombination mit einem Beurteilungs- und Anreizsystem sowie einer systematischen Personalentwicklung der Führungskräfte. Alle Vorgesetzten nahmen an einem Führungstraining teil und erhielten für die Umsetzung des Gelernten im Alltag vom Beratungsteam individuelle Unterstützung.

Um das vereinbarte Ziel, die Halbierung der Unfälle, zu erreichen, wurden zunächst die Gefährdungen und Schwachstellen in den einzelnen Bereichen gemeinsam von den Führungskräften und ihren Mitarbeitern ermittelt sowie Maßnahmen zur Verbesserung erarbeitet.

Ausgehend von diesen arbeitsbereichsspezifischen Analysen vereinbarten die Führungskräfte der mittleren Ebene die Ziele für ihre Sicherheitsarbeit sowie Maßnahmen zur Umsetzung und Überwachung. Diese wurden schriftlich festgehalten.

Der Stand und Erfolg der Umsetzung wurde an die jeweiligen übergeordneten Vorgesetzten zurückgemeldet und dokumentiert. Die Abteilungsleiter berichteten dann wiederum dem Steuerkreis. Zur Förderung des Lernens und zur langfristigen Sicherung der AGS-Leistungen wurden die kontinuierlichen Rückmeldungen im Führungsalltag durch die Aufnahme der AGS-Kriterien in das bereits eingeführte Beurteilungssystem, d.h. in die regelmäßigen Beurteilungen der Führungskräfte, strukturell verankert.

Die einzelnen Verbesserungsmaßnahmen im gesamten Beratungsprozess reichten von Investitionen in sichere Anlagen, der Verbesserung der Arbeitsgestaltung und Schutzeinrichtungen, Einrichtung von Aktionsteams, Qualifizierungsmaßnahmen, Gesundheitstrainings bis zu Aktionen zur Verbesserung der Sauberkeit und Ordnung am einzelnen Arbeitsplatz. Entscheidend ist aber nicht die Anzahl der Maßnahmen, sondern die wechselseitige Verstärkung ihrer Effekte durch ihre Abstimmung und Ausrichtung auf das Ziel und Leitbild eines präventiven, nachhaltigen AGS, basierend auf einem kontinuierlichen organisationalem Lernprozess [4].

Parallel zur Verbesserung der Arbeits- und Technikgestaltung und der Etablierung einer systematischen Personalführung erfolgte eine Optimierung der Information und Kommunikation im AGS, d.h. die Einführung von Präventivsystemen. Die Erfassung, Aufbereitung und Kommunikation von AGS-Informationen und Leistungsdaten bilden sowohl die Grundlage für eine systematische Risikokontrolle als auch für die Ableitung von Zielen, das Feedback, die Überwachung und Überprüfung der skizzierten Maßnahmen und ihrer Wirksamkeit.

Die Präventionssysteme sind dem Lebenszyklus-Konzept verpflichtet. Die Risiken eines Produkts oder Prozesses werden von der Rohstoffgewinnung bis zur Entsorgung oder der Wiederverwertung analysiert, bewertet und kontrolliert. Die Bewertung von Risiken erfolgt innerhalb dieser Zyklen. Die erfolgreichsten Bemühungen für die proaktive Förderung von Sicherheit, Gesundheit und Umweltschutz lassen sich ohne Zweifel bereits in der Planungsphase von Arbeitssystemen, Produkten und Dienstleistungen durchführen. Schon im Planungsstadium sind Unternehmen und Planer gefordert, die entsprechenden Gesetze und Verordnungen zu berücksichtigen und umzusetzen. Im vorliegenden Fall war dies ein wichtiger Ansatzpunkt. Aufgrund der Schwachstellen in der Technik- und Arbeitsgestaltung war es sehr wichtig, die Abstimmung und Zusammenarbeit zwischen der AGS- und der Planungs- und Konstruktionsabteilung zu verbessern.

Welche Indikatoren zur Überwachung und Kontrolle des aktuellen AGS-Leistungsniveaus und seiner Verbesserung herangezogen werden, ist abhängig von der betrieblichen Zielsetzung. Die Leistungsmessung und -bewertung eines präventiven AGS basiert sowohl auf reaktiven als auch auf proaktiven Indikatoren. Beispiele für reaktive Daten sind riskante Handlungen, kritische Ereignisse, Schadensfälle, Verletzungen, krankheitsbedingte Beschwerden und Fehlzeiten. Reaktive Indikatoren sind auch weiterhin unverzichtbare Leistungsindikatoren für das Management des AGS. Sie reichen aber als Datenbasis für die Gestaltung und Optimierung eines präventiven AGS nicht aus. Vorbeugendes Handeln erfordert ein Frühwarnsystem, die Kenntnis potenzieller Gefährdungen von Sicherheit und Gesundheit und ihrer Ursachen, sowie das Wissen um mögliche Ressourcen.

Erhebung von AGS-Indikatoren

Für die Erhebung von AGS-Indikatoren steht eine Vielzahl von Verfahren zur Verfügung. Eine Zusammenstellung von AGS-Checklisten ist bei [6], von Arbeitsanalyseverfahren bei [1] und Informationen über Sicherheits-Audits bei [10] zu finden. Als Indikatoren für die Güte der Arbeits- und Technikgestaltung können auf der Organisations- und Arbeitsplatzebene die Gefährdungs- und Belastungslagen herangezogen werden. Beispielsweise erlaubt der Einsatz von SIGMA als Screening-Verfahren [15] die Herausfilterung von Belastungsschwerpunkten und stressreduzierenden Ressourcen, die aus der Arbeitsaufgabe, der Arbeitsorganisation und den Arbeitsbedingungen einer Tätigkeit resultieren. Mit dem FAGS (Fragebogen zum Arbeits- und Gesundheitsschutz) können wichtige Aspekte des individuellen Sicherheits- und Gesundheitsverhaltens, wie das Wissen im AGS, Einstellung zu Sicherheit und Gesundheit, Risikobereitschaft etc., und das Führungsverhalten im AGS erhoben werden. Der Einsatz des

FAGS ermöglicht damit eine prozessnahe und proaktive Überwachung und Überprüfung der betrieblichen Leistungserbringung im AGS auf der Verhaltensebene [5].

Lernen im AGS

Organisationales Lernen ist abhängig von dem Wissenserwerb, der Verteilung, Interpretation und der Speicherung der Informationen in einem Betrieb. In Betrieben mit einem erfolgreichen AGS wird Lernen durch eine umfangreiche Informationsaufnahme, eine systematische Datenaufbereitung und Dokumentation sowie unternehmensweite Kommunikation unterstützt. Die Lösung vieler betrieblicher Probleme ist nicht ohne die Einbeziehung der Mitarbeiter und ihres Expertenwissens möglich. Die Beteiligung und Einbindung der betrieblichen Akteure erhöht zugleich ihre Akzeptanz der Lösungen. In den erfolgreichen Betrieben der GAMAGS-Feldstudie gibt es für Führungskräfte und Mitarbeiter viele Möglichkeiten, sich mit Fragen der Sicherheit und Gesundheit auseinander zusetzen und sich an der Entwicklung von Lösungen zu beteiligen [18, 19].

Im vorliegenden Fall bildet der erste Schritt zur Verbesserung der Information und Kommunikation im AGS die Einführung einer systematischen Aufbereitung und Rückmeldung der vorliegenden Daten, und zwar der meldepflichtigen Arbeitsunfälle und krankheitsbedingten Fehlzeiten. Die Beobachtung ihrer bereichsspezifischen und unternehmensweiten Entwicklungen lieferte in der ersten Phase, neben den regelmäßigen Mitarbeiterbefragungen mit dem FAGS, die Indikatoren zur Überprüfung und Bewertung der organisationalen Lern- und Leistungsprozesse. Der Schwerpunkt der weiteren Schritte lag auf der systematischen Erfassung von verursachenden und stabilisierenden Bedingungen, Zusammenhangsanalysen sowie der Entwicklung von proaktiven AGS-Indikatoren, u.a. auf der Basis von kooperativen Gefährdungsanalysen und der Einführung von Aktionsteams. Diese Teams dienten der Verbesserung des AGS durch die systematische Einbindung der Mitarbeiter und die Forderung ihrer Fähigkeit, selbständig AGS-Probleme vor Ort zu lösen. Die Teams bestanden aus jeweils vier bis fünf Mitarbeitern aus einem Bereich. Sie führten zunächst gemeinsam mit ihrem Meister und unter Anleitung eines Trainers Gefährdungs- und Belastungsanalysen durch und leiteten Maßnahmen ab. Die Überwachung und Überprüfung der Maßnahmen erfolgte ebenfalls durch die Teams und wurde von ihnen auf den Aktionstafeln, speziellen Informationstafeln für den AGS in jedem Arbeitsbereich dokumentiert. Ziel war eine kontinuierliche Information aller betrieblichen Akteure eines Bereiches über den Stand der Verbesserungsprozesse.

Erfolgskontrollen

Am Ende des ersten Jahres von der Einführung von GAMAGS war das erste Ziel die Halbierung der meldepflichtigen Arbeitsunfälle und damit der Branchendurchschnitt erreicht. Im AGS wurde jetzt verstärkt durch Zielsetzung geführt. Die Mitarbeiter gaben an, dass ihre Vorgesetzten seit der Einführung von GAMAGS häufiger mit ihnen Ziele im AGS abgesprochen hatten, ihr Verhalten von den Vorgesetzten beobachtet worden war und sie mehr Rückmeldung über ihre Leistungen erhalten hatten. Sie stellten auch fest, dass Sicherheit und Gesundheit nicht nur im betrieblichen Alltag, sondern auch für sie persönlich erheblich an Bedeutung zugenommen hatte. Ebenfalls zeigte sich eine deutliche Verbesserung im Umgang mit Sicherheits- und Gesundheitsrisiken. Ziele in den nächsten Phasen bildeten neben einer weiteren Reduzierung der Unfälle eine Verminderung der krankheitsbedingten Fehlzeiten um 2%-Punkte. In Abb. 10.4 sind die Entwicklungen der durchschnittlichen Unfall- und krankheitsbedingten Fehlzeiten der Bereiche, in denen GAMAGS bereits eingeführt war, abgebildet.

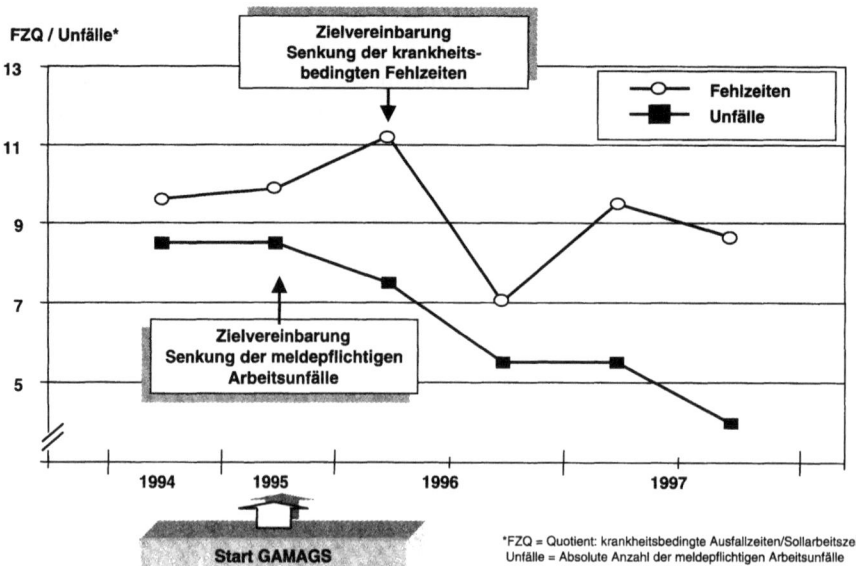

Abb. 10.4. Entwicklung der meldepflichtigen Arbeitsunfälle und krankheitsbedingten Fehlzeiten von 1994 bis 1997

Die Einführung von GAMAGS hat zu einer signifikanten Verbesserung des Sicherheits- und Gesundheitsniveaus beigetragen. Während die Unfallzahlen kontinuierlich verbessert werden konnten, sanken die Fehlzeiten zwar in der Tendenz immer weiter, aber ihre Entwicklung wies bestimmte Schwankungen auf. Differenzierte Analysen ergaben, dass u.a. die betriebliche Auftragslage, die von den Führungskräfte vor Ort nicht beeinflusst werden konnte, einen starken Einfluss auf die Fehlzeitenentwicklung hatte [3, S. 166 f.]. Die Ergebnisse der Mitarbeiterbefragungen erreichten in einem Bereich bereits nach einem Jahr das Niveau der besten Betriebe aus der GAMAGS-Feldstudie.

Die ersten Erfolge sind wichtig, aber noch entscheidender ist, ob der Erfolg langfristig gesichert und fortgeschrieben werden kann. Der Erfolg im AGS ist wie jeder Unternehmenserfolg vor allem des Ergebnis von beständiger und harter Arbeit [13]. Die Implementierung von GAMAGS dauerte in allen Betrieben durchweg ein Jahr, damit war, trotz z.B. der erfolgreichen Halbierung der Unfallquoten in allen Fällen, nur der Startschuss für einen kontinuierlichen Verbesserungsprozess im AGS gegeben. Während in einem Betrieb dieser Verbesserungsprozess in Eigenregie der betrieblichen Akteure über jetzt sechs Jahre zu einem sehr hohen Sicherheits- und Gesundheitsniveau geführt hat, konnte die Stabilisierung und unternehmensweite Erreichung eines durchschnittlichen Leistungsniveaus im AGS in dem zuvor beschriebenen Fall nur mit externer Unterstützung im Laufe von vier Jahren erreicht werden [3].

Literatur

[1] Dunckel H (Hrsg) (1999) Handbuch psychologischer Arbeitsanalyseverfahren. Zürich, vdf.
[2] Elke G (1999) Organisationsentwicklung: Diagnose, Intervention und Evaluation. In: Hoyos Graf C, Frey D (Hrsg) Arbeits- und Organisationspsychologie. Weinheim, Beltz Psychologie Verlags Union, S. 449–467
[3] Elke G (2000) Management des Arbeitsschutzes. Wiesbaden, Deutscher Universitäts Verlag
[4] Elke G (in Druck) Lernende Organisationen: Neue Chancen für Sicherheit und Gesundheit am Arbeitsplatz? In: Musahl H-P (Hrsg) Psychologie der Arbeitssicherheit: 10. Workshop 1998. Heidelberg, Asanger
[5] Elke G & Stapp M (in Druck) Entwicklung eines Fragebogens zur Evaluation von Managementsystemen im Arbeits- und Gesundheitsschutz. In: Zülch G (Hrsg) Arbeitsschutz-Managementsysteme – Risiken oder Chancen? Aachen, Shaker
[6] Kohstall T, Lerch D-E (1999) Checklisten Arbeitsschutz. Wiesbaden, Universum
[7] Kommission Arbeitsschutz und Normung (KAN) (1997) Zur Problematik der Normung von Arbeitsschutzmanagementsystemen. KAN-Bericht 11. Verein zur Förderung der Arbeitssicherheit in Europa, St. Augustin

[8] Mattila M, Hyttinen M, Rantanen, E (1994) Effective supervisory behavior and safety at the building site. International Journal of Industrial Ergonomics 13:85–93
[9] Porras JI, Silvers RC (1991) Organizational development and transformation. Annual Review of Psychology 42:51–78
[10] Schubert K, Littinski R, Ludborzs B (1997) Sicherheits-Audits. Effizienzsteigerung im Arbeits- und Gesundheitsschutz. Wiesbaden, Universum
[11] Simard M, Marchand A (1994) The behaviour of first-line supervisors in accident prevention and effectiveness in occupational safety. Safety Science 17:169–185
[12] Simard M, Marchand A (1997) Workgroups propensity to comply with safety rules: The influence of micro-macro organisation factors. Ergonomics 40 (2): 172–188
[13] Waterman R (1996) Die neue Suche nach Spitzenleistungen. Düsseldorf, ECON-Verlag
[14] Wilpert B, Fahlbruch B (1998) Safety related interventions in interorganisational fields. In: Hale A, Baram M, (eds) Safety Management and the Challenge of Organisational Change. Oxford, Elsevier
[15] Windel A, Salewski-Renner M, Hilgers S, Zimolong B (1997) Das Screening-Instrument zur Bewertung und Gestaltung von menschengerechten Arbeitstätigkeiten (SIGMA), Version 3.1. Ruhr-Universität Bochum, Unveröffentlichtes Dokument
[16] Zimolong B (1997) Occupational risk management. In: Salvendy G (ed) Handbook of Human Factors and Ergonomics. New York, Wiley, pp 989–1020
[17] Zimolong B (in Druck) Ganzheitliches Management des Arbeits- und Gesundheitsschutzes. In: Zülch G (Hrsg) Arbeitsschutz-Managementsysteme – Risiken oder Chancen. Aachen, Shaker
[18] Zimolong B (Hrsg) (in Druck) Ganzheitliches Management des Arbeits- und Gesundheitsschutzes. Wiesbaden, Gabler
[19] Zimolong B, Elke G (1999) Ganzheitliches Management des betrieblichen Arbeits- und Gesundheitsschutzes. Abschlußbericht des Projekts Prävention im betrieblichen Arbeits- und Gesundheitsschutz, gefördert vom Bundesministerium für Bildung, Wissenschaft, Forschung und Technologie. Bochum, Ruhr-Universität
[20] Zimolong B, Elke G (in press) Risk Management. In: Karwowski W (ed) International Encyclopedia of Ergonomics and Human Factors. London, Taylor & Francis
[21] Zimolong B, Stapp M (in Druck) Ansatzpunkte betrieblicher Gesundheitsförderung. In: Zimolong B (Hrsg) Ganzheitliches Management des Arbeits- und Gesundheitsschutzes. Wiesbaden, Gabler

KAPITEL 11

Innovative Informationssysteme und -netzwerke im Bereich des Arbeits- und Gesundheitsschutzes

R. Tielsch · B. H. Müller

Einführung

Die Harmonisierung der Lebens- und Arbeitsbedingungen in Europa hat in den vergangenen Jahren auch zu einer grundlegenden Neuregelung des Arbeitsschutzrechtes in Deutschland geführt: unabhängig von Rechtsform, Branchenzugehörigkeit oder Mitarbeiterzahl eines Unternehmens hat der Arbeitgeber die Sicherheit und Gesundheit der Beschäftigten durch geeignete Maßnahmen des Arbeitsschutzes sicherzustellen und die Beschäftigten im Rahmen ihrer Möglichkeiten in die Analyse, Bewertung und Gestaltung der Arbeitsplätze einzubeziehen. Auch das Arbeitsschutzgesetz zielt ab auf die Schaffung geeigneter innerbetrieblicher und außerbetrieblicher Strukturen, Instrumentarien und Maßnahmenkataloge, die ein von Art und Größe des Betriebes unabhängiges, einheitlich hohes Arbeitsschutzniveau gewährleisten sollen. Hierbei spielen Informationen, das Management von Informationen sowie die Umsetzung von Informationen in betriebliches und individuelles Erfahrungswissen eine zentrale Rolle.

Klein- und Mittelbetriebe stellen einen bedeutenden Wirtschaftsfaktor nicht nur in NRW dar; ca. 80% aller Arbeitsplätze finden sich in ca. 600000 Betrieben mit weniger als 250 Beschäftigten[1], in Europa liegt diese Zahl bei ca. 70%.[2] Gerade in Klein- und Mittelbetrieben ergeben sich aktuell im Zusammenhang mit der Umsetzung der Arbeitsschutzanforderungen Probleme, so dass es notwendig ist, Wege zu finden und Netzwerke zu knüpfen, die das Funktionieren des inner- und außerbetrieblichen Miteinanders der am Arbeitsschutz beteiligten Verantwortungsträger, Experten und Institutionen durch ein intelligentes und gezieltes Informationsmanagement sicherstellen, er-

---
[1] Quelle: Statistischer Jahresbericht des Landes NRW 1999.
[2] Quelle: Eurostat – Statistisches Amt der Europäischen Gemeinschaften, Eurostat-Jahrbuch 1999.

leichtern und Impulse zur Schaffung und zum Ausbau effizienterer Beratungs- und Unterstützungsstrukturen geben.

Informations- und Umsetzungsdefizite im Arbeitsschutz

Viele Dinge werden in Betrieben nur allein deswegen nicht getan, weil die Zeit fehlt. Nur in Ausnahmefällen wird man Unternehmern Ignoranz oder strategische Opposition gegen Arbeitsschutzanforderungen und -pflichten unterstellen können. Aus Zeitmangel entfallen z. B. notwendige organisatorische Optimierungen und nicht selten resultieren hieraus wiederum erhebliche Informationsdefizite in unterschiedlichen betrieblichen Bereichen, die sowohl die betriebsinterne Datenlage als auch das externe Informationsmanagement betreffen. Es ist bekannt, dass vor allem in Klein- und Mittelbetrieben nur kurzfristige Entwicklungszeiträume allein unter betriebswirtschaftlichen Aspekten betrachtet werden und Arbeitsschutz auch deshalb in diese „Philosophien" nicht hineinpasst, weil er kein „Return of Investment" liefert. Mittel- und langfristig eine gesunde und leistungsfähige Belegschaft zur Verfügung zu haben ist zwar für viele Unternehmer interessant und auch unternehmenspolitisch wichtig, aber kaum ein Argument, gerade jetzt vermehrt Zeit, Kosten und Kapazitäten aufzubringen, um in zehn Jahren dieses Ziel realisiert zu haben.

Die Situation in den Betrieben wird daher prinzipiell von drei Aspekten bestimmt:

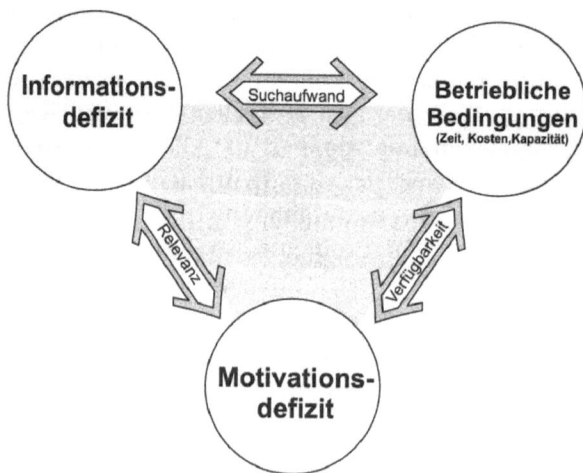

Abb. 11.1. Betriebliche Hemmnisse bei der Integration des Arbeits- und Gesundheitsschutzes sowie beim Informationstransfer

- einem Informationsdefizit,
- einem Kapazitätsdefizit und
- einem Motivationsdefizit (Abb. 11.1).

Aus dieser vielfach stabilen und vor allem für Klein- und Mittelbetriebe typischen Konstellation kann sich kaum ein Betrieb befreien und der Transfer von erforderlichen Informationen wird entscheidend behindert, es entsteht eine sog. Transferlücke.

Die Tatsache eines *Informationsdefizits* ist in einigen Studien deutlich und einhellig belegt [5, 9]. Trotz des grundsätzlich vorhandenen Wissens im nationalen und internationalen Raum ist dieses in der Regel zu einem bestimmtem Zeitpunkt nicht dort verfügbar, wo es gebraucht wird. Dies charakterisiert die Transferlücke, die letztlich durch gezielte Vermittlungsstrategien geschlossen werden muss.

Betriebliche Bedingungen meint, dass Betriebe meist weder über freie Kapazitäten, noch über Zeit und finanzielle Mittel verfügen, um die für sie relevanten Informationen systematisch einzuholen. Die externe Zuweisung dieser Aufgaben an die Sicherheitsfachkraft und/ oder den Betriebsarzt verlagert dieses Kapazitätsproblem nur: auch das externe Betreuungssystem leidet unter Kapazitäts- und Zeitproblemen, Informationsflut und damit besteht auch hier die Transferlücke. Ziel muss es sein, vor allem den Beschaffungsaufwand für Informationen den Betrieben abzunehmen.

Das *Motivationsdefizit* bezieht sich auf die Einstellung der Unternehmer. Hier finden sich mit dem Hinweis auf Arbeits- und Gesundheitsschutz als „lästiges Übel" oftmals keine entsprechenden Aktivitäten, da für sie unmittelbare Relevanz – d.h. für sie ein Beitrag zur Produktivität – nicht erkennbar ist. Die gewünschte Motivation wird bekanntlich erst wirksam, wenn Informationen vorliegen, die den neuen oder alternativen Zustand in ausreichendem Maße beschreiben und die positiven Auswirkungen auf andere betriebliche Kennwerte beinhalten.

Dies ist ein z.T. fest verwobenes „Defizit-Netz", das im Sinne eines adäquaten Informations- und Wissenstransfers in die Betriebe nur mit Hilfe der Unternehmen selbst „von innen" aufzubrechen und neu zu knüpfen ist.

Um die Unternehmensverantwortlichen und Beschäftigten bei den neuartigen, anspruchsvollen Aufgaben zu unterstützen, haben öffentliche Arbeitsschutzorgane und private Anbieter vielfältiges Informationsmaterial, Leitfäden und andere Hilfsmittel in konventioneller und multimedialer Form verfügbar gemacht.

Die bei Tielsch, Müller, Deilmann [5] berichteten Ergebnisse der Befragung von rund 370 KMU unterschiedlicher Branchen in Nordrhein-Westfalen geben einen zusammenfassenden Überblick über die Informations- und Motivationsbarrieren, die für die Mehrzahl derartiger Betriebe kennzeichnend sind. Auch Ergebnisse des Quatro-Projektes „Gesundheit als Standortfaktor von Unternehmen"[3] zeigen, dass modern und marktorientiert geführte Unternehmen durchaus einerseits Qualitätsmanagementsysteme als unrentabel ablehnen, andererseits aber Arbeitsschutz vorbildlich betreiben [4]. Das bedeutet im Umkehrschluss – wenn solche empirischen Belege repräsentativ geführt sind – dass Zertifizierung und Handbuch allein ohne den Aufbau betrieblicher Organisationsstrukturen für ein effizientes Informationsmanagement im Arbeitsschutz natürlich wirkungslos sind und bleiben.

Arbeitsschutz-Know-how ist in Deutschland bei Experten der Arbeitsschutzverwaltung, der Unfallversicherungsträger und anderen Institutionen auf hohem Niveau vorhanden. Die knappen personellen Kapazitäten bei den öffentlich-rechtlichen Arbeitsschutzorganen, deren weiträumige Verteilung sowie spezifischen Arbeitsschwerpunkte und Zuständigkeiten erschweren jedoch eine wirkungsvolle und nachhaltige Beratung und Betreuung kleinerer und mittlerer Betriebe.

Informationsstrukturen, Beratungs- und Betreuungsmodelle für KMU müssen heute verstärkt auf eine „Hilfe zur Selbsthilfe" ausgerichtet sein, um die Potenziale in den Betrieben zu wecken und alle betrieblichen (und ggf. auch die überbetrieblichen) Akteure des Arbeitsschutzes zu befähigen, ganzheitlich-präventiven Arbeitsschutz als integrativen Bestandteil des betrieblichen Alltags anzusehen und auch „zu leben". Die Einführung und Verstetigung ganzheitlicher und präventiver Konzepte in KMU wird zudem nur dann Erfolg zeitigen, wenn Unternehmensverantwortliche und Mitarbeiter sensibilisiert und zu höherer Eigenverantwortlichkeit und Selbstorganisation motiviert werden.

Zwei strategische Konzepte, die auf Entwicklungen aus dem Institut ASER in Wuppertal zurückgehen und eng am beschriebenen betrieblichen Bedarf orientiert sind, werden nachfolgend im Hinblick auf ihre Effizienz und Effektivität vorgestellt. Beide Strategien haben zum Ziel, die bestehende große Transferlücke zwischen vorhandenem Expertenwissen im Arbeits- und Gesundheitsschutz und der Nutzung dieses

---

[3] GePro – „Gesundheit als Standortfaktor von Unternehmen. Arbeitsschutz als integriertes Managementkonzept zur Organisationsentwicklung in KMU". Gefördert mit Mitteln des Ministeriums für Arbeit, Soziales und Stadtentwicklung, Kultur und Sport des Landes NRW und des Europäischen Sozialfonds der EU (Laufzeit: 1998–2000; durchführende Stelle: SIC – Siegerland Consult, Siegen).

Wissens in den Betrieben weiter zu schließen. Hauptzielgruppe sind Klein- und Mittelbetriebe, für die sich die Transferlücke naturgemäß noch wesentlich größer darstellt als für Großbetriebe.

Grundgedanke für diese Entwicklungen war, dass das Angebot an Arbeits- und Gesundheitsschutzinformationen nachfrageorientiert und zielgruppenspezifisch aufbereitet vorhanden sein muss. Jeder Nutzer muss die Möglichkeit haben, wann immer er Informationen benötigt, zu jedem Zeitpunkt auf diese möglichst effizient und qualitätsgesichert zugreifen zu können. Das Konzept und eine Prinzipentwicklung für ein solches Informationsmanagement mit branchenorientierten und nutzerabhängigen, zugriffsfreundlichen Informationsangeboten zum Arbeits- und Gesundheitsschutz entsteht zur Zeit im Rahmen des Verbundvorhabens „ARGEPLAN", das im Auftrag des Bundesforschungsministers durchgeführt wird und exemplarisch für die Zielgruppe der betrieblichen Entwickler und Planer entwickelt wird.[4]

Da die Nutzung jeglicher Informationssysteme grundsätzlich Fragen offen lässt oder auch neue Fragen aufwirft, wurde der Entwicklung von ARGEPLAN ein dialogorientiertes Nachfragesystem zur Seite gestellt, das bereits vor 10 Jahren vom Institut ASER konzipiert wurde und nun seit ca. 2 Jahren in Betrieb ist: das Kompetenznetz Arbeitsschutz NRW – KomNet. KomNet wurde mit Mitteln des Landes NRW und der Europäischen Union gefördert und ist heute strategisches Vorhaben des Landes, was bedeutet, dass es kontinuierlich mit Unterstützung des Arbeitsministeriums NRW ausgebaut und optimiert wird. Beide Systeme basieren auf einem zentralem Informationsmanagement bei dezentraler Nutzungsmöglichkeit und stellen die Systematik der Information und der Zugriffsgestaltung wie auch das Prinzip der „Hilfe zur Selbsthilfe" in den Vordergrund.

Da heute niemand mehr – auch nicht eine noch so leistungsfähige Institution – Informationsmanagement als Wissensvermittler allein betreiben kann, benötigt der Aufbau solcher Informationssysteme auch die Mitwirkung der gesamten „Arbeitsschutz-Community", um letztlich das Fernziel einer Optimierung und Effizienzsteigerung des gesamten Arbeitsschutzsystems gemeinsam zu erreichen.

---

[4] ARGEPLAN – Ausbau des Arbeits- und Gesundheitsschutzes bei betrieblichen Entwicklungs- und Planungsprozessen. Verbundprojekt gefördert vom BMBF, Projektträger Innovative Arbeitsgestaltung und Dienstleistungen; Förderkennzeichen: 01 HK 9701/6 (Leitvorhaben Institut ASER, Wuppertal).

Informationsnetzwerke

Das Kompetenznetz Arbeitsschutz NRW – KomNet

Im Sinne eines Beitrages zur Reduzierung der Transferlücke zwischen Informationsbestand im Arbeits- und Gesundheitsschutz und den Betrieben bzw. betrieblichen Akteuren wurde zwischen 1993 und 1998 mit Unterstützung des Ministeriums für Arbeit, Gesundheit und Soziales des Landes NRW im Rahmen mehrerer Projekte das Konzept der Informations- und Beratungsstruktur KomNet – Kompetenznetz Arbeitsschutz NRW – entwickelt, das 1998/99 in der Region Siegen mit einem von der EU unterstützten Erprobungsprojekt in einer Vorstufe umgesetzt wurde und seitdem in Betrieb ist *(http://www.komnet.nrw.de)*.

KomNet besteht aus vier Ebenen, die miteinander vernetzt sind.

- Wissensbestand,
- Kompetenz-Center,
- Call-Center,
- Nachfrager/Kunde.

KomNet versteht sich als Kooperationsverbund aus kompetenten nationalen (und internationalen) Arbeitsschutzinstitutionen, die für das Kompetenznetz jeweils ihre Beiträge zur Beantwortung von betrieblichen Fragen bereitstellen, effiziente Lösungen verfügbar machen und so sukzessiv und systematisch zur Sammlung lösungsrelevanter Antworten auf betriebliche Fragen beitragen. Die effiziente Abkürzung von aufwendigen Such- und Beschaffungsprozessen in den Betrieben ist ein Kennzeichen externen Informationsmanagements, das Kosten und Kapazitäten einsparen hilft.

Das Kompetenznetz stellt über spezifische Schnittstellen zu den Kooperationspartnern das jeweilige Wissen im Arbeits- und Gesundheitsschutz für die Weitervermittlung durch das Kompetenz-Center zur Verfügung. Diese „Fachstruktur" ermöglicht eine adäquate und zielgruppenspezifische Transformation, Aufbereitung und Systematisierung der ein- und ausgehenden Informationen sowie ihre Qualitätssicherung. Die jeweils spezifisch aufbereiteten Antworten oder Problemlösungen werden durch die Call-Center an die Frager weitergegeben, der Kontakt bleibt bis zur endgültigen Lösung des Problems bestehen.

Die Call-Center stellen die Ansprechstellen dar, die immer unter derselben Nummer und – wenn möglich – mit denselben Auskunftspartnern zur Verfügung steht. Sie sollen im Zuge ihrer Aufgaben zu vertrauten Ansprechstellen werden, deren Effizienz und Antwortqualität nach außen hin überzeugend wirkt.

Mittel- und langfristig ist die Dienstleistung des „Kompetenznetzes Arbeitsschutz NRW" natürlich nicht nur für Klein- und Mittelbetriebe interessant, sondern auch für andere am Arbeits- und Gesundheitsschutz interessierte „Frager". Auch Großbetriebe und Beratungsstellen, Verbände und Gewerkschaften etc. können sich dieses Netzwerkes bedienen (Abb. 11.2).

KomNet versteht sich als Plattform, die sowohl dem „Arbeitsschutz-Neuling" einen ersten orientierenden Überblick ermöglicht als auch dem erfahrenen Betriebspraktiker ergänzende und vertiefende Informationen für präventive Arbeitsschutzmaßnahmen zur Verfügung stellt.

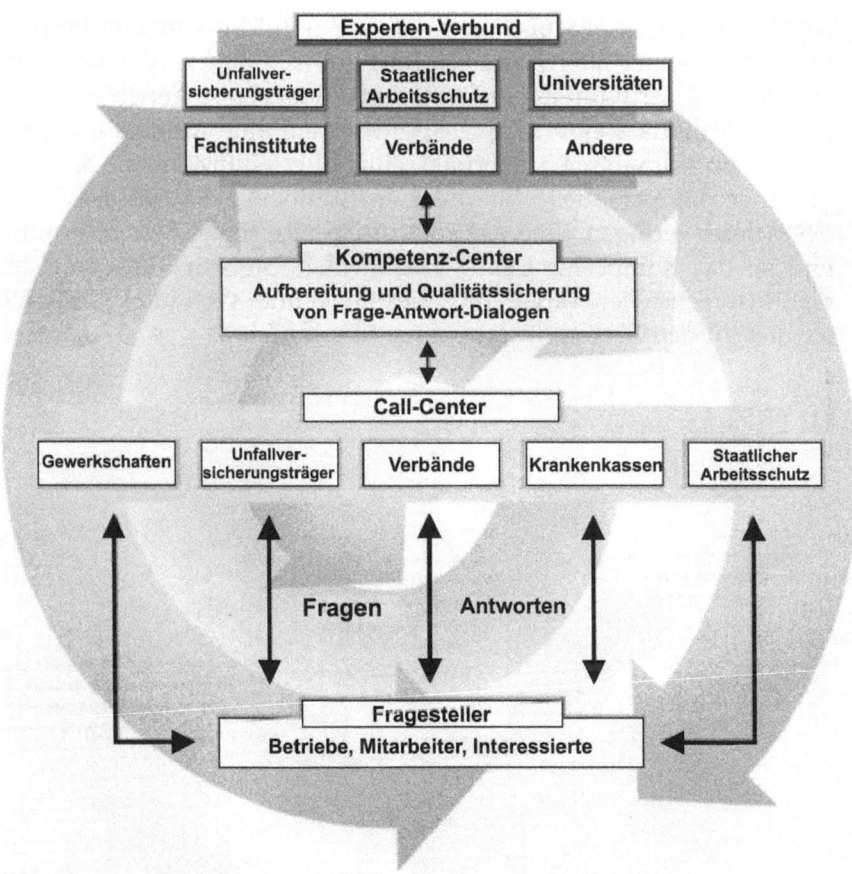

Abb. 11.2. Struktur des Kompetenznetzes Arbeitsschutz NRW

Der Ablauf eines Frage-Antwort-Dialoges im KomNet-System stellt sich vergröbernd so dar, dass Betriebe/Interessenten mit Fragen zum Arbeitsschutz oder mit Problemen bei der praxisorientierten Umsetzung von einschlägigen Vorschriften eine Ansprechstelle unter einer bestimmten Telefon- oder Fax-Nr. erreichen können. Hier werden die Fragen entgegengenommen, dokumentiert und an das Kompetenz-Center weitergeleitet, das die „fachbezogene Kernstruktur" des Systems darstellt und die Fragen durch Zugriff auf ein spezielles, rechnergestütztes Informationsmanagementsystem beantwortet, in dem alle bereits geführten KomNet-Dialoge enthalten sind (Abb. 11.3).

Im Kompetenz-Center werden die vorhandenen und neuen Frage-Antwort-Dialoge zielgruppenbezogen aufbereitet, systematisiert und ins Informationsmanagementsystem übernommen. Die Erfahrungen aus dem Pilotprojekt haben gezeigt, dass der Aufwand für die zielgruppengerechte Aufbereitung der Antwort bei komplexeren Frage-Antwort-Dialogen erheblich sein kann. Zur Informationstransformation, -aufbereitung oder -visualisierung müssen daher evtl. weitere unterstützende Strukturen („Informations-Center") eingerichtet werden. Für den Fall, dass eine adäquate Antwort auf eine Anfrage noch nicht im System vorhanden ist, erfolgt eine Überleitung an die Experten, die über das personelle und/oder institutionelle Fachwissen im Arbeitsschutz verfügen, eine Antwort in ihrem eigenen System ermitteln und an das Kompetenz-Center rückmelden. Sodann werden sie über die Ansprechstellen (als bereits bekannte und vertraute) Gesprächspartner an den Betrieb/Interessenten übermittelt.

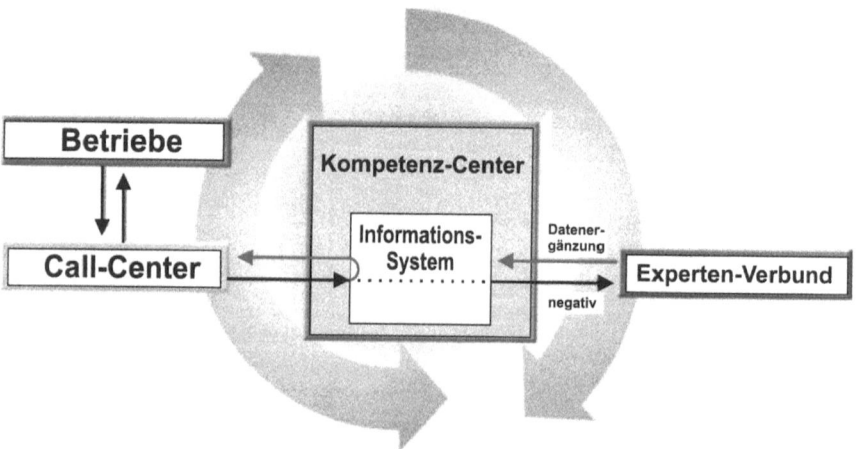

Abb. 11.3. Funktion von KomNet (schematisch)

ARGEPLAN – Anwenderorientierter Zugriff auf Arbeits- und Gesundheitsschutzinformationen

ARGEPLAN liefert – im Sinne des bereits mehrfach genannten Hauptdefizites bei der Informationsvermittlung im Arbeits- und Gesundheitsschutz – einen Beitrag zur Reduzierung der Transferlücke zwischen vorhandenem Wissen im Arbeits- und Gesundheitsschutz und der zugriffsfreundlichen und verständlichen Verfügbarkeit für den Nutzer.

Ein Ziel von ARGEPLAN ist die Entwicklung eines Informationsmanagements („ARGEPLAN-Agent"), das es den Nutzern erlaubt, auf den potenziellen Informationsbestand im Arbeits- und Gesundheitsschutz in betrieblichen Entwicklungs- und Planungsbereichen schnell und zuverlässig zugreifen zu können. Darüber hinaus wird dem Aspekt der Nutzermotivation beim Zugriff auf Informationen ebenso besondere Beachtung geschenkt wie der Vermittlung von Kompetenzen zum Umgang und zur Umsetzung der Informationen in der Praxis. Gerade in betrieblichen Entwicklungs- und Planungsbereichen wird der Bedarf an qualitätsgesicherten und kontextsensitiven Informationen zum Arbeits- und Gesundheitsschutz durchaus gesehen. Planungsprozesse stellen hierbei als Ausgangspunkt für Produkte oder Dienstleistungen einen idealen Ansatzpunkt für präventives Arbeitsschutzhandeln dar.

Grundlage des Informationsmanagementkonzeptes sind bisher drei Hauptdimensionen, die die Basisstruktur für eine Informationssystematisierung darstellen; dies sind

- die Wirtschaftszweige bis hin zu konkreten Arbeitstätigkeiten
- die Entwicklungs- und Planungsprozesse sowie
- die unterschiedlich systematisierten Informationsarten

Dieses zunächst konzeptionelle Prinzip leitet die Umsetzung des Projektziels in realisierbare Schritte der Projektbearbeitung, d.h. es wird sukzessive weiter auf praktische Bezüge beispielhaft „heruntergebrochen". Sinnbild hierfür und methodischer Leitfaden ist der Würfel (Abb. 11.4).

Das „Würfelmodell" (Müller 1999) stellt dabei auch die anschauliche Ebene dar, mit der gezeigt werden kann, wie und wo Informationen eingestellt werden können („Indizierung"), wie der Zugriff erfolgen kann und welche Schritte beim Suchen und Finden erforderlich sind. Entscheidend ist es, einen ARGEPLAN-Agenten für die Bereitstellung von Arbeits- und Gesundheitsschutzinformationen zu entwickeln, der vor allem in betrieblichen Entwicklungs- und Planungsprozessen zielgrup-

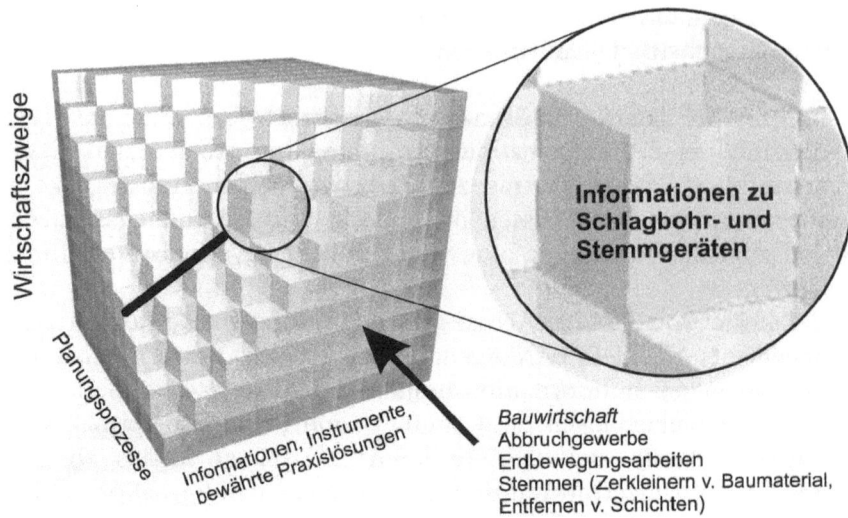

Abb. 11.4. Das ARGEPLAN-Prinzip

penspezifisch einfache und schnelle Zugriffe auf vorhandene Informationen ermöglichen soll. Entwicklungs- und Planungsprozesse repräsentieren hierbei den Bereich der betrieblichen Akteure, die die spezifische Zielgruppe im Verbundvorhaben darstellen.

Hierzu ist die Sensibilisierung der entsprechenden Zielgruppen unumgänglich. Sensibilisierung bedeutet hier, den Nutzen spezifisch aufbereiteter und systematisierter Informationen im Arbeits- und Gesundheitsschutz für die Anwender zu verdeutlichen. Es ist bekannt, dass der Mensch nur dem, was ihm nützt, entsprechende Aufmerksamkeit schenkt. Die Stimulation dieses Motivierungsprozesses ist allerdings nicht die alleinige Aufgabe von ARGEPLAN, sondern die des gesamten Arbeits- und Gesundheitsschutzes. Der Beitrag von ARGEPLAN liegt in der Systematisierung und Aufbereitung von Informationen, womit ein Teil des Motivierungsprozesses abgedeckt wird. Denn passende, schnell auffindbare und nutzbare Informationen motivieren den Nutzer zur Suche nach weiteren Informationen und wecken Bedarf.

Ein Beispiel
Das entstehende „ARGEPLAN-Informationsmanagement" macht über zielgruppenspezifische Zugriffe Informationen, Instrumente oder auch umfassendere Praxisbeispiele im Arbeits- und Gesundheitsschutz systematisiert und geordnet verfügbar. Daraus ggf. verbleibende Fragen und Details können darüber hinaus im Sinne eines Frage-Antwort-Dialoges an KomNet gerichtet werden.

> *So kann der Betriebsleiter einer Metallfirma – wie jeder andere betriebliche Akteur –, der z.B. in die Planung einer neuen Werkshalle „auf der grünen Wiese" eingebunden ist und dabei vorwiegend Glasbauweise vorsieht, das Problem klimatischer Arbeitsbedingungen vor allem im Sommer zu lösen versuchen und seinen Wissensstand entsprechend erweitern. In einem rechnergestützten System mit Benutzerführung wird er zu relevanten Faktoren beim Planen und Bauen von Betriebsstätten kommen, ihm werden zu beachtende Faktoren übersichtlich angeboten und er wählt „klimatische Bedingungen" aus. Er wird lesen, dass Hitzeklima grundsätzlich – wie auch kaltes Klima – einen Einfluss auf die individuelle Leistungsfähigkeit eines Arbeitsplatzinhabers besitzt. Ein Diagramm veranschaulicht die Leistungsabnahme in Abhängigkeit z.B. von der Effektivtemperatur in der Halle. Wenn er Details wissen möchte, bekommt er eine Formel angeboten, die die Temperaturentwicklung in der Halle unter Einbeziehung gläserner Fenster- und Deckenflächen und der Außentemperatur angibt. Damit kann er die zu erwartende Klimasituation in der neuen Halle bestimmen.*
>
> *Fehlen ihm nun noch detailliertere Informationen, die er aber bei ARGEPLAN nicht findet, so kann er jederzeit den Button „KomNet" anklicken. Dort wird die Frage so schnell wie möglich von Experten qualitätsgesichert beantwortet und das Klima-Problem bei der Hallenplanung frühzeitig einer Lösung zugeführt.*

Neben der Notwendigkeit einer Systematisierung der Informationen zum Arbeits- und Gesundheitsschutz ist die Art und Weise der Integration von Arbeits- und Gesundheitsschutzinformationen in betriebliche Prozesse von Bedeutung, z.B. für die spätere Akzeptanz. Hier liegen Ergebnisse und Erkenntnisse vor, die eine effiziente Bearbeitung der Schnittstelle „Informationssystem/Betrieb" erlauben und auch über die Gestaltung von Soft- und Hardwaremodulen einen Beitrag für eine effektive praktische Nutzung leisten. Die im Verbundvorhaben erarbeiteten Ergebnisse sowie die einzelnen Entwicklungsstufen des ARGEPLAN-Agenten werden sukzessive den Erprobungsprojekten im Verbund zugeführt und auf ihre Praxistauglichkeit und Nutzerakzeptanz hin überprüft.

Nach Ende des Vorhabens ist geplant, die Verwendung, Weiterentwicklung und Pflege des Informationsbestandes ARGEPLAN im Rahmen einer Agentur zu gewährleisten, wobei diejenigen Experten, die Informationen zu bestimmten Bereichen des Arbeits- und Gesundheitsschutzes einstellen, ökonomischerweise diese Module auch pflegen sollen.

Schlussfolgerungen

Mit KomNet und ARGEPLAN wurden bzw. werden Strategien der Informationsvermittlung im Arbeits- und Gesundheitsschutz entwickelt, die – orientiert am konkreten Bedarf in der Praxis – die eng umschriebene formale und inhaltliche Handlungskompetenz der Arbeitsschutzakteure in den Betrieben fördern sollen. In diesem Zusammenhang wird versucht, über den Nachweis nicht anwenderbezogen vorhandener Systematiken des Informationsbestandes die Grundlagen (Konzepte) für ein zielgruppenspezifisches, anwenderbezogenes, motivierendes, zugriffsfreundliches und qualitätsgesichertes Informationsangebot unter Berücksichtigung von Branchen, betrieblicher Prozesse und der Art der Information zu schaffen. Die erarbeiteten Konzepte sehen vor, unter Mitwirkung möglichst vieler Arbeitsschutzakteure dieses Informationsmanagementsystem sukzessive zu füllen und zu pflegen. Dabei werden vor allem diejenigen angesprochen, die ein immanentes Interesse an der Optimierung aller Dienstleistungsfunktionen des bestehenden Arbeits- und Gesundheitsschutzsystems haben.

Hieran knüpft auch KomNet an, dessen wichtigstes Modul der Expertenpool ist, der sein Know-how permanent zur Beantwortung der laufend gestellten Anfragen verfügbar macht. Auch hier wird ein Interesse an der Sache vorausgesetzt, ohne das eine freiwillige Beteiligung am Informationsnetz KomNet kaum realisiert werden kann. KomNet versucht – im Gegensatz zu ARGEPLAN – keine „Models of good practice" und ein eher umfassendes Informationsangebot verfügbar zu machen, sondern ist dialogorientiert, beantwortet einzelne Fragen und schließt so ebenfalls – auf sukzessive Nachfragen – Informationslücken im Rahmen des betrieblichen Handelns. Beide Systeme dienen auch der Nutzerqualifizierung, wobei sich das Anwachsen des Wissens aufgrund schnell verfügbarer Informationen nicht nur allein beim Nutzer oder Frager auswirkt, sondern bei allen Beteiligten eines solchen Informationsnetzwerkes.

Die Zusammenfassung der Ansätze von ARGEPLAN und KomNet ist daher nicht nur eine Projektstrategie, sondern spiegelt den Paradigmenwechsel hin zu einem nutzerorientierten Selbstverständnis des Arbeits- und Gesundheitsschutzes: für den einen muss systematisiertes Komplettwissen mit Lösungsanspruch verfügbar gemacht werden, der andere zieht es vor, seinen Informationsbedarf über den persönlichen Dialog zu decken und Problemlösungen im Arbeitsschutz selbst bis zur gewünschten Qualität zu suchen und zu finden. In vielen Fällen werden sich beide Informationswege mischen und langfristig damit ein besseres, breiteres und schneller verfügbares Wissen im Arbeits- und Gesundheitsschutz erzielbar machen.

Literatur

[1] ARGEPLAN: Informationsbroschüre ARGEPLAN: „Arbeits- und Gesundheitsschutz planbar machen", Ausgabe 1, Wuppertal, Selbstverlag, November 1999.
[2] ARGEPLAN: Informationsbroschüre ARGEPLAN: „Praxisorientierung, Planbarkeit, Effizienz.", Ausgabe 2, Wuppertal, Selbstverlag, Februar 2000.
[3] NRW-notiert: Präsentation und Einführung des Kompetenznetzes Arbeitsschutz NRW – KomNet. Hrsg.: Ministerium für Arbeit, Soziales und Stadtentwicklung, Kultur und Sport (MASSKS), Referat Presse und Öffentlichkeitsarbeit. Köln, 1999.
[4] Quoika, M, M Zapletal: Gepro-Leitfaden. Arbeits- und Gesundheitsschutz als Teil eines integrierten Managementsystems am Beispiel mittelständischer Unternehmen im Sauer- und Siegerland. Praxisberichte Nr. 6 der Siergerland-Consult, Siegen, 2000.
[5] Tielsch, R, Müller, B H, M Deilmann: Präventiver Arbeitsschutz in Klein- und Mittelbetrieben. Anforderungen, Probleme und Lösungskonzepte. Hrsg.: Ministerium für Arbeit, Gesundheit und Soziales des Landes NRW, Duisburg, 1997.
[6] Tielsch, R: KomNet – Präventionsdienstleistung der Zukunft. In: Informationsbroschüre ARGEPLAN: „Praxisorientierung, Planbarkeit, Effizienz", Ausgabe 2, Wuppertal, Selbstverlag, Februar 2000.
[7] Tielsch, R: Arbeits- und Gesundheitsschutz planbar machen – Präsentation des Projektes ARGEPLAN. In: Tagungsband zum „gesina-Eröffnungsworkshop" am 27. 11. 1998, Dortmund, 1999.
[8] Tielsch, R: KomNet – Präventionsdienstleistung der Zukunft im Arbeits- und Gesundheitsschutz. In: Pröll, U. (Hrsg.): Arbeit und Gesundheit im Kleinbetrieb – Forschungsergebnisse und Präventionserfahrungen. Erweiterte Dokumentation des Workshops vom 28. April 1998, Sozialforschungsstelle Dortmund, Beiträge aus der Forschung, Band 104, 1998.
[9] Voullaire, E: Gefahrstoffe in Klein- und Mittelbetrieben. Neue Wege überbetrieblicher Unterstützung. Schriftenreihe der BAuA, Fb 703, Wirtschaftsverlag NW, Dortmund, 1995.

B. Schwerpunktthema:
Betriebliches Gesundheitsmanagement –
Erfolgreiche Strategien
und Praxisbeispiele

KAPITEL 12

Evaluation und Qualitätsentwicklung betrieblichen Gesundheitsmanagements

B. BADURA

Mit der Forderung nach Evaluation betrieblichen Gesundheitsmanagements verbindet sich das Ziel, den Einsatz knapper Mittel zu rechtfertigen durch Prüfung seiner Angemessenheit und Wirksamkeit. In jedem Unternehmen konkurrieren Akteure um den Einsatz begrenzter Ressourcen. Und die Forderung nach Effizienz der Mittelverwendung ist in wirtschaftlich handelnden Systemen eine schlichte Selbstverständlichkeit. Betriebliches Gesundheitsmanagement kann sich dem nicht entziehen. Noch wichtiger als das zur Außenlegitimation notwendige Argument der Wirtschaftlichkeit ist seine Binnenlegitimation: die Forderung nach Angemessenheit und Wirksamkeit des eigenen Tuns. Nur wenn die einzelnen Arbeitsschritte systematisch entwickelt, beobachtet und dokumentiert und ihre Bedarfsgerechtigkeit und Wirksamkeit regelmäßig geprüft werden, darf das betriebliche Gesundheitsmanagement als *rational* und – bei erwiesener Wirksamkeit – als *zweckmäßig* angesehen werden. Wirksamkeitsprüfung ist kein Selbstzweck und dient auch nicht nur der Außenlegitimation. Wirksamkeitsprüfung ist vielmehr eine zentrale Voraussetzung für Lernprozesse und kontinuierliche Optimierung des eigenen Tuns [3].

In Erweiterung der Handlungstheorie Max Webers müssen mindestens die folgenden Bedingungen erfüllt sein, um ein Handeln oder einen Prozess als zweckrational bezeichnen zu können:

- datengestützte Prüfung des Handlungsbedarfs
- Privilegierung eines Zweckes (Aufgabe, Problemstellung) als vordringlich oder wichtig;
- Setzung konkreter Ziele, Festlegung angestrebter Ergebnisse;
- Beherrschung bestimmter Instrumente, Fähigkeiten oder Prozesse, von denen erwartet werden darf, dass sie, bei kunstgerechter Anwendung bzw. Durchführung, geeignet sind, das angestrebte Ergebnis auch tatsächlich zu erreichen;

- Vergleich zwischen den erreichten Ergebnissen (Ist) und den angestrebten Zielen (Soll).

Zweckmäßig ist ein Handeln, das nicht nur die Frage zu beantworten erlaubt, ob ein gestecktes Ziel erreicht wurde, sondern auch, warum dies der Fall ist oder warum nicht. Sehr vereinfacht lässt sich der Sinn von Evaluation in der Beantwortung der folgenden zwei Fragen sehen: Tun wir das Richtige? Wie richtig tun wir das Richtige?

Bezogen auf den Gegenstand des betrieblichen Gesundheitsmanagements bedeutet dies u. E., zunächst einmal die zentralen Zwecke bzw. Ziele des betrieblichen Gesundheitsmanagements zu bestimmen und zum zweiten nach Standards zu suchen oder sie zu entwickeln, die mehr oder weniger zweckmäßige Handlungen bzw. mehr oder weniger zweckmäßige Prozesse zu unterscheiden erlauben. Auch das betriebliche Gesundheitsmanagement wird letztlich an seinen Ergebnissen gemessen. Ergebnisevaluation ist daher die dritte Herausforderung, die es zu bewältigen gilt, und die auch in den folgenden Überlegungen eine zentrale Rolle spielen wird.

Kernprozesse

In den Anfängen der betrieblichen Gesundheitsförderung bestand eine große Unsicherheit über ihre Ziele und Leistungen. Krankheitsorientierte Ansätze standen gesundheitsorientierten, verhaltensorientierte standen organisationsbezogenen gegenüber. Die Diskussion war geprägt von Rivalitäten zwischen Soziologen, Psychologen, Arbeitswissenschaftlern und Medizinern und von einem Ringen um Konzepte, Strategien und Prioritäten. Der von uns über Jahre hinweg erarbeitete Vorschlag ist ein gänzlich anderer, nämlich ein verfahrensorientierter. Unsere Suche richtete sich nicht auf einzelne vordringliche Probleme oder wirksame Einzelmaßnahmen, sondern auf ein verallgemeinerungs- und konsensfähiges Vorgehen. Unsere beiden Ausgangsfragen lauteten: Was sind Kernprozesse in der betrieblichen Gesundheitsförderung? Und: Wie sollten diese Kernprozesse kunstgerecht durchgeführt werden – unabhängig davon, welche Probleme, von welcher Disziplin, in welcher Organisation und welche Maßnahmen im einzelnen zur Diskussion gestellt werden?

Ebenso wie für den Arzt gilt für den Gesundheitsexperten im Unternehmen: Ohne valide Diagnose keine wirksame Therapie. Auf den Bereich der betrieblichen Gesundheitsförderung übertragen heißt dies: Ohne valide Erfassung des Gesundheitszustandes der Beschäftigten und ohne eine Analyse der diesen Gesundheitszustand beeinflus-

Evaluation und Qualitätsentwicklung

senden Arbeits- und Organisationsbedingungen keine wirksame Intervention. Damit stehen bereits zwei Kernprozesse betrieblicher Gesundheitsförderung fest: erstens Diagnose und zweitens Durchführung von Interventionsmaßnahmen. Zwischen Diagnose und Intervention tritt in rationalen Handlungsmodellen zudem drittens der Prozess der Maßnahmenplanung. Allenthalben eingefordert und tatsächlich auch unverzichtbar ist schließlich viertens die Evaluation nicht nur einzelner Maßnahmen, sondern auch von Diagnose und Planung. Auf diese Weise ergeben sich aus unserer Sicht für die betriebliche Gesundheitsförderung die folgenden Kernprozesse:

- Diagnose des Gesundheitszustandes der Beschäftigten und ihrer Arbeits- und Organisationsbedingungen;
- Maßnahmenplanung;
- Maßnahmendurchführung/Intervention;
- Evaluation.

Der zyklisch-iterative Ablauf dieser vier Prozesse bildet den Kern betrieblicher Gesundheitsförderung. Ist dieses Vorgehen als Führungsaufgabe institutionalisiert, und wird es kontinuierlich verbessert, sprechen wir nicht mehr von betrieblicher Gesundheitsförderung, sondern von betrieblichem Gesundheitsmanagement.

Standards

Mit der Identifizierung von vier Kernprozessen betrieblichen Gesundheitsmanagements ist für uns die Frage: „Tun wir das Richtige?" fürs Erste beantwortet. Als weiteres stellt sich damit die Frage nach der Qualität dieser Kernprozesse bzw. nach der Zweckmäßigkeit und dem kunstgerechten Vorgehen bei ihrer Bewältigung. In der klinischen Medizin werden heute – mit Blick auf die Kernprozesse „Diagnostik", „Indikationsstellung" und „Therapie" – zwei unterschiedliche Ansätze verfolgt: die Qualitätsbeurteilung von Prozessen mit Hilfe von Standards oder Leitlinien und die Qualitätsbeurteilung ihrer Ergebnisse mit Hilfe eines Vergleichs von gesetzten Zielen (Soll) mit dem tatsächlich Erreichten (Ist). Beide Ansätze ergänzen einander.

Standards oder Leitlinien liegt ein Wissen zugrunde, das sich alle aneignen müssen, die für die Ausübung bestimmter Tätigkeiten oder Berufe qualifiziert sein wollen. Dieses Wissen bestand im Zeitalter der Handwerkskunst aus dem Erfahrungswissen der Meister und Zünfte, und wurde von Generation zu Generation weitergegeben. Moderne Professionen, wie die Ärzteschaft, betonen ganz besonders die wissenschaftliche Absicherung ihres Handelns. Neben dem Erfahrungswissen der Praktiker wird somit die das Handeln fundierende wissenschaftliche Evidenz von zentraler Bedeutung für die Qualitätsbeurteilung einer Maßnahme, Intervention oder Leistung. Wer in einer verwissenschaftlichten Zivilisation nicht evidenzbasiert vorgeht, kann sich nur allzu leicht den Vorwurf der Beliebigkeit seines Tuns einhandeln. Für das betriebliche Gesundheitsmanagement, als professionellem Handeln, gilt dies in gleichem Maße wie für die klinische Medizin. Auf die Evidenzbasierung betrieblichen Gesundheitsmanagements wird noch gesondert einzugehen sein.

Das zweite Element jeder Standardbildung sind Verhaltensregeln nach dem Muster: „In Situation X handele A!" Dies ist ihr normatives, handlungsleitendes Element. Da bekanntlich Sollen nicht unzweideutig von Wissen ableitbar ist, besteht hier, wie bereits bei der Bewertung der Wissensbasis, erheblicher Spielraum für Interpretation, und damit auch die Möglichkeit für Dissens und Handlungsvariation im professionellen Vorgehen. Der große Vorteil des standardorientierten Ansatzes, ja, seine Unverzichtbarkeit liegt darin, dass nur so die Lehr- und Lernbarkeit von Berufsausübung möglich und das wichtigste Element der Strukturqualität professionellen Handelns einer rationalen Bewertung zugänglich wird: die Qualität der beruflichen Ausbildung.

Die Entwicklung von z.B. in Lehrbüchern erläuterten Standards oder Leitlinien ist eine unverzichtbare Voraussetzung professionellen Handelns, der sich auch das betriebliche Gesundheitsmanagement stellen muss. Diese Einsicht war das Hauptmotiv, warum wir vor einigen Jahren begannen, uns mit der Entwicklung eines „Leitfadens für das betriebliche Gesundheitsmanagement" zu befassen [4]. In diesem Leitfaden wurden 34 Prüfpunkte identifiziert; und es wurde ein Verfahren zur Selbstbewertung der Strukturqualität, der Qualität der Diagnose, der Interventionsplanung, der Interventionsdurchführung und der Evaluation entwickelt. Dies kann nur der Anfang eines Entwicklungsprozesses sein: zur Identifizierung qualitätsrelevanter Merkmale betrieblichen Gesundheitsmanagements und zur Erarbeitung und kontinuierlichen Verbesserung von Standards für seine Durchführung und Bewertung.

Die methodisch kunstgerechte Erstellung eines betrieblichen Gesundheitsberichtes zum Zwecke der Organisationsdiagnostik ist lehr- und lernbar. Lehr- und lernbar sind auch Wissensbestände und Regeln zur Interventionsplanung und zur Evaluation der Interventionsergebnisse. Die Durchführung einer Intervention jedoch ist stets auch eine Kunst, d.h. erfordert mehr als nur bestimmte lehr- und lernbare Fähigkeiten und Wissensbestände. Hier kommen in erheblichem Maße auch persönliche Erfahrung und Intuition ins Spiel.

Identifizierung von Kernprozessen, von Wissensbeständen und Standards zu ihrer kunstgerechten Durchführung ist eine Urform der Qualitätsentwicklung. Auch das wissenschaftliche Vorgehen folgt mit seinen methodischen Regeln im Prozess der Erkenntnisgewinnung diesem Beispiel. Auch gute Wissenschaft enthält, neben Lehr- und Lernbarem, so etwas wie Kunst und Intuition, als der zureichenden Bedingung für Innovation und Erkenntnisfortschritt.

Die Unverzichtbarkeit einer lehr- und lernbaren Standardisierung von Kernprozessen professionellen Handelns darf allerdings nicht über die Schwächen und Lücken dieses Ansatzes hinwegtäuschen. Standards und Leitlinien beziehen sich auf die kunstgerechte Durchführung professioneller Aktivitäten, nicht auf ihre Ziele und die dabei tatsächlich erreichten Ergebnisse. Damit wären wir bei der zweiten und grundlegenden Form der Qualitätsentwicklung: beim eingangs bereits erwähnten Modell zweckrationalen Handelns, das seit Max Weber in der modernen Handlungstheorie eine prominente Rolle spielt. Die Qualitätsprüfung besteht hier nicht darin, dass eine gewählte Vorgehensweise an einem vorgegebenen Standard gemessen wird, sondern darin, dass die angestrebten Zwecke an den tatsächlich erreichten Ergebnissen gemessen werden.

Ergebnisevaluation

Im Modell zweckrationalen Handelns wird ein kausaler Zusammenhang zwischen gewählten Mitteln und erreichten Ergebnissen unterstellt. Ein derartiger Zusammenhang ist jedoch nicht immer ohne weiteres erkennbar. Mit zunehmender Komplexität der Interventionsobjekte bzw. -systeme – so die heute in der Systemtheorie verbreitete Auffassung – sinkt vielmehr die Identifizierbarkeit kausaler Zusammenhänge zwischen Interventionen einerseits, und den durch sie erzielten Wirkungen bzw. Ergebnissen andererseits, sinkt damit die Anwendbarkeit dieser Qualitätsstrategie in ihrer traditionellen Form der Beobachtung trivialer Kausalzusammenhänge. Zwar lassen sich mit Hilfe von Indikatoren bzw. Kennziffern Veränderungen auch in komplexen sozialen Systemen, wie Unternehmen dies sind, beobachten. Ob sich allerdings die festgestellten Veränderungen auch zwingend auf die durchgeführten Maßnahmen z. B. des betrieblichen Gesundheitsmanagements zurückführen lassen, kann oft nicht eindeutig geklärt werden. Avedes Donabedian – einer der Gründerväter der medizinischen Qualitätssicherung – hat für die Rückführbarkeit von Ergebnissen auf Interventionsprozesse den Begriff der „attributiven Validität" geprägt und auf die Probleme ihrer Erfassung im Einzelfall verwiesen: Veränderungen in einem System lassen sich nur dann auf vorangegangene Interventionen zurückführen, wenn alle anderen möglichen Einflussfaktoren ausgeschlossen werden können [5].

Das bekannteste Beispiel im Bereich des betrieblichen Gesundheitsmanagements für die Schwierigkeit kausaler Rückführbarkeit dokumentierter Ergebnisse auf vorangegangene Interventionsprozesse ist der Umgang mit der Entwicklung von Fehlzeiten. Fehlzeiten sind von zahlreichen unterschiedlichen Einflüssen abhängig, z.B. der Konjunktur, dem Arbeitsmarkt, regionalen Besonderheiten, von der Altersstruktur der MitarbeiterInnen, von persönlichen Faktoren und organisatorischen Einflüssen unterschiedlichster Art, darunter auch von Maßnahmen des betrieblichen Gesundheitsmanagements. Ob eine tatsächlich messbare Veränderung, z.B. ein Sinken der Fehlzeiten in einem Betrieb, zuverlässig auf die eine oder andere Maßnahme betrieblichen Gesundheitsmanagements zurückführbar ist, bleibt bei dieser Fülle möglicher Einflüsse nur selten eindeutig klärbar. Einen Ausweg eröffnet hier das experimentelle Verfahren der interventiven Epidemiologie. Die zentrale Voraussetzung für seine Anwendung: die zuverlässige Kontrolle aller Randbedingungen – lässt sich aber bedauerlicherweise in der realen Welt komplexer Organisationen kaum herstellen.

Trotz dieser methodischen Probleme und Einwände ist der ziel- und ergebnisorientierte Ansatz von hoher praktischer Bedeutung für die Führung komplexer Organisationen und für das Controlling von Unternehmensprozessen, auch im Rahmen des betrieblichen Gesundheitsmanagements. Der Anspruch auf die Zweckmäßigkeit der ergriffenen Maßnahmen wird also in der betrieblichen Praxis keinesfalls aufgegeben, wohl aber der Anspruch darauf, dass die gleiche Maßnahme stets die gleichen Zwecke erfüllt. Statt dessen bemüht man sich um eine möglichst genaue Festlegung der angestrebten Ergebnisse und um eine Dokumentation der eingeleiteten Prozesse, damit im Falle befriedigender ebenso wie im Falle unbefriedigender Ergebnisse dafür verantwortliche Ursachen diskursiv rekonstruiert werden können und, wenn nötig, korrigierend eingegriffen werden kann.

Geht es darum, in komplexen sozialen Systemen, wie Unternehmen oder Verwaltungen, kausale Zusammenhänge zwischen Organisationsbedingungen, Organisationsprozessen und Organisationsergebnissen herzustellen, ist das Erfahrungswissen aller Beteiligten unverzichtbar: der Führungskräfte, der Experten und der Beschäftigten. Wissenschaftliche Evidenz wird dieses Erfahrungswissen nicht ersetzen, wohl aber ergänzen und gelegentlich auch korrigieren können. Erfahrungswissen ist deshalb in jeder Organisation von hohem Wert. Es lässt sich beispielsweise mit Hilfe von Qualitätszirkeln, von Fokusgruppen oder Workshops mobilisieren, aufbereiten und als Grundlage weiteren Vorgehens wiederverwenden. Methodisch kommen dabei qualitative Verfahren zum Einsatz, z. B. halbstandardisierte Experteninterviews oder Protokolle von Zirkelsitzungen. In den genannten Gremien oder Gruppen begnügt man sich allerdings zumeist mit der konsensualen Validierung vorgetragener Kausalannahmen. Quantitative Verfahren zur kausalen Validierung stoßen hier an Grenzen der Anwendbarkeit. Gleichwohl muss in diesem Zusammenhang darauf hingewiesen werden, dass auch der Einsatz quantitativer Verfahren zum Controlling betrieblichen Gesundheitsmanagements sehr vielversprechend erscheint – etwa zur periodischen Erfassung wichtiger soziopsychosomatischer Kennziffern wie: Angst, Hilflosigkeit, Selbstwertgefühl oder zur Erfassung möglicher Einflussgrößen wie: Handlungsspielraum, soziale Beziehungen, Unternehmenskultur und Führungsverhalten. Notwendig dafür sind standardisierte Befragungsinstrumente, die im Rahmen ohnehin periodisch stattfindender Mitarbeiterbefragungen zum Einsatz gebracht werden können.

Empirischer Vergleich

Die beiden „Urmodelle" der Qualitätsentwicklung: das der Standardisierung von Arbeitsprozessen sowie der Abgleich zwischen angestrebten Zielen und erreichten Ergebnissen unterliegen seit Jahrzehnten der Verwissenschaftlichung und begegnen uns heute wieder in Form evidenzbasierter Leitlinien in der klinischen Medizin und in Form empirischer Organisationsvergleiche. Was ist zu tun, wenn – wie heute im betrieblichen Gesundheitsmanagement – Leistungsbewertung gefordert wird, z. B. von der Politik, den Kassen oder den Führungskräften eines Unternehmens, ohne dass die für die Evaluation erforderlichen Ziele und Standards entwickelt oder konsensusfähig sind? Gibt es so etwas wie einen idealen Krankenstand, vorausgesetzt, er darf höher als Null sein? Gibt es so etwas wie ideale Arbeitsbedingungen? Wie viel „innere Kündigung" und „Mobbing" verträgt eine Verwaltungsorganisation? Welches Niveau an Angst oder Hilflosigkeit ist in einem Unternehmen tolerierbar? Diese oder ähnliche Fragen sind wissenschaftlich nicht eindeutig zu beantworten. Wozu wir allerdings sehr wohl in der Lage sind – das hat der französische Soziologe Emile Durkheim bereits vor 100 Jahren in seiner berühmten Selbstmordstudie gezeigt – ist, diachrone Veränderungen ausgewählter Zielwerte innerhalb einzelner Gruppen bzw. Organisationen in Form von Zeitreihen zu erfassen oder durch synchronen Vergleich zwischen

Gruppen bzw. Organisationen Aufschlüsse über Möglichkeiten zur Qualitätsverbesserung zu erhalten.

Welche Qualitätsmerkmale eignen sich im betrieblichen Gesundheitsmanagement für derartige empirische Vergleiche? Unser Vorschlag lautet, hierbei analog zur Qualitätserfassung in der Medizin zu verfahren. Dort wird bekanntlich seit Donabedian ein Kausalmodell unterstellt, in dem Strukturmerkmale als Prädiktoren für Prozessmerkmale gelten und diese wiederum als Prädiktoren für die Ergebnisse einer Organisation. Für das betriebliche Gesundheitsmanagement besteht die vor uns liegende Aufgabe darin, adäquate Struktur-, Prozess und Ergebnisindikatoren zu entwickeln, zu standardisieren und für eine vergleichende Evaluation nutzbar zu machen. Unser Vorschlag läuft auf die Beobachtung ausgewählter Kausalzusammenhänge hinaus (Abb. 12.1).

Prozesse fehlen in diesem Modell, weil sie sich - abgesehen einmal von Größen wie Zeit und Aufwand - nicht in einem empirisch-quantitativen Vergleich adäquat erfassen lassen. Für die Qualitätsprüfung von Arbeitsprozessen bzw. Interventionen im betrieblichen Gesundheitsmanagement sind deshalb auch die oben angesprochenen Standards und ist die Erhebung qualitativer Daten unverzichtbar.

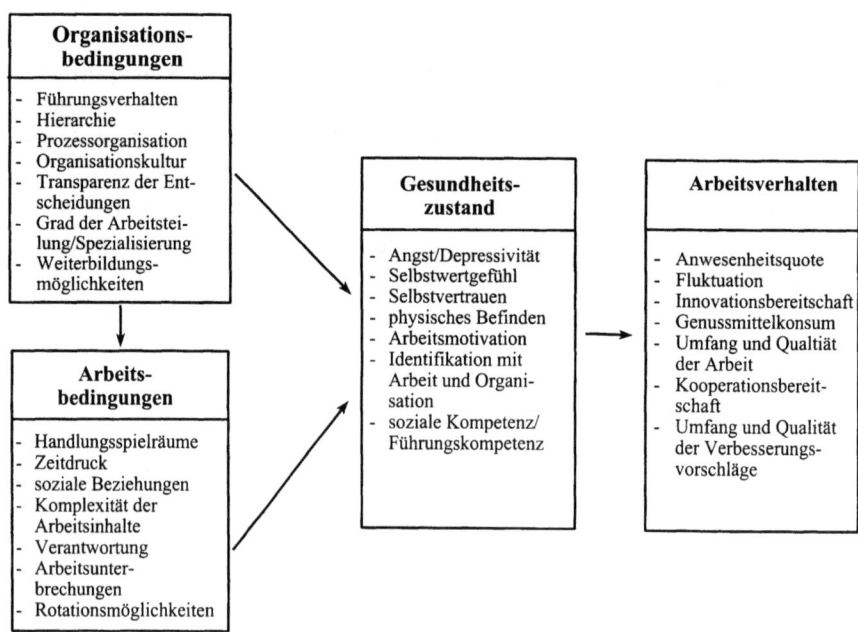

Abb. 12.1. Interventionsrelevante Kausalzusammenhänge betrieblichen Gesundheitsmanagements

Organisationsbedingungen wie Führungsverhalten oder Unternehmenskultur haben – diesem Modell entsprechend – einerseits einen direkten Einfluss auf Ergebnisvariablen wie seelisches Befinden oder körperliche Gesundheit. Und sie haben andererseits einen indirekten Einfluss darauf über die Arbeitsbedingungen der Beschäftigten. Forschungspraktisch einzulösen wäre dieses Modell durch periodisch wiederholte Befragungen mit Hilfe eines standardisierten Befragungsinstrumentes. Entsprechende Entwicklungsarbeiten und die Einleitung von Konsensusbildungsprozessen zwischen wichtigen Akteuren über dieses Instrument und die Auswahl einzelner Variablen und Skalen scheinen dringend angezeigt.

Wie relativ einfach dieses Instrumentarium eingesetzt werden kann und wie aufschlussreich die damit erfassten Veränderungen in ausgewählten Zielbereichen sind, lässt sich am Beispiel eines mittelständischen Möbelfabrikanten aus Norwegen aufzeigen. In der „Balanced Scorecard[1]" dieses Unternehmens finden sich neben „Finanzen", „Kundenorientierung", „Innovation" etc. auch ein Zielbereich „Sicherheit und Zufriedenheit", zu dem Daten im Rahmen einer periodisch durchgeführten Mitarbeiterbefragung erhoben werden. Aufgrund

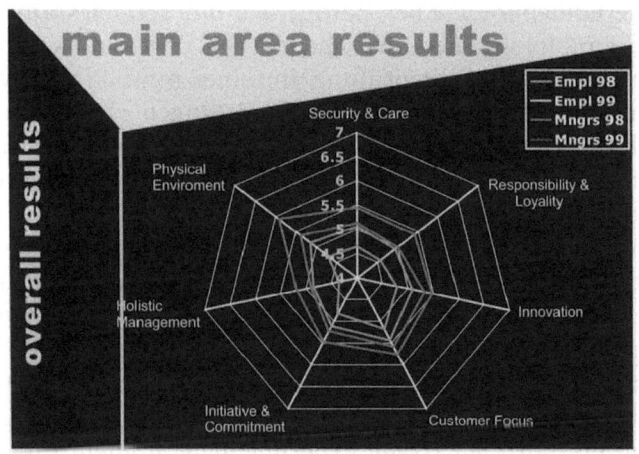

Abb. 12.2. Kennziffern und Zeitreihen zur Wirksamkeitsprüfung (Evaluation) von Zielvereinbarungen und Maßnahmen im betrieblichen Gesundheitsmanagement

---

[1] Das „Balanced Scorecard"-Konzept entstand aus dem Bedürfnis, die Performance eines Unternehmens „ausbalancierter" mit Kennzahlen zu erfassen, d. h. nicht nur „harte" Kennzahlen zum „cash-flow" oder zur Rentabilität einzelner Firmenteile zur Verfügung zu stellen, sondern auch zur Entwicklung „weicher" Faktoren wie Wohlbefinden oder Arbeitsqualität.

dieser Informationen legt die Unternehmensführung für die jeweils nächste Periode Zielbereiche fest, denen besondere Aufmerksamkeit geschenkt werden soll. Führungskräfte werden auf diese Prioritäten verpflichtet und ihre entsprechenden Leistungen wieder an den Kennziffern der folgenden Mitarbeiterbefragung gemessen. Abb. 12.2 zeigt die so quantifizierbare Entwicklung in den zurückliegenden Jahren.

Epidemiologische Wirksamkeitsprüfung

Für die moderne naturwissenschaftliche Medizin bilden Methodik und Vorgehensweise der experimentellen Epidemiologie den „Königsweg" zur Evaluation von Behandlungsprozessen. Daran müssen sich – so die dort vertretene Auffassung – alle Evaluationsverfahren orientieren, wenn sie Ergebnisse von akzeptabler Validität und Reliabilität vorlegen wollen. Ziel epidemiologischer Forschung ist die zweifelsfreie Identifizierung von Kausalzusammenhängen. Die populationsbezogene Epidemiologie zielt auf Entdeckung gesundheits- bzw. krankheitsrelevanter Kausalzusammenhänge und auf Prognose somatischer oder auch psychischer Zustände, z. B. auf die Prognose der Inzidenz von Herz-Kreislauf-Erkrankungen mit Hilfe identifizierter Risikofaktoren. Die systembezogene Epidemiologie beschäftigt sich mit der Wirksamkeitsprüfung zumeist von biologischen oder chemischen Wirkstoffen, sehr viel seltener mit der Wirksamkeitsprüfung einzelner technikintensiver Behandlungsverfahren. Interaktionsintensive Leistungen wie Information, Beratung oder Schulung werden bisher gar nicht oder nur ausnahmsweise als prüfungsbedürftig erachtet. Wirksamkeitsprüfungen erfolgen meist unter Idealbedingungen, d. h. in ausgewählten Zentren, orientiert an standardisierten Studienprotokollen, durch ausgewählte Experten und – meist auch – an ausgewählten Patienten („efficacy"-Prüfung) [10]. Eine derartige Prüfung findet bisher noch viel zu selten unter Realbedingungen des „usual care" statt, also der Versorgung, die dem Durchschnittspatienten zugute kommt. Wegen ihrer Praktikabilität kommen dabei zumeist auch „nur" quasiexperimentelle Studiendesigns zur Anwendung [2], wird auf streng experimentelle Studienbedingungen verzichtet („effectiveness"-Prüfung).

Für das betriebliche Gesundheitsmanagement ist die epidemiologische Kausalprüfung von hoher Bedeutung zur Weiterentwicklung ihrer Wissensbasis über interventionsrelevante Zusammenhänge. Zur Evaluation unter Routinebedingungen ist dieses Verfahren zu aufwendig und auch technisch kaum durchführbar. (Wie soll man sich z. B. die Randomisierung einzelner Unternehmen oder Unternehmensteile vorstellen?) Große Bedeutung hat insbesondere die Sozialepidemiologie für die Analyse von Kausalzusammenhängen zwischen Arbeitsbedingungen und Gesundheit. Die heute vorliegenden Erkenntnisse über soziale Unterstützung am Arbeitsplatz und Gesundheit, über Handlungsspielraum oder Arbeitsstress und Gesundheit, wären ohne den Einsatz von Methoden und Techniken der Epidemiologie und der empirischen Sozialforschung nicht möglich gewesen [1, 9].

Studien, in denen das experimentelle Design erfolgreich zur Wirksamkeitsprüfung von Interventionen des betrieblichen Gesundheitsmanagements angewendet wurde, liegen kaum vor. Allenfalls bei verhaltensbezogenen Interventionen sind Bildung von Studien- und Kontrollgruppen sowie eine randomisierte Zuteilung von Beschäftigten denkbar, bei organisationsbezogenen Interventionen nicht. Selbst unterstellt einmal, in Firma Y hat sich der Einsatz von Gesundheitszirkeln als ursächlich für die Senkung von Fehlzeiten oder die Steigerung des Wohlbefindens erwiesen, ließe sich dieses Ergebnis nur bei konstant gehaltenen Randbedingungen auf andere Unternehmen übertragen – was in der Regel wegen der Singularität jedweder komplexen Organisation nicht vorausgesetzt werden darf.

Dies alles soll keinesfalls als Plädoyer für einen Verzicht auf kausale Wirksamkeitsprüfung oder gar auf Evaluation im betrieblichen Gesundheitsmanagement gedeutet werden, sondern ganz im Gegenteil als Plädoyer für ein zugleich wissenschaftlich tragbares und praktikables Konzept. Unsere Schlussfolgerung lautet: Unternehmen, auch wenn sie bereits anderswo bewährte Interventionen anwenden, müssen sich selbst immer wieder aufs Neue der Wirksamkeit dieser Interventionen unter ihren eigenen Bedingungen versichern. M.a.W. Evaluation auch „geprüfter Verfahren" ist zwingend geboten: weil die zu erwartenden Effekte nicht nur von der Intervention selbst, sondern auch von den besonderen Rahmenbedingungen der betreffenden komplexen Organisation abhängen. Und weil bei der hohen Komplexität von Interventionen in das Organisationsgeschehen ihre Realisierung keine konstante, sondern eine variable Größe bildet: Zustandekommen und Arbeitsweise eines Gesundheitszirkels in Organisation A z. B. werden sich von Zustandekommen und Arbeitsweise in Organisation B im Detail stets unterscheiden. Genau darin liegt auch die methodische Begründung dafür, warum Evaluation u. E. als ein unverzichtbarer Kernprozess des betrieblichen Gesundheitsmanagements angesehen werden muss (Abb. 12.3). Das effizienteste Verfahren zur Evaluation sehen wir in der periodischen Erfassung soziopsychosomatischer und anderer für das betriebliche Gesundheitsmanagement relevanter Kennziffern mit Hilfe standardisierter Befragungsinstrumente wie im oben erwähnten Beispiel der norwegischen Möbelfabrik geschehen [7].

Abb. 12.3. Evaluation im Gesundheitswesen: Gegenstände und Vorgehensweisen

Entwicklungsbedarf

Evaluation und Qualitätsentwicklung im betrieblichen Gesundheitsmanagement müssen von Ansätzen und Qualitätsstrategien derer lernen, die auf eine sehr viel längere Erfahrung mit dieser Thematik zurückblicken. Dazu zählt die moderne Medizin, die mit ihrer bis heute wichtigsten Qualitätsstrategie: der Entwicklung und Anwendung professionsspezifischer Standards, sehr erfolgreich war. Als erstes sollten wir uns also um einen Konsensus unter Experten bemühen über zentrale Aufgaben betrieblichen Gesundheitsmanagements (Kernprozesse) und ihre kunstgerechte Bewältigung. Nur so kann sich ein zunächst einmal konsensual validierter Korpus an Wissen und Regeln entwickeln, der gelehrt, gelernt und an dem kontinuierlich weitergearbeitet werden kann – in der Wissenschaft und in der Praxis betrieblichen Gesundheitsmanagements.

Professionsspezifische Standards bedürfen in einer verwissenschaftlichten Zivilisation einer soliden wissenschaftlichen Fundierung bzw. Evidenzbasis. Die Evidenzbasis des betrieblichen Gesundheitsmanagements hat sich in den vergangenen Jahrzehnten erheblich vertieft und verbreitert, insbesondere was den Zusammenhang von Arbeitsbedingungen und Gesundheit betrifft. Die inzwischen weitgreifenden Restrukturierungsmaßnahmen in der Industrie und die rasche Entwicklung im Bereich der Informationstechnik führen zu permanenten Veränderungen in der Aufbau- und Ablauforganisation und erhöhen die

Anforderungen an die Qualifikation, z.T. auch an die Belastbarkeit der MitarbeiterInnen, an ihre Flexibilität und Verantwortung. Das vorhandene Wissen über Arbeit und Gesundheit droht dadurch immer rascher zu veralten u. a. auch, weil Veränderung in der Gesamtorganisation (z.B. Transparenz, Führungsstil, Unternehmenskultur) sich direkt auf das seelische Befinden und die körperliche Gesundheit der Beschäftigten auswirken, diese Zusammenhänge aber in der sozialepidemiologischen Forschung bisher kaum genauer untersucht wurden. Die mit den politischen und wirtschaftlichen Veränderungen in Osteuropa dramatisch ansteigende Herz-Kreislauf-Mortalität ist der wohl eindrucksvollste Beleg dafür, wie unmittelbar sich auch Veränderungen in der Makrosituation auf die Gesundheit des Einzelnen auszuwirken vermögen. Bei der Weiterentwicklung der Evidenzbasis betrieblichen Gesundheitsmanagements sollte sich unser Blick verstärkt auf Veränderungen in der Gesamtorganisation und im gesellschaftlichen Umfeld richten. Wie wird die Arbeitswelt der Zukunft aussehen? Welche Risiken, welches Gesundheitspotenzial wird sie produzieren? Mit welchen externen Einflüssen ist zu rechnen [8]?

Über die Strukturqualität im betrieblichen Gesundheitsmanagement ist bisher noch viel zu wenig nachgedacht und geforscht worden. In Deutschland haben wir es hier auf der einen Seite mit einer überregulierten und zum Teil auch verkrusteten Situation im Arbeitsschutz zu tun, andererseits mit einer (zu?) großen Zahl zuständiger Akteure. Zusätzlich dazu neue Zuständigkeiten und Strukturen für das betriebliche Gesundheitsmanagement zu schaffen wäre also kaum sinnvoll. Naheliegender scheint es vielmehr, hier über ein Reengineering nachzudenken, das einerseits den Stellenwert des Gesundheitsmanagements in den Unternehmen und Verwaltungen deutlich erhöht, andererseits aber auch die zuständigen Akteure und Experten dafür requalifiziert und zur problem- statt regelorientierten und auch interdisziplinären Zusammenarbeit und Vernetzung motiviert.

Das in der deutschen Industrie gegenwärtig am stärksten interessierende Problem sind die kostentreibenden Fehlzeiten, Mitarbeitergespräche und Gesundheitszirkel sind die vielleicht häufigsten dagegen ergriffenen Maßnahmen; wobei die Gesundheitsförderlichkeit von Mitarbeitergesprächen oft aus guten Gründen bezweifelt werden darf. Dass Gesundheitsmanagement in erster Linie zur ertragssteigernden Verbesserung des Wohlbefindens der MitarbeiterInnen beitragen sollte – dafür zu werben und einen solchen Bewusstseinswandel auf der Ebene des Topmanagements und bei den zuständigen Experten anzustoßen – bildet die gegenwärtig vielleicht größte Herausforderung betrieblichen Gesundheitsmanagements.

Besonders zu betonen gilt es den engen Zusammenhang zwischen dem Wohlbefinden der MitarbeiterInnen und der Qualität personenbezogener Dienstleistungen. Wo Menschen mit Menschen arbeiten: z.B. in Schulen, Krankenhäusern und Beratungseinrichtungen, hat das Wohlbefinden der Anbieter einen direkten Einfluss auf die Qualität der zwischenmenschlichen Kommunikation, die Erschließung koproduktiver Potenziale bei Schülern, Patienten und Klienten und auf deren Zufriedenheit. Durch Delegation von Verantwortung und zunehmende Handlungsspielräume ergeben sich hier und in anderen Bereichen der Arbeitswelt neue Risiken durch Selbstüberforderung der Beschäftigten, für die entsprechende Formen von Diagnose und Intervention entwickelt werden müssen.

Verstärkte Beachtung verdient auch das Gefühlsleben der MitarbeiterInnen. Führung durch Angst tötet Risikobereitschaft und Kreativität. Sicherheit, Vertrauen und Wohlbefinden fördern dagegen diese zukünftig immer wichtigeren Erfolgsbedingungen. Mangelhafte Anerkennung für Arbeitsleistungen und Verbesserungsvorschläge fördern Hilflosigkeitsgefühle und „innere Kündigung". Anhaltende Kränkungen beeinträchtigen das Selbstwertgefühl und die Bindung an Unternehmen und Aufgabenstellung, können auch dazu führen, dass latent gegen die Ziele einer Organisation gearbeitet wird.

Sehr viel mehr Kreativität als bisher sollten wir auch mit Blick auf unser Interventionsinstrumentarium entwickeln. Gesundheitszirkel sind nicht der Weisheit letzter Schluss. Workshops, Fokus- und Projektgruppen sollten verstärkt auch für die Ziele des betrieblichen Gesundheitsmanagements eingesetzt werden, ebenso wie die moderne Informationstechnik.

Gegenwärtig vielleicht am raschesten scheinen sich Diagnostik und Evaluation weiterzuentwickeln. AU-Daten und Fehlzeitenanalysen liefern Hinweise auf Schwachstellen, erlauben aber keine genauere Analyse. Hierfür sind periodisch durchzuführende Mitarbeiterbefragungen das wohl effizienteste Instrument. Dieses Vorgehen erlaubt einerseits eine genauere Analyse der Ausgangssituation; es erlaubt andererseits eine Evaluation der Wirksamkeit von Zielvereinbarungen; und es erlaubt ferner eine Integration von betrieblichem Gesundheitsmanagement in führungsrelevante Kennziffern eines Unternehmens. Woran es heute mangelt, ist ein betriebsübergreifend akzeptiertes System soziopsychosomatischer Kennziffern. Entwickelt werden sollte ein Befragungsinstrumentarium, das zum synchronen wie diachronen Monitoring der Gesundheitssituation der MitarbeiterInnen und ausgewählter Arbeits- und Organisationsbedingungen geeignet ist.

Eine zentrale Anforderung an ein zukunftsfähiges betriebliches Gesundheitsmanagement ist seine volle Integration in das Führungssystem von Unternehmen. Gesundheit muss Bestandteil des Leitbildes von Unternehmen werden. Führungskräfte sollten auch daran gemessen werden, wie mitarbeiterorientiert, und das heißt insbesondere, wie gesundheitsförderlich sie handeln. Mitarbeiterorientierung spielt in modernen Qualitätsinstrumenten eine besondere Rolle. Betriebliches Gesundheitsmanagement ist der wahrscheinlich wichtigste und auch effizienteste Weg zur Steigerung der Mitarbeiterorientierung eines Unternehmens. Zu diesem Zweck muss ein System von Kennziffern entwickelt werden, mit dessen Hilfe der jeweilige Grad der Erreichung auch „weicher" Ziele, wie der Steigerung des Wohlbefindens und des Selbstwertgefühls der MitarbeiterInnen, gemessen werden kann. „Holistisches Management" und das Gerüst einer „Balanced Scorecard" [6] sind offen für eine Integration des betrieblichen Gesundheitsmanagements in ein System von Kennziffern, an dem sich Lernen und Wachstum einer Organisation ablesen lassen.

Literatur

[1] Badura, B, Pfaff, H (1989): Streß, ein Modernisierungsrisiko? Mikro- und Makroaspekte soziologischer Belastungsforschung im Übergang zur postindustriellen Zivilisation. In: Kölner Zeitschrift für Soziologie und Sozialpsychologie, 41. Jg., 4, S. 644–668.
[2] Badura, B, Grande, G, Janßen, H, Schott, T (1995): Qualitätsforschung im Gesundheitswesen. Ambulante und stationäre Rehabilitation im Vergleich. Weinheim und München, Juventa.
[3] Badura, B (1999): Evaluation und Qualitätsberichterstattung. In: Badura, B./Siegrist, J. (Hrsg.): Evaluation im Gesundheitswesen. Weinheim/München, S. 15–42.
[4] Badura, B Ritter, W, Scherf, M (1999): Betriebliches Gesundheitsmanagement – ein Leitfaden für die Praxis. Edition Sigma.
[5] Donabedian, A (1980): Explorations in Quality Assessment and Monitoring. Vol. I: The Definition of Quality and Approaches to its Assessment. Ann Arbor, Michigan.
[6] Maisel, L S: Performance Measurement: The Balanced Scorecard Approach, in: Journal of Cost Management, 6 Jg. (1992), Heft 2, S. 47–52.
[7] Pfaff, H (1999): Organisationsdiagnose im Rahmen des betrieblichen Gesundheitsmanagements. In: Badura, B, Ritter, W, Scherf, M: Betriebliches Gesundheitsmanagement – ein Leitfaden für die Praxis. Edition Sigma, S. 135–139.
[8] Scheuch, K, Haufe, E, Weihrauch, M (Hrsg.) (1999): Arbeitsschutzforschung – Diskussion am Ende des 20. Jahrhunderts, Workshop am 25. und 26. November 1999 in Dresden, Wiesbaden.
[9] Siegrist, J (1996): Soziale Krisen und Gesundheit: eine Theorie der Gesundheitsförderung am Beispiel von Herz-Kreislauf-Risiken im Erwerbsleben. Göttingen.
[10] Wall, S (1999): Epidemiology in transition. In: International Journal of Epidemiology, 28: S. 1000–S. 1004.

Das Bonus-Modellvorhaben – auf dem Weg zu einem kennzahlengesteuerten integrativen betrieblichen Gesundheitsmanagement

U. Osterholz · S. Schott

Einleitung

Seit jetzt ziemlich genau vier Jahren wird von der AOK für Niedersachsen im Rahmen eines Modellvorhabens geprüft, ob Unternehmen durch einen monetären Anreiz[1] motiviert werden können, die betriebliche Gesundheitssituation systematisch und in einem umfassenden Sinne zu verbessern. Dabei handelt es sich um einen recht ambitionierten Ansatz, da er gleichzeitig prüft,

- ob das Instrument der Selbstbewertung nach einem Verfahren, das dem EFQM-Modell[2] für business excellence angelehnt ist, den Unternehmen Hilfe in diesem Prozess bietet[3],
- ob die in dem Modell genannten fünf Kriterien wirklich die erfolgskritischen Voraussetzungen für eine solche umfassende Verbesserung der betrieblichen Gesundheitssituation sind und
- ob sich mit dem damit verbundenen umfassenden Managementansatz positive Ergebnisse – und speziell eine längerfristige und nachhaltige Verbesserung der Gesundheitssituation – ergeben, wie sie durch vier weitere Kriterien gemessen werden.[4]

---

[1] Das Modellvorhaben sieht bei erfolgreicher Bewerbung eine Beitragsermäßigung von einem Zwölftel des Jahresbeitrages vor, die den AOK-Mitgliedern wie den Arbeitsgebern zu gleichen Teilen zukommt.
[2] Das Kürzel EFQM steht für „European Foundation of Quality Management", eine in Brüssel ansässige Organisation, die sich zum Ziel gesetzt hat, europäische Unternehmen dabei zu unterstützen, dass sie durch kontinuierliche Verbesserungsaktivitäten Spitzenleistungen sowohl hinsichtlich Kunden- und Mitarbeiterzufriedenheit als auch in den Geschäftsergebnissen erzielen.
[3] Siehe K.J. Zink, M.J. Thul; Gesundheitsassessment – ein methodischer Ansatz zur Bewertung von Gesundheitsförderungsmaßnahmen. In: R. Müller, R. Rosenbrock (Hrsg.) Betriebliches Gesundheitsmanagement, Arbeitsschutz und Gesundheitsförderung – Bilanz und Perspektiven. Asgard St. Augustin 1998.
[4] Das Kriterienmodell ist zum Beispiel in Gesellschaft für Arbeitswissenschaft e.V. (Hrsg.) Zukunft der Arbeit in Europa: Gestaltung betrieblicher Veränderungsprozesse, Dortmund GfA Press 1999 ausführlich beschrieben.

Darüber hinaus wird in dem Vorhaben evaluiert, ob ein solcher Ansatz zu einer Senkung der Leistungsausgaben in einem oder mehreren der traditionellen Leistungsbereiche: ambulante Versorgung, stationäre Versorgung, Medikamente und Krankengeld beiträgt.

Das Modellvorhaben gliedert sich in zwei Teile. Ein Teilprojekt umfasst Unternehmen, die 100 oder mehr Mitarbeiterinnen und Mitarbeiter beschäftigen. Das zweite Teilprojekt umfasst Betriebe, in denen weniger als 100 Mitarbeiterinnen und Mitarbeiter tätig sind. Dieses Teilprojekt hat sich vorrangig zum Ziel gesetzt zu erproben, ob ein derart komplexer Ansatz auch für Handwerksbetriebe geeignet ist. Die folgenden Ausführungen beziehen sich auf das Teilprojekt der größeren Betriebe, da es früher begonnen hat, mit circa 30 Unternehmen fast dreimal so viele Organisationen umfasst wie das KMU-Teilprojekt und dementsprechend umfangreichere Ergebnisse vorliegen.

Die Ausführungen sollen sich, dem Titel des Beitrages entsprechend, auf die Ableitung und die Darstellung erster Ergebnisse konzentrieren und dabei auch der Frage nachgehen, ob nach der immer noch relativ kurzen Zeit, die das Modellvorhaben in den Unternehmen erprobt wird, positive Entwicklungen bei Gesundheitsindikatoren zu diesen Ergebnissen gehören. Eingangs sind einige Bemerkungen vorgeschaltet, die verdeutlichen sollen, warum wir in dem Modellvorhaben den Begriff der Gesundheitsförderung durch den des Gesundheitsmanagements ersetzt haben.

**Von der betrieblichen Gesundheitsförderung
zum integrativen betrieblichen Gesundheitsmanagement**

Obwohl noch in der ersten Zeit im Rahmen des Projektes von einem Ansatz umfassender betrieblicher Gesundheitsförderung gesprochen wurde, haben die zwischenzeitlichen Entwicklungen – auch in den beteiligten Unternehmen – dazu geführt, dass der Begriff der Gesundheitsförderung im Rahmen des Projektes immer weniger verwendet wird und durch den Begriff – samt seinen inhaltlichen Implikationen – des „integrativen betrieblichen Gesundheitsmanagements" ersetzt wird. Dabei bedeutet betriebliches Gesundheitsmanagement konkret:

- Es handelt sich nicht um ein zeitlich befristetes Programm sondern um Aktivitäten, die im Idealfall ebenso „in Routine gestellt" sind, wie zum Beispiel die BDE[5] oder das Controlling. Anders gesagt:

---

[5] BDE ist das Kürzel für die Betriebsdatenerfassung, also Daten über Materialstand und Materialfluss, Daten über die Leistung der Maschinen etc.

Gesundheit wird nicht mehr als Sonderthema begriffen, sondern in das alltägliche Betriebsgeschehen integriert. Dies ist einer der wesentlichen Gründe für den Zusatz „integrativ" zum betrieblichen Gesundheitsmanagement.
- Regelkreise der kontinuierlichen Verbesserung sind expliziter Teil des Vorgehens. Dies heißt, dass zum Beispiel nicht nur ein Gesundheitszirkel als Teilprozess Gegenstand des kontinuierlichen Verbesserungsprozesses wird, sondern systematisch geprüft wird, ob der Ansatz des Gesundheitszirkels sinnvoll ist oder ob nicht „Gesundheit" als Thema in das allgemeine Betriebliche Vorschlagswesen (BVW) oder auch in Aktivitäten im Rahmen der Gruppenarbeit integriert werden muss, um Ressourcen zu sparen und Schnittstellenprobleme zu minimieren.
- Gesundheit wird nicht krankheitsspezifisch definiert. Es geht um Gesundheit im Unternehmen und des Unternehmens. Damit wird Gesundheit in einen Rahmen gestellt, wie wir ihn aus der Organisationsentwicklung und der Organisationsberatung kennen. Nicht die Entwicklung des Krankenstandes ist die zentrale Kenngröße. Ein Unternehmen kann – und dies ist praktisch im Rahmen unseres Modellvorhabens auch mehrfach der Fall – entweder von vorneherein oder im Verlaufe des Prozesses das Ziel „Senkung des Krankenstandes" aus dem Kanon der Projektziele streichen.
- Wie bereits oben angesprochen, bezieht der Ansatz die gesamte Organisation/Unternehmung ein und beschränkt sich nicht auf Verhaltensoptimierung beispielsweise beim Umsetzen von Lasten im Bereich der Packerei oder der ergonomischen Verbesserung an definierten Arbeitsplätzen in der Fertigung. Dies heißt nicht, dass einzelne Teilprojekte solche Themen nicht zu ihrem Inhalt machen können, sondern, dass sich der Ansatz nicht auf diese Einzelthemen und Einzellösungen beschränkt! Der Ansatz bezieht sich auf die Optimierung der Gesamtheit der Produkte und Dienstleistungen einer Organisation in allen Bereichen und auf allen Ebenen unter Mitwirkung aller Organisationsmitglieder. Er geht darüber noch hinaus, indem er daneben auch die Strukturen und Prozesse sowie die Außenbeziehungen berücksichtigt.
- Gesundheitsmanagement ist eingebettet in die anderen Managementstrategien des Unternehmens, wie Umweltmanagement, aber auch KVP[6], TQM[7] oder die Einführung von Gruppenarbeit. Dies bedeutet beispielsweise, dass das Thema Gesundheit ebenso wie die

---

[6] Kontinuierlicher Verbesserungsprozess
[7] Total Quality Management

Verringerung der Durchlaufzeiten zum Thema von KVP-Gruppen wird. Dabei sollte praktisch im Auge behalten werden, dass alle technischen ebenso wie organisatorischen Themen einen Gesundheitsbezug haben. Die Re-Taylorisierung, wie wir sie zur Zeit in einigen Bereichen der Automobilindustrie finden, hat ihre ganz erheblichen Auswirkungen auf die Gesundheit. Umgekehrt wird die Berücksichtigung der Gesundheit aller Mitglieder einer Organisation Auswirkungen auf die Planung, die Geschwindigkeit der Einführung sowie den Grad der Umsetzung von zum Beispiel Gruppenarbeit haben.
- Betriebliches Gesundheitsmanagement wird von den betrieblichen Akteuren aus dem (Top)management heraus und durch die Mitarbeitervertretung vorangetrieben und nicht lediglich von Experten. Es kann von daher seine optimale Verankerung auch nicht in solchen Gremien wie dem Arbeitsschutzausschuss oder anderen Fachgremien finden. Vielmehr ist es integriert in das alltägliche Handeln der Führungskräfte, ob aus dem Management oder der betrieblichen Mitarbeitervertretung. Im Begriff des Gesundheitsmanagements wird dementsprechend Management nicht personal definiert sondern funktional. Dies bedeutet eine große Herausforderung gerade auch für die Fachexperten und die Mitarbeitervertretung. Denn es bedeutet für alle Beteiligten, das Gesundheitssystem einer Organisation unter Berücksichtigung von Managementprinzipien aufzubauen, zu lenken und weiterzuentwickeln.

In diesen umfassenden Zusammenhang sind alle weiteren Betrachtungen zum Nutzen des Projektes für die Betriebe sowie der Bewertung der Gesundheitssituation im Betrieb zu stellen.

Nutzenaspekte

Für ein Unternehmen, das sich auf diesen herausfordernden Weg machen will, ist es wesentlich, die unterschiedlichen Nutzenaspekte des Ansatzes zu kennen. Neben den monetären Anreiz tritt bei dem Modellvorhaben das Instrument der Selbstbewertung, das den Unternehmen folgenden Nutzen bietet:

- Bewertung der Wirksamkeit des jeweiligen betrieblichen Ansatzes,
- Hinweise für die Festlegung von Interventionsbereichen,
- Unterstützung bei der Ableitung und Priorisierung von Maßnahmen,
- durch Vergleich mit vorangegangenen Bewerbungen Einstieg in einen kontinuierlichen Verbesserungsprozess.

Dieses Instrument ist, darauf weist der letzte Punkt hin, jedoch nicht Selbstzweck, sondern soll als weiteren Nutzen die längerfristige und

Kriterien	Unterkriterien
Kundenzufriedenheit	–
Mitarbeiterzufriedenheit	–
Auswirkungen auf die Gesellschaft	• Indikatoren, die belegen, dass das Unternehmen auch außerhalb der Organisation die Idee des betrieblichen Gesundheitsmanagements wirkungsvoll verbreitet hat • Volkswirtschaftliche Auswirkungen betrieblichen Gesundheitsmanagements
Betriebliche Gesundheitssituation	• Objektive Indikatoren, die die Gesundheitssituation im Unternehmen kennzeichnen • Subjektive Indikatoren, die den Gesundheitszustand der Mitarbeiter kennzeichnen

Abb. 13.1. Erste und zweite Ebene des Ansatzes in Bezug auf die Ergebniskriterien

Kriterium	Ansatzpunkte
Mitarbeiterzufriedenheit	• Wie zufrieden die Mitarbeiter des Unternehmens sind.
Indikatoren, die die Zufriedenheit der Mitarbeiter kennzeichnen	• Welches Betriebsklima im Unternehmen herrscht. • Wie die Mitarbeiter die eigenen Entwicklungsmöglichkeiten bewerten. • Wie die Mitarbeiter die Möglichkeiten bewerten, eigene Fähigkeiten einzusetzen. • Wie hoch die Fluktuationsrate im Unternehmen ist. • Wie hoch die Teilnahmequote an Gemeinschaftsveranstaltungen ist. • Wie hoch die Anzahl der Verbesserungsvorschläge ist, die im BVW eingereicht werden.

Abb. 13.2. Die dritte Ebene des Ansatzes am Beispiel des Kriteriums „Mitarbeiterzufriedenheit"

nachhaltige Verbesserung in der betrieblichen Gesundheitssituation nach sich ziehen.

Allerdings sind damit noch nicht alle Nutzenaspekte genannt: Ziel – und Nutzen – sind auch Verbesserungen in weiteren Ergebnissen, die im Rahmen des Ansatzes durch vier Kriterien – die sogenannten Ergebniskriterien – repräsentiert sind (Abb. 13.1). Wie die Abbildungen 13.1 und 13.2 auch verdeutlichen, sind diese Ergebnisse allgemein und die Bewertung selbst mehrstufig aufgebaut. Dabei repräsentieren die drei Ebenen der Kriterien, Unterkriterien und Ansatzpunkte einen zunehmenden Detaillierungsgrad:

Die oberste Ebene – diejenige der Kriterien – umfasst dabei eher abstrakte Kategorien wie „Mitarbeiterzufriedenheit".

Die zweite Ebene ist diejenige der Unterkriterien: zwei der vier Ergebniskriterien sind – ebenso wie die Voraussetzungskriterien – in Unterkriterien gegliedert, die die wichtigsten Elemente der Kriterien abbilden sollen. So unterteilt sich zum Beispiel das Kriterium „Betriebliche Gesundheitssituation" in die beiden Unterkriterien „Objektive Indikatoren, die die Gesundheitssituation im Unternehmen kennzeichnen" und „Subjektive Indikatoren, die den Gesundheitszustand der Mitarbeiter kennzeichnen".

Die dritte Ebene ist durch eine Reihe von Ansatzpunkten gekennzeichnet, die den Organisationen Beispiele an die Hand geben sollen, durch welche konkreten Indikatoren sie die Ergebnisse sinnvoll messen können.

Zu betonen ist, dass sich die Ansatzpunkte wirklich nur als Beispiele verstehen. Das heißt auf der einen Seite, dass ein Unternehmen sehr wohl die Möglichkeit hat, zu einzelnen Ansatzpunkten keine Aussagen zu machen. So kann von einem Unternehmen argumentiert werden, dass aus seiner Situation heraus die Dokumentation der Entwicklung im Betrieblichen Vorschlagswesen (BVW) kein sinnvoller Indikator ist, weil das BVW dort in die Aktivitäten des Kontinuierlichen Verbesserungsprozesses (KVP) integriert worden ist.

Umgekehrt kann ein Unternehmen Ansatzpunkte nennen, die in der obigen Aufzählung nicht enthalten sind. Dies ist bisher allerdings in Bezug auf das Kriterium 7 „Mitarbeiterzufriedenheit" nicht geschehen und auch hinsichtlich der anderen Kriterien haben die Unternehmen sich bisher weitestgehend auf die Dokumentation der Ergebnisse, wie sie sich aus den vorgegebenen Ansatzpunkten ergeben, beschränkt.

Der Stellenwert von Kennzahlen

Letztendlich bestimmt sich der Erfolg des Ansatzes wie der konkreten Aktivitäten in den Organisationen darin, in welchem Ausmaß und in Bezug auf welche Kennzahlen positive Ergebnisse erzielt werden können. Damit kommt der exakten Messung der Ansatzpunkte, die zu den Ergebniskriterien aufgeführt werden, in Form von Kennzahlen eine ganz besondere Rolle zu. Innerhalb des Modellvorhabens „Prospektiver Beitragsbonus" erfüllen sie gleich mehrere Funktionen:

1. Zum einen geben sie ein Bild für den momentanen Ist-Zustand der Organisation.

2. Durch einen externen Vergleich wird dieses Ergebnis hinsichtlich der Ergebnisse anderer Organisationen bewertbar.
3. Sie sind weiterhin als das Ergebnis vergangener Anstrengungen zu werten. Damit haben sie auch die Funktion von Prüfmitteln: mit ihnen können Aktivitäten auf ihre Wirksamkeit und ihre Kosten-/Nutzenrelation hin eingeschätzt werden.
4. Umgekehrt sind die Kennzahlen wertvoll als Steuerungsgrößen für die Planung und Realisierung zukünftiger Aktivitäten.
5. Ihre systematische Dokumentation und Verbesserung führt in der Bewertung des self-assessments zu einer deutlich höheren Punktzahl.
6. Nicht zuletzt führt ihre positive Entwicklung dazu, dass der Ansatz von den Unternehmen als nutzenstiftend angesehen wird.

Für alle Kriterien sind dementsprechend die Ansatzpunkte in Kennzahlen übersetzt worden. Damit wird einmal der Tatsache Rechnung getragen, dass sehr vielfältige und sehr unterschiedliche Ergebnisse im Rahmen eines Gesundheitsmanagementansatzes zu berücksichtigen sind. Dieses Vorgehen trägt gleichzeitig der Entwicklung Rechnung, dass auch neuere betriebswirtschaftliche Ansätze zur Unternehmensbewertung sich nicht auf eine Dimension beschränken.[8] In der

Ansatzpunkt	zugehörige Kennzahl
1. Zufriedenheit der Mitarbeiter bzw. Betriebsklima	durchschnittlich erreichte Skalenwerte in der Mitarbeiterbefragung für das Gesamtunternehmen sowie für untergeordnete Organisationseinheiten im Zeitverlauf
2. Rücklaufquote zu Mitarbeiterbefragungen	Rücklauf in % der Mitarbeiter des Unternehmens, welche geantwortet haben im Zeitverlauf
3. Fluktuationsrate allgemein	absolute und prozentuale Anzahl der MA, welche das Unternehmen verlassen haben im Zeitverlauf
4. Fluktuationsrate aufgrund von Unzufriedenheit	absolute und prozentuale Anzahl der MA, welche das Unternehmen aus Unzufriedenheit verlassen haben im Zeitverlauf
5. Anzahl der eingereichten Verbesserungsvorschläge	absolute und prozentuale Anzahl von Vorschlägen, welche die MA des Unternehmens eingereicht haben im Zeitverlauf

Abb. 13.3. Die den Ansatzpunkten des Kriteriums 7 „Mitarbeiterzufriedenheit" zugeordneten Kennzahlen

---

[8] Solch ein vielversprechender Ansatz ist in der „Balanced Scorecard" zu sehen; siehe z. B. H. R. Friedag, W. Schmidt, Balanced Scorecard, Haufe Freiburg 1999.

Das Bonus-Modellvorhaben – auf dem Weg zu einem Gesundheitsmanagement

Summe ergibt sich daraus ein umfassendes Kennzahlensystem sowohl für jene Kriterien, die als Voraussetzungen bezeichnet werden, als auch für die Ergebniskriterien. Abb. 13.3 gibt anhand der abgeleiteten Kennzahlen für das Kriterium 7 „Mitarbeiterzufriedenheit" ein konkretes Beispiel.

Ausgewählte Ergebnisse

Anhand der oben aufgeführten Kennzahlen für das Kriterium 7 „Mitarbeiterzufriedenheit" soll ein konkretes Beispiel für deren Funktion gegeben werden. Gleichzeitig werden damit konkrete Ausprägungen ausgewählter Kennzahlen innerhalb des Modellvorhabens verdeutlicht.

Führt ein Unternehmen eine Mitarbeiterbefragung durch, dann kann es durch Heranziehen der Information über die Verteilung der in anderen Unternehmen des Modellvorhabens erzielten Rücklaufquoten (Abb. 13.4) abschätzen, wie gut die Akzeptanz der Befragung verglichen mit anderen Unternehmen ist. Daraus ist zum Beispiel ableitbar, ob das Ergebnis auf eine gute oder eine eher skeptische Einstellung der Mitarbeiterinnen und Mitarbeiter gestoßen ist. Aus der Abbildung geht z. B. hervor, dass im Durchschnitt bei der im Rahmen des Modellvorhabens verwendeten Mitarbeiterbefragung knapp 65 Prozent oder fast zwei Drittel der Mitarbeiterinnen und Mitarbeiter antworten. In einem Viertel der Unternehmen haben mehr als drei Viertel der Belegschaft geantwortet (79%). Das Unternehmen, bei dessen Befragung 91 Prozent der Mitarbeiterinnen und Mitarbeiter ge-

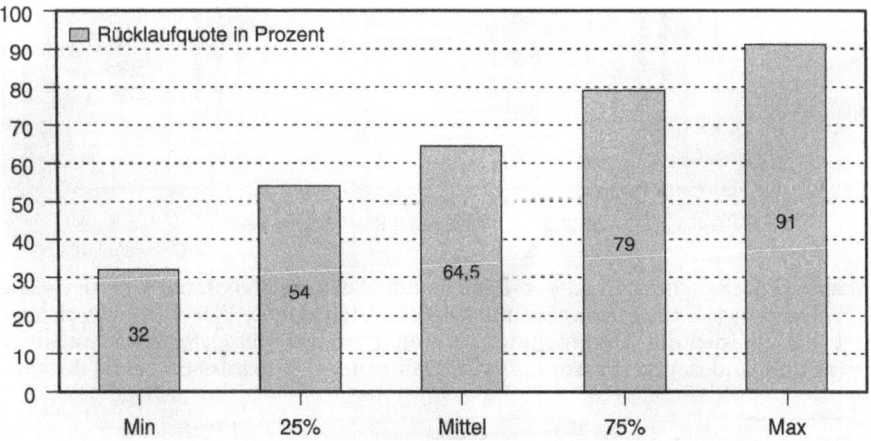

Abb. 13.4. Benchmarking der Rücklaufquote bei der ersten Mitarbeiterbefragung (26 Unternehmen mit n=10 027 Befragten)

antwortet haben, ist der Benchmark. Allerdings gibt es auch ein Unternehmen, in dem nur knapp ein Drittel der ausgegebenen Fragebögen ausgefüllt zurückgegeben wurde!

Das Unternehmen hat außerdem die Möglichkeit, sich zum Beispiel mit dem „Benchmark", also dem Unternehmen, das den höchsten Rücklauf hatte, darüber auszutauschen, wie die eigene Rücklaufquote verbessert werden kann. Übrigens gibt die Quote derjenigen, die die demographischen Angaben der Befragung ausgefüllt haben, weiteren Aufschluss über die Akzeptanz und die Mitarbeiterzufriedenheit. Fehlen bei einem hohen Anteil der Antwortenden hierzu die Angaben, so ist mit einer gewissen Plausibilität davon auszugehen, dass für dieses Ergebnis eine Misstrauenskultur und eine damit verbundene geringe Akzeptanz verantwortlich ist.

Die nächste Frage für das Unternehmen lautet, wie gut die Ergebnisse hinsichtlich des Betriebsklimas sind. Diese Frage lässt sich anhand des verwendeten Instrumentes[9] in Bezug auf fünf Dimensionen beantworten. Die Ergebnisse der Unternehmen des Modellvorhabens sind in Abb. 13.5 wiedergegeben. Daraus geht hervor, dass in einem Wertebereich, der von 1 bis 5 reicht, bspw. in Bezug auf die Beziehun-

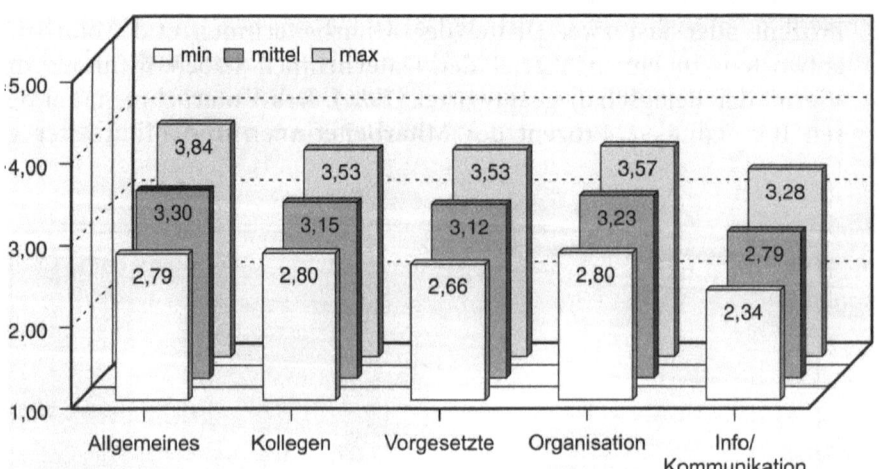

Abb. 13.5. Benchmarking der Dimensionen des Betriebsklimas in der ersten Befragung (26 Unternehmen mit n=10 027 Befragten). Werte (im Bereich von 1 bis 5), die die Unternehmen mit den besten (max), durchschnittlichen (mittel) und den verbesserungswürdigsten (min) Ergebnissen erreicht haben

---

[9] Eingesetzt wurde der um zwei Dimensionen verkürzte Fragebogen von v. Rosenstiel; siehe L. von Rosenstiel, Betriebsklima geht jeden an! München 1992.

gen zu den Vorgesetzten die Mitarbeiterinnen und Mitarbeiter der Unternehmen des Modellvorhabens im Mittel ungefähr die 3 mit der Bedeutung „teils/teils" vergeben. Der beste Wert liegt bei 3,53 und das Unternehmen, in dem die Mitarbeiterinnen und Mitarbeiter die Beziehungen zu den Vorgesetzten am kritischsten wahrnehmen, weist einen Wert von 2,66 auf. Vergleicht man diese Werte mit denen, die von Rosenstiel selbst angibt, so ergibt sich auf allen Dimensionen eine zum Teil deutlich schlechtere Bewertung. Hierfür können zwei plausible Erklärungen gegeben werden. Zum einen stimmt der Mix der Unternehmen, der den Referenzwerten von Rosenstiels zugrunde lag, nicht mit demjenigen des Modellvorhabens überein. Zum anderen wurden diese Werte aus Befragungen in den 80er Jahren gewonnen. In der Literatur ist festgestellt worden, dass sich das Betriebsklima in den Unternehmen seither verschlechtert hat.[10]

Ein Unternehmen kann durch den Vergleich der eigenen Ergebnisse mit denen anderer Betriebe konkrete Aktivitäten zur Verbesserung ableiten. Nun ist es nicht so, dass Verbesserungen nur in den Unternehmen angegangen wurden, die unterdurchschnittliche Resultate auf der einen oder anderen Dimension hatten. Ein systematischer Ansatz kann auch implizieren, dass ein Unternehmen mit überdurchschnittlichen Ergebnissen sich zum Ziel setzt, Benchmark zu werden oder im oberen Viertel zu landen. Dabei wird die Wirksamkeit der zur Zielerreichung realisierten Maßnahmen durch eine wiederholte Befragung kontrolliert.

Die zur Bewertung des Zielerreichungsgrades notwendigen Informationen können die Unternehmen aus den Auswertungen der bisher vorliegenden zweiten Befragungen, die in den meisten Fällen ungefähr zwei Jahre nach der Erstbefragung durchgeführt wurden, mit dem gleichen Instrument gewinnen. Diese sind aus der Abb. 13.6 ersichtlich. Demnach haben sich die Werte auf allen Dimensionen zumindest leicht – und dies über alle Unternehmen – verbessert. Es stehen allerdings den zum Teil bedeutsamen Verbesserungen auch Verschlechterungen gegenüber. Diese sind auf der Dimension „Information/Mitsprache" am ausgeprägtesten.

Bei der Suche nach den Gründen für die Verbesserungen wie für die Verschlechterungen muss allerdings immer im Auge behalten werden, dass in den Unternehmen gleichzeitig mit dem Versuch, ein integratives betriebliches Gesundheitsmanagement aufzubauen, auch an-

---

[10] H.-H. Noll, S. Weick, Starke Beeinträchtigung der Arbeitszufriedenheit durch Konflikte mit Vorgesetzten. In: Informationsdienst Soziale Indikatoren (ISI) Nr. 18 1997.

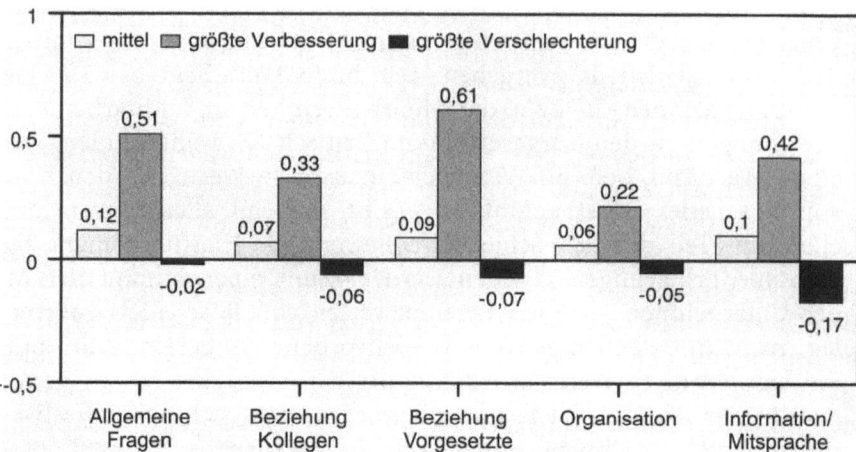

Abb. 13.6. Veränderungen in den Betriebsklimawerten in der zweiten gegenüber der ersten Befragung (16 Unternehmen mit n=6239 Befragten)

dere Prozesse wie die Schließung von Betriebsteilen, umfangreiche bauliche Veränderungen oder organisatorische Neuerungen realisiert werden. Eine zentrale zukünftige Aufgabe im Projekt wird deshalb sein zu evaluieren, welche in den Unternehmen gleichzeitig ablaufenden Veränderungsprozesse Chancen für Synergien zum Thema Gesundheit bieten und welche dem Gesundheitsthema Energie entziehen.

Kaum jemand wird bezweifeln, dass das Thema Betriebsklima ebenso wie die Mitarbeiterzufriedenheit wichtige Themen auch für betriebswirtschaftlich relevante Entwicklungslinien von Unternehmen darstellen. Es könnte aber berechtigterweise die Frage gestellt werden, ob denn neben den immer wieder behaupteten Beziehungen auch empirisch nachweisbare Relationen zwischen dem Betriebsklima und Kennzahlen der gesundheitlichen Situation gegeben sind. Hierfür liefern die im Rahmen des Modellvorhabens systematisch gesammelten und ausgewerteten Daten ebenfalls wichtige Erkenntnisse.

So zeigt die Abb. 13.7, dass für alle Dimensionen des Betriebsklimas eine negative Beziehung zum Krankenstand existiert. Dies heißt, dass bei hohen (das heißt „guten") Werten des Betriebsklimas der Krankenstand in der Tendenz geringer ausfällt als bei niedrigen Werten des Betriebsklimas. Dabei zeigt die Höhe der Säulen die Stärke des Zusammenhanges an. Am deutlichsten hängen in den Unternehmen die Fehlzeiten mit den wahrgenommenen Gegebenheiten der Organisation sowie den kollegialen Beziehungen zusammen. Gering ausgeprägt ist der Zusammenhang zur allgemeinen Wahrnehmung des

Das Bonus-Modellvorhaben – auf dem Weg zu einem Gesundheitsmanagement

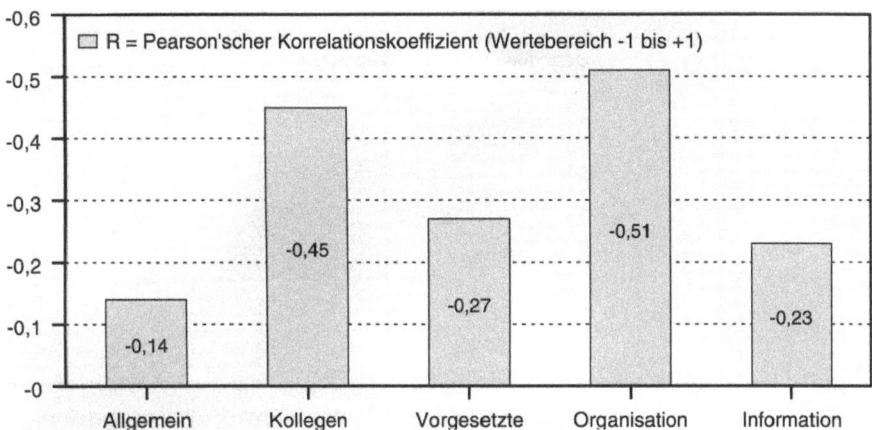

Abb. 13.7. Korrelationen zwischen den Betriebsklimawerten und dem Krankenstand in der zweiten Befragung (16 Unternehmen mit n = 6239 Befragten)

Unternehmens. Eine Verbesserung der Dimensionen des Betriebsklimas hat also einen mehr oder weniger starken positiven Effekt auf die Gesundheitssituation.

Nun bilden Fehlzeiten nur einen Teil der Gesundheitssituation ab. Viele Beschwerden gesundheitlicher Art führen nicht zu Fehlzeiten, sind aber als Frühwarnindikatoren und Hinweise für Verbesserungen der Arbeitssituation relevant. Deshalb werden im Rahmen des Vorhabens mehrere Dimensionen des subjektiven körperlichen Befindens mit Hilfe des Instrumentes von Fahrenberg[11] erhoben. Wie Abb. 13.8 zeigt, existieren relevante Zusammenhänge zwischen dem Allgemeinbefinden und den kollegialen wie den Beziehungen zu den Vorgesetzten. Muskulo-skelettale Schmerzen ebenso wie Gefühle der Anspannung und des Stresses zeigen ebenfalls deutliche Abhängigkeiten von den kollegialen Beziehungen.

Die Ergebnisse in dem Modellvorhaben belegen also die Wirkungszusammenhänge zwischen weichen Faktoren und der Gesundheitssituation. Die Betriebe der Bonusregelung wenden sich mit ihren Maßnahmen denn auch vermehrt solchen Aspekten zu, die gleichzeitig positive Auswirkungen auf das betriebswirtschaftliche Ergebnis haben.

---

[11] J. Fahrenberg, Die Freiburger Beschwerdeliste (FBL), Hogrefe Göttingen 1994.

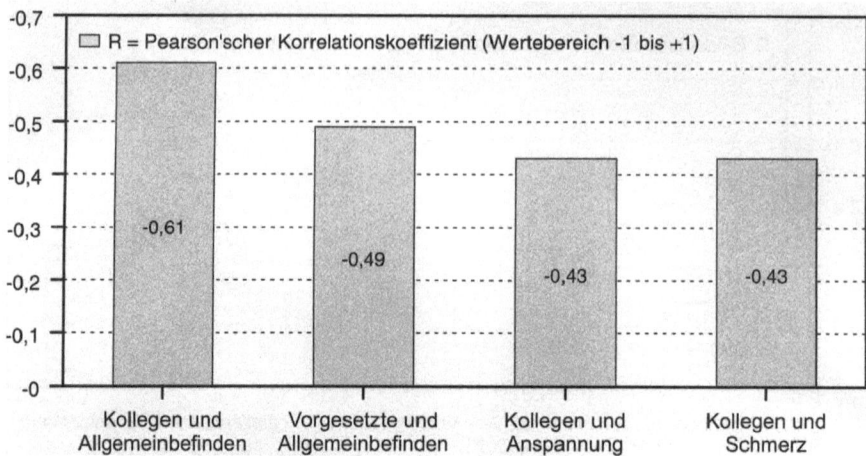

Abb. 13.8. Korrelationen zwischen Dimensionen des Betriebsklimas und Dimensionen der körperlichen Befindlichkeit in der zweiten Befragung (16 Unternehmen mit n = 6239 Befragten)

Trends in der Gesundheitssituation

Wie hat sich nun die gesundheitliche Situation in den Unternehmen insgesamt entwickelt? Zur Beantwortung dieser Fragen sollen hier die Kennzahlen für die körperlichen Befindlichkeit und die Fehlzeiten herangezogen werden.

In Bezug auf die Entwicklung der Fehlzeiten gibt die Abb. 13.9 erste Trends wieder. Die Abbildung basiert auf den Differenzen in den Krankenständen der AOK-Mitglieder zwischen den Jahren 1996, also dem Jahr, bevor die Unternehmen an dem Vorhaben teilnahmen und dem Jahr 1999. Das Ergebnis zeigt eine große Bandbreite an Veränderungen. Durchschnittlich sind die Fehlzeiten allerdings nur geringfügig zurückgegangen. Vor einer Bewertung dieses Ergebnisses ist im weiteren zu klären, welche Gründe für diese divergierenden Trends verantwortlich sind.

Hinsichtlich der Trends in der subjektiven Bewertung der körperlichen Befindlichkeit[12] ergibt sich ein ähnliches Bild wie in Bezug auf die Veränderungen in den Betriebsklimawerten. Neben einer leicht positiven Gesamtentwicklung zeigen sich in den einzelnen Unterneh-

---

[12] Dem Vorgehen von Fahrenberg folgend liegen die Werte für die Dimensionen der körperlichen Befindlichkeit dabei in einem Bereich von 8 bis 40, wobei 40 bedeutet, dass die zu den Dimensionen gehörigen einzelnen Beschwerden (fast) täglich auftreten.

Das Bonus-Modellvorhaben – auf dem Weg zu einem Gesundheitsmanagement

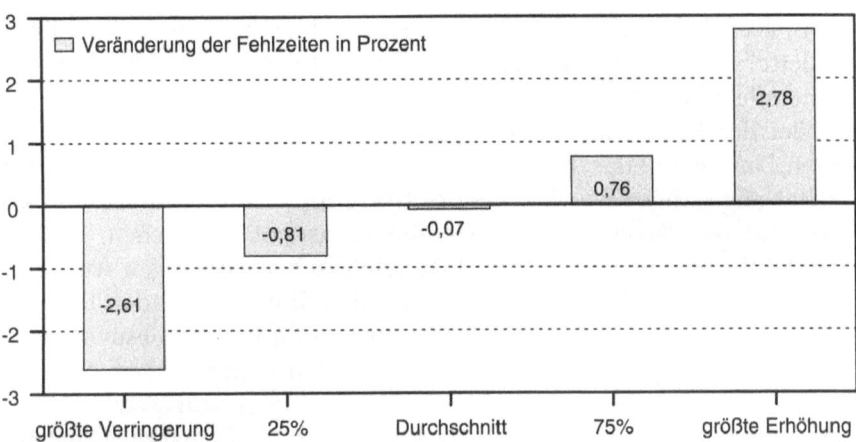

Abb. 13.9. Trends im Krankenstand 1999 gegenüber 1996 (25 Unternehmen mit n = 11 012 Mitgliedern 1999)

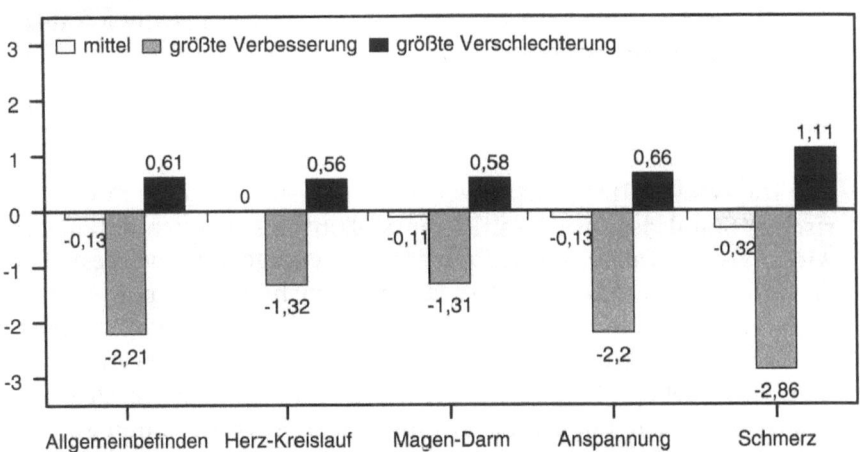

Abb. 13.10. Veränderung in den Werten der körperlichen Befindlichkeit zwischen der ersten und zweiten Befragung (16 Unternehmen mit n = 6239 Befragten)

men sehr unterschiedliche Entwicklungsmuster: Neben deutlichen Verbesserungen in den Werten bei einigen Unternehmen gibt es auch solche, in denen sich das subjektiv wahrgenommene körperliche Befinden verschlechtert hat.

Schaut man sich die einzelnen Dimensionen an, so ist die Verbesserung bei den muskulo-skeletalen Schmerzen im Durchschnitt am größten (Abb. 13.10). Dies ist plausibel, haben doch die meisten Unternehmen, wenn sie krankheitsspezifische Interventionen gewählt haben, hier interveniert. Außerdem stehen hier auch mit einer breiten Palette von arbeitsgestalterischen Erkenntnissen die Grundlagen für eine effektive Intervention zur Verfügung.

Bei der Bewertung dieser Ergebnisse zeigt sich, dass in Unternehmen, in denen das betriebliche Gesundheitsmanagement systematischer angegangen wurde, eine positivere Entwicklung im Gesundheitszustand der Beschäftigten zu erkennen ist als in solchen, in denen eher inkonsequent und/oder unsystematisch vorgegangen wurde. Dabei bedeutet das Wort „systematisch", dass die betreffenden Unternehmen kennzahlengestützt die Schlüsselprozesse für die Gesundheit und ein effizientes Gesundheitsmanagement identifiziert haben. Sie haben eigene Ziele definiert und hierauf Maßnahmen aufgesetzt. Systematisch bedeutet auch, dass die Wirksamkeit der Maßnahmen überprüft wurde und in dem Fall, in dem sich die Wirkungslosigkeit einer Maßnahme feststellen ließ, Konsequenzen gezogen wurden.

Zu erkennen ist auch, dass sich Restrukturierungsmaßnahmen, die den Zielen des Vorhabens konträr entgegenstehen, negativ auf den Gesundheitszustand auswirken.

Ausblick

Die vorgestellten Ergebnisse geben einen ersten Einblick in den empirischen Stand des Projektes. Es muss allerdings deutlich darauf hingewiesen werden, dass hier lediglich Zwischenergebnisse vorgestellt werden. Da das Vorhaben aller Voraussicht nach noch weitere vier Jahre läuft, können sich in der Evaluation zu Ende der Laufzeit abweichende Ergebnisse zeigen. Dies ist allerdings auch intendiert, denn die hier vorgestellten Ergebnisse dienen den Beteiligten im Projekt zur Überprüfung der Effektivität des bisherigen Vorgehens und zur kontinuierlichen Anpassung und Verbesserung. Das gilt sowohl für die in den Betrieben durchgeführten Maßnahmen als auch auf Seiten der AOK für die Kriterien und Kennzahlen der Bewertung. Der Ansatz versucht damit, das vorhandene Instrumentarium für OE-Prozesse zu bewerten und zu optimieren, um somit auch über das Projekt hinaus eine größere Wirksamkeit des AOK-Ansatzes eines integrativen Gesundheitsmanagements zu erreichen.

Literatur

[1] Broschüre „AOK Bonus" Gewinn für das ganze Unternehmen, AOK – Die Gesundheitskasse für Niedersachsen

[2] Drupp, M, Osterholz, U: „Prospektiver Beitragsbonus" – Ein Projekt der AOK Niedersachsen zur Förderung von integrativen Gesundheitsmaßnahmen in der Arbeitswelt. In: Rosenbrock, R, Müller, R: Betriebliches Gesundheits-Management, Arbeitsschutz und Gesundheitsförderung – Bilanz und Perspektiven, St. Augustin, 1998

[3] Fahrenberg, J: Die Freiburger Beschwerdeliste (FBL), Hogrefe Göttingen 1994

[4] Friedag, H R, Schmidt, W: Balanced Scorecard, Haufe Freiburg 1999

[5] Gesellschaft für Arbeitswissenschaft e.V. (Hrsg.) „Zukunft der Arbeit in Europa: Gestaltung betrieblicher Veränderungsprozesse" Dokumentation der GfA-Herbstkonferenz an der Universität Hannover 29.09.–01.10.99. Dortmund GfA Press 1999

[6] Müller, R, Rosenbrock, R: Betriebliches Gesundheitsmanagement. Arbeitsschutz und Gesundheitsförderung – Bilanz und Perspektiven. Asgard St. Augustin 1998

[7] Noll, H-H, Weick, S: Starke Beeinträchtigung der Arbeitszufriedenheit durch Konflikte mit Vorgesetzten. In: Informationsdienst Soziale Indikatoren (ISI) Nr. 18 1997

[8] von Rosenstiel, L: Betriebsklima geht jeden an! München 1992

[9] Zink, K J, Thul, M J: „Gesundheitsassessment – ein methodischer Ansatz zur Bewertung von Gesundheitsförderungsmaßnahmen." In: Rosenbrock, R, Müller, R: Betriebliches Gesundheits-Management, Arbeitsschutz und Gesundheitsförderung – Bilanz und Perspektiven, St. Augustin, 1998

[10] Zink, K J: „Künftige Rolle der Arbeitswissenschaft in betrieblichen Veränderungsprozessen – Zusammenfassung." In: „Zukunft der Arbeit in Europa: Gestaltung betrieblicher Veränderungsprozesse" Dokumentation der GfA-Herbstkonferenz an der Universität Hannover 29.09.–01.10.99 (GfA in Kooperation mit der Zukunft der Arbeit/Expo 2000 GmbH)

KAPITEL 14

Intervention und Evaluation im DaimlerChrysler-Werk Berlin: Das Change Assessment Inventar (CAI) als Evaluationsinstrument des Gesundheitsmanagements

H. Pfaff · J. Bentz

Ausgangslage und Problemstellung

Die Bewertung der betrieblichen Gesundheitsförderung stellt in Deutschland eine Zukunftsaufgabe dar. Um die richtigen Entscheidungen über das Ob und Wie der Gesundheitsförderung treffen zu können, verlangen die Betriebe zunehmend eine fundierte, wissenschaftliche Bewertung des Gesundheitsmanagements. Deshalb wurden von Seiten der Wissenschaft und der Krankenkassen entsprechende Modelle zur Bewertung der Strukturen und Prozesse des Gesundheitsmanagements entwickelt [3, 6, 10, 29]. Wie aber bewertet man die Ergebnisqualität des Gesundheitsmanagements? Einige Forscher zielen darauf ab, die Wirksamkeit von Gesundheitsförderungsmaßnahmen mittels experimenteller bzw. quasi-experimenteller Untersuchungen zu prüfen [1, 2, 15]. Die Forderung nach experimenteller Evaluation stößt in der betrieblichen Praxis jedoch oft auf methodische, praktische und finanzielle Probleme. Daher stellt sich die Frage, wie man Maßnahmen der betrieblichen Gesundheitsförderung praktikabel und sparsam evaluieren kann, ohne auf wichtige qualitätssichernde Standards der empirischen Sozialforschung verzichten zu müssen.

Aufgabe dieses Artikels ist es, ein zu diesem Zweck entwickeltes Instrument, das Change Assessment Inventar, vorzustellen und seine Möglichkeiten und Grenzen an einem Praxisbeispiel zu erläutern.

Das Change Assessment Inventar (CAI) als exploratives Evaluationsinstrument

Ziel des Change Assessment Inventars (CAI) ist es, die subjektiv erlebte Veränderung der Arbeits- und Organisationswelt mittels eines standardisierten Fragebogens in knapper Form zu erfassen. Das Change Assessment Inventar ist ein exploratives Evaluationsinstrument. Die Erhebung subjektiver Veränderungseinschätzungen wird auch als direkte Veränderungsmessung bezeichnet [25]. Sie ist die Alternative zur indirekten Veränderungsmessung, die in Form der Vorher-Nachher-Messung durchgeführt wird. Die direkte Form der Veränderungsmessung stellt aus der kognitiv-phänomenologischen Perspektive eine theoretisch sinnvolle Form der Datenerhebung dar. Die Wahrnehmung von Veränderungen („perceived change") ist ein alltäglicher psychosozialer Vorgang, der – unabhängig vom „Wahrheitsgehalt" der Wahrnehmung – emotions- und handlungsrelevant ist. Die retrospektive Veränderungsmessung ist daher sinnvoll, wenn man sich für die kognitiven, emotionalen und verhaltensbezogenen Konsequenzen wahrgenommener Veränderung interessiert. Veränderungsmessungen können mit Ursachenzuschreibung (z. B. „Durch die Gesundheitswerkstatt hat sich die Qualität der Gespräche mit dem Vorgesetzten verbessert/verschlechtert") oder ohne Ursachenzuschreibung (z. B. „Die Qualität der Gespräche mit dem Vorgesetzten hat sich verbessert/verschlechtert") erfolgen. Da in der betrieblichen Praxis viele Faktoren als Ursache für eine Veränderung in Frage kommen, empfiehlt es sich, keine Ursachenzuschreibung vorzunehmen, sondern allgemein nach den Veränderungen zu fragen.

Die Anwendungsgebiete der Technik der Veränderungsbeurteilung sind vielfältig. Genutzt wird diese Methode zum Beispiel zur Evaluation von Rehabilitationsprogrammen [18, 19, 25] und zur Bewertung von Organisationsentwicklungsprogrammen [4]. Ein weiteres wichtiges Anwendungsgebiet ist die Evaluation von Change-Management-Prozessen, die in Industrie und Verwaltung immer häufiger eingeleitet werden [9, 14].

Stichprobe

Die Mitarbeiterbefragung, in deren Rahmen das Change Assessment Inventar eingesetzt wurde, fand im Jahr 1997 im Werk Berlin der heutigen DaimlerChrysler AG statt. Die Befragung basierte auf einer per Zufallsverfahren gezogenen Stichprobe von 910 Werksangehörigen. Die Stichprobe wurde aus der Grundgesamtheit aller Werksangehörigen gezogen, die seit 1995, dem Beginn des zu evaluierenden Gesundheitsförderungsprojektes, im Werk beschäftigt waren. Damit wurde sichergestellt, dass die Befragten die Veränderungen der letzten zwei Jahre beurteilen konnten. Die Befragung, an der sich 431 Personen beteiligten (Rücklaufquote: 47%), wurde postalisch im Herbst 1997 unter Anwendung eines systematischen Erinnerungsverfahren [8] durchgeführt. Ein Vergleich der Teilnehmerstruktur mit der Struktur der gezogenen Stichprobe ergab, dass sie hinsichtlich der Merkmale

Geschlecht und Abteilungszugehörigkeit weitgehend übereinstimmen. Unter den Teilnehmern sind die Angestellten, die Führungskräfte und die Personen mit deutscher Staatsangehörigkeit leicht überrepräsentiert.

Das Messinstrument

Die Themen Kooperation, Kommunikation und Vertrauen sind zentrale Dimensionen des Change Managements [9]. Aus den im Werk Berlin durchgeführten qualitativen Befragungen ging zudem hervor, dass diese Themen auch aus Sicht der Mitarbeiter gesundheits- oder motivationsrelevant sind und zentrale Problembereiche darstellen. Aus diesen Gründen war das Ziel der Instrumentenentwicklung, einen kurzen, standardisierten Fragebogen zur Erfassung des subjektiv erlebten Wandels der Kooperations-, Kommunikations- und Vertrauensbeziehungen in Organisationen zu entwickeln. Im Mittelpunkt des auf diese Weise entwickelten „Change Assessment Inventars" steht die Frage, ob sich aus Sicht des Befragten der Zustand der Kooperation, Kommmunikation und Organisation in einem definierten Zeitraum verbessert oder verschlechtert hat oder gleichgeblieben ist. Der nach theoretischen Gesichtspunkten entwickelte Fragebogen wurde vor dem Einsatz einem Pretest unterzogen.

Zur Konstruktion der Skalen des CAI wurden Faktorenanalysen und Reliabilitätsanalysen durchgeführt. Tabelle 14.1 zeigt das Ergebnis der Faktorenanalyse. Die Faktorenextraktion erfolgte unter Zuhilfenahme theoretischer Überlegungen und methodischer Kriterien [13]. Es konnten auf diese Weise vier Faktoren identifiziert und entsprechende Skalen gebildet werden. Diese sollen im Folgenden kurz vorgestellt werden.

- **Veränderung des Führungsstils.** Diese Skala soll die wahrgenommene Veränderung im Verhalten des Vorgesetzten und in der Vorgesetzten-Mitarbeiter-Beziehung erfassen (Anzahl der Items: 5; Cronbachs Alpha: 0,92)
- **Veränderung des Teamgeistes.** Diese Skala erhebt aus der Sicht des Befragten die qualitative Veränderung des Vertrauens- und Kooperationsklimas zwischen den Kollegen einer Arbeitsgruppe (Anzahl der Items: 3: Cronbachs Alpha: 0,92).
- **Veränderung der Organisationseffizienz.** Mit dieser Skala soll erfasst werden, ob sich die Ergebnisqualität, das Kostenbewusstsein und die Verantwortungszuordnung aus Sicht der Mitarbeiter ver-

Tabelle 14.1. Faktorenanalyse der perzipierten Veränderungseinschätzungen: Faktorladungen (n = 376)

	Faktor			
	1	2	3	4
Die Zusammenarbeit mit dem Vorgesetzten hat sich insgesamt [1,2] ...	0,84	0,16	0,14	0,21
Die Unterstützung durch den Vorgesetzten hat sich [2] ...	0,83	0,17	0,12	0,24
Die Regelmäßigkeit der Gespräche mit dem Vorgesetzten hat sich [2] ...	0,78	0,13	0,16	0,10
Die Qualität der Gespräche mit dem Vorgesetzten hat sich [2] ...	0,84	0,16	0,19	0,16
Der Vorbildcharakter des Vorgesetzten hat sich [2] ...	0,83	0,13	0,18	0,18
Die Zusammenarbeit mit den Kollegen/-innen hat sich [3] ...	0,20	0,86	0,16	0,19
Das gegenseitige Vertrauen unter den Kollegen/-innen hat sich [3] ...	0,19	0,87	0,15	0,26
Das Verständnis füreinander hat sich unter den Kollegen/-innen [3] ...	0,20	0,87	0,13	0,24
Die Qualität der Produkte/Leistungen des Centers hat sich [4] ...	0,27	0,10	0,63	0,12
Das Kostenbewusstsein im Center hat sich [4] ...	0,07	0,11	0,83	0,07
Die Kostentransparenz (Kostenklarheit) im Center hat sich [4] ...	0,08	0,09	0,79	0,16
Die Festlegung der Verantwortung im Center hat sich [4] ...	0,27	0,16	0,68	0,28
Das allgemeine Betriebsklima hat sich [5] ...	0,24	0,27	0,22	0,77
Das Verständnis füreinander im Werk hat sich [5] ...	0,22	0,25	0,21	0,84
Das Vertrauen zueinander hat sich im Werk [5] ...	0,27	0,24	0,19	0,83

Hauptkomponentenanalyse (Varimax-Rotation)
[1] Antwortkategorien: „stark verbessert" (1), „verbessert" (2), „weder/noch" (3), „verschlechtert" (4), „stark verschlechtert" (5); Zahlen in der Klammer: zugeordneter Zahlenwert
[2] Skala: Veränderung des Führungsstils
[3] Skala: Veränderung des Teamgeistes
[4] Skala: Veränderung der Organisationseffizienz
[5] Skala: Veränderung des Betriebsklimas

bessert oder verschlechtert hat (Anzahl der Items: 4; Cronbachs Alpha: 0,79).
- **Veränderung des Betriebsklimas.** Diese Skala erfasst die wahrgenommene Veränderung im gegenseitigen Verstehen und Vertrauen auf der Ebene des Gesamtbetriebs aus Sicht der Mitarbeiter (Anzahl der Items: 3; Cronbachs Alpha: 0,89).

Gesundheitsmanagement im DaimlerChrysler-Werk Berlin

Zur Senkung der Fehlzeiten und zur Verbesserung der Gesundheit der Beschäftigten wurde im Sommer 1995 im Werk Berlin der DaimlerChrysler AG ein Gesundheitsförderungsprojekt gestartet [24]. Die Projektgruppe setzte sich aus Vertretern der einzelnen Hauptabteilungen (Center), der Personalabteilung, des Betriebsrates, der Betriebskrankenkasse sowie aus Experten des Arbeits- und Gesundheitsschutzes (Werksarzt, Psychosozialer Dienst, Arbeitssicherheit) und einem externen Wissenschaftler zusammen. Das Konzept des Gesundheitsmanagements im Werk Berlin des DaimlerChrysler Konzerns basiert darauf, neben dem traditionellen Arbeits- und Gesundheitsschutz und der Verhaltensprävention vor allem verhältnisorientierte Gesundheitsförderung zu betreiben. Die Schaffung gesundheitsförderlicher Verhältnisse im Sinne gering belastender und hoch unterstützender Strukturen und Prozesse sollte mit Hilfe der Methode des „datengestützten Lernkreislaufs" [20] erreicht werden. Lernzyklen bilden den rationalen Kern des betrieblichen Gesundheitsmanagements [3]. Im datengestützten Lernzyklus erfolgt das Lernen auf der Basis von Daten und nicht auf der Grundlage von persönlichen Eindrücken und Erfahrungen. Der Zyklus besteht aus den Kernprozessen: Diagnose, Intervention und Evaluation.

Diagnose

Keine Maßnahme ohne Diagnose. Dieses Grundprinzip des Change Managements [9] gilt auch für das betriebliche Gesundheitsmanagement. Unter einer Organisationsdiagnose verstehen wir eine problem- und interventionsorientierte Organisationsanalyse [21]. Ziel der Organisationsdiagnose im Werk Berlin war es, sowohl das Wissen von Experten als auch das Erfahrungswissen der Beschäftigten zu nutzen. Mittels der Technik der diskursiven Validierung der Expertenergebnisse [11] wurden beide Wissensbestände verbunden. Damit konnte die Diagnose auf eine breite und valide Basis gestellt werden. Im untersuchten Betrieb wurde über das Instrument der Mitarbeiterbefragung und das Instrument der Gesundheitswerkstatt eine Diagnose des Organisations- und Gesundheitszustands erstellt, und zwar von Experten und Mitarbeitern. Wird eine Organisationsdiagnose von Experten durchgeführt und gestellt, sprechen wir von einer Expertendiagnose. Wenn eine Organisationsdiagnose von Mitarbeitern durchgeführt und das Ergebnis gemeinsam getragen wird, bezeichnen wir dies als Mitarbeiterdiagnose.

Mitarbeiterbefragung. Die Expertendiagnose erfolgte auf der Basis einer werksweiten Mitarbeiterbefragung, die 1995 stattfand. An der Untersuchung nahmen 81,5 Prozent der Werksangehörigen (n=2201) teil. Neben Wohlbefinden und körperlichen Beschwerden wurden psychosoziale Belastungen (z.B. Arbeitsintensität, Mobbing), psychosoziale Ressourcen (z.B. Teamgeist) und Dimensionen der Organisationskultur erhoben. Auf dieser Datenbasis wurde von dem externen Wissenschaftler für jeden Produkt- bzw. Leistungsbereich im Werk eine eigene Organisationsdiagnose erstellt, die in Form eines schriftlichen Kurzberichts zurückgemeldet wurde. Dieser Organisationsdiagnose-Report enthielt neben einfachen Häufigkeitsauswertungen eine Problem-„Hitliste" des Organisationsbereichs, eine Liste regressionsanalytisch identifizierter Prädiktoren des Gesundheits- und Motivationszustands und eine Benennung der Probleme, bei denen aufgrund der Auswertungsergebnisse Handlungsbedarf bestand.

Die Gesundheitswerkstatt. Um von der Expertendiagnose zu einer Diagnose zu gelangen, die von den Mitarbeitern gestellt und mitgetragen wird (Mitarbeiterdiagnose), fanden in fast allen Produkt- und Leistungsbereichen (n=35) sowie in ausgewählten Kostenstellen (n=9) des Werkes eintägige, moderierte Gesundheitswerkstätten statt. An einer Gesundheitswerkstatt nahmen maximal 12 Mitarbeiter teil, die von den Kollegen ihres Bereichs bestimmt wurden. Das Konzept der Gesundheitswerkstatt unterscheidet sich in seinem Kernbereich von dem Konzept des Gesundheitszirkels [12, 26, 28] vor allem hinsichtlich der Häufigkeit der Sitzungen (eine Sitzung statt mehrere Sitzungen), der Gesamtdauer (eintägig statt mehrere Wochen oder Monate) und des Charakters (Workshop statt Projekt). Gesundheitszirkel sind „zeitlich befristete Projektgruppen" [27, S. 27]. Eine Gesundheitswerkstatt ist dagegen ein Workshop, der mit Hilfe der Technik der Gruppendiskussion [23] durchgeführt wird. Sie hat nicht nur eine Diagnose- und Planungsfunktion, sondern auch eine Anstoßfunktion. Die Gesundheitswerkstatt soll das soziale System „Abteilung" anregen, in einen selbständigen, gesundheitsbezogenen Lernprozess einzustei-

Tabelle 14.2. Struktur der Gesundheitswerkstatt

Gesundheitswerkstatt	
Diagnosewerkstatt	Interventionswerkstatt (Planungswerkstatt)

gen. Die konkrete Anwendung der Methode der Gesundheitswerkstatt im Werk Berlin führte in zwei Punkten, die für den Charakter der Methode nicht zentral sind, zu zusätzlichen Besonderheiten im Vergleich zum Gesundheitszirkel-Ansatz. So wurden die Vorgesetzten nicht dauerhaft, sondern phasenweise einbezogen, und zwar am Anfang und am Ende (Anwesenheit bei der Rückmeldung der Ergebnisse der Expertendiagnose und bei der Interventionsplanung). Weiter wurde die Gesundheitswerkstatt nicht nur in gesundheitlich problematischen Organisationsbereichen, sondern auch in allen übrigen Organisationsbereichen des Werkes durchgeführt. Konkretes Ziel der Gesundheitswerkstatt war es, für das diagnostizierte Hauptproblem der Abteilung Lösungen zu finden, die die Gesundheit fördern und/ oder die Arbeitszufriedenheit erhöhen. Die Gesundheitswerkstatt wurde dazu in eine Diagnosewerkstatt (vormittags) und eine Interventionswerkstatt (nachmittags) unterteilt (Tabelle 14.2) [24].

Diagnosewerkstatt. Im Rahmen der Diagnosewerkstatt wurden die Ergebnisse der Expertendiagnose an die Mitarbeiter und Führungskräfte des jeweiligen Produkt- bzw. Leistungsbereichs mündlich zurückgemeldet. In Abwesenheit der Führungskräfte wurden sie anschließend von den Mitarbeitern kritisch diskutiert und durch eigene diagnostische Beiträge ergänzt oder ersetzt. Ergebnis dieser diskursiven Validierung der Expertenergebnisse war eine Mitarbeiterdiagnose, bei der die Mitarbeiter des jeweiligen Produkt- bzw. Leistungsbereichs (Abteilung) selbst die gesundheits- und motivationsbezogenen Probleme der Abteilung benannten und in eine Rangfolge brachten. Für das so identifizierte Hauptproblem stellten die Mitarbeiter unter Zuhilfenahme eines Leitfadens zur hypothesenorientierten Problemlösung [22] Alltagshypothesen bezüglich der Ursachen des Problems auf. Diese dienten als Grundlage für die Interventionsplanung.

Interventionswerkstatt (Planungswerkstatt). Ziel der Interventionswerkstatt war, zur Behebung des Hauptproblems eines Produkt- bzw. Leistungsbereichs einen Interventionsplan aufzustellen, der auf der Mitarbeiterdiagnose beruhte. Der Interventionsplan wurde von den

Mitarbeitern und den bei der Interventionswerkstatt wieder anwesenden Führungskräften (Meister, Produktbereichsleiter und Centerleiter) gemeinsam erarbeitet und beschlossen. Er enthielt Angaben darüber, wer was wie bis wann erledigen soll. Etwa die Hälfte der Aktionspläne und damit auch der in der Diagnosewerkstatt identifizierten Hauptprobleme bezog sich auf die Problembereiche „Führungsverhalten" und „Beziehung zwischen Kollegen".

Intervention

Im Werk Berlin der DaimlerChrysler AG wurde im Rahmen des Lernzyklus des Gesundheitsmanagements auf dreierlei Weise in das soziale System „Betrieb" interveniert: durch die Diagnose, durch formale Gestaltungsmaßnahmen auf der Ebene des Gesundheitsmanagements und durch die in den Gesundheitswerkstätten beschlossenen Gesundheitsförderungsmaßnahmen.

Indirekte Intervention durch die Organisationsdiagnose und die gesundheitsmanagementbezogenen Organisationsmaßnahmen. Mitarbeiterbefragungen dienen zwar in erster Linie der Diagnose, ihnen kommt aber auch eine Interventionsfunktion zu [16]. Sie stellen, wie die Gesundheitswerkstätten auch, diagnostische Eingriffe in das System „Betrieb" dar, die es unspezifisch anregen und die zum Beispiel zur Sensibilisierung gegenüber den abgefragten Themen führen können.

Eine andere Form der Intervention stellt die Überführung des Gesundheitsförderungsprojektes in die Linienverantwortung dar. Die Verantwortung für die Aufgabe, die Fehlzeiten über Gesundheitsförderungsmaßnahmen zu senken, ging vom Projektleiter schrittweise an die Leiter der einzelnen Center (Hauptabteilungen) über. Mit ihnen schließt der Werkleiter jährliche Zielvereinbarungen zu den Fehlzeiten ab. In jedem Center wurden zur Unterstützung des Centerleiters dauerhafte Arbeitsgruppen („Initiativgruppen") eingerichtet, die die konkrete Umsetzungsarbeit leisten [17, 24].

Direkte Intervention durch die Gesundheitsförderungsmaßnahmen. Bei den Gesundheitsförderungsmaßnahmen, die in den Gesundheitswerkstätten beschlossen wurden, handelt es sich um direkte Interventionen. Die Maßnahmen zielten

- entweder auf die Verminderung von Gefährdungspotenzialen (z. B. durch Schaffung neuer Absauganlagen, Erarbeitung von Konzepten zur Verringerung des Zeitdrucks, Maßnahmen gegen Mobbing in

der Arbeitsgruppe und Verringerung der Arbeitsüberlastung mittels Optimierung des Auftragsdurchlaufs)
- oder auf die Verbesserung von Gesundheitspotenzialen (z. B. durch Teamentwicklung, Entwicklung von Kriterien zur Verbesserung der Gruppenarbeit, Weiterbildung bezüglich neuer EDV-Programme, Verbesserung der Personalentwicklung, Optimierung der Arbeitsbewertung und Anwendung des Patenmodells beim Anlernen neuer Mitarbeiter).

Die Gesundheitsförderungsmaßnahmen wurden in das bestehende KVP-Werksprogramm (KVP: „kontinuierlicher Verbesserungsprozess") integriert und mit Hilfe einer „Kick-off"-Veranstaltung für Führungskräfte eingeleitet. Wie eine eigens durchgeführte Umsetzungsbefragung ergab, wurden die Gesundheitswerkstätten und die aus ihnen hervorgegangenen Aktionspläne von den Beschäftigten mehrheitlich positiv eingeschätzt.

Explorative Ergebnisevaluation mit Hilfe des Change Assessment Inventars

Die ergebnisorientierte Evaluation des betrieblichen Gesundheitsmanagements ist kein leichtes Unterfangen, da sich moderne Betriebe fortwährend wandeln. Im Werk Berlin der DaimlerChrysler AG fanden zeitgleich zum Gesundheitsförderungsprojekt viele Aktivitäten mit Interventionscharakter statt, wie die Einführung neuer Produktlinien, die Zertifizierung im Rahmen des Qualitätsmanagements und die Durchführung eines werksweiten Kommunikationsprogramms und sonstiger Werksentwicklungsmaßnahmen, um nur einige Beispiele zu nennen. Die Durchführung hypothesenprüfender Evaluation mittels experimenteller oder quasi-experimenteller Methoden wird unter diesen Bedingungen extrem erschwert. Als Alternative bietet sich an, eine explorative Evaluation durchzuführen und dabei Hypothesen zu generieren statt zu testen. Das auf der Technik der direkten Veränderungsmessung beruhende Change Assessment Inventar eignet sich zur explorativen Evaluation, weil es erlaubt, Hypothesen auf der Basis reliabler Daten zu generieren.

Ergebnisse. Da sich knapp die Hälfte der Aktionspläne im Werk auf die Problembereiche Führungsstil und Beziehung zwischen Kollegen bezog, wurde untersucht, ob sich aus Sicht der Mitarbeiter bei diesen Dimensionen in den letzten zwei Jahren Änderungen ergeben haben. Die Ergebnisse der durchgeführten Analysen zeigen, dass Verbesserungen zu verzeichnen sind. Bei der Zieldimension „Veränderung des

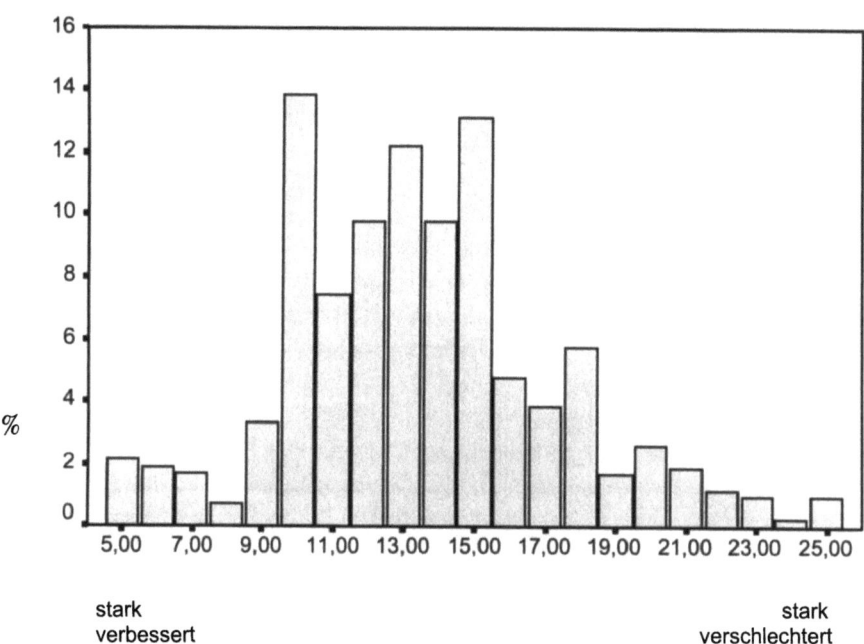

Abb. 14.1. Veränderung des Führungsstils (n = 418)

Führungsstils" (Abb. 14.1) ist ein relativ deutlicher Trend zur Verbesserung erkennbar. Der Mittelwert beträgt 13,49 auf einer Skala, die von 5 (starke Verbesserung in allen Punkten) bis 25 (starke Verschlechterung in allen Punkten) reicht und deren Mitte bei 15 liegt. Wie sehen die Ergebnisse im Einzelnen aus? Jeder zweite Befragte ist der Ansicht, dass die Gespräche mit dem direkten Vorgesetzten regelmäßiger als früher stattfinden (tendenziell verbessert: 49,5%; weder/noch: 37%; tendenziell verschlechtert: 13,4%). Auch die Qualität der Gespräche ist in den Augen der Befragten gestiegen (tendenziell verbessert: 43,7%, weder/noch: 43%, tendenziell verschlechtert: 13,3%), ebenso die Unterstützung durch den Vorgesetzten (tendenziell verbessert 43,7%; weder/noch: 40,3%; tendenziell verschlechtert: 16%). Dementsprechend ist für viele Mitarbeiter die Zusammenarbeit mit dem Vorgesetzten besser (47,7%) und für wenige (15,6%) schlechter geworden.

Aus Sicht der Mitarbeiter ist ein ähnlicher Trend – allerdings in etwas abgeschwächter Form – auch bei den Beziehungen zwischen den Kollegen erkennbar (vgl. Abb. 14.2). Der Mittelwert auf der Skala „Veränderung des Teamgeistes" weist auf eine verbesserte Situation hin. Auf einer Skala, die von 3 (starke Verbesserung in allen Punkten) bis 15 (starke Verschlechterung in allen Punkten) reicht und deren

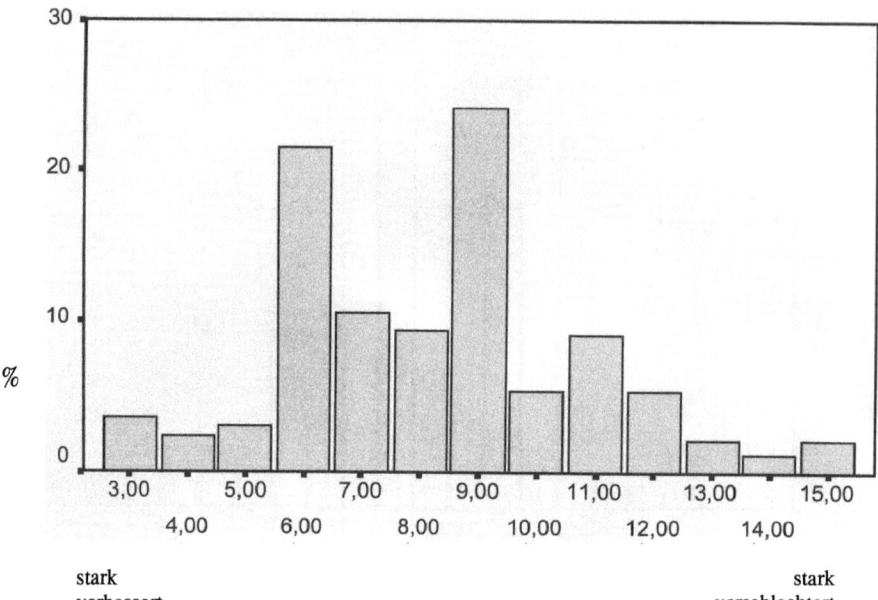

Abb. 14.2. Veränderung des Teamgeistes (n = 426)

Mitte bei 9 liegt, ist ein Mittelwert von 8,27 gegeben. Hinter dieser Zahl steht u.a. das Ergebnis, dass das gegenseitige Vertrauen unter den Kollegen aus Sicht jedes dritten Befragten (37,2%) gewachsen ist, während jeder fünfte Mitarbeiter (21,5%) eine Abnahme des gegenseitigen Vertrauens wahrnimmt. Auch das Verständnis füreinander hat nach Ansicht vieler Mitarbeiter zugenommen (tendenziell verbessert: 39,3%; weder/noch: 40,7%; tendenziell verschlechtert: 20,1%), ebenso die Kooperationsqualität (tendenziell verbessert: 46,7%; weder/noch: 38,5%; tendenziell verschlechtert: 14,8%).

Diskussion. Das Change Assessment Inventar erlaubt im Rahmen des hier eingesetzten Eingruppen-Posttest-Designs keine direkte Zuordnung der Veränderung zur durchgeführten Intervention. Hinter den festgestellten Veränderungen können viele Ursachen stehen. Man kann zwischen außerbetrieblichen, innerbetrieblichen und personenbedingten Einflüssen unterscheiden. Falls – wovon wir ausgehen – außerbetriebliche und personenbedingte Faktoren als alleinige Ursachen ausgeschlossen werden können, kann zumindest ein Teil der wahrgenommenen Veränderungen im Führungsstil und im Teamgeist auf innerbetriebliche Aktivitäten zurückgeführt werden. Die Gesamtaktivitäten im Werk haben – so unsere These – zu einer subjektiven Verbesserung der sozialen Beziehungen geführt. Die Frage, ob auch die Gesundheitswerkstätten zur Verbesserung der Kollegen- und Vorgesetztenbeziehungen beigetragen haben, kann auf der Basis der hier dargestellten Analysen nicht beantwortet werden.

Diese Vieldeutigkeit der Ergebnisse ist nicht nur auf die Verwendung der Technik der direkten Veränderungsmessung zurückzuführen, sondern auch auf das Eingruppen-Posttest-Design der Untersuchung. Dieser populationsbeschreibende Designtyp hat generell keine gute interne Validität [5, 7]. Andere Untersuchungsdesigns, wie etwa die „Nur-Nachher-Untersuchung mit einer Vergleichsgruppe", könnten in diesem Punkt etwas mehr Klarheit schaffen.

Nicht nur das Design der Untersuchung muss diskutiert werden, sondern auch das Change Assessment Inventar selbst. Ein Defizit des vorliegenden Inventars ist die Konzentration auf den Bereich Kooperation, Kommunikation und Interaktion und die damit verbundene Vernachlässigung anderer wichtiger Dimensionen wie Gesundheit und Arbeitsbelastungen. Ein weiteres Problem dieses Messinstruments besteht darin, dass die ihm zugrundeliegende Methode der direkten Veränderungsmessung im Gegensatz zur Methode der indirekten Veränderungsmessung (Vorher-Nachher-Vergleich) nicht für die klassische hypothesenprüfende Evaluation geeignet ist. Für die explorative Evaluation von Interventionen ist die Methode der direkten Veränderungsmessung jedoch unseres Erachtens sehr nützlich. Sie vermittelt Einblicke in die Welt der subjektiv erlebten Veränderungen. Weitere Vorteile der direkten Veränderungsmessung sind, dass in einfacher, aber reliabler Form festgestellt werden kann, wie sich die Qualität von Arbeit und Organisation aus Sicht der Mitarbeiter verändert hat und ob man mit den betrieblichen Aktivitäten insgesamt eher richtig oder eher falsch liegt. Nicht unterschätzt werden darf, dass mit der direkten Veränderungsmessung eine solide Datengrundlage zur Einschätzung des subjektiv erlebten Wandels zur Verfügung steht, auf der die nichtwissenschaftliche Suche nach den Ursachen des festgestellten Wandels aufbauen kann. Wird eine solche einfache Form der Veränderungsmessung nicht durchgeführt, können sich die Entscheidungsträger in der betrieblichen Praxis oft nur auf ihren subjektiven Eindruck verlassen, den sie von der Meinung der Beschäftigten haben. In diesem Fall steht nicht nur die Ursachenanalyse, sondern auch die Informationsgewinnung auf tönernen Füßen.

Zusammenfassung und Schlussfolgerung

Unser Ziel war es, ein Instrument zur explorativen Ergebnisevaluation von Interventionen, das Change Assessment Inventar (CAI), darzustellen und die Möglichkeiten und Grenzen seines Einsatzes am Beispiel der Evaluation eines Gesundheitsmanagementprogramms zu diskutieren. Das Inventar baut auf der Methode der direkten Veränderungsmessung auf und umfasst in seiner jetzigen Form vier Skalen. Bei der Verknüpfung dieses Inventars mit dem Eingruppen-Posttest-Design erfolgt die Datenerhebung nach wissenschaftlichen Standards, die Ursachenanalyse dagegen nicht. Im Rahmen der explorativen Evaluation kommt es nicht darauf an, dass das Ergebnis wissenschaftlich exakt einer Ursache zugeordnet werden kann, sondern dass unter den Führungskräften ein Diskussionsprozess über die möglichen Ursachen ausgelöst wird. Dadurch wird es möglich, organisationale Lernprozesse auf der Basis von Daten zu initiieren. Aufgrund der Vor- und Nachteile, die mit der Technik der direkten Veränderungsmessung verbunden sind, scheint es angebracht zu sein, sie möglichst in Kombination mit Vorher-Nachher-Messungen (indirekte Veränderungsmessungen) einzusetzen. Auf diese Weise kann die interne Validität einer Evaluationsuntersuchung gesteigert werden, ohne auf die Vorteile der direkten Veränderungsmessung – wie z. B. die Gewinnung von Informationen über handlungsrelevante Sichtweisen des betrieblichen Wandels – verzichten zu müssen.

Literatur

[1] Aust, B, R Peter und J Siegrist: Stress Management in Bus Drivers: A Pilot Study Based on the Model of Effort-Reward Imbalance, in: International Journal of Stress Management, Bd. 4, H. 4, 1997, S. 297–305.
[2] Aust, B, J Siegrist und R Peter: Theoriegeleitete Streßprävention bei personenbezogenen Dienstleistungsberufen – Das Beispiel innerstädtischer Busfahrer. In: Badura, B und J Siegrist (Hrsg): Evaluation im Gesundheitswesen, Weinheim, 1999.
[3] Badura, B, W Ritter und M Scherf: Betriebliches Gesundheitsmanagement – ein Leitfaden für die Praxis, Berlin, 1999.
[4] Borg, J: Mitarbeiterbefragungen. Göttingen, 1995.
[5] Bortz, J und N Döring: Forschungsmethoden und Evaluation, Berlin, 1995.
[6] Breucker, G: Europäische Qualitätskriterien betrieblicher Gesundheitsförderung: Ergebnisse des Europäischen Netzwerkes für betriebliche Gesundheitsförderung. In: Gesellschaft für Arbeitswissenschaft (Hrsg): Komplexe Arbeitssysteme – Herausforderung für Analyse und Gestaltung, Dortmund, 2000, S. 189–192.
[7] Cook, T D und D T Campbell: Quasi-Experimentation. Boston, 1979.
[8] Dillman, D A: Mail and Telephone Surveys. New York, 1978.

[9] Doppler, K und C Lauterburg: Change Management. Frankfurt a. M., 1998.
[10] Drupp, M und U Osterholz: „Prospektiver Beitragsbonus" – Ein Projekt der AOK Niedersachsen zur Förderung von integrativen Gesundheitsmaßnahmen in der Arbeitswelt. In: Müller, R. und R. Rosenbrock (Hrsg): Betriebliches Gesundheitsmanagement, Arbeitsschutz und Gesundheitsförderung. Sankt Augustin, 1998, S. 349–371.
[11] Flick, U, E v Kardorff, H Keupp, L. v. Rosenstiel und S. Wolff (Hrsg.): Handbuch Qualitative Sozialforschung. Weinheim, 1995.
[12] Friczewski, F: Gesundheitszirkel als Organisations- und Personalentwicklung: Der „Berliner Ansatz". in: Westermayer, G und B Bähr (Hrsg.): Betriebliche Gesundheitszirkel. Göttingen, 1994. S. 14–24.
[13] Gorsuch, R L: Factor Analysis, Hillsdale, New Jersey, 1983.
[14] Grässle, A A: Quantensprung. München, 1993.
[15] Gray, J A M: Evidence-based Healthcare. New York, 1997.
[16] Jöns, I: Formen und Funktionen von Mitarbeiterbefragungen. In: Bungard, W und I Jöns (Hrsg): Mitarbeiterbefragung. Weinheim, 1997.
[17] Müller, P: Gesundheitsförderung bei der DaimlerChrysler AG, Werk Berlin. In: Busch, Rolf (Hrsg): Autonomie und Gesundheit, München, 1999.
[18] Nübling, R, J Puttendörfer, W W Wittmann, J Schmidt und A Wittich: Evaluation psychosomatischer Heilverfahren – Ergebnisse einer Katamnesestudie. In: Rehabilitation, Bd. 34, 1995, S. 74–80.
[19] Nübling, R, J Schmidt und W W Wittmann: Langfristige Ergebnisse Psychosomatischer Rehabilitation. In: Psychother. Psychosom. med. Psychol., Bd. 49, 1999, S. 343–353.
[20] Pfaff, H: Das lernende Krankenhaus. In: Zeitschrift für Gesundheitswissenschaften, Bd. 5, 1997, S. 323–342.
[21] Pfaff, H: Organisationsdiagnose im Rahmen des betrieblichen Gesundheitsmanagements. In: Badura, B, W Ritter und M Scherf (Hrsg): Betriebliches Gesundheitsmanagement – ein Leitfaden für die Praxis, Berlin, 1999, S. 135–139.
[22] Pfaff, H und J Bentz: Vom Problem zur Aktion in drei Schritten. Ein Problemlösungs-Tool. Manuskript. Berlin 1997.
[23] Pfaff, H und J Bentz: Qualitative und quantitative Methoden der Datengewinnung. In: Schwartz, F W, B Badura, R Leidl, H Raspe, J Siegrist (Hrsg): Das Public-Health-Buch, München, 1998, S. 310–328.
[24] Pfaff, H, J Bentz und E Weiland: Kernprozesse: Diagnostik, Intervention und Evaluation. DaimlerChrysler AG, Werk Berlin. In: Bertelsmann-Stiftung und Hans-Böckler-Stiftung (Hrsg.): Handbuch „Erfolgreich durch Gesundheitsmanagement". Gütersloh, 2000.
[25] Schmidt, J, F Lamprecht, R Nübling und W W Wittmann: Veränderungsbeurteilungen von Patienten und von Haus- und Fachärzten nach psychosomatischer Rehabilitation – Ein katamnestischer Vergleich. In: Psychother. Psychosom. med. Psychol., Bd. 44, 1994, S. 108–114.
[26] Schröer, A und R Sochert: Gesundheitszirkel im Betrieb, Wiesbaden, 1997.
[27] Slesina, W: Gesundheitszirkel – der „Düsseldorfer Ansatz". in: Westermayer, G und B Bähr (Hrsg): Betriebliche Gesundheitszirkel. Göttingen, 1994. S. 25–34.
[28] Slesina, W, F-R Beuels und R Sochert: Betriebliche Gesundheitsförderung. Weinheim, 1998

[29] Zink, K J und Thul, M J: Gesundheitsassessment – ein methodischer Ansatz zur Bewertung von Gesundheitsförderungsmaßnahmen. In: Müller, R. und R. Rosenbrock (Hrsg.). Betriebliches Gesundheitsmanagement, Arbeitsschutz und Gesundheitsförderung, Sankt Augustin, 1998, S. 327–348.

Erfolgsfaktoren „gesunder" Betriebe

H. Kowalski

Das Institut für Betriebliche Gesundheitsförderung der AOK Rheinland fertigt jedes Jahr zwischen 600 und 1000 betriebliche Gesundheitsberichte, die den Firmen auf Wunsch halbjährlich oder jährlich präsentiert werden. Diese Berichte sind in aller Regel Auslöser für weitere Analysen des Fehlzeitengeschehens in den Unternehmen und sie sind Auftakt für Maßnahmen der betrieblichen Gesundheitsförderung. Die meisten Firmenkunden sind Mittelständler in der Größenklasse 50 bis 250 Beschäftigte. Sie verteilen sich über alle Branchen, mit einem hohen Anteil in der Automobil- und Zuliefererindustrie, im Handel und zunehmend im öffentlichen Dienst.

Maßgerechte betriebliche Gesundheitsprogramme

Aus nunmehr 15jähriger Erfahrung, zunächst in den Modellbereichen Gummersbach und Erftkreis, kann festgestellt werden, dass es in der betrieblichen Gesundheitsförderung zwar viele Standards gibt, jedoch spätestens bei der Maßnahmenumsetzung sehr individuell vorgegangen werden muss. Alle Einzelmaßnahmen oder Gesamtprogramme müssen sich an den betrieblichen Strukturen, Zielen, Erfahrungen und Denkweisen orientieren. Ohne Berücksichtigung der jeweiligen Unternehmenskultur, insbesondere der Führungs- und Kommunikationskultur, lassen sich Gesundheitsprogramme nicht erfolgreich implementieren.

Die Ziele betrieblicher Gesundheitsförderungsprogramme können dementsprechend sehr unterschiedlich sein. Zusätzlich differieren die Ziele innerhalb der Firmen auf den entsprechenden Ebenen. Die Unternehmensleitung kann zunächst andere Ziele verfolgen als das mittlere Management, als der Betriebsrat und als die Belegschaften einzelner Abteilungen oder letztendlich die einzelnen Mitarbeiterinnen und Mitarbeiter. Das Institut und sein Auftraggeber AOK Rheinland verfolgen vorrangig das Ziel, Krankheiten und Arbeitsunfähigkeitszeiten zu verhindern. Deshalb ist es notwendig, die Ziele, soweit sie voneinander abweichen, in einen gemeinsamen Zielkorridor zu leiten, bevor die Gesundheitsförderungsprogramme beginnen. Dazu eignet sich besonders gut ein Kick-off-Workshop mit der Unternehmensleitung, den Personalverantwortlichen, dem Betriebsrat, den Werksärzten, den Sicherheitsfachkräften, der AOK und dem Institut. Eine Verständigung auf einen gemeinsamen Zielkorridor gelingt in diesen Workshops sehr häufig. Dennoch verzichten viele Firmen darauf, das Ziel vor Beginn des Programms exakt zu definieren bzw. zu verfeinern und im gesamten Betrieb transparent zu machen. Das macht nur dann Sinn, wenn die Ziele sukzessive auf die verschiedenen Ebenen und Abteilungen heruntergebrochen werden sollen. Bei fortschreitender Programmdauer werden die Zieldefinitionen in diesem Sinne zumeist nachgeholt.

Wann ist ein betriebliches Gesundheitsprogramm erfolgreich?

Ohne exakt definiertes Ziel ist die Erfolgsmessung prinzipiell problematisch. Zumeist messen die Firmen den Erfolg oder Misserfolg der Gesundheitsförderung fast ausschließlich am Krankenstand. Auch der Aufwand für die Lohnfortzahlung wird als weiterer Parameter hinzugezogen. Vom Institut werden weitere Maßgrößen wie Entwicklung der Arbeitsunfähigkeits-Fallzahl, der durchschnittlichen Arbeitsunfähigkeitsdauer, der Entwicklung bestimmter Diagnosegruppen und ähnliche statistische Werte angeboten. Fast immer handelt es sich dabei jedoch um mehr oder weniger „harte" Faktoren.

Als Maßgröße für „weiche" Faktoren eignet sich zum Beispiel die Mitarbeiterumfrage, wenn sie in regelmäßigen Abständen (etwa alle zwei Jahre) wiederholt wird und Veränderungen erkennen lässt. Darin sind psychische Belastungsfaktoren, Kommunikationsverhalten, Betriebsklima und ähnliche Faktoren enthalten.

In der Eigeneinschätzung der meisten Firmen ist ein Gesundheitsförderungsprogramm jedoch bereits dann erfolgreich, wenn der Krankenstand gesunken ist. Diese Tatsache wird als solche hingenommen und eine wissenschaftliche Begründung wird nur in ganz seltenen Fällen erwartet. Umgekehrt gelten steigende Krankenstände als Maßstab für das Misslingen der Aktionen. Diese werden jedoch oft durch besondere Situationen, vor allem Einzelfälle wie schwere Unfälle, Herzinfarkte, Schlaganfälle oder Bandscheibenvorfälle erklärt, so dass der Misserfolg letztlich wieder relativiert wird.

Erfolgsfaktoren „gesunder" Betriebe

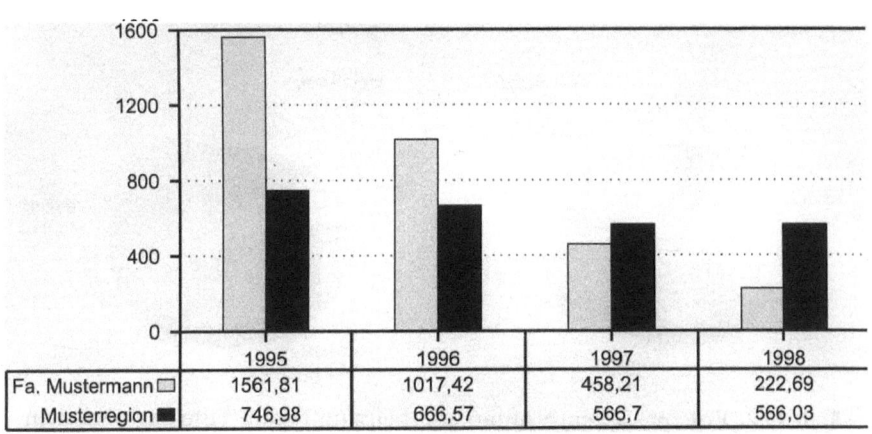

Abb. 15.1. Skeletterkrankungen: Arbeitsunfähigkeitstage 1995–1998 je 100 AOK-Mitglieder

Rückenerkrankungen gehen als Ergebnis von Interventionen zurück

Bekanntlich sind die Kausalitäten zwischen Ursache und Wirkung oftmals nur sehr schwer nachzuweisen. Relativ leicht gelingt das noch bei der Entwicklung von Skelett- und Muskelerkrankungen. Wenn die Statistik überdurchschnittliche Werte in dieser ICD-Diagnosegruppe gezeigt hat und ein zusätzliches Gutachten der Arbeitsplätze (häufig zusammen mit den Berufsgenossenschaften und den Sicherheitsfachkräften des Betriebes) rückenschädigende Organisationsabläufe und Verhaltensauffälligkeiten gezeigt haben, anschließend jedoch Investitionen in ergonomische Hilfsmittel und/oder durch Rückenschule und Hebe-Trage-Training in gesündere Verhaltensweisen stattgefunden haben, kann die weitere Entwicklung dieser Diagnosegruppe sehr genau verfolgt werden. Dabei müssen die Werte um durch Aussteuerung, Frühverrentung usw. ausgeschiedene Mitarbeiter bereinigt werden. Die o. g. Maßnahmen führen fast immer zu sinkenden Fallzahlen und kürzeren Arbeitsunfähigkeitszeiten. Allerdings ziehen sich solche Entwicklungen manchmal über drei bis fünf Jahre hin. Ein typisches Beispiel zeigt Abb. 15.1.

Wertung von „weichen" Faktoren

Sehr viel schwieriger ist die Kausalität bei den „weichen" Faktoren herzustellen. Hauptursache für überdurchschnittlich hohe Krankenstände ist in vielen Betrieben das falsche Führungsverhalten, speziell

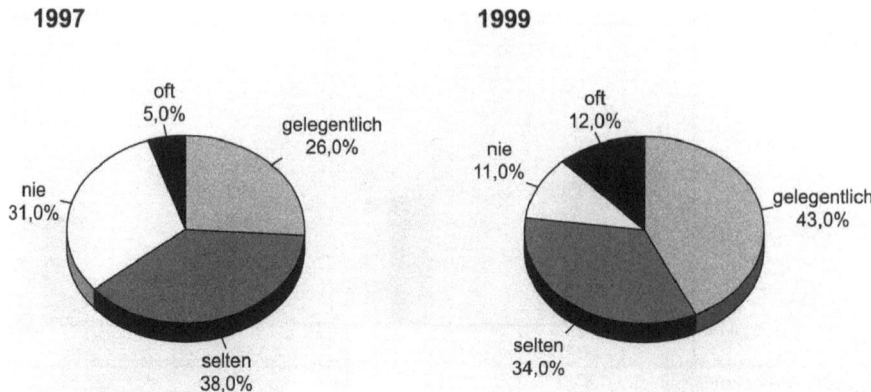

Abb. 15.2. Ergebnisse einer Mitarbeiterbefragung zum Führungsverhalten vor und nach Durchführung von Gesundheitsförderungsmaßnahmen

eine mangelhafte Kommunikation zwischen Führungskräften und Mitarbeitern.

Im Rahmen der betrieblichen Weiterbildung werden diesen Führungskräften Seminare zu den Themen „Gesunde Kommunikation", „Konfliktlösungen", „Motivation" usw. angeboten. Bei hoher Akzeptanz dieser Themenbereiche durch die Führungskräfte wird das Krankheitsgeschehen im Betrieb häufig enttabuisiert. Zwischen Mitarbeitern und Führungskräften wird offener über betriebliche Krankheitsursachen gesprochen und Hilfe des Unternehmens angeboten. Solche Erfahrungen können die Kommunikation insgesamt verbessern und damit für eine gesteigerte Stimmung in der Abteilung sorgen. Das Betriebsklima bessert sich und damit in aller Regel auch die Anwesenheitsquote.

Abb. 15.2 zeigt exemplarisch die Veränderung der Antworten zur Frage „Werden Sie von Ihren Vorgesetzten für gute Arbeit gelobt?" innerhalb eines Abstandes von zwei Jahren.

Sieben Gesundheits-Preis-Träger der AOK Rheinland

Die AOK Rheinland hat zusammen mit dem Institut für Betriebliche Gesundheitsförderung in den letzten Jahren sieben Unternehmen für besondere Anstrengungen und Erfolge auf dem Gebiet der betrieblichen Gesundheitsförderung mit einem speziellen Gesundheitspreis ausgezeichnet. Der Preis ist mit jährlich 10 000 DM dotiert, den sich mehrere Preisträger in einem Jahr jedoch teilen müssen. Außerdem wird eine Urkunde und eine Statue verliehen, die zumeist ihren Platz im Foyer der Unternehmen findet.

Erfolgsfaktoren „gesunder" Betriebe

Verliehen wird der Preis jährlich von einer Jury, die identisch mit dem Institutsbeirat des BGF-Instituts ist. Dem Beirat gehören je vier Vertreter der Versicherten und der Arbeitgeber, der Vorsitzende und der stellvertretende Vorsitzende des Vorstandes der AOK Rheinland und der Geschäftsführer des BGF-Instituts an. Entscheidende Kriterien für die Preisvergabe sind die Vorbildlichkeit des BGF-Programms, zum Beispiel für die jeweilige Branche, die Nachhaltigkeit, die hohe Akzeptanz bei Unternehmensleitung, Betriebsrat und Belegschaft sowie ein Rückgang des Krankenstandes.

Nachfolgend soll am Beispiel der bisherigen sieben Preisträger untersucht werden, welche Merkmale bei allen Betrieben bzw. den meisten dieser Betriebe festzustellen sind. Dabei beansprucht die folgende Auflistung keine Vollständigkeit, weil die speziellen Situationen der jeweiligen Betriebe stets zusätzliche Maßnahmen erforderten und sich dadurch die Zahl der messbaren Faktoren zwar erhöhen würde, aber die Vergleichbarkeit nicht gegeben wäre.

Die Firmen werden hier anonymisiert wiedergegeben, um die Vertrauenswürdigkeit der Zusammenarbeit weiter zu sichern. Allerdings können sie kurz skizziert werden:

Firma 1: Es handelt sich um einen Anlagenhersteller eines weltweiten Konzerns. Das mittelständische Unternehmen stellt mit hoher handwerklicher Qualität große Anlagen für die Elektrotechnik her.

Firma 2: Dieser Betrieb eines englischen Konzerns ist ein bekannter Hersteller von Sicherungstechnik. Das mittelständische Unternehmen beschäftigt relativ viele ungelernte weibliche Arbeitnehmer an Einzelarbeitsplätzen.

Firma 3: Ein Automobilzuliefererbetrieb mit rund 1400 Beschäftigten. Überwiegend werden schwere Motorblöcke im Graugussverfahren gegossen. Das Unternehmen beschäftigt rund 400 ausländische Mitbürger, vor allem aus der Türkei.

Firma 4: Ein großes Kraftwerk mit 1900 Beschäftigten im rheinischen Braunkohlerevier. Ein Teil der Mitarbeiter arbeitet im Vier-Schichten-Betrieb. Die Liberalisierung des Strommarktes hat zu erheblichen strukturellen Veränderungen geführt.

Firma 5: Ein weiterer Automobilzulieferer im Metallbereich mit wachsender Belegschaft, die inzwischen 1700 Mitarbeiterinnen und Mitarbeiter umfasst. Das Unternehmen beschäftigt rund 400 ausländische Mitbürger. Vor zwei Jahren wurde das Unternehmen von fünf leitenden Mitarbeitern gekauft („Management buy out").

Firma 6: Ein mittelständischer Hersteller von Kunststoffspritzguss. Es werden mit 180 Mitarbeiterinnen und Mitarbeitern Eimer in unter-

schiedlicher Größe für die Industrie hergestellt. Das Unternehmen ist im Privateigentum.
Firma 7: Ein Familienunternehmen der Bauindustrie mit rund 280 Beschäftigten. Das Unternehmen arbeitet im Hochbau, im Tiefbau und bietet Bau-Dienstleistungen an. Ein Zweigbetrieb ist in den östlichen Bundesländern.

Die Einschätzung in Tabelle 15.1 stammt vom Verfasser und ist nicht bis ins Detail mit den sieben Firmen abgestimmt worden.

Zehn Eigenschaften

Ergänzend zu diesen Parametern können den sieben Firmen zusammenfassend folgende Eigenschaften bescheinigt werden:
1. Ausdauer
2. Kontinuität
3. Offene Kommunikation
4. Hohe Wissensbasierung durch exakte Analyse
5. Konsequentes Handeln
6. Es folgen Konsequenzen (Gesundheit lohnt sich)
7. Kohärenz (Stimmigkeit)
8. Nachhaltigkeit
9. Glaubwürdigkeit
10. Praxisnähe – keine Theorien/Ideologien

Sondereinflüsse berücksichtigen

Auf das Gesundheits- bzw. Krankheitsverhalten in den Betrieben haben sich darüber hinaus weitere Einflüsse ausgewirkt. Zum Beispiel hat es in mehreren Betrieben zwischenzeitlich einen Eigentümerwechsel gegeben. Bei einem dieser Betriebe haben leitende Mitarbeiter das Unternehmen aufgekauft, wodurch ein spürbarer Ruck durch den Betrieb ging. Die ständige Präsenz der fünf Geschäftsführer im Unternehmen und die kurzen Entscheidungswege haben sicherlich einen weiteren Beitrag dazu geleistet, Wohlbefinden und Anwesenheitsquote zu erhöhen. Umgekehrt hatten Eigentümerwechsel bzw. personelle Veränderungen in der Unternehmensleitung bei zwei anderen Firmen teilweise negative Einflüsse. Die Veränderungen im Betrieb wurden zeitweise zu wenig von den Prinzipien des Change-Mangements begleitet. Unsicherheiten, Zukunftsängste und Gerüchte hatten spürbare Auswirkungen auf die Fehlzeitenentwicklung. Diese Probleme sind jedoch erkannt und zwischenzeitlich aufgegriffen worden.

Tabelle 15.1. BGF-Gesundheitspreisträger der AOK Rheinland gemeinsame Merkmale: X fehlende Merkmale: -.

Faktoren	Firma 1	2	3	4	5	6	7
Einstieg über Gesundheitsbericht	x	x	x	x	x	x	x
Thema im Betrieb „hoch" angesiedelt	x	x	x	x	x	x	x
Arbeitskreis Gesundheit existiert	x	x	x	x	x	x	x
– mit Geschäftsführung/Werksleitung	x	–	x	–	x	–	x
– mit Betriebsratsvorsitzendem	x	–	x	x	x	–	x
Beteiligung interne/externe Fachkräfte, u.ä.:	x	x	x	x	x	x	x
– Werksarzt	–	x	x	x	x	–	–
– Sifas	x	x	x	x	x	–	–
– Berufsgenossenschaft	–	–	–	–	x	–	–
– BGF-Institut	x	x	x	x	x	x	x
Gründliche Analyse, z. B.	x	x	x	x	x	x	x
– regelmäßige Gesundheitsberichte	x	x	x	x	x	x	x
– Arbeitsplatzbegutachtung	x	x	x	x	x	x	x
– Mitarbeiterbefragung	x	–	x	–	x	x	–
– Kick off-Workshop	–	x	x	–	x	x	–
Sofortige Zieldefinition	–	–	–	–	–	–	–
Sofortiger ganzheitlicher Ansatz	–	–	–	–	–	–	–
„step by step"	x	x	x	x	x	x	x
Investition in gesunde Arbeitsplätze	x	x	x	x	x	x	x
Verhaltensschulung Belegschaft	x	x	x	x	x	x	x
Gesunde Kantinenaktionen	–	–	x	–	x	–	–
Suchtthematik aufgegriffen	–	–	–	–	x	–	–
Führungsschulung, u.a.:	x	x	x	x	x	x	x
– Kommunikationsthemen	x	–	x	x	x	–	–
– weitere Themen	–	–	x	–	x	–	–
Definiertes Leitbild Gesundheit	–	–	x	–	x	x	–
Gesundheitsmanagementprogramm	–	x	x	x	x	x	*)
Transparenz für Belegschaft	x	x	x	x	x	x	x
Ergebnisevaluation	x	x	x	x	x	x	x
Einfache Projektstruktur	x	x	x	x	x	x	x
Unkomplizierte Sprache	x	x	x	x	x	x	x
Krankenstand kurzfristig gesunken	x	x	x	x	x	x	x
Krankenstand dauerhaft gesunken	x	–	x	–	x	x	x
Rückenerkrankungen zurückgegangen	x	x	x	x	x	x	x
Zeitliche Befristung des Projekts	–	–	–	x	–	–	–
Nachhaltiger Ansatz	x	–	x	–	x	x	x

*) Im QM integriert

Fazit

Zwischen dem AOK-Institut als externem Berater und den Firmen ist im Laufe der Beratungszeit ein enges, vertrauensvolles Verhältnis entstanden. Die beiden Akteure verband das gemeinsame Ziel, dass Arbeit im Unternehmen nicht krank machen soll, jedenfalls nicht über das unvermeidbare Maß hinaus. Diesem Ziel haben sich alle sieben Unternehmen genähert. Durch äußere Einflüsse bedingt wurde der Prozess in zwei Unternehmen zeitweise unterbrochen, woraus sich negative Einwirkungen auf den Krankenstand entwickelten. Inzwischen ist der Prozess jedoch auch in diesen Firmen trotz schwieriger Rahmenbedingungen wieder aufgenommen worden.

Die sieben Firmen hatten nicht den Ehrgeiz, als musterhaft zu gelten. Für sie war wichtig, krankmachende Faktoren abzubauen und die Gesundheitsförderung ein Teil der betrieblichen Normalität werden zu lassen. Ein Vorbild sind sie jedenfalls.

KAPITEL 16

Evaluation von Gesundheitszirkeln

W. SLESINA

Zweck und Struktur von Gesundheitszirkeln

Gesundheitszirkel sind Projektgruppen zur Unterstützung des Gesundheitsschutzes und der Gesundheitsförderung in Organisationen. Bisher noch nicht erkannte oder bearbeitete Arbeitsbelastungen sollen identifiziert und verbessert, aber auch noch unbeachtete und ungenutzte Gesundheitsressourcen entwickelt und gestärkt werden. Der Beitrag der Gesundheitszirkel zum Gesundheitsschutz und zur Gesundheitsförderung ist daher in den Rahmen des Belastungs-Ressourcen-Paradigmas einzuordnen.

Folgende Merkmale charakterisieren das Konzept der betrieblichen Gesundheitszirkel in erster Linie [15]:

- Partizipation von Beschäftigten: Das Erfahrungswissen der Beschäftigten über ihre Arbeitsbelastungen und -beanspruchungen bildet die wesentliche Grundlage der Gesundheitszirkelarbeit.
- Heterogene Zusammensetzung: Das Erfahrungswissen der Beschäftigten wird im Gesundheitszirkel mit dem Sachverstand von Arbeitsschutzexperten, Vorgesetzten und Betriebs- bzw. Personalrat verknüpft. Die Auswahl von Beschäftigten für den Gesundheitszirkel beruht auf einem transparenten Verfahren.
- Belastungsklärung und Verbesserungsvorschläge: Gesundheitlich bedeutsame Arbeitsaspekte werden benannt, ihre Ursachen geklärt und Änderungsmöglichkeiten besprochen. Die Zuständigkeit für die Maßnahmenumsetzung liegt beim Management.
- Vertrauenskultur: Eine themen- und sachoffene, sanktionsfreie Problemerörterung wird durch konsensuelle Kommunikations- und Interaktionsregeln ermöglicht.
- Moderation: Gesundheitszirkel werden extern oder intern moderiert.
- Zeitliche Befristung: Ein Gesundheitszirkel hat einen zeitlich begrenzten Auftrag.

- Arbeitskreis Gesundheit: Ein Arbeitskreis Gesundheit oder eine verwandte Einrichtung stellt eine wichtige Infrastruktur für betriebliche Gesundheitsförderung dar, z.B. durch Initiierung und organisatorische Einbindung der Ergebnisse von Gesundheitszirkeln.

Gesundheitszirkel sind im Prinzip für die gesamte Bandbreite gesundheitlich bedeutsamer Arbeitsbedingungen und -abläufe thematisch offen. De facto bilden aber in der Regel psychosoziale und muskuläre Belastungen sowie aus der physikalischen Arbeitsumwelt und Arbeitsmitteln herrührende Belastungen die Themenschwerpunkte. Die Ursachen psychosozialer Belastungen können z.B. in der Arbeits- oder Zeitorganisation, in organisatorischen Regelungen, Führungsstil, Rollenkonflikten, Qualitätsproblemen, unzureichenden Ressourcen liegen.

Das Grundmuster der Gesundheitszirkel wird, was die Größe des Teilnehmerkreises, die Anzahl und Dauer der Zirkeltreffen, den thematischen Schwerpunkt und die Durchführungsaspekte betrifft, öfter den spezifischen Gegebenheiten einer Organisation angepasst. Auch hiermit hängt es zusammen, dass sich z.T. zusätzliche Bezeichnungen wie Arbeitsschutzzirkel, Ergonomiezirkel, Betriebsklimazirkel oder Arbeitszufriedenheitszirkel ergeben haben.

Methodik der Evaluation

Evaluationsdimensionen

Über die Durchführung und Ergebnisse von Gesundheitszirkeln liegen einige Erfahrungsberichte in Form der Beschreibung und Bewertung aus der Sicht eines Beteiligten oder des Moderators vor (z.B. die Beiträge von Fischer, Brandenburg, Morschhäuser, Röbke in [4]; von Klauk/Ridder, Peine, Müller, Friczewski/Görres in [18]; [9, 10, 17]). Darüber hinaus gibt es mehr oder minder umfangreiche und systematische Evaluationen der Struktur-, Prozess- und Ergebnisdimension von Gesundheitszirkeln. Diese Darstellungen und Resultate sind vor dem Hintergrund ihrer methodischen Qualität und Evidenz sowie der methodischen Möglichkeiten der Gesundheitszirkelevaluation zu interpretieren.

Für die Evaluation von Gesundheitszirkeln sind methodisch zunächst drei Punkte zu klären:

- Welche konkreten Fragestellungen soll die Struktur-, Prozess- und Ergebnisevaluation von Gesundheitszirkeln untersuchen, welche Aspekte sind für die Bewertung bedeutsam?

- Mit welchen Methoden, Instrumenten, Indikatoren können diese Fragen beantwortet werden?
- Welches Studiendesign ist geeignet und sollte zugrunde gelegt werden?

Für die **Strukturevaluation** eines Gesundheitszirkelprojekts sind Aspekte bedeutsam wie: die Beteiligung der relevanten Personen und Gruppen im Betrieb am Vorbereitungs- und Vereinbarungsprozess, die vereinbarte Anzahl und Dauer der Treffen, Modus und Kriterien der Teilnehmerauswahl, Struktur des Teilnehmerkreises (Berücksichtigung wichtiger Positionen, Teilnehmerkompetenz), Qualifikation des Moderators, Moderationskonzept, Verfügbarkeit von Sitzungsraum und Arbeitsmitteln, von finanziellen Ressourcen für Änderungsmaßnahmen, die in der Organisation vorhandene Infrastruktur für Gesundheitsschutz und Gesundheitsförderung, die Existenz einer Betriebsvereinbarung zur Gesundheitsförderung [3].

Für die **Prozessevaluation** steht zum einen der Ablauf der Zirkeltreffen und die Zusammenarbeit im Zirkel im Vordergrund: die Anzahl, Dauer, Frequenz der Treffen, die Regelmäßigkeit der Teilnahme, das Kommunikations- und Interaktionsverhalten der Teilnehmer, der Umgang mit divergierenden Sichtweisen, der Einsatz von Problemlösetechniken, das Moderatorverhalten, die organisationsinterne Öffentlichkeitsarbeit des Zirkels. Zum andern sind die vom Zirkel thematisierten Arbeitsbelastungen und Defizite, die erarbeiteten Vorschläge und angestoßenen Maßnahmen für die Prozessbewertung von Belang: die Art und Anzahl identifizierter Belastungen, Belastungsursachen und arbeitsbedingter Beanspruchungen, die Art und Anzahl von Änderungsvorschlägen sowie realisierter Vorschläge und die problemadäquate Vorschlagsrealisierung.

Die **Ergebnisevaluation** hat drei Sachverhalte getrennt zu prüfen:

- die Belastungswirksamkeit: Haben die vom Gesundheitszirkel induzierten Änderungsmaßnahmen zur Belastungsverringerung und Ressourcenverbesserung geführt?
- die Gesundheitswirksamkeit: Gingen mit diesen Belastungs- und Ressourcenverbesserungen gesundheitliche Verbesserungen einher? Veränderten sich die gesundheitlichen Zielgrößen wie arbeitsbedingte Beanspruchungen, gesundheitliche Beschwerden, Arbeitszufriedenheit, Arbeitsunfähigkeitsrate o. ä.? Außer solchen intendierten Veränderungen in den gesundheitlichen Zielvariablen können auch weitere – erwünschte und unerwünschte – Wirkungen eines Gesundheitszirkels untersucht werden. Falls die erfolgten Belastungs- bzw. Ressourcenverbesserungen nicht mit erwarteten Gesundheitsverbesserungen einhergehen, kann dies an der schwachen

oder fehlenden Wirksamkeit der Maßnahme, aber auch an methodischen Ursachen liegen.
- die Effizienz: Hinzu kommen effizienzbezogene Fragestellungen wie z. B. eine Kosten-Wirksamkeits-Betrachtung.

Methoden, Instrumente, Indikatoren

Für die drei Evaluationsdimensionen werden Informationen benötigt, die durch Einsatz unterschiedlicher Methoden und Instrumente gewonnen werden können.

Befragung (Fragebogen, Interview, Gruppendiskussion), Beobachtungsinterview. Die Befragung der Gesundheitszirkelteilnehmer und ergänzend betrieblicher Schlüsselpersonen ermöglicht mit geringem Aufwand Informationen

- über *Struktur*aspekte der Zirkelarbeit, z. B. über die Beteiligung der relevanten betrieblichen Gruppen an der Vorbereitung des Gesundheitszirkels, über die Auswahl der Beschäftigten, über die Zweckmäßigkeit der Zusammensetzung des Zirkels, über die Verfügbarkeit von Zeit, Räumlichkeit, Arbeitsmitteln, über die zugrunde gelegte Moderationstechnik, über die Zuständigkeitstransparenz bei erforderlichen Klärungen und Vorschlagsprüfungen usw.,
- über *Prozess*aspekte, z. B. über die Chance gleichberechtigter Kommunikation im Zirkel, Probleme der Mitgliederdominanz, die Konflikthaftigkeit der Kommunikation, die Art und Weise der Austragung von Auffassungsunterschieden, die Berücksichtigung des Erfahrungswissens der Beschäftigten, die Gründlichkeit der Problemerörterung, die problemangemessene Umsetzung von Änderungsvorschlägen usw.,
- über *Ergebnis*aspekte wie wahrgenommene Belastungs- und Beschwerdeänderungen.

Eine Befragung *aller* Mitarbeiter des Organisationsbereichs, für den der Gesundheitszirkel eingerichtet wurde, liefert zusätzliche *Prozess*informationen, z. B. über die Öffentlichkeitsarbeit des Zirkels, über die Bekanntheit der Zirkelthemen und Änderungsvorschläge in der Belegschaft. Eine Mitarbeiterbefragung ermöglicht ferner repräsentative *Ergebnis*informationen, z. B. darüber, ob und wie sich die Häufigkeit empfundener Arbeitsbelastungen und empfundener gesundheitlicher Beschwerden im Zuge der Zirkelarbeit änderte.

Das Beobachtungsinterview kombiniert zwei Datenerhebungstechniken und kommt insbesondere im Rahmen der Ergebnisanalyse für die Prüfung von Belastungs- und Verhaltensänderungen in Frage.

Verlaufsbezogene Dokumentation. Die Protokolle der Gesundheitszirkeltreffen dokumentieren die Teilnahme an den Sitzungen und die Inhalte der Treffen. Die Auswertung der Sitzungsprotokolle vermittelt daher prozess- und ergebnisrelevante Daten über die Teilnahmehäufigkeit der Zirkelmitglieder, die Art und Anzahl besprochener Arbeitsbelastungen und -beanspruchungen, die kreierten Änderungsvorschläge sowie erfolgten Änderungsmaßnahmen.

Routine-, Prozessdaten. In Betracht kommen bereits in der Organisation oder in GKV-Kassen vorhandene Daten wie Fehlzeitenstatistik, Unterlagen zur Mitarbeiterfluktuation, betriebsärztlich dokumentierte Daten, Arbeitsunfähigkeitsdiagnosen, die für die *Ergebnis*evaluation herangezogen werden können.

Naturwissenschaftliche Belastungs- und Beanspruchungsmessungen. Nur ein Bruchteil der im Rahmen von Gesundheitszirkeln erörterten und bearbeiteten Arbeitsbelastungen und -beanspruchungen ist mit naturwissenschaftlichen Messungen zu ermitteln. Daher kommt dieser Methodik für die Evaluation eine geringere Bedeutung zu. Auch aus ökonomischen Gründen werden in der Regel Befragungsdaten bevorzugt.

Studiendesigns der Ergebnisevaluation

Das Standardwerk von Rossi et al. [14] über die Evaluation von Programmen und Modellversuchen unterscheidet mehrere Studientypen und bewertet sie nach ihrer methodischen Qualität. Das Spektrum reicht von randomisierten Experimenten und Quasi-Experimenten über Pretest-/Posttest-Untersuchungen, retrospektive Vorher-Nachher-Untersuchungen bis zur einmaligen Querschnittanalyse und qualitativen Expertenanalyse *nach* Maßnahmendurchführung.

Die evidenzbasierte Medizin (EBM) unterscheidet Grade der Evidenz von Studienergebnissen in Abhängigkeit von den zugrunde liegenden Studiendesigns und der Studienqualität [1]. In der zumeist fünfstufigen Evidenzhierarchie nehmen gut geplante und durchgeführte randomisiert-kontrollierte Studien die beiden oberen Rangplätze ein. Es folgen gut angelegte Studien ohne Randomisierung bzw. nichtrandomisiert-kontrollierte Studien (Stufe 3), nicht-experimentelle Studien (Stufe 4) und Expertenmeinungen (Stufe 5) [6, 7, 11].

Ein randomisiert-kontrolliertes oder ein zumindest gut kontrolliertes Studiendesign erscheint für die Gesundheitszirkelevaluation nicht praktikabel:

- Zum einen bezieht sich ein Gesundheitszirkel mit seinen verhältnis- und verhaltensbezogenen Änderungsmaßnahmen auf einen Organisationsbereich als ganzen. Eine randomisierte Zuteilung der MitarbeiterInnen dieses Bereichs auf eine Experimentier- und eine Kontrollgruppe ist bei verhältnisbezogenen Maßnahmen grundsätzlich ausgeschlossen. Selbst wenn bei verhaltensbezogenen Gesundheitsförderungsmaßnahmen eine randomisierte Zuteilung zu einer Versuchs- und einer Kontrollgruppe prinzipiell möglich erscheinen könnte, bleiben zwei Probleme bestehen: die fehlende Separierbarkeit beider Gruppen im Organisationsalltag, woraus Mitlerneffekte resultieren können, und das Problem möglicher Frustration der Kontrollgruppenmitglieder.
- Auch wenn Großorganisationen mehrere gleichartige Leistungseinheiten aufweisen – z.B. mehrere internistische Stationen im Krankenhaus, mehrere Call-Center usw. – handelt es sich nicht um Kontrollgruppen im engeren Sinne wegen der bereichsspezifischen, unterschiedlichen Rahmenbedingungen.
- In einer betrieblichen Feldstudie ist selbst in der „Interventionsgruppe" eine Kontrolle der Kontextbedingungen, d.h. eine Situationskontrolle, nicht zu realisieren. Bereits während der in der Regel 6 bis 12monatigen Phase der Zirkelarbeit – und natürlich auch später – werden zeitgleich mit den zirkelinduzierten Änderungsmaßnahmen auch vielfältige weitere Änderungen durchgeführt (z.B. Änderungen im Bereich Technik, Arbeitsmittel, Personal, organisatorische Regelungen). Auch diese Änderungen wirken auf die gesundheitlichen Zielkriterien. Die Effekte der zirkelbedingten und der anderen Änderungsmaßnahmen fließen zusammen.

Verändern wir daher die Fragerichtung dahingehend, welches Design der Ergebnisevaluation für Gesundheitszirkel (als Feldexperimente) möglich erscheint und als Orientierungsstandard dienen könnte.

Wie weiter vorn erwähnt, hat die Evaluation der Wirksamkeit und ggf. Effizienz von Gesundheitszirkeln zwei Sachverhalte getrennt zu prüfen: die Belastungseffektivität und die Gesundheitseffektivität, ferner u.U. die Belastungs- und Gesundheitseffizienz. Haben die vom Gesundheitszirkel angestoßenen Maßnahmen die Arbeitssituation verbessert? Ergaben sich in diesem Zusammenhang gesundheitliche Verbesserungen?

Als Standard für die Ergebnisevaluation von Gesundheitszirkeln ist anzustreben (Abb. 16.1):

- Eine Erfassung der *unabhängigen* Variablen (d.h. von Arbeitsbelastungen, Arbeitsverhalten, Ressourcen) zu mindestens drei Messzeitpunkten: einmal vor und zweimal nach der Zirkelarbeit und den erfolgten Änderungsmaßnahmen. Die Datensammlung sollte soweit möglich objektivierend vorgehen und sich erprobter, validierter Instrumente bedienen. Dies bedeutet z. B., möglichst eine „duale" Erfassung der Arbeitssituation durch Befragung von Beschäftigten und Experten, unter Einsatz standardisierter Fragebögen durchzuführen.

- Zeitlich parallel hierzu ist die Erhebung der gesundheitlichen *Zielvariablen* (Befinden, Beschwerden, Krankheitsprävalenz) vorzunehmen. Wenngleich der Krankenstand aufgrund seines multifaktoriell beeinflussten Zustandekommens keinen guten Ergebnisindikator darstellt, sollte er mit erfasst werden. Methodisch bedeutsamer allerdings erscheint die Prävalenz bestimmter Krankheitsgruppen, z. B. der ICD-Hauptgruppen.
- Trotz der Problematik, eine methodisch angemessene *Vergleichsgruppe* zu finden, sollte eine bestmögliche Referenzgruppe bestimmt werden. Dies kann z. B. eine ähnliche Organisationsabteilung oder die betreffende Organisation als ganze sein. Die für die „Abteilung mit Intervention" erhobenen Merkmale sind zeitgleich auch für die gewählte Vergleichsabteilung oder -einheit zu erfassen.
- Da eine aktive *Kontrolle* der Rahmenbedingungen nicht möglich ist, sollten soweit möglich für die „Abteilung mit Gesundheitszirkel" (Interventionsbereich) und den zum Vergleich gewählten „Organisationsbereich ohne Gesundheitszirkel" bedeutsame Veränderungen während des Untersuchungszeitraums registriert werden.

Datenerhebung Ergebnis- dimensionen der Zirkelarbeit	t_0 (vor Projektbeginn)	t_1 (nach Projektende)	t_2 (6–9 Monate später)
Veränderung von Arbeitssituation und -verhalten	☐ Arbeitsbelastungen ☐ organisatorische und personale Ressourcen ☐ Arbeitsverhalten		
	↓	↓	↓
Verbesserung der Gesundheit (outcomes)	☐ Arbeitsbeanspruchungen, Befinden, Arbeitszufriedenheit ☐ Beschwerden (generell oder bei der Arbeit) ☐ medizinische Befunde ☐ Krankheitsprävalenz, Krankenstand		

Abb. 16.1. Datenerhebungen und Dimensionen der Ergebnisevaluation von Gesundheitszirkeln

- Es empfiehlt sich, nach Beendigung der Gesundheitszirkelarbeit Annahmen zu formulieren, von welchen Änderungsmaßnahmen welche Belastungs- und Gesundheitseffekte erwartet werden. Die Ergebnisevaluation kann das Gesamtpaket der Änderungsmaßnahmen zum Evaluationsgegenstand machen und die gesundheitlichen Gesamteffekte untersuchen. Die Alternative besteht in der Ermittlung der Gesundheitseffekte von (größeren) Einzelmaßnahmen. In jedem Fall erscheint eine erwartungsgeleitete Prüfung angebracht.

Ein solches Evaluationsdesign könnte die Stufe 3 der Evidenzhierarchie der EBM erreichen. Seine Realisierung erfordert sehr günstige Untersuchungsbedingungen. Bisherige Gesundheitszirkelevaluationen gehen über Evidenzstufe 4 nicht hinaus.

Nicht überwindbar bleibt eine methodische Schwelle. Da die Änderungsmaßnahmen nie im vorhinein feststehen, sondern erst während der Gesundheitszirkelarbeit entwickelt werden, ist eine maßnahmenspezifische Designplanung ex ante ausgeschlossen. Es bleibt nur die Möglichkeit der ex post-Evaluation – so gut wie möglich.

Die Wirkungsforschung unterscheidet zwischen der „efficacy"-Prüfung, d.h. der Wirksamkeit einer Intervention unter Idealbedingungen, im Unterschied zur „effectiveness" von Maßnahmen [2]. Sicher ist beides zur Effektschätzung vonnöten. Badura zufolge erlaubt erst eine „effectiveness"-Prüfung unter Normalbedingungen, die tatsächlichen Möglichkeiten eines Verfahrens einzuschätzen.

Wissenschaftliche Modellprojekte erhöhen die Beweiskraft für den Zusammenhang zwischen Gesundheitszirkelarbeit, durchgeführten Maßnahmen und Gesundheitsparametern. Sie leisten jedoch keine Evaluation von Gesundheitszirkeln schlechthin. Jeder Gesundheitszirkel ist eine Individualität. Sein Ergebnis ist im Wesentlichen von den betrieblichen Akteuren und der betrieblichen Unterstützung abhängig.

Einige Evaluationsergebnisse

Die folgende Darstellung konzentriert sich auf die Ergebnisse der umfangreichen Evaluations-Datenerhebungen von Sochert [16] und Slesina et al.[1] [15]. Weitere Gesundheitszirkelevaluationen erfolgten z.B. von Müller et al. [8] und Riese [13].

---

[1] An einigen der Projekte wirkten mit: Dr. R. Sochert, Dipl.-Soz. F. R. Beuels, Dr. G. Pressel, K. Borgel (Ltd. Betriebsärztin), Dr. U. Brandenburg, Dipl.-Soz. W. Bär, Dipl.-Päd. B. Gerbecks.

Die Daten von Sochert beruhen auf 41 Gesundheitszirkeln in 16 verschiedenen Unternehmen, in denen der BKK Bundesverband seit 1995 Gesundheitsförderungsmaßnahmen durchführte. Die Daten von Slesina et al. basieren auf 25 Gesundheitszirkeln in 5 Unternehmen im Zeitraum 1985 bis 1990 (Stahlwerk) und 1990 bis 1997 (andere Betriebe); die Stahlwerksstudie war BMFT-finanziert, die anderen Gesundheitszirkel wurden von den Unternehmen finanziell selbst getragen.

Grundlage der in diesen Studien durchgeführten *Struktur-* und *Prozess*evaluationen waren primär die Angaben der Zirkelteilnehmer sowie die Protokolle der Gesundheitszirkeltreffen. Die *Ergebnis*evaluation von Sochert beruht im Wesentlichen auf einer Auswertung der Zirkelprotokolle, der Befragung der Zirkelteilnehmer und auf retrospektiven Vorher-Nachher-Mitarbeiterbefragungen. Geplante umfangreichere Datensammlungen, insbesondere von betrieblichen Prozessdaten, waren nur begrenzt realisierbar. Die von Slesina et al. durchgeführten Ergebnisevaluationen stützen sich auf Gesundheitszirkelprotokolle und in drei Unternehmen auf retrospektive Vorher-Nachher-Vergleichsurteile der Gesundheitszirkelteilnehmer, in einem Betrieb auf eine Pretest-Posttest-Mitarbeiterbefragung. Keine dieser Studien erreicht die oben postulierten Standards der Ergebnisevaluation.

Struktur- und Prozessbewertung. Die in den Gesundheitszirkeln mitwirkenden Beschäftigten, Vorgesetzten, Arbeitsschutzexperten und Betriebs-/Personalratsmitglieder äußerten sich mehrheitlich positiv oder sehr positiv zu zahlreichen *Struktur-* und *Prozess*aspekten der Gesundheitszirkel wie: angemessene Zusammensetzung des Gesundheitszirkels, Anzahl der Treffen, Möglichkeit offener, weitgehend sanktionsfreier Kommunikation über Arbeitsbelastungen und Verbesserungsmöglichkeiten, Besprechung wichtiger Arbeitsbelastungen, Anzahl und Qualität der Verbesserungsvorschläge, durchgeführte Änderungsmaßnahmen [12, 15, S. 223 ff, 16, S. 202, 206 ff, 215 ff]. Es ergab sich insgesamt, trotz gelegentlicher konflikthafter Kommunikation, ein Bild breiter Akzeptanz.

Die verschiedenen Auswertungen zeigten eine große Zahl besprochener Arbeitsbelastungen und Änderungsvorschläge. In den BKK-moderierten Zirkeln betrug die durchschnittliche Zahl besprochener beanspruchender Arbeitsaspekte 36 pro Zirkel, in der Pilotstudie/Stahlwerk waren es durchschnittlich 79 Belastungsaspekte pro Zirkel und in den vier anderen Unternehmen 35 pro Zirkel (Tabelle 16.2). Der hohe Zahlenwert in der Pilotstudie hängt vermutlich mit dem sehr differenzierten Auswertungsschema zusammen. Die durchschnittliche Zahl vonÄnde-

Tabelle 16.1. Thematisierte Arbeitsbelastungen und Änderungsvorschläge in Gesundheitszirkeln (GZ)

	BKK-Bundes-verband 41 GZ[1]	GZ-Pilot-projekt 16 GZ[2]	GZ-Projekte 1990–1997 9 GZ[3]
Muskuläre Belastungen	382	228	59
Änderungsvorschläge	516	141	123
Umgebungsbelastungen	528	349	65
Änderungsvorschläge	751	297	81
Psychosoziale Belastungen	337	337	160
Änderungsvorschläge	387	88	192
Sonstige Belastungen	221	348	30
Änderungsvorschläge	398	248	36

[1] Sochert 1998: 203f.
[2] Slesina et al. 1998: 199, 204
[3] u.a. Pressel/Slesina 1994

rungsvorschlägen belief sich auf ca. 50 in allen hier berücksichtigten Gesundheitszirkeln. Sochert berichtet von einer Umsetzungsquote von durchschnittlich 60% der Änderungsvorschläge in den BKK-moderierten Gesundheitszirkeln. In den anderen Unternehmen lag die Umsetzungsquote, bei großer Variation zwischen den Unternehmen, meist deutlich niedriger, in einem Fall höher.

Ergebnisbewertung. In den BKK-moderierten Gesundheitszirkeln teilten zwischen 40% und 55% der Mitarbeiter der Interventionsbereiche starke oder partielle Verbesserungen ihrer Arbeit aufgrund der Gesundheitszirkelmaßnahmen mit (retrospektiver Vorher-Nachher-Vergleich). Im Vordergrund standen dabei Verbesserungen der sozialen Unterstützung, der Arbeitsmittel, der Einflussnahme am Arbeitsplatz, gefolgt von Verbesserungen der Umgebungsbedingungen und Tätigkeitsbelastungen [16].

In drei anderen Unternehmen sahen *Zirkelteilnehmer* insbesondere eine Verbesserung körperlicher Belastungen, des Verhältnisses zu Kollegen und Vorgesetzten und des Betriebsklimas infolge der Zirkelarbeit (Tabelle 16.2). In der Pretest-Posttest-Befragung in einem Unternehmen gaben die Mitarbeiter des *Interventionsbereichs* nach Abschluss der Zirkelarbeit signifikant seltener Beanspruchungen durch fehlende Information, fehlende Einweisungen, Nichtgewähren von freien Tagen bei persönlichen Anlässen, durch die Qualität der Stühle und die Qualität der Bildschirme, jedoch öfter durch mangelnde Sauberkeit der Pausenräume an ($p<0,05$) (Slesina/Gerbecks) (Tabelle 16.3).

Tabelle 16.2. Angaben der Mitglieder der Gesundheitszirkel in drei Unternehmen (5 Zirkel) über erzielte Verbesserungen

Wenn durch den Gesundheitszirkel die Arbeitsbedingungen der Beschäftigten verbessert wurden: Was wurde verbessert?	Beschäftigte			weitere Teilnehmer		
	stark %	etwas %	kaum/ gar nicht %	stark %	etwas %	kaum/ gar nicht %
	verbessert					
Körperliche Belastungen [1,6]	25	32	43	21	58	20
Arbeitsumwelt [2,7]	0	4	96	7	49	44
Geistig-nervliche Belastungen [3,8]	0	18	82	3	37	60
Verhältnis zu Kollegen und Vorgesetzten [4,9]	26	31	43	7	62	27
Betriebsklima [5,10]	8	49	43	0	41	59

Beschäftigte: [1] $n=19$, [2] $n=19$, [3] $n=19$, [4] $n=12$, [5] $n=12$, ([4] und [5] nur 3 Zirkel)
weitere Teilnehmer: [6] $n=30$, [7] $n=30$, [8] $n=30$, [9] $n=20$, [10] $n=20$ ([9] und [10] nur 3 Zirkel)

Tabelle 16.3. Häufigkeit des Belastungsempfindens in der Erst- und Schlussbefragung: Mitarbeiter des Interventionsbereichs

Es fühlen sich belastet durch	Erstbefragung ($n=80$)			Schlussbefragung ($n=44$)		
	nie %	manchmal %	oft %	nie %	manchmal %	oft %
Das Fehlen von Informationen	1,3	28,6	70,1	9,1	61,4	29,5**
Das Fehlen von Einweisungen	13,3	45,3	41,3	18,6	62,8	18,6*
Das Nichtgewähren von freien Tagen bei persönlichen Anlässen	12,8	65,4	21,8	25,0	68,2	6,8*
Die Qualität der Stühle	12,8	42,3	44,9	20,9	62,8	16,3*
Die Qualität der Bildschirme	31,6	40,8	27,6	76,7	18,6	4,7**
Die mangelnde Sauberkeit der Pausenräume	23,4	48,1	28,6	13,6	31,8	54,5*

Chi-Quadrat-Test: * $p<0,05$; ** $p<0,01$

Tabelle 16.4. Häufigkeit des Beschwerdeempfindens in der Erst- und Schlussbefragung: Mitarbeiter des Interventionsbereichs

Es empfanden	Erstbefragung (n = 80)			Schlussbefragung (n = 44)		
	nie/ selten (in%)	manchmal (in%)	oft/ sehr oft (in%)	nie/ selten (in%)	manchmal (in%)	oft/ sehr oft (in%)
Nackenschmerzen	30,0	23,8	46,3	41,9	27,9	30,2
Schulterschmerzen	22,6	30,0	47,5	34,9	27,9	37,3
Kreuzschmerzen	24,4	30,8	44,9	37,3	32,6	30,3
Geschwollene, steife oder schmerzende Gelenke	85,7	5,2	9,1	72,1	20,9	7,0
Augenbeschwerden	41,8	30,4	27,8	53,5	25,6	20,9
Schmerzen in Beinen oder Füßen	75,6	12,8	11,5	60,5	32,6	7,0

Chi-Quadrat-Test: keine signifikanten Unterschiede (alle p>0,05)

Sochert ermittelte in 16 Unternehmen mit Gesundheitszirkeln positive Beurteilungen von Beschäftigten zur Beschwerdenverringerung (retrospektiver Vorher-Nachher-Vergleich). Methodisch überrascht dabei allerdings der stets fast gleich hohe Prozentsatz an mitgeteilten Beschwerdeverbesserungen bei unterschiedlichen Beschwerdearten (ca. 20%) [16, S. 267, Anhang 3]. In einem anderen Unternehmen ergab eine Pretest-Posttest-Untersuchung prozentual deutliche, aber statistisch nicht signifikante Verringerungen der Beschwerdeprävalenz für Nacken-, Schulter-, Kreuzschmerzen und Augenbeschwerden, während Schmerzen in Beinen/Füßen etwas öfter mitgeteilt wurden (Slesina/Gerbecks) (Tabelle 16.4). Von positiven Veränderungen des Befindens und kardiovaskulärer Risikofaktoren berichteten Friczewski et al. [5].

Mehrere Unternehmen konstatierten eine Senkung des betrieblichen Krankenstands im Zuge der Gesundheitszirkelarbeit, wobei dieser Befund jedoch mehrere Interpretationen zulässt.

Resümee

Es kann als gesichert gelten, dass Gesundheitszirkel in der Lage sind, in Form von Belastungsreduktion und Ressourcenstärkung Arbeitsbedingungen zu verbessern und gesundheitliche Effekte, zumindest im Bereich des Befindens und psychischer sowie körperlicher Beschwerden, zu ermöglichen. Insbesondere die Untersuchung der gesundheitlichen Wirkungen bedarf noch der künftigen Differenzierung und Vertiefung. Ein weiteres Forschungsdesiderat betrifft die Effizienzbetrachtung. Wie des öfteren aus Projekten und Unternehmen mitgeteilt wurde, können Gesundheitszirkel auch betriebswirtschaftliche Effekte wie die Senkung von Betriebskosten bewirken. Eine Analyse der monetären Aufwands- und Ertragsaspekte von Gesundheitszirkeln, soweit mit vertretbarem Einsatz leistbar, würde die gesundheitsbezogene Wirkungsbetrachtung ergänzen.

Literatur

[1] Altenhofen, L (2000): Anlage und Aussagekraft empirischer Untersuchungen. In: Rennen-Allhoff, B (Hrsg), Handbuch Pflegewissenschaften, Weinheim: Juventa, 105-128 (im Erscheinen)
[2] Badura, B (1999): Evaluation und Qualitätsberichterstattung im Gesundheitswesen – Was soll bewertet werden und mit welchen Maßstäben? In: Badura, B, Siegrist, J (Hrsg), Evaluation im Gesundheitswesen, Weinheim: Juventa, 15-42
[3] Badura, B, Ritter, W, Scherf, M (1999): Betriebliches Gesundheitsmanagement – ein Leitfaden für die Praxis, Berlin: Ed. Sigma
[4] Bundeszentrale für gesundheitliche Aufklärung (Hrsg.) (1992): Gesundheitsförderung in der Arbeitswelt, Tauberbischofsheim: Fränkische Nachrichten, Druck- und Verlags-GmbH
[5] Friczewski, F, Brandenburg, U, Jenewein, R et al. (1990): Betriebliche Gesundheitszirkel als Instrument für den Abbau von gesundheitsschädlichem Streß am Arbeitsplatz. In: Brandenburg, U et al. (Hrsg), Prävention und Gesundheitsförderung im Betrieb, Tb 51, Bremerhaven: Wirtschaftsverlag NW, 290-314
[6] Gray, JAM (1997): Evidence-based Healthcare, New York: Churchill Livingstone
[7] Jacox, AK (1994): Management of cancer pain, AHCPR publication, Rockville, Md.: U.S. Dep. of Health and Human Services
[8] Müller, B, Münch, E, Badura, B (1997): Gesundheitsförderliche Organisationsgestaltung im Krankenhaus, Weinheim: Juventa
[9] Okoniewski, U, Friczewski, F, Flathmann, H, Görres, HJ, Bader, I (1993): Gesundheitszirkel als zentrales Element in der betrieblichen Gesundheitsförderung. In: DOK 18-19, 629-638
[10] Panter, W (1995): Gestaltung von Arbeitsbedingungen durch Gesundheitszirkel: Beispiel aus der Stahlindustrie. In: Bundesanstalt für Arbeitsschutz (Hrsg.), Mehr Sicherheit und Gesundheit durch inner- und überbetriebliche Zusammenarbeit und gruppenorientierte Problemlösungen, Bremerhaven: Wirtschaftsverlag NW, 93-114
[11] Perleth, M, Antes, W (Hrsg) (1999^2): Evidenz-basierte Medizin, München: MMV Medien und Medizinverlag
[12] Pressel, G, Slesina, W (1994): Gesundheitszirkel im Dienstleistungsbereich. In: Arbeitsmedizin, Sozialmedizin, Umweltmedizin 29, 387-392
[13] Riese, I (1998): Evaluation eines Gesundheitszirkels – Eine quasi-experimentelle Felduntersuchung, Diplomarbeit, Technische Universität Berlin
[14] Rossi, GH, Freeman, HE, Hofmann, G (1988): Programm-Evaluation, Stuttgart: Enke

[15] Slesina, W, Beuels, FR, Sochert, R (1998): Betriebliche Gesundheitsförderung, Weinheim: Juventa
[16] Sochert, R (1998): Gesundheitsbericht und Gesundheitszirkel, Bremerhaven: Wirtschaftsverlag NW
[17] Weissinger, V, Knipp, G (1994): Baustellengespräche. Gesprächszirkel im Bauhandwerk, Prävention 17, 82–92
[18] Westermayer, G, Bähr, B (Hrsg) (1994): Betriebliche Gesundheitszirkel, Göttingen/Stuttgart: Hogrefe

Gesundheitsförderung in der stationären Altenpflege: Effekte eines Qualifizierungsprogramms für Mitarbeiter und Leitungskräfte

A. ZIMBER

Gesundheitsrisiken in der Altenpflege

Die stationäre Altenpflege stellt hohe Anforderungen an die psychophysische Belastbarkeit der Beschäftigten: Neben einer starken körperlichen Beanspruchung u.a. durch das Heben, Drehen und Lagern der in der Regel Schwer- und Schwerstpflegebedürftigen treten erhebliche psychische Belastungen durch den Umgang mit psychisch veränderten, insbesondere demenzkranken Personen und die häufige Konfrontation mit Tod und Sterben auf [14, 18, 32, 39]. Die Anforderungen an das Pflegepersonal in Alten- und Pflegeheimen sind in den letzten Jahren deutlich angestiegen, da im Zuge struktureller Veränderungen in der Altenhilfe, insbesondere seit Einführung der zweiten Stufe der Pflegeversicherung am 1. Juli 1996, vermehrt Personen mit sehr hohem Pflegebedarf und psychischen Beeinträchtigungen in die Einrichtungen gelangen [40]. Darüber hinaus sind die Pflegenden mit zusätzlichen administrativen Aufgaben, u.a. der Pflegeplanung, -dokumentation und -evaluation, konfrontiert. Die Bewältigung dieser Anforderungen erfordert nicht nur ein optimiertes Pflegemanagement, sondern auch ein höheres Maß an beruflichen Kompetenzen auf Seiten der Beschäftigten [17].

Den steigenden Anforderungen bei der Pflege alter Menschen stehen nach wie vor ungünstige Arbeitsbedingungen gegenüber, unter anderem gesundheits- und familienfeindliche Arbeitszeitregelungen, eine geringe gesellschaftliche Anerkennung, Unterqualifizierung und Personalmangel. Zudem entfernt sich die Altenpflegetätigkeit durch die zunehmende Arbeitsverdichtung infolge von Rationalisierungsprozessen immer weiter von dem Leitbild einer ganzheitlichen und aktivierenden Pflege, wie es in der Pflegeausbildung vermittelt wird. Diese Entwicklung trägt zu einer eklatant hohen Fluktuationsrate bei [1].

Aus der Kombination hoher Anforderungen mit ungünstigen Arbeitsbedingungen können langfristig gesundheitliche Beeinträchtigungen resultieren: In Untersuchungen zur Beanspruchungssituation in der Altenpflege wurde ein im Vergleich zur Allgemeinbevölkerung deutlich erhöhtes Gesundheitsrisiko gefunden; überdurchschnittlich häufig anzutreffen sind insbesondere Rückenleiden, psychosomatische Beschwerden, Müdigkeit und Schlafstörungen sowie Burnout-Erscheinungen [36]. Wie in zwei methodisch vergleichbaren Verlaufsstudien in Dortmund und Mannheim gezeigt wurde, sind die Gesundheitsrisiken des Pflegepersonals in Alten- und Pflegeheimen seit Einführung der Pflegeversicherung deutlich gestiegen [11, 41].

Vor dem Hintergrund wachsender Gesundheitsrisiken und der damit verbundenen volkswirtschaftlichen wie auch persönlichen Kosten besteht in den Pflegeberufen ein erheblicher Bedarf an Gesundheitsförderung [15, 34]. Im Gegensatz zur Gesundheit der Pflegebedürftigen wird die Gesundheit und Gesunderhaltung der *Pflegenden* weder in der Pflegeausbildung noch in der Pflegepraxis thematisiert: Wie erkenne ich rechtzeitig meine Belastungsgrenzen? Wie kann ich meine körperlichen und psychischen Ressourcen schonen? Wie kann ich Nähe und Distanz regulieren und langfristig ein „Burnout" vermeiden? Präventive Ansätze wie Gesundheitszirkel, Stressbewältigungs- und Bewegungsprogramme, die sich in anderen Wirtschaftszweigen teilweise etabliert haben [22, 29], finden im Pflegebereich kaum Anwendung. Inwieweit dort stärker verbreitete Maßnahmen wie Fort- und Weiterbildung, Qualitätszirkel, Fall- und Teamsupervision einen Beitrag zum Gesundheitsschutz leisten können, lässt sich nur schwer einschätzen, da diese überwiegend unsystematisch und ohne Effektivitätskontrolle durchgeführt werden.

Mit dem folgenden Programm sollten effektive Methoden zur Gesundheitsförderung für Einrichtungen der stationären Altenpflege entwickelt und wissenschaftlich erprobt werden. Das Programm wurde von der Berufsgenossenschaft für Gesundheitsdienst und Wohlfahrtspflege (BGW) in Auftrag gegeben und vom Zentralinstitut für Seelische Gesundheit in Mannheim durchgeführt.

Ziele und Inhalte des Programms

Da eine Verbesserung der finanziellen und personellen Rahmenbedingungen in der stationären Altenpflege aktuell nicht politisch umsetzbar ist, müssen Strategien der Gesundheitsförderung vor allem darauf abzielen, die *Kompetenzen* der Mitarbeiter so weiterzuentwickeln, dass diese den veränderten Anforderungen besser gerecht werden. Im Unterschied zu den herkömmlichen Methoden der Qualitätssicherung und Mitarbeiterqualifizierung zielt das Programm nicht in erster Linie auf die Erhöhung der Produktivität und der Qualität der Arbeit ab. Vielmehr steht die Vermeidung und Reduzierung der bestehenden Gesundheitsrisiken im Mittelpunkt. Allerdings ist davon auszugehen, dass sich eine erfolgreiche Gesundheitsförderung in sozialen Einrichtungen auch positiv auf die Mitarbeitermotivation und die Qualität der Arbeit auswirkt.

Zur Förderung der beruflichen Handlungskompetenzen kommen insbesondere *Qualifizierungsmaßnahmen* in Frage [30]. Im Pflegebereich stellt die interne Fort- und Weiterbildung den zentralen Bestandteil von Personalentwicklungskonzepten dar [16]. Da für die Bewältigung der Anforderungen im Pflegeberuf ein breites Spektrum von Fähigkeiten und Fertigkeiten notwendig ist, müssen effektive Maßnahmen neben den fachlichen auch methodische sowie soziale und kommunikative Kompetenzen berücksichtigen [21]. Darüber hinaus ist bei der Pflegetätigkeit die „personale" oder Selbstkompetenz, d.h. die Fähigkeit, mit Anforderungen, Belastungen, Körper und Psyche angemessen umzugehen, für die Gesundheit der Beschäftigten bedeutsam. Diese fachübergreifenden Kompetenzen werden in der allgemeinen Berufspädagogik wie auch in der Pflegepädagogik [24, 28] als *„Schlüsselqualifikationen"* bezeichnet. Vor diesem Hintergrund zielt das vorliegende Qualifizierungsprogramm darauf ab, die soziale und kommunikative, die organisatorische und insbesondere die personale Kompetenz von Altenpflegekräften zu fördern.

Zur Auswahl der Inhalte des Qualifizierungsprogramms wurde ein Steuerungsgremium unter der Leitung einer externen Moderatorin gebildet, in dem Träger, HeimleiterInnen, PflegedienstleiterInnen und MitarbeiterInnen paritätisch vertreten waren [42]. Nach eingehender Diskussion einigte sich das Gremium darauf, drei inhaltliche Themenschwerpunkte in das Programm aufzunehmen, nach denen der größte Qualifizierungsbedarf bestand: Umgang mit „schwierigen", insbesondere demenzkranken BewohnerInnen; berufliches Selbstverständnis, Umgang mit Stress und persönlichen Problemen; Kommunikation mit und Führung von MitarbeiterInnen. Neben inhaltlichen Vorgaben hatte das Gremium die Aufgabe, die Ausarbeitung und die praktische Umsetzung des Programms zu unterstützen. Das Gremium tagte insgesamt fünfmal: zweimal vor, einmal während und zweimal nach Programmdurchführung.

Ergebnisse wissenschaftlicher Studien [3] und Erfahrungen aus der Praxis zeigen, dass dem unteren und mittleren Pflegemanagement eine zentrale Rolle bei der Entwicklung der Mitarbeiterkompetenzen zukommt. Um die Effekte unterschiedlicher Qualifizierungsstrategien – „top down" vs. „bottom up" – zu vergleichen, wurde das Programm

Tabelle 17.1. Inhalte des Qualifizierungsprogramms

Thema	Programminhalte	
	Mitarbeiterqualifizierung	Leitungsqualifizierung
1. Umgang mit „schwierigen" BewohnerInnen		
1. Sitzung	Wissen über Demenzerkrankungen; Probleme im Umgang mit Dementen	
2. Sitzung	Verbesserung des Umgangs mit schwierigen BewohnerInnen durch bessere Kommunikation	
3. Sitzung	Aktivierende Pflege in den Pflegealltag integrieren, Erlernen der Problemlösemethode	
4. Sitzung	Veränderung von automatischen Gedanken; Selbstinstruktionen im Umgang mit schwierigen BewohnerInnen; Steigerung der Entspannungsfähigkeit	
2. Berufliches Selbstverständnis, Umgang mit Stress und persönlichen Problemen		
5. Sitzung	Fachliche Anforderungen und Rollenerwartungen, Interessenkollisionen; Folgen beruflicher Überlastung	
6. Sitzung	Umgang mit persönlichen Problemen in der Gruppe; Gesprächsregeln für selbstsicheres Kommunizieren	
7. Sitzung	Verbesserung der Arbeitsorganisation und des Zeitmanagements	
8. Sitzung	Stressreduzierende Techniken der Selbstinstruktion; Stressbewältigung im außerberuflichen Bereich	
3. Kommunikation und Führung		
9. Sitzung	Vermittlung eines Kommunikationsmodells und eines Grundmodells der Konfliktanalyse	Grundlagen der Führung; Selbstreflexion der eigenen Rolle als Leitungskraft
10. Sitzung	Aktives Zuhören gegenüber KollegInnen; eigene Positionen in der Gruppe selbstsicher vertreten	Aktives Zuhören gegenüber MitarbeiterInnen; Mitarbeitergespräche kompetent führen
11. Sitzung	Regeln zur Durchführung von Teambesprechungen	Regeln zur Ausübung von Anerkennung und Kritik
12. Sitzung	Gedanken und Gefühle in der Gruppe; Rückmeldung zum Kurs	

auf der Mitarbeiter- und auf der Leitungsebene umgesetzt. Das Programm richtet sich zum einen an examinierte und nicht examinierte Pflegekräfte und zum anderen an Pflegedienst-, Stations- und Schichtleitungen. Die Programminhalte wurden an das Qualifikationsniveau und die Anforderungen der beiden Zielgruppen angepasst. Durch die Anlage der Untersuchung war ein Vergleich getrennter und kombinierter Wirkungen der beiden Strategien möglich.

Die Ausarbeitung des Trainingsprogramms orientierte sich an bestehenden Programmen für Altenpflegekräfte [23, 27, 33] sowie an Programmen aus der Klinischen Psychologie [6]. Auf Grund ihres Übungscharakters und ihrer günstigen Voraussetzungen für den Transfer in die berufliche Praxis wurden verhaltenstherapeutisch orientierte Manuale [20, 25] bevorzugt. Das Qualifizierungsprogramm hat einen Umfang von 12 Sitzungen mit einer Dauer von jeweils 90 Minuten (Tabelle 17.1).

TeilnehmerInnen des Programms

Bei der Auswahl der Einrichtungen wurden Heime unterschiedlicher Größe und Trägerschaft berücksichtigt. Von 16 Heimen, die über die Pilotstudie informiert worden waren, beteiligten sich elf Mannheimer Alten- und Pflegeheime, darunter sechs Einrichtungen in freigemeinnütziger, drei Einrichtungen in privater und zwei Einrichtungen in kommunaler Trägerschaft. Die Größe der beteiligten Heime schwankte zwischen 35 und 204 Plätzen. Die Einrichtungen lassen sich anhand ihrer Strukturdaten gut in aktuelle Repräsentativstatistiken [7] einordnen.

Die Maßnahme wurde auf Mitarbeiterebene stationsbezogen und auf Leitungsebene stationsübergreifend organisiert. Da das Programm unter möglichst alltagsnahen Bedingungen umgesetzt werden sollte, wurde eine möglichst vollständige Beteiligung der Pflege- bzw. Leitungsteams angestrebt.

Insgesamt 14 Gruppen, darunter acht Mitarbeiter- und sechs Leitungsgruppen mit einer Größe zwischen sechs und 12 Personen, nahmen an dem Qualifizierungsprogramm teil. Zur Analyse der Effekte der unterschiedlichen Strategien wurden die Maßnahmen in einem Teil der Einrichtungen (5 Heime) einzeln, in einem anderen Teil (6 Heime) kombiniert angeboten.

Das Programm wurde einmal wöchentlich in den Räumen der Einrichtungen durchgeführt. An der Durchführung waren als Trainer zwei Diplom-Psychologinnen (Anja Albrecht, Claudia Geiger-Kabisch) und zwei Diplom-Psychologen (Anton Rudolf, A. Z.) mit entsprechender Feldkompetenz beteiligt. Die Zuordnung der Trainer zu den Einrichtungen und Durchführungsvarianten erfolgte nach dem Zufallsprinzip. Alle Trainer führten beide Varianten des Programms durch.

An den 14 Gruppen beteiligten sich 99 Personen, darunter 39 Leitungskräfte und 60 MitarbeiterInnen. Die überwiegende Mehrheit der TeilnehmerInnen nahm das Angebot mit großem Interesse auf; die gewählten Themen stießen bei den TeilnehmerInnen bereits bei der Einführungsveranstaltung auf eine positive Resonanz. Ebenfalls positiv wurde die einrichtungsinterne Durchführung des Programms bewertet. In wenigen Fällen war der Beginn der Maßnahme durch zu große Gruppen, beengte räumliche Bedingungen, technische und organisatorische Probleme erschwert. Letztere resultierten daraus, dass die MitarbeiterInnen von der Einrichtungsleitung unzureichend über den organisatorischen Rahmen und die Verbindlichkeit der Teilnahme informiert worden waren. In wenigen Einrichtungen wurde die Teilnahme von den Vorgesetzten angeordnet oder erhielten die Teilnehmerinnen keinen Dienstausgleich. In zwei bis drei Kursen war die Abbrecherquote in der Anfangsphase aufgrund der beschriebenen Informationsprobleme hoch. Jedoch musste keiner der Kurse wegen dieser ungünstigen Startbedingungen abgebrochen werden. Innerhalb des ersten Durchführungsmonats fand eine Konsolidierung des Teilnehmerstamms statt. 88 der 99 TeilnehmerInnen nahmen an der Maßnahme regelmäßig, d.h. an mindestens acht der zwölf Sitzungen, teil; dies entspricht einer Abbrecherquote von etwa 11 Prozent. Unter den 88 Pflegepersonen mit regelmäßiger Teilnahme waren 34 Leitungskräfte und 54 MitarbeiterInnen.

Methoden der Programmevaluation

Bei der Bewertung der Planung, Durchführung und Ergebnisse des Qualifizierungsprogramms wurde nach einschlägigen Methoden der Evaluationsforschung [26, 35] vorgegangen. Trainingseffekte wurden im Rahmen eines quasi-experimentellen Designs [4] unter Einschluss einer Kontrollgruppe überprüft. Die erste Erhebung (T1) fand unmittelbar vor Beginn, die zweite Erhebung (T2) nach Beendigung des Qualifizierungsprogramms statt. In den Einrichtungen, die in die Kontrollgruppe einbezogen wurden, wurden keine Maßnahmen, sondern lediglich zwei Erhebungen zeitlich parallel durchgeführt, deren Ergebnisse rückgemeldet wurden. Um die mittelfristigen Effekte des Programms zu überprüfen, fand in der Trainingsgruppe eine dritte Erhebung (T3) nach drei bis vier Monaten statt.

Zusätzlich wurden die Wirkungen der unterschiedlichen Qualifizierungsstrategien getestet, indem Effekte der getrennten gegenüber der kombinierten Durchführung von Mitarbeiter- und Leitungsqualifizierung verglichen wurden. Zur Prüfung der Effekte wurden Varianzanalysen mit Messwiederholung eingesetzt.

Veränderungen, die auf das Training zurückzuführen sind, wurden soweit wie möglich anhand standardisierter Selbstbeurteilungsverfahren überprüft:

- *Veränderungen bei den Kompetenz- und Kontrollüberzeugungen* [13]. Mangels geeigneter Instrumente zur Erfassung beruflicher Handlungskompetenzen in den Pflegeberufen musste im Vorfeld der Untersuchung ein geeignetes Verfahren entwickelt werden [37];
- *Veränderungen bei den Arbeitsbedingungen*, insbesondere im organisatorischen und im sozialen Bereich [2, 5, 12, 38];
- *Veränderungen bei der psychophysischen Beanspruchung* [9, 10, 19].

Zur Beurteilung der *Qualität der Durchführung* des Qualifizierungsprogramms wurde von den TeilnehmerInnen nach jedem der drei Themenschwerpunkte ein schriftliches Feedback auf der Grundlage gängiger Fragebögen zur Evaluation von Fort- und Weiterbildungen eingeholt.

Untersuchungsstichprobe

Alle 99 Pflegekräfte, die zu Beginn des Programms anwesend waren, beteiligten sich an der ersten Erhebung der begleitenden wissenschaftlichen Evaluation. Davon nahmen 76 Personen wiederholt, d.h. vor und nach dem Training, an den Erhebungen teil (Tabelle 17.2). Von den 88 TeilnehmerInnen, die das Programm erfolgreich abschlossen, waren zwölf Personen nicht zur Teilnahme an der zweiten Befragung zu bewegen.

Unter den 76 TeilnehmerInnen der Untersuchung waren 32 Leitungskräfte und 44 MitarbeiterInnen. Zwei Drittel verfügten über eine abgeschlossene Ausbildung der Alten- oder Krankenpflege. Die Berufserfahrung lag im Durchschnitt bei 11 Jahren, das Durchschnittsalter bei knapp 42 Jahren. 93 Prozent sind Frauen und 15 Prozent AusländerInnen. Die Personen waren überwiegend vollzeitbeschäftigt. Unter den Abbrechern zwischen T1 und T2 waren nicht examinierte und ausländische MitarbeiterInnen leicht überrepräsentiert, Leitungskräfte dagegen unterrepräsentiert.

56 Personen nahmen ebenfalls an der dritten Erhebung (T3) teil. In dieser Follow-up-Stichprobe waren Leitungskräfte, Personen mit dreijähriger Altenpflegeausbildung, Hauptschulabschluss und Vollzeitbeschäftigung gegenüber der Ausgangsstichprobe überrepräsentiert. Un-

Tabelle 17.2. Soziodemografische und berufsbezogene Merkmale der Untersuchungsteilnehmerlnnen (Mittelwerte, Standardabweichungen in Klammern)

	Trainingsgruppe		Dropout Trainingsgruppe		Kontrollgruppe	Dropout
	T1+T2 (N=76)	T1+T2+T3 (N=56)	T1–T2 (N=23)	T2–T3 (N=20)	T1+T2 (N=56)	T1–T2 (N=70)
Leitungskräfte	40,8%	42,9%	21,7%	35,0%	32,1%	15,5%
Mitarbeiter	59,2%	57,1%	78,3%	65,0%	67,9%	84,5%*
Qualifikation:						
3-jährig Altenpflege	57,3%	63,6%	30,4%	40,0%	35,7%	36,8%
1-jährig Altenpflege	6,7%	3,6%	17,4%	15,0%	3,6%	7,4%
Krankenpflege	9,3%	3,6%	17,4%	25,0%	1,8%	11,8%
nicht examiniert	26,7%	29,1%	34,8%	20,0%**	58,9%**	44,1%
Berufserfahrung (in Jahren)	11,0 (5,94)	10,9 (5,44)	10,6 (7,32)	11,4 (7,28)	9,2 (6,47)	7,9 (5,77)
Alter (in Jahren)	41,6 (8,66)	40,5 (7,54)	39,7 (11,53)	44,6 (10,75)	40,5 (10,28)	39,4 (9,36)
Schulbildung:						
Volksschule/Hauptschule	58,3%	66,0%	61,9%	36,8%	45,5%	28,8%
Mittlere Reife	27,8%	18,9%	19,0%	52,6%	21,8%	33,3%
Abitur	11,1%	13,2%	19,0%	5,3%	29,1%	36,4%
Sonstige	2,8%	1,9%		5,3%*	3,6%	1,0%
Geschlecht:						
weiblich	93,2%	90,7%	90,9%	100%	80,4%	78,3%
männlich	6,8%	9,3%	9,1%		19,6%*	21,7%
Ausländer/innen	14,9%	14,8%	18,2%	15,0%	18,2%	17,4%
Vollzeitkräfte	85,3%	89,1%	86,4%	75,0%	75%	63,8%

Unterschiede zur jeweiligen Referenzgruppe (siehe Text): * p<0,05; ** p<0,01

ter den Personen, welche die Untersuchung zwischen T2 und T3 abbrachen, waren Krankenschwestern, AltenpflegerInnen mit 1jähriger Ausbildung und Personen mit höherem Schulabschluss überproportional stark vertreten.

Für die Kontrolluntersuchung wurden 126 Pflegekräfte aus sechs Altenpflegeheimen in der Stadt Heidelberg gewonnen. Die Beteiligung schwankte zwischen den Einrichtungen zwischen unter 20 und über 70%, die mittlere Rücklaufquote lag bei etwa 45% bei der ersten und etwa 40% bei der zweiten Erhebung. Von den 126 TeilnehmerInnen der ersten Erhebung nahmen lediglich 56 Personen wiederholt an der Studie teil (Kontrollgruppe). Aufgrund fehlender Anreize konnte die Teilnahmemotivation in dieser Gruppe nicht aufrechterhalten werden. Im Vergleich zur Trainingsgruppe waren Männer und nicht examinierte MitarbeiterInnen in der Kontrollgruppe überproportional häufig vertreten; der deutlich geringere Anteil von Leitungskräften ist durch die Auswahlkriterien des Qualifizierungsprogramms bedingt. Unter den Abbrechern der Kontrolluntersuchung waren überproportional häufig MitarbeiterInnen und Teilzeitbeschäftigte zu finden.

Ergebnisse der Evaluation

Die Ergebnisse der drei schriftlichen Befragungen zur *Durchführungsevaluation* sind in Abb. 17.1 wiedergegeben.

Die Qualität der Maßnahme wie auch die Qualifikation der Trainer wurde insgesamt positiv beurteilt. Verständlichkeit, Interesse am Thema, Abwechslung und Atmosphäre wurde bei allen Befragungen durchgängig gut bis sehr gut bewertet. Bei der Beurteilung der Atmosphäre zeichnete sich im Verlauf eine wachsende Gruppenkohäsion und Vertrautheit ab. Im Vergleich hierzu fiel die Beurteilung der Einfachheit und Verwertbarkeit der zwischen den Sitzungen durchgeführten praktischen Übungen und vor allem der zeitlichen Gestaltung der Sitzungen zurück.

Ein zu knapper Zeitrahmen erwies sich auch in den mündlichen Rückmeldungen, die im Rahmen von zwei Abschlussveranstaltungen eingeholt wurden, als größtes Hindernis des Kompetenzerwerbs. Aus der Sicht der TeilnehmerInnen galt dies insbesondere für Sitzungen, in denen die aktuelle Themen, z. B. „schwierige" BewohnerInnen, problematische Arbeitsabläufe oder organisatorische Mängel, zur Sprache kamen. Obwohl die TrainerInnen versuchten, diesen Bedürfnissen möglichst viel Zeit einzuräumen, konnte der Bedarf nicht vollständig gedeckt werden. In einigen Kursen wurde von den TeilnehmerInnen daher Supervisionsbedarf angemeldet.

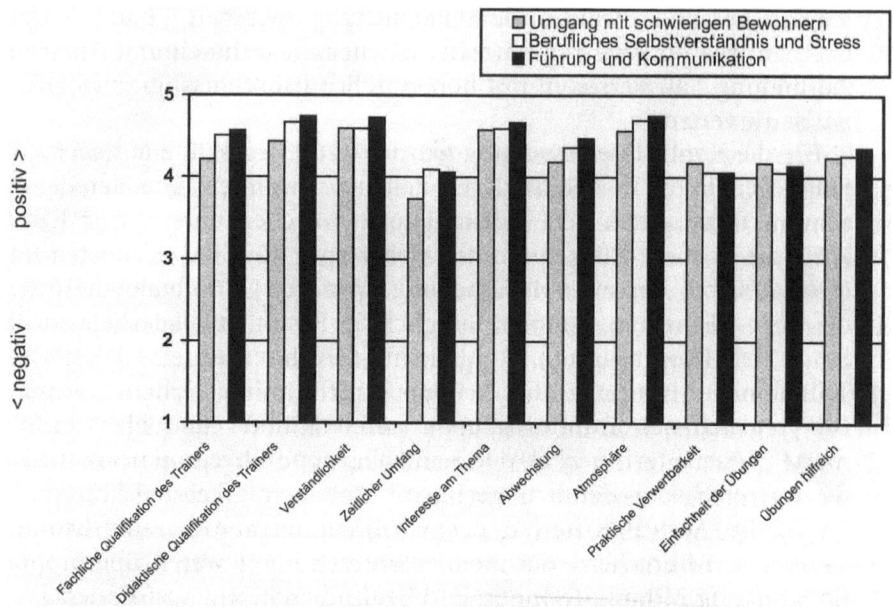

Abb. 17.1. Beurteilung des Programms durch die TeilnehmerInnen (Themenblock 1–3)

Aufgrund des begrenzten Raums beschränkt sich die Darstellung der *Ergebnisevaluation* auf jene 56 TeilnehmerInnen, die an allen drei Erhebungen teilnahmen. Auf eine Differenzierung nach Effekten der unterschiedlichen Qualifizierungsstrategien wurde hier ebenfalls verzichtet [42].

Bei den beruflichen Handlungskompetenzen zeigten sich deutliche Defizite bei der personalen Kompetenz; diese war in der Trainings- sowie in der Kontrollgruppe deutlich geringer ausgeprägt als die fachlichen, sozialen und organisatorischen Kompetenzen (Tabelle 17.3). Die organisationalen und sozialen Ressourcen wurden in beiden Gruppen überwiegend günstig beurteilt. Allerdings wurden die Beziehungen mit den BewohnerInnen in der Kontrollgruppe signifikant günstiger eingeschätzt als in der Trainingsgruppe. Arbeitsbelastungen waren in beiden Gruppen überdurchschnittlich stark vorhanden. Jeweils mehr als ein Drittel der Befragten wiesen eine hohe emotionale Erschöpfung, etwa ein Viertel einen deutlichen Mangel an intrinsischer Arbeitsmotivation auf. Knapp jede/r Vierte war mit der Arbeitssituation unzufrieden. Etwa 10 Prozent der Befragten beabsichtigten in der nächsten Zukunft den Arbeitsplatz zu wechseln. Unter den gesundheitlichen Beeinträchtigungen lagen überdurchschnittlich häufig somatische Beschwerden vor. Negative Beanspruchungsfolgen waren

Tabelle 17.3. Effekte des Qualifizierungsprogramms (Mittelwerte, Standardabweichungen in Klammern)

	Trainingsgruppe (N=56)				Kontrollgruppe (N=56)		Verlaufs-unterschied Training-Kontrolle
	T1	T2	T3	Verlaufs-unterschied	T1	T2	
Organisationale Ressourcen							
Handlungsspielraum	3,30 (0,9)	3,42 (0,9)	3,47 (0,8)	p=0,08	3,42 (0,9)	3,43 (0,9)	n.s.
Rückmeldung durch Vorgesetzte	3,39 (0,4)	3,41 (0,4)	3,43 (0,4)	n.s.	3,40 (0,5)	3,41 (0,5)	n.s.
Soziale Ressourcen							
Klima mit KollegInnen	3,59 (0,6)	3,65 (0,7)	3,60 (0,7)	n.s.	3,32 (0,7)	3,43 (0,7)	n.s.
Klima mit Vorgesetzten	3,56 (0,6)	3,65 (0,7)	3,62 (0,7)	n.s.	3,64 (0,7)	3,62 (0,7)	n.s.
Kommunikation mit KollegInnen	3,43 (0,5)	3,47 (0,5)	3,48 (0,5)	n.s.	3,43 (0,5)	3,46 (0,5)	n.s.
Kommunikation mit Vorgesetzten	3,41 (0,5)	3,45 (0,5)	3,47 (0,5)	n.s.	3,42 (0,5)	3,46 (0,6)	n.s.
Beziehung zu BewohnerInnen	2,80 (0,4)	2,91 (0,5)	2,90 (0,5)	p=0,06	3,05 (0,5)	2,96 (0,5)	p=0,01
Individuelle Ressourcen							
Internale Kontrollüberzeugung	3,94 (0,5)	4,04 (0,6)	4,04 (0,7)	n.s.	4,12 (0,8)	4,02 (0,8)	n.s.
Selbstkonzept eigener Fähigkeiten	4,15 (0,6)	4,15 (0,6)	4,28 (0,7)	n.s.	4,09 (0,7)	4,16 (0,6)	n.s.
Fachkompetenz	4,56 (0,8)	4,69 (0,8)	4,66 (0,8)	n.s.	4,52 (0,8)	4,62 (0,7)	n.s.
Soziale Kompetenz	4,62 (0,7)	4,68 (0,7)	4,74 (0,8)	n.s.	4,63 (0,7)	4,62 (0,7)	n.s.
Organisatorische Kompetenz	4,69 (0,7)	4,74 (0,8)	4,78 (0,8)	n.s.	4,73 (0,7)	4,74 (0,7)	n.s.
Personale Kompetenz	3,86 (0,7)	3,99 (0,8)	4,09 (0,7)	p=0,01	3,77 (0,7)	3,71 (0,6)	n.s.
Gesamtkompetenz	4,42 (0,6)	4,51 (0,7)	4,55 (0,7)	p=0,09	4,40 (0,6)	4,41 (0,5)	n.s.

Tabelle 17.3 (Fortsetzung)

	Trainingsgruppe (N=56)				Kontrollgruppe (N=56)		
	T1	T2	T3	Verlaufs-unterschied	T1	T2	Verlaufs-unterschied Training-Kontrolle
Arbeitsbelastung (Gesamtwert)	3,08 (0,5)	2,98 (0,6)	2,88 (0,6)	p=0,01	3,19 (0,6)	3,06 (0,6)	n.s.
Beanspruchungsfolgen							
Emotionale Erschöpfung	37,21 (11,7)	35,65 (12,6)	34,32 (12,5)	n.s.	39,97 (13,2)	38,37 (14,5)	n.s.
Mangel an intrinsischer Motivierung	25,71 (7,4)	23,78 (7,6)	24,81 (8,3)	n.s.	24,68 (8,6)	24,6 (9,1)	n.s.
Arbeits(un)zufriedenheit	19,17 (7,9)	19,39 (7,7)	18,62 (7,7)	n.s.	21,26 (8,9)	20,8 (9,7)	n.s.
Aversion gegen Klienten	12,30 (4,9)	12,02 (5,8)	10,85 (4,3)	p=0,10	14,37 (6,1)	13,3 (5,9)	n.s.
Reaktives Abschirmen	25,74 (4,5)	25,85 (4,4)	25,49 (4,9)	n.s.	28,39 (8,8)	28,32 (5,3)	n.s.
Fluktuationsneigung	0,11 (0,2)	0,10 (0,2)	0,13 (0,2)	n.s.	0,10 (0,2)	0,10 (0,2)	n.s.
Somatisierung	1,14 (0,7)	1,05 (0,6)	1,08 (0,6)	n.s.	1,14 (0,7)	1,10 (0,7)	n.s.
Ängstlichkeit	0,86 (0,6)	0,81 (0,5)	0,91 (0,7)	n.s.	1,01 (0,7)	0,97 (0,6)	n.s.
Soziale Dysfunktion	0,96 (0,4)	0,93 (0,4)	0,94 (0,4)	n.s.	1,08 (0,4)	0,98 (0,4)	n.s.
Depressivität	0,25 (0,5)	0,20 (0,3)	0,33 (0,5)	n.s.	0,37 (0,5)	0,36 (0,4)	n.s.

in der Kontrollgruppe tendenziell häufiger anzutreffen als in der Trainingsgruppe; die Unterschiede waren mit Ausnahme des reaktiven Abschirmens jedoch statistisch nicht signifikant.

Bei den beruflichen Handlungskompetenzen konnten drei Monate nach Beendigung des Programms leichte Verbesserungen beobachtet werden, die sich vor allem im Bereich der personalen Kompetenz niederschlugen. Im Vergleich zur Kontrollgruppe verfehlten diese Kompetenzgewinne jedoch die Grenze statistischer Signifikanz. In den wahrgenommenen Arbeitsbedingungen zeigte sich in der Trainingsgruppe eine hochsignifikante Reduzierung der Arbeitsbelastung und eine tendenzielle Verbesserung des Klimas mit den BewohnerInnen. Im Kontrollgruppenvergleich waren diese Veränderungen lediglich bei den Bewohnerbeziehungen statistisch bedeutsam. Bei der Arbeitsorganisation, den sozialen Beziehungen im Pflegeteam und den Beanspruchungsfolgen waren in der Trainingsgruppe keine wesentlichen Veränderungen zu beobachten. Zwar konnte das Ausmaß emotionaler Erschöpfung und des Mangels an Arbeitsmotivation leicht reduziert werden, doch blieben Arbeitsunzufriedenheit und psychische Beeinträchtigungen bei den TeilnehmerInnen weit gehend konstant.

Diskussion

Das hier vorgelegte Qualifizierungsprogramm greift die dringliche Aufgabe der betrieblichen Gesundheitsförderung in der stationären Altenpflege erstmals in systematischer Form auf. Vergleichbar mit Programmen aus der englischsprachigen Literatur [3] setzt es bei den individuellen Ressourcen, d.h. bei den Kompetenzen der MitarbeiterInnen im Umgang mit typischen Belastungssituationen im Pflegeberuf an. Aus der Sicht der TeilnehmerInnen wird das Programm dieser Aufgabe bereits in der vorliegenden Form gerecht: Nach Aussagen der TeilnehmerInnen wirkt die Maßnahme vor allem motivierend auf die Arbeit; angesichts der ausgeprägten Frustration und der eklatanten Berufsflucht in der Altenpflege [1] ist bereits dies ein ermutigendes Ergebnis.

Mit Hilfe einer begleitenden wissenschaftlichen Evaluation ließen sich die Qualität der Durchführung, der praktische Nutzen des Programms sowie mögliche Hindernisse der Umsetzung im Berufsfeld Altenpflege analysieren. Während die Themenauswahl und die didaktischen Methoden auf eine positive Resonanz stießen, wurde die hohe inhaltliche und zeitliche Dichte, die sich aus dem engen Zeitplan der Pilotstudie ergab, von der Mehrzahl der Beteiligten als ungünstig empfunden: Die kurzen Zeitabstände führten nicht nur zu Problemen bei der Dienstplangestaltung und zu Engpässen bei der Stationsbesetzung, sondern wirkten sich auch erschwerend auf den Praxistransfer aus. Die Themen wechselten zu häufig, um gründlich reflektiert und gezielt in den Arbeitsalltag integriert werden zu können. Bei der zeitlichen Gestaltung des Programms sind daher längere Zeiträume zwischen den Sitzungen, etwa zwei bis vier Wochen, einzuplanen. Gleichzeitig sollte die Dauer der Sitzungen auf etwa drei bis vier Stunden pro Sitzung ausgedehnt werden, um den praktischen Nutzen durch mehr Zeit für inhaltliche Reflexion und praktische Übungen zu erhöhen. Auch sollte durch eine ausführlichere Besprechung der Hausaufgaben der Praxistransfer begünstigt werden. Ebenso sollten zu Gunsten der „kontrollierten Praxis" noch häufiger Fallbesprechungen in die Sitzungen integriert werden, um Hindernisse bei der praktischen Umsetzung verdeutlichen und ausräumen zu können.

Mit der Programmkonzeption wurde von Anfang an die Zielsetzung eines *bedarfsorientierten Einsatzes* verfolgte. Das Vorgehen zur Bedarfsermittlung und Ableitung geeigneter Maßnahmen wurde im Rahmen der Kontrollgruppenuntersuchung entwickelt: Grundlage der Bedarfsermittlung bildet eine Mitarbeiterbefragung, deren Ergebnisse in eine Potenzialanalyse eingehen. Bei der Potenzialanalyse können durch einen Vergleich mit den Ergebnissen anderer Einrichtungen die Stärken und Schwächen der Institution herausgearbeitet werden; hierbei ist auch eine Differenzierung nach Stationen oder Wohnbereichen möglich. Bei der Ergebnisrückmeldung werden gemeinsam mit den Beteiligten jene Bereiche ausgewählt, für die ein vordringlicher Verbesserungsbedarf besteht. Anschließend erfolgt eine Beratung über Interventionsansätze, die geeignet sind, diese Probleme zu beseitigen oder zumindest zu reduzieren. Das vorliegende Qualifizierungsprogramm stellt neben weiteren Maßnahmen wie z.B. der Supervision, Qualitäts- und Gesundheitszirkeln eine von mehreren Alternativen dar. Entscheidet sich die Einrichtung für die Qualifizierung von Leitungskräften und/oder MitarbeiterInnen, so werden in Absprache mit den Beteiligten jene „Bausteine" aus dem Programm ausgewählt, mit denen der ermittelte Bedarf befriedigt werden kann.

Wie bei allen zeitlich begrenzten Maßnahmen stellt sich auch hier das Problem der *Kontinuität*, da von zeitlich begrenzten Maßnahmen nur eine begrenzte Wirkung ausgehen kann. In der Berufsbildung gilt daher die Bedeutsamkeit einer kontinuierlichen Fort- und Weiterbildung als Bestandteil von Personalentwicklungskonzepten als unbestritten [16]. Gerade in dieser Hinsicht bestehen aber erhebliche Defizite, da Qualifizierungsmaßnahmen in der Praxis überwiegend ungeplant als Reaktion auf das bestehende Angebot erfolgen und trotz gestiegener Qualitätsanforderungen immer noch wenig an Konzepten orientiert sind. Die Kontinuität der vorliegenden Maßnahme sollte daher durch die Einbindung in ein einrichtungs- oder trägerbezogenes Konzept der Mitarbeiterqualifizierung gesichert sein. Nach Möglichkeit sollte das Programm mit anderen laufenden Maßnahmen z. B. des Qualitätsmanagements kombiniert werden, um positive Voraussetzungen für die Anwendung und Aufrechterhaltung neuer Handlungskompetenzen zu schaffen.

Neben der Durchführungsevaluation sollte eine systematische Ergebnisevaluation Aufschluss über die spezifischen Wirkungen des Programms, insbesondere im Hinblick auf die Erweiterung der Handlungskompetenzen und ihre gesundheitsförderlichen Effekte, geben. Aus ökonomischen Gründen blieb die Studie wie bei vergleichbaren Interventionen [23] allerdings auf eine relativ kleine Fallzahl beschränkt. Vor diesem Hintergrund gewinnt eine an den Kriterien der Repräsentativität orientierte Auswahl von Einrichtungen und TrainingsteilnehmerInnen an Bedeutung [31]. In der vorliegenden Studie wurde versucht, diesem Gebot durch eine im Vorfeld durchgeführte Analyse institutioneller und organisatorischer Bedingungen Rechnung zu tragen. Darüber hinaus sollten mögliche Effekte durch ein quasi-experimentelles Design unter Einbezug einer Kontrollgruppe statistisch erhärtet werden. Aufgrund des knappen Zeitrahmens, der für die Entwicklung und Erprobung des Programms insgesamt zur Verfügung stand, stieß die Durchführung der begleitenden Evaluation an organisatorische Grenzen: Vor allem in der Kontrollgruppe fand wegen fehlender Anreize und begrenzter personeller Kapazitäten ein beträchtlicher Drop-out statt. Eine Auswahl von Trainings- und Kontrollpersonen nach definierten Merkmalen („matched design") war daher nicht möglich; in der Folge waren Unterschiede in zentralen Parametern wie Geschlecht, Qualifikation und Schulbildung nicht auszuschließen. Darüber hinaus wurde die im Versuchsplan angelegte Differenzierung nach Effekten unterschiedlicher Qualifizierungsstrategien durch die geringe Fallzahl der Follow-up-Stichprobe erschwert.

Geringe Fallzahlen und systematische Stichprobenunterschiede mögen dazu beigetragen haben, dass die erzielten Trainingseffekte – im Gegensatz zu den positiven Rückmeldungen der TeilnehmerInnen – eher bescheiden ausfielen. Auch der einzige signifikante Verlaufsunterschied zwischen der Trainings- und der Kontrollgruppe lässt sich aufgrund des unterschiedlichen Ausgangsniveaus nicht eindeutig auf das Training zurückführen. Betrachtet man die Entwicklung in der Trainingsgruppe alleine, so wurde durch das Programm hypothesengemäß vor allem die personale Kompetenz der Pflegekräfte erweitert.

Die beobachtete Reduktion der erlebten Arbeitsbelastung lässt sich regressionsanalytisch auf diese Veränderung zurückführen ($\beta = 0{,}20$; p = 0,034). Somit kommt der Verbesserung der Stressbewältigungskompetenz eine Schlüsselrolle bei der Vermeidung von Gesundheitsrisiken in der stationären Altenpflege zu.

Dagegen konnte durch das Trainingsprogramm keine Verbesserung der Arbeitsorganisation und der sozialen Beziehungen im Pflegeteam erzielt werden. Dieses Ergebnis steht teilweise im Widerspruch zu den Aussagen der TeilnehmerInnen, die in ihren Teams eine höhere Solidarität und eine stärkere inhaltliche Reflexion der Aufgaben und der Arbeitsteilung beobachteten. Auch wurden jene Programminhalte, die sich auf die Mitarbeiterführung und die Zusammenarbeit im Kollegenteam bezogen, als besonders informativ und praktisch verwertbar beurteilt; in diesem Bereich wurde sogar eine weitere inhaltliche Vertiefung gewünscht. Versuche, diesen Widerspruch aufzuklären, bleiben spekulativ. Vieles spricht jedoch dafür, dass die Gestaltung der Arbeitsbeziehungen und der Arbeitsabläufe im Altenpflegebereich besonders veränderungsresistent ist, da eine entsprechende Sensibilität für diese Themen und eine „Organisationskultur", die Mitarbeiterbeteiligung an und Transparenz von betrieblichen Entscheidungen als selbstverständlich erachtet, bislang kaum vorhanden sind. Bei einer Überarbeitung des Programms ist den sozialen Beziehungen im Kollegenteam und Grundsätzen der partizipativen Arbeitsgestaltung in besonderem Maß Rechnung zu tragen und eine inhaltliche Vertiefung dieses Themenschwerpunktes zu empfehlen.

Literatur

[1] Becker W, Meifort B (1997) Altenpflege – eine Arbeit wie jede andere? Ein Beruf fürs Leben? Bertelsmann, Bielefeld
[2] Büssing A, Glaser J (1998) Tätigkeits- und Arbeitsanalyseverfahren für das Krankenhaus (TAA-KH). In: Dunckel H (Hrsg) Handbuch psychologischer Arbeitsanalyseverfahren. VDF, Zürich
[3] Burgio L D, Stevens AB (1999) Behavioral interventions and motivational systems in the nursing home. Annual Review of Gerontology and Geriatrics 1998: 284–320
[4] Cook T D, Campbell D T (1976) The design and conduct of quasi-experimental and true experiments in field settings. In: Dunette M D (ed) Handbook of industrial and organizational psychology. Rand McNally College Publishing Company, Chicago, pp 223–326
[5] Enzmann D, Kleiber D (1989) Helfer-Leiden. Streß und Burnout in psychosozialen Berufen. Asanger, Heidelberg
[6] Fliegel S (1994) Verhaltenstherapeutische Standardmethoden. Ein Übungsbuch. Beltz, Weinheim
[7] Gerste B, Rehbein I (1998) Der Pflegemarkt in Deutschland. Ein statistischer Überblick. Wissenschaftliches Institut der AOK, Bonn

[8] Görres S, Luckey K (1999) Einführung der Pflegeversicherung: Auswirkungen auf die stationäre Altenpflege. In: Zimber A, Weyerer S (Hrsg) Arbeitsbelastung in der Altenpflege. Verlag für Angewandte Psychologie, Göttingen, S 66–80
[9] Goldberg D P, Hillier V F (1979) A scaled version of the General Health Questionnaire. Psychological Medicine 9: 139–145
[10] Hacker W, Reinhold S, Darm A, Hübner I, Wollenberger E (1995) Beanspruchungsscreening bei Humandienstleistungen (BHD-System). Forschungsberichte Band 27. Technische Universität, Dresden
[11] Hollmann S, Kylian H, Klimmer F, Neubach B, Brünger R, Schmidt K H, Heuer H (1999) Auswirkungen der 2. Stufe der Pflegeversicherung auf die Beschäftigten in der stationären Altenhilfe. Eine Längsschittstudie in 16 Einrichtungen der stationären Altenhilfe. Abschlussbericht. Institut für Arbeitsphysiologie, Dortmund
[12] Kempe P, Closs C (1985) Do it Yourself! Ein Verfahren zur Eigenkontrolle des Betriebsklimas. Altenheim 6/85: 157–162
[13] Krampen G (1991) Fragebogen zu Kompetenz- und Kontrollüberzeugungen (FKK). Hogrefe, Göttingen
[14] Kruse A, Langerhans G, Kröhn S, Schneider C (1992) Konflikt- und Belastungssituationen in stationären Einrichtungen in der Altenhilfe und Möglichkeiten ihrer Bewältigung. Kohlhammer, Stuttgart
[15] Kuhlmey A (1995) Gesund bleiben am Arbeitsplatz – Chancen und Risiken in der Pflege. Pflege 8: 287–292
[16] Kühnert S (Hrsg) (1995) Qualifizierung und Professionalisierung in der Altenarbeit. Vincentz, Hannover
[17] Kühnert S (1996) Stationäre Pflege und Betreuung älterer Menschen: Anspruch und Realität. Geriatrie Praxis 9/96: 21–24
[18] Landau K, Imhof-Gildein B, Schreiber G (1991) Beanspruchung des Pflegepersonals. Ministerium für Arbeit, Gesundheit, Familie und Frauen Baden-Württemberg, Stuttgart
[19] Linden M, Maier W, Achberger M, Herr R, Helmchen H, Benkert O (1996) Psychische Erkrankungen und ihre Behandlung in Allgemeinpraxen in Deutschland. Nervenarzt 67: 205–215
[20] Meichenbaum D (1985) Intervention bei Stress. Anwendung und Wirkung des Stressimpfungstrainings. Huber, Bern Stuttgart Toronto
[21] Meifort B (1991) Schlüsselqualifikationen für gesundheits- und sozialpflegerische Berufe. In: Biermann H, Greinert W D, Kipp M, Linke H, Wiemann G (Hrsg) Hochschule & Berufliche Bildung, Band 20. Leuchtturm-Verlag, Darmstadt, S 114–124
[22] Müller B, Münch E, Badura B (1997) Gesundheitsförderliche Organisationsgestaltung im Krankenhaus. Juventa, Weinheim
[23] Neumann E M, Zank S, Tzschätzsch K, Baltes M (1997) Selbstständigkeit im Alter: ein Trainingsprogramm für Pflegende. Trainer- und Teilnehmerband. Huber, Bern
[24] Oelke U (1998) Schlüsselqualifikationen als Bildungsziele für Pflegende. Ein Systematisierungsversuch im Rahmen der bundesdeutschen berufspädagogischen Diskussion. Pflegemanagement 2/98: 42–46
[25] Pfingsten U, Hinsch R, Bauer M, Weigelt M, Juergens B, Gagel D (1991) Gruppentraining sozialer Kompetenzen (GSK). Grundlagen, Durchführung, Materialien. Psychologie Verlags Union, Weinheim
[26] Rossi P H, Freeman H E (1993) Evaluation. A systematic approach. Sage Publications, London New Delhi

[27] Schneider H D, Thuering S, Piller S, Ruthemann U (1992) Führungsaufgaben im Alten- und Pflegeheim. Management durch Einsicht in Komplexitäten. Asanger, Heidelberg
[28] Schwarz-Govaers R (1997) Zur Entwicklung von pflegerischen Schlüsselqualifikationen – eine Herausforderung für das Krankenhaus-Management. In: Hoefert HW (Hrsg) Führung und Management im Krankenhaus. Verlag für Angewandte Psychologie, Göttingen
[29] Slesina W, Benels F R, Sochert R (1998) Betriebliche Gesundheitsförderung. Entwicklung und Evaluation von Gesundheitszirkeln und Prävention arbeitsbedingter Erkrankungen. Juventa, Weinheim München
[30] Sonntag K, Schaper N (1999) Förderung beruflicher Handlungskompetenz. In: Sonntag K (Hrsg) Personalentwicklung in Organisationen. Hogrefe, Göttingen, S 211–244
[31] Walter U, Schwartz F W (1997) Evaluation und Präventionsmaßnahmen. In: Klotter C (Hrsg) Prävention im Gesundheitswesen. Verlag für Angewandte Psychologie, Göttingen, S 115–136
[32] Weißert-Horn M, Landau K (1999) Arbeitswissenschaftliche Methoden und ausgewählte Ergebnisse zur Beanspruchungssituation in der Altenpflege. In: Zimber A, Weyerer S (Hrsg) Arbeitsbelastung in der Altenpflege. Verlag für Angewandte Psychologie, Göttingen, S 125–137
[33] Windemuth D, Schweer R, Schmidt B, Bongers A (1996) Psychohygiene. Ein Lehrbuch für die Altenpflege. Beltz, Weinheim
[34] World Health Organization (WHO) (1994) Guidelines for the primary prevention of mental, neurological and psychosocial disorders: 5. Staff burnout. World Health Organization, Genf
[35] Wottawa H, Thierau H (1990) Evaluation. Huber, Bern Stuttgart Toronto
[36] Zimber A (1998) Beanspruchung und Stress in der Altenpflege: Forschungsstand und Forschungsperspektiven. Zeitschrift für Gerontologie und Geriatrie 31: 417–425
[37] Zimber A, Teufel S (1999) Wie gut bin ich eigentlich? Altenpflege 10/99: 45–48
[38] Zimber A, Weyerer S (1998) Stress in der stationären Altenpflege. Arbeitsbedingungen und Arbeitsbelastungen in Heimen – Ergebnisse einer Verlaufsstudie. Kuratorium Deutsche Altershilfe, Köln
[39] Zimber A, Weyerer S (Hrsg) (1999) Arbeitsbelastung in der Altenpflege. Verlag für Angewandte Psychologie, Göttingen
[40] Zimber A, Schäufele M, Weyerer S (1998) Altenpflege im Wandel: Pflegebedürftigkeit und Verhaltensauffälligkeiten der Heimbewohner nehmen zu. Gesundheitswesen 60: 239–246
[41] Zimber A, Albrecht A, Weyerer S (1999) Die Beanspruchungssituation in der stationären Altenpflege nach Einführung der Pflegeversicherung: Ergebnisse einer Verlaufsstudie. Zeitschrift für Arbeitswissenschaft 53: 194–201
[42] Zimber A, Rudolf A, Teufel S, Albrecht A, Geiger-Kabisch C (2000) Gesundheitsförderung durch Schlüsselqualifikationen: Entwicklung und Erprobung eines Qualifizierungsprogramms für MitarbeiterInnen und Leitungskräfte in der Altenpflege. Unveröff. Endbericht. Berufsgenossenschaft für Gesundheitsdienst und Wohlfahrtspflege (BGW), Hamburg

KAPITEL 18

Die Aktion „Sicher und Gesund" der Firma Storck

J. Wellendorf · G. Westermayer · I. Riese

Einleitung

In diesem Beitrag wird ein Evaluationsprojekt geschildert, das von der Gesellschaft für Betriebliche Gesundheitsförderung (BGF) im Auftrag der AOK Berlin bei der Firma Storck Schokoladen GmbH & Co. durchgeführt wurde. Die Evaluation bezieht sich auf das gesamte Gesundheitsförderungsprojekt „Sicher und Gesund" bei Storck im Zeitraum von Mitte 1995 bis Ende 1999.

Im Rahmen dieser Evaluation wurde versucht, sowohl praktischen als auch wissenschaftlichen Ansprüchen zu genügen. Da eine wissenschaftliche Evaluation nach dem von der BGF entwickelten und unten geschilderten Vorgehen außerordentlich ressourcenintensiv ist, konnten nicht alle Maßnahmen mit der prinzipiell anzustrebenden wissenschaftlichen Genauigkeit untersucht werden. Es zeigte sich auch hier, „dass das wissenschaftlich beste Modell jedoch nicht immer das unter konkreten Rahmenbedingungen realisierbare ist", S. 65 [1].

Für einen Gesundheitszirkel im Rahmen des Gesamtprojektes wurde der theoretische Anspruch vollständig verwirklicht, für die anderen Maßnahmen jeweils soweit, wie es unter den gegebenen Umständen möglich war. Wir hoffen, dass Theoretiker wie Praktiker unserem Vorgehen Anregungen entnehmen können.

Theorie und Methoden

Grundlage des Vorgehens bei der Evaluation sind ein von der BGF entwickelter theoretischer Ansatz [2] sowie die dazugehörige Vorgehensweise zu seiner Umsetzung in die Praxis 1997 [3]. Die Einordnung des Ansatzes sowie die Beschreibung seiner wichtigsten Merkmale werden zunächst erläutert, bevor das konkrete Vorgehen bei Storck beschrieben wird.

In der Literatur zur Evaluation werden als Bestandteile einer umfassenden Evaluation die Bewertung der für das Gesundheitsförderungsprojekt zur Verfügung stehenden Strukturen, der vom Beginn bis zum Ende der Maßnahme abgelaufenen Prozesse sowie die erzielten Ergebnisse betrachtet [4].

Da es bei einer praxisorientierten Evaluation darum geht festzustellen, ob sich der Einsatz der verwendeten Methoden im Hinblick auf die vorher formulierten Ziele gelohnt hat, muss hier besonderes Gewicht auf die Ergebnisevaluation gelegt werden. Eine Betrachtung der Strukturen und Prozesse allein reicht nicht aus, da eine kunstgerechte Durchführung der Maßnahmen alleine noch keine gesundheitsförderlichen Effekte garantiert. Dennoch darf man die Prozess- und Strukturevaluation nicht aus dem Auge verlieren, da nur sie konkrete Hinweise auf Optimierungsmöglichkeiten liefert [4].

Voraussetzungen: Ziele und Dokumentation

Evaluation ist nie Selbstzweck. Die Bewertung von Maßnahmen macht nur dann Sinn, wenn auf der Grundlage der Ergebnisse Konsequenzen abgeleitet werden, die etwa zu einer Auswahl zwischen Alternativen oder zur Verbesserung vorhandener Maßnahmen oder Programme führen [5, 6]. Evaluation setzt demnach immer ein zuvor festgelegtes und klar beschriebenes Ziel oder einen Maßstab voraus, an dem das spätere Ergebnis von Maßnahmen überprüft werden kann [3, 6, 7]. Sie fördert dadurch die Zielorientierung des Problemlöseprozesses.

Für die betriebliche Gesundheitsförderung bedeutet dies: Vor jeder Intervention ist gemeinsam mit allen Beteiligten das Ziel der Intervention zu bestimmen, um im weiteren die Mittel zur Umsetzung begründet festlegen und deren Ergebnisse schließlich auf ihre Zielerreichung überprüfen zu können.

Die zweite wichtige Voraussetzung der Evaluation ist die sorgfältige Dokumentation des gesamten Problemlöseprozesses. Dies ist in der betrieblichen Alltagshektik durchaus keine Selbstverständlichkeit. Wer evaluiert, braucht jedoch diese Dokumentation, ansonsten können Ziele und Ableitungen bestimmter Schritte nicht mehr rekonstruiert, Maßnahmen nicht gerechtfertigt werden.

Formen der Ergebnisevaluation: Effektivität, Effizienz und Akzeptanz

Nach Westermayer und Liebing können drei Aspekte der Ergebnisevaluation unterschieden werden: (Zitat)

- Sie kann Unterschiede messen zwischen einem Ausgangszustand und einem Endzustand (*Effektivität* der Maßnahme).
- Sie kann durchgeführte Maßnahmen hinsichtlich ihrer Eignung als Mittel zur Erreichung eines bewusst gesetzten Zieles bewerten (*Effizienz* der Maßnahme).
- Sie kann durch Maßnahmen induzierte Veränderungen identifizieren und rückbeziehen auf die Ziele der an der Maßnahme Beteiligten (*Akzeptanz* der Maßnahme) [2].

Die Effektivitätsüberprüfung d. h. die Erhebung von Veränderungen zur Bewertung der Wirksamkeit der Maßnahme kann also in zweierlei Hinsicht erweitert werden: Sie kann erstens zu den aufgewendeten Maßnahmen oder Kosten in Bezug gesetzt werden. Oder die Effektivität kann zweitens zwecks Messung der Akzeptanz mit den Zielen der beteiligten Interessengruppen verglichen werden. Die Frage nach dem Nutzen einer Intervention weitet sich so aus zu einer Frage nach dem Nutzen für wen. Die Messung der Akzeptanz setzt demnach die Partizipation der Betroffenen im Sinne einer Konsultation und gleichberechtigten Formulierung der Ziele voraus wie auch eine möglichst genaue Explikation und Differenzierung der Ziele der verschiedenen beteiligten Interessengruppen. Diese Ziele können sich im Verlauf eines Projektes verändern. Ein Evaluationsdesign im Rahmen der betrieblichen Gesundheitsförderung muss deshalb auf den Prozess der Zielentwicklung und Zielveränderung größten Wert legen.

Für die praktische Umsetzung einer Evaluation ist es daher notwendig, den Evaluationsprozess selbst als Teil der Intervention zu betrachten: Evaluation dient hier also nicht nur der Entscheidung für die kostengünstigste und nutzenmaximierendste Alternative von Maßnahmen, sondern als Steuerungsinstrument für einen Prozess der sogenannten „rollenden Planung". Hierbei werden erhobene Daten im Sinne eines Survey-Feedback Ansatzes den Beteiligten zurückgemeldet. Das Ergebnis der Diskussion verschiedener Erklärungsmodelle für das Zustandekommen der Daten wird dann als Grundlage für das weitere Vorgehen genutzt. Transparenz und Plausibilität der einzelnen Schritte sind die wesentlichen Kriterien der Prozessevaluation dieses Vorgehens.

Evaluationskriterien

Eine wesentliche Frage ist also, an welchen Veränderungen Erfolg oder Misserfolg festgemacht werden soll, d.h. welche Ziele mit der Maßnahme erreicht werden sollen. Unterschieden werden sollte zwischen theoretisch abgeleiteten Zielen betrieblicher Gesundheitsförderung und empirisch erhobenen Zielen verschiedener Akteure betrieblicher Gesundheitsförderung. Betriebliche Gesundheitsförderung und die mit ihr verbundene Evaluation bewegt sich im Spannungsfeld zwischen diesen beiden meist nur zum Teil übereinstimmenden Zielarten.

Die theoretisch ableitbaren Ziele können sich z. B. an arbeitswissenschaftlichen Studien, Richtlinien der WHO und dem von Aaron Antonovsky [8] formulierten Konzept des „Sense of Coherence" orientieren:
- Transparenz und Verständlichkeit („Comprehensibility" [8]),
- Handhabbarkeit („Manageability" ebd.),
- Sinnhaftigkeit („Meaningfulness" ebd.),
- Kommunikationserfordernisse [9],
- Handlungs- und Entscheidungsspielräume (ebd.),
- Partizipation [8, 10, 11],
- Belastungsfreiheit nach dem Arbeitsschutzgesetz und
- Gesundheitsförderung als Ziel im Unternehmensleitbild [3].

Die empirisch erhobenen Ziele der verschiedenen Beteiligtengruppen dienen zur Bestimmung der Akzeptanz. Unterschieden werden können u. a.:
- Ziele des Managements von Betrieben (z. B. Kostensenkung, Produktivitätserhöhung),
- Ziele der Arbeitnehmervertretungen (Belastungsfreiheit, Arbeitssicherheitsvorschriften),
- Ziele der Vertreter des arbeitsmedizinischen und gewerbeärztlichen Dienstes (Arbeitssicherheits-/-schutzgesetz, eigene BGF-Initiativen),
- Ziele der Krankenkasse (Kostensenkung, Versichertenanteil),
- Ziele der Berufsgenossenschaften und Unfallversicherungsträger (Arbeitsschutzbestimmungen, Kooperation mit Krankenkassen),
- Ziele der Versicherten und Mitarbeiter eines Betriebes (eigene Gesundheit, Arbeitsplatzsicherheit).

Natürlich können nicht alle Ziele aller Beteiligten berücksichtigt werden. Um dennoch die Ziele verschiedener Interessengruppen zu berücksichtigen, spielt der Arbeitskreis Gesundheit als Steuerungsinstrument eine zentrale Rolle. Der Arbeitskreis Gesundheit setzt sich nach dem Konzept der Gesellschaft für Betriebliche Gesundheitsförderung (BGF) aus Vertretern des Managements, der Arbeitnehmer, des betriebsärztlichen und Arbeitssicherheitsdienstes, der Produktion sowie externen Beratern zusammen. Dieser Arbeitskreis führt zu Beginn einen Intensivworkshop durch, auf dem die Ziele der Beteiligten nach dem „Win-Win-Prinzip" aufeinander abgestimmt, gemeinsam Hypothesen zu Ursachen für den hohen Krankenstand generiert und schließlich gemeinsam Maßnahmen zur Behebung dieser Ursachen und zur Erreichung der Ziele beschlossen werden. Im weiteren Verlauf des Projektes ist der Arbeitskreis Gesundheit dafür da, den Prozess ständig zu beobachten, die Durchführung und formative Evaluation der Maßnahmen zu gewährleisten sowie weitere sinnvolle Analysen und Maßnahmen zu beschließen.

Methoden

Entscheidend für die hier favorisierte Vorgehensweise ist ein Methodenmix im Sinne einer Integration objektiver und subjektiver Daten sowie qualitativer und quantitativer Erhebungs- und Auswertungsmethoden, da es nur so möglich ist, der Komplexität von Gesundheitsförderungsprojekten gerecht zu werden [2, 4, 7]. beiden Datenarten Außerdem können unseres Erachtens valide Schlüsse auf die Wirksamkeit bestimmter Maßnahmen nur durch die Zusammenschau dieser beiden Datenarten gezogen werden. Die isolierte Erhebung objektiver oder subjektiver Daten hilft hingegen wenig:

- Werden nur objektive Daten erhoben wie z.B. der Krankenstand, lassen sich Alternativerklärungen für Verbesserungen oder Verschlechterungen nicht ausschließen.
- Werden nur subjektive Daten erhoben wie Interviews, ist nicht gewährleistet, ob die Verbesserungen oder Verschlechterungen, die von den Befragten angegeben werden, auch auf Datenebene tatsächlich erfolgt sind.

Hingegen ist es sinnvoll, mit Experten aus bestimmten Bereichen über objektive Daten zu sprechen und sie zu fragen, wie sie sich die Daten erklären. Weisen objektive Daten in positive Richtung und werden die Daten in der Interpretation durch die Experten auf die durchgeführten Gesundheitsförderungsmaßnahmen zurückgeführt, kann die Wirksamkeit der Maßnahmen relativ valide angenommen werden.

Storck Aktion „Sicher und Gesund"

Ausgangssituation bei Storck

Ausgangspunkt für das Gesundheitsförderungsprojekt bei Storck in Berlin war 1995 der seit längerem hohe Krankenstand von über 10%. Hiermit lag das Werk deutlich über vergleichbaren Berliner Betrieben

und den anderen Storck-Zweigwerken. Folgende früher durchgeführte Maßnahmen zur Krankenstandssenkung waren erfolglos:
- Abteilungsleiterseminar (Meister und Ingenieure)
- Süßwarenpräsente für Dauerkranke (länger als 4 Wochen) und Gesunde (ohne Fehlzeiten im Jahr)
- „Krankenbriefe"
- Rückkehrgespräche durch Abteilungsleiter
- Einschaltung der Betriebsärztin/Angebote
- Fehlzeitengespräche in der Personalabteilung unter Mitwirkung des Betriebsrats
- Fehlzeitengespräche unter Kündigungsandrohung
- Kündigung

Nach diesen Versuchen kam es zu einer Veränderung der Ausrichtung des Managements: weg von der Spekulation und den leicht eingängigen Erklärungen für das Problem (hohe Ärztedichte in Berlin, geringere soziale Kontrolle als auf dem Land, schlechtere Arbeitsmoral, etc.).

Verlauf des Projektes „Sicher und Gesund" bei Storck

Nach der Kontaktaufnahme von Storck mit der AOK Berlin und der Gesellschaft für Betriebliche Gesundheitsförderung (BGF) wurde der Arbeitskreis „Sicher und Gesund" gegründet. Im Arbeitskreis waren alle im Theorieteil dieses Beitrags erwähnten relevanten Interessengruppen vertreten. Auf diesen Punkt wurde bei Storck besonders großer Wert gelegt, denn das gesamte Projekt sollte unter größtmöglicher interner Publizität und Transparenz sowie unter Einbindung aller Beteiligten in das Konzept durchgeführt werden. Eine Reihe von Präsentationen sowie Infobriefe und Artikel in der Unternehmenszeitschrift zielten ebenfalls auf die Erreichung dieses Ziels.

Im Arbeitskreis wurde zunächst der Ist-Zustand differenziert erhoben und im Betrieb bekannt gemacht. In diesem Schritt wurde genau analysiert, in welchen Bereichen die Lage besonders problematisch war. Anschließend wurden auf Grund dieser Datenbasis Hypothesen über Ursachen für den hohen Krankenstand entwickelt und in einem dritten Schritt einigte man sich auf konkrete Ziele für das Projekt. Der vierte Schritt bestand darin, sich für Maßnahmen zu entscheiden, mit denen die Ziele erreicht werden sollten, im fünften Schritt wurden die Maßnahmen umgesetzt und ihr Erfolg in einem sechsten Schritt überprüft.

Der Ist-Zustand wurde mit eigenen Statistiken von Storck sowie drei Gesundheitsberichten der AOK Berlin für die Jahre 1993 und

Die Aktion „Sicher und Gesund" der Firma Storck

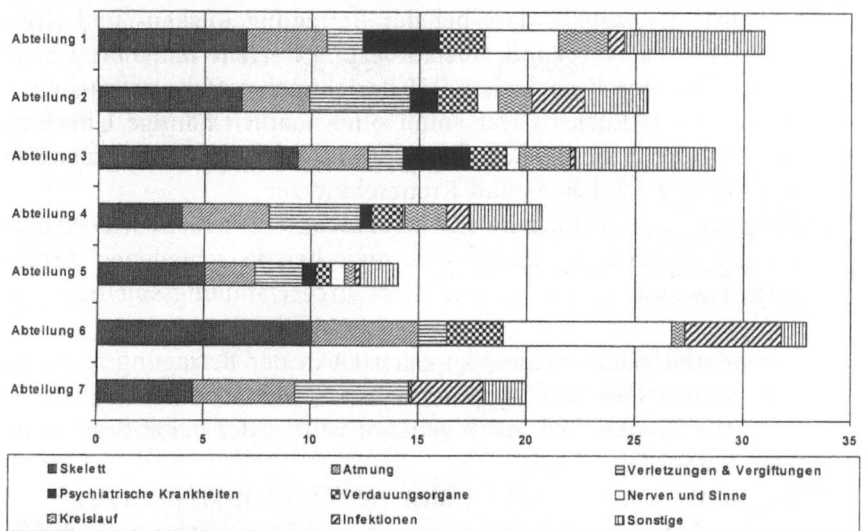

Abb. 18.1. Krankheitsarten in den Abteilungen

1994 analysiert. Ein Gesundheitsbericht bezog die diagnosebezogenen Arbeitsunfähigkeits-Daten der AOK hierbei auf betriebsinterne Daten, d. h. auf Abteilungen, Tätigkeiten, festen oder befristeten Beschäftigungsstatus sowie die Dauer der Betriebszugehörigkeit.

In Abb. 18.1 ist beispielhaft eine der Analysen der AU-Daten der AOK Berlin aufgeführt. Für jede Abteilung ist an der Gesamtlänge der Balken abzulesen, wie hoch der Krankenstand ist. Außerdem kann der Abbildung entnommen werden, welche Krankheitsarten in den verschiedenen Abteilungen welche Anteile am gesamten Krankheitsgeschehen ausmachen. Diese Daten wurden im Hypothesengenerierungsworkshop an der jeweiligen Abteilungsgröße relativiert, denn positive Effekte für viele Beschäftigte können am leichtesten in größeren Abteilungen realisiert werden.

Um die Vermutungen über mögliche Krankheitsursachen auf eine breitere Basis zu stellen und alle Beschäftigten in das Projekt mit einzubeziehen, wurde eine Gesamtbefragung der Belegschaft im Februar 1996 durchgeführt. In dieser Befragung wurden Belastungen, Ressourcen und das subjektiv erlebte Wohlbefinden der Mitarbeiter sehr differenziert erhoben. Die Rücklaufquote betrug 78%. Im Anschluss an die Befragung beschloss der Arbeitskreis weitere Berechnungen, um genauer die Ursachen für Krankheiten ermitteln zu können. Hier wurden bereits sehr dezidiert Hypothesen getestet. Beispiele:

1. Es wurde festgestellt, dass bei der Befragung Rücken- und Kreuzschmerzen zu r=0,4 mit Überforderung korrelierten. Eine Ursache für die bei Storck nach dem AU-Bericht sehr stark vertretenen Affektionen des Rückens war somit offensichtlich häufige Überforderung bei der Arbeit. Auch Erschöpfung nach der Arbeit korrelierte zu r=0,42 mit Rücken- und Kreuzschmerzen.
2. Hingegen hingen Rücken- und Kreuzschmerzen nicht wie vermutet mit der Möglichkeit zusammen, zwischen verschiedenen Arbeitsmitteln auswählen zu können (Ressource Handlungsspielraum) zusammen.
3. Augen- und Hautprobleme korrelierten in der Befragung zu r=0,28 miteinander. Dies war vermutet worden, weil als eine mögliche Ursache für Krankheiten Staub genannt wurde, der beide Beschwerdearten hervorrufen kann.
4. Der Krankenstand korrelierte über vier Tätigkeitsgruppen zu r=-0,88 mit der Arbeitszufriedenheit und zu r=0,73 mit Störungen des Allgemeinbefindens. Auch ein eindeutiger Zusammenhang von als positiv wahrgenommener Führung mit einem relativ niedrigen Krankenstand wurde über sechs Abteilungen gefunden (Abb. 18.2).
5. Messungen zur Feststellung von Lärmquellen, Zugluft und Staubentwicklung wurden durchgeführt, ergaben aber keine objektiv überhöhten Belastungen, die subjektiv in der Befragung mitgeteilt wurden.

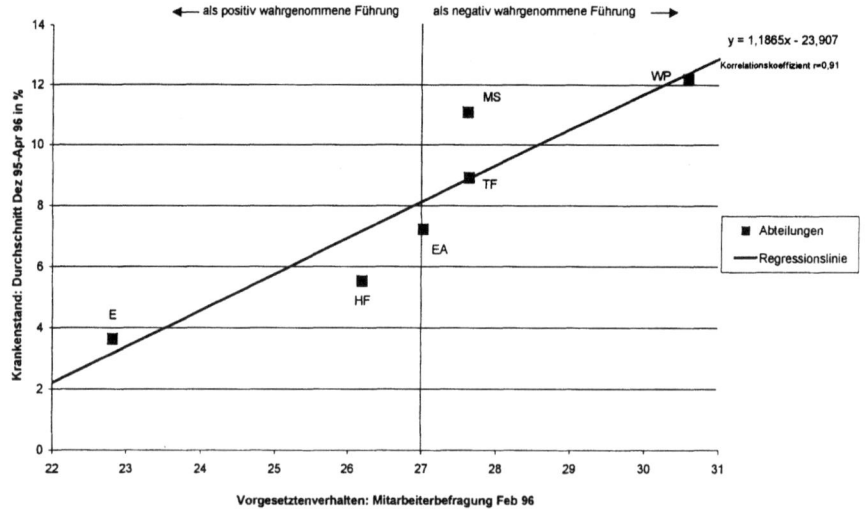

Abb. 18.2. Zusammenhang zwischen Führung und Krankenstand

Ziele

Nach diesen Analysen wurden die Ziele klarer: Die Arbeitszufriedenheit sollte gesteigert werden und es sollten im Rahmen der Möglichkeiten ergonomische Verbesserungen an den Arbeitsplätzen sowie Verbesserungen von Kommunikationsbeziehungen und Führungsverhalten erreicht werden, um Störungen des Allgemeinbefindens zu reduzieren.

Im Arbeitskreis wurden darüber hinaus alle vertretenen Interessengruppen separat nach ihren Zielen befragt.

- Betriebsrat: Ergonomische Verbesserungen, Zugluftvermindern, menschlicher Umgang
- Werksleitung: Transparenz schaffen, Krankenstand reduzieren
- Personalabteilung: Kosten senken, krankmachende Strukturen abbauen, Verantwortungsbewusstsein der MA stärken, mehr Gespräche mit den MA darüber führen, dass alle an einem Strang ziehen
- Werksärztlicher Dienst: Impulse für Gesundheitsverhalten geben
- Arbeitssicherheit: Wertschätzung der Mitarbeiter, Einbezug in Entscheidungen, bessere Information der Mitarbeiter.

Maßnahmen

Als konkrete Maßnahmen wurden aus den von allen geteilten Zielen abgeleitet und durchgeführt:

1. Allgemein:
    - Systematisierung der Fehlzeitenstatistiken nach verschiedenen Kriterien
    - Seminar und Workshops mit den Top-Führungskräften
    - Klausur für leitende Angestellte
    - regelmäßige Infobriefe für die Belegschaft
2. Führung:
    - Entwicklung eines Systems „Gesprächskultur" mit Rückkehr- und Fürsorgegesprächen
    - Schulung und Coaching von Führungskräften in den Bereichen „Gesprächsführung" und „Gesundheit und Qualitätssicherung"
3. Arbeitsorganisation/Ergonomie:
    - Veränderung verschiedener technischer und ergonomischer Bedingungen (Klimaanlagen, Bestuhlung etc.)
    - Erneuerung von Pausenräumen
4. Gesundheitszirkel in einer Pilotabteilung.

Später wurden nach einer Zwischenbilanz im Arbeitskreis folgende weitere Maßnahmen beschlossen:
1. Evaluation
2. Durchführung von Maßnahmen durch die Berufsgenossenschaft (zur Verfügung stellen von einer begrenzten Anzahl neuer Gehörschutzinstrumente mit Durchführung einer Evaluation zur Akzeptanz, Miniepidemiologie in einer Pilotabteilung).
3. Zwei weitere Gesundheitszirkel.

Abb. 18.3 zeigt die wesentlichen Maßnahmen, die im Rahmen des Gesundheitsförderungsprojektes bei Storck durchgeführt wurden, im Überblick.

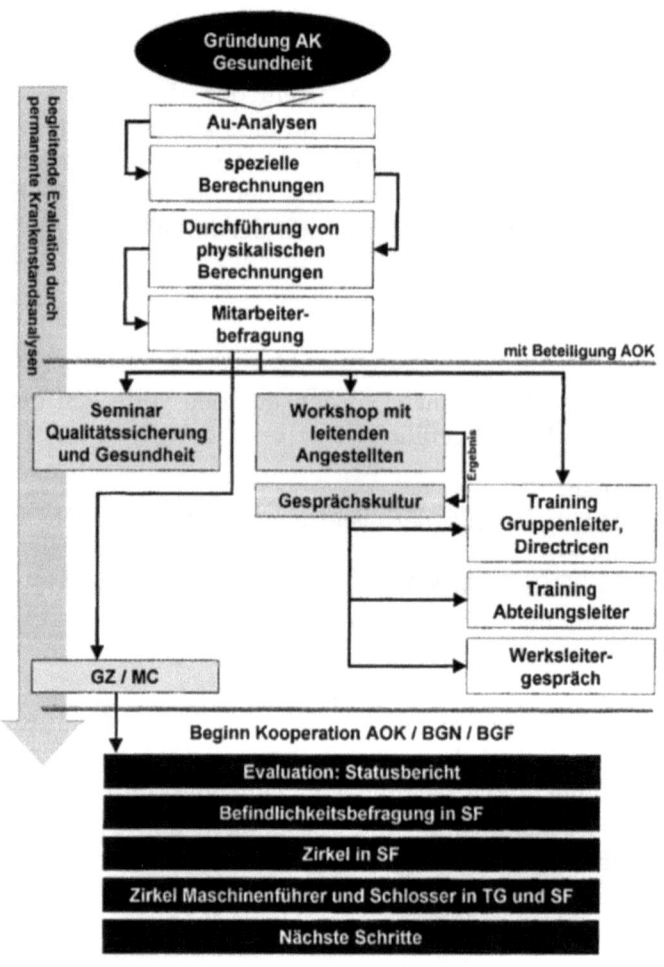

Abb. 18.3. Projektverlauf bei Storck

Außer den oben explizit genannten Aktivitäten hat das Unternehmen Storck insgesamt seine Personalpolitik und Personalbetreuung durch erweiterte Aktivitäten im betriebsärztlichen Dienst, der Arbeitssicherheit, der Personalführung und in Managemententscheidungen auf die Ziele der betrieblichen Gesundheitsförderung eingestellt.

Ergebnisse

Die Evaluation wurde in drei Schritten durchgeführt:

1. Die Entwicklung des Krankenstandes wurde verfolgt und mit den Zeitpunkten der Interventionen abgeglichen.
2. Es wurden Experteninterviews durchgeführt.
3. Der Gesundheitszirkel in der ersten Pilotabteilung wurde multimethodisch evaluiert

Krankenstand. Wie Abb. 18.4 zeigt, sank der Krankenstand bei Storck nach leichten Rückgängen in den zwei Jahren zuvor im Jahr 1997 plötzlich deutlich auf 7% ab. 1998 gab es noch einmal einen Anstieg auf 8,4% und 1999 sank der Krankenstand dann wieder auf 6,8%.
Das Ziel Nummer 1, den Krankenstand auf 8% zu senken, wurde also mehr als erreicht. Auch wenn es Schwankungen gibt, scheint die Senkung langfristig zu sein.
Die Einschätzung des ökonomischen Nutzens ist sehr komplex [12]. Als grober Anhaltspunkt kommt eine Berechungsweise der Bundesanstalt für Arbeitsschutz in Frage, nach der aus einem Arbeitsunfähigkeits-Tag in mittelständischen Industrieunternehmen für den Arbeitgeber Kosten von ca. 600 DM entstehen [13]. Folgt man dieser Maßgabe und unterstellt man, dass der Rückgang im Krankenstand tatsächlich auf die durchgeführten Gesundheitsförderungsmaßnahmen zurückgeht, ergab sich für Storck aus dem Projekt pro Jahr eine Einsparung von ca. 1,5–2 Millionen DM. Aus einer anderen von der AOK entwickelten Berechnungsweise ergeben sich Einsparungen für die AOK Berlin von ca. 600 000 DM pro Jahr. Die Investitionen in die Gesundheitsförderungsmaßnahmen waren deutlich geringer, haben sich somit also bereits nach einem Jahr um ein Vielfaches ausgezahlt.
Die Befragung der insgesamt 773 Mitarbeiter bei Storck erfolgte im Februar 1996. Der Rücklauf lag bei 606 Fragebögen (78,4%), die Ergebnisse lagen im April 1996 vor. Zu diesem Zeitpunkt wurden also erstmals alle Mitarbeiter bei Storck aktiv in das Gesundheitsförderungsprojekt einbezogen. Die Trendwende in der Fehlzeitenentwicklung erfolgte genau in diesem Zeitraum.

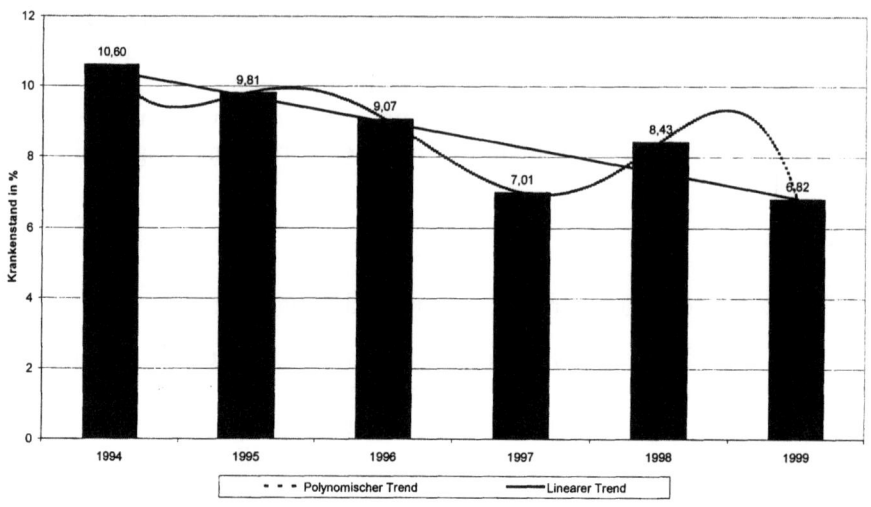

Abb. 18.4. Entwicklung des Krankenstandes bei Storck[1]

Interviews. Um die inhaltliche Bewertung der Krankenstandsentwicklung vornehmen zu können, wurden 14 Experteninterviews durchgeführt und am Rande dreier Seminare Meinungen zur Wirksamkeit von Rückkehrgesprächen auf den Krankenstand erhoben. Ziel der Interviews war es, eine Einschätzung von Personen unterschiedlicher Hierarchiestufen und Funktionen aus dem Unternehmen hinsichtlich zu den nach den Krankenstandsdaten deutlich erkennbaren Verbesserungen zu bekommen. Dabei standen die Fragen im Vordergrund, wie sich die jeweiligen Gesprächspartner die Verbesserungen erklären und ob die bei Storck in den letzten Jahren vorgenommenen Veränderungen ursächlich mit dem rückläufigen Krankenstand etwas zu haben können. Weiterhin wurde gefragt, was von den Interviewpartnern als positiv eingeschätzt und kritisch betrachtet wurde und welche Maßnahmen nach ihrer Meinung in Zukunft weitergeführt oder verstärkt unternommen werden sollten.

- Positiv wurde eine Veränderung der *Informationspolitik* eingeschätzt, auch wenn immer noch Kritik an ihr geübt wurde. Die regelmäßigen Mitteilungen von der Personalabteilung und Werksleitung werden als Verbesserungen angesehen.

---

[1] Während der lineare Trend die langfristige Entwicklung des Krankenstandes anzeigt (z. B. fallend), dient der polynomische Trend im vorliegenden Fall zur Interpolation der diskreten Messwerte. Eine polynomische Funktion zweiten Grades hat z. B. die Form: $ax^2 + bx + c$, Funktionen höherer Grade haben entsprechend höhere Exponenten.

- Vereinzelt wurde auch eine deutliche Verbesserung im Bereich *Führung* registriert.
- Eine allgemeine Verbesserung des *Betriebsklimas* wurde mehrfach hervorgehoben.
- Die verbesserten Angebote des *betriebsärztlichen Dienstes* wurden als sehr positiv vermerkt.
- Es gab Verbesserungen im Bereich *physikalischer Umgebungsbelastungen*.

Angst vor Arbeitslosigkeit. In den Interviews wurde der rückläufige Krankenstand häufig auf die zunehmende Angst vor Arbeitslosigkeit in der Belegschaft zurückgeführt sowie teilweise auf Maßnahmen im Bereich der Lohnfortzahlung. Mit Hilfe der vorliegenden Daten konnte die BGF allerdings zeigen, dass die weit verbreitete Meinung, Arbeitsplatzunsicherheit würde den Krankenstand senken, zumindest im Falle von Storck nicht zutrifft.

Abb. 18.5 setzt die Ergebnisse zur Arbeitsplatzunsicherheit aus der Mitarbeiterbefragung zu der Höhe krankheitsbedingter Fehlzeiten in Beziehung. Es wird deutlich, dass in den Abteilungen, in denen die Beschäftigten sich am meisten Sorgen um ihren Arbeitsplatz machen, auch der Krankenstand besonders hoch ist. Der Korrelationskoeffizient liegt über sechs Abteilungen bei 0,97!

Nach übereinstimmendem Forschungsstand führt Arbeitsplatzunsicherheit nur kurzfristig zu einem Rückgang der Fehlzeiten. Hält die Angst um den Job über Monate an, schleppen sich auch die Mitarbeiter, die eigentlich ins Bett gehören, zur Arbeit. So entwickeln sich aus den zunächst vorhandenen subjektiven Beschwerden manifeste Krankheiten, die eine fatale Tendenz zur Chronifizierung aufweisen [14].

Interessant ist auch, dass körperlich „harte" Arbeitsbedingungen *keinen* deutlichen Zusammenhang mit der Höhe des Krankenstandes hatten. In einer damals nach Datenlage als Problemabteilung geltenden Abteilung wurden nach den Fragebogenergebnissen, aber auch nach den Einschätzungen einzelner Experten und Mitarbeiter die Arbeitsbedingungen als vergleichsweise wenig belastend eingeschätzt.

Führung. Auf die Frage nach Auswirkungen der Mitarbeitergespräche wurde auf der einen Seite zwar durchgängig positiv vermerkt, dass man nun alle Mitarbeiter systematisch ansprechen könne, auf der anderen Seite wurde aber die Wirkungsweise von Gesprächen auf die Gesundheit insgesamt in Frage gestellt. Von 26 befragten Führungskräften schätzten 20 den Einfluss als gering bzw. nicht gegeben ein.

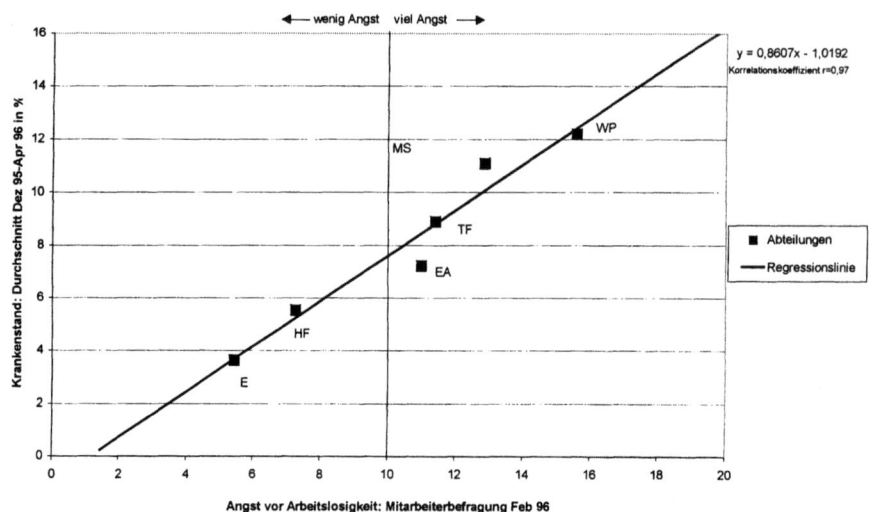

Abb. 18.5. Zusammenhang zwischen Arbeitsplatzunsicherheit und Krankenstand

Diese Einschätzungen widersprechen allerdings den vorhandenen Daten (s. S. 238): Führung konnte in diesem wie anderen Unternehmen in eindeutigem Zusammenhang mit den Krankenständen stehend identifiziert werden: In den Abteilungen, wo sich *Führung* als mitarbeiterorientierte Kommunikationskultur versteht, wo Zeit aufgewendet wird, um zu informieren, wo sich Mitarbeiter anerkannt und gerecht behandelt fühlen, ist der Krankenstand am niedrigsten und umgekehrt.

Evaluierung des Gesundheitszirkels in der Verpackungsabteilung MC. Ein im Rahmen des Gesamtprojektes durchgeführter Gesundheitszirkel wurde sowohl gesondert im Rahmen einer Diplomarbeit [15] als auch als Teil des Gesamtprojektes evaluiert. Die im Rahmen einer Diplomarbeit verwirklichte Evaluation wird in hohem Maße dem eingangs formulierten theoretischen Anspruch gerecht. Es wurde eine *Strukturevaluation* im Hinblick auf (1) die betrieblichen Rahmenbedingungen und (2) die Qualität der Moderation vorgenommen. In der *Prozessevaluation* wurde überprüft, ob der Gesundheitszirkel die an ihn gestellten Zwischenziele (z. B. Erarbeitung von Verbesserungsvorschlägen) erreicht hat. Der Forderung nach *Überprüfung der Akzeptanz* sensu Westermayer und Liebig [2] wurde nachgekommen, indem die Ziele aller Interessensgruppen erhoben und ausgewertet wurden. Zur summativen Bewertung der Maßnahme wurde eine *Er-*

gebnisevaluation im Sinne einer Effektivitätsüberprüfung nach Westermayer und Liebing durchgeführt. Hierzu wurden sowohl von den Zirkelteilnehmern als auch von den Beschäftigten der Gesundheitszirkel-Abteilung und einer Kontrollabteilung subjektive und objektive Daten mit quantitativen und qualitativen Instrumenten erhoben und ausgewertet. Damit wurde der eingangs genannten Forderung verschiedener Autoren [2, 4] nach einem *Methodenmix* bei der Evaluation von Gesundheitsförderungsprojekten Rechnung getragen. Insbesondere wurde zur Ergebnisevaluation eine Wiederholung der im Februar 1996 durchgeführten Mitarbeiterbefragung in der Experimental- und in einer Kontrollgruppe, eine Befragung der Zirkelteilnehmer, eine Analyse der Umsetzung von Verbesserungsvorschlägen sowie eine Auswertung von Arbeitsunfähigkeitsdaten durchgeführt.

Die Ergebnisse zeigen, dass die betrieblichen Rahmenbedingungen für die Durchführung des Gesundheitszirkels (Strukturevaluation) ausgesprochen gut waren. Im Rahmen der Prozessevaluation wurde die Anzahl und Qualität (Relevanz und Umsetzbarkeit) der erarbeiteten Verbesserungsvorschläge positiv beurteilt. Es zeigte sich in der Ergebnisevaluation, dass 2/3 der Verbesserungsvorschläge umgesetzt wurden und der Gesundheitszirkel die Arbeitsbedingungen nach übereinstimmender Einschätzung von Zirkelteilnehmern und Beschäftigten der Gesundheitszirkel-Abteilung positiv verändern konnte. Es ergab sich darüber hinaus eine Verbesserung in der Beteiligung der Mitarbeiter der Abteilung, die sich auch darin zeigte, dass der Gesundheitszirkel durch den Vorgesetzten weitergeführt wurde. Aus der Tatsache, dass sich einige der erwarteten Verbesserungen (z.B. hinsichtlich der Kommunikation und Zusammenarbeit) nur in Bezug auf die Zirkelteilnehmer nachweisen ließen, wurde die Konsequenz gezogen, die Beschäftigten der Gesundheitszirkel-Abteilung in zwei weiteren Gesundheitszirkel verstärkt einzubinden.

Die Auswertung der Arbeitsunfähigkeitsdaten ergab, dass diese augenscheinlich „härtesten" Daten sich bei der Interpretation als die „weichsten" herausstellen, da sie multifaktoriell bedingt sind, so dass sich nicht eindeutig und somit intern valide schlussfolgern lässt, worauf eine Veränderung zurückzuführen ist. Ihr Wert im Rahmen einer Evaluation ist insbesondere darin zu sehen, dass sie ein hervorragendes heuristisches Mittel im Rahmen eines Survey-Feeback-Ansatzes darstellen, der nach dem Prinzip der „rollenden Planung" (s.o) arbeitet.

Tabelle 18.1. Aktionsfelder Betrieblicher Gesundheitsförderung

• Strategie	• „Wir wollen unsere Verantwortung für das Unternehmen, für die Menschen, die sich uns anvertrauen, als umfassend begreifen und einen andauernden gemeinnützigen Gestaltungsbeitrag leisten..."
• Führung	• Schaffung eines offenen und von gegenseitigem Vertrauen und Respekt geprägten Betriebsklimas • Kompetenz beweisen • Fürsorge zeigen • Informationen geben • Zusammenarbeit fördern
• Mitarbeiterorientierung	• „Ich will, dass es meinen Mitarbeitern gut geht!" • Dialog fördern • Qualifikation stärken • Kompetenz anerkennen
• Prozesse	• Gesundheitsförderung als kontinuierlicher Lernprozess • Arbeitsbedingungen stetig verbessern • Prozesse transparent und beherrschbar machen

Literatur

[1] Sochert R (1998) Gesundheitsbericht und Gesundheitszirkel – Evaluation eines integrierten Konzepts betrieblicher Gesundheitsförderung. Wirtschaftsverlag NW, Bremerhaven
[2] Westermayer G, Liebing U (1992) Evaluation betrieblicher Gesundheitszirkel. In: Brennecke R (Hrsg) Sozialmedizinische Ansätze der Evaluation im Gesundheitswesen, Bd. 1: Grundlagen und Versorgungsforschung. Springer, Berlin, S. 341–348
[3] Ducki A, Westermayer G (1997) Evaluation in der Betrieblichen Gesundheitsförderung – Unterlagen für ein Basisseminar. Unveröffentlichtes Manuskript, Gesellschaft für Betriebliche Gesundheitsförderung
[4] Badura B, Siegrist J (Hrsg) (1999) Evaluation im Gesundheitswesen. Juventa, Weinheim
[5] Wottawa H, Thierau H (1990) Evaluation. Huber, Bern
[6] Bortz J, Döring N (1995) Forschungsmethoden und Evaluation für Sozialwissenschaftler. Springer, Berlin
[7] Müller B, Münch E (1999) Gesundheitsförderndes Krankenhaus – Voraussetzungen und Grenzen der Evaluation komplexer Veränderungsprozesse. In: Badura B, Siegrist J (Hrsg) Evaluation im Gesundheitswesen. Juventa, Weinheim S. 135–147
[8] Antonovsky A (1979) Health, Stress and Coping. Josey Bass, San Fransisco
[9] Oesterreich R (1998). Bedeutung arbeitspsychologischer Konzepte der Handlungsregulationstheorie für die betriebliche Gesundheitsförderung.

In: Bamberg E, Ducki A, Metz A-M (Hrsg) Handbuch Betriebliche Gesundheitsförderung. Verlag für Angewandte Psychologie, Göttingen, S. 75–94
[10] Ducki A (1998) Ressourcen, Belastungen und Gesundheit. In: Bamberg E, Ducki A, Metz A-M (Hrsg) Handbuch Betriebliche Gesundheitsförderung. Verlag für Angewandte Psychologie, Göttingen, S. 145–153
[11] Lenhardt U (1994) Betriebliche Strategien zur Reduktion von Rückenschmerzen – Aspekte des Interventionswissens und der Interventionspraxis (Veröffentlichung P94-206 der Forschergruppe Gesundheitsrisiken und Präventionspolitik). Wissenschaftszentrum Berlin, Berlin
[12] Thiehoff R (1998) Betriebswirtschaftliche Evaluation. In: Bamberg E, Metz A-M, Ducki A (Hrsg) Handbuch Betriebliche Gesundheitsförderung. Verlag für Angewandte Psychologie, Göttingen, S. 211–222
[13] Schneider (1986) Die betrieblichen Unfallkosten dargestellt an 20 Beispielen aus der Praxis. Schriftenreihe der Bundesanstalt für Arbeitsschutz, Fa 4. Wirtschaftsverlag NW, Bremerhaven
[14] Wellendorf J (1999) Auswirkungen von Arbeitsplatzunsicherheit auf Gesundheit und Befinden. Unveröffentlichte Diplomarbeit, Institut für Psychologie der TU Berlin
[15] Riese I (1998) Evaluation eines Gesundheitszirkels – eine quasiexperimentelle Felduntersuchung. Unveröffentlichte Diplomarbeit, Institut für Psychologie der TU Berlin

KAPITEL 19

Das Betriebliche Gesundheitsmanagement der Fa. Geyer AG – Ein partnerschaftliches Programm für mehr Gesundheit zwischen der Firma Geyer AG und der AOK Bayern

W. WINTER

Die Firma Geyer AG ist ein traditionsreiches mittelständisches Unternehmen mit Zentrale im Süden von Nürnberg und mehreren Tochterunternehmen im europäischen Ausland. Seit der Gründung im Jahre 1911 beschäftigt sich die Firma Geyer AG mit der Herstellung und dem Vertrieb von innovativen Produkten zum Anschließen, Sichern und Verteilen von Strom. Hauptkunden sind der Elektrogroßhandel, die Energieversorgungsunternehmen und Elektroinstallationsfirmen. Laufende Qualitätsprüfungen und die Zertifizierung gem. DIN ISO 9001 sowie die Durchführung eines ÖKO-Audits im Jahre 1996, als eines der ersten Unternehmen in Bayern, sind Bestandteil einer weitsichtigen und sich seiner ökologischen und sozialen Verantwortung bewussten Unternehmensführung.

Hohe Fehlzeitenquoten in den Jahren 1993 bis 1995 veranlassten das Unternehmen, sich mit Möglichkeiten zur Förderung der Gesundheit der seinerzeit 950 MitarbeiterInnen auseinander zusetzen. In Ergänzung zu den vielfältigen Bemühungen des Unternehmens, die Gesundheitssituation der MitarbeiterInnen durch Maßnahmen der Arbeitssicherheit und des Gesundheitsschutzes zu verbessern, haben sich Unternehmensleitung und Betriebsrat Ende 1995 entschlossen, gemeinsam mit der AOK Bayern – Die Gesundheitskasse ein Programm zur Betrieblichen Gesundheitsförderung zu entwickeln.

Schwerpunkt des nachfolgenden Beitrages ist es, das Projekt und dessen Wirkungen auf die Beschäftigten zu beschreiben, sowie den Prozess, der zu einer Implementierung eines Betrieblichen Gesundheitsmanagements (BGM) in einem mittelständischen Unternehmen geführt hat, darzustellen. Weiter werden die einzelnen Elemente des Betrieblichen Gesundheitsmanagements der Fa. Geyer AG beschrieben.[1]

---

[1] Fussnote siehe Seite 250.

Projektverlauf im Zeitraffer

Um eine gesicherte Bestandsaufnahme der gesundheitlichen Situation der MitarbeiterInnen der Firma Geyer AG zu erhalten, wurden 1994 und 1995 die Arbeitsunfähigkeitsdaten (AU-Daten) der ca. 700 AOK-versicherten MitarbeiterInnen anonymisiert ausgewertet. Diese Auswertungen ergaben im Vergleich zur Branche nicht nur eine signifikant erhöhte Erkrankungshäufigkeit (AU-Fälle) der MitarbeiterInnen (1,86 AU-Fälle/Vj^2 vs. 1,50 AU-Fälle/Vj), sondern auch wesentlich längere Arbeitsunfähigkeitszeiten (32,0 AU-Tage/Vj. vs. 22,6 AU-Tage/Vj). Vor allem die männlichen Arbeiter wiesen eine längere AU-Dauer auf. Diagnoseschwerpunkte waren Atemwegserkrankungen (ICD 8) und Erkrankungen des Skeletts, der Muskeln und des Bindegewebes (ICD 13). Dies war der entscheidende Anlass für das Unternehmen, den Startschuss für ein Gesundheitsprojekt zu geben.

Als erster Schritt zur Umsetzung des Vorhabens wurde im Mai 1995 ein betrieblicher Arbeitskreis (AK Gesundheit) gegründet. Moderiert wurde der Arbeitskreis von einem BGF-Experten der AOK Bayern, der das Projekt bis zum Ende begleitete. Gemeinsam entwickelten Unternehmensleitung, Betriebsrat, Fachkraft für Arbeitssicherheit, Betriebsarzt und AOK Maßnahmen zur Betrieblichen Gesundheitsförderung.

Mit Hilfe des Wissens der betrieblichen Gesundheitsexperten und einer zusätzlichen Auswertung innerbetrieblicher Krankenstandszahlen auf Kostenstellenebene durch die Personalabteilung gelang es, Abteilungen mit besonders hohen gesundheitlichen Belastungen zu identifizieren. Durch abteilungsbezogene Mitarbeiterbefragungen der AOK Bayern wurden die mittels der AU-Datenauswertung gewonnenen „hard-facts" zur Gesundheitssituation der MitarbeiterInnen verifiziert. Angaben der MitarbeiterInnen über gesundheitliche Beschwerden im Vorfeld von Arbeitsunfähigkeit ergänzten die Ergebnisse (Ebene des subjektiven Empfindens). Zugleich wurde deutlich, dass die Belastungen in den einzelnen Abteilungen sehr unterschiedlich waren. Im Vordergrund standen erwartungsgemäß ergonomische Probleme wie

---

[1] Der Autor dankt den vielen Beteiligten, die das Projekt und diesen Artikel ermöglicht haben. Besonderer Dank gilt den Mitgliedern des AK Gesundheit, insbesondere Hr. H. Geyer, Hr. Wagner und Hr. Winkler und den MitarbeiterInnen der Fa. Geyer AG, ohne die das Projekt nicht erfolgreich verlaufen wäre. Meinen KollegInnen in der Gesundheitsförderung der AOK Bayern – Die Gesundheitskasse danke ich für die kritische Durchsicht des Manuskriptes.
[2] Vj: Versicherungsjahr; Summe der Versicherungszeiten der AOK-Versicherten in Jahren gerechnet.

- körperlich schwere Arbeit
- einseitige Körperhaltung
- langes Stehen.

Aber auch psychische und zwischenmenschliche Belastungen wie
- Überforderung
- schlechtes Betriebsklima
- Probleme mit Vorgesetzten

wurden deutlich.

Insgesamt wurden zwischen 1996 und 1999 fünf anonyme Mitarbeiterbefragungen durchgeführt. Im Zentrum stand dabei die Frage, ob es mögliche Zusammenhänge zwischen gesundheitlichen Beschwerden und den jeweiligen Arbeitssituationen gibt. Weiter wurden die MitarbeiterInnen nach Möglichkeiten zur Belastungsreduktion befragt. Gemessen wurde auch die Compliance, aktiv an der Veränderung der Arbeitssituation mitzuwirken.

In den folgenden, ebenfalls abteilungsbezogenen Arbeits-Belastungs-Analysegruppen (ABA-Gruppen), einer betriebsspezifischen Variante des Gesundheitszirkels, wurden die in der Mitarbeiterbefragung genannten Vorschläge zur Reduktion arbeitsbedingter Gesundheitsgefahren gemeinsam mit den MitarbeiterInnen konkretisiert und zusätzliche Empfehlungen entwickelt.

Zur Förderung eines gesundheitsgerechten Bewegungsverhaltens wurde mit einem nahegelegenen Fitnessstudio ein Kooperationsvertrag geschlossen, der es den MitarbeiterInnen ermöglichte, zu ermäßigten Preisen spezielle Gesundheitsangebote zu besuchen. Hierzu führte die AOK Bayern bereits in der Vorbereitungsphase eine Qualitätsprüfung des angebotenen Gesundheitsprogramms durch. Trotz anfänglicher Bedenken des Betriebes hinsichtlich der Akzeptanz unter den MitarbeiterInnen wurde dieses Angebot überraschend gut angenommen. Seit Beginn der Aktion besuchten ca. 60 MitarbeiterInnen der Firma Geyer AG regelmäßig dieses Studio. Überwiegend handelte es sich um MitarbeiterInnen, die vorher kaum oder keinen Kontakt zu gesundheitsorientierten Fitnesseinrichtungen hatten.

Mit der Entwicklung eines kontinuierlichen Verbesserungsprozesses (KVP) im Jahre 1998, den damit verbundenen ständigen KVP-Gruppen und der Einführung eines betrieblichen Vorschlagswesens (BVW), ging die Arbeit der ABA-Gruppen in diesen Strukturen auf. Kontinuierliche Qualitätsverbesserung heißt bei Firma Geyer AG auch Steigerung der Gesundheitsqualität. Diese Arbeit war und ist so erfolgreich, dass zwischen 1996 und März 2000 über 1150 Vorschläge zur Verringerung arbeitsbedingter Gesundheitsgefahren erarbeitet

- Senkung des Krankenstandes:

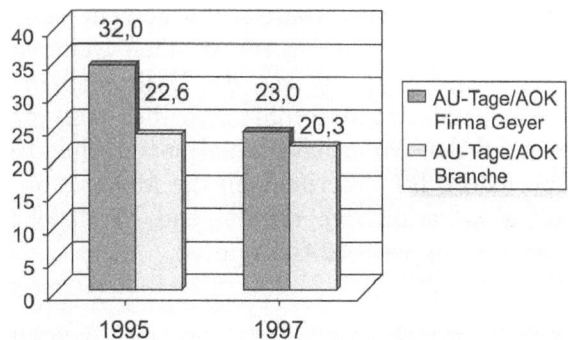

- Anzahl der von den MA erarbeiteten
  Veränderungsvorschläge: 656
- Betriebliche Gesamtinvestition
  in 2 Jahren: 360.000 DM

jährl. Einsparung des Betriebes	
nur EFZ- Kosten :	700.000 DM

Abb. 19.1. Projektstand 1998

wurden. Nach Aussagen des Verwaltungsvorstandes hatten sich die Investitionen für eine verbesserte Gestaltung der Arbeitsplätze bereits im Jahre 1997 amortisiert. Die Zahl der AU-Tage je Mitarbeiter (AOK-Mitglieder) sank von 32 Tagen im Jahr 1995 auf 23 Tage im Jahr 1997. Dies entspricht einem Rückgang von 28,1%. Im gleichen Zeitraum ging die Zahl der krankheitsbedingten Fehltage in der Branche, zu der die Fa. Geyer gehört, zwar auch zurück, aber lediglich um 10,2%. Trotz der eingesetzten Kapitalmittel sparte das Unternehmen an den sinkenden Entgeltzahlungskosten (Abb. 19.1).

Verantwortlich für den gesunkenen Krankenstand war aus Sicht des Unternehmens nicht die Umsetzung einzelner Maßnahmen, sondern die Vielzahl der Ideen und die damit verbundene Reduktion arbeitsbedingter Gesundheitsgefahren auf den verschiedensten Ebenen gesundheitlicher Belastungen.

Entwicklung eines Betrieblichen Gesundheitsmanagements

Angeregt durch die Erfahrungen der AOK Bayern wurde im AK Gesundheit von Beginn des Projektes an großer Wert auf die Ausarbeitung realisierbarer Ziele gelegt. In der gemeinsamen Diskussion über die Ziele wurde allen Beteiligten rasch deutlich, dass langfristige Erfolge auch ein dauerhaftes Engagement des Unternehmens erfordern. Aus diesem Grund wurde in allen weiteren Projektschritten besonders darauf geachtet, dass das Unternehmen möglichst viele Aktivitäten selbständig durchführt. Wo dies von vorne herein nicht möglich war, wurden MitarbeiterInnen entsprechend qualifiziert. Zug um Zug übernahm das Unternehmen die Moderation des AK Gesundheit bzw. die Moderation der nachfolgend beschriebenen Arbeits-Belastungs-Analysegruppen (ABA-Gruppen).

**Vorbereitungsphase –
Elemente des Betrieblichen Gesundheitsmanagements der Fa. Geyer AG**

Nach Erstellung des Gesundheitsberichtes durch die AOK Bayern schloss sich im AK Gesundheit eine intensive Diskussion über Ziele, Strategien und Nutzen Betrieblicher Gesundheitsförderung an. Noch vor der Planung tiefergehender Analysen konnten – motiviert durch den BGF-Experten der AOK Bayern – folgende Vereinbarungen im AK Gesundheit getroffen werden:

- Betriebliche Gesundheitsförderung soll im Unternehmen einen hohen Stellenwert erhalten und Bestandteil der Managementstrategie werden.
- Für eine effektive Betriebliche Gesundheitsförderung ist ein dauerhaftes und planvolles Vorgehen von entscheidender Bedeutung.
- Für Durchführung, Umsetzung und Weiterentwicklung der Betrieblichen Gesundheitsförderung sind entsprechende Personal- und Kapitalressourcen erforderlich.
- Das Vorgehen soll sowohl die gesundheitsgerechte Ausgestaltung von Arbeitsplätzen als auch die Förderung des gesundheits-gerechten Mitarbeiterverhaltens zum Ziel haben.

Damit das Projekt möglichst große Erfolgsaussichten hat, wurden folgende **Projektstrukturen** verabredet:

- Alle Ziele und daraus resultierende Aktivitäten werden von den beteiligten Entscheidungsträgern und dem verantwortlichen Verwaltungsvorstand gemeinsam entwickelt und getragen. Das Entscheidungsgremium hierzu ist der AK Gesundheit, der als dauerhafter Steuerungskreis in die betriebliche Ablauforganisation integriert wird. Durch seine Besetzung mit dem zuständigen Verwaltungsvorstand, dem Personalchef, dem Betriebsrat, der Fachkraft für Arbeitssicherheit und dem Betriebsarzt erhält dieses Steuerungsgremium ausreichende Entscheidungskompetenzen. Moderiert wird der AK Gesundheit durch die AOK Bayern. Auf diese Weise können

wichtige Erfahrungen und Gesundheitskompetenzen bei Bedarf eingebracht werden. Außerdem fällt mit einer externen Moderation die Herstellung eines Einvernehmens bei kontroversen Ansichten der AK-Teilnehmer leichter.
- Der Beteiligung der MitarbeiterInnen an der Identifikation arbeitsbedingter Gesundheitsgefahren und an der Entwicklung von Lösungen kommt eine entscheidende Rolle zu.
- Zuständig für die Umsetzung der erarbeiteten Vorschläge zur Reduktion arbeitsbedingter Gesundheitsgefahren sind der Verwaltungsvorstand und die Fachkraft für Arbeitssicherheit.

Als förderlich erwies sich der Umstand, dass die Arbeitssicherheits-Fachkraft auch für die Werkserhaltung zuständig war und damit über ein eigenes finanzielles Budget verfügte. Dies machte die kurzfristige Umsetzung vieler Maßnahmen ohne Umwege möglich.

Im einzelnen definierte der Arbeitskreis folgende Projektziele:
- Reduzierung der Fehlzeiten und damit Senkung der Kosten
- Erhaltung/Sicherung der Arbeitsplätze durch eine verbesserte Wettbewerbsfähigkeit
- Nutzen für Arbeitgeber und ArbeitnehmerInnen
- Reduktion der Belastungen der MitarbeiterInnen
- Verbesserung des Betriebsklimas
- Steigerung des gesundheitsgerechten Verhaltens v.a. bei jüngeren MitarbeiterInnen

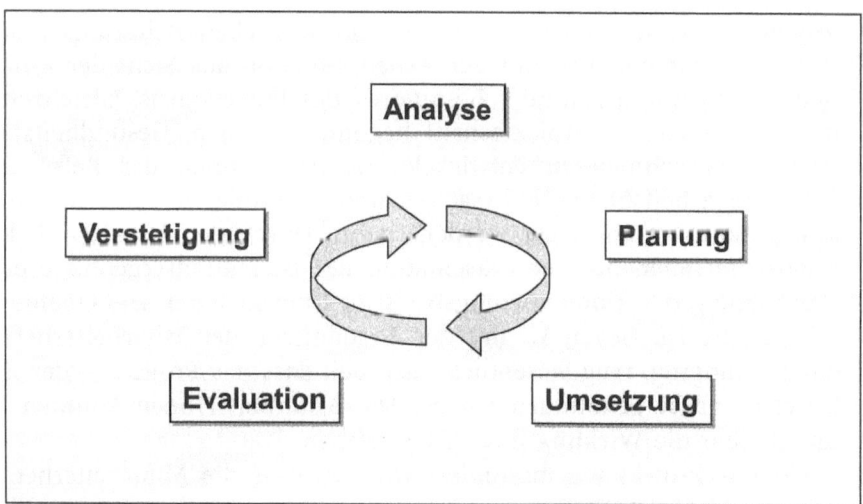

Abb. 19.2. Projektverlauf Firma Geyer AG

In der Diskussion um die Realisierung der Ziele wurde deutlich, dass ein systematisches Vorgehen mit Analyse, Maßnahmenplanung, Durchführung und Controlling erforderlich sein würde (Abb. 19.2).

Von großer Bedeutung für den Projekterfolg war die innerbetriebliche Kommunikation des Projektes. In Betriebsversammlungen, mittels Schreiben an alle MitarbeiterInnen, Aushängen von Informationen auch durch den Betriebsrat etc. konnte eine breite Unterstützungsbasis im Unternehmen geschaffen werden. Für die hohe Akzeptanz des Projektes unter den Beschäftigten war es wichtig, dass der Verwaltungsvorstand das Vorhaben aktiv unterstützte, indem er das Projekt bei jeder Gelegenheit präsentierte und darum warb.

Analysephase

Der Gesundheitsbericht der AOK Bayern war einer der wichtigsten Auslöser für den Betrieb, in die Gesundheit der MitarbeiterInnen zu investieren. Allein diese Daten ermöglichten es jedoch nicht, Zusammenhänge von Arbeitsbedingungen und Erkrankungen herzustellen. Hierzu bedurfte es der Integration des betrieblichen Expertenwissens. Betriebsrat, Fachkraft für Arbeitssicherheit und Betriebsarzt gaben wertvolle Hinweise. Um dauerhafte Erfolge sicher stellen zu können, genügte es allerdings nicht, sich mit dem Arbeitsunfähigkeitsgeschehen auseinander zusetzen. Wirkliche Prävention erfolgte erst durch die Erfassung gesundheitlicher Beschwerden, die weit im Vorfeld einer Arbeitsunfähigkeit lagen. Im Rahmen der durchgeführten anonymen Mitarbeiterbefragungen wurden daher entsprechende Parameter erhoben. Fragen nach körperlichen und seelischen Belastungen und deren Zusammenhänge mit der Arbeitssituation aus Sicht der MitarbeiterInnen waren zentraler Bestandteil des Fragebogens. Gleichzeitig konnte mit diesem Projektschritt begonnen werden, Gesundheitsförderungsmaßnahmen zu entwickeln, da im Rahmen der Befragung mögliche arbeitsbedingte Ursachen und sinnvolle Verbesserungsvorschläge konkret abgefragt worden waren. Durch den Dialog mit den MitarbeiterInnen bei der Präsentation der Befragungsergebnisse entstand eine große Unterstützungsbasis im Unternehmen. Die Offenheit, mit der die Fa. Geyer AG mit den Ergebnissen der Mitarbeiterbefragungen umging, trug wesentlich dazu bei, dass das Projekt in der Belegschaft ernst genommen wurde. Die MitarbeiterInnen konnten so unmittelbar die Wirkung ihres Tuns erleben.

Für das Projekt war besonders wichtig, dass die Mitarbeiterbefragung durch die AOK Bayern, einer externen Institution, durchgeführt wurde. So konnte einerseits das Erfahrungswissen der AOK-Gesundheitsfachkraft eingebracht werden, andererseits trug die Auswertung durch eine neutrale Organisation wesentlich zur hohen Akzeptanz des Analyseinstrumentes unter den MitarbeiterInnen bei. Die hervorragende logistische Organisation der Aktion durch das Unternehmen, die Verbindung der Befragung mit einem Anreizsystem (Gewinnspiel) und die Anonymität der Auswertung, ermöglichten Rücklaufquoten zwischen 85 und 95%.

Umsetzungsphase und Evaluation

Erschwerend für die Projektarbeit war die hohe Fertigungstiefe des Unternehmens. Fast 1000 MitarbeiterInnen waren derzeit – teilweise im 3-Schicht-Rhythmus – damit beschäftigt, eine breite Produktpalette herzustellen. Im Unternehmen wurden nicht nur Verteilerschränke hergestellt, sondern auch deren „Innenleben" bis zum fertigen Einbau montiert. Diese Heterogenität der Arbeitsplätze veranlasste den AK Gesundheit, das Gesamtprojekt in Einzelprojekte zu zerlegen.

Als richtig erwies sich, zunächst schrittweise Erfahrungen mit der BGF in einzelnen Abteilungen zu sammeln.

Durch die Mitarbeiterbefragungen erhielt das Unternehmen zahlreiche Informationen über Möglichkeiten zur Reduktion arbeitsbedingter Gesundheitsgefahren in den jeweiligen Organisationseinheiten. Die Verbesserungsvorschläge bedurften jedoch der Konkretisierung, da sie einerseits meist nur vage beschrieben sowie – bezogen auf die Produktionsaufgabe – sehr unterschiedlich waren. Andererseits sagten sie nichts über die Bedeutung bezüglich der gesundheitsentlastenden Wirkung aus, so dass sie keine Priorisierungskriterien boten. Aus diesen Gründen wurden sogenannte Arbeits-Belastungs-Analysegruppen (ABA-Gruppen) initiiert. Bei den ABA-Gruppen handelte es sich um eine besondere Variante des Gesundheitszirkels. In 1–2 Sitzungen wurden, orientiert an den Befragungsergebnissen, arbeitsbedingte Gesundheitsbelastungen mit den dazugehörigen Veränderungsvorschlägen diskutiert und präzisiert. Moderiert wurden diese Mitarbeitergruppen zunächst durch die AOK Bayern. Schnell erwies sich dieses Vorgehen als sehr erfolgreich, da wenig zeitaufwändig und sehr ergiebig. Durch die gute Informationspolitik des Unternehmens bedurfte es nur geringer Vorbereitungen, um die MitarbeiterInnen der entsprechenden Abteilungen zur aktiven Teilnahme zu bewegen.

Begonnen wurden die ABA-Gruppen in der Stanzerei und Schweißerei. In nur zwei Sitzungen konnten, ausgehend von den Befragungs-Ergebnissen, 38 gesundheitliche Belastungsauslöser identifiziert und 61 dazugehörige Veränderungsvorschläge entwickelt werden. Die Palette der Vorschläge reichte vom Einsatz von Hebehilfen über die Optimierung der Arbeitsorganisation durch einen verbesserten Materialnachschub bis hin zur Verbesserung des Raumklimas durch entsprechende Lüfter.

Das schrittweise Experimentieren mit Beteiligungsformen der Mitarbeiterinnen ließ wichtige Erfahrungen zu. So zeigte sich nach der ersten ABA-Gruppe, dass ein 14-tägiger Besprechungsrhythmus sinnvoller war als ein wöchentlicher. Außerdem mussten den ABA-Gruppen-Mitgliedern Zeitkontingente zur Besprechung der Arbeitsergebnisse mit den KollegInnen zugestanden werden.

Um eine kontinuierliche ABA-Gruppenarbeit im Unternehmen aufzubauen, wurde im Laufe zweier weiterer ABA-Gruppen ein werksinterner Moderator geschult und mit der Durchführung der Moderation der nachfolgenden Gruppen beauftragt. Bis Mitte 1998 wurden auf diese Weise in 18 Abteilungen ABA-Gruppen durchgeführt und über 650 Veränderungsvorschläge entwickelt und abgearbeitet, die u.a. halfen den Krankenstand des Unternehmens um 2,7%-Punkte zu senken. Dem Unternehmen brachte das eine jährliche Ersparnis von ca. 700 000 DM ein (Abb. 19.1). Insgesamt schätzt das Unternehmen, dass ohne das Gesundheitsprojekt ein 2–4% höherer Krankenstand als heute vorläge. Auch die Zahl der Arbeitsunfälle ist seit Beginn des Projektes wesentlich gesunken.

**Verstetigung des Projektes –
Das betriebliche Gesundheitsmanagement der Firma Geyer AG**

Im Zeitraum des Projektes wurde das Arbeitsschutzgesetz geändert. Arbeitgeber wurden verpflichtet, sog. Gefährdungsanalysen durchzuführen. Gem. § 5 ArbSchG haben Arbeitgeber durch eine Beurteilung der Gefährdung zu ermitteln, welche Maßnahmen des Arbeitsschutzes erforderlich sind. Weiter wurde in das Arbeitsschutzgesetz ein neues und erweitertes Verständnis von Maßnahmen des Arbeitsschutzes aufgenommen. Nicht mehr nur die Verhütung von Arbeitsunfällen wurde gefordert, sondern auch das Verhindern von arbeitsbedingten Gesundheitsgefahren (Präventionsansatz).

Im AK Gesundheit wurde daraufhin die Frage diskutiert, wie sich dieser gesetzliche Auftrag in den bisher entwickelten Ansatz der Betrieblichen Gesundheitsförderung im Unternehmen integrieren lässt. Die Ergebnisse der Gefährdungsanalysen wurden in die nach und nach in jeder Abteilung eingerichteten ABA-Gruppen „eingespeist" und dort konkret bearbeitet. Umgekehrt wurden die Resultate der ABA-Gruppen als Grundlage für die Gefährdungsanalysen herangezo-

Abteilung/Kostenstelle	—	Festlegung nach Plan durch ZW[1]/PB[2]
Information der MitarbeiterInnen vor Ort	—	Vorstand/ZW/BR[3]
Mitarbeiterbefragung	—	AOK
Präsentation der Ergebnisse	—	AOK
Information der MitarbeiterInnen	—	ZW/BA[4]/BR
Arbeitsplatzanalysen vor Ort	—	ZW/BA/MitarbeiterInnen
Beurteilung, Vorschläge Termine/Verantwortlichkeiten	—	ABA-Gruppe[5] ca. 6 MitarbeiterInnen ZW
Dokumentation/Maßnahmenplan	—	ZW
Durchsprache des Maßnahmenplans/Terminfestlegung/ Verantwortlichkeiten/Mittelbereitstellung	—	Vorstand/Betriebsleiter/ZW/BA
Abarbeitung des Maßnahmenplans/Koordinierung	—	ZW
Stand der Realisierung/ggf. Wiederholungsanalyse vor Ort	—	ZW ggfs. Arbeitsgruppe
KVP		
Abschluss Dokumentation Stand der Realisierung Auswertung	—	Vorstand/ZW

Abb. 19.3. Beurteilung von Arbeitsbedingungen

---

[1] ZW: Zentrale Werkserhaltung; [2] PB: Personalbüro; [3] BR: Betriebsrat; [4] BA: Betriebsarzt; [5] ABA-Gruppe: Arbeits-Belastungs-Analyse-Gruppe.

gen. Auch nach Erstellung der Gefährdungsanalysen ist die Einberufung von ABA-Gruppen bei Bedarf jederzeit möglich (Abb. 19.3).

Mit der Einführung eines kontinuierlichen Verbesserungsprozesses (KVP) zur Steigerung der Produktions- und Produktqualität nahmen weitere Arbeitsgruppen im Unternehmen die Arbeit auf. Um Doppelarbeiten zu vermeiden, entwickelte die Firma Geyer AG einen integrativen Ansatz für die einzelnen Arbeitsgruppen. Heute bearbeiten die KVP-Gruppen auch Fragen zur Identifikation arbeitsbedingter Gesundheitsgefahren und entwickeln entsprechende Lösungsansätze.

Ausgehend von den Erfahrungen mit dem integrativen Ansatz zur Gesundheitsförderung der AOK Bayern erarbeitete die Firma Geyer AG im Jahre 1998, zusammen mit der Berufsgenossenschaft Feinmechanik und Elektrotechnik (BG FE), in vier innerbetrieblichen Audits ein Managementhandbuch für den Arbeits- und Gesundheitsschutz. In ihm wurde der bisherige Ansatz verbindlich für alle Beteiligten im Betrieb schriftlich niedergelegt. Das Handbuch beschreibt das Managementsystem für den Arbeits- und Gesundheitsschutz des gesamten Unternehmens und ist für alle MitarbeiterInnen, insbesondere diejenigen, die leitende Funktionen ausüben, uneingeschränkt verbindlich. Arbeits- und Gesundheitsschutz wurden als Unternehmensziel schriftlich fixiert und gehören mit in den Verantwortungsbereich des Vorstandes. Führungskräfte werden verpflichtet, Hinweise auf Mängel und Verbesserungsvorschläge hinsichtlich Arbeits- und Gesundheitsschutz entgegenzunehmen, zu bearbeiten und zu beantworten. Die Gesundheit der MitarbeiterInnen steht im Vordergrund und es wird betont, dass die Verbesserung des Arbeits- und Gesundheitsschutzes eine gemeinsame Aufgabe aller MitarbeiterInnen ist. Ferner sind Maßnahmen zum Arbeitsschutz und zur Gesunderhaltung im jährlichen Investitionsplan enthalten. Über die Prioritäten und den Zeitrahmen der Umsetzung entscheidet eine kleine Arbeitsgruppe aus Verwaltungsvorstand, Werkserhaltung und betroffener Abteilungsleitung, die je nach Bedarf tagt. Gekrönt wurde diese Arbeit am 26. 03. 1999 mit der Auszeichnung der Berufsgenossenschaft Feinmechanik und Elektrotechnik für ein funktionierendes Arbeitsschutzmanagementsystem. Die Fa. Geyer AG war damit im Rahmen eines Pilotprojektes das erste Unternehmen von ca. 90 000 Mitgliedsbetrieben der BG FE in Deutschland, welches dieses Zertifikat überreicht bekam und die Registriernummer 001 erhielt, auf die die MitarbeiterInnen besonders stolz sind.

Durch diesen integrativen Ansatz gelang es Firma Geyer AG bis heute, ca. 1150 Vorschläge zur Verbesserung der Gesundheitssituation der MitarbeiterInnen zu entwickeln, von denen zur Zeit ca. 930 bereits umgesetzt sind. Dieser hohe Realisierungsgrad stellte einen enormen Motivationsfaktor für die MitarbeiterInnen dar. Sie erlebten, dass ihre Anliegen ernst genommen werden. Davon profitierte auch das neu eingeführte Betriebliche Vorschlagswesen der Firma Geyer AG. Hier kam es von Beginn an zu einer regen Beteiligung.

Abschließende Bewertung

Die Erfahrungen des dargestellten Projektes zeigen deutlich, dass Programme zur Betrieblichen Gesundheitsförderung für Unternehmen und Beschäftigte lohnend sein können. Zur Förderung der Gesundheit der MitarbeiterInnen der Firma Geyer AG wurde seit Projektbeginn vieles an den Arbeitsplätzen verändert. Diese Investition rechnete sich jedoch bereits nach zwei Jahren für das Unternehmen.

Von entscheidender Bedeutung für den Erfolg des Projektes war seine dauerhafte Verankerung in der Unternehmenskultur. Isolierte und losgelöst von betrieblichen Voraussetzungen angewandte Instrumente zur Analyse arbeitsbedingter Gesundheitsgefahren einzusetzen, war wenig erfolgversprechend, da sich dann allenfalls kurzfristige Effekte erzielen lassen. Analyse und Nutzung vorhandener und geplanter betrieblicher Ressourcen im Bereich Arbeitsschutz und Qualitätsmanagement sowie praxisorientierte Planungen waren für die Verstetigung der Gesundheitsförderung von enormer Relevanz. Während des gesamten Projektprozesses war es immer wieder notwendig, sich ergebende Schnittstellen zu anderen Managementprozessen zu definieren und im AK Gesundheit zur Diskussion zu stellen. Viele Themen können nur durch diesen integrativen Ansatz einer befriedigenden Lösung zugeführt werden. Hier lag eine wesentliche Aufgabe der AOK Bayern, damit Gesundheit langfristig in den betrieblichen Alltag Eingang finden konnte. Betriebe werden nur selten, vor Beginn eines Projektes mit dem Wunsch nach einem Betrieblichen Gesundheitsmanagement auf die Krankenkassen zukommen. Deswegen müssen Möglichkeiten zur Verankerung der Betrieblichen Gesundheitsförderung von den beteiligten Fachkräften identifiziert und im AK Gesundheit zum Thema gemacht werden. Nur so wird es gelingen, Gesundheit als ständige Managementaufgabe in die Unternehmenskultur zu integrieren.

Von Seiten des Unternehmens wurde das Projekt nicht nur wegen der erzielten Erfolge im Sinne der Senkung des Krankenstandes als erfolgreich bewertet, sondern auch wegen der umfangreichen Erfahrung hinsichtlich eines systematischen und integrativen Vorgehens. Als wesentliches Erfolgsrezept gilt im Unternehmen die „Mitarbeit der MitarbeiterInnen". Bei Fa. Geyer AG konnten die MitarbeiterInnen zu aktiven Beteiligten gemacht werden. Dies hat dazu beigetragen, dass sich im Laufe des Projektes sowohl bei den MitarbeiterInnen als auch bei den Führungskräften ein erweitertes Verständnis von Gesundheit entwickelte. Darauf aufbauend wurde die Notwendigkeit eines Gesundheitsmanagements, das die volle Unterstützung der obersten Führungsebene genießt, erkannt und umgesetzt. In Kooperation mit der zuständigen BG wurde ein entsprechendes Führungshandbuch entwickelt. Heute bildet der Arbeits- und Gesundheitsschutz der Firma Geyer AG ein wichtiges Unternehmensziel.

# KAPITEL 20

Betriebliche Gesundheitsförderung im Handwerk – Bewertung einer verhaltenspräventiven Maßnahme im Rahmen eines Gesundheitsprojektes mit der AOK Bayern

V. WEISSMANN

Die Ausgangslage

Die Analyse arbeitsbedingter Gesundheitsgefahren und die Entwicklung von Verbesserungsvorschlägen im Rahmen der Betrieblichen Gesundheitsförderung (BGF) ist ein Handlungsfeld, das die AOK Bayern – Die Gesundheitskasse gemäß ihres Auftrages nach § 20 SGB V erfolgreich beschritten hat.

Betriebliche Faktoren wie ein institutionalisierter Arbeits- und Gesundheitsschutz sowie Soziale Dienste bieten in größeren Unternehmen günstige Rahmenbedingungen für Projekte der BGF. In kleinen und mittelgroßen Unternehmen (KMU) sind die entsprechenden betrieblichen Strukturen und personellen Ressourcen allerdings häufig nicht vorzufinden.

Dennoch interessieren sich auch zunehmend Kleinbetriebe für gesundheitsförderliche Maßnahmen. In den Anfängen der BGF handelte es sich dabei eher um punktuelle Aktivitäten wie etwa die Durchführung einer Rückenschule im Betrieb. In den letzten Jahren gewinnt mehr und mehr ein analytisches Vorgehen im Sinne eines Betrieblichen Gesundheitsmanagements an Bedeutung, das sich an den vorzufindenden Belastungen der MitarbeiterInnen orientiert.

Um die Nachfrage der KMU nach BGF wirkungsvoll zu befriedigen, müssen deren Besonderheiten und die Unterschiede zu größeren Unternehmen erkannt und berücksichtigt werden:

- Aufgrund der geringen Betriebsgröße können manche Methoden zu einer Analyse arbeitsbedingter Gesundheitsgefahren (z. B. statistische Auswertungen von Arbeitsunfähigkeitsdaten) nicht eingesetzt werden, alternative Wege (z. B. über Gespräche mit MitarbeiterInnen) sind notwendig.
- In KMU bestehen unter den Beschäftigten sowie zwischen Firmenleitung und Beschäftigten oft stärkere soziale Verflechtungen als in

größeren Unternehmen. Zum Beispiel finden häufiger gemeinsame Aktivitäten auch außerhalb des Betriebes statt. Die daraus resultierende größere Überschneidung betrieblicher und außerbetrieblicher Lebensbereiche kann sowohl förderlich (über ein stärkeres Zusammengehörigkeitsgefühl der Beteiligten) als auch hemmend (aufgrund möglicher innerbetrieblicher Statuskonflikte) für die Durchführung eines BGF-Projektes sein.
- In KMU besteht in der Regel eine stärkere finanzielle Abhängigkeit von der Ertragslage als in größeren Unternehmen. Investitionen werden zumeist in konjunkturellen Hochzeiten getätigt und sind eher kurzfristig angelegt, so dass bei schwacher Konjunktur Mittel zur Sicherung der Existenz des Kleinbetriebes zur Verfügung stehen. Interventionen der BGF werden von Betriebsleitern teilweise mit hohen und langfristigen Investitionsleistungen in Verbindung gebracht. Die finanziellen Aspekte eines BGF-Engagements – sowohl notwendige Aufwendungen als auch zu erwartende Einsparungen – sollten deshalb im Vorfeld thematisiert werden.
- Arbeitnehmervertretungen wie Personalrat oder Betriebsrat, die die Interessen der Belegschaft auch bei gesundheitsförderlichen Maßnahmen am Arbeitsplatz vertreten können, fehlen zum Teil völlig [1, S. 72 f., 2, 3].

Daraus folgt, dass BGF-Interventionen in und mit KMU offen gestaltet werden und im Prozess auch gestaltbar bleiben müssen. Die in größeren Unternehmen erprobten und erfolgreich durchgeführten Konzepte und Strategien der BGF können nicht ohne weiteres auf KMU übertragen werden. So sind beispielsweise die personellen Strukturen eines Gesundheitszirkels nach dem Düsseldorfer Modell mit Geschäftsleitung, Betriebsarzt, Meister, Betriebsrat, Sicherheitsfachkraft und bis zu fünf Beschäftigten [4] in einem Kleinbetrieb meist nicht zu erfüllen. Abhängig von dem jeweiligen Betrieb und den eingesetzten gesundheitsförderlichen Maßnahmen sind deshalb Modifikationen notwendig.

Natürlich möchte auch die AOK Bayern als kundenorientiertes Dienstleistungsunternehmen die Ansprüche der von ihr betreuten Betriebe in der BGF erfüllen. Dabei muss beachtet werden, dass ein Großteil als kleine und mittlere Unternehmen klassifiziert ist. 1997 gehörten dazu 98,9% aller Betriebe in Bayern (bis 100 AOK-Mitglieder), in denen 62,2% aller AOK-versicherten Beschäftigten tätig waren.

Aus diesem Grund führt die AOK Bayern seit 1997 ein Modellprojekt für KMU durch. Vorrangiges Ziel ist dabei die Entwicklung und Erprobung von präventiven Maßnahmen der BGF, die auf das beson-

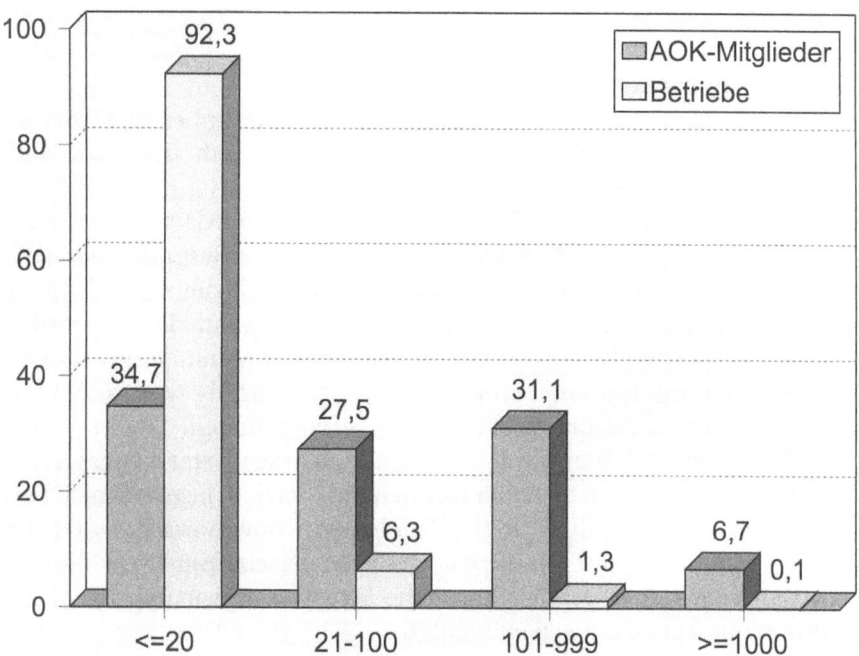

Abb. 20.1. Betriebsstrukturen AOK Bayern, Verteilung nach Mitgliedern und Betrieben in Prozent (AOK Bayern – Eigene Berechnungen 1997)

dere Setting in Kleinbetrieben zugeschnitten sind. Die Betriebsstrukturen der AOK Bayern sind in Abb. 20.1 dargestellt.

Schreinerei Kirchner – ein kleiner Handwerksbetrieb

Einer der von der AOK Bayern im Rahmen dieses Modellprojektes betreuten Betriebe ist die Schreinerei Kirchner.

Seit 1922 existiert dieser Kleinbetrieb und wird heute in 3. Generation vom Enkel des Firmengründers und dessen Frau geführt. Derzeit arbeiten 23 Beschäftigte an heterogenen Arbeitsplätzen mit vielfältigen Belastungsformen.

Die Motivation zur Gestaltung und Durchführung präventiver Maßnahmen am Arbeitsplatz liegt in diesem Betrieb vor allem in der Sorge der Betriebsleitung um die Gesundheit und Gesunderhaltung ihrer MitarbeiterInnen auf lange Sicht. Gesunde und motivierte Beschäftigte sind (überlebens)notwendig für den Handwerksbetrieb, krankheitsbedingte Fehlzeiten können vor dem Hintergrund termingerechter Auftragserfüllung nur schwer kompensiert werden. Der regionale Wettbewerb mit anderen Schreinereien verschärft die Situation zusätzlich.

Das Gesundheitsprojekt

A. Analyse der betrieblichen Belastungen

Auf Initiative der Firmeninhaber fand im November 1997 ein *Beratungsgespräch* mit der AOK Bayern statt, in dem der AOK Service „Gesunde Unternehmen" vorgestellt wurde.

Die Bedeutung dieses Gesprächs lag vor allem darin, die Ziele und Absichten der Firma Kirchner ein gemeinsames Gesundheitsprojekt in Erfahrung zu bringen und abzuklären, inwieweit die AOK als beratende Institution dieses Vorhaben unterstützen kann. Dabei wurde die besondere Verantwortung und notwendige Unterstützung durch die Firmenleitung für eine erfolgreiche Durchführung von gesundheitsförderlichen Maßnahmen im Betrieb hervorgehoben.

Die Firmeninhaber sind in Gesundheitsfragen stark engagiert. Gesunde und motivierte ArbeiterInnen im Betrieb liegen ihnen besonders am Herzen. Mit Hilfe des fachlichen Know-hows der AOK sollte das Verständnis und das Bewusstsein der Beschäftigten für die eigene Gesundheit weiter geschärft und die Selbstverantwortung zur Gesunderhaltung weiter entwickelt werden.

Während einer sich anschließenden *Betriebsbesichtigung* verschafften sich die Gesundheitsexperten der AOK einen Eindruck von den Arbeitsabläufen und Produktionsprozessen in dem Handwerksbetrieb und den vorherrschenden Arbeitsbedingungen. Bereits „auf den ersten Blick" konnten Arbeitsbelastungen diagnostiziert werden, die auf Dauer die Rückengesundheit der Beschäftigten beeinträchtigen. Einige der Mitarbeiter klagten auch bereits in ersten Gesprächen über Rückenbeschwerden. Die Firmenleitung konnte ergänzend dazu aus den bisher gemachten Erfahrungen bestätigen, dass die krankheitsbedingten Fehlzeiten zu einem Großteil auf Erkrankungen der Wirbelsäule wie „Hexenschuss" oder Bandscheibenvorfall zurückzuführen waren. Über die Belastungen am Arbeitsplatz und deren Auswirkungen auf die Gesundheit der MitarbeiterInnen war man sich bereits im Vorfeld wissenschaftlicher Analysen im Klaren.

Aus diesen verschiedenen Hinweisen und dem ausdrücklichen Wunsch der Firmenleitung kristallisierte sich somit „Die Wirbelsäule" als Handlungs- und Aktionsfeld des Gesundheitsprojektes zwischen der Schreinerei Kirchner und der AOK Bayern heraus.

Um die für die Rückengesundheit belastenden Arbeitsbedingungen exakt zu analysieren und zu dokumentieren, wurde im Januar 1998 eine *Bewegungsanalyse am Arbeitsplatz* durchgeführt.

Bei dieser Analyseform werden durch eine speziell geschulte Bewegungsfachkraft der AOK die Verhältnisse in der Arbeitsumgebung und am Arbeitsplatz anhand eines standardisierten Rasters erfasst und insbesondere das Bewegungsverhalten der Beschäftigten während der Arbeit begutachtet.

Zur weiteren Planung des Gesundheitsprojektes wurde ein *Steuerungsgremium* gegründet, dass sich in Organisation und Aufgabenstruktur am Modell des „Arbeitskreises Gesundheit" orientierte, das aus Gesundheitsprojekten in größeren Unternehmen bekannt ist. Allerdings erforderte die besondere personelle Situation eines Kleinunternehmens eine Modifikation der Zusammensetzung. So war eine institutionalisierte Vertretung der Arbeitnehmer (z. B. über den Betriebsrat) nicht vorhanden, die Aufgaben des Arbeits- und Gesundheitsschutzes, die in größeren Betrieben häufig von Fachkräften für Arbeitssicherheit erfüllt werden, lagen in der Verantwortung der Firmenleitung.

Das Steuerungsgremium setzte sich aus Frau Kirchner (bzw. Herrn Kirchner) und einem Vertreter der AOK als feste Mitglieder zusammen, je nach Bedarf wurden weitere Personen (z. B. ein Meister oder eine Fachkraft der AOK) hinzugezogen.

In einem Planungsgespräch dieses Steuerungsgremiums wurde der Firmenleitung ein Bericht zur Bewegungsanalyse am Arbeitsplatz vorgestellt, der folgende Ergebnisse beinhaltete:

1. **Belastungen durch die Arbeitsumgebung.** Je nach Arbeitsplatz waren MitarbeiterInnen von Temperaturschwankungen, Zugbelastungen oder dem Stehen auf kalten Betonböden, abhängig von der Witterung, betroffen. Außerdem konnten Belastungen festgestellt werden, die durch Platzmangel, Lärm, unangenehme Gerüche und Staubentwicklung hervorgerufen wurden.

2. **Belastungen durch Arbeitsabläufe.** Beinahe an jedem Arbeitsplatz mussten die MitarbeiterInnen schwere Lasten bewegen, was zum Teil unergonomisch und wirbelsäulenschädlich erfolgte. Auch bei der Beladung von LKW traten immer wieder hohe Belastungen für die Wirbelsäule auf. Außerdem klagten manche der Beschäftigten über Verspannungen im Nacken- und Rückenbereich, hervorgerufen durch gleichförmige Arbeitsabläufe (z. B. Hobeln) oder Zwangshaltungen über einen längeren Zeitraum (z. B. bei der Montage von Ladentheken).

Die Firmenleitung informierte zunächst die zuständige Holz-Berufsgenossenschaft über die Ergebnisse der Analyse. Obwohl aus Sicht der BG keine Notwendigkeit für Veränderungen der Arbeitsbedingungen bestand, wurden in der Firma Vorkehrungen getroffen, um die Belastungen am Arbeitsplatz zu reduzieren. Beispielsweise wurde der Standort eines Kompressors verlegt, dessen Lärmentwicklung von den MitarbeiterInnen als unangenehm empfunden wurde.

Die von der AOK-Bewegungsfachkraft gemachten Verbesserungsvorschläge zur Reduzierung der ergonomischen Belastungen wurden von der Firmenleitung angenommen und großteils umgesetzt. Zum Beispiel wurde die Arbeitshöhe einiger Hobelbänke angepasst, oder es wurden weitere Rollwagen zum Transport schwerer Lasten angeschafft.

Außerdem wurde angeregt, die Beschäftigten im Hinblick auf rückengerechtes Verhalten am Arbeitsplatz zu schulen. Zu diesem Zweck wurde als verhaltenskorrektive bzw. -präventive Maßnahme ein arbeitsplatzbezogenes Hebe- und Tragetraining für die MitarbeiterInnen verabredet, das von einer Bewegungsfachkraft der AOK Bayern durchgeführt wurde. Über Planung, Realisierung und Abschluss dieser Verhaltensschulung wird im Folgenden berichtet.

B. Planung der Verhaltensschulung

Nach den Vorstellungen der Firmeninhaber sollten möglichst alle Beschäftigten an dem Verhaltenstraining teilnehmen. Aus diesem Grund wurde Arbeitszeit zur Verfügung gestellt. Termin und Dauer wurden so gewählt, dass betriebsinterne Produktionsprozesse so gering wie möglich beeinträchtigt waren und Kundenaufträge termingerecht erledigt werden konnten.

Es musste berücksichtigt werden, dass eine Rückenschule herkömmlichen Ausmaßes (z. B. 6 Übungseinheiten à 90 Minuten) den Investitionsrahmen an Arbeitszeit des Kleinbetriebes sprengen würde. Außerdem sollte während des Durchführungszeitraumes die Möglichkeit einer Nachsteuerung und Korrektur der Übungsinhalte durch ein Feedback der TeilnehmerInnen gegeben sein.

Aus diesen Gründen wurde die Maßnahme in zwei *Übungsintervalle* geteilt, wobei jedes Intervall wiederum zwei *Übungseinheiten* beinhaltete.

Übungsintervall 1 hatte folgende Lerninhalte:

a) Rückengerechte Handhabung von Lasten am Arbeitsplatz
b) Hinweise zur Vermeidung bzw. Beseitigung muskulärer Dysbalancen durch funktionelle Dehn- und Kräftigungsübungen
c) Verhaltensempfehlungen für eine „bewegte" Freizeitgestaltung

Eine im Anschluss an das erste Übungsintervall durchgeführte anonyme *Mitarbeiterbefragung* diente als Vorbereitung auf das zweite Übungsintervall und sollte mit Hilfe „harter Fakten" verifizieren, inwieweit die inhaltlichen Zielrichtungen und die organisatorische Ausgestaltung mit den Vorstellungen und Wünschen der Teilnehmer übereinstimmten. Daneben sollte den Teilnehmern selbst die Möglichkeit gegeben werden, ihre persönliche Meinung zu dem Gesundheitsprojekt zu äußern, um so deren Akzeptanz und Motivation zu steigern.

Basierend auf den Ergebnissen der Befragung wurden folgende Erwartungen an das Übungsintervall 2 geknüpft:

a) Reflexion der Lerninhalte aus Übungsintervall 1
b) Modifikationen der Übungseinheiten im zweiten Übungsintervall (falls erforderlich)
c) Verfestigung der Lerninhalte aus Übungsintervall 1

Schließlich galt es, die Beschäftigten ausführlich über die geplante gesundheitsförderliche Maßnahme zu informieren, so dass eine ausreichende Teilnehmerzahl erreicht wurde. Diese Aufgabe erfüllten die Firmeninhaber durch persönliche Gespräche mit ihren MitarbeiterInnen. Ergänzend dazu stellte die AOK Informationsmaterial zur Verfügung.

C. Realisierung der Verhaltensschulung

Im Juni 1998 startete das erste Übungsintervall des arbeitsplatzbezogenen Rückentrainings bei Firma Kirchner.

Ort des Trainings war die betriebseigene Werkhalle, so dass eine Umsetzung der Inhalte direkt am Arbeitsplatz möglich war. Um den Beschäftigten zu signalisieren, dass sich die gegebenen Verhaltenshinweise gut und einfach in den regulären Arbeitsalltag integrieren lassen, konnten und sollten sie in ihrer Arbeitskleidung üben.

Eine Vorgabe aus der Planungsphase war außerdem, dass möglichst viele der Arbeiter der Firma Kirchner an dem Rückentraining teilnehmen können und der Arbeitsprozess durch die Durchführung während der Arbeitszeit so wenig wie möglich gestört wird. Dementsprechend wurde als Übungstag ein Freitag ausgewählt, an dem nur wenige der Mitarbeiter auf Montage waren. Die beiden Übungseinheiten des ersten Intervalls dauerten jeweils 45 Minuten, nach deren Ablauf sich für einen Großteil der Belegschaft das Wochenende anschloss.

Folgende Bedingungen wurden an die Auswahl der Übungsformen geknüpft, um eine reibungslose Umsetzung am Arbeitsplatz zu gewährleisten:

1. Die Übungen sind so gewählt, dass sie ohne besondere Vorkehrungen während der Arbeitszeit durchführbar sind.
2. Die ausgewählten Übungen werden überwiegend im Stehen absolviert.
3. Das Herz-Kreislauf-System wird kaum belastet, eine Durchführung der Übungsteile ist grundsätzlich in jedem Alter möglich.
4. Die ausgewählten Übungen besitzen keine Arbeitsplatzspezifität aufgrund der Heterogenität der Arbeitsplätze im Betrieb.

Zum Abschluss des ersten Übungsintervalls wurde mit den Teilnehmern eine anonymisierte schriftliche Befragung mittels Fragebogen durchgeführt. Die gesammelten Bögen wurden der AOK Bayern zur Auswertung zugesandt.

Bedingt durch die ausführliche Aufklärung der Beschäftigten durch Firmenleitung und AOK über den Beweggrund der Befragung, sowie die anonymisierte Form der Ergebnisse konnte eine hohe Rücklaufquote von 84% erreicht werden.

Im Folgenden wird ein kurzer Überblick über die wichtigsten Ergebnisse der Befragung gegeben:

- Die Übertragbarkeit der Empfehlungen des Verhaltenstrainings auf den Berufsalltag wird von 93% der Befragten bejaht.
- 50% verspürten bereits zum Befragungszeitpunkt eine Erleichterung ihrer Arbeitsbelastungen.
- Eine regelmäßige Auffrischung eines Rückentrainings fanden 87% sinnvoll.
- 54% beurteilten die Dauer des Verhaltenstrainings als nur zum Teil ausreichend, 40% als nicht ausreichend.
- Die befragten Teilnehmer wünschten sich eine Erweiterung der praktischen Inhalte in den Übungseinheiten.

Auf Grundlage dieser Ergebnisse wurde das zweite Übungsintervall, das im Oktober 1998 begann, modifiziert. Um dem Wunsch der Teilnehmer nach einer zeitlichen Verlängerung der Übungseinheiten nachzukommen, musste ein Kompromiss gefunden werden. Die Firmeninhaber signalisierten, dass eine Verlängerung ausschließlich während der Arbeitszeit nicht möglich sei. Eine Durchführung ausschließlich in der Freizeit fand nicht die Zustimmung aller MitarbeiterInnen. Somit wurden die Übungseinheiten des zweiten Übungsintervalls von 45 Minuten auf 90 Minuten verdoppelt. 60 Minuten jeder Übungseinheit fanden während der Arbeitszeit statt.

Schwerpunkt des zweiten Übungsintervalls war eine Reflexion und Wiederholung der wichtigsten Inhalte aus dem ersten Übungsintervall. Darüber hinaus konnte durch die zeitliche Verlängerung ein stärkeres Augenmerk auf die praktische Umsetzung der Verhaltenshinweise an den verschiedenen Arbeitsplätzen gelegt werden. Sehr förderlich für den Lernerfolg der Gruppe erwies sich, einzelne zum Teil komplexe Bewegungsaufgaben vertieft zu diskutieren und die erarbeiteten Lösungsansätze ausführlich auf ihre Umsetzbarkeit im Berufsalltag zu prüfen.

D. Bewertung der Verhaltensschulung

Ein wichtiges Anliegen im Gesundheitsprojekt war eine dauerhafte Sicherung und Verfestigung der Inhalte und Ergebnisse aus den beiden Übungsintervallen des Wirbelsäulentrainings. Die von Betriebsseite getätigte Investition sollte sich letztlich auch aus betriebswirtschaftlicher Sicht rechnen und möglichst langanhaltende Auswirkungen auf die Gesundheit der Mitarbeiter im Sinne eines positiven Fehlzeitenmanagements hervorrufen.

Zu diesem Zweck wurde an die letzte Übungseinheit des Verhaltenstrainings ein gemeinsames *Auswertungsgespräch* von 90 Minuten Dauer angeschlossen, an dem alle Beschäftigten des Betriebes und die Firmenleitung teilnahmen. Die Moderation wurde von einem Mitarbeiter der AOK Bayern übernommen.

Ziel des Gesprächs war, in einer gemeinsamen Diskussion mit den Beschäftigten zu eruieren, wie die während des Verhaltenstrainings vorgestellten Übungsinhalte im Betrieb verstetigt werden können. Weiterhin sollten Denkanstöße für ein zukünftiges rückengerechtes Verhalten am Arbeitsplatz, aber auch in der Freizeit gegeben werden.

Folgende Ergebnisse wurden erarbeitet und in einem Besprechungsprotokoll festgehalten:

1. **Ausgleichsübungen.** Die demonstrierten Dehnübungen zum Ausgleich muskulärer Beanspruchungen nach Arbeiten über einen längeren Zeitraum in Zwangshaltungen bzw. nach der Handhabung schwerer Lasten werden regelmäßig dreimal pro Woche von allen Beschäftigten geübt. Dafür wird eine Dauer von etwa 10 Minuten veranschlagt. Für die Durchführung im Betrieb wurden drei verantwortliche Mitarbeiter bestimmt, die nach einem bestimmten zeitlichen Turnus abgelöst werden. Auf Montage werden ebenso Ausgleichsübungen nach Belastungen durchgeführt, auch hierfür wurde ein Verantwortlicher bestimmt.

2. **Rückenfreundliches Arbeiten.** Die Handhabung von Lasten im Betrieb soll in Zukunft so rückenschonend wie möglich geschehen. Dazu werden beispielsweise Hebehilfen benutzt bzw. Kollegen zu Hilfe geholt. Falscher Ehrgeiz beim Heben und Tragen von Lasten ist fehl am Platz. Insbesondere die schon länger in der Firma beschäftigten Mitarbeiter wurden auf ihre Vorbildfunktion und Verantwortung für jüngere Mitarbeiter und Auszubildende hingewiesen.

Auch die Arbeitsverhältnisse und Arbeitsmittel im Betrieb sollen von den Beschäftigten und der Betriebsleitung regelmäßig auf ihre ergonomische Funktionalität überprüft werden. Es soll beispielsweise darauf geachtet werden, dass die Arbeitshöhe von Hobelbänken an die Körpergröße des jeweiligen Arbeiters angepasst ist. Transporthilfen und Hebehilfen sollen einwandfrei funktionieren, so dass sie auch benutzt werden können. Den Beschäftigten wurde von der Firmenleitung signalisiert, dass Informationen über die Notwendigkeit eines Austausches oder einer Neuanschaffung von Hebe- und Tragehilfen sofort an die Verantwortlichen weiter gegeben werden sollen.

3. Rückengerechte Freizeitgestaltung. Außerhalb des Betriebes trägt jeder Einzelne selbst die Verantwortung für rückengerechtes Verhalten. Gemeinsam wurde heraus gestellt, dass ergonomische Arbeitsbedingungen und Verhaltensweisen am Arbeitsplatz die Rückengesundheit letzlich nur dann wirksam unterstützen können, wenn auch in anderen Lebensbereichen die Grundregeln zur Erhaltung der Rückengesundheit beachtet werden. Darüber hinaus wurden Empfehlungen zu gesundheitsorientierten Freizeitaktivitäten wie Wandern, Rad fahren oder Schwimmen erarbeitet.

Insbesondere anhand des Verlaufs und der Ergebnisse des abschließenden Gesprächs mit den Beschäftigten und der Firmenleitung wurde deutlich, wie positiv sich das Gesundheitsbewusstsein innerhalb der Schreinerei Kirchner während des Gesundheitsprojektes verändert hat. Waren zu Beginn noch Zweifel ob der Sinnhaftigkeit und Praktikabilität gesundheitsförderlicher Maßnahmen am Arbeitsplatz in einem Schreinereibetrieb vorhanden, so zeigten die MitarbeiterInnen zunehmendes Engagement in der Erarbeitung von Vorschlägen und Lösungen zu eigenem gesundheits- und rückengerechtem Verhalten – nicht nur am Arbeitsplatz.

Die aktive Hilfe und Unterstützung durch die Gesundheitsexperten der AOK Bayern zu dem Problemfeld „Wirbelsäule" war damit beendet. Mit der Firmenleitung wurde verabredet, dass bei Bedarf jederzeit die Inhalte der Bewegungspause aufgefrischt werden bzw. auch neue Übungsformen eingebracht werden können. Darüber hinaus wird zum Zweck einer systematischen Nachbetreuung des Gesundheitsprojektes regelmäßig Kontakt mit den Firmeninhabern aufgenommen.

Voraussetzungen für die erfolgreiche Gestaltung des Gesundheitsprojektes mit einem handwerklichen Kleinbetrieb

Nicht selten führen Maßnahmen der Betrieblichen Gesundheitsförderung in Kleinbetrieben nicht zu den von den beteiligten Parteien gewünschten Ergebnissen. Sie werden abgebrochen, ohne dass die angestrebten Auswirkungen auf die Arbeitsverhältnisse und das Verhalten der Beschäftigten am Arbeitsplatz erreicht wurden.

Dass das gemeinsame Gesundheitsprojekt der Schreinerei Kirchner und der AOK Bayern auch aus Sicht der Beschäftigten einen erfolgreichen Verlauf nahm – bereits in der schriftlichen Befragung am Ende des ersten Übungsintervalls der Verhaltensschulung bewerteten 87% der Teilnehmer die durchgeführte Maßnahme als sinnvoll und wünschten sich eine regelmäßige Auffrischung der Inhalte – hatte vielfältige Gründe.

Entscheidender betrieblicher Faktor war ohne Zweifel das starke Engagement der Firmeninhaber. Bereits zu Projektbeginn zeigte sich eine große Aufgeschlossenheit hinsichtlich der notwendigen zu schaffenden Voraussetzungen und der eigenen Verantwortung für den Erfolg des Gesundheitsprojektes.

Die Erwartungen an die Auswirkungen auf die Gesundheit der Beschäftigten wurden nicht zu hoch gesteckt und waren realistisch. Die gerade in Kleinbetrieben oft angestrebten kurzfristigen Verbesserungen von Gesundheit und Wohlbefinden am Arbeitsplatz und damit einhergehende betriebswirtschaftliche Einsparungen durch eine Reduktion krankheitsbedingter Fehlzeiten waren hier nicht das primäre Ziel. Die Intervention wurde vor allem als Investition in eine gesündere Zukunft der MitarbeiterInnen verstanden, deren präventive Wirkung sich durchaus erst mittel- oder langfristig zeigen kann.

Im weiteren Verlauf des Projektes signalisierte die Firmenleitung den Beschäftigten immer wieder den für den Betrieb hohen Stellenwert der gesundheitsförderlichen Maßnahmen. Die Durchführung des gesamten ersten sowie von zwei Dritteln des zweiten Übungsintervalls während der Arbeitszeit brachte zwar den Produktionsprozess beinahe vollständig zum Stillstand. Auf der anderen Seite wurde den Beschäftigten aber so demonstriert, wie wichtig dem Betrieb ihre Gesundheit ist.

Die Firmeninhaber nahmen regelmäßig aktiv an den Übungseinheiten des Verhaltenstrainings teil und fungierten so als Vorbild für ihre MitarbeiterInnen. Nicht zuletzt dadurch blieb deren Motivation zur Teilnahme über den gesamten Interventionszeitraum erhalten.

Ein wichtiger Faktor für den Erfolg war auch, dass die Gesundheitsexperten der AOK Bayern in der Planung und Gestaltung dieses BGF-Projektes die besonderen Gegebenheiten in dem handwerklichen Kleinbetrieb berücksichtigten.

So wurde ein Steuerungsgremium installiert, dass sich zwar an einem herkömmlichen Arbeitskreis Gesundheit orientierte, allerdings aufgrund der besonderen Situation in einem KMU eine geänderte personelle Zusammensetzung hatte.

Zur Verabredung der Verstetigung der Übungsinhalte aus der Schulung sowie der Erarbeitung weiterer Verhaltensempfehlungen und Verbesserungsvorschläge – auch außerhalb des Betriebes – hätte sich die Einrichtung eines herkömmlichen Gesundheitszirkels angeboten. Der Zeitaufwand für mehrere Zirkelsitzungen wäre jedoch für einen Kleinbetrieb zu groß gewesen. So wurde ein Mitarbeitergespräch durchgeführt, das sich in seiner Struktur an einen Gesundheitszirkel anlehnte.

Ebenso erwies es sich als nicht realisierbar, bereits zu Beginn den Verlauf und die Zielerreichung im Gesundheitsprojekt genau zu planen und zu organisieren, was in größeren Unternehmen eher durchzusetzen ist. Vielmehr entwickelte sich das Projekt Schritt für Schritt, Modifikationen der getätigten Absprachen mussten vorgenommen werden, flexibles Reagieren auf besondere betriebliche Situationen (z. B. Großaufträge, die Kapazitäten binden und die Durchführung der Trainingseinheiten verhindern) war notwendig.

Auch die besondere Mitarbeiterstruktur in einem handwerklichen Kleinbetrieb musste berücksichtigt werden. Ein Schwerpunkt der Verhaltensschulung war deshalb, Überzeugungsarbeit besonders bei langjährig Beschäftigten der Firma zu leisten. So wurden im Laufe der Zusammenarbeit die positiven Auswirkungen rückengerechten Verhaltens erkannt und unergonomische Bewegungsabläufe am Arbeitsplatz weitgehend vermieden.

Weitere für Kleinbetriebe spezifische Gegebenheiten wurden in der Zusammenarbeit mit Firma Kirchner deutlich, die sich förderlich auf die Durchführung und letztlich auf den Erfolg der betrieblichen Gesundheitsförderungsmaßnahme auswirkten:

- In der Regel werden die MitarbeiterInnen in einem handwerklichen Kleinbetrieb (insbesondere in der Produktion) an vielen verschiedenen Arbeitsplätzen eingesetzt. Diese Heterogenität galt es sowohl in der Analyse der gesundheitlichen Belastungen und Beeinträchtigungen als auch in der Übungsauswahl der Verhaltensschulung zu berücksichtigen.
- Die Informationswege innerhalb eines Kleinunternehmens sind vergleichsweise kurz, Mitteilungen an die MitarbeiterInnen erfolgten durch die Firmenleitung in persönlichen Gesprächen. Lediglich unterstützend dazu wurde Informationsmaterial durch die AOK zur Verfügung gestellt.
- In Kleinbetrieben findet man häufig eine stärkere Zentrierung auf Personen der Firmenleitung als in Großbetrieben [3]. Die in Gesundheitsfragen engagierten Firmeninhaber nutzten ihre Position

und „verpflichteten" ihre Beschäftigten zur Teilnahme am Verhaltenstraining. So konnte eine Teilnehmerquote (abzüglich Urlaub und Erkrankung) von stets 100 Prozent erreicht werden.

Im Rahmen der systematischen Nacharbeit des Gesundheitsprojektes bestätigten die Firmeninhaber, dass auch eineinhalb Jahre nach dem Projektende die verabredete Bewegungspause im Betrieb durchgeführt wird. Dreimal pro Woche treffen sich die MitarbeiterInnen in der Werkstatthalle, um mit Hilfe der erlernten Übungsformen muskulären Verspannungen entgegen zu wirken und so etwas für ihre Rückengesundheit zu tun. Bewusst wurde darauf geachtet, die Anforderungen bezüglich Dauer und Inhalten der Bewegungspause im Betrieb nicht zu hoch zu setzen. So konnte die Motivation zur regelmäßigen Durchführung sowohl bei den Beschäftigten als auch bei der Firmenleitung (schließlich wird während der Arbeitszeit geübt) dauerhaft erhalten werden.

Nach Angaben der Firmenleitung zeigen sich positive Wirkungen der Bewegungspause bei ihren Beschäftigten. Sie sind für rückengerechtes Verhalten am Arbeitsplatz sensibilisiert, gegenseitiges Korrigieren bei falschem Verhalten und Unterstützung bei der Handhabung schwerer Lasten gehören seit der Schulung zum alltäglichen Bild in der Werkstatt. Auch wenn das Auftrags- und Arbeitsvolumen in Spitzenzeiten zeitweise eine regelmäßige Durchführung der Übungseinheiten erschwert, so hat sich die Verhaltensmaßnahme doch auf lange Sicht im Betrieb verstetigt.

Literatur

[1] Badura B, Ritter W, Scherf M (1998): Leitfaden für das betriebliche Gesundheitsmanagement. Bielefeld.
[2] Braun B, Lächele B (1997): Probleme und Möglichkeiten der Gesundheitsförderung im Handwerk am Beispiel eines Gemeinschaftsprojekts der IKK Aalen, der Württembergischen Bau-Berufsgenossenschaft und der Bau-Innung. In: Nieder P, Susen B (Hrsg.): Betriebliche Gesundheitsförderung. Konzepte und Erfahrungen bei der Realisierung. Bern, Stuttgart, Wien, 233-258.
[3] Gusy B (1998): Prävention – (k)ein Thema für Klein- und Mittelbetriebe. In: Busch R. (Hrsg.): Betriebliche Gesundheitsförderung in Klein- und Mittelbetrieben. Berlin, 23-38.
[4] Slesina W (1994): Gesundheitszirkel: Der „Düsseldorfer Ansatz". In: Westermayer G, Bähr B (Hrsg.): Betriebliche Gesundheitszirkel. Göttingen, 25-34.

C. Daten und Analysen

KAPITEL 21

Krankheitsbedingte Fehlzeiten in der deutschen Wirtschaft

C. Vetter · C. Dieterich · C. Acker

21.1 Branchenüberblick

Einführung 277
21.1.1 Datenbasis und Methodik 279
21.1.2 Allgemeine Krankenstandsentwicklung 282
21.1.3 Verteilung der Arbeitsunfähigkeit 284
21.1.4 Krankenstandsentwicklung in den einzelnen Branchen .. 285
21.1.5 Kurz- und Langzeiterkrankungen 288
21.1.6 Krankenstand nach Bundesländern 290
21.1.7 Einfluss der Altersstruktur 292
21.1.8 Krankenstand nach Betriebsgröße 295
21.1.9 Krankenstand nach Stellung im Beruf 296
21.1.10 Krankenstand nach Berufsgruppen 297
21.1.11 Krankenstand nach Wochentagen 298
21.1.12 Arbeitsunfälle 300
21.1.13 Krankheitsarten im Überblick 304
21.1.14 Krankheitsarten nach Branchen 306
21.1.15 Langzeitfälle nach Krankheitsarten 312
21.1.16 Krankheitsarten nach Diagnose-Untergruppen 314
Literatur 319

Einführung

Krankheitsbedingte Fehlzeiten bringen erhebliche Kosten und Belastungen für die Unternehmen und deren Mitarbeiter mit sich. Die Bundesvereinigung der Deutschen Arbeitgeberverbände beziffert die Kosten der Arbeitgeber für die Entgeltfortzahlung im Jahr 1999 auf 55,0 Milliarden DM. Hinzu kommt noch das Krankengeld, das die Krankenkassen ab der siebten Woche der Arbeitsunfähigkeit zahlen. Hierfür wurden 1999 ca. 14,2 Milliarden DM aufgewendet. Aufgrund der paritätischen Finanzierung der gesetzlichen Krankenversicherung geht die Hälfte dieser Summe (7,1 Milliarden) zu Lasten der Arbeitgeber, sodass sich für 1999 insgesamt 62,1 Milliarden DM an Lohnersatzleistungen für erkrankte Mitarbeiter ergaben.[1]

---

[1] Fußnotentext siehe Seite 278.

Errechnet man die volkswirtschaftlichen Kosten, die sich aufgrund der durch Arbeitsunfähigkeit verloren gegangenen Werte (finanzielle Aufwendungen ohne Wertschöpfung) ergeben, kommt man zu einer noch höheren Summe. 1999 waren in der deutschen Wirtschaft 629 Millionen Krankheitstage[2] zu verzeichnen. Dies entspricht ca. 1,72 Millionen Ausfalljahren. Das durchschnittliche Bruttoeinkommen aus unselbständiger Arbeit betrug 1999 in Deutschland 51 100 DM[3]. Umgerechnet ergibt sich daraus ein Ausfallvolumen des Produktionsfaktors Arbeit in Höhe von rund 88,1 Milliarden DM.

Neben den finanziellen Aufwendungen für Lohnersatzleistungen sind Fehlzeiten für die Unternehmen mit einer Vielzahl weiterer Probleme verbunden. Die Einhaltung von Lieferterminen und Qualitätsstandards kann gefährdet sein. Bei hohen Krankenständen müssen entweder entsprechende Personalreserven vorgehalten werden, was sich allerdings gerade kleinere Unternehmen häufig nicht leisten können, oder es müssen Überstunden und Zusatzschichten gefahren werden bzw. neue Mitarbeiter befristet eingestellt werden. Dies bedeutet nicht nur zusätzlichen Planungs- und Organisationsaufwand, sondern bringt auch weitere Kosten mit sich. Auch für die nicht selbst von Arbeitsunfähigkeit betroffenen Mitarbeiter bringt das krankheitsbedingte Fernbleiben der Kollegen vom Arbeitsplatz oft zusätzliche Belastungen und Erschwernisse mit sich, da sie häufig die Arbeit ihrer erkrankten Kollegen mit übernehmen müssen. Die Arbeitsmotivation und das Betriebsklima können dadurch erheblich beeinträchtigt werden.

Wie aber ist der Krankenstand im eigenen Betrieb zu bewerten? Ist er im Vergleich zu den Mitbewerbern zu hoch? Welche Krankheitsarten führen zur Arbeitsunfähigkeit? Wo sollten Maßnahmen zur Reduzierung der Fehlzeiten vorrangig ansetzen? Der folgende Beitrag versucht Antworten auf diese Fragen zu geben. Er liefert umfassende und differenzierte Daten zu den krankheitsbedingten Fehlzeiten in der deutschen Wirtschaft, sodass ein zielorientiertes Benchmarking möglich wird. Es wird aufgezeigt, wo die Krankheitsschwerpunkte in den einzelnen Branchen und Berufsgruppen liegen und von welchen Faktoren die Höhe des Krankenstandes abhängt. Ein einführendes Kapitel gibt zunächst einen Überblick über die allgemeine Krankenstandsentwicklung in der Bundesrepublik Deutschland. Im Folgenden

---

[1] Quelle: Bundesvereinigung der Deutschen Arbeitgeberverbände, Kurznachrichtendienst 10/00, 24. 02. 2000. Bei den Angaben zum Krankengeld handelt es sich um vorläufige Werte.
[2] Im Zusammenhang mit Schwangerschaften und Kuren auftretende Fehlzeiten wurden dabei nicht berücksichtigt.
[3] Incl. Sonderzahlungen, Quelle: Statistisches Bundesamt.

wird dann in separaten Kapiteln das Arbeitsunfähigkeitsgeschehen in den einzelnen Wirtschaftszweigen detailliert analysiert.

21.1.1 Datenbasis und Methodik

Die folgenden Ausführungen zu den krankheitsbedingten Fehlzeiten in der deutschen Wirtschaft basieren auf einer Analyse der Arbeitsunfähigkeitsmeldungen *aller erwerbstätigen AOK-Mitglieder in der Bundesrepublik Deutschland*. Die AOK ist nach wie vor die Krankenkasse mit dem größten Marktanteil in Deutschland. Sie verfügt daher über die umfangreichste Datenbasis zum Arbeitsunfähigkeitsgeschehen. Bei den Auswertungen wurden auch freiwillig Versicherte berücksichtigt. Ausgewertet wurden die Daten des Jahres 1999. In diesem Jahr waren insgesamt 12,0 Millionen Arbeitnehmer bei der AOK versichert.

Datenbasis der Auswertungen sind sämtliche Arbeitsunfähigkeitsfälle, die der AOK im Auswertungsjahr gemeldet wurden.[4] Allerdings werden *Kurzzeiterkrankungen* bis zu drei Tagen von den Krankenkassen nur erfasst, soweit eine ärztliche Krankschreibung vorliegt. Der Anteil der Kurzzeiterkrankungen liegt daher höher, als dies in den Krankenkassendaten zum Ausdruck kommt. Hierdurch verringern sich die Fallzahlen und die rechnerische Falldauer erhöht sich entsprechend. *Langzeitfälle* mit einer Dauer von mehr als 42 Tagen wurden in die Auswertungen mit einbezogen, da sie von entscheidender Bedeutung für das Arbeitsunfähigkeitsgeschehen in den Betrieben sind.

Die *Arbeitsunfähigkeitszeiten* wurden *auf der Basis von Kalendertagen* berechnet. Wochenenden und Feiertage gingen dabei in die Berechnung mit ein. Bei jahresübergreifenden Arbeitsunfähigkeitsfällen wurden nur Fehlzeiten in die Auswertungen miteinbezogen, die im Auswertungsjahr anfielen.

Die Berechnung der Kennzahlen zum Arbeitsunfähigkeitsgeschehen erfolgt auf der Basis der tatsächlichen Versicherungszeiten, d.h. es wird berücksichtigt, ob ein Mitglied ganzjährig oder nur einen Teil des Jahres bei der AOK versichert war bzw. als in einer bestimmten Branche oder Berufsgruppe beschäftigt geführt wurde.

Aufgrund der speziellen *Versichertenstruktur* der AOK sind die Daten nur bedingt repräsentativ für die Gesamtbevölkerung in der Bundesrepublik Deutschland bzw. die Beschäftigten in den einzelnen Wirtschaftszweigen. In Folge ihrer historischen Funktion als Basiskasse weist die AOK einen überdurchschnittlich hohen Anteil an Versi-

---

[4] Im Zusammenhang mit Schwangerschaften und Kuren auftretende Fehlzeiten wurden bei den Auswertungen nicht berücksichtigt.

Tabelle 21.1.1. AOK-Mitglieder nach Wirtschaftsabteilungen

Wirtschaftsabteilung	Pflichtmitglieder		Freiwillige Mitglieder absolut
	Absolut	Anteil an der Branche (in %)	
Banken/Versicherungen	125 025	12,1	8 692
Baugewerbe	1 041 218	52,9	9 426
Dienstleistungen	3 097 065	39,0	34 130
Energie/Wasser/Bergbau	102 535	25,1	7 012
Handel	1 467 666	39,3	15 842
Land- und Forstwirtschaft	202 439	54,5	4 779
Öffentl. Verwaltung/Sozialversicherung	909 512	50,9	18 255
Verarbeitendes Gewerbe	3 515 279	44,8	59 998
Verbände/Parteien/Kirchen	489 089	59,3	7 235
Verkehr/Transport	679 220	47,0	4 818
Insgesamt	12 005 623	43,9	170 187

cherten aus dem gewerblichen Bereich auf. Angestellte sind dagegen im Versichertenklientel der AOK unterrepräsentiert.

Die *Wirtschaftsgruppensystematik* entspricht der Klassifikation der Wirtschaftszweige der Bundesanstalt für Arbeit[5] (s. Anhang). Diese enthält verschiedene Differenzierungsgrade. Unterschieden wird zwischen Wirtschaftsabteilungen, -gruppen und -klassen. Eine *Wirtschaftsabteilung* ist beispielsweise das „Verarbeitende Gewerbe". Diese untergliedert sich in die *Wirtschaftsgruppen* „Chemische Industrie", „Herstellung von Chemiefasern", „Verarbeitung von Mineralöl" usw. Die Wirtschaftsgruppe „Chemische Industrie" umfasst wiederum die *Wirtschaftsklassen* „Herstellung von chemischen Grundstoffen", „Herstellung von Kunststoffen und synthetischem Kautschuk" etc.. Im vorliegenden Kapitel erfolgt die Betrachtung zunächst lediglich auf der Ebene der Wirtschaftsabteilungen.[6] In den folgenden Kapiteln wird dann auch nach Wirtschaftsgruppen und teilweise auch nach Wirt-

---

[5] Verzeichnis der Wirtschaftszweige für die Statistik der Bundesanstalt für Arbeit, Ausgabe 1973.
[6] Als Synonym für den Begriff „Wirtschaftsabteilungen" werden auch die Begriffe Branchen oder Wirtschaftszweige verwandt. Im Textteil sowie in den Tabellen und Grafiken werden die offiziellen Bezeichnungen der Bundesanstalt für Arbeit aus Platzgründen abgekürzt. Einige sehr technische Begriffe wurden durch verständlichere Begriffe ersetzt, die teilweise pars pro toto stehen. So wird beispielsweise für die Wirtschaftsabteilung „Organisationen ohne Erwerbscharakter und private Haushalte" teilweise die Bezeichnung „Verbände, Parteien, Kirchen" verwendet.

schaftsklassen differenziert. Die Metallindustrie, die nach der Systematik der Wirtschaftszweige der Bundesanstalt für Arbeit zum verarbeitenden Gewerbe gehört, wird, da sie die größte Branche des Landes darstellt, in einem eigenen Kapitel behandelt. Aus Tabelle 21.1.1 ist die Anzahl der AOK-Mitglieder in den einzelnen Wirtschaftsabteilungen sowie deren Anteil an den Beschäftigten insgesamt[7] ersichtlich.

Angesichts nach wie vor unterschiedlicher Morbiditätsstrukturen werden neben den Gesamtergebnissen für die Bundesrepublik Deutschland die Ergebnisse für *Ost- und Westdeutschland* separat ausgewiesen.

Die *Verschlüsselung der Diagnosen* erfolgte im Jahr 1999 noch nach der 9. Revision des ICD (International Classification of Diseases).[8] Sie wurde bis Ende 1999 in der Regel durch die Sachbearbeiter der Krankenkassen, teilweise auch durch automatische Verschlüsselungsprogramme, vorgenommen. Methodische Probleme bei der Codierung, welche die Datenqualität beeinträchtigen, konnten sich beispielsweise daraus ergeben, dass sich die ärztlichen Diagnosen nicht immer eindeutig einem ICD-Code zuordnen ließen (z. B. fieberhafter Grippeinfekt). Mit Bekanntmachung vom 24. Juni 1999 hat das Bundesministerium für Gesundheit mit Wirkung vom 1. Januar 2000 eine für Zwecke der Abrechnung mit den Krankenkassen überarbeitete Fassung der 10. Revision des ICD („ICD-10-SGB V") in Kraft gesetzt. Danach sind Krankenhäuser und Vertragsärzte ab dem 1. Januar 2000 verpflichtet, in ihren Leistungsabrechnungen mit den Krankenkassen die Diagnosen nach der „ICD-10-SGB V" zu verschlüsseln. Die Verschlüsselung wird seitdem direkt in den Arztpraxen und Krankenhäusern vorgenommen.

Teilweise weisen die Arbeitsunfähigkeitsbescheinigungen mehrere Diagnosen auf. Um einen Informationsverlust zu vermeiden, werden bei den diagnosebezogenen Auswertungen im Unterschied zu anderen Statistiken[9], die nur eine (Haupt-) Diagnose berücksichtigen, auch *Mehrfachdiagnosen*[10] in die Auswertungen mit einbezogen.

---

[7] Errechnet auf der Basis der Beschäftigtenstatistik der Bundesanstalt für Arbeit, 2000.
[8] International übliches Klassifikationssystem der Weltgesundheitsorganisation.
[9] Beispielsweise die von den Krankenkassen im Bereich der gesetzlichen Krankenversicherung herausgegebene Krankheitsartenstatistik.
[10] Leidet ein Arbeitnehmer an unterschiedlichen Krankheitsbildern (Multimorbidität) kann eine Arbeitsunfähigkeitsbescheinigung mehrere Diagnosen aufweisen. Insbesondere bei älteren Beschäftigten kommt dies häufiger vor.

21.1.2 Allgemeine Krankenstandsentwicklung

Der Krankenstand der AOK-Mitglieder betrug 1999 5,4%. Die Versicherten waren im Durchschnitt 19,6 Kalendertage krankgeschrieben.[11] 55,6% der AOK-Mitglieder haben sich 1999 mindestens einmal krank gemeldet. 7,6% der Arbeitsunfähigkeitstage waren auf Arbeitsunfälle zurückzuführen. Insgesamt musste die deutsche Wirtschaft 629 Millionen krankheitsbedingte Fehltage verkraften.[12] Dies entspricht 1,7 Mio. Erwerbsjahren. Die volkswirtschaftlichen Kosten der Produktionsausfälle durch Arbeitsunfähigkeit betrugen 1999 88,1 Milliarden DM.

Im Vergleich zum Vorjahr nahm der Krankenstand in der deutschen Wirtschaft um 0,2 Prozentpunkte zu (Tabelle 21.1.2). Zwischen West- und Ostdeutschland gab es im Jahr 1999 deutliche Unterschiede in der Krankenstandsentwicklung. Während in den alten Ländern im Vergleich zum Vorjahr nur ein moderater Anstieg der Zahl der Arbeitsunfähigkeitstage festzustellen war (3,2%), nahm die Zahl der krankheitsbedingten Fehltage in Ostdeutschland erheblich stärker zu (10,1%). Die Zunahme des Krankenstandes ist auf eine deutlich vermehrte Zahl von Krankmeldungen zurückzuführen (West: 6,5%; Ost: 12,4%). Verantwortlich dafür war in erster Linie die Grippewelle in den Monaten Januar bis März, die weit über das übliche Maß der winterlichen Erkältungskrankheiten hinausging, wie auch Untersuchungen der Arbeitsgemeinschaft Influenza belegen (Abb. 21.1.1.)[13]. Wie bereits im Vorjahr nahm auch 1999 die Zahl der von Arbeitsunfähigkeit betroffenen AOK-Mitglieder (AU-Quote: Anteil der AOK-Mitglieder mit mindestens einem AU-Fall) weiter zu (West: 0,7; Ost: 2,8 Prozentpunkte).

Die durchschnittliche Dauer der Arbeitsunfähigkeitsfälle ging dagegen wie auch schon in den Vorjahren weiter zurück (West: -3,1%; Ost: -2,1%), allerdings nicht so stark, dass dadurch die gestiegene Zahl an Krankmeldungen kompensiert werden konnte. 1999 kehrten die Ar-

---

[11] Wochenenden und Feiertage eingeschlossen.
[12] Hochrechnung auf der Basis der AOK-Daten.
[13] Die Morbidität zum Höhepunkt der Influenza-Welle 1998/99 blieb nach Angaben der Arbeitsgemeinschaft deutlich hinter der von 1995/96 zurück. Durch die längere Dauer können aber fast vergleichbar viele Erkrankungen angenommen werden, die geschätzte Zahl der zusätzlichen Arztkontakte aufgrund akuter Atemwegsinfektionen in den Wochen 3 bis 12 des Jahres 1999 summierte sich auf mehr als 7 Mio. Die registrierten Erkrankungen aufgrund von Atemwegsinfekten, die häusliche Pflege erforderten (Arbeits- und Schulunfähigkeiten), wiesen auf etwa 4,5 Mio. zusätzliche Arbeitsunfähigkeiten hin. Davon fielen schätzungsweise 2,5 Mio. auf die Altersgruppe der 16- bis 60-Jährigen. Quelle: Internet http://www.dgk.de/agi/.

Krankheitsbedingte Fehlzeiten in der deutschen Wirtschaft

Tabelle 21.1.2. Krankenstandskennzahlen 1999 im Vergleich zum Vorjahr

	Kranken-stand (in %)	Arbeitsunfähigkeiten je 100 AOK-Mitglieder				Tage je Fall	Veränd. z. Vorj. (in 5%)	AU-Quote (in %)
		Fälle	Veränd. z. Vorj. (in %)	Tage	Veränd. z. Vorj. (in %)			
West	5,4	152,7	6,5	1955,5	3,2	12,8	−3,1	55,8
Ost	5,5	151,9	12,4	1999,8	10,1	13,2	−2,1	54,7
BRD	5,4	152,5	7,4	1962,4	4,3	12,9	−2,9	55,6

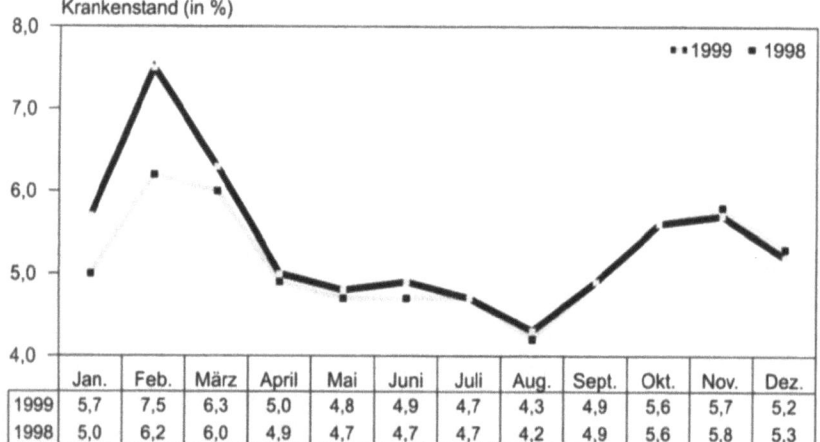

Abb. 21.1.1. Krankenstand 1999 im saisonalen Verlauf im Vergleich zum Vorjahr, AOK-Mitglieder

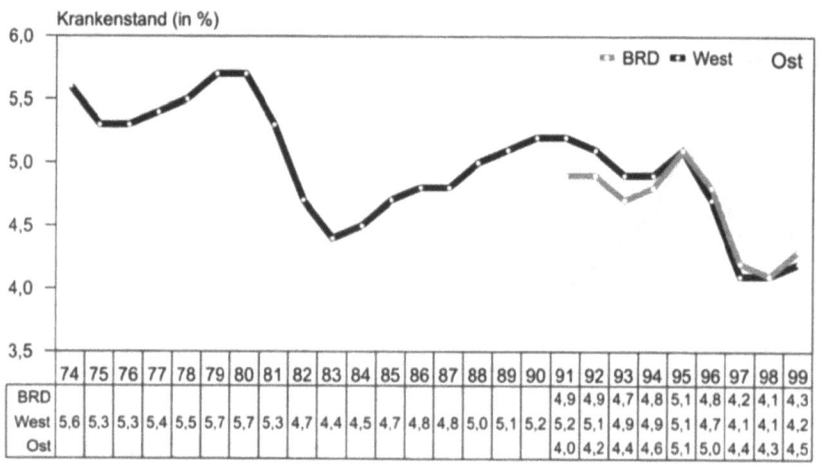

Abb. 21.1.2. Krankenstand 1974–1999, Gesetzliche Krankenversicherung: Arbeitsunfähig kranke Pflichtmitglieder in %. Bei den Werten für 1999 handelt es sich um vorläufige Werte. Quelle: Bundesministerium für Gesundheit

beitnehmer im Krankheitsfall nach durchschnittlich 12,9 Kalendertagen an den Arbeitsplatz zurück, 1996 waren es noch 13,9 Tage gewesen.

Im Jahresverlauf erreichte der Krankenstand, wie bereits im Vorjahr, im Februar seinen höchsten Wert (7,5%). Der niedrigste Wert war, urlaubs- und wetterbedingt, im August zu verzeichnen (4,3%).

Abbildung 21.1.2 zeigt die längerfristige Entwicklung des Krankenstandes in den Jahren 1974–1999 auf der Basis von Stichtagserhebungen der gesetzlichen Krankenkassen.[14] Danach erreichte der Krankenstand in Westdeutschland 1997 den niedrigsten Stand seit 1974. 1998 ging er in Ostdeutschland noch etwas weiter zurück und blieb in Westdeutschland stabil. 1999 stieg der Krankenstand seit 1996 erstmalig wieder geringfügig an (West: 0,1; Ost: 0,2 Prozentpunkte), blieb aber nach wie vor im Vergleich zu den letzten 25 Jahren auf einem sehr niedrigen Niveau.

21.1.3 Verteilung der Arbeitsunfähigkeit

1999 waren 55,6% der AOK-Mitglieder mindestens einmal von Arbeitsunfähigkeit betroffen (Arbeitsunfähigkeitsquote). 26,4% meldeten sich nur einmal, 14,4% zweimal und 14,8% dreimal oder häufiger krank (Abb. 21.1.3).

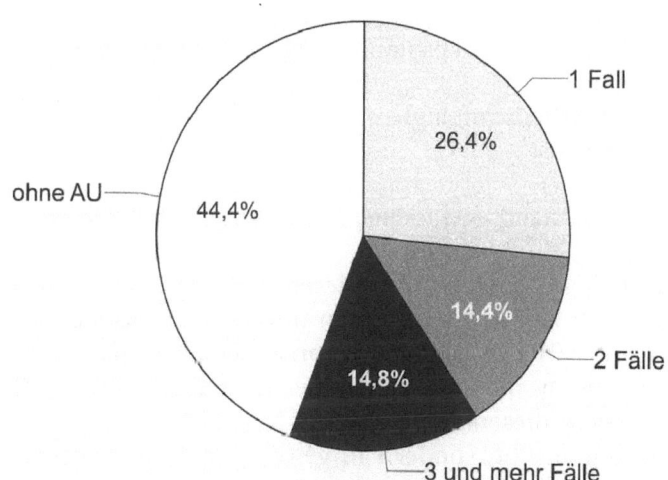

Abb. 21.1.3. Arbeitsunfähigkeitsquote: AOK-Mitglieder mit Arbeitsunfähigkeit (in %) 1999

---

[14] Dabei wird jeweils zum Monatsersten der prozentuale Anteil der arbeitsunfähigen Pflichtmitglieder ermittelt. Aus den Monatswerten werden dann Jahresdurchschnittswerte berechnet.

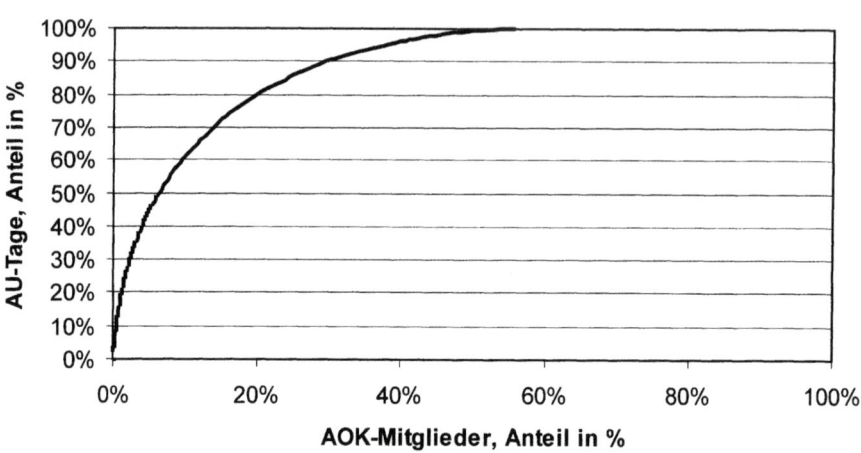

Abb. 21.1.4. Lorenzkurve AU-Tage – Verteilung der Arbeitsunfähigkeitstage, 1999

Abbildung 21.1.4 zeigt die Verteilung der kumulierten Arbeitsunfähigkeitstage auf die AOK-Mitglieder in Form einer Lorenzkurve. Daraus ist ersichtlich, dass der überwiegende Teil des Krankenstandes sich auf einen relativ kleinen Teil der AOK-Mitglieder konzentriert (vgl. dazu auch Kap. 21.1.5). Die folgenden Zahlen verdeutlichen dies sehr eindrücklich:

- Ein Viertel des Krankenstandes entfällt auf nur 1,7% der Mitglieder.
- Die Hälfte des Krankenstandes wird von lediglich 6,4% der Mitglieder verursacht.
- 80% der Arbeitsunfähigkeitstage gehen auf nur 20% der AOK-Mitglieder zurück.

21.1.4 Krankenstandsentwicklung in den einzelnen Branchen

Den höchsten Krankenstand wiesen 1999 mit 6,4% die öffentlichen Verwaltungen auf, den niedrigsten mit 3,6% die Banken und Versicherungen (Abb. 21.1.5). Bei dem hohen Krankenstand in der öffentlichen Verwaltung muss allerdings berücksichtigt werden, dass ein großer Teil der in diesem Sektor beschäftigten AOK-Mitglieder keine Bürotätigkeiten ausübt, sondern in gewerblichen Bereichen mit teilweise sehr hohen Arbeitsbelastungen tätig ist, wie z.B. im Straßenbau, in der Straßenreinigung und Entsorgung, in Gärtnereien etc. Insofern sind die Daten, die der AOK für diesen Bereich vorliegen, nicht repräsentativ für die gesamte öffentliche Verwaltung. Dies gilt auch für den Bereich der Verbände, Parteien und Kirchen. Hinzu kommt, dass die bei den öffentlichen Verwaltungen beschäftigten AOK-Mitglieder eine

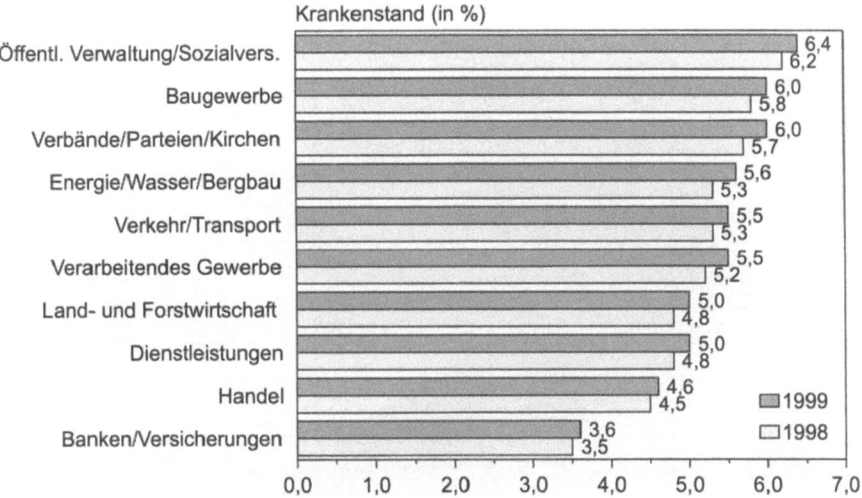

Abb. 21.1.5. Krankenstand nach Branchen, 1999 im Vergleich zum Vorjahr

im Vergleich zur freien Wirtschaft ungünstige Altersstruktur aufweisen, die zum Teil für die erhöhten Krankenstände mitverantwortlich ist (vgl. Kap. 21.1.7). Schließlich spielt auch die Tatsache, dass die öffentlichen Verwaltungen ihrer Verpflichtung zur Beschäftigung Schwerbehinderter stärker nachkommen als andere Branchen, eine erhebliche Rolle. Der Anteil erwerbstätiger Schwerbehinderter liegt im öffentlichen Dienst um etwa 50% höher als in anderen Sektoren (6,6% der Beschäftigten in der öffentlichen Verwaltung gegenüber 4,2% in anderen Beschäftigungssektoren). Nach einer Studie der Hans-Böckler-Stiftung ist die gegenüber anderen Beschäftigungsbereichen höhere Zahl von Arbeitsunfähigkeitsfällen im öffentlichen Dienst knapp zur Hälfte allein auf den erhöhten Anteil an schwerbehinderten Arbeitnehmern zurückzuführen [4].[15]

Der Krankenstand ist 1999 gegenüber dem Vorjahr in allen Branchen geringfügig gestiegen (0,1–0,3 Prozentpunkte). Zurückzuführen war dies auf eine erhöhte Zahl von Krankmeldungen (5,6–9,3%). Die größten Zuwachsraten waren bei Verbänden, Parteien und Kirchen, im Dienstleistungsbereich sowie in der Land- und Forstwirtschaft zu verzeichnen. Die durchschnittliche Dauer der Krankheitsfälle war dagegen in allen Wirtschaftszweigen rückläufig (1,5–4,5%), allerdings

---

[15] Nähere Ausführungen zu den Bestimmungsfaktoren des Krankenstandes in der öffentlichen Verwaltung finden sich im Beitrag von Alfred Oppolzer in: Badura B, Litsch M, Vetter C (Hrsg) (2000) Fehlzeiten-Report 1999, Springer, Berlin (u.a.).

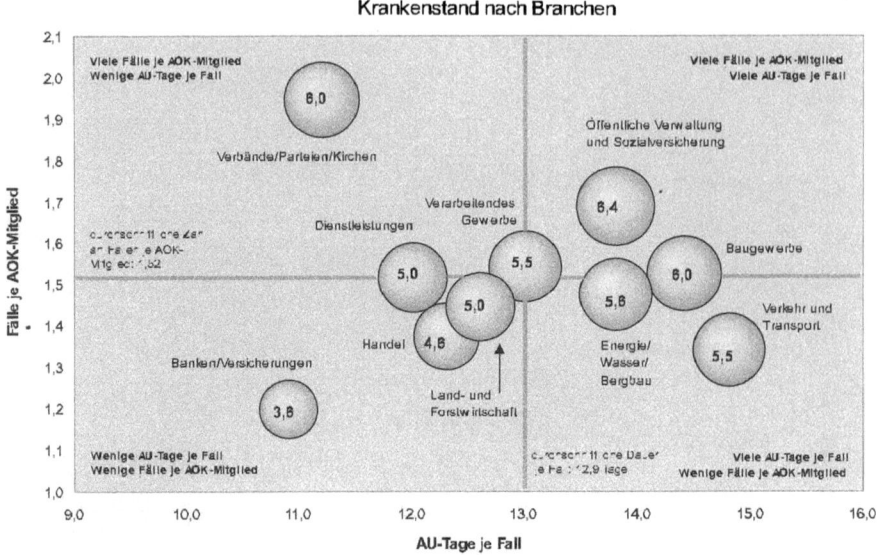

Abb. 21.1.6. Krankenstand nach Branchen: Bestimmungsfaktoren, 1999

nicht so stark, dass dadurch die vermehrte Zahl an Arbeitsunfähigkeitsfällen vollständig ausgeglichen werden konnte.

Bei den öffentlichen Verwaltungen und im Baugewerbe lag sowohl die Zahl der Krankmeldungen als auch die mittlere Dauer der Krankheitsfälle deutlich über dem Durchschnitt (Abb. 21.1.6). Bei Verbänden, Parteien und Kirchen dagegen war der überdurchschnittlich hohe Krankenstand auf eine erheblich über dem Durchschnitt liegende Zahl von Arbeitsunfähigkeitsfällen zurückzuführen. Die Dauer der Fälle war zwar geringer als im Branchendurchschnitt, aber nicht in dem Maße, dass dadurch die hohe Zahl an Krankmeldungen kompensiert werden konnte.

1999 war der Krankenstand in den meisten Wirtschaftszweigen in Ostdeutschland niedriger als in Westdeutschland, teilweise erheblich niedriger. Im Bereich Energie, Wasser, Bergbau lag er 1,4 Prozentpunkte unter dem westdeutschen Niveau. In einigen Wirtschaftszweigen waren jedoch in den neuen Bundesländern höhere Werte festzustellen und zwar bei Verbänden, Parteien und Kirchen (1,7 Prozentpunkte), im Bereich Dienstleistungen (1,0) und in der Land- und Forstwirtschaft (0,8). Bei den Banken und Versicherungen lag der Krankenstand in West- und Ostdeutschland auf dem gleichen Niveau.

Tabelle 21.1.3 zeigt die Krankenstandsentwicklung in den einzelnen Branchen in den Jahren 1993–1999, differenziert nach West- und Ostdeutschland. Im Vergleich zum Vorjahr stieg der Krankenstand im Jahr

Tabelle 21.1.3. Krankenstandsentwicklung 1993–1999 (in %)

Wirtschaftsabteilung		1993	1994	1995	1996	1997	1998	1999
Banken/ Versicherungen	West	4,2	4,4	3,9	3,5	3,4	3,5	3,6
	Ost	2,9	3,0	4,0	3,6	3,6	3,6	3,6
	BRD	3,9	4,0	3,9	3,5	3,4	3,5	3,6
Baugewerbe	West	6,7	7,0	6,5	6,1	5,8	6,0	6,2
	Ost	4,8	5,5	5,5	5,3	5,1	5,2	5,7
	BRD	6,2	6,5	6,2	5,9	5,6	5,8	6,0
Dienstleistungen	West	5,6	5,7	5,2	4,8	4,6	4,7	4,8
	Ost	5,4	6,1	6,0	5,6	5,3	5,2	5,8
	BRD	5,5	5,8	5,3	4,9	4,7	4,8	5,0
Energie/Wasser/ Bergbau	West	6,4	6,4	6,2	5,7	5,5	5,7	5,9
	Ost	4,8	5,2	5,0	4,1	4,2	4,0	4,5
	BRD	5,8	6,0	5,8	5,3	5,2	5,3	5,6
Handel	West	5,6	5,6	5,2	4,6	4,5	4,6	4,7
	Ost	4,2	4,6	4,4	4,0	3,8	3,9	4,2
	BRD	5,4	5,5	5,1	4,5	4,4	4,5	4,6
Land- und Forstwirtschaft	West	5,6	5,7	5,4	4,6	4,6	4,8	4,7
	Ost	4,7	5,5	5,7	5,5	5,0	4,9	5,5
	BRD	5,0	5,6	5,6	5,1	4,8	4,8	5,0
Öffentl. Verwaltung/ Sozialversicherung	West	7,1	7,3	6,9	6,4	6,2	6,3	6,4
	Ost	5,1	5,9	6,3	6,0	5,8	5,7	6,1
	BRD	6,6	6,9	6,8	6,3	6,1	6,2	6,4
Verarbeitendes Gewerbe	West	6,2	6,3	6,0	5,4	5,2	5,3	5,6
	Ost	5,0	5,4	5,3	4,8	4,5	4,6	5,1
	BRD	6,1	6,2	5,9	5,3	5,1	5,2	5,5
Verbände/Parteien/ Kirchen	West	5,8	6,0	5,6	5,5	5,3	5,4	5,7
	Ost	6,6	7,8	7,7	7,5	7,2	6,7	7,4
	BRD	5,9	6,3	6,0	5,9	5,7	5,7	6,0
Verkehr/Transport	West	6,6	6,8	4,7	5,7	5,3	5,4	5,6
	Ost	4,4	4,8	4,7	4,6	4,4	4,5	4,8
	BRD	6,2	6,4	5,9	5,5	5,2	5,3	5,5

1999 in Ostdeutschland, abgesehen vom Bereich Banken und Versicherungen, in allen Wirtschaftsabteilungen stärker an als in Westdeutschland, teilweise erheblich stärker (Zunahme um 0,1–0,7 Prozentpunkte). Bei den Banken und Versicherungen blieb der Krankenstand in Ostdeutschland stabil, während er in Westdeutschland leicht zunahm.

21.1.5 Kurz- und Langzeiterkrankungen

Die Höhe des Krankenstandes wird entscheidend durch länger dauernde Erkrankungen bestimmt. Die Zahl dieser Erkrankungsfälle ist zwar relativ gering, diese sind aber für eine große Zahl von Ausfalltagen verantwortlich (Abb. 21.1.7). 1999 waren fast die Hälfte aller Arbeitsunfähigkeitstage (49,3%) auf lediglich 8,7% der Arbeitsunfähigkeitsfälle zurückzuführen. Dabei handelt es sich um Fälle mit einer Dauer von mehr als vier Wochen. Besonders zu Buche schlagen Langzeitfälle, die sich über mehr als sechs Wochen erstrecken. Obwohl ihr Anteil an den Arbeitsunfähigkeitsfällen 1999 nur 5,0% betrug, verursachten sie 39,6% des gesamten AU-Volumens.

Kurzzeiterkrankungen wirken sich zwar häufig sehr störend auf den Betriebsablauf aus, spielen aber, anders als häufig angenommen, für den Krankenstand nur eine untergeordnete Rolle. Auf Arbeitsunfähigkeitsfälle mit einer Dauer von 1–3 Tagen gingen 1999 lediglich 4,7% der Fehltage zurück, obwohl ihr Anteil an den Arbeitsunfähigkeitsfällen 30,7% betrug. Da viele Arbeitgeber in den ersten drei Tagen einer Erkrankung keine ärztliche Arbeitsunfähigkeitsbescheinigung verlangen, liegt der Anteil der Kurzzeiterkrankungen allerdings in der Praxis höher, als dies in den Daten der Krankenkassen zum Ausdruck kommt. Nach einer Befragung des Instituts der deutschen Wirtschaft [7] hat jedes zweite Unternehmen die Attestpflicht ab dem ersten Krankheitstag eingeführt. Der Anteil der Kurzzeitfälle von 1–3 Tagen an den krankheitsbedingten Fehltagen in der privaten Wirtschaft beträgt danach insgesamt durchschnittlich 11,3% [7]. Auch wenn man berücksichtigt, dass die Krankenkassen die Kurzzeit-Arbeitsunfähigkeit nicht vollständig erfassen, ist also der Anteil der Erkrankungen von ein bis drei Tagen am Arbeitsunfähigkeitsvolumen insgesamt nur gering. Von Maßnahmen, die in erster Linie auf eine Reduzierung der Kurzzeitfälle abzielen, ist

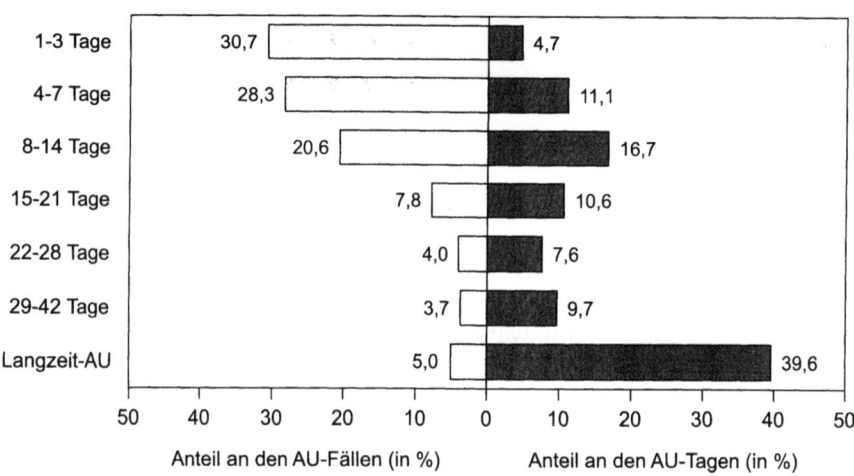

Abb. 21.1.7. Arbeitsunfähigkeitstage und -fälle nach Dauer, 1999

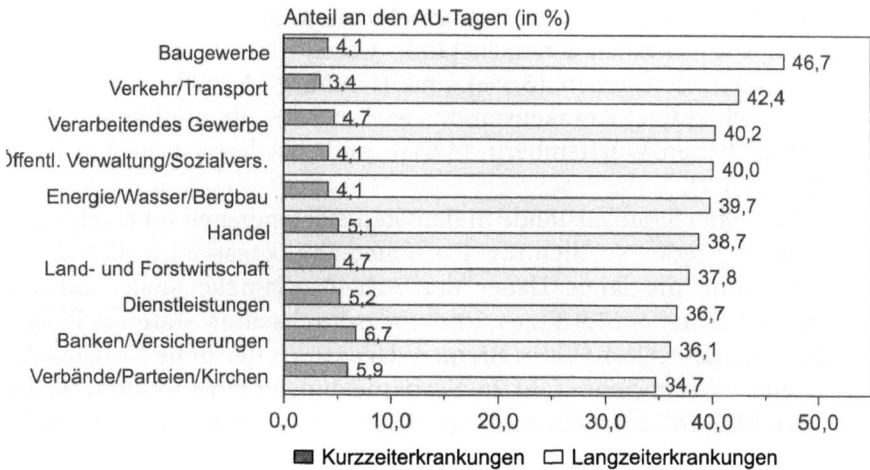

Abb. 21.1.8. Anteil der Kurz- und Langzeiterkrankungen an den Arbeitsunfähigkeitstagen nach Branchen, 1999

daher kein durchgreifender Effekt auf den Krankenstand zu erwarten. Maßnahmen, die auf eine Senkung des Krankenstandes abzielen, sollten vorrangig bei den Langzeitfällen ansetzen.

Im Vergleich zum Vorjahr hat 1999 der Anteil der der AOK gemeldeten Kurzzeiterkrankungen mit einer Dauer von bis zu einer Woche zugenommen. Der Anteil der Krankschreibungen mit einer Dauer von 1–3 Tagen an den Fällen stieg um 0,2 Prozentpunkte, der Anteil an den Tagen nahm um 0,1 Prozentpunkte zu. Der Anteil der Arbeitsunfähigkeitsfälle mit einer Dauer von 4–7 Tagen an den Fällen nahm um 0,7 Prozentpunkte, der Anteil an den Tagen um 0,6 Prozentpunkte zu. Der Anteil der Langzeitfälle[16] an den Arbeitsunfähigkeiten hat dagegen abgenommen, bei den Fällen um 0,3 Prozentpunkte, bei den Tagen sogar um 1,0 Prozentpunkte.

Am höchsten war der Anteil der Langzeiterkrankungen 1999 mit 46,7% im Baugewerbe und am niedrigsten bei Verbänden, Parteien und Kirchen (34,7%). Der Anteil der Kurzzeiterkrankungen schwankte in den einzelnen Wirtschaftszweigen zwischen 6,7% bei Banken und Versicherungen und 3,4% im Bereich Verkehr und Transport (Abb. 21.1.8).

21.1.6 Krankenstand nach Bundesländern

In Ostdeutschland war der Krankenstand 1999 nur geringfügig höher als in Westdeutschland (0,1 Prozentpunkte). Zwischen den einzelnen

---

[16] Mit einer Dauer von mehr als sechs Wochen.

Bundesländern gab es jedoch erhebliche Unterschiede im Krankenstand. Die höchsten Krankenstände waren 1999 in den Stadtstaaten Berlin (7,1%), Bremen (6,5%) und Hamburg (6,4%) zu verzeichnen. Die niedrigsten Krankenstände wiesen die Bundesländer Bayern (4,8%), Baden-Württemberg (4,8%) und Niedersachsen (5,0%) auf (Abb. 21.1.9).

Die hohen Krankenstände in den Stadtstaaten haben unterschiedliche Ursachen. Verantwortlich für den hohen Krankenstand in Berlin ist in erster Linie die lange Dauer der Arbeitsunfähigkeitsfälle. Diese lag 1999 in Berlin bei 15,9 Tagen; im Bundesdurchschnitt waren es lediglich 12,9 Tage (Abb. 21.1.10). In Bremen dagegen ist der hohe Krankenstand auf eine extrem hohe Zahl an Krankmeldungen zurückzuführen. Dort waren 1999 185,1 Arbeitsunfähigkeitsfälle je 100 AOK-Mitglieder zu ver-

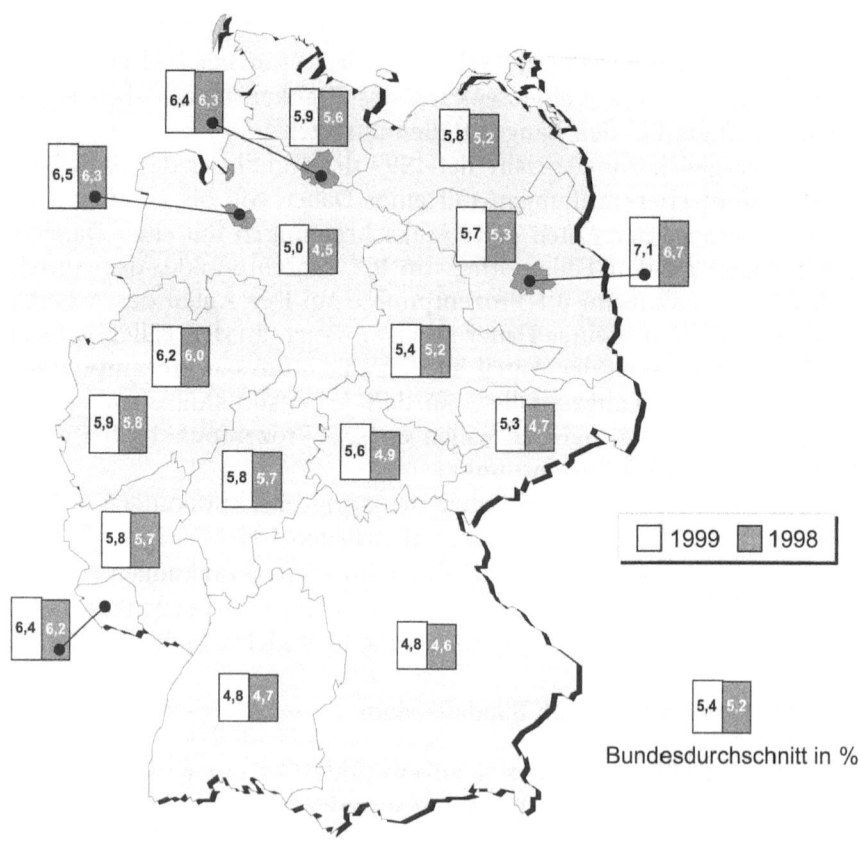

Abb. 21.1.9. Krankenstand nach Landes-AOKs im Vergleich zum Vorjahr

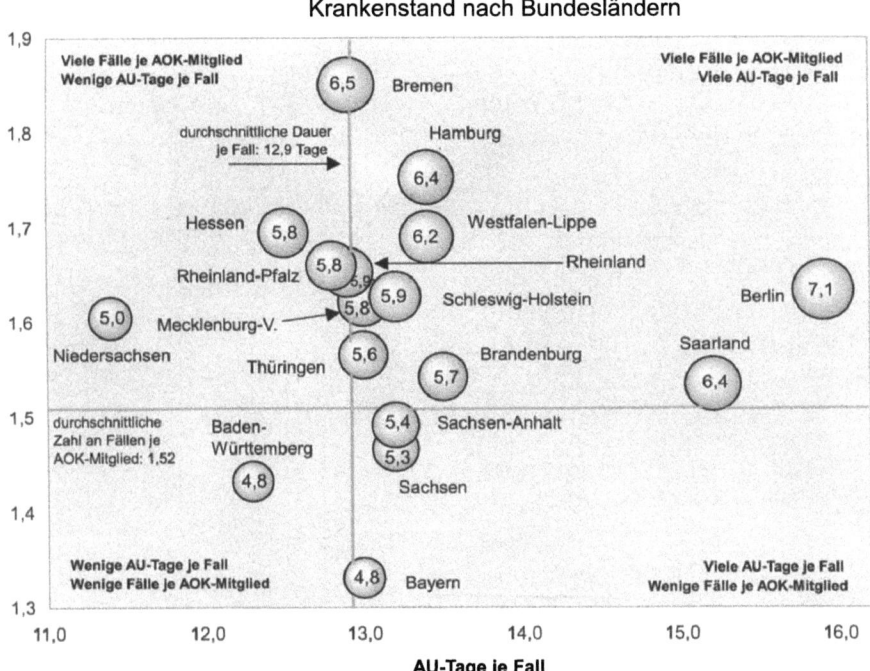

Abb. 21.1.10. Krankenstand nach Landes-AOKs: Bestimmungsfaktoren

zeichnen, im Bundesdurchschnitt waren es lediglich 152,5 Fälle. Die Dauer der Krankheitsfälle entsprach in Bremen dem Bundesdurchschnitt.

Im Vergleich zum Vorjahr ist die Zahl der Arbeitsunfähigkeitstage 1999 in allen Bundesländern angestiegen (Tabelle 21.1.4). Am stärksten nahm sie in Thüringen (12,8%) und Sachsen (12,6%) zu.

Die Zunahme der krankheitsbedingten Ausfallzeiten war auf eine erhöhte Zahl von Krankmeldungen zurückzuführen. Die durchschnittliche Dauer einer Krankmeldung ist dagegen mit Ausnahme von Niedersachsen in allen Bundesländern zurückgegangen.

21.1.7 Einfluss der Altersstruktur

Die Höhe des Krankenstandes hängt entscheidend vom Alter der Beschäftigten ab. Die Zahl der Arbeitsunfähigkeitstage nimmt mit steigendem Alter stark zu. Es ist daher sinnvoll, beim Vergleich der Krankenstände unterschiedlicher Branchen die Altersstruktur zu berücksichtigen. Mit Hilfe von Standardisierungsverfahren lässt sich berechnen, wie der Krankenstand in den unterschiedlichen Bereichen ausfiele, wenn man eine durchschnittliche Altersstruktur zugrunde legen würde. Abb. 21.1.11

Tabelle 21.1.4. Arbeitsunfähigkeit nach Landes-AOKs, 1999 im Vergleich zum Vorjahr

Landes-AOKs	Arbeitsunfähigkeiten je 100 AOK-Mitglieder				Tage je Fall 1999	Veränd. z. Vorj. (in %)
	AU-Fälle 1999	Veränd. z. Vorj. (in%)	AU-Tage 1999	Veränd. z. Vorj. (in %)		
Baden-Württemb.	143,3	6,9	1764,1	3,2	12,3	−3,9
Bayern	133,1	5,3	1734,5	3,2	13,0	−2,3
Berlin	163,4	10,2	2589,5	5,7	15,9	−3,6
Brandenburg	154,3	9,3	2087,1	7,7	13,5	−1,5
Bremen	185,1	4,8	2381,9	2,9	12,9	−1,5
Hamburg	175,3	6,9	2341,5	2,4	13,4	−4,3
Hessen	169,5	6,2	2123,0	2,1	12,5	−3,8
Mecklenb.-Vorp.	162,2	11,6	2101,3	10,3	13,0	−0,8
Niedersachsen	160,5	9,2	1829,2	10,4	11,4	0,9
Rheinland	165,3	4,2	2139,6	0,3	12,9	−3,7
Rheinland-Pfalz	166,0	7,7	2131,7	2,7	12,8	−5,2
Saarland	153,5	7,6	2336,4	3,8	15,2	−3,8
Sachsen	146,7	16,2	1930,9	12,6	13,2	−2,9
Sachsen-Anhalt	149,2	5,2	1974,4	4,6	13,2	−0,8
Schleswig-Holst.	162,7	8,1	2140,1	4,9	13,2	−2,9
Thüringen	156,6	15,7	2030,7	12,8	13,0	−2,3
Westfalen-Lippe	169,0	7,1	2263,0	3,0	13,4	−3,6
Bund	152,5	7,4	1962,4	4,3	12,9	−2,9

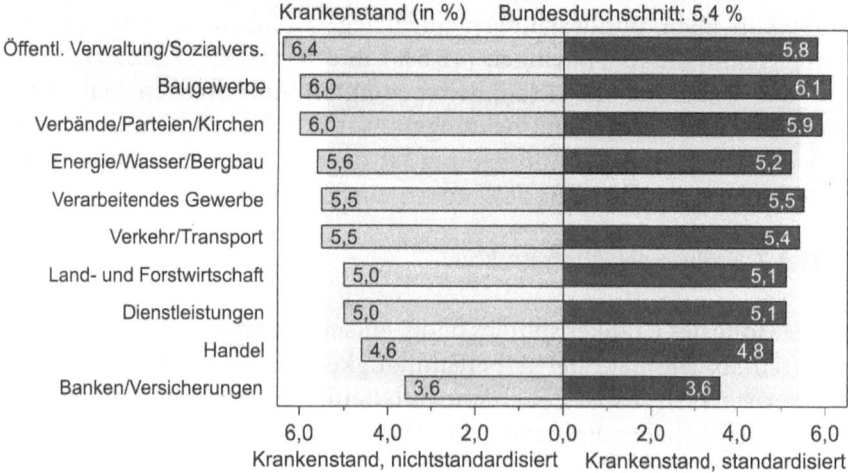

Abb. 21.1.11. Krankenstand nach Branchen, altersstandardisiert, 1999

zeigt die altersstandardisierten Werte für die einzelnen Wirtschaftszweige im Vergleich zu den nicht standardisierten Krankenständen[17].

In der öffentlichen Verwaltung, im Bereich Energie, Wasser, Bergbau, bei Verbänden, Parteien, Kirchen sowie im Bereich Verkehr und Transport fallen die standardisierten Werte niedriger aus als die nicht standardisierten. Insbesondere in der öffentlichen Verwaltung ist der hohe Krankenstand zu einem erheblichen Teil (0,6 Prozentpunkte) auf eine ungünstige Altersstruktur zurückzuführen. Im Handel, im Baugewerbe, in der Land- und Forstwirtschaft sowie im Dienstleistungsbereich dagegen ist es genau umgekehrt. Dort wären bei einer durchschnittlichen Altersstruktur etwas höhere Krankenstände zu erwarten. Die Banken und Versicherungen weisen, auch wenn man die Altersstruktur beim Vergleich der Krankenstände der verschiedenen Branchen berücksichtigt, den niedrigsten Krankenstand auf.

Abb. 21.1.12 zeigt die Abweichungen der altersstandardisierten Krankenstände vom Bundesdurchschnitt. Die höchsten Werte weist das Baugewerbe auf. Dort liegen die standardisierten Werte 14,1% über dem Durchschnitt. Die günstigsten Werte sind bei den Banken und Versicherungen zu verzeichnen. In diesem Bereich ist der standardisierte Krankenstand 32,7% niedriger als im Bundesdurchschnitt. Dies ist in erster Linie auf den hohen Angestelltenanteil in dieser Branche zurückzuführen (vgl. Kap. 21.1.9).

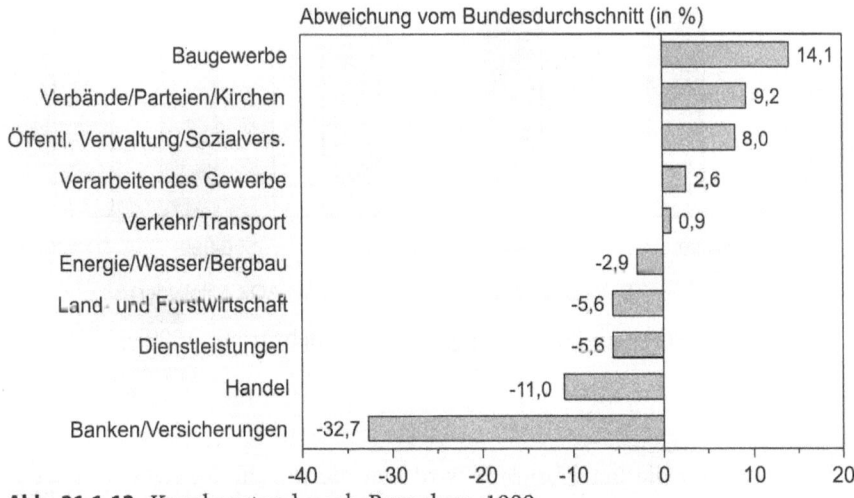

Abb. 21.1.12. Krankenstand nach Branchen, 1999

---

[17] Zugrunde gelegt wurde die Altersstruktur der AOK-Mitglieder insgesamt.

21.1.8 Krankenstand nach Betriebsgröße

Mit zunehmender Betriebsgröße steigt die Anzahl der krankheitsbedingten Fehltage. Während die Mitarbeiter von Betrieben mit 10–99 AOK-Mitgliedern 1999 durchschnittlich 19,9 Tage fehlten, fielen in Betrieben mit 1000 und mehr AOK-Mitgliedern pro Mitarbeiter 22,7 Fehltage an (Abb. 21.1.13).[18] Eine Untersuchung des Instituts der Deutschen Wirtschaft kam zu einem ähnlichen Ergebnis [7]. Mit Hilfe einer Regressionsanalyse konnte darüber hinaus nachgewiesen werden, dass der positive Zusammenhang zwischen Fehlzeiten und Betriebsgröße nicht auf andere Einflussfaktoren wie zum Beispiel die Beschäftigtenstruktur oder Schichtarbeit zurückzuführen ist, sondern unabhängig davon gilt.

Im Vergleich zum Vorjahr nahm die Zahl der Arbeitsunfähigkeitstage 1999 bei allen Betriebsgrößen zu (3,0–5,3%). Die stärkste Zunahme war bei Betrieben mit 200–999 AOK-Mitgliedern zu verzeichnen. Am geringsten stieg der Krankenstand bei Betrieben mit 1000 und mehr Mitarbeitern.

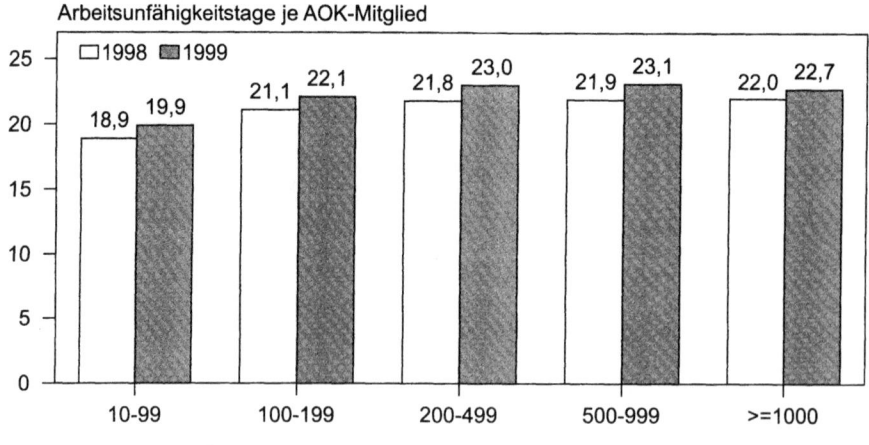

Abb. 21.1.13. Arbeitsunfähigkeitstage nach Betriebsgröße, 1999

---

[18] Als Maß für die Betriebsgröße wird hier die Anzahl der AOK-Mitglieder in den Betrieben zugrunde gelegt, die allerdings in der Regel nur einen Teil der gesamten Belegschaft ausmachen. Bei Betrieben mit weniger als 10 AOK-Mitgliedern, die in Abb. 21.1.13 nicht berücksichtigt wurden, lag die Zahl der Arbeitsunfähigkeitstage je AOK-Mitglied 1999 bei lediglich 13,4 Tagen.

21.1.9 Krankenstand nach Stellung im Beruf

Der Krankenstand variiert erheblich in Abhängigkeit von der beruflichen Stellung. Die höchsten krankheitsbedingten Fehlzeiten weisen Arbeiter auf (24,0 Tage je AOK-Mitglied), die niedrigsten Angestellte (13,4 Tage). Facharbeiter (20,3 Tage), Meister, Poliere (15,8 Tage) und Auszubildende (15,6 Tage) liegen hinsichtlich der Fehltage im Mittelfeld. Diese Rangfolge findet sich fast durchgängig in allen Branchen wieder.

Im Vergleich zum Vorjahr ist 1999 die Zahl der Arbeitsunfähigkeitstage in allen Gruppen gestiegen. Die stärkste Zunahme war bei den Facharbeitern zu verzeichnen (7,4%). Bei den Arbeitern nahm die Zahl der krankheitsbedingten Fehltage um 5,7%, bei den Angestellten um 5,5% zu (Abb. 21.1.14).

Worauf sind die erheblichen Unterschiede in der Höhe des Krankenstandes in Abhängigkeit von der beruflichen Stellung zurückzuführen? Zunächst muss berücksichtigt werden, dass Angestellte häufiger als Arbeiter bei Kurzerkrankungen von ein bis drei Tagen keine Arbeitsunfähigkeitsbescheinigung vorlegen müssen. Dies hat zur Folge, dass bei Angestellten die Kurzzeiterkrankungen in geringerem Maße von den Krankenkassen erfasst werden als bei Arbeitern. Dann ist zu bedenken, dass gleiche Krankheitsbilder je nach Art der beruflichen Anforderungen durchaus in einem Fall zur Arbeitsunfähigkeit führen können, im anderen Fall aber nicht. Bei schweren körperlichen Tätigkeiten, die im Bereich der industriellen Produktion immer noch

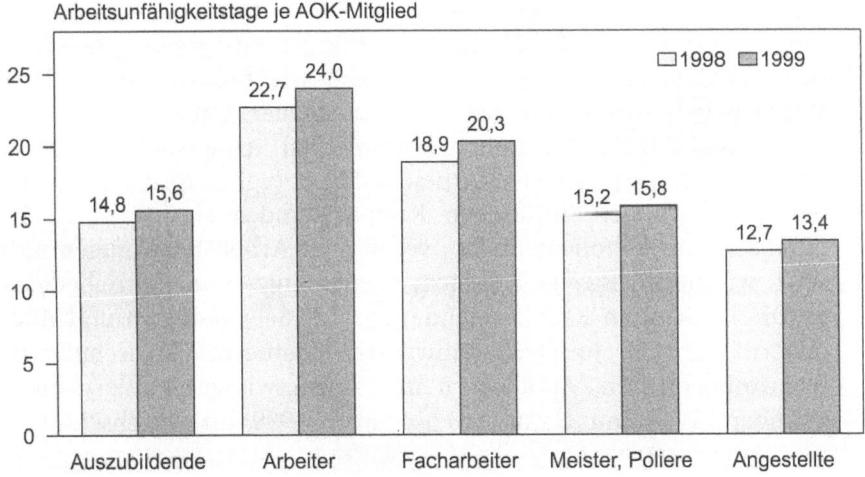

Abb. 21.1.14. Arbeitsunfähigkeitstage nach Stellung im Beruf, 1999 im Vergleich zum Vorjahr

eine große Rolle spielen, haben Erkrankungen viel eher Arbeitsunfähigkeit zur Folge als etwa bei Bürotätigkeiten. Hinzu kommt, dass sich die Tätigkeiten von gering qualifizierten Arbeitnehmern im Vergleich zu höher qualifizierten Beschäftigten in der Regel durch ein größeres Maß an physiologisch-ergonomischen Belastungen, eine höhere Unfallgefährdung und damit durch erhöhte Gesundheitsrisiken auszeichnen. Eine nicht unerhebliche Rolle dürfte schließlich auch die Tatsache spielen, dass in höheren Positionen das Ausmaß an Verantwortung, aber gleichzeitig auch der Handlungsspielraum und die Gestaltungsmöglichkeiten zunehmen. Dies führt zu größerer Motivation und stärkerer Identifikation mit der beruflichen Tätigkeit. Aufgrund dieser Tatsache ist in der Regel der Anteil motivationsbedingter Fehlzeiten bei höherem beruflichen Status geringer.

Nicht zuletzt muss berücksichtigt werden, dass sich das niedrigere Einkommensniveau bei Arbeitern ungünstig auf die außerberuflichen Lebensverhältnisse wie z.B. die Wohnsituation, die Ernährung und die Erholungsmöglichkeiten auswirkt. Untersuchungen haben auch gezeigt, dass bei einkommensschwachen Gruppen verhaltensbedingte gesundheitliche Risikofaktoren wie Rauchen, Bewegungsarmut und Übergewicht stärker ausgeprägt sind als bei Gruppen mit höheren Einkommen [5].

21.1.10 Krankenstand nach Berufsgruppen

Auch bei den einzelnen Berufsgruppen gibt es große Unterschiede in der Höhe des Krankenstandes (Abb. 21.1.15). Die Art der ausgeübten Tätigkeit hat erheblichen Einfluss auf das Ausmaß der krankheitsbedingten Fehlzeiten. Die höchsten Krankenstände weisen Berufsgruppen aus dem gewerblichen Bereich auf, wie beispielsweise Nieter[19], Waldarbeiter, Straßenreiniger und Gerüstbauer. Dabei handelt es sich häufig um Berufe mit hohen körperlichen Arbeitsbelastungen und überdurchschnittlich vielen Arbeitsunfällen (vgl. Kap. 21.1.12). Einige der Berufsgruppen mit hohen Krankenständen sind auch in überdurchschnittlich hohem Maße psychischen Arbeitsbelastungen ausgesetzt, wie beispielsweise Soldaten, Grenzschutz- und Polizeibedienstete. Die niedrigsten Krankenstände sind bei Selbständigen und Akademikern wie z.B. Juristen, Naturwissenschaftlern, Hochschullehrern, Elektroingenieuren, Apothekern und Geisteswissenschaftlern zu verzeichnen. Während Naturwissenschaftler 1999 im Durchschnitt nur

---

[19] Eine Berufsgruppe aus dem Bereich der metallverarbeitenden Industrie.

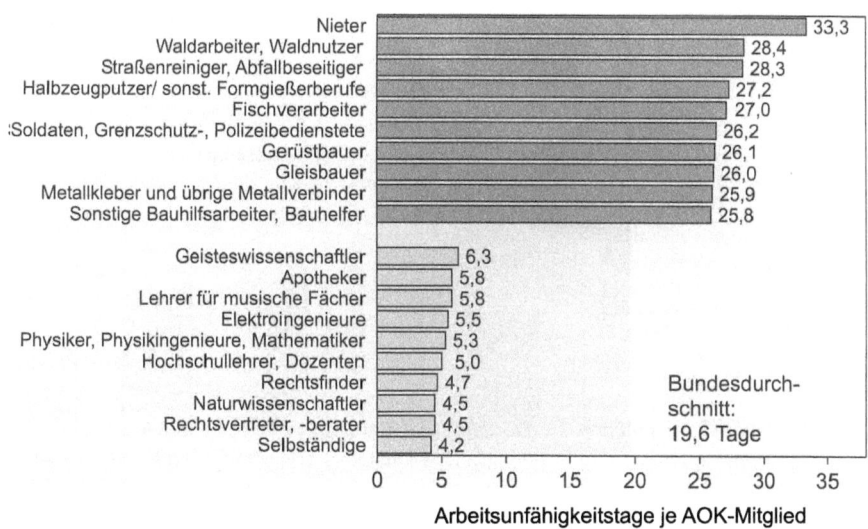

Abb. 21.1.15. 10 Berufsgruppen mit hohen und niedrigen Krankenständen, 1999

4,5 Tage krank geschrieben waren, waren es bei Nietern 33,3 Tage, also mehr als das Siebenfache.

Auch der Anteil der Beschäftigten, die von Arbeitsunfähigkeit betroffen sind, ist in den einzelnen Berufsgruppen unterschiedlich groß. Bei den darstellenden Künstlern meldeten sich 1999 nur 15,8% der AOK-Mitglieder mindestens einmal krank. Bei Soldaten, Grenzschutz- und Polizeibediensteten waren es dagegen 72,0%, also mehr als viermal soviel[20].

21.1.11 Krankenstand nach Wochentagen

Die meisten Krankschreibungen sind am Wochenanfang zu verzeichnen. Zum Wochenende hin nimmt die Zahl der Arbeitsunfähigkeitsmeldungen kontinuierlich ab. 1999 entfiel ein Drittel (34,1%) der wöchentlichen Krankmeldungen auf den Montag. In den einzelnen Branchen schwankte der Anteil der Arbeitsunfähigkeitsmeldungen an diesem Wochentag zwischen 36,3% (Baugewerbe) und 32,6% (Dienstleistungen).

Bei der Bewertung der gehäuften Krankmeldungen am Montag muss allerdings berücksichtigt werden, dass der Arzt am Wochenende in der Regel nur in Notfällen aufgesucht wird, da die meisten Praxen geschlossen sind. Deshalb erfolgt die Krankschreibung für Erkrankungen, die am Wochenende bereits begannen, in den meisten Fällen erst am Wo-

---

[20] Berücksichtigt wurden nur die der AOK gemeldeten Arbeitsunfähigkeitsfälle.

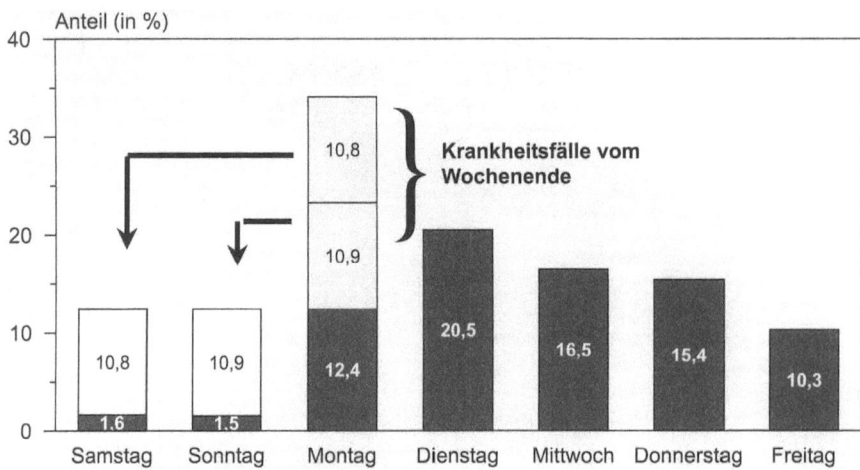

Abb. 21.1.16. Arbeitsunfähigkeitsfälle nach AU-Beginn, 1999

chenanfang. Insofern sind in den Krankmeldungen vom Montag auch die Krankheitsfälle vom Wochenende mitenthalten (Abb. 21.1.16). Die Verteilung der Krankmeldungen auf die Wochentage ist also in erster Linie durch die ärztlichen Sprechstunden bedingt [3]. Dies wird häufig in der Diskussion um den „blauen Montag" nicht bedacht.

Geht man davon aus, dass die Wahrscheinlichkeit zu erkranken an allen Wochentagen gleich hoch ist und verteilt die Arbeitsunfähigkeitsmeldungen vom Samstag, Sonntag und Montag gleichmäßig auf diese drei Tage, beginnen am Montag – „wochenendbereinigt" – nur noch 12,4% der Krankheitsfälle. Danach ist der Montag nach dem Freitag (10,3%) der Wochentag mit der geringsten Zahl an Krankmeldungen.

Das Ende der Arbeitswoche wird von der Mehrheit der Ärzte als Ende der Krankschreibung bevorzugt. 1999 endeten 48,1% der Arbeitsunfähigkeitsfälle am Freitag. Nach dem Freitag ist der Mittwoch der Wochentag, an dem die meisten Krankmeldungen (13,5%) abgeschlossen sind.

Da meist bis Mittwoch oder Freitag krankgeschrieben wird, nimmt der Krankenstand zum Wochenende hin kontinuierlich zu und erreicht seinen Höchststand am Donnerstag und Freitag (Abb. 21.1.17). Daraus abzuleiten, dass am Freitag besonders gerne „krank gefeiert" wird, um das Wochenende auf Kosten des Arbeitgebers zu verlängern, erscheint wenig plausibel, insbesondere wenn man bedenkt, dass der Freitag der Werktag mit den wenigsten Krankmeldungen ist.

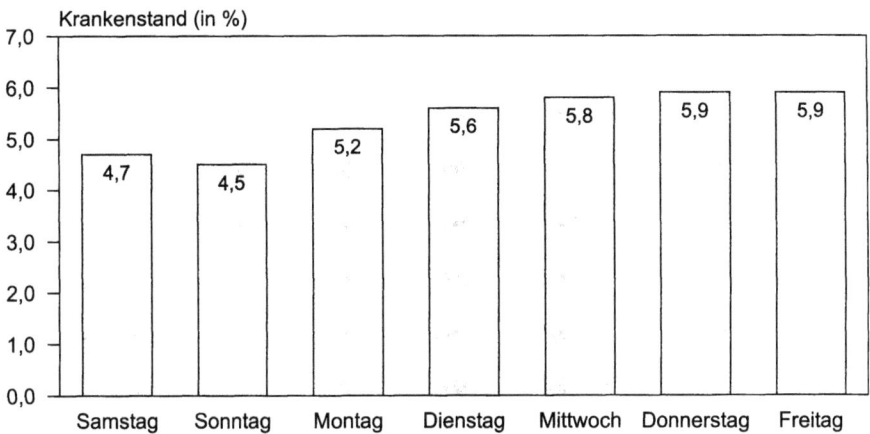

Abb. 21.1.17. Krankenstand nach Wochentagen, 1999

21.1.12 Arbeitsunfälle

1999 waren 5,8% der Arbeitsunfähigkeitsfälle auf Arbeitsunfälle zurückzuführen. Diese waren für 7,6% der Arbeitsunfähigkeitstage verantwortlich. Bezogen auf 1000 AOK-Mitglieder waren 88,8 Arbeitsunfälle mit einem Arbeitsunfähigkeitsvolumen von 1489 Tagen zu verzeichnen. Die durchschnittliche Falldauer eines Arbeitsunfalls betrug 16,8 Tage. Im Vergleich zum Vorjahr waren die Zahl der Arbeitsunfälle und die darauf zurückgehenden Fehlzeiten rückläufig (1998: 90,8 Fälle und 1521 Tage je 1000 AOK-Mgl.). Die durchschnittliche Dauer der unfallbedingten Arbeitsunfähigkeitsfälle blieb unverändert.

In kleineren Betrieben kommt es wesentlich häufiger zu Arbeitsunfällen als in größeren Betrieben (Abb. 21.1.18)[21]. Die Unfallquote lag 1999 in Betrieben mit 10–49 AOK-Mitgliedern um 78,8% höher als in Betrieben mit 1000 und mehr AOK-Mitgliedern. Auch die durchschnittliche Dauer einer unfallbedingten Arbeitsunfähigkeit ist in kleineren Betrieben deutlich höher als in größeren Betrieben, was darauf hindeutet, dass dort häufiger schwere Unfälle passieren. Während ein Arbeitsunfall in einem Betrieb mit 10–49 AOK-Mitgliedern durchschnittlich 17,4 Tage dauerte, waren es in Betrieben mit 1000 und mehr AOK-Mitgliedern lediglich 16,3 Tage.

In den einzelnen Wirtschaftszweigen variiert die Zahl der Arbeitsunfälle erheblich, die meisten sind im Baugewerbe zu verzeichnen

---

[21] Als Maß für die Betriebsgröße wird hier die Anzahl der AOK-Mitglieder in den Betrieben zugrunde gelegt, die allerdings in der Regel nur einen Teil der gesamten Belegschaft ausmachen (vgl. Kap. 21.1.8).

(Abb. 21.1.19). Dort lag diese Zahl 1999 mehr als neunmal so hoch wie im Bereich Banken und Versicherungen. Mehr als jeder zehnte Krankheitsfall (10,7%) ging im Baugewerbe auf einen Arbeitsunfall zurück. Der Anteil der Arbeitsunfälle am Krankenstand betrug 14,3%. Ohne die arbeitsbedingten Unfälle wäre der Krankenstand im Baugewerbe (6,0%) um 0,8 Prozentpunkte niedriger. Besonders häufig kam es zu Arbeitsunfällen im Bereich Zimmerei und Dachdeckerei (14,3% der Fälle). Dort ging mehr als jeder fünfte krankheitsbedingte Ausfall-

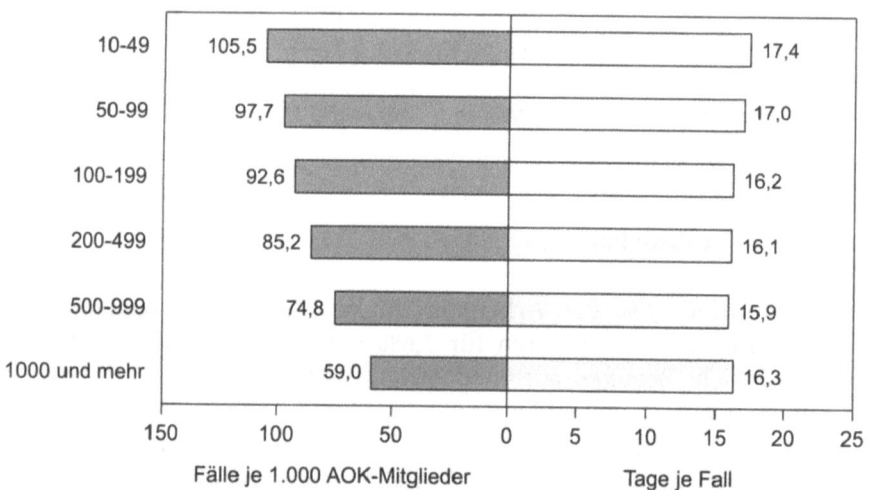

Abb. 21.1.18. Arbeitsunfälle nach Betriebsgröße, 1999

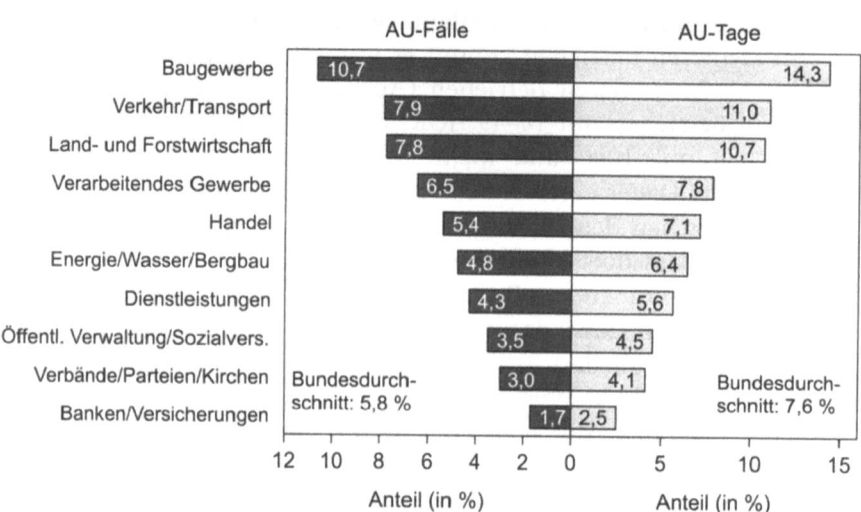

Abb. 21.1.19. Arbeitsunfälle nach Branchen, 1999

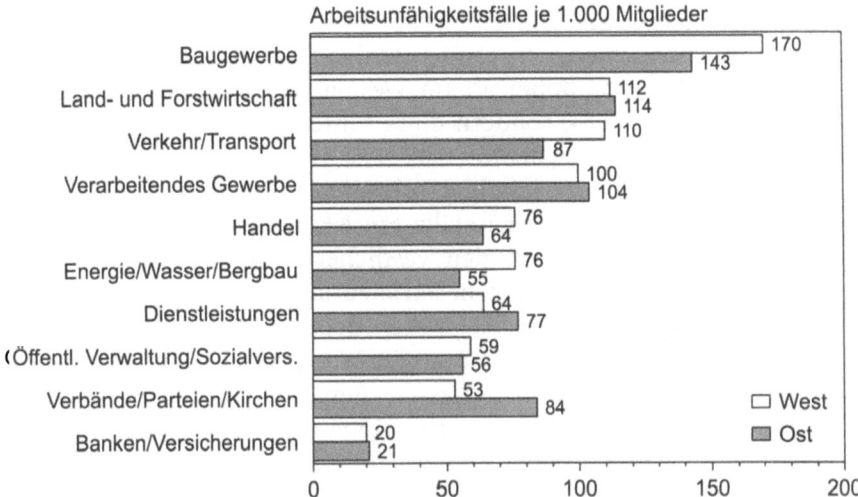

Abb. 21.1.20. Arbeitsunfälle nach Branchen in West- und Ostdeutschland, 1999

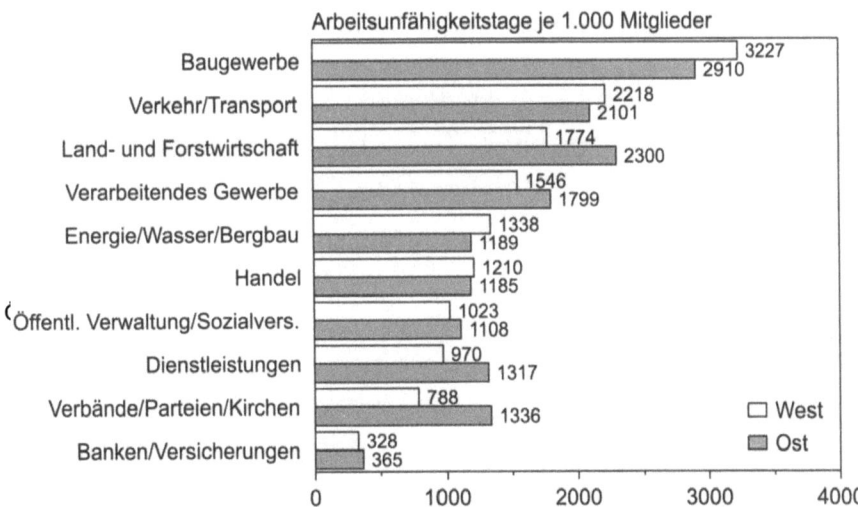

Abb. 21.1.21. Fehlzeiten durch Arbeitsunfälle nach Branchen in West- und Ostdeutschland, 1999

tag (20,4%) auf Arbeitsunfälle zurück. Neben dem Baugewerbe waren auch im Bereich Verkehr und Transport (7,9% der Fälle), in der Land- und Forstwirtschaft (7,8% der Fälle) sowie dem verarbeitenden Gewerbe (6,5% der Fälle) überdurchschnittlich viele Arbeitsunfälle zu verzeichnen. Am wenigsten traten auf bei den Banken und Versicherungen (1,7% der Fälle), bei Verbänden, Parteien und Kirchen (3,0% der Fälle) sowie in der öffentlichen Verwaltung (3,5% der Fälle).

Bei den Arbeitsunfällen gibt es zwischen West- und Ostdeutschland deutliche Unterschiede. In Ostdeutschland ist nicht nur die Zahl der Arbeitsunfälle etwas höher als im Westen (Fälle je 1000 AOK-Mitglieder Ost: 91; West: 88), sondern diese führen auch zu längeren Ausfallzeiten als in Westdeutschland (Ost: 18,8; West: 16,4), was ein Indiz dafür ist, dass sich dort häufiger schwere Unfälle ereignen. Daher ist auch der Anteil der Arbeitsunfälle am Krankenstand in den östlichen Bundesländern höher als in den westlichen (Ost: 8,5%; West: 7,4%).

Insbesondere bei Verbänden, Parteien und Kirchen (58,5%) und im Dienstleistungsbereich (20,3%) waren deutlich mehr Arbeitsunfälle in Ostdeutschland zu verzeichnen als in Westdeutschland (Abb. 21.1.20). In den Bereichen Energie, Wasser, Bergbau (27,6%), Verkehr und Transport (20,9%), im Baugewerbe (15,9%) sowie im Handel (15,8%) fielen dagegen in den alten Bundesländern mehr Arbeitsunfälle an als in den neuen (Abb. 21.1.21).

Tabelle 21.1.5. Arbeitsunfähigkeitstage durch Arbeitsunfälle nach Berufsgruppen, 1999

Tätigkeit	AU-Tage je 100 AOK-Mitglieder
Artisten, Berufssportler, künstlerische Hilfsberufe	5815
Gerüstbauer	5532
Dachdecker	4413
Zimmerer	4368
Betonbauer	4317
Waldarbeiter, Waldnutzer	4222
Gleisbauer	3896
Sprengmeister (außer Schießhauer)	3632
Erden-, Kies-, Sandgewinner	3419
Maurer	3358
Formstein-, Betonhersteller	3304
Metallzieher	3289
Kranführer	3288
Halbzeugputzer und sonstige Formgießerberufe	3276
Sonstige Bauhilfsarbeiter, Bauhelfer	3269
Glaser	3254
Stahlbauschlosser, Eisenschiffbauer	3249
Melker	3234
Steinbrecher	3208
Sonstige Tiefbauer	3196
Bauhilfsarbeiter	3127
Stellmacher, Böttcher	3106
Binnenschiffer	3049
Stauer, Möbelpacker	3002
Industriemechaniker/innen	2990

Tabelle 21.1.5 zeigt die Berufsgruppen, die in besonderem Maße von arbeitsbedingten Unfällen betroffen sind. Spitzenreiter sind Artisten und Berufssportler (5815 AU-Tage je 1000 AOK-Mitglieder), Gerüstbauer (5532 AU-Tage je 1000 AOK-Mitglieder) und Dachdecker (4413 AU-Tage je 1000 AOK-Mitglieder).

21.1.13 Krankheitsarten im Überblick

Das Krankheitsgeschehen wurde 1999 wie auch bereits in den Vorjahren im wesentlichen von sechs großen Krankheitsgruppen bestimmt: Atemwegserkrankungen, Muskel- und Skeletterkrankungen, Verletzungen, Erkrankungen der Verdauungsorgane, Herz-/Kreislauferkrankungen und psychiatrische Erkrankungen (Abb. 21.1.22). 76,6% der Arbeitsunfähigkeitsfälle und 77,4% der Arbeitsunfähigkeitstage gingen auf das Konto dieser sechs Krankheitsarten. Der Rest verteilte sich auf sonstige Krankheitsgruppen.

Der häufigste Anlass für Krankschreibungen waren Atemwegserkrankungen. 1999 ging mehr als jeder vierte Arbeitsunfähigkeitsfall (26,0%) auf diese Krankheitsart zurück. Aufgrund einer relativ geringen durchschnittlichen Erkrankungsdauer betrug der Anteil der Atemwegserkrankungen am Krankenstand allerdings nur 15,4%. Die meisten Arbeitsunfähigkeitstage wurden durch Muskel- und Skeletterkrankungen verursacht, die häufig mit langen Ausfallzeiten verbunden sind. Allein auf diese Krankheitsart waren 1999 bereits 26,9% der Ar-

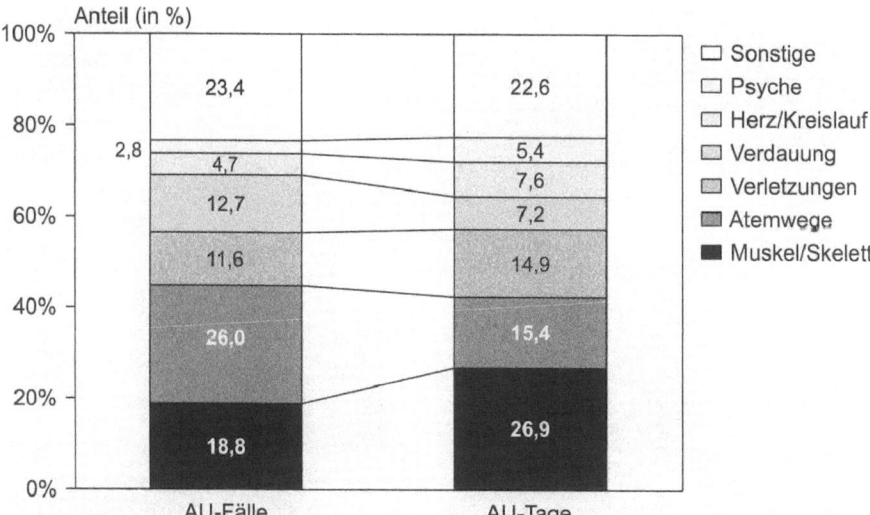

Abb. 21.1.22. Arbeitsunfähigkeit nach Krankheitsarten, 1999

beitsunfähigkeitstage zurückzuführen, obwohl sie nur für 18,8% der Arbeitsunfähigkeitsfälle verantwortlich war.

Gegenüber dem Vorjahr hat insbesondere der Anteil der auf Atemwegserkrankungen zurückgehenden Arbeitsunfähigkeitstage deutlich zugenommen (1,1 Prozentpunkte). Dies ist auf die ausgeprägte Grippewelle im ersten Quartal des Jahres zurückzuführen. Geringfügig stiegen auch die Anteile der auf Muskel- und Skeletterkrankungen (0,1 Prozentpunkte) und psychiatrische Erkrankungen (0,1 Prozentpunkte) zurückgehenden Arbeitsunfähigkeitstage. Dagegen ist der Anteil der Verletzungen (-0,7 Prozentpunkte), der Herz-/Kreislauferkrankungen (-0,4 Prozentpunkte) und der Erkrankungen der Verdauungsorgane (-0,2 Prozentpunkte) zurückgegangen (Abb. 21.1.23).

Zwischen West- und Ostdeutschland sind nach wie vor deutliche Unterschiede in der Verteilung der Krankheitsarten festzustellen (Abb. 21.1.24). In den westlichen Ländern verursachten insbesondere Muskel-, Skelett- (4,3 Prozentpunkte) und psychiatrische Erkrankungen (1,4 Prozentpunkte) deutlich mehr Fehltage als in den neuen Bundesländern. In Ostdeutschland dagegen ging ein höherer Anteil an Ausfalltagen auf das Konto von Verletzungen (1,9 Prozentpunkte), Atemwegserkrankungen (1,8 Prozentpunkte), Herz-/Kreislauferkrankungen (1,4 Prozentpunkte) und Erkrankungen der Verdauungsorgane (0,8 Prozentpunkte).

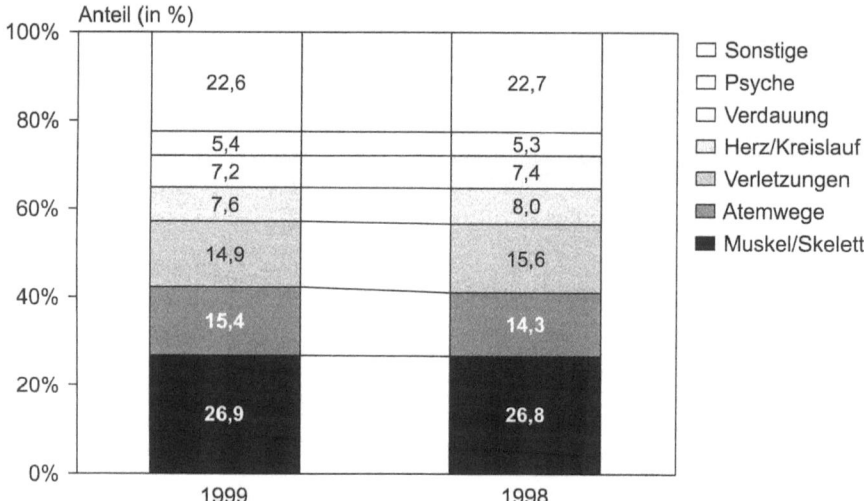

Abb. 21.1.23. Arbeitsunfähigkeitstage nach Krankheitsarten, 1999 im Vergleich zum Vorjahr

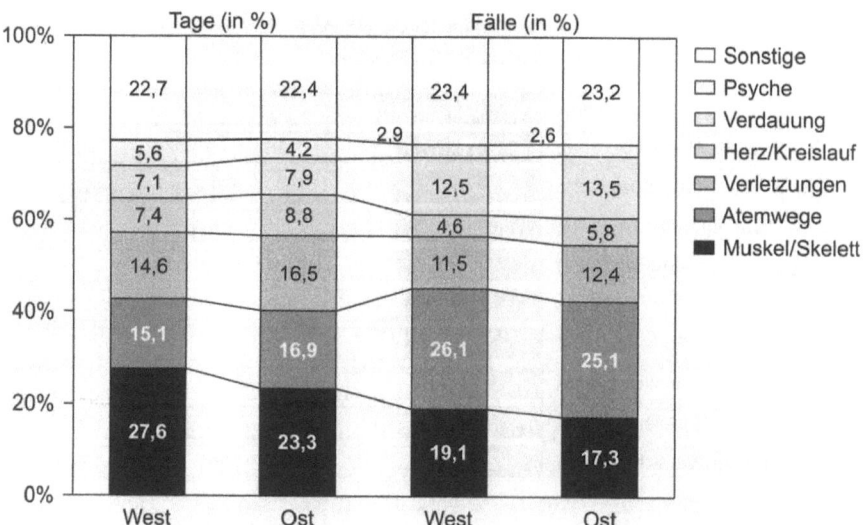

Abb. 21.1.24. Arbeitsunfähigkeit nach Krankheitsarten in West- und Ostdeutschland, 1999

21.1.14 Krankheitsarten nach Branchen

Bei der Verteilung der Krankheitsarten bestehen erhebliche Unterschiede zwischen den Branchen, die im Folgenden für die wichtigsten Krankheitsgruppen aufgezeigt werden.

Muskel- und Skeletterkrankungen

Die Muskel- und Skeletterkrankungen verursachen in allen Branchen anteilmäßig die meisten Fehltage (Abb. 21.1.25). Ihr Anteil an den Arbeitsunfähigkeitstagen bewegte sich in den einzelnen Branchen zwischen 21% bei den Banken und Versicherungen und 31% im Baugewerbe. In Wirtschaftszweigen mit überdurchschnittlich hohen Krankenständen sind in der Regel die muskulo-skeletalen Erkrankungen besonders ausgeprägt und tragen wesentlich zu den erhöhten Fehlzeiten bei.

Abbildung 21.1.26 zeigt die Anzahl und durchschnittliche Dauer der Krankmeldungen aufgrund von Muskel- und Skeletterkrankungen in den einzelnen Branchen. Mit Abstand die meisten Arbeitsunfähigkeitsfälle waren in der öffentlichen Verwaltung zu verzeichnen, mehr als doppelt so viele wie bei den Banken und Versicherungen, wo die Zahl der Krankheitsfälle am niedrigsten ausfiel. Dies ist zu einem großen Teil auf den im Vergleich zur freien Wirtschaft höheren Anteil an älteren, chronisch kranken und schwerbehinderten Mitarbeitern

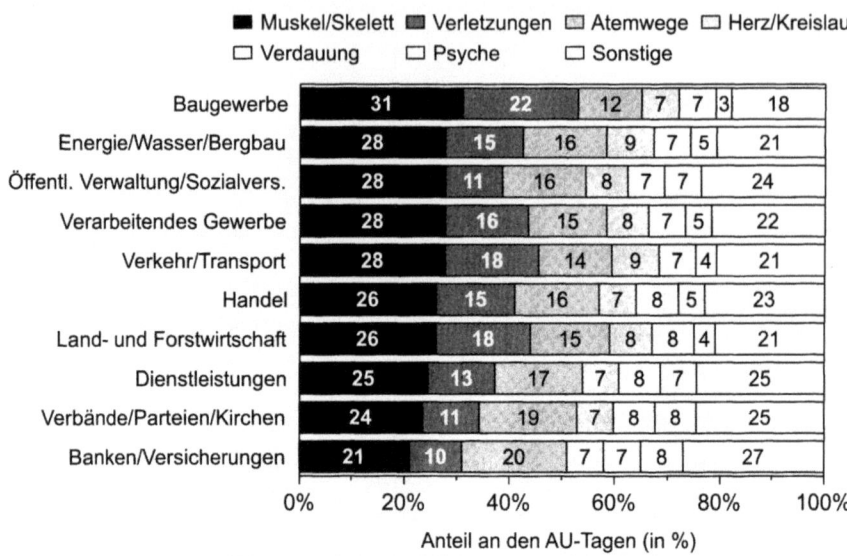

Abb. 21.1.25. Arbeitsunfähigkeitstage nach Branchen und Krankheitsarten, 1999

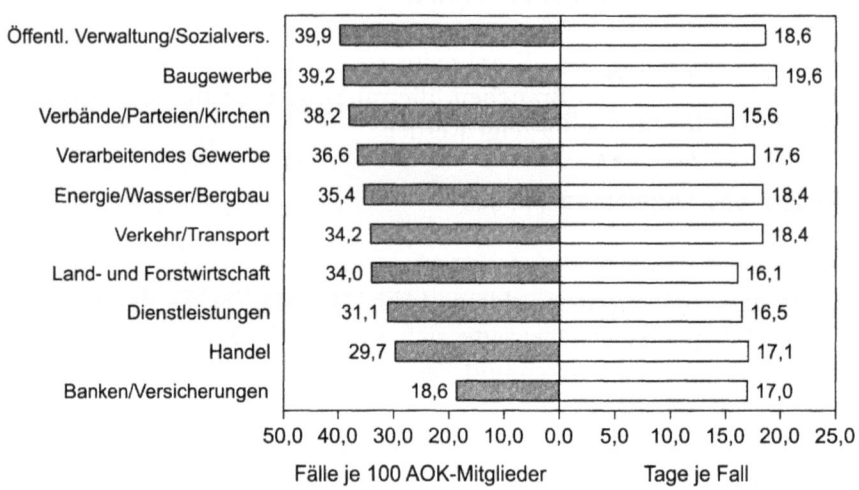

Abb. 21.1.26. Muskel- und Skeletterkrankungen nach Branchen, 1999

zurückzuführen. Überdurchschnittlich hoch war die Anzahl der Fälle auch im Baugewerbe, bei Parteien, Verbänden und Kirchen, im verarbeitenden Gewerbe und im Bereich Energie, Wasser, Bergbau.

Die muskulo-skeletalen Erkrankungen sind häufig mit langen Ausfallzeiten verbunden. Die mittlere Dauer der Krankmeldungen schwankte 1999 in den Branchen zwischen 15,6 Tagen bei Parteien, Verbänden und Kirchen und 19,6 Tagen im Baugewerbe. Im Branchendurchschnitt lag sie bei 17,5 Tagen.

Atemwegserkrankungen

Der Anteil der Atemwegserkrankungen an den Arbeitsunfähigkeitsfällen ist am höchsten bei den Banken und Versicherungen (33%), am niedrigsten im Baugewerbe (23%). Aufgrund einer großen Anzahl an Bagatellfällen ist jedoch die durchschnittliche Erkrankungsdauer bei dieser Krankheitsart relativ gering. Im Branchendurchschnitt liegt sie bei 7,3 Tagen. In den einzelnen Branchen bewegte sie sich 1999 zwischen 6,3 und 8,1 Tagen. Daher ist der Anteil der Atemwegserkrankungen an den Arbeitsunfähigkeitstagen bei weitem nicht so hoch, wie man zunächst aufgrund der Vielzahl der Fälle annehmen würde. Er variierte 1999 in den einzelnen Branchen zwischen 12% im Baugewerbe und 20% bei Banken und Versicherungen.

In absoluten Zahlen sind mit Abstand am meisten Erkrankungsfälle bei Parteien, Verbänden und Kirchen zu verzeichnen. Überdurchschnittlich viele Fälle fielen auch in der öffentlichen Verwaltung, im Dienstleistungsbereich und im verarbeitenden Gewerbe an (Abb. 21.1.27).

Verletzungen

Der Anteil der Verletzungen an den Arbeitsunfähigkeitstagen variiert sehr stark zwischen den einzelnen Branchen. Am höchsten ist er in

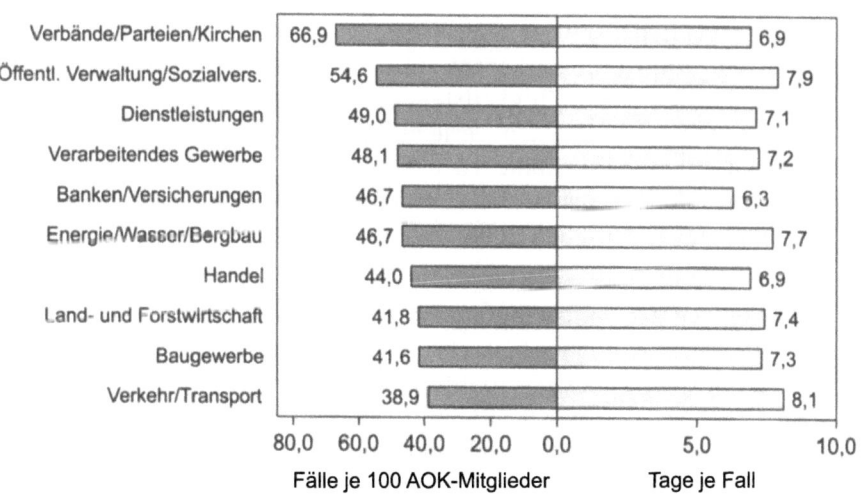

Abb. 21.1.27. Atemwegserkrankungen nach Branchen, 1999

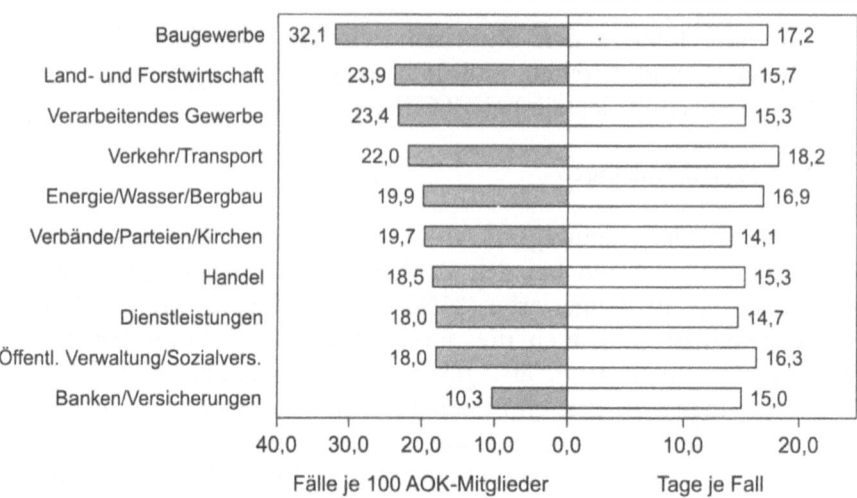

Abb. 21.1.28. Verletzungen nach Branchen, 1999

Branchen mit vielen Arbeitsunfällen. 1999 bewegte er sich zwischen 10% bei den Banken und Versicherungen und 22% im Baugewerbe. Überdurchschnittlich viele Verletzungsfälle waren im Baugewerbe, in der Land- und Forstwirtschaft, im verarbeitenden Gewerbe sowie im Bereich Verkehr und Transport zu verzeichnen. Spitzenreiter bei den Verletzungen ist das Baugewerbe. Dort war die Zahl der Fälle mehr als dreimal so hoch wie bei Banken und Versicherungen. Die Dauer der verletzungsbedingten Krankmeldungen schwankte in den einzelnen Branchen zwischen 14,1 Tagen bei Parteien, Verbänden und Kirchen und 18,2 Tagen im Bereich Verkehr und Transport (Abb. 21.1.28).

Ein erheblicher Teil der Verletzungen ist auf Arbeitsunfälle zurückzuführen. Im Branchendurchschnitt sind für 41% der verletzungsbedingten Arbeitsunfähigkeitstage Arbeitsunfälle verantwortlich. Im Baugewerbe gehen bei den Verletzungen sogar mehr als die Hälfte der Fehltage auf Arbeitsunfälle zurück (Abb. 21.1.29). Am niedrigsten ist der Anteil der Arbeitsunfälle bei den Banken und Versicherungen. Dort beträgt er lediglich 20%.

Erkrankungen der Verdauungsorgane

Auf Erkrankungen der Verdauungsorgane gingen 1999 in den einzelnen Branchen zwischen 12 und 13% der Arbeitsunfähigkeitsfälle zurück. Der Anteil an den Arbeitsunfähigkeitstagen schwankte zwischen 7 und 8%. Ebenso wie bei den Atemwegserkrankungen sind die meisten Erkrankungsfälle bei Parteien, Verbänden und Kirchen zu

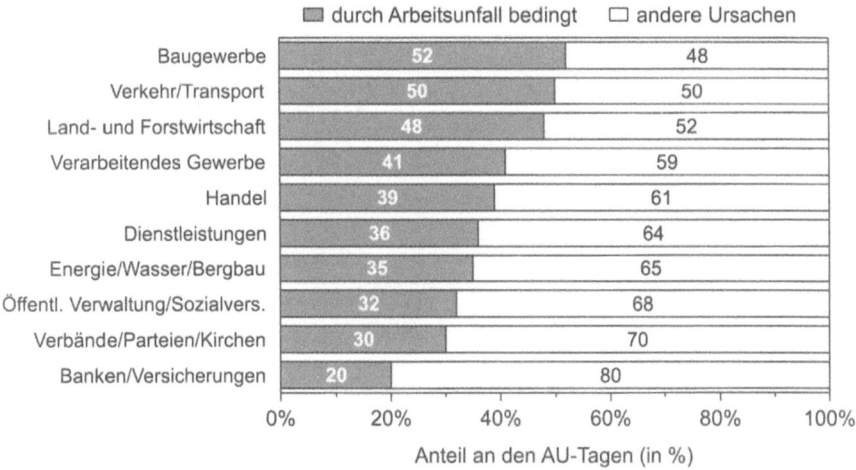

Abb. 21.1.29. Anteil der Arbeitsunfälle an den Verletzungen nach Branchen, 1999

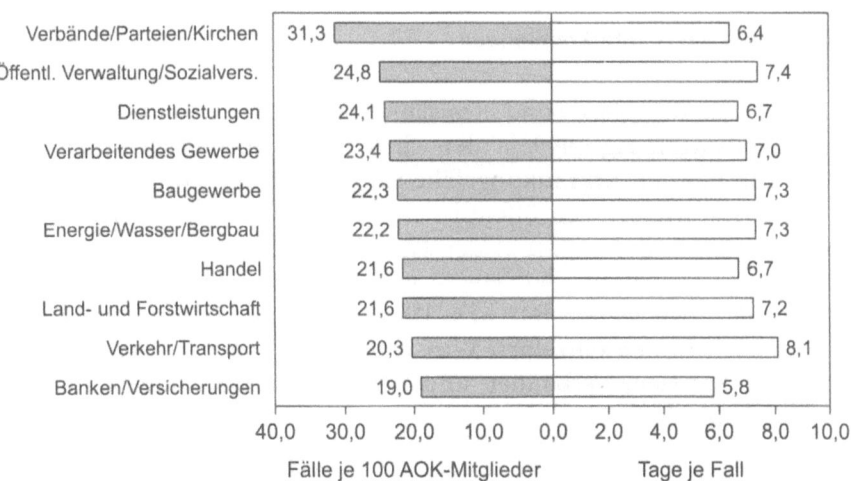

Abb. 21.1.30. Erkrankungen der Verdauungsorgane nach Branchen, 1999

verzeichnen. Überdurchschnittlich viele Fälle wurden auch in der öffentlichen Verwaltung und im Dienstleistungsbereich gemeldet. Am niedrigsten war die Zahl der Arbeitsunfähigkeitsfälle bei den Banken und Versicherungen. Die Dauer der Fälle betrug im Branchendurchschnitt 7,0 Tage. In den einzelnen Branchen bewegte sie sich zwischen 5,8 und 8,1 Tagen (Abb. 21.1.30).

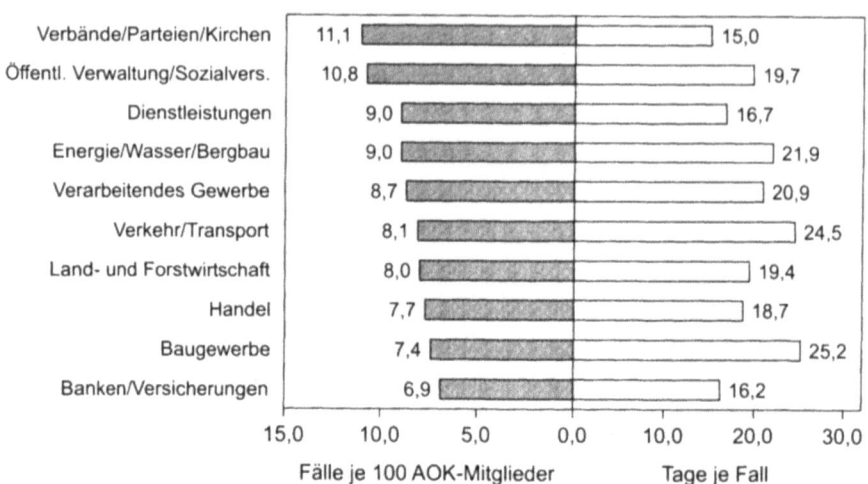

Abb. 21.1.31. Herz- und Kreislauferkrankungen nach Branchen, 1999

Herz- und Kreislauferkrankungen

Der Anteil der Herz- und Kreislauferkrankungen an den Arbeitsunfähigkeitstagen lag 1999 in den einzelnen Branchen zwischen 7 und 9%. Die meisten Erkrankungsfälle waren bei Parteien, Verbänden und Kirchen sowie in der öffentlichen Verwaltung zu verzeichnen. Am niedrigsten war die Anzahl der Fälle bei den Beschäftigten von Banken und Versicherungen. Herz- und Kreislauferkrankungen bringen oft lange Ausfallzeiten mit sich. Die Dauer eines Erkrankungsfalls bewegte sich in den einzelnen Wirtschaftsabteilungen zwischen 15,0 Tagen bei Parteien, Verbänden und Kirchen und 25,2 Tagen im Baugewerbe (Abb. 21.1.31).

Psychiatrische Erkrankungen

Der Anteil der psychiatrischen Erkrankungen an den krankheitsbedingten Fehlzeiten schwankte in den einzelnen Branchen zwischen 3% im Baugewerbe und 8% bei Verbänden, Parteien und Kirchen sowie Banken und Versicherungen. Die meisten Erkrankungsfälle sind im tertiären Bereich zu verzeichnen. Spitzenreiter sind Verbände, Parteien und Kirchen, gefolgt von der öffentlichen Verwaltung und dem Dienstleistungsbereich. Die durchschnittliche Dauer der Arbeitsunfähigkeitsfälle bewegte sich in den einzelnen Branchen zwischen 20,6 und 26,1 Tagen (Abb. 21.1.32).

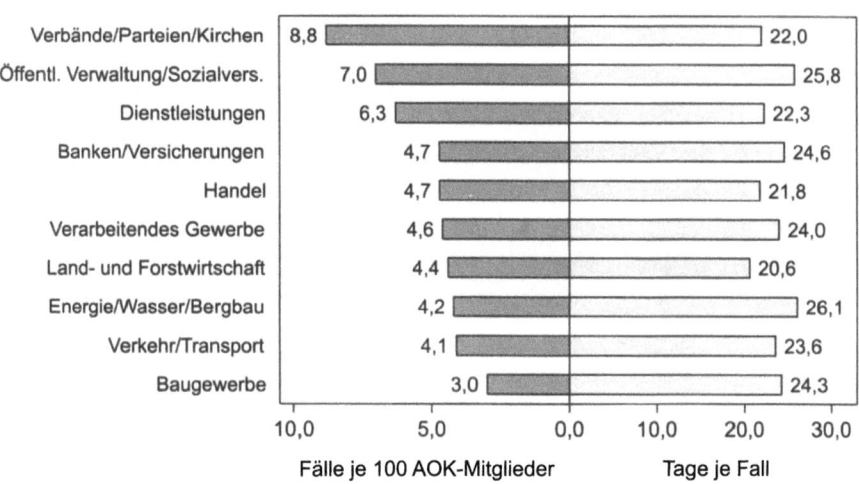

Abb. 21.1.32. Psychiatrische Erkrankungen nach Branchen, 1999

21.1.15 Langzeitfälle nach Krankheitsarten

Langzeitarbeitsunfähigkeit mit einer Dauer von mehr als sechs Wochen stellt sowohl für die Betroffenen als auch für die Unternehmen und Krankenkassen eine besondere Belastung dar. Daher kommt der Prävention der Erkrankungen, die zu derart langen Ausfallzeiten führen, eine spezielle Bedeutung zu.

Abb. 21.1.33 zeigt, welche Krankheitsarten für die Langzeitfälle verantwortlich sind. Ebenso wie im Arbeitsunfähigkeitsgeschehen insgesamt spielen auch hier die Muskel- und Skeletterkrankungen und Verletzungen eine entscheidende Rolle. Auf diese beiden Krankheitsarten gehen bereits 43% der Langzeitfälle zurück. An dritter und vierter Stelle stehen die Herz-/Kreislauferkrankungen und die psychiatrischen Erkrankungen. Auf sie sind zusammen etwa ein Fünftel der Langzeitfälle zurückzuführen. Der Rest verteilt sich auf sonstige Krankheitsarten. Neubildungen, zu denen auch bösartige Krebserkrankungen gehören, haben – anders als häufig angenommen – nur einen relativ geringen Anteil (5% der Fälle) an den Langzeiterkrankungen.

Auch in den einzelnen Wirtschaftsabteilungen geht die Mehrzahl der durch Langzeitfälle bedingten Arbeitsunfähigkeitstage auf die o.g. Krankheitsarten zurück (Abb. 21.1.34). Der Anteil der muskulo-skeletalen Erkrankungen ist am höchsten im Baugewerbe (37%) sowie im Bereich der öffentlichen Verwaltung (35%). Bei den Verletzungen werden die höchsten Werte ebenfalls im Baugewerbe erreicht (26%). Der Anteil der Herz-/Kreislauferkrankungen ist am ausgeprägtesten in den Berei-

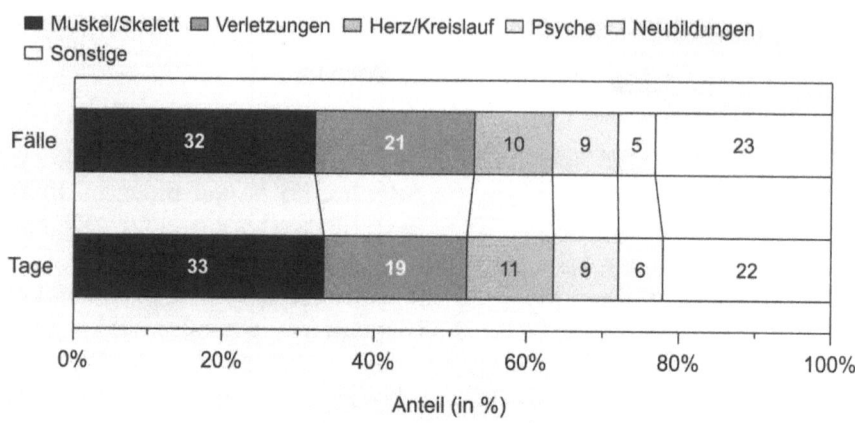

Abb. 21.1.33. Langzeit-Arbeitsunfähigkeit (>6 Wochen) nach Krankheitsarten, 1999

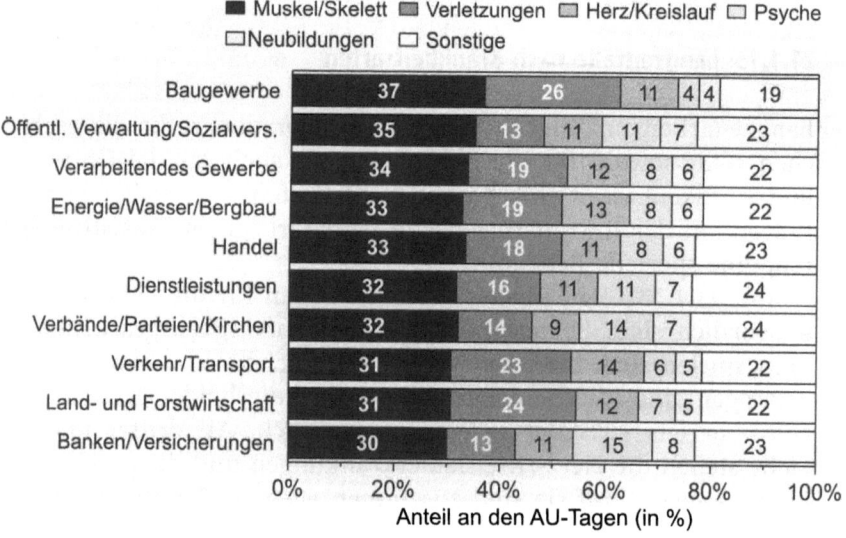

Abb. 21.1.34. Langzeit-Arbeitsunfähigkeit nach Branchen und Krankheitsarten, 1999

chen Verkehr und Transport (14%) sowie Energie, Wasser und Bergbau (13%). Die psychiatrischen Erkrankungen verursachen bezogen auf die Langzeiterkrankungen die meisten Ausfalltage bei Banken und Versicherungen (15%) sowie Verbänden, Parteien und Kirchen (14%).

21.1.16 Krankheitsarten nach Diagnose-Untergruppen

Muskel- und Skeletterkrankungen

Bei den Muskel- und Skeletterkrankungen dominieren die Rückenerkrankungen (Abb. 21.1.35). Auf sie entfallen im Branchendurchschnitt mehr als die Hälfte der durch diese Krankheitsart verursachten Krankmeldungen (59% der Arbeitsunfähigkeitsfälle und 56% der -tage). Daneben spielen vor allem rheumatische Erkrankungen und Gelenkleiden eine Rolle. Der Rest entfällt auf Osteopathien, Chondropathien und erworbene Deformitäten des Muskel-Skelett-Systems.

Bei den Muskel- und Skeletterkrankungen sind die Rückenerkrankungen in allen Wirtschaftsabteilungen vorherrschend. Ihr Anteil an den Arbeitsunfähigkeitstagen lag 1999 in den einzelnen Branchen zwischen 51 und 60%. An zweiter Stelle standen in fast allen Wirtschaftszweigen die Gelenkleiden; deren Anteil an den Muskel- und Skeletterkrankungen bewegte sich zwischen 18 und 23%. Den dritten Rangplatz nahmen meist die rheumatischen Erkrankungen ein mit einem Anteil zwischen 18 und 20%.

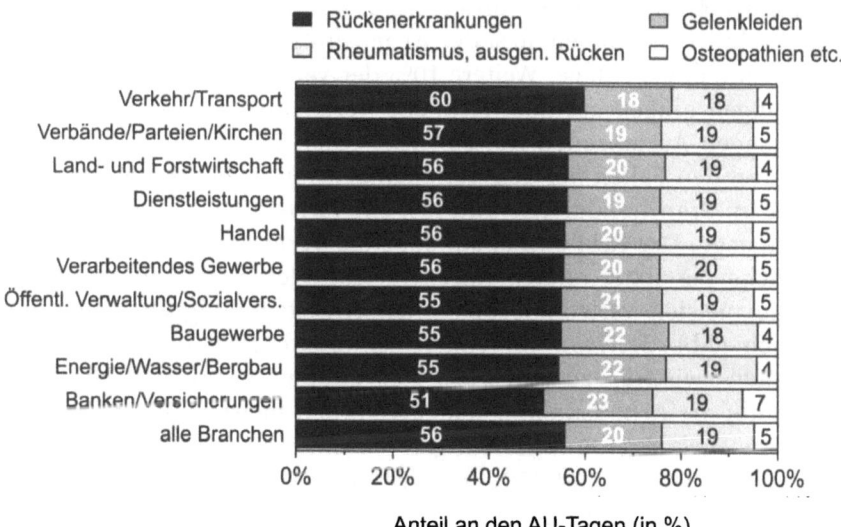

Abb. 21.1.35. Muskel- und Skeletterkrankungen nach Branchen und Diagnoseuntergruppen, 1999

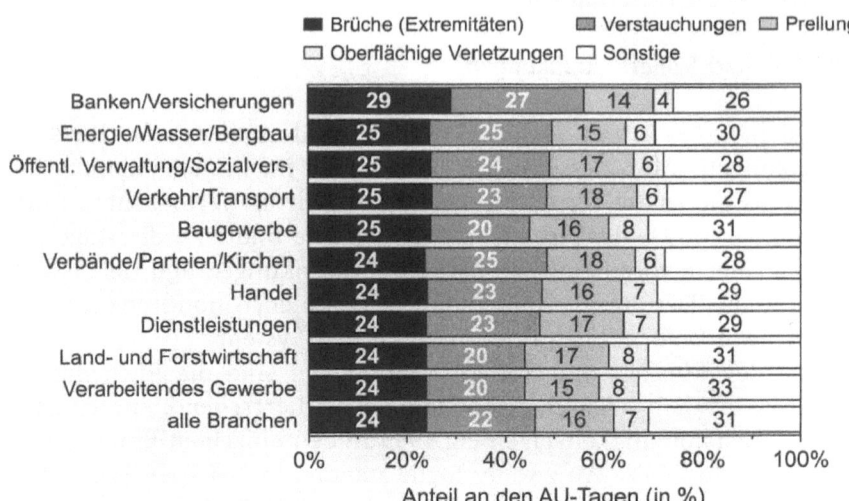

Abb. 21.1.36. Verletzungen nach Branchen und Diagnoseuntergruppen, 1999

Verletzungen

Bei den Verletzungen stehen Prellungen sowie Verstauchungen, Gelenk- und Muskelzerrungen im Vordergrund. Auf sie entfielen im Branchendurchschnitt zusammen 46% der Arbeitsunfähigkeitsfälle und 38% der Arbeitsunfähigkeitstage. Weitere 10% der verletzungsbedingten Krankmeldungen gingen auf oberflächliche Verletzungen zurück. Zu besonders langen Ausfallzeiten führen Brüche der Extremitäten. Obwohl ihr Anteil an den Fällen bei den Verletzungen nur 10% betrug, verursachten sie im Branchendurchschnitt fast ein Viertel (24%) der Arbeitsunfähigkeitstage. Der Rest entfiel auf sonstige Verletzungen.

Brüche der Extremitäten waren in fast allen Branchen anteilmäßig für die meisten verletzungsbedingten Arbeitsunfähigkeitstage verantwortlich (Abb. 21.1.36). Ihr Anteil schwankte 1999 in den einzelnen Branchen zwischen 24 und 29%. Den zweiten Rangplatz nahmen bezogen auf die Arbeitsunfähigkeitstage in den meisten Wirtschaftszweigen Verstauchungen und Zerrungen ein mit einem Anteil an den Fehltagen zwischen 20 und 27%. An dritter Stelle folgten Prellungen mit Anteilen zwischen 14 und 18% in den einzelnen Wirtschaftszweigen.

Atemwegserkrankungen

Im Branchendurchschnitt entfiel mehr als ein Drittel der krankheitsbedingten Fehltage aufgrund von Atemwegserkrankungen (35%) auf

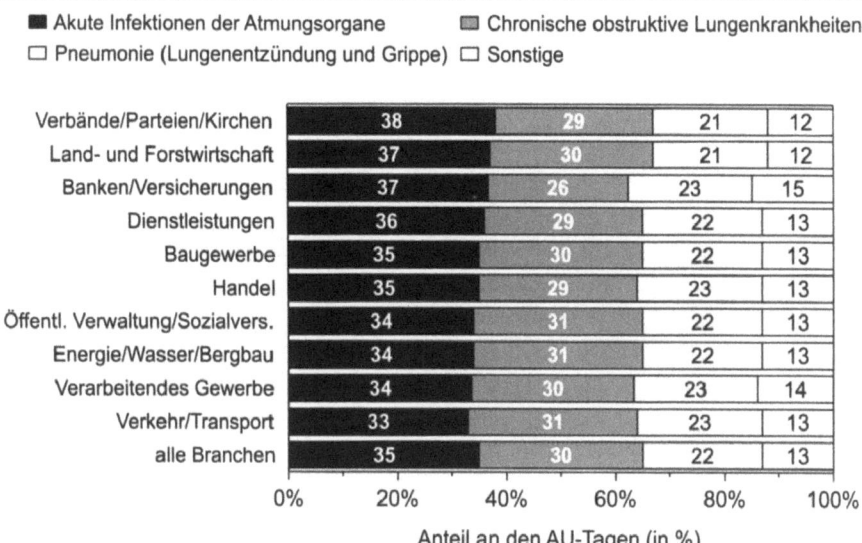

Abb. 21.1.37. Atemwegserkrankungen nach Branchen und Diagnoseuntergruppen, 1999

akute Infektionen der Atmungsorgane. Dazu gehören Erkältungen sowie Entzündungen der Nebenhöhlen, des Rachens und der Mandeln. Den zweiten Rangplatz nahmen chronisch obstruktive Lungenkrankheiten und ähnliche Erkrankungen ein. Diese Diagnosegruppe umfasst vor allem Bronchitis- und Asthma-Fälle. An dritter Stelle folgten Lungenentzündungen und Grippeerkrankungen. Der Rest entfiel auf sonstige Krankheiten.

Die Abb. 21.1.37 zeigt aufgegliedert nach den einzelnen Branchen die Anteile der verschiedenen Diagnoseuntergruppen an den Arbeitsunfähigkeitstagen, die auf Atemwegserkrankungen zurückgehen.

Erkrankungen der Verdauungsorgane

Bei den Erkrankungen des Verdauungssystems entfiel 1999 im allgemeinen Branchendurchschnitt der größte Anteil auf Dünn- und Dickdarmentzündungen, und zwar 41% der Fälle und 29% der Tage. An zweiter Stelle standen Krankheiten der Speiseröhre, des Magens und des Zwölffingerdarms. Ihr Anteil bei den Fällen betrug 25% und bei den Tagen 27%. Den dritten Rangplatz hinsichtlich der Anzahl der Fälle nahmen Krankheiten der Mundhöhle, der Speicheldrüse und des Kiefers ein. Dabei handelt es sich allerdings häufig nur um leichtere Erkrankungen mit einer geringen Falldauer. Daher betrug ihr Anteil an den Fällen zwar 21%, bei den Tagen waren es aber lediglich 9%. Bei den Eingeweidebrü-

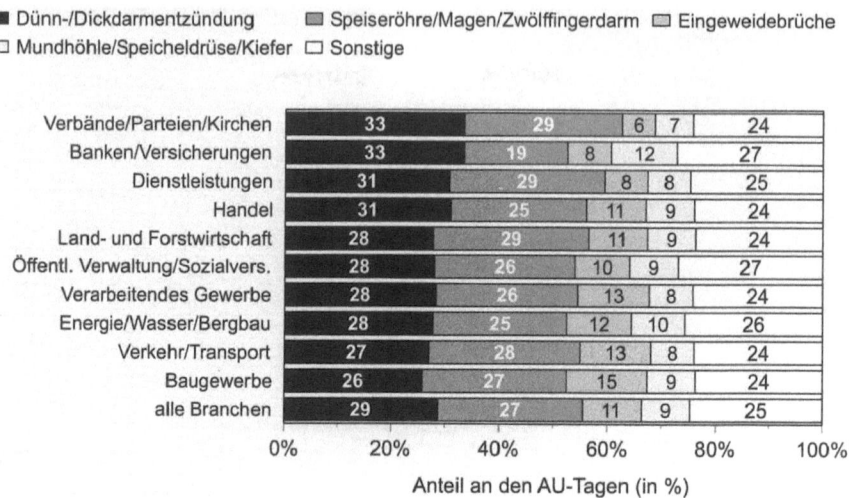

Abb. 21.1.38. Erkrankungen der Verdauungsorgane nach Branchen und Diagnoseuntergruppen, 1999

chen verhält es sich dagegen genau umgekehrt. Sie sind zwar relativ selten – ihr Anteil an den Fällen betrug nur 3% –, dafür aber langwierig. Immerhin 11% der durch Erkrankungen der Verdauungsorgane bedingten Arbeitsunfähigkeitstage gingen auf ihr Konto.

Abb. 21.1.38 zeigt, welche Rolle die unterschiedlichen Diagnoseuntergruppen in den einzelnen Wirtschaftszweigen spielten. In allen Branchen geht der Löwenanteil der durch Erkrankungen der Verdauungsorgane bedingten Arbeitsunfähigkeitstage auf Dünn- und Dickdarmentzündungen sowie Erkrankungen der Speiseröhre, des Magens und Zwölffingerdarms zurück (zusammen 53 bis 62%).

Herz- und Kreislauferkrankungen

Bei den Herz- und Kreislauferkrankungen entfielen im Branchendurchschnitt anteilmäßig die meisten Krankmeldungen auf Erkrankungen der Venen und Lymphgefäße sowie sonstige Krankheiten des Kreislaufsystems. Dazu gehören u. a. Thrombosen, Krampfadern, Hämorrhoiden sowie Hypotoniefälle. Der Anteil dieser Diagnosegruppe an den Arbeitsunfähigkeitsfällen betrug 44%, bei den Tagen waren es allerdings aufgrund vieler Bagatellfälle nur 25%. An zweiter Stelle stehen die Hypertonie und die Hochdruckkrankheiten. Auf diese Gruppe ging knapp ein Viertel der Herz- und Kreislauferkrankungen zurück. Es folgten die ischämischen Herzkrankheiten, wie z. B. Herzinfarkt und Angina pectoris, die häufig mit langen Ausfallzeiten verbunden

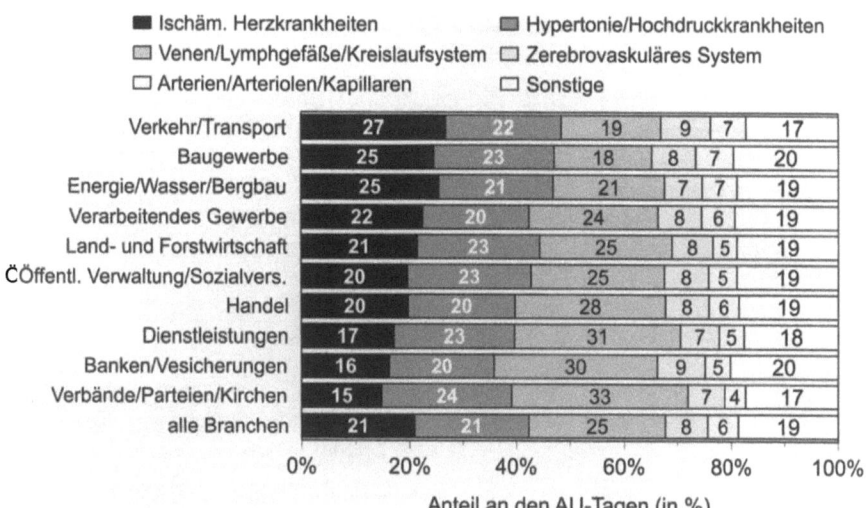

Abb. 21.1.39. Herz-/Kreislauferkrankungen nach Branchen und Diagnoseuntergruppen, 1999

sind. Sie verursachten zwar nur 13% der Arbeitsunfähigkeitsfälle, aber 21% der -tage. Der Rest entfiel auf sonstige Erkrankungen.

Der Anteil der ischämischen Herzkrankheiten an den auf Herz- und Kreislauferkrankungen zurückgehenden Arbeitsunfähigkeitstagen variiert in den einzelnen Branchen sehr stark (Abb. 21.1.39). Er bewegte sich 1999 zwischen 15% bei Verbänden, Parteien und Kirchen und 27% im Bereich Verkehr und Transport. Auch hinsichtlich des Anteils der durch Erkrankungen der Venen, Lymphgefäße und sonstige Krankheiten des Kreislaufsystems verursachten Fehltage gibt es in den einzelnen Branchen große Unterschiede (18–33%). Der Anteil der Hypertonie und Hochdruckkrankheiten schwankte zwischen 20 und 24%.

Psychiatrische Erkrankungen

Bei den psychiatrischen Erkrankungen liegt der Schwerpunkt auf Neurosen, Persönlichkeitsstörungen (Psychopathien) und anderen nichtpsychotischen psychischen Störungen. Auf diese entfielen 1999 im Branchendurchschnitt 76% der Arbeitsunfähigkeitsfälle und 74% der -tage. Der Rest ging auf Psychosen und Oligophrenien zurück.

Abbildung 21.1.40 zeigt die Anteile der Diagnoseuntergruppen an den Arbeitsunfähigkeitstagen in den einzelnen Branchen. Der Anteil der nichtpsychotischen Störungen schwankte in den unterschiedlichen Wirtschaftsbereichen zwischen 70 und 78%. Der Rest entfiel entsprechend auf Psychosen und Oligophrenien.

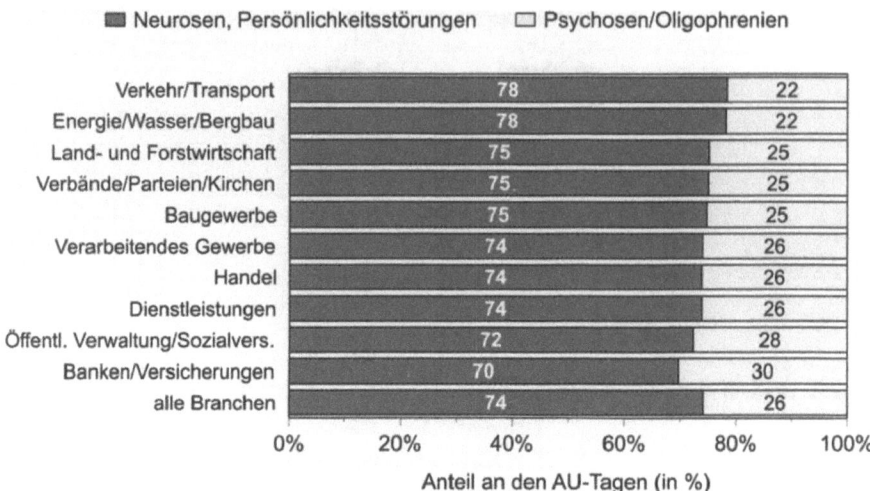

Abb. 21.1.40. Psychiatrische Erkrankungen nach Branchen und Diagnoseuntergruppen, 1999

Literatur

[1] Bös, K, Gröben, F (1998) Stand der betrieblichen Gesundheitsförderung im Handel, bei Banken und Versicherungen sowie in metallverarbeitenden Betrieben in Hessen und Thüringen. Johann-Wolfgang-Goethe-Universität Frankfurt am Main, Institut für Sportwissenschaften, vorläufiger Abschlussbericht
[2] Bundesanstalt für Arbeit (2000) Arbeitsmarkt in Zahlen: Sozialversicherungspflichtig Beschäftigte nach Wirtschaftsklassen (WZ93/BA), 30. Juni 1999, Nürnberg
[3] Ferber, Ch von, Kohlhausen, K (1970) Der „blaue Montag" im Krankenstand. In: Arbeitsmedizin, Sozialmedizin, Arbeitshygiene, Heft 2, S. 25–30
[4] Marstedt, G, Müller, R (1998) Ein kranker Stand? Fehlzeiten und Integration älterer Arbeitnehmer im Vergleich Öffentlicher Dienst – Privatwirtschaft. Berlin: Ed. Sigma, Forschung aus der Hans-Böckler-Stiftung; 9
[5] Mielck, A (Hrsg.) (1994) Krankheit und soziale Ungleichheit: Ergebnisse der sozialepidemiologischen Forschung in Deutschland. Opladen: Leske+Budrich
[6] Redmann, A, Rehbein, I, Vetter, C. (1998) Krankheitsbedingte Fehlzeiten in der deutschen Wirtschaft, Branchenreport '97. WIdO-Materialien 39, Bonn
[7] Schnabel, C (1997) Betriebliche Fehlzeiten, Ausmaß, Bestimmungsgründe und Reduzierungsmöglichkeiten. Institut der deutschen Wirtschaft Köln, 1997

21.2 Banken und Versicherungen

21.2.1 Kosten der Arbeitsunfähigkeit 320
21.2.2 Allgemeine Krankenstandsentwicklung 320
21.2.3 Krankenstandsentwicklung nach Wirtschaftsklassen 322
21.2.4 Krankenstand nach Berufsgruppen 323
21.2.5 Kurz- und Langzeiterkrankungen 325
21.2.6 Krankenstand nach Bundesländern 326
21.2.7 Krankenstand nach Betriebsgröße 328
21.2.8 Krankenstand nach Stellung im Beruf 329
21.2.9 Arbeitsunfälle 330
21.2.10 Krankheitsarten 332

21.2.1 Kosten der Arbeitsunfähigkeit

Der Bereich des Kredit- und Versicherungsgewerbes beschäftigte Mitte 1999 1,04 Mio. Menschen[1], von denen 125 000 (12,1%) bei der AOK versichert waren. Jeder Beschäftigte war im Jahresdurchschnitt 1,2 mal krank gemeldet, wobei ein Erkrankungsfall im Schnitt 10,9 Tage dauerte. Ein Arbeitnehmer der Branche fehlte somit innerhalb des Bezugsjahres 13,1 Tage aus Krankheitsgründen. Insgesamt ergaben sich so 13,5 Mio. Fehltage (umgerechnet 37 000 Fehljahre); damit addieren sich die Kosten der Arbeitsunfähigkeit, die den Arbeitgebern im abgelaufenen Kalenderjahr entstanden sind, bei einem durchschnittlichen Bruttoeinkommen von 67 640 Mark[2] auf 2,5 Mrd. DM. Die finanzielle Belastung eines Betriebes mit 100 Mitarbeitern aufgrund krankheitsbedingter Ausfallzeiten betrug durchschnittlich 243 000 DM[3].

21.2.2 Allgemeine Krankenstandsentwicklung

Der Krankenstand im Bereich Banken und Versicherungen lag 1999 bei 3,6% und damit geringfügig höher als im Vorjahr. Wie Tabelle 21.2.1 zeigt, war dieser Anstieg fast ausschließlich auf eine Zunahme der Krankheitsfälle in den westlichen Bundesländern (8,2%) zurückzuführen. Da gleichzeitig die durchschnittliche Dauer einer Erkrankung im Westen von 11,4 auf 10,8 Tage zurückging, stieg die Zahl der Arbeitsunfähigkeitstage (und damit der Krankenstand) nur um 2,9%.

---
[1] Bundesanstalt für Arbeit, Beschäftigtenstatistik, 2000.
[2] Statistisches Bundesamt, 1998. Aktuellere Werte waren auf dieser Aggregationsebene nicht verfügbar.
[3] Nur die direkten Kosten in Form von Entgeltzahlungen. Die indirekten Kosten dürften noch wesentlich höher sein, vgl. die Diskussion in Kap. 21.1.2.

Tabelle 21.2.1. Krankenstandsentwicklung im Bereich Banken und Versicherungen, 1999

	Kranken-stand (in %)	Arbeitsunfähigkeiten je 100 AOK-Mitglieder				Tage je Fall	AU-Quote (in %)
		Fälle	Veränd. z. Vorj. (in %)	Tage	Veränd. z. Vorj. (in %)		
West	3,6	120,4	8,2	1305,1	2,9	10,8	53,5
Ost	3,6	113,3	1,0	1308,2	-0,5	11,5	50,6
BRD	3,6	119,9	7,7	1305,4	2,6	10,9	53,3

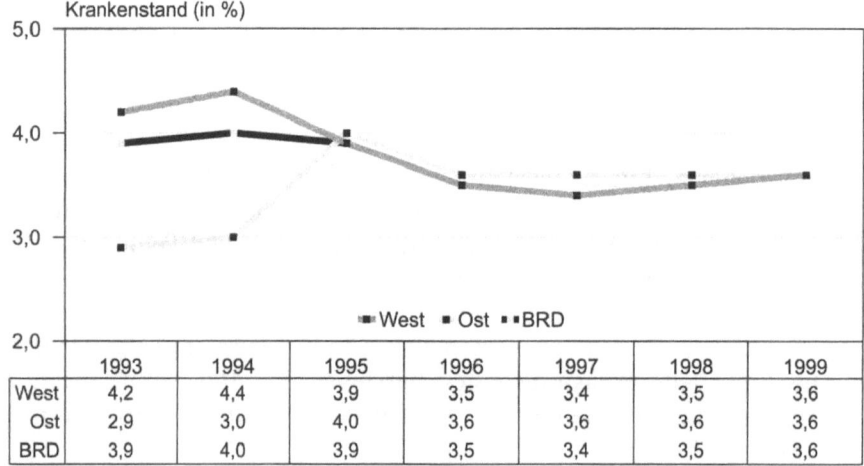

Abb. 21.2.1. Krankenstandsentwicklung bei Banken und Versicherungen 1993–1999

Die Arbeitsunfähigkeitsquote, d.h. der Anteil der Beschäftigten, die sich einmal oder häufiger krank meldeten, betrug bundesweit 53,3%. Die Beschäftigten der Branche waren 1999 durchschnittlich 13,1 Kalendertage krank geschrieben, 0,4 Tage mehr als im Jahr zuvor.

Sowohl die Anzahl der Krankmeldungen (119,9 Fälle je 100 AOK-Mitglieder gegenüber durchschnittlich 152,5 Fällen) als auch deren Dauer (10,9 Tage je Fall gegenüber 12,9 Tage) waren im Bereich Banken und Versicherungen niedriger als in allen anderen Wirtschaftszweigen. Damit ergibt sich für das Kredit- und Versicherungsgewerbe der niedrigste Krankenstand im Branchenvergleich. Die vergleichsweise geringen Fehlzeiten sind maßgeblich auf den hohen Anteil an Angestellten in dieser Branche zurückzuführen (vgl. Kap. 21.2.8).

Wie in Abb. 21.2.1 deutlich zu sehen ist, kam es bei den Banken und Versicherungen schon 1995 zu einer weitgehenden Angleichung des Krankenstandes zwischen Ost- und Westdeutschland. In diesem Jahr war der zuvor extrem niedrige Krankenstand in den neuen Bundesländern relativ stark angestiegen, während es im Westen der Bundesrepublik zu einem Rückgang der krankheitsbedingten Fehlzeiten kam, der bis 1997 anhalten sollte. Die Vereinigung zu einer gemeinsamen Trendlinie hat sich in dieser Form bisher in keiner anderen Branche ergeben.

21.2.3 Krankenstandsentwicklung nach Wirtschaftsklassen

Bei den Versicherungen waren die Krankenstände 1999 etwas höher als bei den Banken (0,3 Prozentpunkte; Tabelle 21.2.2). Dies ist in erster Linie auf eine längere Dauer je Erkrankungsfall (11,5 gegenüber 10,7 Tagen) zurückzuführen. Allerdings konzentrierten sich diese Krankmeldungen auf einen kleineren Anteil der Beschäftigten. Während die Quote der mindestens einmal von Arbeitsunfähigkeit Betroffenen bei den Banken bei 54,6% lag, betrug sie bei den Versicherungen nur 48,7%.

Im Vergleich zum Vorjahr blieb die Zahl der Arbeitsunfähigkeitstage bei den Versicherungen weitgehend stabil, während sie bei den Banken um 3,3% zunahm. Verantwortlich dafür war eine gestiegene Zahl an Krankmeldungen (8,5% mehr als im Vorjahr). Im Gegensatz dazu gleichen sich die Bewegungen im Versicherungsgewerbe – mehr

Tabelle 21.2.2. Krankenstandsentwicklung im Bereich Banken und Versicherungen nach Wirtschaftsklassen, 1999

Wirtschaftsklasse	Krankenstand (in %)		Arbeitsunfähigkeiten je 100 AOK-Mitglieder				Tage je Fall	AU-Quote (in %)
	1999	1998	Fälle	Veränd. z. Vorj. (in %)	Tage	Veränd. z. Vorj. (in %)		
Kredit-/Finanzierungsinstitute	3,5	3,4	120,0	8,5	1286,7	3,3	10,7	54,6
Versicherungsgewerbe	3,8	3,8	119,5	4,2	1379,0	-0,1	11,5	48,7

Fällen (4,2%) steht eine durchschnittlich einen halben Tag kürzere Dauer gegenüber – fast vollständig aus (Tabelle 21.2.2)[4].

21.2.4 Krankenstand nach Berufsgruppen

Betrachtet man die Krankenstände bei Banken und Versicherungen differenziert nach den Berufsgruppen (Abb. 21.2.2) zeigt sich, dass nicht die typischen Berufe dieser Branche – wie Versicherungs- oder Bankfachleute – die höchsten Krankenstände aufweisen, sondern eher branchenunspezifische Berufe aus dem gewerblichen Bereich, wie z. B. Köche, Reinigungspersonal und Kraftfahrer mit 15,8–23,0 Arbeitsunfähigkeitstagen im Jahr[5]. Der mit Abstand niedrigste Krankenstand der Branche war bei den Selbständigen zu verzeichnen, die 1999 durchschnittlich nur 3,8 Fehltage aufwiesen. Allerdings muss dabei berücksichtigt werden, dass bei dieser Gruppe nur längere Arbeitsunfähigkeitszeiten von den Krankenkassen erfasst werden, bei denen Anspruch auf Krankengeldzahlungen besteht. Die Vergleichbarkeit mit abhängig Beschäftigten ist insofern nicht gegeben.

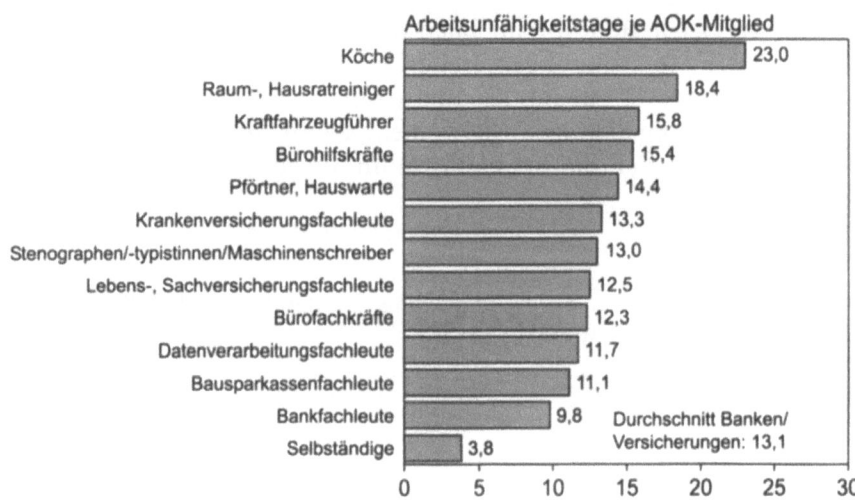

Abb. 21.2.2. Krankenstände bei Banken und Versicherungen nach Berufsgruppen, 1999

---

[4] Aufgrund einer veränderten Datenbank-Abfragestruktur sind die Werte an dieser Stelle nicht mit den Angaben des Fehlzeiten-Reports 1999 vergleichbar. Die interne Validität ist jedoch gewährleistet.
[5] Berücksichtigt wurden nur ausgewählte Berufsgruppen mit mehr als 1000 Mitgliedern im Kreis der AOK-Versicherten.

Aus Tabelle 21.2.3 geht hervor, wie sich die Werte der oberen Abbildung zusammensetzen. Insgesamt sind auch die Ausreißer nach oben Fälle, die in anderen Branchen eher zum Mittelfeld der Krankenstandsstatistik zählen würden. Die Köche sind die einzige Berufsgruppe, bei der sowohl die Zahl der Krankmeldungen als auch deren durchschnittliche Dauer über dem allgemeinen Durchschnitt lag. Bei den Raum- und Hausratreinigern, Kraftfahrern und Pförtnern waren ebenfalls überdurchschnittlich lange andauernde Erkrankungen zu verzeichnen, allerdings mit vergleichsweise wenigen Krankheitsfällen. Der hohe Wert für die Krankheitsdauer bei den Selbständigen ergibt sich, wie weiter oben schon ausgeführt, aus der Tatsache, dass kurze Erkrankungen mangels Lohnfortzahlung hier stark untererfasst sind.

Tabelle 21.2.3. Banken und Versicherungen, Krankenstandskennzahlen nach ausgewählten Berufsgruppen, 1999

Tätigkeit	Kranken. (in %)	Arbeitsunfähigkeiten je 100 AOK-Mitglieder		Tage je Fall	AU-Quote (in %)	Anteil Arbeitsunfälle an den AU-Tagen (in %)
		Fälle	Tage			
Bankfachleute	2,7	116,2	977,1	8,4	54,1	1,8
Bausparkassenfachleute	3,0	134,0	1105,7	8,2	56,0	1,8
Bürofachkräfte	3,4	121,1	1232,1	10,2	47,6	1,6
Bürohilfskräfte	4,2	132,8	1536,1	11,6	51,2	2,8
Datenverarbeitungsfachleute	3,2	114,0	1165,5	10,2	49,5	1,1
Köche	6,3	153,4	2299,4	15,0	65,5	3,5
Kraftfahrzeugführer	4,3	111,1	1580,7	14,2	54,9	6,1
Krankenversicherungsfachleute	3,6	141,0	1327,2	9,4	50,5	2,7
Lebens-, Sachversicherungsfachleute	3,4	132,4	1250,8	9,4	52,3	2,0
Pförtner, Hauswarte	4,0	96,0	1444,4	15,1	47,5	6,0
Raum-, Hausratreiniger	5,0	118,1	1835,7	15,5	50,4	3,0
Stenographen-, -typistinnen, Maschinenschreiber	3,6	134,7	1302,1	9,7	58,4	1,2
Selbständige	1,0	27,9	381,5	13,7	16,4	0,2

Berufsgruppen mit mehr als 1000 AOK-Versicherten

21.2.5 Kurz- und Langzeiterkrankungen

Das Spektrum der Erkrankungen hinsichtlich ihrer Dauer ist, für die Branche mit dem niedrigsten Krankenstand vielleicht ein wenig überraschend, nicht wesentlich anders verteilt als in den anderen Branchen, die zum Teil erheblich andere Risikomuster aufweisen. Auch hier sind die weitaus meisten Fälle Kurzerkrankungen: mehr als ein Drittel der Fälle (35,8%) umfasst lediglich ein bis drei Kalendertage, fast zwei Drittel (65,3%) der Absenzen dauern nicht länger als eine Woche! Dennoch sind diese zwei Drittel der Krankheitsfälle nur für 20,2% der Fehltage verantwortlich, während die 3,9% der Fälle, die sechs Wochen und länger dauern, mehr als ein Drittel (36,1%) aller Arbeitsunfähigkeitstage verursachen (Abb. 21.2.3). Die Kurzzeiterkrankungen, bei denen häufig der Verdacht besteht, dass krank gefeiert wird, spielen also für den Krankenstand eine untergeordnete Rolle[6]. Maßnahmen, die auf eine nachhaltige Senkung des Krankenstandes abzielen, sollten sich daher vor allem auf die Prävention von Langzeiterkrankungen konzentrieren.

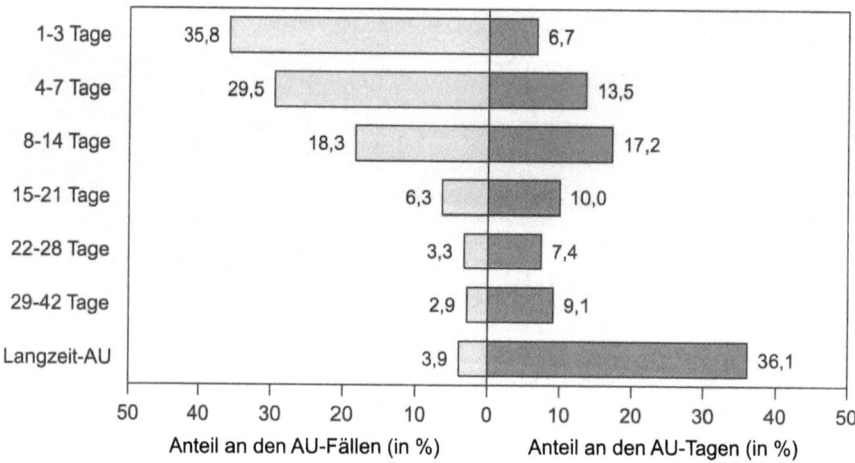

Abb. 21.2.3. Arbeitsunfähigkeitsfälle und -tage bei Banken und Versicherungen nach der Dauer, 1999

---

[6] Diese Behauptung gilt trotz der Untererfassung der Kurzerkrankungen durch die Krankenkassen, die sich ergibt, da viele Betriebe bei Erkrankungen bis zu drei Tagen kein Attest verlangen. Vgl. die Diskussion in Kap. 21.1.5.

21.2.6 Krankenstand nach Bundesländern

Die regionale Verteilung des Krankenstands nach Bundesländern weist ein leichtes Nord-/Süd-Gefälle auf. Wie aus Abb. 21.2.4 hervorgeht, wiesen Baden-Württemberg und Bayern (3,1% bzw. 3,3%) die niedrigsten Werte auf, während in den nördlichen Bundesländern, vor allem in den Stadtstaaten, die höchsten Werte (Bremen und Berlin mit 5,6 bzw. 4,9%) zu verzeichnen waren. Damit entspricht die Verteilung in etwa dem Muster, das der Krankenstand insgesamt in der Bundesrepublik aufweist.

Ein Blick auf Tabelle 21.2.4 zeigt die strukturellen Komponenten, die den hohen Krankenstand in den Stadtstaaten bedingen. So fielen

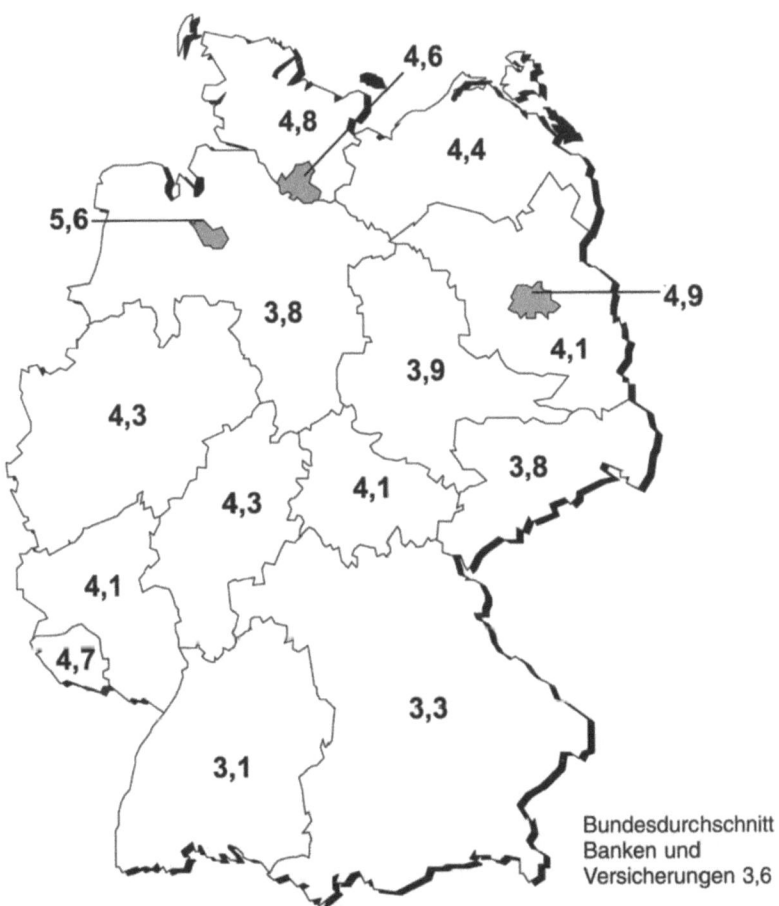

Abb. 21.2.4. Krankenstand bei Banken/Versicherungen nach Bundesländern

Tabelle 21.2.4. Banken und Versicherungen, Arbeitsunfähigkeit nach Bundesländern, 1999 im Vergleich zum Vorjahr

	Arbeitsunfähigkeiten je 100 AOK-Mitglieder					
	AU-Fälle 1999	Veränd. z. Vorj. (in %)	AU-Tage 1999	Veränd. z. Vorj. (in %)	Tage je Fall 1999	Veränd. z. Vorj. (in %)
Baden-Württemb.	117,6	9,6	1136,5	1,9	9,7	-7,0
Bayern	107,4	5,9	1210,8	5,4	11,3	-0,5
Berlin	114,1	13,2	1793,3	6,7	15,7	-5,7
Brandenburg	126,4	5,6	1500,8	6,4	11,9	0,7
Bremen	134,7	1,8	2047,6	14,6	15,2	12,6
Hamburg	145,0	11,3	1688,7	-10,0	11,6	-19,1
Hessen	142,6	8,2	1555,6	-0,5	10,9	-8,1
Mecklenb.-Vorpommern	123,8	12,9	1618,2	26,7	13,1	12,2
Niedersachsen	129,9	9,5	1372,7	11,3	10,6	1,7
Nordrhein-Westf.	133,9	6,1	1567,9	-2,6	11,7	-8,2
Rheinland-Pfalz	130,4	13,2	1498,5	7,4	11,5	-5,1
Saarland	111,7	18,7	1710,2	7,8	15,3	-9,2
Sachsen	123,6	11,5	1395,4	9,1	11,3	-2,2
Sachsen-Anhalt	130,0	9,4	1414,0	7,7	10,9	-1,6
Schleswig-Holstein	132,6	5,5	1735,6	0,9	13,1	-4,4
Thüringen	122,1	15,7	1485,7	5,4	12,2	-8,9
Bund	119,9	7,7	1304,5	2,6	10,9	-4,7

in Hamburg die meisten Krankheitsfälle je Mitarbeiter an, die aber mit 11,6 Tagen Dauer nur unwesentlich über dem Durchschnitt lagen, während in Berlin zwar relativ wenige, aber die mit durchschnittlich 15,7 Tagen langwierigsten Krankheitsfälle auftraten. Da Bremen in beiden Dimensionen (134,7 AU-Fälle je 100 Versicherte, Dauer 15,2 Tage) vergleichsweise hohe Werte aufwies, war der Krankenstand mit 5,6% höher als in den beiden anderen Stadtstaaten.

Im Vergleich zum Vorjahr stieg die Zahl der Arbeitsunfähigkeitstage in den meisten Bundesländern. Der stärkste Anstieg war in Mecklenburg-Vorpommern (26,7%), Bremen (14,6%) und Niedersachsen

(11,3%) zu verzeichnen[7]. In Hamburg, Hessen, und Nordrhein-Westfalen waren die Krankenstände dagegen mit 0,5–10,0% rückläufig.

21.2.7 Krankenstand nach Betriebsgröße

Als einer der wesentlichen Faktoren, die den Krankenstand beeinflussen, kann die Betriebsgröße gesehen werden. Aus Gründen, die u. a. in der innerbetrieblichen Anonymität, der geringeren sozialen Kontrolle, in der leichteren Ersetzbarkeit im Arbeitsablauf und in einer Verschiebung der Arbeitsinhalte zu suchen sind, nimmt empirisch die Zahl der durchschnittlich je Arbeitnehmer zu verzeichnenden Fehltage mit der Größe des betrachteten Betriebs zu.

Wie aus Abb. 21.2.5 hervorgeht, liegen im Kredit- und Versicherungsgewerbe die Krankenstände bei den einzelnen Betriebsgrößenklassen verhältnismäßig eng beieinander[8]. Der ansteigende Trend ist nicht so deutlich ausgeprägt wie in den anderen Branchen. Bei allen Betriebsgrößen ist die Zahl der Arbeitsunfähigkeitstage deutlich nied-

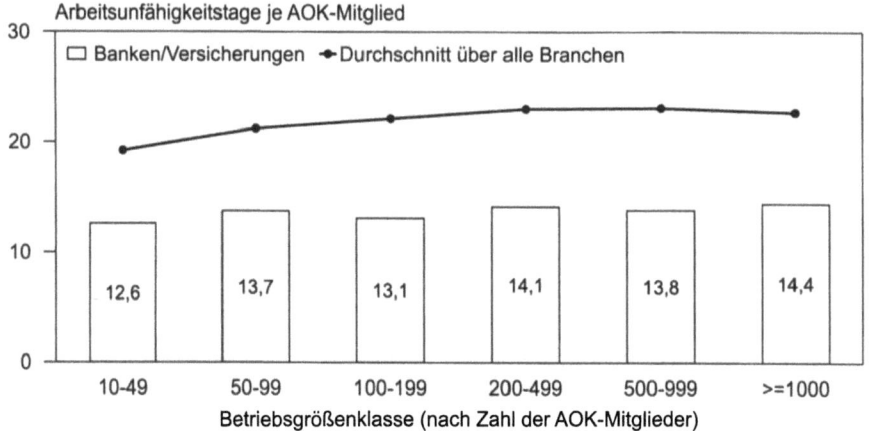

Abb. 21.2.5. Arbeitsunfähigkeitstage bei Banken und Versicherungen nach Betriebsgröße, 1999

---

[7] Bei diesen Zahlen sind die starken regionalen Unterschiede hinsichtlich der Versichertenzahl zu beachten. Weit über die Hälfte der AOK-Versicherten im Kredit- und Versicherungsgewerbe sind in Bayern und Baden-Württemberg beschäftigt. In kleinen Bundesländern kann deshalb die Verlagerung eines Betriebes oder die Eingruppierung in einen anderen Wirtschaftszweig schon erhebliche Verzerrungen verursachen.
[8] Als Maß für die Betriebsgröße wird hier die Zahl der AOK-Versicherten in den Betrieben zugrunde gelegt, die allerdings in der Regel nur einen Teil der Belegschaft ausmachen.

Tabelle 21.2.5. Banken und Versicherungen, Arbeitsunfähigkeitstage je AOK-Mitglied nach Betriebsgröße (Anzahl der AOK-Mitglieder), 1999

Wirtschaftsklasse	10–49	50–99	100–199	200–499	500–999	≥1000
Kredit-/Finanzierungsinstitute	12,0	13,3	12,9	13,9	15,3	14,4
Versicherungsgewerbe	15,5	16,1	14,6	15,5	11,6	–
Durchschnitt über alle Branchen	19,2	21,2	22,1	23,0	23,1	22,7

riger als im Durchschnitt über alle Branchen. Während aber im Bundesdurchschnitt der Krankenstand in der höchsten Größenklasse wieder ein wenig zurückgeht, weist diese Klasse im Bereich Banken und Versicherungen mit 14,4 Tagen die durchschnittlich meisten Krankheitstage je AOK-Mitglied und Jahr auf.

Gliedert man die Krankenstandsdaten der Branche für die beiden Untergruppen getrennt auf, zeigen sich trotz eines ähnlichen Tätigkeits- und Belastungsprofils erhebliche Unterschiede. Während bei den Banken von der Tendenz her der charakteristische Anstieg der Zahl der Fehltage mit zunehmender Betriebsgröße zu verzeichnen ist, sind die entsprechenden Werte im Versicherungsgewerbe durchwachsen, ohne einheitliche Tendenz. Wie aus Tabelle 21.2.5 ersichtlich, ist hier der niedrigste Wert sogar in der Gruppe der größten Betriebe zu finden. Als Vergleichswerte sind die Durchschnitte über alle Branchen angegeben.

21.2.8 Krankenstand nach Stellung im Beruf

Ebenso wie in den übrigen Branchen sinkt auch im Bereich Banken und Versicherungen der Krankenstand mit zunehmender Qualifikation. So waren 1999 für die Arbeiter im Schnitt 20,0 Fehltage im Jahr zu verzeichnen, was einem Krankenstand von 5,5% entspricht, während Facharbeiter nur 14,0 Tage, Meister 12,0 und Angestellte 11,5 Tage (Krankenstand: 3,1%) arbeitsunfähig geschrieben waren (Abb. 21.2.6). Diese Zahlen machen auch deutlich, wie stark die Angestellten hier dominieren, da ihr Krankenstand fast dem der Branche entspricht.

Die Zahl der Arbeitsunfähigkeitstage lag bei allen Berufsgruppen im Bereich Banken und Versicherungen unter dem allgemeinen Bran-

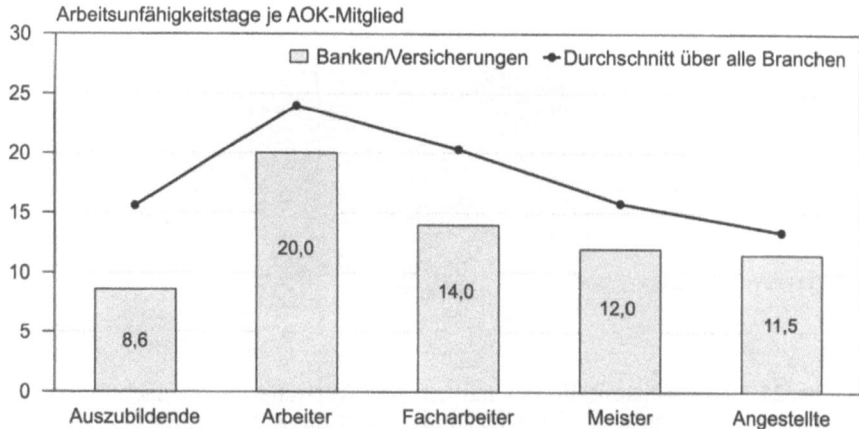

Abb. 21.2.6. Arbeitsunfähigkeitstage bei Banken und Versicherungen nach Stellung im Beruf, 1999

Tabelle 21.2.6. Banken und Versicherungen, Krankenstand (in %) nach Stellung im Beruf, 1999

Wirtschaftsklasse	Auszubildende	Arbeiter	Facharbeiter	Meister, Poliere	Angestellte
Kredit-/Finanzierungsinstitute	2,2	5,4	5,0	3,5	3,1
Versicherungsgewerbe	2,9	5,5	2,5	2,4	3,5

chendurchschnitt. Mit nur 8,6 Fehltagen ist der entsprechende Wert für die Auszubildenden der Branche besonders günstig.

Tabelle 21.2.6 zeigt die Krankenstände nach Stellung im Beruf für die beiden Wirtschaftsklassen der Branche. Zwar zeigt sich hier ein sehr heterogenes Bild, allerdings sollten die hohen Unterschiede bei den Facharbeitern nicht überinterpretiert werden, da diese Beschäftigtengruppe bei den Banken sehr schwach vertreten ist. Der Krankenstand der Auszubildenden war 1999 bei den Banken besonders niedrig. Sie melden sich im Durchschnitt nur 8,0 Kalendertage krank.

21.2.9 Arbeitsunfälle

In der folgenden Abb. 21.2.7 wird das Unfallrisiko der beiden Wirtschaftsklassen und das der Branche insgesamt anhand der Anteilswerte unfallverursachter Fehlzeiten veranschaulicht. Sowohl bei den Krankheitsfällen (1,7%) als auch bei den Fehltagen (2,5%) sind die Werte in beiden Untergruppen nicht nur identisch, sondern – wenig

Krankheitsbedingte Fehlzeiten in der deutschen Wirtschaft

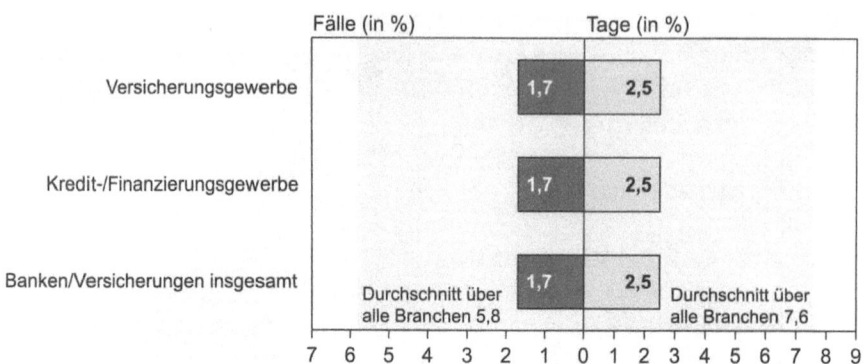

Abb. 21.2.7. Arbeitsunfälle bei Banken und Versicherungen nach Wirtschaftsklassen, Anteil an den AU-Fällen und -Tagen in %, 1999

Tabelle 21.2.7. Banken und Versicherungen, Arbeitsunfähigkeitstage durch Arbeitsunfälle nach Berufsgruppen, 1999

Tätigkeit	AU-Tage je 1000 AOK-Mitglieder	Anteil an den AU-Tagen insgesamt (in %)
Kraftfahrzeugführer	972,0	6,1
Pförtner, Hauswarte	868,0	6,0
Köche	814,7	3,5
Raum-, Hausratreiniger	557,4	3,0
Bürohilfskräfte	434,5	2,8
Krankenversicherungsfachleute (nicht Sozialversicherung)	356,8	2,7
Lebens-, Sachversicherungsfachleute	255,3	2,0
Bausparkassenfachleute	197,0	1,8
Bürofachkräfte	195,1	1,6
Bankfachleute	178,5	1,8

überraschend – zudem sehr niedrig. Zum Vergleich wurde hier, grau schraffiert, auch der Durchschnitt über alle Branchen eingefügt. Mit 7,6% Anteil an den Fehltagen und 5,8% an den Fällen liegen die Werte im Schnitt etwa dreimal höher als bei den Banken und Versicherungen.

Die Aufstellung in Tabelle 21.2.7 zeigt die Ursache der niedrigen Werte für unfallbedingte Fehlzeiten im Kredit- und Versicherungsgewerbe. Es wird deutlich, dass die für die Branche typischen Berufsbilder hinsichtlich des Unfallgeschehens kaum eine Rolle spielen. Hingegen sind branchenunspezifische Berufe wie Kraftfahrer, Pförtner und Köche tonangebend. Die höchste Unfallgefährdung in den klassischen Berufsfeldern der Branche weisen die Krankenversicherungsfachleute auf, bei denen mit 356,8 unfallbedingten Fehltagen je 1000 AOK-Mitglieder (oder umgerechnet etwa alle drei Jahre einem unfallbedingten Fehltag je Beschäftigtem) immerhin ein Anteil von 2,7% an allen Fehltagen erreicht wird.

21.2.10 Krankheitsarten

Krankheiten nach ICD-Hauptgruppen

Das Krankheitsgeschehen im Kredit- und Versicherungsgewerbe wird von sechs größeren Krankheitsgruppen bestimmt[9]:
- Muskel- und Skeletterkrankungen
- Atemwegserkrankungen
- Verletzungen
- Psychiatrische Erkrankungen
- Herz-/Kreislauferkrankungen
- Erkrankungen der Verdauungsorgane.

Diese Erkrankungen verursachten 1999 über alle Branchen betrachtet 76,6% aller Erkrankungsfälle und 77,4% der Fehltage. Im Kredit- und Versicherungsgewerbe waren sie mit 74,3% der Fälle und nur 73,5% der Fehltage weniger dominierend.

Bei genauerer Betrachtung der einzelnen Werte (Abb. 21.2.8) wird deutlich, warum das so ist. Denn offensichtlich geht der niedrige allgemeine Krankenstand in der Branche darauf zurück, dass berufs- oder tätigkeitsspezifische Risiken in wesentlich geringerem Ausmaß als in den anderen Branchen bestimmend sind, und daher allgemeine Erkrankungen einen breiteren Raum einnehmen. So ist der sehr hohe Anteil an Atemwegserkrankungen sicherlich nur zum Teil durch die Arbeit in häufig klimatisierten Räumen zu erklären, sondern vielmehr dadurch, dass sich eine gleich hohe absolute Anzahl an Fällen – etwa bei Erkältungskrankheiten – bei niedrigerem Krankenstand automatisch in höheren Anteilswerten niederschlägt. Da der Anteil an Muskel- und Skeletterkrankungen und Verletzungen sowohl hinsichtlich der Fälle als auch der Arbeitsunfähigkeitstage zusammen genommen deutlich unterhalb der allgemeinen Werte liegt, verwundert es nicht, dass die Werte der anderen Krankheitsarten (mit Ausnahme der geringfügig niedrigeren Zahl an Fehltagen bei den Herz-/Kreislauferkrankungen) anteilsmäßig höher liegen. Überproportional hoch ist der Wert vor allem bei den psychiatrischen Erkrankungen, die einen

---

[9] Krankheitsgruppen mit mehr als 5% Anteil an den AU-Tagen

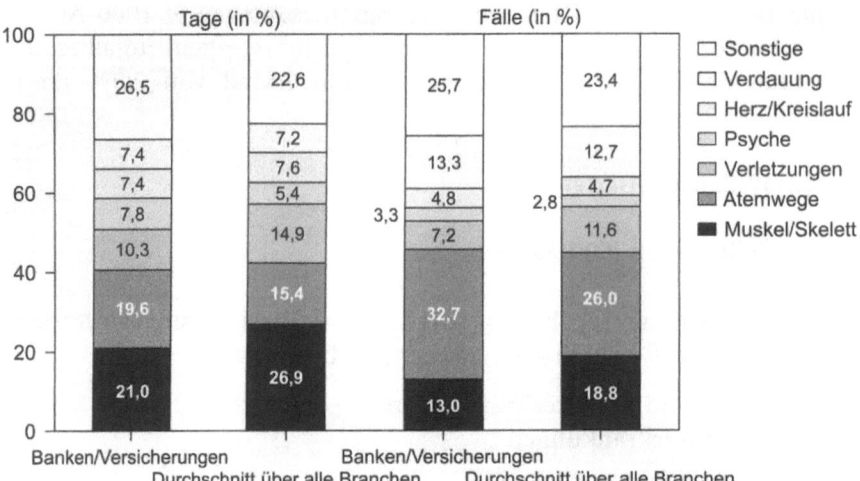

Abb. 21.2.8. Arbeitsunfähigkeiten bei Banken und Versicherungen nach Krankheitsarten, 1999

Anteil von 7,8% an den Arbeitsunfähigkeitstagen gegenüber 5,4% im allgemeinen Branchendurchschnitt einnehmen.

Ein Vergleich des Arbeitsunfähigkeitsgeschehens in den beiden Wirtschaftsgruppen der Branche zeigt hinsichtlich der für die AU-Fälle verantwortlichen Krankheitsarten keine nennenswerten Unterschiede (Tabelle 21.2.8). Lediglich bei den Erkrankungen der Atemwege (Differenz 1,4 Prozentpunkte) findet sich eine größere Abweichung, die aber – da sie im letzten Jahr nicht zu verzeichnen war – vermutlich nicht auf branchenspezifische Arbeitsbelastungen oder Risiken zurückzuführen ist.

Tabelle 21.2.9 verdeutlicht, wie sich die Diagnosen innerhalb der ICD-Hauptgruppen verteilen. Für den Bereich Banken und Versicherungen zeigt sich dabei folgendes Bild: Bei den Muskel- und Skeletterkrankungen, die 1999 in der Branche einen Anteil von 13,0% der Fälle und 21,0% der Tage ausmachten, waren Rückenerkrankungen mit 56,0% Anteil an den Fällen dominierend, gefolgt von rheumatischen Erkrankungen mit einem Anteil von 21,2% und Gelenkerkrankungen mit einem Anteil von 17,1%. Damit entsprach die Verteilung weitgehend dem allgemeinen Durchschnitt.

Die Verletzungen setzten sich zur Hälfte aus Verstauchungen und Zerrungen (30,9% der Fälle) sowie Prellungen (20,2% der Fälle) zusammen, der Rest war bestimmt durch oberflächliche Verletzungen und deren Komplikationen (zusammen 13,3% der Fälle) und Frakturen der oberen und unteren Extremitäten. Auffällig, wenn auch nicht

Tabelle 21.2.8. Banken und Versicherungen, Arbeitsunfähigkeitstage nach Krankheitsarten (in %), 1999

Wirtschafts- klasse	Muskel/ Skelett	Atem- wege	Verlet- zungen	Herz/ Kreis- lauf	Verdau- ung	Psyche	Sons- tige
Kredit-/ Finanzierungs- institute	21,2	19,9	10,3	7,2	7,2	7,6	26,6
Versicherungs- gewerbe	20,6	18,5	10,1	8	7,9	8,3	26,6

überraschend ist, dass Frakturen der Extremitäten zusammen nur 12,3% der Fälle ausmachten, aber für 28,9% der AU-Tage verantwortlich waren.

Bei den Atemwegserkrankungen, die im Kredit- und Versicherungsgewerbe immerhin für 32,7% aller Erkrankungsfälle verantwortlich zeichneten, handelte es sich überwiegend um akute Infektionen (39,4% der Fälle), chronisch obstruktive Lungenkrankheiten und verwandte Affektionen (z. B. Asthma und chronische Bronchitis, 23,7% der Fälle) sowie Lungenentzündungen und Grippeerkrankungen, die für 23,2% der Fälle ursächlich waren. Auch diese Verteilung liegt sehr nahe am Durchschnitt aller Branchen.

Bei den Herz-/Kreislauferkrankungen dominierten mit 48,6% der Fälle Krankheiten der Venen und Lymphgefäße, gefolgt von Bluthochdruck (19,8%), den ischämischen und sonstigen Formen von Herzkrankheiten (jeweils 10,9% der Fälle).

Die Verdauungserkrankungen wurden dominiert von Dünn- und Dickdarmentzündungen (42,1% der Fälle), Erkrankungen von Mundhöhle, Speicheldrüse und Kiefer (25,2% der Fälle) und Krankheiten an Speiseröhre, Magen und Zwölffingerdarm (18,9% der Fälle). Auch diese Verteilung entspricht weitgehend derjenigen über alle Branchen hinweg.

Die psychiatrischen Erkrankungen wurden, wie in den übrigen Branchen auch, im Bereich der Banken und Versicherungen mit einem Anteil von 72,6% an den Fällen im wesentlichen von Neurosen, Psychopathien und anderen nichtpsychotischen psychischen Störungen bestimmt, auch wenn der Anteil der Psychosen in diesem Wirtschaftszweig mit 27,4% etwas höher war als in den anderen Branchen.

Bei den Langzeiterkrankungen verschieben sich die Krankheitsschwerpunkte deutlich (vgl. auch Abb. 21.1.34). Atemwegserkrankun-

Tabelle 21.2.9. Banken und Versicherungen, Arbeitsunfähigkeiten nach Krankheitsarten, Anteile der ICD-Untergruppen an den ICD-Hauptgruppen, 1999

ICD-Untergruppen	Anteil an den AU-Fällen (in %)	Anteil an den AU-Tagen (in %)
Muskel-/Skeletterkrankungen		
Rückenerkrankungen	56,0	51,3
Rheumatismus	21,2	18,7
Gelenkerkrankungen	17,1	22,7
Sonstige	5,7	7,3
Verletzungen		
Verstauchungen/Zerrungen	30,9	27,2
Prellungen	20,2	13,9
Frakturen der unteren Extremitäten	7,4	17,3
Oberflächliche Verletzungen	6,9	4,0
Komplikationen nach Verletzungen	6,4	4,7
Frakturen der oberen Extremitäten	4,9	11,6
Sonstige	23,3	21,3
Atemwegserkrankungen		
Akute Infektionen der Atmungsorgane	39,4	36,6
Chronische obstruktive Lungenkrankheiten und verwandte Affektionen	23,7	26,3
Lungenentzündung und Grippe	23,2	22,5
Sonstige Krankheiten der oberen Luftwege	10,5	11,1
Sonstige Krankheiten der Atmungsorgane	3,3	3,4
Herz-/Kreislauferkrankungen		
Krankheiten der Venen und Lymphgefäße	48,6	30,4
Hypertonie und Hochdruckkrankheiten	19,8	19,6
Ischämische Herzkrankheiten	10,9	16,2
Sonstige Formen von Herzkrankheiten	10,9	12,7
Krankheiten des zerebrovaskulären Systems	3,4	8,8
Krankheiten der Arterien, Arteriolen und Kapillaren	2,9	4,8
Sonstige	3,5	7,5
Verdauung		
Dünn- und Dickdarmentzündung	42,1	33,3
Mundhöhle/Speicheldrüse/Kiefer	25,2	12,4
Speiseröhre/Magen/Zwölffingerdarm	18,9	19,3
Sonst. Krankheiten Darm und Bauchfell	5,4	9,7
Sonst. Krankheiten der Verdauungsorgane	4,4	13,5
Sonstige	4,0	11,8
Psychiatrische Krankheiten		
Neurosen, Psychopathien und andere nichtpsychotische psychische Störungen	72,6	69,7
Andere Psychosen	23,4	27,2
Organische Psychosen	4,0	3,1

gen spielen hier kaum eine Rolle. Im Bereich Banken und Versicherungen haben Muskel- und Skelett-Erkrankungen mit 30% einen vergleichsweise niedrigen Anteil, auf der anderen Seite ist dort mit 15% der höchste Anteil an psychiatrischen Erkrankungen vorzufinden.

21.3 Baugewerbe

21.3.1 Kosten der Arbeitsunfähigkeit 337
21.3.2 Allgemeine Krankenstandsentwicklung 337
21.3.3 Krankenstandsentwicklung in den einzelnen
        Wirtschaftsgruppen des Baugewerbes 339
21.3.4 Krankenstand nach Berufsgruppen 340
21.3.5 Kurz- und Langzeiterkrankungen 342
21.3.6 Krankenstand nach Bundesländern 343
21.3.7 Krankenstand nach der Betriebsgröße 344
21.3.8 Krankenstand nach Stellung im Beruf 346
21.3.9 Arbeitsunfälle 347
21.3.10 Krankheitsarten 349

21.3.1 Kosten der Arbeitsunfähigkeit

1999 gab es im Baugewerbe 1,97 Millionen sozialversicherungspflichtig Beschäftigte[1]. Jeder Mitarbeiter in diesem Bereich (AOK-Mitglieder) war 1999 im Durchschnitt 22,1 Kalendertage krank geschrieben. Für die Branche insgesamt ergibt dies eine Summe von 43,5 Millionen krankheitsbedingten Fehltagen und 119 200 Erwerbsjahren. Bei einem durchschnittlichen Bruttojahresverdienst im Jahr 1999 von 44 908 DM[2] ergeben sich für das Jahr 1999 hochgerechnet auf alle Beschäftigten im Baugewerbe Kosten in Höhe von 5,4 Milliarden DM aufgrund von Produktionsausfällen durch Arbeitsunfähigkeit[3].

Die finanzielle Belastung eines Betriebes mit 100 Mitarbeitern durch diese Kosten betrug durchschnittlich 271 900 DM.

21.3.2 Allgemeine Krankenstandsentwicklung

Der Krankenstand im Baugewerbe lag 1999 bei 6,0%. Gegenüber dem Vorjahr stieg er um 0,2 Prozentpunkte an (Tabelle 21.3.1). Die Zunahme des Krankenstandes ist auf eine gestiegene Zahl von Krankmeldungen zurückzuführen (+6,8%). Die durchschnittliche Dauer der Krankmeldungen ging dagegen zurück (2,7%), allerdings nicht so stark, dass dadurch die deutlich gestiegene Zahl der Krankmeldungen ausgeglichen werden konnte. Der Anteil der Beschäftigten, die sich mindestens einmal arbeitsunfähig meldeten (AU-Quote) lag 1999 bei 56,1%. Im Vergleich zum Vorjahr nahm er um 2,1 Prozentpunkte zu.

---

[1] Quelle: Bundesanstalt für Arbeit, Beschäftigtenstatistik 2000.
[2] Quelle: Statistisches Bundesamt, Fachserie 18, 2000.
[3] Nur die direkten Kosten durch Entgeltzahlungen. Eine ausführlichere Diskussion dazu findet sich in Kap. 21.1.2.

Tabelle 21.3.1. Krankenstandsentwicklung im Baugewerbe, 1999

	Kranken-stand (in %)	Arbeitsunfähigkeiten je 100 AOK-Mitglieder				Tage je Fall	AU-Quote (in %)
		Fälle	Veränd. z. Vorj. (in %)	Tage	Veränd. z. Vorj. (in %)		
West	6,2	154,1	6,0	2245,8	2,4	14,6	56,7
Ost	5,7	148,4	9,0	2073,7	8,3	14,0	54,2
BRD	6,0	152,8	6,8	2205,3	3,9	14,4	56,1

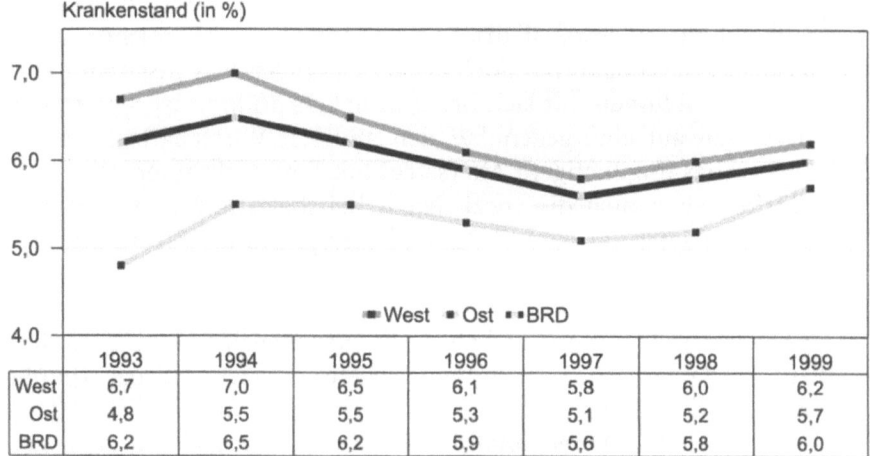

Abb. 21.3.1. Krankenstandsentwicklung im Baugewerbe 1993–1999

In Ostdeutschland waren die Krankenstände im Baugewerbe 1999 wie auch in den Vorjahren niedriger als in Westdeutschland (0,5 Prozentpunkte). Dort lagen sowohl die Zahl der Krankmeldungen als auch deren Dauer auf einem niedrigeren Niveau als im Westen. Auch der Anteil der Arbeitnehmer, die sich krank meldeten, war im Osten deutlich geringer als im Westen (West: 56,7%; Ost: 54,2%).

Abb. 21.3.1 zeigt die Krankenstandsentwicklung im Baugewerbe in den Jahren 1993–1999. Seit 1995 ging der Krankenstand in der BRD kontinuierlich zurück und erreichte 1997 den niedrigsten Stand seit 1993. In den Jahren 1998 und 1999 nahm er erstmalig wieder zu, blieb aber nach wie vor unter dem Niveau der Jahre 1993–1995. Ob es sich bei dieser Entwicklung um einen längerfristigen Trend handelt, werden die nächsten Jahre zeigen.

Bei den Krankenstandswerten in West- und Ostdeutschland ist es seit 1994 zu einer zunehmenden Annäherung gekommen. Während der Krankenstand 1993 in Westdeutschland noch um 1,9 Prozentpunkte höher lag als in den neuen Ländern, waren es 1999 nur noch 0,5 Prozentpunkte.

21.3.3 Krankenstandsentwicklung in den einzelnen Wirtschaftsgruppen des Baugewerbes

Die Krankenstände in den einzelnen Wirtschaftsgruppen des Baugewerbes differieren erheblich (Tabelle 21.3.2). Den höchsten Krankenstand weist das Bauhauptgewerbe (6,4%) auf. Zwar ist dort die Zahl der Krankmeldungen etwas niedriger als in den anderen Bereichen der Bauwirtschaft, diese dauern jedoch erheblich länger, was insgesamt ein erhöhtes AU-Volumen mit sich bringt. Zurückzuführen ist dies zu einem großen Teil auf eine gegenüber den anderen Wirtschaftsgruppen des Baugewerbes ungünstigere Altersstruktur. Eine nicht unerhebliche Rolle dürften aber auch die speziellen Arbeitsbelastungen spielen, denen die Beschäftigten im Bauhauptgewerbe aufgrund ihrer Tätigkeit ausgesetzt sind. Die geringsten krankheitsbedingten Fehlzeiten sind im Ausbau- und Bauhilfsgewerbe (5,2%) zu verzeichnen.

Gegenüber dem Vorjahr haben die Krankenstände in allen Bereichen des Baugewerbes geringfügig zugenommen (0,2 Prozentpunkte). Verantwortlich dafür war eine gestiegene Zahl an Krankmeldungen. Die Zahl der von Arbeitsunfähigkeit Betroffenen nahm in allen Berei-

Tabelle 21.3.2. Krankenstandsentwicklung im Baugewerbe nach Wirtschaftsgruppen, 1999

Wirtschaftsgruppe	Krankenstand (in %)		Arbeitsunfähigkeiten je 100 AOK-Mitglieder				Tage je Fall	AU-Quote (in %)
	1999	1998	Fälle	Veränd. z. Vorj. (in %)	Tage	Veränd. z. Vorj. (in %)		
Ausbau- und Bauhilfsgewerbe	5,2	5,0	155,4	6,2	1907,9	4,8	12,3	56,9
Bauhauptgewerbe	6,4	6,2	150,3	7,3	2349,2	3,8	15,6	55,5
Zimmerei und Dachdeckerei	5,8	5,6	163,5	5,0	2120,9	4,4	13,0	58,7

chen der Bauwirtschaft zu. Die durchschnittliche Dauer der Krankschreibungen ging dagegen im Bauhauptgewerbe und im Ausbau- und Bauhilfsgewerbe zurück, im Bereich Zimmereien und Dachdeckereien blieb sie stabil.

21.3.4 Krankenstand nach Berufsgruppen

Zwischen den einzelnen Berufsgruppen des Baugewerbes[4] variiert das Ausmaß der krankheitsbedingten Fehlzeiten sehr stark (Abb. 21.3.2). 1999 bewegte sich die Anzahl der Arbeitsunfähigkeitstage je AOK-Mitglied bei den unterschiedlichen Berufsgruppen zwischen 8,8 und 29,0 Kalendertagen. Die höchsten Krankenstände wiesen Berufsgruppen aus dem gewerblichen Bereich mit hohen Arbeitsbelastungen auf, wie z. B. Gärtner, Gartenarbeiter (29,0 Tage), Gerüstbauer (26,2 Tage), Gleisbauer (25,2 Tage) und Kranführer (25,1 Tage). Dabei handelt es sich vielfach um Berufe, in denen Arbeitsunfälle besonders häufig sind und zu den Fehlzeiten mit beitragen (vgl. Kap 21.3.10). Die niedrigsten Krankenstände sind bei Angestellten und Handwerkern zu verzeichnen. So fielen 1999 bei Bürofachkräften lediglich 8,8, bei Architekten und Bauingenieuren 10,5 und bei Elektroinstallateuren und -monteuren 15,3 Arbeitsunfähigkeitstage an.

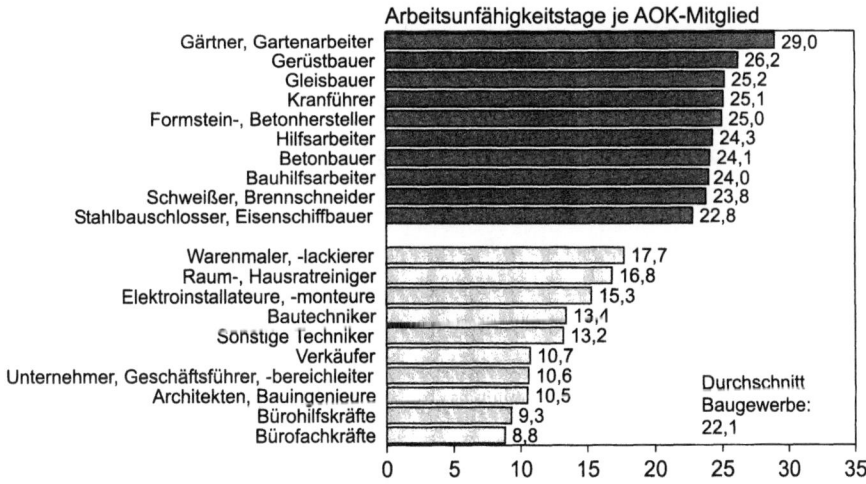

Abb. 21.3.2. 10 Berufsgruppen im Baugewerbe mit hohen und niedrigen Krankenständen, 1999

---

[4] Berufsgruppen mit mehr als 2000 AOK-Mitgliedern

Der Anteil der Beschäftigten im Baugewerbe, die sich 1999 mindestens einmal krank gemeldet haben, schwankte in Abhängigkeit vom Beruf zwischen 27,4% bei Bürohilfskräften und 61,4% bei Formstein-/Betonherstellern.

Tabelle 21.3.3. Baugewerbe, Krankenstandskennzahlen nach ausgewählten Berufsgruppen, 1999

Tätigkeit	Krankenstand (in %)	Arbeitsunfähigkeiten je 100 AOK-Mitglieder		Tage je Fall	AU-Quote (in %)	Anteil Arbeitsunfälle an den AU-Tagen (in %)
		Fälle	Tage			
Architekten, Bauingenieure	2,9	74,8	1047,1	14,0	35,0	10,4
Bauhilfsarbeiter	6,6	175,3	2404,6	13,7	56,8	15,3
Bautechniker	3,7	86,0	1336,3	15,5	41,4	10,4
Betonbauer	6,6	161,7	2411,4	14,9	56,7	18,7
Bürofachkräfte	2,4	75,3	877,4	11,7	35,5	3,6
Bürohilfskräfte	2,5	54,6	926,5	17,0	27,4	2,8
Elektroinstallateure	4,2	148,6	1531,8	10,3	58,4	13,0
Formstein-, Betonhersteller	6,8	162,8	2499,0	15,3	61,4	16,9
Gärtner, Gartenarbeiter	8,0	240,1	2901,9	12,1	58,1	7,5
Gerüstbauer	7,2	187,5	2616,5	14,0	57,4	21,2
Gleisbauer	6,9	144,4	2524,7	17,5	60,2	16,6
Hilfsarbeiter	6,7	212,8	2431,3	11,4	51,3	10,7
Kranführer	6,9	137,2	2513,9	18,3	57,2	15,9
Raum-, Hausratreiniger	4,6	124,1	1676,9	13,5	41,8	4,0
Schweißer, Brennschneider	6,5	160,4	2383,4	14,9	60,9	16,1
Sonstige Techniker	3,6	98,1	1322,2	13,5	44,4	8,1
Stahlbauschlosser, Eisenschiffbauer	6,3	166,6	2281,3	13,7	60,0	21,2
Unternehmer, Geschäftsführer, Geschäftsbereichleiter	2,9	59,8	1057,4	17,7	31,0	7,5
Verkäufer	2,9	81,5	1070,3	13,1	38,6	5,8
Warenmaler, -lackierer	4,8	174,4	1765,1	10,1	60,7	10,0

Die Tabelle 21.3.3 zeigt die Arbeitsunfähigkeitskennzahlen für die größten Berufsgruppen des Baugewerbes im Überblick (in alphabetischer Reihenfolge).

21.3.5 Kurz- und Langzeiterkrankungen

Bei 30,8% der Arbeitsunfähigkeitsfälle im Baugewerbe (AOK-Mitglieder) handelt es sich um Kurzzeitfälle von 1–3 Tagen (Abb. 21.3.3). Auf diese Fälle gehen aber lediglich 4,1% der Arbeitsunfähigkeitstage zurück.[5] Dagegen ist fast die Hälfte der Arbeitsunfähigkeitstage (46,7% im Baugewerbe insgesamt, im Bauhauptgewerbe sogar 48,6%) auf eine relativ geringe Anzahl von Langzeitfällen (6,1% der AU-Fälle insgesamt), die länger als 6 Wochen dauern, zurückzuführen.

Der Anteil der Langzeiterkrankungen ist im Baugewerbe deutlich höher als im Branchendurchschnitt (Fälle: 6,1% gegenüber 5,0%; Tage: 46,7% gegenüber 39,6%). Soll der Krankenstand wirksam reduziert werden, sollte daher bei den Langzeiterkrankungen angesetzt werden.

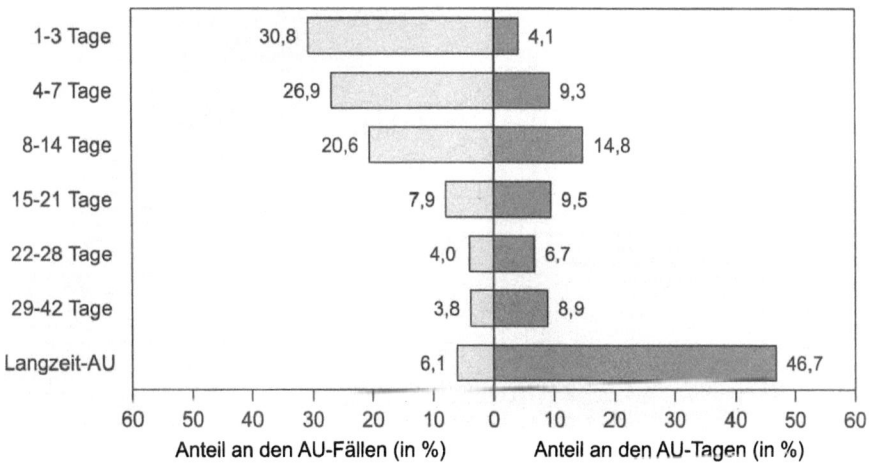

Abb. 21.3.3. Arbeitsunfähigkeitsfälle und -tage nach der Dauer, 1999

---

[5] Kurzzeiterkrankungen ohne ärztliche Arbeitsunfähigkeitsbescheinigung werden allerdings von den Krankenkassen nicht erfasst (vgl. dazu Kap. 21.1.5).

21.3.6 Krankenstand nach Bundesländern

Beim Krankenstand gibt es zum Teil erhebliche Unterschiede zwischen den einzelnen Bundesländern (Abb. 21.3.4). Die höchsten Krankenstände in der Baubranche waren 1999 in den Stadtstaaten Hamburg (8,0%) und Berlin (7,5%) sowie im Saarland (7,3%) zu verzeichnen. Die niedrigsten Krankenstände wiesen die Bundesländer Niedersachsen (5,1%), Bayern (5,3%) und Thüringen (5,4%) auf.

Die Zahl der krankheitsbedingten Fehltage nahm 1999 im Vergleich zum Vorjahr in allen Ländern zu (Tabelle 21.3.4). Dies ist auf eine gestiegene Zahl von Krankmeldungen zurückzuführen. Am stärksten nahm die Zahl der Arbeitsunfähigkeitsfälle in den ostdeutschen Län-

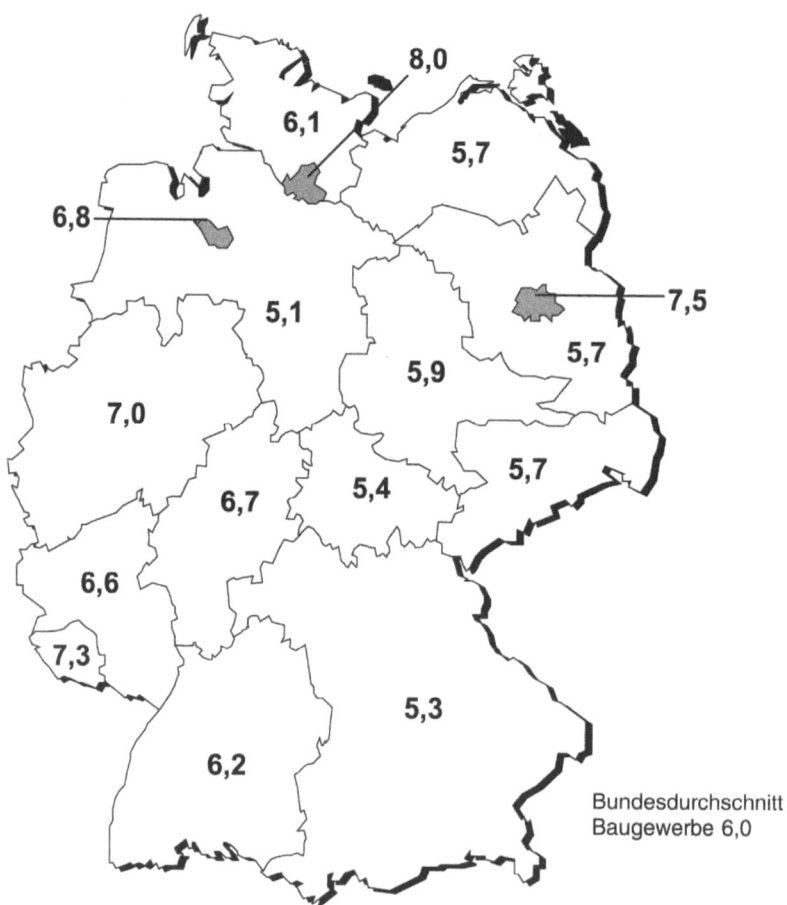

Abb. 21.3.4. Krankenstand (in %) im Baugewerbe nach Bundesländern, 1999

Tabelle 21.3.4. Baugewerbe, Arbeitsunfähigkeit nach Bundesländern, 1999 im Vergleich zum Vorjahr

	Arbeitsunfähigkeiten je 100 AOK-Mitglieder					
	AU-Fälle 1999	Veränd. z. Vorj. (in %)	AU-Tage 1999	Veränd. z. Vorj. (in %)	Tage je Fall 1999	Veränd. z. Vorj. (in %)
Baden-Württemb.	158,4	6,7	2280,7	1,8	14,4	-4,6
Bayern	135,3	4,3	1950,7	1,5	14,4	-2,7
Berlin	154,4	5,7	2755,1	3,5	17,8	-2,1
Brandenburg	140,7	7,5	2068,6	9,1	14,7	1,5
Bremen	168,9	10,5	2479,6	4,2	14,7	-5,7
Hamburg	163,9	6,9	2907,3	7,5	17,7	0,6
Hessen	166,4	5,8	2447,9	1,5	14,7	-4,0
Mecklen.-Vorp.	146,4	11,6	2071,2	11,3	14,1	-0,2
Niedersachsen	150,7	9,2	1851,5	10,9	12,3	1,6
Nordrhein-Westf.	168,5	6,2	2551,7	1,1	15,1	-4,8
Rheinland-Pfalz	172,2	6,0	2402,8	3,5	14,0	-2,4
Saarland	165,2	9,1	2653,9	2,4	16,1	-6,2
Sachsen	149,9	11,6	2080,1	9,4	13,9	-2,0
Sachsen-Anhalt	155,8	1,1	2171,7	2,2	13,9	1,1
Schleswig-Holstein	159,7	5,2	2241,6	3,4	14,0	-1,7
Thüringen	145,6	12,7	1976,5	11,0	13,6	-1,5
Bund	152,8	6,8	2205,3	3,9	14,4	-2,7

dern Thüringen, Sachsen und Mecklenburg-Vorpommern zu. Die durchschnittliche Dauer der Arbeitsunfähigkeitsfälle nahm dagegen in den meisten Ländern weiter ab.

21.3.7 Krankenstand nach der Betriebsgröße

Mit zunehmender Betriebsgröße[6] steigt im Baugewerbe ebenso wie in den meisten übrigen Branchen die Anzahl der krankheitsbedingten Fehltage (Abb. 21.3.5). Während 1999 bei Kleinbetrieben mit 10–49

---

[6] Als Maß für die Betriebsgröße wird hier die Anzahl der AOK-Mitglieder in den Betrieben zugrunde gelegt, die allerdings in der Regel nur einen Teil der gesamten Belegschaft ausmachen.

AOK-Mitgliedern[7] durchschnittlich 22,0 Arbeitsunfähigkeitstage je Mitarbeiter anfielen, waren es bei einer Betriebsgröße von 500–999 AOK-Mitgliedern 29,5 Tage. Bei Betrieben mit 1000 und mehr AOK-Mitgliedern waren es sogar 46,0 Tage.[8] Der Krankenstand im Baugewerbe war 1999 bei allen Betriebsgrößen höher als im Branchendurchschnitt.

Tabelle 21.3.5 zeigt den Krankenstand (1999) in den einzelnen Wirtschaftsgruppen des Baugewerbes nach Betriebsgröße. Das Bauhauptgewerbe wies bei fast allen Betriebsgrößen die meisten krank-

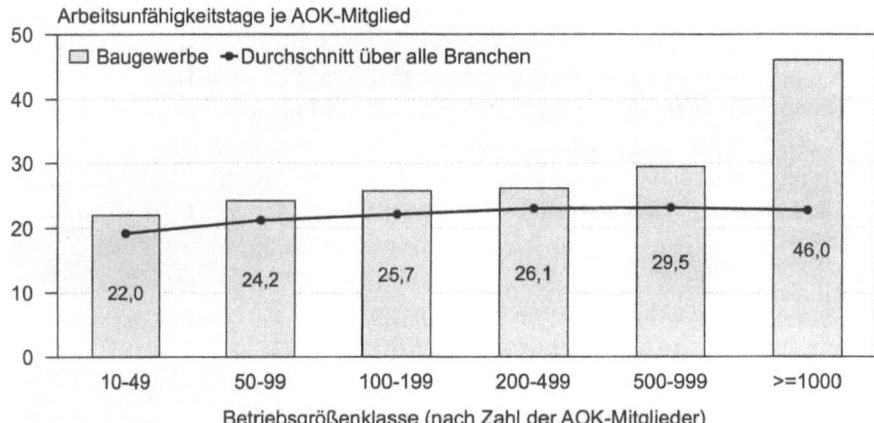

Abb. 21.3.5. Arbeitsunfähigkeitstage im Baugewerbe nach Betriebsgröße, 1999

Tabelle 21.3.5. Baugewerbe, Arbeitsunfähigkeitstage je AOK-Mitglied nach Betriebsgröße (Anzahl der AOK-Mitglieder), 1999

Wirtschaftsgruppe	10–49	50–99	100–199	200–499	500–999	≥1000
Ausbau- und Bauhilfsgewerbe	20,2	22,1	23,1	19,6	39,6	27,1
Bauhauptgewerbe	22,7	24,5	26,0	26,6	28,0	50,1
Zimmerei und Dachdeckerei	22,4	25,8	18,5	–	–	–
Durchschnitt über alle Branchen	19,2	21,2	22,1	23,0	23,1	22,7

---

[7] Diese Betriebsgröße ist im Baugewerbe vorherrschend.
[8] Es finden sich allerdings nur wenige Betriebe dieser Größenordnung im Datenbestand der AOK. Daher ist diese Zahl nicht unbedingt repräsentativ für alle Betriebe dieser Größenklasse.

heitsbedingten Fehltage je AOK-Mitglied auf. Die niedrigsten Fehlzeiten waren im Ausbau- und Bauhilfsgewerbe zu verzeichnen, mit Ausnahme der Betriebe mit 100–199 AOK-Mitgliedern, wo die Zimmereien und Dachdeckereien günstiger abschnitten.[9]

21.3.8 Krankenstand nach Stellung im Beruf

Wie in anderen Branchen auch variiert der Krankenstand im Baugewerbe erheblich in Abhängigkeit von der Stellung im Beruf (Abb. 21.3.6). Die höchsten Fehlzeiten weisen die Arbeiter (24,7 Tage) und die Facharbeiter (23,3 Tage) auf, die niedrigsten die Angestellten (11,0 Tage). Der Krankenstand ist bei den Arbeitern mehr als doppelt so hoch wie bei den Angestellten. Zwischen diesen Extrempunkten liegen die Meister, Poliere (19,8 Tage) und die Auszubildenden (18,1 Tage).

Vergleicht man die Krankenstände der Berufsgruppen im Baugewerbe mit dem allgemeinen Branchendurchschnitt, so lassen sich drei Gruppen unterscheiden: Bei den Angestellten lag der Krankenstand im Baugewerbe 1999 deutlich niedriger als in den übrigen Branchen. Bei den Arbeitern fiel der Krankenstand im Baugewerbe etwa gleich aus wie bei der Vergleichsgruppe. Bei den restlichen Berufsgruppen, in besonderem Maße bei den Meistern und den Polieren, war der Krankenstand deutlich höher als im Branchendurchschnitt.

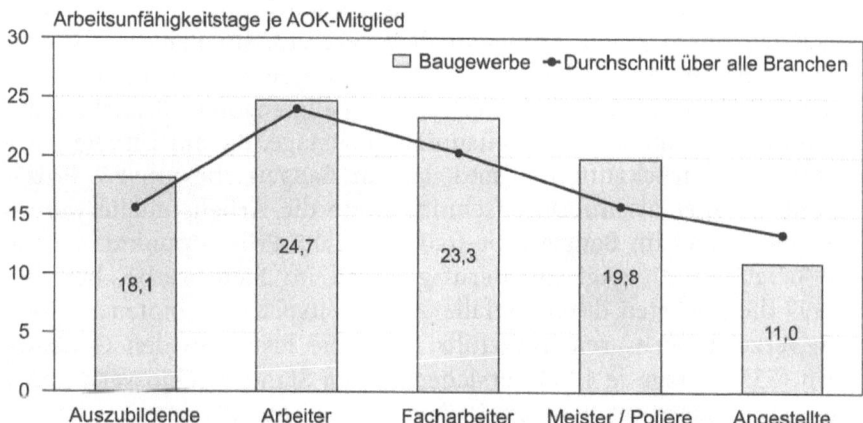

Abb. 21.3.6. Arbeitsunfähigkeitstage im Baugewerbe nach Stellung im Beruf, 1999

---

[9] Im Bereich der Zimmereien und Dachdeckereien sind Betriebe mit 200 und mehr Mitgliedern im Datenbestand der AOK nicht zu finden.

Tabelle 21.3.6. Baugewerbe, Krankenstand (in %) nach Stellung im Beruf, 1999

Wirtschaftsgruppe	Auszu-bildende	Arbeiter	Fach-arbeiter	Meister, Poliere	Ange-stellte
Ausbau- und Bauhilfsgewerbe	4,5	6,2	5,6	4,6	2,8
Bauhauptgewerbe	5,6	6,9	6,8	5,8	3,1
Zimmerei und Dachdeckerei	4,9	6,8	6,1	5,0	2,9

Tabelle 21.3.6 weist die Krankenstände in den einzelnen Wirtschaftsgruppen nach der Stellung im Beruf aus. Bei allen Berufsgruppen war der Krankenstand am höchsten im Bauhauptgewerbe und am niedrigsten im Ausbau- und Bauhilfsgewerbe.

21.3.9 Arbeitsunfälle

Ein überdurchschnittlich hoher Anteil der Arbeitsunfähigkeitstage und -fälle ist im Baugewerbe auf Arbeitsunfälle zurückzuführen (Abb. 21.3.7). 1999 waren diese im Baugewerbe die Ursache für 10,7% der Arbeitsunfähigkeitsfälle. Diese Fälle waren für 14,3% der krankheitsbedingten Fehlzeiten verantwortlich. Besonders häufig kam es zu Arbeitsunfällen im Bereich der Zimmereien und Dachdeckereien (14,3% der Fälle). Dort wurde mehr als jeder fünfte (20,4%) Krankheitstag durch einen Arbeitsunfall verursacht. Im Baugewerbe insgesamt war der Anteil der Arbeitsunfälle an den Arbeitsunfähigkeitsfällen 4,9 Prozentpunkte höher als im allgemeinen Branchendurchschnitt. Der Anteil der Arbeitsunfähigkeitstage, die auf Unfälle am Arbeitsplatz zurückzuführen sind, lag im Baugewerbe um 6,7 Prozentpunkte höher als im Durchschnitt. Ohne die Arbeitsunfälle wäre der Krankenstand im Baugewerbe (6,0%) um 0,8 Prozentpunkte niedriger.

Tabelle 21.3.7 zeigt die Berufsgruppen im Baugewerbe, bei denen 1999 die höchsten durch Unfälle am Arbeitsplatz bedingten Fehlzeiten zu verzeichnen waren. Angeführt wird die Liste von den Gerüstbauern (5553,1 Tage je 1000 Versicherte), den Stahlbauschlossern und Eisenschiffbauern (4835,4) sowie den Zimmerern (4732,9).

Die Ursachen der Unfälle liegen gemäß einer EU-weiten Untersuchung[10] zu 35% in Planungsfehlern, zu 28% in mangelhafter Organisation und zu 37% in Fehlern bei der Ausführung. Nicht zuletzt aus

---

[10] Quelle: Bundesarbeitsblatt 7–8, 1998.

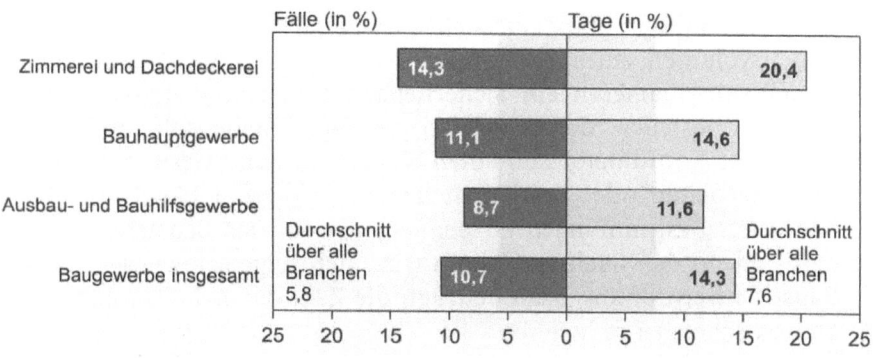

Abb. 21.3.7. Arbeitsunfälle im Baugewerbe nach Wirtschaftsgruppen, Anteil an den AU-Fällen und -Tagen in %, 1999

Tabelle 21.3.7. Baugewerbe, Arbeitsunfähigkeitstage durch Arbeitsunfälle nach Berufsgruppen, 1999

Tätigkeit	AU-Tage je 1000 AOK-Mitglieder	Anteil an den AU-Tagen insgesamt (in %)
Gerüstbauer	5553,1	21,2
Stahlbauschlosser, Eisenschiffbauer	4835,4	21,2
Betonbauer	4518,4	18,7
Formstein-, Betonhersteller	4217,1	16,9
Gleisbauer	4187,5	16,6
Kranführer	3988,8	15,9
Schweißer, Brennschneider	3832,9	16,1
Bauhilfsarbeiter	3679,3	15,3
Hilfsarbeiter	2601,1	10,7
Gärtner, Gartenarbeiter	2168,7	7,5
Elektroinstallateure, -monteure	1996,2	13,0
Warenmaler, -lackierer	1759,1	10,0
Bautechniker	1385,9	10,4
Architekten, Bauingenieure	1092,5	10,4
Sonstige Techniker	1068,3	8,1
Unternehmer, Geschäftsführer, Geschäftsbereichleiter	797,4	7,5
Verkäufer	623,2	5,8

diesem Grunde wurde die Verordnung über Sicherheit und Gesundheitsschutz auf Baustellen (Baustellenverordnung) initiiert. Sie trat am 1. Juli 1998 in Kraft. Sie setzt die Mindestvorschriften der EG-Richtlinie 92/57 EWG in nationales Recht um. Dieser Verordnung zufolge müssen Bauherren für Bauvorhaben ab voraussichtlich 500 Manntagen der für den Arbeitsschutz zuständigen Behörde eine Vorankündigung übermitteln. Eine Baustelle dieser Größe entspricht etwa dem Arbeitsvolumen eines Zweifamilienhauses. Für diese Bauvorhaben ist ferner vom Bauherrn ein Sicherheits- und Gesundheitsschutzkoordinator zu bestellen, der schon bei der Bauvorhabensplanung beteiligt ist. Dieser Koordinator soll einen Sicherheits- und Gesundheitsschutzplan erarbeiten oder erarbeiten lassen. In diesem Plan sind die Arbeitsschutzbestimmungen zu nennen, die auf der Baustelle anzuwenden sind. In den nächsten Jahren wird sich zeigen, inwieweit die neue Baustellenverordnung dazu beiträgt, die Zahl der Arbeitsunfälle in der Bauwirtschaft zu reduzieren.

21.3.10 Krankheitsarten

Das Krankheitsgeschehen im Baugewerbe wird im wesentlichen von folgenden fünf großen Krankheitsgruppen bestimmt:
- Muskel- und Skeletterkrankungen
- Verletzungen
- Atemwegserkrankungen
- Herz-/Kreislauferkrankungen
- Erkrankungen der Verdauungsorgane.

Diese Erkrankungen verursachten im Jahr 1999 bei den AOK-Mitgliedern 78,6% der Arbeitsunfähigkeitsfälle und 78,9% der Arbeitsunfähigkeitstage (Abb. 21.3.8). Die restlichen Arbeitsunfähigkeitsfälle und -tage verteilten sich auf sonstige Erkrankungen.

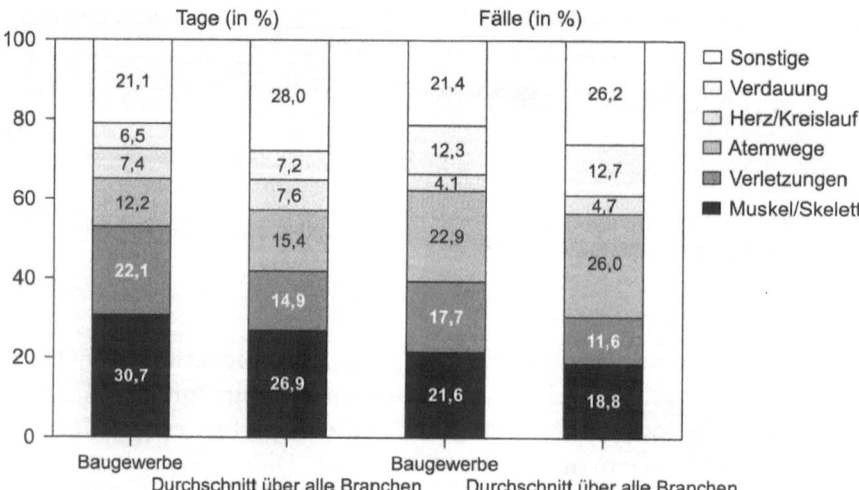

Abb. 21.3.8. Arbeitsunfähigkeit im Baugewerbe nach Krankheitsarten, 1999

Eine herausragende Rolle spielen die Muskel-/Skeletterkrankungen und die Verletzungen. Allein diese beiden Krankheitsgruppen verursachten 1999 im Baugewerbe 52,8% aller Krankheitstage. Der Anteil der durch Muskel-/Skeletterkrankungen und Verletzungen verursachten Fehltage ist im Baugewerbe erheblich höher als im Branchendurchschnitt (41,8%). Entsprechend entfielen auf Atemwegs-, Herz- und Kreislauferkrankungen sowie Erkrankungen der Verdauungsorgane anteilmäßig weniger Ausfalltage als in den übrigen Branchen.

Bei den Muskel- und Skeletterkrankungen stehen die Rückenerkrankungen im Vordergrund (57,4% der Fälle; s. Tabelle 21.3.9). An zweiter und dritter Stelle folgen rheumatische Erkrankungen (22,5%) und Gelenkerkrankungen (16,4%). Am höchsten ist der Anteil der muskulo-skeletalen Erkrankungen im Bauhauptgewerbe (31,6% der AU-Tage, s. Tabelle 21.3.8).

Bei den Verletzungen handelt es sich überwiegend um Prellungen (23,5% der Fälle), Verstauchungen und Zerrungen (20,8%) und oberflächliche Verletzungen (11,5%). Mehr als die Hälfte der verletzungsbedingten Ausfalltage (52%) ging 1999 im Baugewerbe auf Arbeitsunfälle zurück. Die meisten Verletzungen waren im Bereich der Dachdeckereien und Zimmereien zu verzeichnen, dort gingen 30,4% der Arbeitsunfähigkeitstage darauf zurück.

12,2% der Arbeitsunfähigkeitstage wurden durch Atemwegserkrankungen verursacht. In erster Linie handelt es sich dabei um akute Infektionen der Atmungsorgane (38,7% der Fälle). Daneben spielen chronische obstruktive Lungenkrankheiten (26,5%), wie z. B. Erkältungen und Nebenhöhlenentzündungen, sowie Lungenentzündungen und Grippeerkrankungen (23,9%) eine wichtige Rolle. Die meisten Ausfalltage gingen anteilmäßig im Ausbau- und Bauhilfsgewerbe auf Erkrankungen der Atemwege zurück (14,2%).

Tabelle 21.3.8. Baugewerbe, Arbeitsunfähigkeitstage nach Krankheitsarten (in %), 1999

Wirtschaftsgruppe	Muskel/ Skelett	Atemwege	Verletzungen	Herz/ Kreislauf	Verdauung	Psyche	Sonstige
Ausbau- und Bauhilfsgewerbe	29,1	14,2	21,6	6,5	7,0	3,1	18,5
Bauhauptgewerbe	31,6	11,5	21,4	8,0	6,4	2,9	18,2
Zimmerei und Dachdeckerei	27,6	11,8	30,4	4,9	6,2	2,4	16,7

Tabelle 21.3.9. Baugewerbe, Arbeitsunfähigkeiten nach Krankheitsarten, Anteile der ICD-Untergruppen an den ICD-Hauptgruppen, 1999

ICD-Untergruppen	Anteil an den AU-Fällen (in %)	Anteil an den AU-Tagen (in %)
Muskel-/Skeletterkrankungen		
Rückenerkrankungen	57,4	54,9
Rheumatismus	22,5	18,4
Gelenkerkrankungen	16,4	22,4
Sonstige	3,7	4,2
Verletzungen		
Prellungen	23,5	16,2
Verstauchungen/Zerrungen	20,8	19,8
Oberflächliche Verletzungen	11,5	7,7
Komplikationen nach Verletzungen	7,7	6,1
Frakturen der unteren Extremitäten	5,7	15,1
Frakturen der oberen Extremitäten	4,3	9,9
Sonstige	26,5	25,2
Atemwegserkrankungen		
Akute Infektionen der Atmungsorgane	38,7	34,7
Chronische obstruktive Lungenkrankheiten und verwandte Affektionen	26,5	29,8
Lungenentzündung und Grippe	23,9	22,3
Sonstige Krankheiten der oberen Luftwege	7,5	8,6
Sonstige Krankheiten der Atmungsorgane	3,3	4,7
Herz-/Kreislauferkrankungen		
Krankheiten der Venen und Lymphgefäße	36,5	18,1
Hypertonie und Hochdruckkrankheiten	25,6	22,5
Ischämische Herzkrankheiten	15,2	24,5
Sonstige Formen von Herzkrankheiten	11,5	14,1
Krankheiten der Arterien, Arteriolen und Kapillaren	4,1	7,1
Krankheiten des zerebrovaskulären Systems	3,5	8,1
Sonstige	3,5	5,6
Verdauung		
Dünn- und Dickdarmentzündung	40,8	26,1
Speiseröhre/Magen/Zwölffingerdarm	23,8	26,9
Mundhöhle/Speicheldrüse/Kiefer	22,4	8,5
Sonst. Krankheiten der Verdauungsorgane	4,0	12,3
Sonst. Krankheiten Darm und Bauchfell	3,9	7,6
Sonstige	5,1	18,6
Psychiatrische Krankheiten		
Neurosen, Psychopathien und andere nichtpsychotische psychische Störungen	76,7	74,8
Andere Psychosen	17,7	20,9
Organische Psychosen	5,5	4,2

Auf Herz- und Kreislauferkrankungen gingen 7,4% der Krankheitstage zurück. Bei gut einem Drittel dieser Erkrankungen (36,5% der Fälle) handelte es sich um Krankheiten der Venen und Lymphgefäße wie z. B. Hypotonie, Krampfadern und Thrombosen. An zweiter und dritter Stelle folgten Hypertonie und Hochdruckkrankheiten (25,6%) sowie ischämische Herzkrankheiten (15,2%), zu denen insbesondere Herzinfarkte und Angina-Pectoris-Fälle gehören. Der Anteil der durch Herz- und Kreislauferkrankungen bedingten Fehltage war 1999 am höchsten im Bauhauptgewerbe (8,0%).

Erkrankungen der Verdauungsorgane waren für 6,5% der Arbeitsunfähigkeitstage verantwortlich. Im Vordergrund stehen hier Dünn- und Dickdarmentzündungen (40,8% der Fälle), Krankheiten der Speiseröhre, des Magens und des Zwölffingerdarms (z. B. Magengeschwüre und Gastritis; 23,8%) sowie Krankheiten der Mundhöhle, der Speicheldrüse und des Kiefers (22,4%). Auch bei den Erkrankungen der Verdauungsorgane war der Anteil an den Arbeitsunfähigkeitstagen am größten im Ausbau- und Bauhilfsgewerbe (7,0%).

21.4 Dienstleistungen

21.4.1	Kosten der Arbeitsunfähigkeit	353
21.4.2	Allgemeine Krankenstandsentwicklung	353
21.4.3	Krankenstandsentwicklung nach Wirtschaftsgruppen	355
21.4.4	Krankenstand nach Berufsgruppen	357
21.4.5	Kurz- und Langzeiterkrankungen	359
21.4.6	Krankenstand nach Bundesländern	359
21.4.7	Krankenstand nach Betriebsgröße	361
21.4.8	Krankenstand nach Stellung im Beruf	362
21.4.9	Arbeitsunfälle	364
21.4.10	Krankheitsarten	365

21.4.1 Kosten der Arbeitsunfähigkeit

1999 gab es im Dienstleistungsbereich 7,9 Millionen sozialversicherungspflichtig Beschäftigte[1]. Jeder Mitarbeiter in diesem Bereich (AOK-Mitglieder) war 1999 im Durchschnitt 18,2 Kalendertage krankgeschrieben. Für die Branche insgesamt ergibt dies eine Summe von 144 Millionen krankheitsbedingten Fehltagen oder 395 500 Erwerbsjahren. Bei einem durchschnittlichen Bruttojahresverdienst im Jahr 1999 von 48 029 DM[2] ergeben sich für das Jahr 1999 hochgerechnet auf alle Beschäftigten im Dienstleistungsbereich Kosten in Höhe von 19,0 Milliarden DM aufgrund von Produktionsausfällen durch Arbeitsunfähigkeit[3].

Die finanzielle Belastung eines Betriebes mit 100 Mitarbeitern durch diese Kosten betrug durchschnittlich 239 500 DM.

21.4.2 Allgemeine Krankenstandsentwicklung

Der Krankenstand im Dienstleistungsbereich lag 1999 bei 5,0%. Gegenüber dem Vorjahr stieg er um 0,2 Prozentpunkte an. Im Durchschnitt waren die Beschäftigten 18,2 Kalendertage krank geschrieben, 1998 waren es 17,4 Tage (Tabelle 21.4.1). Die Zahl der Krankmeldungen nahm um 8,6% zu. Die durchschnittliche Dauer einer Krankmeldung ging dagegen geringfügig von 12,5 auf 12,0 Tage zurück. Der Anteil der Beschäftigten, die sich mindestens einmal arbeitsunfähig meldeten (AU-Quote) lag 1999 bei 49,6%. Im Vergleich zum Vorjahr nahm er um 0,7 Prozentpunkte zu.

---

[1] Quelle: Bundesanstalt für Arbeit, Beschäftigtenstatistik 2000.
[2] Quelle: Statistisches Bundesamt, Fachserie 18, Reihe 1.2, 1999.
[3] Nur die direkten Kosten durch Entgeltzahlungen. Zu weiteren Kosten s. Kap. 21.1.2.

Tabelle 21.4.1. Krankenstandsentwicklung im Bereich Dienstleistungen, 1999

	Kranken-stand (in %)	Arbeitsunfähigkeiten je 100 AOK-Mitglieder				Tage je Fall	AU-Quote (in %)
		Fälle	Veränd. z. Vorj. (in %)	Tage	Veränd. z. Vorj. (in %)		
West	4,8	146,2	7,5	1760,4	3,1	12,0	48,8
Ost	5,8	181,5	15,4	2127,3	11,4	11,7	54,0
BRD	5,0	151,8	8,6	1818,8	4,4	12,0	49,6

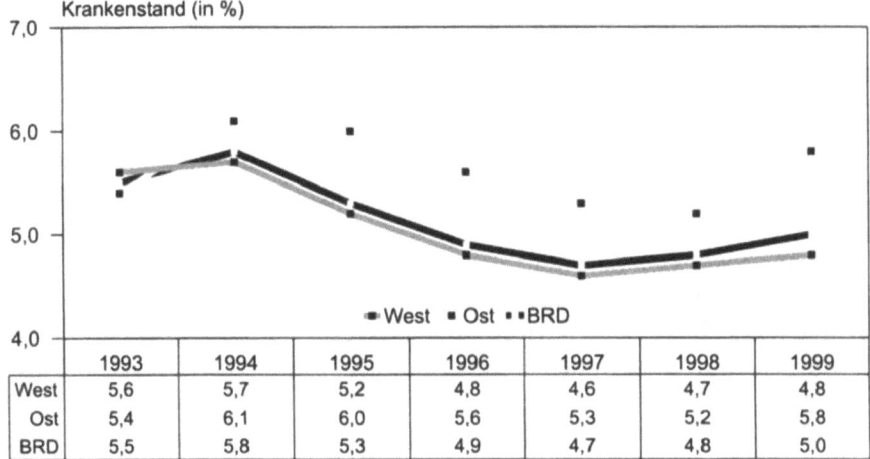

Abb. 21.4.1. Krankenstandsentwicklung im Dienstleistungsbereich 1993–1999

In Ostdeutschland waren die Krankenstände im Bereich Dienstleistungen 1999 deutlich höher (1,0 Prozentpunkte) als im Westen. Dies ist darauf zurückzuführen, dass sich im Osten mehr Arbeitnehmer krank meldeten als im Westen. Während die AU-Quote in den alten Bundesländern 48,8% betrug, waren es in den neuen 54,0%. Die durchschnittliche Dauer eines Arbeitsunfähigkeitsfalls war dagegen in den neuen Bundesländern etwas geringer als in den alten. Im Vergleich zum Vorjahr nahm die Zahl der Arbeitsunfähigkeitstage in Westdeutschland um 3,1% und in Ostdeutschland um 11,4% zuück.

Abbildung 21.4.1 zeigt die Krankenstandsentwicklung im Bereich Dienstleistungen in den letzten sechs Jahren. Seit 1995 ging der Krankenstand kontinuierlich zurück und erreichte 1997 den niedrigsten Stand seit 1993. In den Jahren 1998 und 1999 nahm er erstmalig wieder geringfügig zu. Dennoch befindet sich der Krankenstand immer noch auf einem niedrigeren Niveau als in den Jahren 1993–1995. Ob es sich bei dem Anstieg des Krankenstandes um einen längerfristigen Trend handelt, wird sich in den nächsten Jahren zeigen. Seit 1994 waren in Ostdeutschland höhere Krankenstände als im Westen zu verzeichnen. Nachdem sich die Krankenstände in Ost- und Westdeutschland in den Jahren 1997 und 1998 wieder aneinander angenähert hatten, hat sich der Abstand 1999 wieder vergrößert (1,0 Prozentpunkte).

21.4.3 Krankenstandsentwicklung nach Wirtschaftsgruppen

Die Krankenstände in den einzelnen Wirtschaftsgruppen des Dienstleistungsbereichs differieren erheblich. Die höchsten Krankenstände wiesen 1999 wissenschaftliche Hochschulen, allgemein- und berufsbildende Schulen (7,6%), „hygienische" Einrichtungen[4] (6,9%) sowie Kinder-, Ledigen- und Altersheime (6,1%) auf. Der erhöhte Krankenstand im Schul- und Hochschulbereich ist auf eine extrem hohe Zahl an Krankmeldungen zurückzuführen, die weit über dem Branchendurchschnitt liegt (Tabelle 21.4.2). In diesem Bereich meldeten sich 1999 64,2% der Beschäftigten mindestens einmal krank, im Dienstleistungsbereich insgesamt waren es dagegen nur 49,6%. Dabei handelt es sich zum überwiegenden Teil um Kurzzeiterkrankungen, die durchschnittliche Dauer einer Krankmeldung lag bei nur 8,2 Kalendertagen, erheblich niedriger als im Durchschnitt in der Branche (12,0 Tage). Bei den hygienischen Einrichtungen und Kinder-, Ledigen- und Altersheimen lag sowohl die Zahl der Arbeitsunfähigkeitsfälle als auch deren Dauer deutlich über dem Branchendurchschnitt im Dienstleistungsbereich.

Die geringsten krankheitsbedingten Fehlzeiten waren in den Bereichen Kunst, Theater, Film, Rundfunk und Fernsehen (2,8%), Rechtsberatung, Wirtschaftsberatung und -prüfung (3,1%) sowie bei Friseur- und Kosmetikbetrieben (3,3%) zu verzeichnen.

Gegenüber dem Vorjahr haben die Krankenstände mit der Ausnahme von Wäschereien und Reinigungsbetrieben in allen Dienstleistungsbereichen zugenommen (um 0,1–8,0 Prozentpunkte; vgl. Tabelle 21.4.2). Die stärkste Zunahme war in „hygienischen und ähnlichen Einrichtungen", im Hochschulbereich und im Bereich Wirtschaftswerbung und Ausstellungswesen zu verzeichnen.

---

[4] Dazu gehören Schwimmbäder, die Bereiche Straßenreinigung, Müllabfuhr und Abwasserbeseitigung sowie Bestattungsunternehmen.

Tabelle 21.4.2. Krankenstandsentwicklung im Bereich Dienstleistungen nach Wirtschaftsgruppen, 1999

Wirtschaftsgruppe	Krankenstand (in %) 1999	Krankenstand (in %) 1998	Arbeitsunfähigkeiten je 100 AOK-Mitglieder Fälle	Veränd. z. Vorj. (in %)	Tage	Veränd. z. Vorj. (in %)	Tage je Fall	AU-Quote (in %)
Architektur- und Ingenieurbüros, Labors	3,8	3,5	129,7	8,8	1379,5	7,0	10,6	48,7
Fotografisches Gewerbe	3,6	3,6	134,3	4,9	1327,1	0,1	9,9	53,8
Friseur- und sonstige Körperpflegegewerbe	3,3	3,1	136,7	9,3	1201,2	6,7	8,8	53,4
Gaststätten und Verpflegung	3,9	3,7	112,0	10,0	1413,9	4,4	12,6	39,8
Gesundheits- und Veterinärwesen	5,1	4,9	137,7	5,9	1851,8	4,3	13,4	56,6
Immobilien- und Vermögensverwaltung	4,8	4,6	120,7	9,7	1735,4	3,4	14,4	47,7
Hygienische und ähnl. Einrichtungen	6,9	6,4	172,7	8,9	2505,0	8,0	14,5	61,7
Kinder-, Alters- und ähnliche Heime	6,1	5,7	161,1	6,9	2212,0	5,6	13,7	61,1
Kunst, Theater, Film, Rundfunk, Fernsehen	2,8	2,8	77,6	5,8	1027,3	0,6	13,2	29,7
Leihhäuser, Vermietung bewegl. Sachen	4,9	4,7	130,2	5,0	1782,4	3,2	13,7	49,5
Rechtsberatung, Wirtschaftsberatung und -prüfung	3,1	3,0	126,8	8,5	1141,4	3,2	9,0	47,2
Sonst. Unterrichts- und Bildungsstätten	5,4	5,2	199,3	10,7	1966,4	3,0	9,9	55,4
Sonstige Dienstleistungen	5,5	5,2	179,5	9,3	2000,9	5,4	11,1	47,0
Verlags-, Literatur- und Pressewesen	4,6	4,5	124,9	5,7	1685,2	3,0	13,5	49,8
Wäscherei und Reinigung	5,6	5,7	146,0	6,3	2030,3	-2,4	13,9	47,1
Wirtschaftswerbung/Ausstellungswesen	4,0	3,7	133,9	7,6	1462,7	7,1	10,9	45,7
Hochschulen und sonst. Einrichtungen	7,6	7,1	337,7	14,2	2781,4	7,4	8,2	64,2

21.4.4 Krankenstand nach Berufsgruppen

Zwischen den einzelnen Berufsgruppen des Dienstleistungsbereichs[5] variieren die Krankenstände sehr stark (Abb. 21.4.2). 1999 bewegte sich die Anzahl der Arbeitsunfähigkeitstage in Abhängigkeit von der Berufsgruppe zwischen 5,5 und 31,2 Kalendertagen. Die höchsten Krankenstände weisen Berufsgruppen aus dem gewerblichen Bereich auf, wie z.B. Gärtner und Gartenarbeiter (31,2 Tage), Maler und Lackierer (27,0 Tage) sowie Straßenreiniger und Abfallbeseitiger (26,4 Tage). Die niedrigsten Krankenstände sind bei Akademikern zu verzeichnen. So fehlten Hochschullehrer 1999 im Durchschnitt nur 5,5, Ärzte 6,1 und Publizisten 6,4 Tage krankheitsbedingt am Arbeitsplatz.

Der Anteil der Beschäftigten im Dienstleistungsbereich, die sich 1999 mindestens einmal krank gemeldet haben, schwankte in Abhängigkeit vom Beruf zwischen 23,7% bei Hochschullehrern sowie Dozenten höherer Fachschulen und 69,1% bei Straßenreinigern sowie Abfallbeseitigern.

Die Tabelle 21.4.3 zeigt überblicksartig die Arbeitsunfähigkeitskennzahlen für einige Berufsgruppen aus dem Dienstleistungsbereich (in alphabetischer Reihenfolge sortiert).

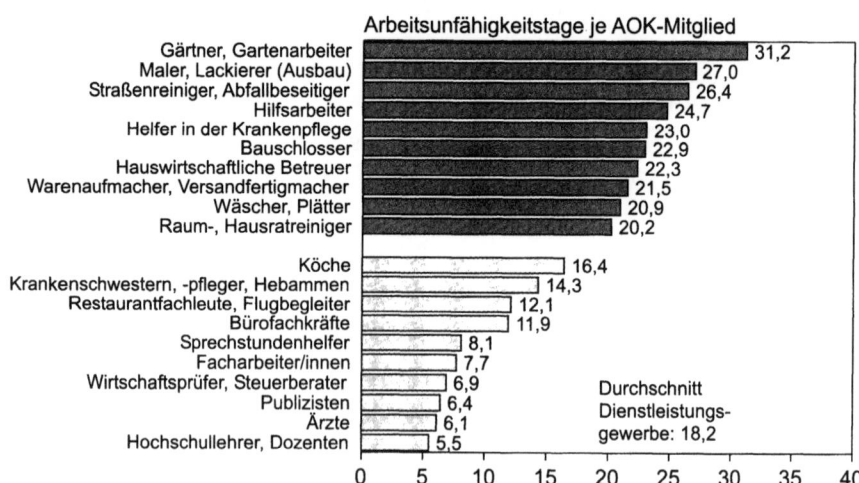

Abb. 21.4.2. 10 Berufsgruppen im Dienstleistungsbereich mit hohen und niedrigen Krankenständen, 1999

---

[5] Ausgewählte Berufsgruppen mit mehr als 5000 AOK-Mitgliedern.

Tabelle 21.4.3. Dienstleistungen, Krankenstandskennzahlen für ausgewählte Berufsgruppen, 1999

Tätigkeit	Krankenstand (in %)	Arbeitsunfähigkeiten je 100 AOK-Mitglieder		Tage je Fall	AU-Quote (in %)	Anteil Arbeitsunfälle an den AU-Tagen (in %)
		Fälle	Tage			
Ärzte	1,7	53,6	610,7	11,4	25,8	3,2
Bauschlosser	6,3	222,3	2291,9	10,3	58,7	14,4
Bürofachkräfte	3,3	140,1	1191,5	8,5	47,3	2,5
Facharbeiter/innen	2,1	64,0	766,7	12,0	24,0	5,4
Gärtner, Gartenarbeiter	8,5	288,7	3119,8	10,8	62,3	5,9
Hauswirtschaftliche Betreuer	6,1	158,9	2234,1	14,1	56,1	3,7
Helfer in der Krankenpflege	6,3	159,9	2299,3	14,4	61,1	3,0
Hilfsarbeiter	6,8	268,5	2471,9	9,2	48,3	9,1
Hochschullehrer, Dozenten	1,5	58,5	550,4	9,4	23,7	3,9
Köche	4,5	130,1	1640,2	12,6	44,5	6,0
Krankenschwestern, -pfleger, Hebammen	3,9	125,6	1426,5	11,4	55,8	2,8
Maler, Lackierer (Ausbau)	7,4	355,3	2699,1	7,6	61,3	7,2
Publizisten	1,8	69,0	641,0	9,3	31,3	2,1
Raum-, Hausratreiniger	5,5	143,5	2023,1	14,1	47,8	4,1
Restaurantfachleute, Flugbegleiter	3,3	103,2	1212,5	11,7	36,5	5,2
Sprechstundenhelfer	2,2	116,9	810,6	6,9	46,9	2,3
Straßenreiniger, Abfallbeseitiger	7,2	191,3	2643,7	13,8	69,1	11,7
Warenaufmacher, Versandfertigmacher	5,9	193,8	2147,1	11,1	52,0	5,8
Wäscher, Plätter	5,7	150,7	2094,4	13,9	57,7	3,3
Wirtschaftsprüfer, Steuerberater	1,9	109,7	685,6	6,2	47,6	1,9

Berufsgruppen mit mehr als 2000 AOK-Versicherten

21.4.5 Kurz- und Langzeiterkrankungen

Bei 31,5% der Arbeitsunfähigkeitsfälle im Dienstleistungsbereich (AOK-Mitglieder) handelt es sich um Kurzzeitfälle von 1-3 Tagen (Abb. 21.4.3). Auf diese Fälle gehen aber lediglich 5,2% der Arbeitsunfähigkeitstage zurück.[6] Dagegen ist fast jeder vierte Arbeitsunfähigkeitstag (36,7 %) im Dienstleistungsbereich auf eine relativ geringe Anzahl von Langzeitfällen (4,4% der AU-Fälle insgesamt), die länger als 6 Wochen dauern, zurückzuführen. Maßnahmen und Programme zur Reduzierung des Krankenstandes sollten sich daher weniger auf Kurzzeiterkrankungen als auf die Prävention der Langzeitfälle konzentrieren (vgl. Kap. 21.1.15).

21.4.6 Krankenstand nach Bundesländern

Beim Krankenstand werden zum Teil erhebliche Unterschiede zwischen den einzelnen Bundesländern sichtbar (Abb. 21.4.4). Die höchsten Krankenstände im Dienstleistungsbereich waren 1999 in Berlin (6,8%), Brandenburg (6,4%) und Mecklenburg-Vorpommern (6,1%) zu verzeichnen. Die niedrigsten Krankenstände wiesen die Bundeslän-

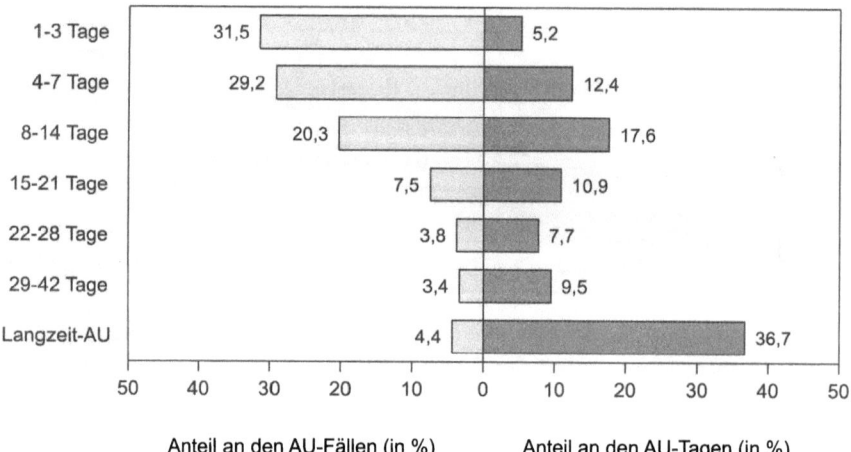

Abb. 21.4.3. Arbeitsunfähigkeitsfälle und -tage im Dienstleistungsbereich nach der Dauer, 1999

---

[6] Kurzzeiterkrankungen ohne ärztliche Arbeitsunfähigkeitsbescheinigung werden allerdings von den Krankenkassen nicht erfasst (vgl. dazu Kap. 21.1.5).

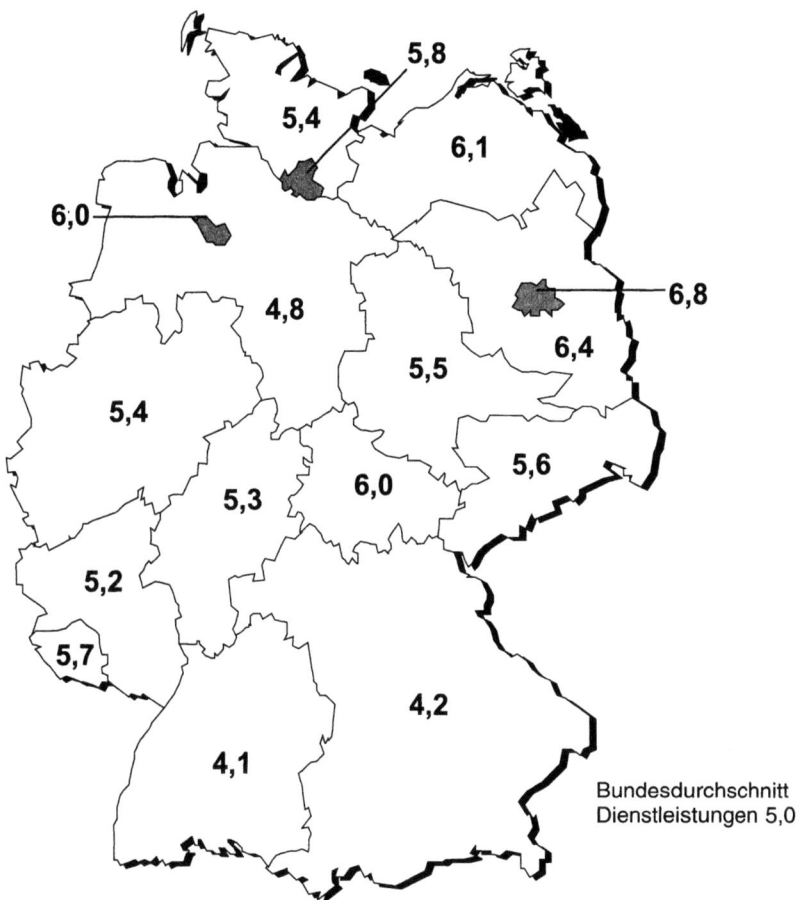

Abb. 21.4.4. Krankenstand (in %) im Dienstleistungsbereich nach Bundesländern, 1999

der Baden-Württemberg (4,1%), Bayern (4,2%) und Niedersachsen (4,8%) auf.

Im Vergleich zum Vorjahr nahm die Zahl der krankheitsbedingten Ausfalltage in allen Bundesländern zu, allerdings unterschiedlich stark. Die stärkste Zunahme war in Sachsen (15,9%), Thüringen (14,2%) und Mecklenburg-Vorpommern (11,8%) zu verzeichnen (Tabelle 21.4.4). Der Anstieg des Krankenstands war auf eine vermehrte Zahl an Krankmeldungen zurückzuführen. Die Anzahl der Arbeitsunfähigkeitsfälle nahm in einigen Ländern erheblich zu, insbesondere in Sachsen (22,7%) und Thüringen (19,1%). Die durchschnittliche Dauer der Krankheitsfälle war dagegen, mit Ausnahme von Mecklenburg-Vorpommern, in allen Bundesländern weiter rückläufig.

Tabelle 21.4.4. Dienstleistungen, Arbeitsunfähigkeit nach Bundesländern, 1999 im Vergleich zum Vorjahr

	Arbeitsunfähigkeiten je 100 AOK-Mitglieder					
	AU-Fälle 1999	Veränd. z. Vorj. (in %)	AU-Tage 1999	Veränd. z. Vorj. (in %)	Tage je Fall 1999	Veränd. z. Vorj. (in %)
Baden-Württemb.	129,9	5,8	1491,2	1,4	11,5	-4,2
Bayern	123,0	6,3	1520,5	3,5	12,4	-2,6
Berlin	170,2	11,9	2474,8	7,1	14,5	-4,3
Brandenburg	192,6	11,7	2325,3	8,0	12,1	-3,2
Bremen	178,1	2,2	2173,3	1,4	12,2	-0,8
Hamburg	1178,5	8,5	2108,6	2,4	11,8	-5,6
Hessen	163,6	9,0	1919,0	2,8	11,7	-5,6
Mecklenb.-Vorp.	195,2	10,3	2214,6	11,8	11,3	1,3
Niedersachsen	161,2	10,7	1757,2	10,2	10,9	-0,4
Nordrhein-Westf.	161,6	6,6	1953,2	0,7	12,1	-5,5
Rheinland-Pfalz	159,3	9,2	1884,4	2,4	11,8	-6,2
Saarland	143,3	7,4	2078,4	2,8	14,5	-4,3
Sachsen	170,6	22,7	2038,1	15,9	11,9	-5,5
Sachsen-Anhalt	172,3	6,1	2020,3	3,7	11,7	-2,3
Schleswig-Holstein	154,7	10,6	1977,3	7,6	12,8	-2,8
Thüringen	194,1	19,1	2195,9	14,2	11,3	-4,1
Bund	151,8	8,6	1818,8	4,4	12,0	-3,9

21.4.7 Krankenstand nach der Betriebsgröße

Mit zunehmender Betriebsgröße[7] steigt tendenziell die Anzahl der krankheitsbedingten Fehltage (Abb. 21.4.5). Während im Dienstleistungsbereich 1999 bei Kleinbetrieben[8] mit 10–49 AOK-Mitgliedern durchschnittlich 17,9 Arbeitsunfähigkeitstage je Mitarbeiter anfielen, waren es bei einer Betriebsgröße von 500–999 AOK-Mitgliedern 23,8 Tage. Bei den mittleren Betriebsgrößen (100–999 AOK-Mitglieder) war die Anzahl der krankheitsbedingten Fehltage im Dienstleistungs-

---

[7] Als Maß für die Betriebsgröße wird hier die Anzahl der AOK-Mitglieder in den Betrieben zugrunde gelegt, die allerdings in der Regel nur einen Teil der gesamten Belegschaft ausmachen.
[8] Diese Betriebsgröße ist im Dienstleistungsbereich vorherrschend.

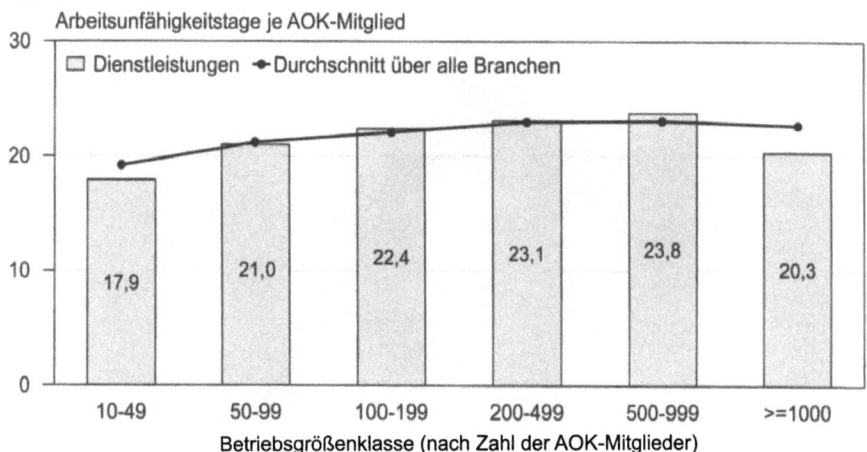

Abb. 21.4.5. Arbeitsunfähigkeitstage im Dienstleistungsbereich nach Betriebsgröße, 1999

bereich etwas höher als im Branchendurchschnitt. Klein- und Großbetriebe (10–99 und >=1000 AOK-Mitglieder) wiesen dagegen im Vergleich zu den übrigen Branchen unterdurchschnittliche Krankenstände auf.

Tabelle 21.4.5 weist die Anzahl der Arbeitsunfähigkeitstage in den einzelnen Wirtschaftsgruppen des Dienstleistungsgewerbes nach Betriebsgrößenklassen aus.

21.4.8 Krankenstand nach Stellung im Beruf

Ebenso wie in anderen Branchen variiert der Krankenstand auch im Dienstleistungsbereich erheblich in Abhängigkeit von der Stellung im Beruf (Abb. 21.4.6). Die höchsten Fehlzeiten weisen die Arbeiter auf (22,3 Tage), die niedrigsten die Angestellten (13,3 Tage). Der Krankenstand der Arbeiter ist fast doppelt so hoch wie der der Angestellten. Zwischen diesen Extrempunkten liegen die Meister (14,4 Tage), die Auszubildenden (17,9 Tage) und die Facharbeiter (18,3 Tage).

Die Krankenstände der Berufsgruppen im Dienstleistungsbereich lagen 1999 bei Arbeitern, Facharbeitern und Meistern unter dem Branchendurchschnitt. Die Auszubildenden wiesen allerdings im Vergleich zu den übrigen Branchen überdurchschnittlich hohe Krankenstände auf. Bei den Angestellten entsprach die Zahl der Arbeitsunfähigkeitstage etwa dem allgemeinen Branchendurchschnitt.

Tabelle 21.4.6 weist die Krankenstände in den einzelnen Wirtschaftsgruppen des Dienstleistungsbereichs in Abhängigkeit von der

Tabelle 21.4.5. Dienstleistungen, Arbeitsunfähigkeitstage je AOK-Mitglied nach Betriebsgröße (Anzahl der AOK-Mitglieder), 1999

Wirtschaftsgruppe	10–49	50–99	100–199	200–499	500–999	≥1000
Architektur- und Ingenieurbüros, Labors	14,9	18,7	19,5	24,5	5,4	18,0
Fotografisches Gewerbe	15,2	14,4	16,0	16,8	–	–
Friseur- und sonstige Körperpflegegewerbe	13,7	15,5	17,9	–	–	–
Gaststätten und Verpflegung	14,4	17,6	19,6	21,5	23,1	24,3
Gesundheits- und Veterinärwesen	19,1	21,2	21,4	22,2	22,5	23,5
Immobilien- und Vermögensverwaltung	19,4	19,9	21,9	27,8	20,0	–
Hygienische und ähnl. Einrichtungen	23,0	24,9	28,1	30,5	31,8	32,4
Kinder-, Alters- und ähnliche Heime	21,3	22,5	25,2	23,4	25,3	–
Kunst, Theater, Film, Rundfunk, Fernsehen	13,4	17,6	16,4	13,4	15,7	4,1
Leihhäuser, Vermietung bewegl. Sachen	19,5	19,0	23,4	17,2	–	–
Rechtsberatung sowie Wirtschaftsberatung und -prüfung	12,0	14,9	23,0	19,2	21,3	19,2
Sonst. Unterrichts- und Bildungsstätten	19,5	25,1	24,3	25,8	26,4	36,6
Sonstige Dienstleistungen	20,3	21,1	20,7	20,1	23,4	19,5
Verlags-, Literatur- und Pressewesen	15,0	17,0	18,5	20,4	21,0	19,9
Wäscherei und Reinigung	19,2	19,7	20,5	21,7	23,0	27,0
Wirtschaftswerbung/ Ausstellungswesen	16,9	17,3	21,2	18,0	22,5	–
Hochschulen und sonst. Einrichtungen	21,5	28,4	32,1	32,3	31,4	28,9
Durchschnitt über alle Branchen	19,2	21,2	22,1	23,0	23,1	22,7

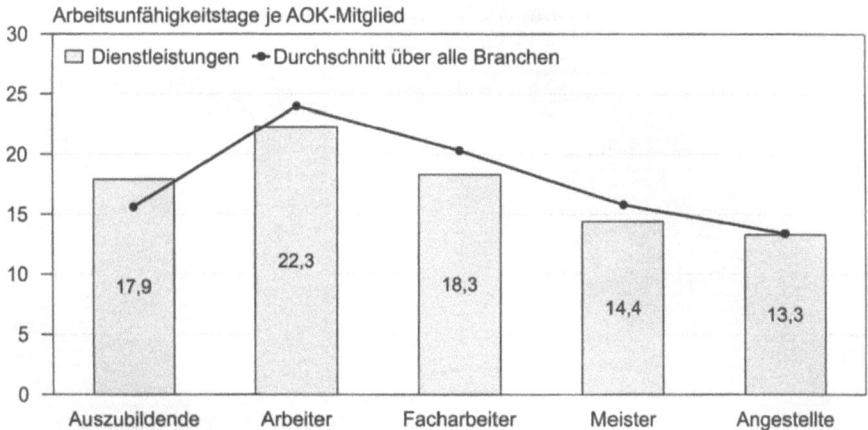

Abb. 21.4.6. Arbeitsunfähigkeitstage im Dienstleistungsbereich nach Stellung im Beruf, 1999

Stellung im Beruf aus. Das Ausmaß der krankheitsbedingten Fehlzeiten in den einzelnen Berufsgruppen variiert sehr stark. Insbesondere bei den wissenschaftlichen Hochschulen und ähnlichen Einrichtungen liegt der Krankenstand bei Arbeitern, Facharbeitern und Auszubildenden extrem über dem Branchendurchschnitt im Dienstleistungsgewerbe.

21.4.9 Arbeitsunfälle

1999 waren im Dienstleistungsbereich 4,3% der Arbeitsunfähigkeitsfälle und 5,6% der -tage auf Arbeitsunfälle zurückzuführen (Abb. 21.4.7). Verglichen mit dem Branchendurchschnitt ist die Zahl der Arbeitsunfälle in diesem Wirtschaftszweig im allgemeinen relativ gering. Eine Ausnahme bilden Leih- und Auktionshäuser, hygienische und ähnliche Einrichtungen[9] sowie einige sonstige Dienstleistungsbereiche. In den beiden erst genannten Bereichen gingen immerhin 13,7 bzw. 11,3% der krankheitsbedingten Ausfalltage auf Unfälle am Arbeitsplatz zurück.

Tabelle 21.4.7 zeigt besonders von Arbeitsunfällen betroffene Berufsgruppen im Dienstleistungsbereich. An der Spitze standen 1999 mit 3305,4 unfallbedingten AU-Tagen je 1000 AOK-Mitglieder die Bauschlosser. Der Anteil der auf Arbeitsunfälle zurückgehenden Ausfalltage am Krankenstand betrug bei dieser Berufsgruppe 14,4%.

---

[9] vgl. Fußnote 4.

Tabelle 21.4.6. Dienstleistungen, Krankenstand (in %) nach Stellung im Beruf, 1999

Wirtschaftsgruppe	Auszubildende	Arbeiter	Facharbeiter	Meister, Poliere	Angestellte
Architektur- und Ingenieurbüros, Labors	3,3	5,9	5,1	3,6	2,7
Fotografisches Gewerbe	2,4	4,6	3,6	2,8	2,6
Friseur- und sonstige Körperpflegegewerbe	3,6	3,7	3,2	3,4	2,8
Gaststätten und Verpflegung	4,0	4,2	3,8	3,3	3,1
Gesundheits- und Veterinärwesen	2,9	8,3	5,8	4,0	4,0
Immobilien- und Vermögensverwaltung	3,5	5,9	5,5	4,1	3,4
Hygienische und ähnliche Einrichtungen	4,2	7,7	6,5	4,8	4,0
Kinder-, Alters- und ähnliche Heime	4,8	7,5	5,9	3,7	5,7
Kunst, Theater, Film, Rundfunk, Fernsehen	2,4	5,5	5,3	5,2	1,8
Leihhäuser, Vermietung bewegl. Sachen	3,7	5,8	5,4	3,8	3,0
Rechtsberatung sowie Wirtschaftsberatung und -prüfung	2,9	5,8	5,7	3,2	2,5
Sonst. Unterrichtsanstalten	6,9	8,1	5,7	4,9	3,8
Sonstige Dienstleistungen	4,0	5,8	6,0	4,6	3,8
Verlags-, Literatur- und Pressewesen	2,5	6,9	5,1	4,4	3,2
Wäscherei und Reinigung	5,1	6,2	6,0	4,1	3,5
Wirtschaftswerbung und Ausstellungswesen	2,6	5,8	4,8	3,3	2,8
Hochschulen und sonst. Einrichtungen	8,8	11,1	7,6	4,5	4,4

21.4.10 Krankheitsarten

Das Krankheitsgeschehen im Dienstleistungsbereich wird im wesentlichen von folgenden sechs großen Krankheitsgruppen bestimmt:[10]
- Muskel- und Skeletterkrankungen
- Atemwegserkrankungen
- Verletzungen

---

[10] Berufsgruppen des Dienstleistungsbereichs mit mindestens 2000 AOK-Mitgliedern.

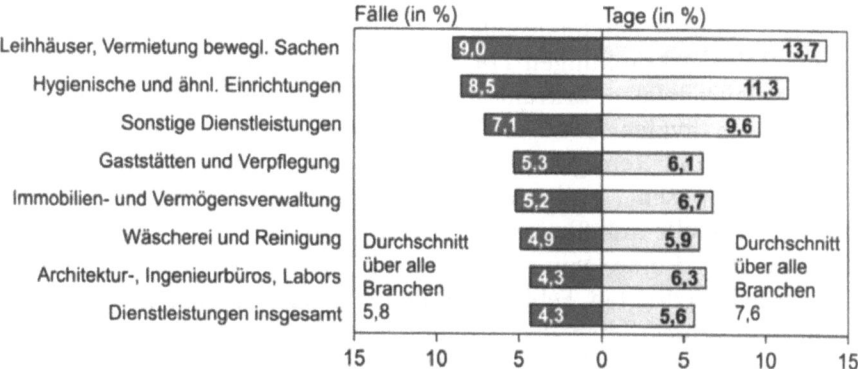

Abb. 21.4.7. Arbeitsunfälle im Dienstleistungsbereich nach Wirtschaftsgruppen, Anteil an den AU-Fällen und -Tagen in %, 1999

Tabelle 21.4.7. Dienstleistungen, Arbeitsunfähigkeitstage durch Arbeitsunfälle nach Berufsgruppen, 1999

Tätigkeit	AU-Tage je 1000 AOK-Mitglieder	Anteil an den AU-Tagen insgesamt (in %)
Bauschlosser	3305,4	14,4
Straßenreiniger, Abfallbeseitiger	3106,2	11,7
Hilfsarbeiter	2242,9	9,1
Maler, Lackierer (Ausbau)	1948,3	7,2
Gärtner, Gartenarbeiter	1850,8	5,9
Warenaufmacher, Versandfertigmacher	1236,7	5,8
Köche	978,6	6,0
Raum-, Hausratreiniger	829,6	4,1
Hauswirtschaftliche Betreuer	826,3	3,7
Wäscher, Plätter	699,4	3,3
Restaurantfachleute, Flugbegleiter	628,9	5,2
Facharbeiter/innen	417,3	5,4

- Erkrankungen der Verdauungsorgane
- Herz- und Kreislauferkrankungen
- Psychiatrische Erkrankungen.

Diese Erkrankungen verursachen im Jahr 1999 bei den AOK-Mitgliedern 74,9% der Arbeitsunfähigkeitsfälle und 75,5% der -tage (Abb. 21.4.8). Die restlichen Fälle und Tage verteilten sich auf sonstige Erkrankungen.

Eine herausragende Rolle spielen die Muskel-/Skeletterkrankungen. Sie allein verursachten 1999 bereits knapp ein Viertel (24,6%) aller Krankheitstage im Dienstleistungsbereich. Bei den Muskel-/Skeletterkrankungen dominieren mit einem Anteil von 60,6% an den Arbeitsunfähigkeitsfällen die Rückenerkrankungen (Tabelle 21.4.9). An zweiter und dritter Stelle folgen rheumatische Erkrankungen (21,1%) und Gelenkerkrankungen (14,2%). Besonders hoch ist der Anteil der muskulo-skeletalen Erkrankungen an den krankheitsbedingten Fehlzeiten bei hygienischen und ähnlichen Einrichtungen (29,1%), Wäschereien und Reinigungen (28,2%) sowie im Bereich Grundstücks-, Wohnungswesen und Vermögensverwaltung ähnlichen Heimen (26,8%; Tabelle 21.4.8).

Auf das Konto von Atemwegserkrankungen gingen 16,6% der krankheitsbedingten Fehltage. Dabei handelte es sich in erster Linie um akute Infektionen der Atmungsorgane, wie z.B. Erkältungen und Nebenhöhlenentzündungen (39,4% der Fälle). Jeweils etwa ein Viertel der Atemwegserkrankungen entfielen auf chronische obstruktive Lungenkrankheiten und ähnliche Erkrankungen – wie beispielsweise Bronchitis und Asthma (25,7%) – sowie auf Lungenentzündung und Grippe (23,3%). Der Anteil der Erkrankungen der Atemwege an den Ausfalltagen war 1999 am höchsten bei Wissenschaftlichen Hochschulen und ähnlichen Einrichtungen (24,0%), im Bereich Rechtsberatung, Wirtschaftsberatung und -prüfung (21,5%) sowie im Friseur- und sonstigen Körperpflegegewerbe (20,4%).

Verletzungen verursachten im Dienstleistungsbereich 12,6% der krankheitsbedingten Fehltage. An erster Stelle sind hier Verstauchungen und Zerrungen (24,6% der Fälle), Prellungen (24,5%) sowie Knochenbrüche (9,3%) zu nennen, auf welche, da sie oft sehr langwierig

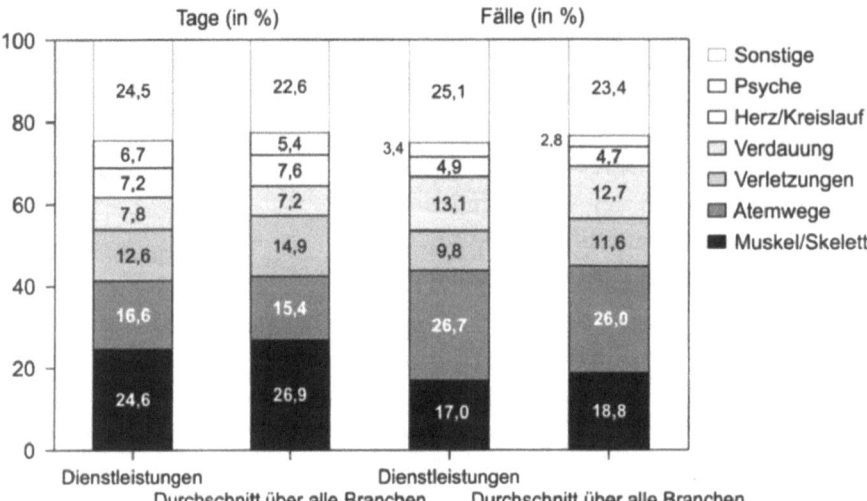

Abb. 21.4.8. Arbeitsunfähigkeit im Dienstleistungsbereich nach Krankheitsarten, 1999

Tabelle 21.4.8. Dienstleistungen, Arbeitsunfähigkeitstage nach Krankheitsarten (in %), 1999

Wirtschaftsgruppe	Muskel/Skelett	Atemwege	Verletzungen	Herz/Kreislauf	Verdauung	Psyche	Sonstige
Architektur- und Ingenieurbüros, Labors	22,7	18,7	14,8	7,0	7,9	5,7	23,2
Fotografisches Gewerbe	20,2	20,0	9,9	7,3	8,9	7,3	26,4
Friseur- und sonstige Körperpflegegewerbe	18,0	20,4	11,9	6,2	9,0	5,6	28,9
Gaststätten und Verpflegung	23,0	15,2	13,8	7,2	8,1	6,4	26,3
Gesundheits- und Veterinärwesen	25,6	15,9	9,7	7,3	6,7	8,4	26,4
Immobilien- und Vermögensverwaltung	26,8	13,8	13,5	9,3	7,2	6,0	23,4
Hygienische und ähnl. Einrichtungen	29,1	14,3	17,9	7,9	7,2	3,9	19,7
Kinder-, Alters- und ähnl. Heime	26,3	15,5	9,3	7,1	6,6	8,8	26,4
Kunst, Theater, Film, Rundfunk, Fernsehen	21,7	16,6	13,4	7,9	7,7	8,7	24,0
Leihhäuser, Vermietung bewegl. Sachen	25,7	13,8	20,3	8,5	7,0	3,9	20,8
Rechtsberatung sowie Wirtschaftsberatung und -prüfung	19,2	21,5	11,3	6,4	9,1	6,8	25,7
Sonst. Unterrichts- und Bildungsstätten	21,9	19,7	12,3	6,4	8,3	7,6	23,8
Sonstige Dienstleistungen	24,2	16,1	16,6	7,5	8,7	5,4	21,5
Verlags-, Literatur- und Pressewesen	24,7	15,7	12,7	8,4	7,0	6,4	25,1
Wäscherei und Reinigung	28,2	14,4	11,6	7,3	7,2	6,3	25,0
Wirtschaftswerbung/Ausstellungswesen	22,2	18,1	13,9	6,1	8,4	7,1	24,2
Hochschulen und sonst. Einrichtunge	20,0	24,0	12,2	6,0	10,0	5,5	22,3

Tabelle 21.4.9. Dienstleistungen, Arbeitsunfähigkeiten nach Krankheitsarten, Anteile der ICD-Untergruppen an den ICD-Hauptgruppen, 1999

ICD-Untergruppen	Anteil an den AU-Fällen (in %)	Anteil an den AU-Tagen (in %)
Muskel-/Skeletterkrankungen		
Rückenerkrankungen	60,6	56,2
Rheumatismus	21,1	19,2
Gelenkerkrankungen	14,2	19,4
Sonstige	4,1	5,2
Verletzungen		
Verstauchungen/Zerrungen	24,6	23,3
Prellungen	24,5	17,3
Oberflächliche Verletzungen	9,4	6,6
Komplikationen nach Verletzungen	7,3	5,7
Frakturen der unteren Extremitäten	5,5	14,1
Frakturen der oberen Extremitäten	3,8	9,6
Sonstige	24,9	23,4
Atemwegserkrankungen		
Akute Infektionen der Atmungsorgane	39,4	36,2
Chronische obstruktive Lungenkrankheiten und verwandte Affektionen	25,7	29,2
Lungenentzündung und Grippe	23,3	22,0
Sonstige Krankheiten der oberen Luftwege	8,4	9,1
Sonstige Krankheiten der Atmungsorgane	3,0	3,4
Herz-/Kreislauferkrankungen		
Krankheiten der Venen und Lymphgefäße	49,5	30,9
Hypertonie und Hochdruckkrankheiten	22,6	22,5
Ischämische Herzkrankheiten	10,1	17,1
Sonstige Formen von Herzkrankheiten	9,4	11,3
Krankheiten des zerebrovaskulären Systems	2,7	7,1
Krankheiten der Arterien, Arteriolen und Kapillaren	2,5	4,8
Sonstige	3,1	6,4
Verdauung		
Dünn- und Dickdarmentzündung	42,0	30,6
Speiseröhre/Magen/Zwölffingerdarm	27,1	29,0
Mundhöhle/Speicheldrüse/Kiefer	17,9	8,2
Sonst. Krankheiten der Verdauungsorgane	4,5	12,8
Sonst. Krankheiten Darm und Bauchfell	4,2	7,5
Sonstige	4,3	11,9
Psychiatrische Krankheiten		
Neurosen, Psychopathien und andere nichtpsychotische psychische Störungen	75,5	73,9
Andere Psychosen	20,7	23,2
Organische Psychosen	3,7	2,8

sind, fast ein Viertel der verletzungsbedingten Arbeitsunfähigkeitstage (23,7%) zurückzuführen war. Die meisten verletzungsbedingten Ausfalltage waren anteilmäßig bei Leih- und Auktionshäusern (20,3%), hygienischen und ähnlichen Einrichtungen (17,9%) sowie bei Laboratorien, Architektur- und Ingenieurbüros (14,8%) zu verzeichnen.

Auf Erkrankungen der Verdauungsorgane gingen 7,8% der Arbeitsunfähigkeitstage zurück. Im Vordergrund stehen hier Dünn- und Dickdarmentzündungen (42,0% der Fälle), Krankheiten der Speiseröhre, des Magens und des Zwölffingerdarms (z.B. Magengeschwüre und Gastritis; 27,1%) sowie Krankheiten der Mundhöhle, der Speicheldrüse und des Kiefers (17,9%). Am höchsten war der Anteil der Erkrankungen des Verdauungsapparates an den Arbeitsunfähigkeitstagen bei Wissenschaftlichen Hochschulen und ähnlichen Einrichtungen (10,0%), im Bereich Rechtsberatung, Wirtschaftsberatung und -prüfung (9,1%) sowie im Friseur- und sonstigen Körperpflegegewerbe (9,0%).

7,2% der Arbeitsunfähigkeitstage wurden 1999 im Dienstleistungsbereich durch Herz- und Kreislauferkrankungen verursacht. Bei etwa der Hälfte dieser Erkrankungen (49,5% der Fälle) handelte es sich um Krankheiten der Venen und Lymphgefäße wie z.B. Hypotonie, Krampfadern und Thrombosen. An zweiter und dritter Stelle folgten Hypertonie und Hochdruckkrankheiten (22,6%) sowie ischämische Herzkrankheiten (10,1%), zu denen insbesondere Herzinfarkte und Angina-Pectoris-Fälle gehören. Die meisten Ausfalltage aufgrund von Herz- und Kreislauferkrankungen waren anteilmäßig im Grundstücks- und Wohnungswesen, im Bereich der Vermögensverwaltung (9,3%), bei Leih- und Auktionshäusern (8,5%) sowie im Verlags-, Literatur- und Pressewesen (8,4%) zu verzeichnen.

Immerhin 6,7% der Krankheitstage waren auf die häufig sehr langwierigen psychiatrischen Erkrankungen zurückzuführen. Dabei handelte es sich zu 75,5% um Neurosen, Psychopathien und andere nichtpsychotische psychische Störungen. Der Rest entfiel auf Psychosen. Am größten war der Anteil der auf psychische Erkrankungen zurückgehenden Fehltage am Krankenstand bei Kinder-, Ledigen-, Alters- und ähnlichen Heimen (8,8%), im Bereich Kunst, Theater, Film, Rundfunk und Fernsehen (8,7%) sowie im Gesundheits- und Veterinärwesen (8,4%).

Der Anteil der Atemwegserkrankungen, der Erkrankungen der Verdauungsorgane und der psychiatrischen Erkrankungen ist im Dienstleistungsbereich höher als im Branchendurchschnitt (Abb. 21.4.8). Muskel- und Skeletterkrankungen sowie Verletzungen treten dagegen weniger häufig auf. Bei den Herz- und Kreislauferkrankungen liegt der Anteil an den Arbeitsunfähigkeitsfällen zwar etwas höher als im Durchschnitt, der Anteil an den Fällen ist dagegen etwas niedriger.

21.5 Energiewirtschaft, Wasserversorgung und Bergbau

21.5.1 Kosten der Arbeitsunfähigkeit 371
21.5.2 Allgemeine Krankenstandsentwicklung 371
21.5.3 Krankenstandsentwicklung nach Wirtschaftsgruppen 373
21.5.4 Krankenstand nach Berufsgruppen 374
21.5.5 Kurz- und Langzeiterkrankungen 376
21.5.6 Krankenstand nach Bundesländern 377
21.5.7 Krankenstand nach Betriebsgröße 380
21.5.8 Krankenstand nach Stellung im Beruf 381
21.5.9 Arbeitsunfälle 383
21.5.10 Krankheitsarten 384

21.5.1 Kosten der Arbeitsunfähigkeit

Zur Jahresmitte 1999 waren im Bereich Energiewirtschaft, Wasserversorgung und Bergbau, im Text im folgenden nur als Energiewirtschaft bezeichnet, 408 000 Arbeitnehmer sozialversicherungspflichtig beschäftigt[1], von denen mit 102 000 jeder vierte bei der AOK versichert war. Die AOK-Mitglieder der Branche waren durchschnittlich 1,47-mal krank geschrieben, ein Krankheitsfall erstreckte sich im Mittel über 13,8 Kalendertage. Damit fielen je Beschäftigtem 1999 im statistischen Durchschnitt 20,3 krankheitsbedingte Fehltage an. In der Summe ergeben sich daraus für die Branche Fehlzeiten von 8,3 Mio. Tagen oder 22 700 Erwerbsjahren. Bei einem durchschnittlichen Bruttolohn der Branche von 63 265 DM[2] pro Jahr bedeutet dies Kosten durch Arbeitsunfähigkeit in Höhe von 1,44 Mrd. DM. Die finanzielle Belastung eines Betriebes mit 100 Mitarbeitern durch diese Kosten betrug 1999 durchschnittlich 352 000 DM[3].

21.5.2 Allgemeine Krankenstandsentwicklung

Der Krankenstand im Bereich des Wirtschaftszweigs Energiewirtschaft, Wasserversorgung und Bergbau betrug 1999 5,6%. Wie schon im Vorjahr ist damit ein Anstieg feststellbar, der leicht über dem Bundesdurchschnitt lag. Dabei fällt auf, dass die Krankenstände in Ost- und Westdeutschland auf sehr unterschiedlichem Niveau liegen. Seit 1993 ist er – relativ stabil – im Westen mit zuletzt 1,4 Prozentpunkten wesentlich höher als im Ostteil der Republik (Tabelle 21.5.1). So erkranken zum einen die Versicherten im Westen häufiger, vor allem

---

[1] Bundesanstalt für Arbeit, Beschäftigtenstatistik, 2000.
[2] Statistisches Bundesamt, Fachserie 18, 2000.
[3] Nur die direkten Kosten, die indirekten Kosten dürften noch wesentlich höher sein. Vgl. die Diskussion in Kap. 21.1.2.

Tabelle 21.5.1. Krankenstandsentwicklung im Bereich Energie, 1999

	Kranken-stand (in %)	Arbeitsunfähigkeiten je 100 AOK-Mitglieder				Tage je Fall	AU-Quote (in %)
		Fälle	Veränd. z. Vorj. (in %)	Tage	Veränd. z. Vorj. (in %)		
West	5,9	154,8	6,2	2143,4	3,5	13,8	62,9
Ost	4,5	121,8	10,3	1624,9	10,1	13,3	55,7
BRD	5,6	147,6	7,2	2029,3	4,9	13,8	61,3

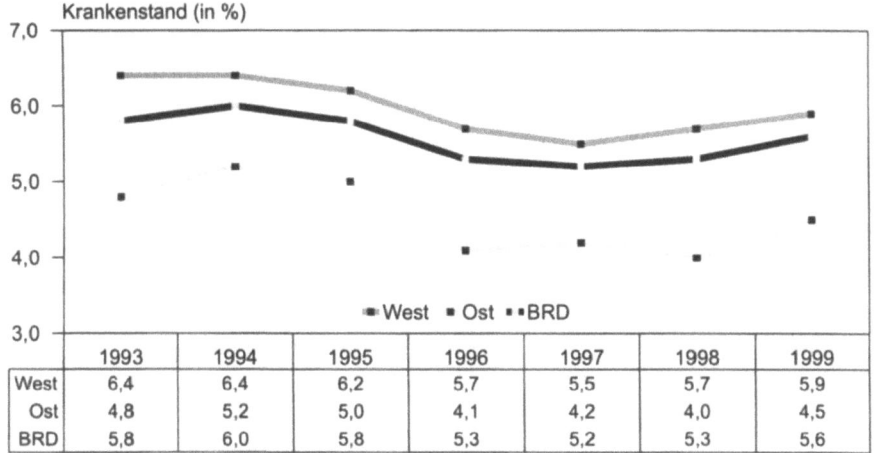

Abb. 21.5.1. Krankenstandsentwicklung im Bereich Energie, Wasser und Bergbau 1993-1999

aber fällt eine sehr hohe Arbeitsunfähigkeitsquote ins Auge, die mit 62,9% auf der Ebene der Wirtschaftsabteilungen einen der höchsten Einzelwerte darstellt. Demnach meldeten sich 1999 im Westen Deutschlands etwa zwei von drei Beschäftigten im Laufe des Jahres einmal oder mehrmals krank. In Ostdeutschland hingegen entsprach die AU-Quote etwa dem Durchschnitt über alle Branchen (55,6%), die Zahl der Krankmeldungen war jedoch deutlich niedriger als in den übrigen Wirtschaftszweigen.

Abbildung 21.5.1 zeigt die Krankenstandsentwicklung im Bereich der Energiewirtschaft in den Jahren 1993-1999. Die Entwicklung des Krankenstandes in der Energiewirtschaft folgte in den letzten Jahren im Wesentlichen dem allgemeinen Trend, nach dem seit 1995 der Krankenstand zurückging, seit zwei Jahren aber wieder einen leichten

Anstieg zu verzeichnen hatte. Wegen des gleichbleibend hohen Abstandes zwischen Ost und West kann von der Ausbildung eines bundesweit einheitlichen Arbeitsmarktes in der Energiewirtschaft nicht gesprochen werden.

21.5.3 Krankenstandsentwicklung nach Wirtschaftsgruppen

Die Entwicklung des Krankenstands in den einzelnen Wirtschaftsgruppen verlief, mit Ausnahme des Stein-, Braun- Pechkohlebergbaues, relativ homogen. Dort war ein Rückgang von 0,1 Prozentpunkt zu verzeichnen, in allen anderen Wirtschaftsgruppen wurde mit 0,3 bis 0,5 Prozentpunkten ein relativ starker Anstieg der Werte registriert (Tabelle 21.5.2).

Die Parameter, aus denen der Krankenstand berechnet wird, entwickelten sich eher heterogen. Wie aus der Tabelle hervorgeht, ist einerseits über alle Wirtschaftsgruppen ein Anstieg der Fallzahlen zwischen 3,9 und 14,9% zu verzeichnen, andererseits ging auch, abgesehen von der Gruppe „Gewinnung von Erdöl, Erdgas und bituminösen

Tabelle 21.5.2. Krankenstandsentwicklung im Bereich Energie, Wasser, Bergbau nach Wirtschaftsgruppen, 1999

Wirtschafts-gruppe	Krankenstand (in %)		Arbeitsunfähigkeiten je 100 AOK-Mitglieder				Tage je Fall	AU-Quote (in %)
	1999	1998	Fälle	Veränd. z. Vorj. (in %)	Tage	Veränd. z. Vorj. (in %)		
Erdöl, Erdgas, bituminöse Gesteine	4,4	3,9	121,8	10,7	1596,2	11,5	13,1	47,7
Erzbergbau	4,6	4,2	143,3	11,0	1667,8	8,9	11,6	49,3
Kali- und Steinsalzbergbau	5,1	4,7	149,8	14,9	1873,0	8,3	12,5	51,3
Stein-, Braun- und Pechkohlenbergbau	6,1	6,2	167,8	3,9	2240,2	-1,2	13,4	58,0
Wasser-, Gas- und Elektrizitätsversorgung	5,6	5,3	147,5	7,1	2051,9	5,2	13,9	63,3

Gesteinen", in allen Gruppen die durchschnittliche Dauer der Krankheitsfälle ein wenig zurück.

Am Beispiel der Wasser-, Gas- und Elektrizitätsversorgung wird deutlich, dass ein hoher Anteil an Beschäftigten, die einmal oder mehrmals im Laufe des Jahres erkranken (die sogenannte AU-Quote), nicht zwingend auch eine hohe Anzahl an Erkrankungen mit sich bringt. Hier erkrankte im abgelaufenen Kalenderjahr ein überdurchschnittlich großer Anteil der Beschäftigten, und die einzelnen Erkrankungen waren mit durchschnittlich 13,9 Tagen Dauer die langwierigsten innerhalb der Branche. Dies wurde aber ausgeglichen durch eine wesentlich niedrigere Zahl von Erkrankungen je Person dieser Gruppe, oder anders formuliert: eine mittlere Zahl an Erkrankungen verteilte sich auf einen größeren Personenkreis, sodass letztlich ein nur etwas über dem Durchschnitt liegender Krankenstand von 5,6% die Folge war.

21.5.4 Krankenstand nach Berufsgruppen

Die wichtigsten Berufsgruppen innerhalb der Energiewirtschaft wiesen 1999 ein Spektrum von durchschnittlich 11,8–26,3 Fehltagen auf (Abb. 21.5.2)[4]. Diese Streuung ist, verglichen mit der anderer Branchen, als vergleichsweise gering einzustufen. Während die branchen-

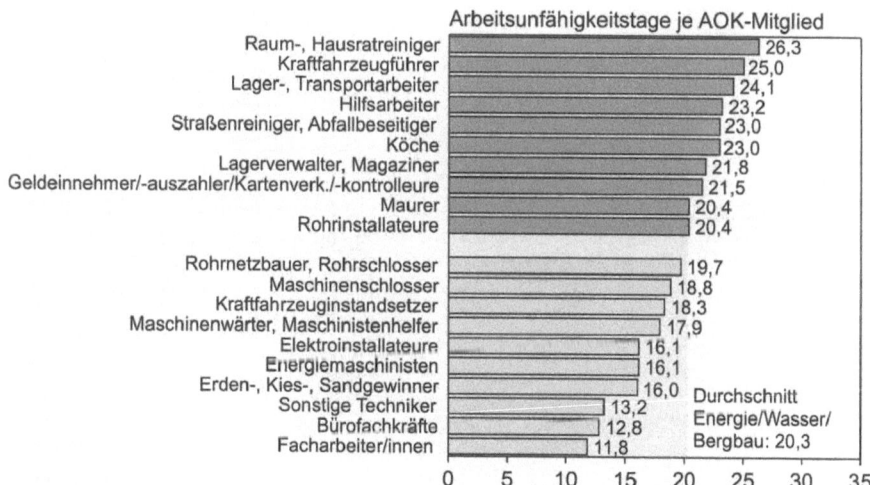

Abb. 21.5.2. 10 Berufsgruppen im Bereich Energie, Wasser und Bergbau mit hohen und niedrigen Krankenständen, 1999

---

[4] Berücksichtigt wurden nur ausgewählte Berufsgruppen mit mehr als 1000 Mitgliedern im Kreis der AOK-Versicherten.

Tabelle 21.5.3. Energie, Wasser, Bergbau; Krankenstandskennzahlen nach ausgewählten Berufsgruppen, 1999

Tätigkeit	Krankenstand (in %)	Arbeitsunfähigkeiten je 100 AOK-Mitglieder		Tage je Fall	AU-Quote (in %)	Anteil Arbeitsunfälle an den AU-Tagen (in %)
		Fälle	Tage			
Bürofachkräfte	3,5	137,1	1281,9	9,4	55,0	2,1
Elektroinstallateure	4,4	139,4	1613,9	11,6	61,5	8,2
Energiemaschinisten	4,4	122,4	1613,3	13,2	57,8	5,9
Erden-, Kies-, Sandgewinner	4,4	124,7	1595,1	12,8	50,3	24,0
Facharbeiter/innen	3,2	82,1	1184,7	14,4	41,1	3,7
Geldeinnehmer-, auszahler, Kartenverkäufer, -kontrolleure	5,9	137,6	2147,7	15,6	53,0	6,2
Hilfsarbeiter	6,3	182,5	2316,1	12,7	60,2	9,5
Köche	6,3	155,9	2295,7	14,7	56,7	3,5
Kraftfahrzeugführer	6,8	176,6	2499,1	14,2	69,4	4,6
Kraftfahrzeuginstandsetzer	5,0	157,2	1832,5	11,7	63,9	6,1
Lager-, Transportarbeiter	6,6	177,8	2409,8	13,6	61,7	8,5
Lagerverwalter, Magaziner	6,0	162,6	2177,2	13,4	65,6	4,7
Maschinenschlosser	5,2	154,7	1880,1	12,2	63,8	7,3
Maschinenwärter, Maschinistenhelfer	4,9	123,8	1794,4	14,5	59,8	6,8
Maurer	5,6	135,9	2042,8	15,0	49,2	7,7
Raum-, Hausratreiniger	7,2	156,0	2632,1	16,9	61,2	3,2
Rohrinstallateure	5,6	160,6	2041,8	12,7	69,3	7,0
Rohrnetzbauer, Rohrschlosser	5,4	156,7	1974,2	12,6	69,1	7,5
Sonstige Techniker	3,6	107,4	1315,1	12,2	53,3	4,1
Straßenreiniger, Abfallbeseitiger	6,3	166,0	2299,4	13,8	71,0	8,8

spezifischen Berufe eher niedrigere Fehlzeiten aufwiesen, lagen die branchenunspezifischen Berufe häufiger über dem Durchschnitt der Branche. Die höchsten Werte erreichten Beschäftigte der Reinigungsberufe, Kraftfahrer und Lager- bzw. Transportarbeiter mit bis zu dreieinhalb Wochen Fehlzeit, am wenigsten fehlten Facharbeiter ohne nähere Tätigkeitsbeschreibung, Techniker und Bürofachkräfte mit 11,8 bis 13,2 Fehltagen.

Bei Betrachtung der einzelnen Parameter, die den Krankenstand bestimmen, zeigen sich im Detail Unterschiede. Wie in Tabelle 21.5.3 zu sehen ist, waren beispielsweise bei den Hilfsarbeitern ohne nähere Tätigkeitsangabe mit 182,5 Fällen je 100 Versicherten zwar die meisten Krankheitsfälle zu verzeichnen, aber aufgrund der relativ kurzen Dauer der einzelnen Krankheitsfälle nicht der höchste Krankenstand. Diesen finden wir bei den Raum- und Hausratreinigern mit 7,2%, die mit 16,9 Tagen je Fall auch die durchschnittlich langwierigsten Erkrankungen aufwiesen. Die kürzesten Krankheitsdauern hingegen hatten die Bürofachkräfte mit im Schnitt 9,4 Tagen. Die wenigsten Fälle und die mit 41,1% niedrigste Arbeitsunfähigkeitsquote waren bei den FacharbeiterInnen festzustellen, was sich trotz relativ langwieriger Fälle (14,4 Tage) auch im niedrigsten berufsbezogenen Krankenstand (3,2%) innerhalb der Branche niederschlägt.

Arbeitsunfälle spielen im betrieblichen Krankheitsgeschehen vor allem in den gewerblichen Berufen eine nicht unerhebliche Rolle. Die Berufsgruppe, die den mit Abstand höchsten Anteil an unfallbedingten Fehlzeiten ausweist (24,0%), ist in der Energiewirtschaft die der Erden-, Kies- und Sandgewinner (vgl. Kap. 21.5.9). Dabei ist allerdings zu berücksichtigen, dass nur ausgewählte Berufe mit mindestens tausend Versicherten hier angeführt werden und die Krankenversicherung im Bergbau in der Regel über die Knappschaften läuft. Die entsprechenden Berufsgruppen tauchen hier also nicht auf.

21.5.5 Kurz- und Langzeiterkrankungen

Im Bereich der Energiewirtschaft sehen wir bezüglich der Dauer der einzelnen Erkrankungen ein ähnliches Verteilungsmuster, wie es über alle Branchen hinweg gültig ist (Abb. 21.5.3). Die meisten Erkrankungen sind von kurzer Dauer – 1999 waren 55,2% kürzer als acht Tage, dabei aber nur für 13,9% der Fehltage verantwortlich[5]. Damit wird

---

[5] Da ein großer Teil der Betriebe erst ab dem dritten AU-Tag ein ärztliches Attest einfordert, ist hier eine gewisse Untererfassung unvermeidbar. Sie wirkt sich allerdings nicht gravierend aus. Vgl. die Diskussion in Kap. 21.1.5.

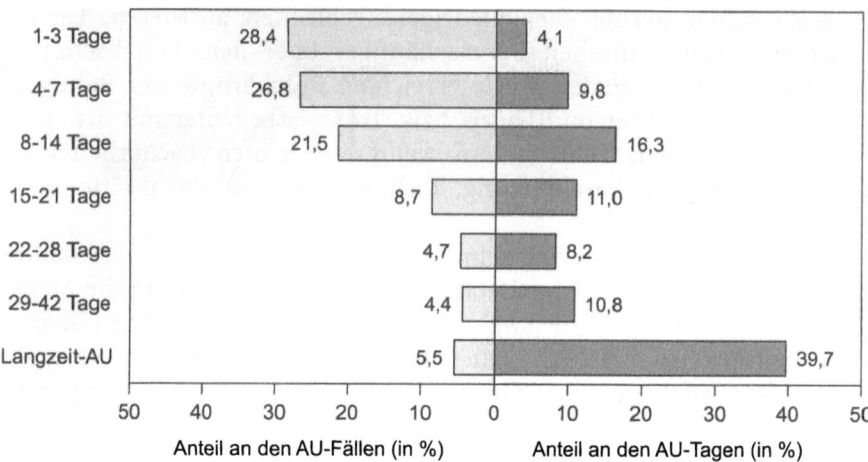

Abb. 21.5.3. Arbeitsunfähigkeitsfälle und -tage im Bereich Energie, Wasser und Bergbau nach der Dauer, 1999

deutlich, dass hier kaum Potenzial zur Senkung des Krankenstandes steckt. Hingegen verursachten Erkrankungen mit einer Dauer von mehr als vier Wochen mit 50,5% über die Hälfte der Arbeitsunfähigkeitstage, obwohl nur 9,9% der Krankheitsfälle in diese Kategorie einzuordnen waren. Maßnahmen betrieblicher Gesundheitsvorsorge, die an den Langzeiterkrankungen ansetzen, können sich deshalb als wesentlich wirkungsvoller und vor allem nachhaltiger erweisen als solche, die lediglich motivationale Faktoren ansprechen.

Im Vergleich zum Durchschnitt über alle Branchen liegt der Anteil der länger dauernden Erkrankungen (22–42 Tage) an den Arbeitsunfähigkeitstagen und -fällen in der Energiewirtschaft etwas über dem Durchschnitt, der Anteil der kürzeren Erkrankungen, vor allem der Gruppe mit einer Dauer von vier Tagen bis zu einer Woche, ist dagegen deutlich geringer.

21.5.6 Krankenstand nach Bundesländern

Während über alle Branchen hinweg gesehen eher ein Nord-/Süd-Gefälle beim Krankenstand zu verzeichnen ist, weist die Energiewirtschaft ein klares West-/Ost-Gefälle auf. Dabei befinden sich die ostdeutschen Länder – Berlin ausgenommen – mit Werten von 4,2% für Sachsen-Anhalt und Brandenburg bis 4,8% für Thüringen alle unterhalb des Branchendurchschnitts. Ein ähnlich niedriger Wert ist im Westen nur in Hamburg anzutreffen. Auch liegt in der Energiewirtschaft der höchste Wert nicht wie in den meisten übrigen Branchen

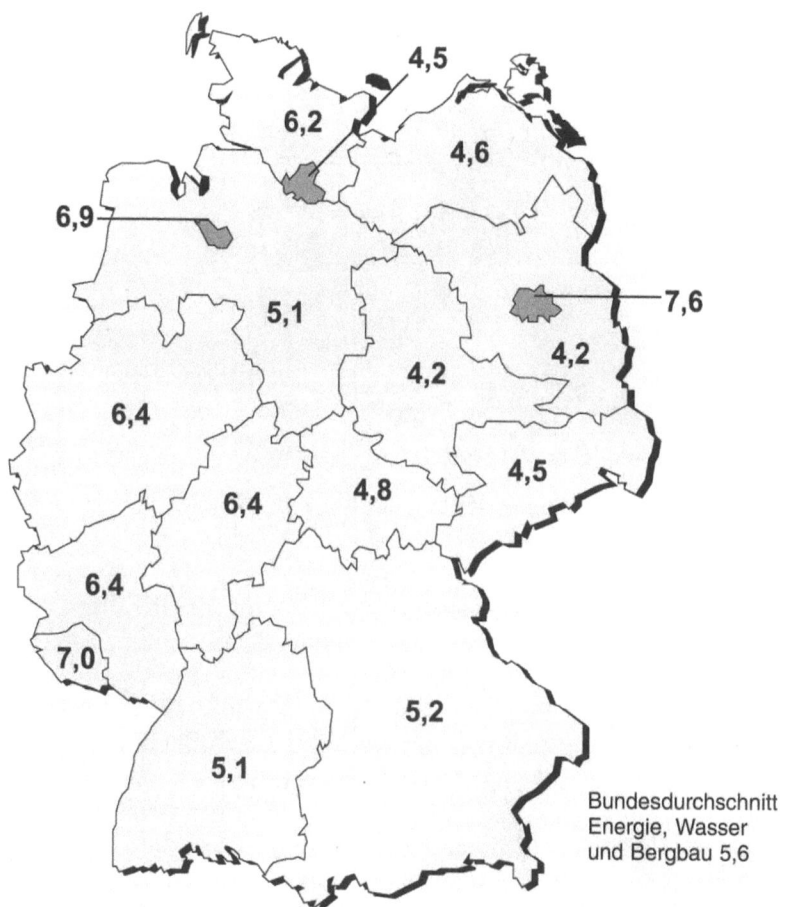

Abb. 21.5.4. Krankenstand (in %) im Bereich Energie, Wasser und Bergbau nach Bundesländern, 1999

in einem der Stadtstaaten, sondern ist mit 7,0% im Saarland zu verzeichnen. Hohe Krankenstände weisen zudem Nordrhein-Westfalen, Hessen und Rheinland-Pfalz auf. Die Erklärung dieser regionalen Unterschiede liegt in den jeweiligen industriellen Schwerpunkten – erwähnt sei nur der Bergbau – innerhalb dieser eher heterogen zusammengesetzten Branche (Abb. 21.5.4).

Im Vergleich zum Vorjahr nahm die Zahl der Arbeitsunfähigkeitsfälle in allen Bundesländern mit Ausnahme Hamburgs relativ stark zu (3,8 bis 11,6%, Hamburg Abnahme von 11,9%; Tabelle 21.5.4). Da gleichzeitig die Dauer der einzelnen Erkrankung in den meisten Bereichen zurückging – innerhalb der Branche um durchschnittlich 2,2% – fiel der

Tabelle 21.5.4. Energie, Wasser, Bergbau; Arbeitsunfähigkeit nach Bundesländern, 1999 im Vergleich zum Vorjahr

	Arbeitsunfähigkeiten je 100 AOK-Mitglieder					
	AU-Fälle 1999	Veränd. z. Vorj. (in %)	AU-Tage 1999	Veränd. z. Vorj. (in %)	Tage je Fall 1999	Veränd. z. Vorj. (in %)
Baden-Württemb.	145,4	4,2	1851,7	1,7	12,7	-2,4
Bayern	133,3	7,3	1904,1	4,3	14,3	-2,8
Berlin	138,7	9,5	2788,6	16,0	20,1	6,0
Brandenburg	112,9	10,7	1539,9	12,6	13,6	1,7
Bremen	180,6	10,1	2510,2	15,8	13,9	5,2
Hamburg	181,3	-11,9	1650,3	-21,5	9,1	-10,9
Hessen	167,4	3,8	2332,8	2,7	13,9	-1,1
Mecklenb.-Vorp.	129,3	7,7	1679,7	3,8	13,0	-3,6
Niedersachsen	146,6	6,7	1876,1	10,8	12,8	3,8
Nordrhein.-Westf.	169,8	6,2	2329,6	2,1	13,7	-3,8
Rheinland-Pfalz	167,6	6,3	2319,3	-2,2	13,8	-8,0
Saarland	148,3	8,7	2561,1	-6,8	17,3	-14,2
Sachsen	121,8	10,3	1636,1	9,1	13,4	-1,0
Sachsen-Anhalt	119,5	10,1	1524,9	11,5	12,8	1,3
Schleswig-Holstein	166,7	7,5	2261,2	3,1	13,6	-4,1
Thüringen	127,2	11,6	1744,2	13,6	13,7	1,8
Bund	147,6	7,2	2029,3	4,9	13,8	-2,2

Anstieg der Zahl der Arbeitsunfähigkeitstage in der Regel nicht ganz so stark aus. In Berlin, Brandenburg, Bremen und Thüringen nahm jedoch neben der Zahl der Krankmeldungen auch deren durchschnittliche Dauer zu, sodass in diesen Bundesländern hohe Zuwachsraten zu verzeichnen waren (zwischen 12,6 und 16,0%).

In Hamburg kam es, ausgehend von den schon im Vorjahr niedrigsten Werten 1999 zu einer weiteren starken Verkürzung der durchschnittlichen Krankheitsdauer auf nur noch 9,1 Tage. Lediglich für das Saarland konnte ein ähnlich starker Rückgang festgestellt werden, der allerdings von sehr hohen Vorjahreswerten ausging. Obwohl in Hamburg – neben Bremen – die meisten Krankheitsfälle je Versichertem zu verzeichnen waren, verzeichnete Hamburg damit auch einen der niedrigsten Krankenstände innerhalb der Branche.

21.5.7 Krankenstand nach Betriebsgröße

Die Größe eines Betriebes beeinflusst die Höhe des Krankenstandes – je nach Branche – z.T. erheblich. Wie Abb. 21.5.5 deutlich zeigt, nehmen die Krankenstände auch im Bereich der Energiewirtschaft mit der Betriebsgröße tendenziell zu[6]. So waren 1999 bei Betrieben mit 10–49 AOK-Mitgliedern 19,0 Fehltage zu verzeichnen, bei Betrieben mit 1000 und mehr Mitgliedern dagegen 23,1 Tage. Während die Krankenstände bei den kleinsten und größten hier erfassten Betrieben damit etwa dem allgemeinen Branchendurchschnitt entsprachen, lagen sie bei den mittleren Betriebsgrößen teilweise deutlich unter dem Durchschnitt.

In Tabelle 21.5.5, die die Krankenstände in den einzelnen Wirtschaftsgruppen in Abhängigkeit von der Betriebsgröße ausweist, sind einige der Zellen nicht belegt. Dies ist darauf zurückzuführen, dass im Datenbestand der AOK in einigen Wirtschaftsgruppen keine oder nur wenige Großbetriebe vorhanden sind, sodass entweder Betriebe der entsprechenden Größenklasse nicht vorkommen oder es so wenige sind, dass sie zu leicht zu identifizieren wären. Aus Gründen der Anonymitätssicherung werden sie dann nicht ausgewiesen.

Die der Tabelle zu entnehmenden Werte entsprechen nur grob den oben beschriebenen Tendenzen. Vor allem in den Betrieben der Was-

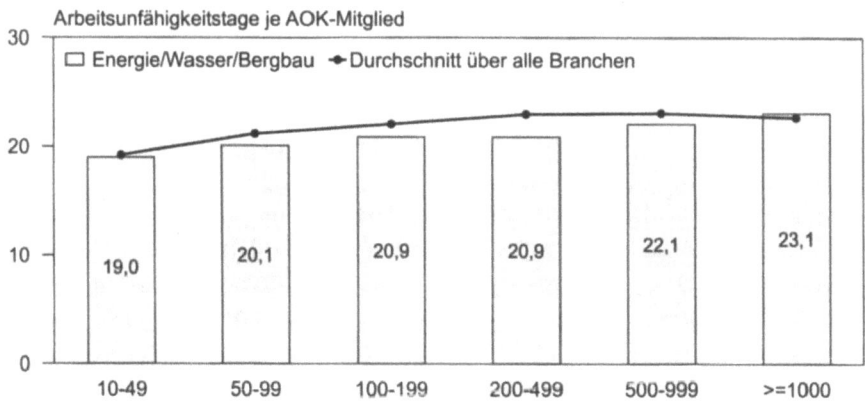

Abb. 21.5.5. Arbeitsunfähigkeitstage im Bereich Energie, Wasser und Bergbau nach Betriebsgröße, 1999

---

[6] Als Maß für die Betriebsgröße wird hier die Zahl der AOK-Versicherten in den Betrieben zugrunde gelegt, die allerdings in der Regel nur einen Teil der Belegschaft ausmachen.

Tabelle 21.5.5. Energie, Wasser, Bergbau, Arbeitsunfähigkeitstage je AOK-Mitglied nach Betriebsgröße (Anzahl der AOK-Mitglieder), 1999

Wirtschaftsgruppe	10–49	50–99	100–199	200–499	500–999	≥1000
Erzbergbau	17,2	–	24,6	11,3	–	–
Erdöl, Erdgas und bituminöse Gesteine	12,9	22,2	17,6	13,4	–	–
Kali- und Steinsalzbergbau	18,9	22,9	21,2	–	–	–
Stein-, Braun- und Pechkohlenbergbau	18,0	27,6	25,3	25,1	–	–
Wasser-, Gas- und Elektrizitätsversorgung	19,3	19,7	20,3	21,2	22,1	23,1
Durchschnitt über alle Branchen	19,2	21,2	22,1	23,0	23,1	22,7

ser-, Gas- und Elektrizitätsversorgung, die den bei weitem größten Anteil an der Branche hat, steigt der Krankenstand mit zunehmender Betriebsgröße näherungsweise linear, in den anderen Wirtschaftsgruppen liegt das Maximum vor allem bei den Betrieben mittlerer Größe. Bemerkenswert ist, dass die mit 11,3 und 13,4 Arbeitsunfähigkeitstagen je AOK-Mitglied niedrigsten Krankenstände in den größten Betrieben der Bereiche Erzbergbau und Gewinnung von Erdöl, Erdgas und bituminösen Gesteinen auftreten.

21.5.8 Krankenstand nach Stellung im Beruf

Im Allgemeinen gilt hinsichtlich der beruflichen Stellung über alle Branchen hinweg, dass mit zunehmender Qualifikation ein Rückgang des Krankenstandes zu verzeichnen ist. Im Bereich der Energiewirtschaft war dies nicht ganz der Fall (Abb. 21.5.6). Der Krankenstand der Arbeiter war 1999 mit 28,6 Tagen pro Jahr nahezu doppelt so hoch wie derjenige der Angestellten (14,6 Tage). Bei den Facharbeitern (20,9) waren deutlich weniger Fehltage zu verzeichnen als bei den Arbeitern. Die geringsten Fehlzeiten, die in den meisten Branchen die Gruppe der Angestellten aufweist, lagen aber hier bei den Meistern (12,2 Tage) vor, die gegenüber 1998 als einzige Gruppe einen Rückgang aufwiesen. Die Gruppe der Auszubildenden lag mit 13,1 Tagen ebenfalls sehr niedrig.

Der Krankenstand der Arbeiter war erheblich höher als im Durchschnitt über alle Branchen, derjenige der Meister und Auszubildenden fiel dagegen merklich geringer aus als in den übrigen Branchen.

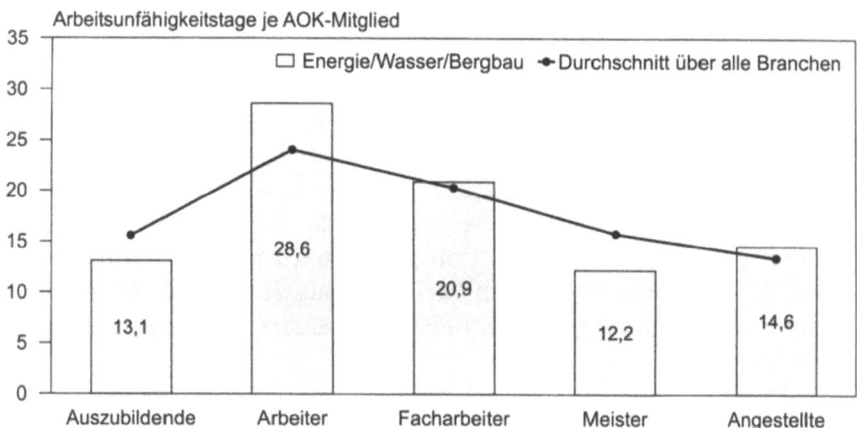

Abb. 21.5.6. Arbeitsunfähigkeitstage im Bereich Energie, Wasser und Bergbau nach Stellung im Beruf, 1999

Tabelle 21.5.6. Energie, Wasser, Bergbau, Krankenstand (in %) nach Stellung im Beruf, 1999

Wirtschaftsgruppe	Auszubildende	Arbeiter	Facharbeiter	Meister, Poliere	Angestellte
Erdöl, Erdgas, bituminöse Gesteine	4,0	5,7	4,6	8,2	2,5
Erzbergbau	4,1	5,6	5,1	11,1	3,2
Kali- und Steinsalzbergau	3,1	6,6	6,3	4,1	3,2
Stein-, Braun- und Pechkohlenbergbau	3,6	6,1	6,1	4,8	2,8
Wasser-, Gas- und Elektrizitätsversorgung	3,6	8,1	5,7	3,3	4,2

Tabelle 21.5.6 zeigt den Krankenstand in den einzelnen Wirtschaftsgruppen der Energiewirtschaft in Abhängigkeit von der Stellung im Beruf. Hier zeigen sich erhebliche Unterschiede zwischen den einzelnen Branchen. Meister weisen im Erzbergbau oder in der Erdöl- und Gasgewinnung einen mehr als doppelt so hohen Krankenstand aus als im Bereich der Wasser-, Gas- und Elektrizitätsversorgung oder im Kali- und Steinsalzbergbau. Der Abstand zwischen den Arbeitern bei der Wasser-, Gas- und Elektrizitätsversorgung und den Arbeitern im Erzbergbau bzw. in der Erdöl- und Erdgasgewinnung ist ebenfalls hoch.

21.5.9 Arbeitsunfälle

In der Energiewirtschaft ist der Anteil der Arbeitsunfälle an den Fehlzeiten am höchsten im Bereich des Bergbaus (Abb. 21.5.7). Dort liegt er teilweise deutlich über dem Bundesdurchschnitt, wobei die langwierigsten Fälle im Kali- und Steinsalzbergbau zu verzeichnen sind, wo sie 1999 7,7% aller Fälle und 14,2% der Fehltage dieser Wirtschaftsgruppe verursachten. Den geringsten Anteil an Arbeitsunfällen, sowohl bezüglich der Anzahl der Fälle als auch hinsichtlich der daraus resultierenden Fehltage, weist die Wasser-, Gas- und Elektrizitäts-

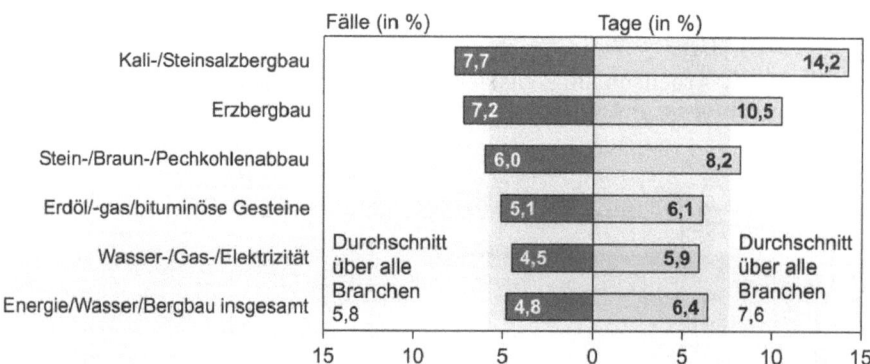

Abb. 21.5.7. Arbeitsunfälle im Bereich Energie, Wasser und Bergbau nach Wirtschaftsgruppen, Anteil an den AU-Fällen und -Tagen in %, 1999

Tabelle 21.5.7. Energie, Wasser, Bergbau, Arbeitsunfähigkeitstage durch Arbeitsunfälle nach Berufsgruppen, 1999

Tätigkeit	AU-Tage je 1000 AOK-Mitglieder	Anteil an den AU-Tagen insgesamt (in %)
Erden-, Kies-, Sandgewinner	3836,0	24,0
Hilfsarbeiter	2196,1	9,5
Lager-, Transportarbeiter	2037,9	8,5
Straßenreiniger, Abfallbeseitiger	2014,8	8,8
Maurer	1563,7	7,7
Rohrnetzbauer, Rohrschlosser	1482,4	7,5
Rohrinstallateure	1419,8	7,0
Maschinenschlosser	1378,4	7,3
Geldeinnehmer-, auszahler, Kartenverkäufer, -kontrolleure	1326,6	6,2
Elektroinstallateure, -monteure	1319,8	8,2
Maschinenwärter, Maschinistenhelfer	1228,8	6,8
Kraftfahrzeuginstandsetzer	1119,0	6,1
Energiemaschinisten	949,5	5,9

versorgung auf, in der nur 4,5% der Fälle und 5,9% der krankheitsbedingten Fehltage auf Unfälle am Arbeitsplatz zurückzuführen waren.

Tabelle 21.5.7 zeigt die am stärksten unfallgefährdeten Berufsgruppen im Bereich der Energiewirtschaft. Die meisten Ausfalltage aufgrund von Arbeitsunfällen waren bei den Erden-, Kies und Sandgewinnern zu verzeichnen. Bei diesen fielen 1999 bezogen auf 1000 AOK-Mitglieder 3836 Fehltage durch Unfälle am Arbeitsplatz an. Der Anteil der unfallbedingten Ausfalltage an den Arbeitsunfähigkeitstagen insgesamt betrug bei dieser Berufsgruppe damit 24%, was auch im Vergleich mit anderen Branchen einen extrem hohen Wert darstellt. An zweiter und dritter Stelle folgen hinsichtlich des Unfallrisikos Hilfsarbeiter ohne nähere Tätigkeitsbeschreibung sowie Lager- und Transportarbeiter.

21.5.10 Krankheitsarten

Das Krankheitsgeschehen in der Energiewirtschaft wird im Wesentlichen von fünf großen Krankheitsgruppen bestimmt[7]:
- Muskel- und Skeletterkrankungen
- Atemwegserkrankungen
- Verletzungen
- Herz-/Kreislauferkrankungen
- Erkrankungen der Verdauungsorgane.

Diese fünf Krankheitsarten waren 1999 in der Energiewirtschaft für 75,2% der Krankheitsfälle und 73,7% der Fehltage verantwortlich (Abb. 21.5.8). Mit 26,4% gehen die anteilmäßig meisten Krankmeldungen auf Atemwegserkrankungen zurück. Da diese Krankheitsfälle jedoch meist von relativ kurzer Dauer sind, ist ihr Anteil an den krankheitsbedingten Ausfalltagen mit 15,6% wesentlicher geringer, als man angesichts der Häufigkeit der Fälle zunächst vermuten könnte. Die meisten Fehltage werden durch Muskel- und Skeletterkrankungen verursacht, auf die 28,1% der Arbeitsunfähigkeitstage zurückgingen. Muskulo skeletale Erkrankungen bestimmen damit das Arbeitsunfähigkeitsgeschehen in der Energiewirtschaft nicht mehr so stark wie im Vorjahr (29,1%).

Im Vergleich mit dem allgemeinen Branchendurchschnitt ist der Anteil der Muskel- und Skeletterkrankungen (28,1 vs. 26,9%) und der Herz- und Kreislauferkrankungen an den Arbeitsunfähigkeitstagen in

---

[7] Krankheiten mit einem Anteil von mehr als 5% an den Arbeitsunfähigkeitstagen.

Krankheitsbedingte Fehlzeiten in der deutschen Wirtschaft

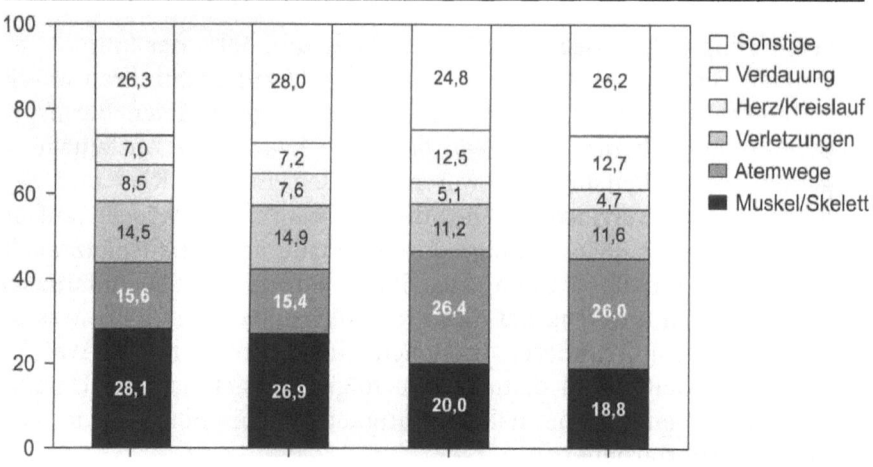

Abb. 21.5.8. Arbeitsunfähigkeit im Bereich Energie, Wasser und Bergbau nach Krankheitsarten, 1999

Tabelle 21.5.8. Energie, Wasser, Bergbau, Arbeitsunfähigkeitstage nach Krankheitsarten (in %), 1999

Wirtschaftsgruppe	Muskel/Skelett	Atemwege	Verletzungen	Herz/Kreislauf	Verdauung	Psyche	Sonstige
Erdöl, Erdgas, bituminöse Gesteine	30,4	13,4	13,8	6,4	6,5	3,8	25,7
Erzbergbau	27,0	16,4	18,5	5,2	8,6	3,2	21,1
Kali- und Steinsalzbergbau	27,9	13,6	18,8	6,3	7,1	4,4	21,9
Stein-, Braun- und Pechkohlenbergbau	32,0	13,9	14,6	8,1	7,1	2,6	21,7
Wasser-, Gas- und Elektrizitätsversorgung	28,0	15,8	14,2	8,7	7,0	4,9	21,4

der Energiewirtschaft deutlich höher als in den übrigen Branchen (8,5 vs. 7,6%).

Aus Tabelle 21.5.8 geht hervor, wie stark die einzelnen Krankheitsarten innerhalb der Wirtschaftsgruppen der Energiewirtschaft ausgeprägt waren. Hier sind deutliche Unterschiede vorhanden. So war der Anteil der Muskel- und Skeletterkrankungen an den krankheitsbedingten Fehltagen im Stein-, Braun- und Pechkohlenbergbau mit

32,0% deutlich höher als etwa im Erzbergbau (27,0%), wo wiederum der Anteil der Atemwegserkrankungen mit 16,4% vergleichsweise hoch war. Die höchsten Anteile verletzungsbedingter Krankheitstage waren im Kali- und Steinsalzbergbau (18,8%) sowie im Erzbergbau (18,5%) zu verzeichnen, gegenüber nur 13,8% in der Erdöl- und Erdgasgewinnung.

Der Anteil der Verdauungskrankheiten lag zwischen 6,5% (Erdöl- und Erdgasgewinnung) und 8,6% (Erzbergbau). Bei den Herz-/Kreislauferkrankungen waren die Werte mit 5,2% im Erzbergbau am niedrigsten, während sie in der Wasser-, Gas- und Elektrizitätsversorgung mit 8,7% um mehr als die Hälfte höher lagen. Bei den psychiatrischen Erkrankungen betrug der Anteil an den Fehltagen zwischen 2,6% (Stein-, Braun- und Pechkohlenbergbau) und 4,9% (Wasser-, Gas- und Elektrizitätsversorgung).

Im Folgenden soll nun noch darauf eingegangen werden, welche Krankheitsarten innerhalb der einzelnen Diagnosegruppen von Bedeutung sind. Tabelle 21.5.9 ist zu entnehmen, dass die Muskel- und Skeletterkrankungen, die 1999 insgesamt 20,0% aller Krankheitsfälle verursachten, sehr stark von den Rückenerkrankungen dominiert werden, welche einen Anteil von 58,0% aufwiesen. Die beiden weiteren großen Gruppen sind Rheumatismus und Gelenkerkrankungen, die zusammen bei 38,4% der Arbeitsunfähigkeitsfälle diagnostiziert wurden.

Atemwegserkrankungen waren 1999 mit 26,4% der Fälle die am häufigsten attestierte Diagnosegruppe. Auch hier sind drei Krankheitsarten bestimmend, nämlich die akuten Infektionen der Atemwege (37,4% der Fälle), die chronisch obstruktiven Lungenkrankheiten und verwandten Affektionen (z.B. Asthma und Bronchitis, 27,6%) sowie Lungenentzündungen und Grippe (23,1%).

Bei den Verletzungen, die in 11,2% aller Krankheitsfälle diagnostiziert wurden, sind Verstauchungen und Prellungen mit zusammen über 45% die bestimmenden Beschwerden, mit weitem Abstand gefolgt von oberflächlichen Verletzungen (9,6%). Hinsichtlich der Dauer fallen in der Energiewirtschaft – wie auch in anderen Branchen – die Frakturen der unteren und oberen Extremitäten ein wenig aus dem Rahmen, da sie 1999 zusammen zwar nur für 10,4% der Fälle, gleichzeitig aber für fast ein Viertel der verletzungsbedingten AU-Tage ursächlich waren.

Die Herz-/Kreislauferkrankungen verursachten 1999 5,1% aller Krankheitsfälle und 8,5% der Krankheitstage. Sie werden klar dominiert durch Krankheiten der Venen und Lymphgefäße (34,3%), die allerdings mit 20,7% einen verhältnismäßig geringen Anteil an den Ar-

Tabelle 21.5.9. Energie, Wasser, Bergbau, Arbeitsunfähigkeiten nach Krankheitsarten, Anteile der ICD-Untergruppen an den ICD-Hauptgruppen, 1999

ICD-Untergruppen	Anteil an den AU-Fällen (in %)	Anteil an den AU-Tagen (in %)
Muskel-/Skeletterkrankungen		
Rückenerkrankungen	58,0	54,5
Rheumatismus	21,0	18,8
Gelenkerkrankungen	17,4	22,4
Sonstige	3,6	4,4
Verletzungen		
Verstauchungen/Zerrungen	25,6	24,9
Prellungen	21,2	14,6
Oberflächliche Verletzungen	9,6	6,4
Komplikationen nach Verletzungen	6,8	5,3
Frakturen der unteren Extremitäten	6,2	14,6
Frakturen der oberen Extremitäten	4,2	9,9
Sonstige	26,4	24,3
Atemwegserkrankungen		
Akute Infektionen der Atmungsorgane	37,4	33,7
Chronische obstruktive Lungenkrankheiten und verwandte Affektionen	27,6	30,8
Lungenentzündung und Grippe	23,1	22,1
Sonstige Krankheiten der oberen Luftwege	9,0	9,9
Sonstige Krankheiten der Atmungsorgane	2,9	3,5
Herz-/Kreislauferkrankungen		
Krankheiten der Venen und Lymphgefäße	34,3	20,7
Hypertonie und Hochdruckkrankheiten	25,9	21,4
Ischämische Herzkrankheiten	17,1	25,4
Sonstige Formen von Herzkrankheiten	12,1	12,9
Krankheiten der Arterien, Arteriolen und Kapillaren	3,7	6,6
Krankheiten des zerebrovaskulären Systems	3,2	6,9
Sonstige	3,7	6,1
Verdauung		
Dünn- und Dickdarmentzündung	38,8	27,7
Mundhöhle/Speicheldrüse/Kiefer	25,4	9,7
Speiseröhre/Magen/Zwölffingerdarm	21,0	24,7
Sonst. Krankheiten Darm und Bauchfell	5,3	9,5
Sonst. Krankheiten der Verdauungsorgane	4,7	13,2
Sonstige	4,8	15,2
Psychiatrische Krankheiten		
Neurosen, Psychopathien und andere nichtpsychotische psychische Störungen	78,1	78,2
Andere Psychosen	17,9	18,8
Organische Psychosen	3,9	3,0

beitsunfähigkeitstagen in dieser Diagnosegruppe hatten. Hypertonie und Hochdruckkrankheiten (25,9%), gefolgt von ischämischen und sonstigen Formen von Herzkrankheiten (17,1 bzw. 12,1% Anteil) sind weitere häufige Diagnosen. Die vergleichsweise langwierigsten Erkrankungen sind die ischämischen Herzkrankheiten und Krankheiten des zerebrovaskulären Systems mit einem Anteil an den AU-Tagen von 25,4 bzw. 6,9%. Sowohl Bluthochdruck und seine Folgeerkrankungen als auch die ischämischen Herzkrankheiten waren 1999 in der Energiewirtschaft überdurchschnittlich stark ausgeprägt.

Bei den Erkrankungen der Verdauungsorgane waren von der Zahl der Fälle her gesehen die Dünn- und Dickdarmentzündungen mit über einem Drittel der Fälle (38,8%) klar vorherrschend. Gut ein weiteres Viertel der Fälle (25,4%) ging auf Erkrankungen von Mundhöhle, Speicheldrüse und Kiefer zurück, die allerdings nur 9,7% der Ausfalltage verursachten. 21,0% der Krankmeldungen waren auf Erkrankungen von Speiseröhre, Magen und Zwölffingerdarm zurückzuführen. Der Rest verteilte sich auf sonstige Krankheiten.

21.6 Handel

21.6.1 Kosten der Arbeitsunfähigkeit 389
21.6.2 Allgemeine Krankenstandsentwicklung 389
21.6.3 Krankenstandsentwicklung nach Wirtschaftsklassen 391
21.6.4 Krankenstand nach Berufsgruppen 392
21.6.5 Kurz- und Langzeiterkrankungen 394
21.6.6 Krankenstand nach Bundesländern 395
21.6.7 Krankenstand nach Betriebsgröße 397
21.6.8 Krankenstand nach Stellung im Beruf 398
21.6.9 Arbeitsunfälle 399
21.6.10 Krankheitsarten 400

21.6.1 Kosten der Arbeitsunfähigkeit

Zur Jahresmitte 1999 waren im Handel 3,73 Mio. Arbeitnehmer sozialversicherungspflichtig beschäftigt[1]. Davon waren 39% (1,47 Mio.) bei der AOK versichert. Die AOK-Mitglieder waren durchschnittlich 1,38-mal krank geschrieben, die Krankmeldungen erstreckten sich im Mittel über 12,3 Kalendertage. Je Beschäftigtem fielen 1999 im statistischen Durchschnitt 17,0 krankheitsbedingte Fehltage an. In der Summe ergeben sich daraus für die Branche Fehlzeiten von 63,4 Mio. Tagen oder 173 700 Erwerbsjahren. Bei einem durchschnittlichen Bruttolohn der Branche von 44 535 DM[2] pro Jahr, ergeben sich Kosten in Höhe von 7,74 Mrd. DM aufgrund von Produktionsausfällen durch Arbeitsunfähigkeit[3].

Die finanzielle Belastung eines Betriebes mit 100 Mitarbeitern durch diese Kosten betrug 1999 durchschnittlich 207 400 DM.

21.6.2 Allgemeine Krankenstandsentwicklung

Der Krankenstand lag im Handel 1999 bundesweit bei 4,6%. Dabei war er in Westdeutschland mit 4,7% um 0,5 Prozentpunkte höher als im Osten Deutschlands (Tabelle 21.6.1). In den neuen Ländern waren deutlich weniger Krankheitsfälle zu verzeichnen als in den alten, dafür dauerten sie im Mittel um 1,7 Tage länger. Etwa jeder zweite (52,9%) im Handel Beschäftigte meldete sich einmal oder mehrmals krank (AU-Quote). In Ostdeutschland war der Anteil der Beschäftigten, die von Arbeitsunfähigkeit betroffen waren, deutlich geringer als

---

[1] Bundesanstalt für Arbeit, Beschäftigtenstatistik, 2000.
[2] Statistisches Bundesamt, Fachserie 18, 2000.
[3] Nur die direkten Kosten durch Entgeltzahlungen. Eine ausführlichere Diskussion dazu findet sich im Einführungskapitel, in Punkt 21.1.2

Tabelle 21.6.1. Krankenstandsentwicklung im Handel, 1999

	Krankenstand (in %)	Arbeitsunfähigkeiten je 100 AOK-Mitglieder				Tage je Fall	AU-Quote (in %)
		Fälle	Veränd. z. Vorj. (in %)	Tage	Veränd. z. Vorj. (in %)		
West	4,7	141,4	6,5	1717,6	2,8	12,1	53,4
Ost	4,2	111,4	11,1	1543,2	9,6	13,8	49,2
BRD	4,6	137,5	7,2	1695,1	3,8	12,3	52,9

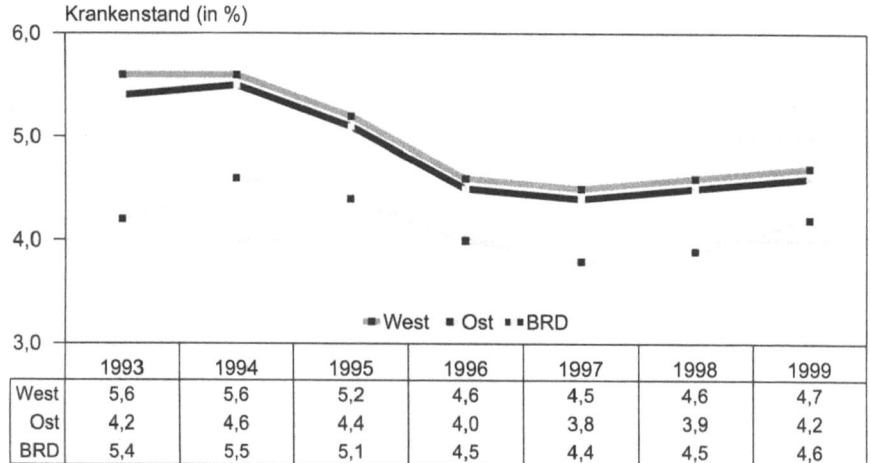

Abb. 21.6.1. Krankenstandsentwicklung im Handel 1993–1999

im Westen (49,2 vs. 53,4%). Damit näherten sich die Werte für Ostdeutschland den westdeutschen im Vergleich zum Vorjahr stark an.

Gegenüber 1998 nahm die Zahl der Arbeitnehmer, die sich krank meldeten, um 1,1 Prozentpunkte zu, die Zahl der Arbeitsunfähigkeitsfälle stieg mit 7,2% stark an. Da die durchschnittliche Dauer einer Krankmeldung aber um 0,4 Tage je Fall sank, blieb der Anstieg der Arbeitsunfähigkeitstage mit 3,8% vergleichsweise moderat.

Abbildung 21.6.1 zeigt die Krankenstandsentwicklung im Bereich des Handels in den Jahren 1993–1999. Seit 1995 ging der Krankenstand von 5,4% im Jahr 1993 auf nur noch 4,4% im Jahr 1997 zurück, um in den beiden letzten Jahren wieder leicht (jeweils 0,1 Prozentpunkte) anzusteigen. Dennoch befand sich der Krankenstand 1999 nach wie vor auf einem niedrigeren Niveau als in den Jahren von 1993–1995.

Bis 1996 hatten sich die Krankenstände in West und Ost deutlich aufeinander zu bewegt, danach nicht mehr. Erst im letzten Jahr konnte wieder eine deutliche Annäherung – bis auf einen halben Prozentpunkt – registriert werden.

21.6.3 Krankenstandsentwicklung nach Wirtschaftsklassen

Die Betrachtung der Krankenstandsdaten (Tabelle 21.6.2) der einzelnen Wirtschaftsklassen im Bereich des Handels zeigt, dass der Krankenstand im Großhandel mit 5,2% im Jahr 1999 deutlich höher war als im Einzel- (4,3%) und dem sonstigen Handel (4,7%)[4]. Sowohl die Zahl der Krankheitsfälle als auch deren durchschnittliche Dauer fielen in diesem Bereich höher aus als in den beiden anderen Gruppen. Auch der Anteil der Arbeitnehmer, die sich einmal oder öfter krank meldeten, war im Großhandel deutlich höher als in den anderen Wirtschaftsbereichen.

Im Vergleich zum Vorjahr stieg der Krankenstand in allen drei Wirtschaftsklassen geringfügig an (0,1–0,3 Prozentpunkte). Zurückzuführen war dies auf eine Zunahme der Krankmeldungen und eine relativ stark angestiegene durchschnittliche Dauer der Arbeitsunfähigkeitsfälle (0,2, 0,6 bzw. 0,7 Tage bei Einzel-, Groß- bzw. sonstigem Handel).

Tabelle 21.6.2. Krankenstandsentwicklung im Handel nach Wirtschaftsklassen, 1999

Wirtschafts-klasse	Krankenstand (in %)		Arbeitsunfähigkeiten je 100 AOK-Mitglieder				Tage je Fall	AU-Quote (in %)
	1999	1998	Fälle	Veränd. z. Vorj. (in %)	Tage	Veränd. z. Vorj. (in %)		
Einzelhandel	4,3	4,1	130,4	7,5	1554,8	3,4	11,9	50,2
Großhandel	5,2	4,9	147,1	7,4	1892,6	5,1	12,9	57,4
Sonst. Handel	4,7	4,6	140,6	6,3	1724,3	2,3	12,3	52,0

---

[4] Aufgrund einer veränderten Datenbank-Abfragestruktur sind die Werte an dieser Stelle nicht mit den Angaben des Fehlzeitenreports 1999 vergleichbar. Die interne Validität ist jedoch gewährleistet.

21.6.4 Krankenstand nach Berufsgruppen

Ebenso wie in anderen Branchen variiert der Krankenstand auch im Handel erheblich in Abhängigkeit von der Art der Tätigkeit und der beruflichen Qualifikation. Wie aus Abb. 21.6.2 hervorgeht, wiesen 1999 Beschäftigte im Bereich des Gesundheitsbedarfs – also Apothekenhelferinnen (8,3 Tage), Pharmazeutisch-technische Assistenten (innen) (6,3 Tage) und Augenoptiker (7,6 Tage je AOK-Mitglied) – sowie DV-Fachkräfte, Verlagskaufleute und Buchhändler (jeweils 7,9 Tage) extrem niedrige Fehlzeiten auf, während bei Berufen aus dem gewerblichen Bereich mit überwiegend körperlichen und/oder produzierenden Tätigkeiten – wie Transportgeräteführern (22,2 Tage), Warenprüfern (21,9 Tage) und Fleischern (18,4 Tage) – zum Teil mehr als dreimal so lange Fehlzeiten zu verbuchen waren [5].

Die meisten Krankmeldungen waren bei den Warenprüfern und -sortierern, den Lager- und Transportarbeitern sowie den Warenaufmachern zu verzeichnen (171,9; 167,6 bzw. 167,2 Fälle je 100 AOK-Mitglieder). Optiker stellten in der Branche die Versicherten mit den kürzesten Krankheitsdauern dar (6,6 Tage je Fall), während Fleischer zusammen mit den Kraftfahrern die langwierigsten Krankheitsfälle

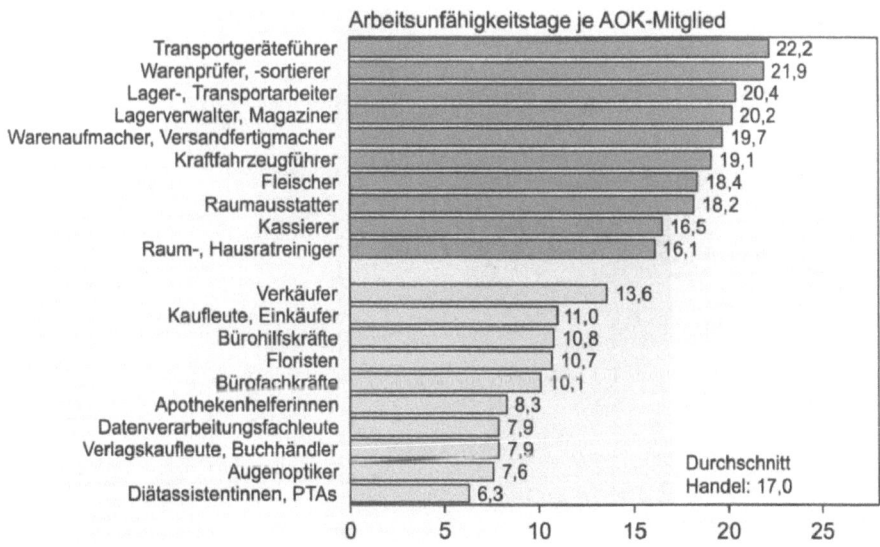

Abb. 21.6.2. 10 Berufsgruppen im Handel mit hohen und niedrigen Krankenständen, 1999

---

[5] Berücksichtigt wurden nur ausgewählte Berufsgruppen mit mehr als 1000 Mitgliedern im Kreis der AOK-Versicherten.

aufwiesen (14,7 Tage). Bei den Fleischern war zudem der Anteil der Arbeitsunfälle am höchsten (14,0% der Fehlzeiten). Die Arbeitsunfähigkeitsquote, also der Anteil der Beschäftigten, der 1999 mindestens einmal krank geschrieben war, schwankte zwischen 36,7% bei den Bürohilfskräften und 64,7% bei den Tranportgeräteführern (Tabelle 21.6.3).

Tabelle 21.6.3. Handel, Krankenstandskennzahlen nach ausgewählten Berufsgruppen, 1999

Tätigkeit	Krankenstand (in %)	Arbeitsunfähigkeiten je 100 AOK-Mitglieder		Tage je Fall	AU-Quote (in %)	Anteil Arbeitsunfälle an den AU-Tagen (in %)
		Fälle	Tage			
Apothekenhelferinnen	2,3	112,1	833,1	7,4	48,1	2,7
Augenoptiker	2,1	113,8	755,2	6,6	48,4	1,6
Bürofachkräfte	2,8	110,8	1010,3	9,1	46,0	2,7
Bürohilfskräfte	3,0	89,5	1077,2	12,0	36,7	3,4
Datenverarbeitungsfachleute	2,2	98,8	786,7	8,0	40,4	3,7
Diätassistentinnen, PTAs	1,7	90,9	632,2	7,0	40,4	2,3
Fleischer	5,0	125,3	1836,9	14,7	54,2	14,0
Floristen	2,9	104,8	1071,3	10,2	45,9	4,1
Kaufleute, Einkäufer	3,0	144,0	1100,0	7,6	53,3	4,4
Kassierer	4,5	138,2	1647,9	11,9	51,9	2,9
Kraftfahrzeugführer	5,2	129,7	1907,0	14,7	55,9	13,2
Lager-, Transportarbeiter	5,6	167,6	2036,0	12,1	57,1	7,8
Lagerverwalter, Magaziner	5,5	163,0	2023,5	12,4	61,4	8,1
Raum-, Hausratreiniger	4,4	125,0	1612,7	12,9	47,3	4,0
Raumausstatter	5,0	146,0	1823,9	12,5	58,2	12,5
Transportgeräteführer	6,1	165,7	2218,6	13,4	64,7	9,3
Verkäufer	3,7	117,9	1361,1	11,5	47,1	4,6
Verlagskaufleute, Buchhändler	2,2	102,9	785,8	7,6	44,8	1,9
Warenaufmacher, Versandfertigmacher	5,4	167,2	1971,2	11,8	56,1	5,9
Warenprüfer, -sortierer	6,0	171,9	2190,0	12,7	56,4	7,4

Berufsgruppen mit mehr als 2000 AOK-Mitgliedern

21.6.5 Kurz- und Langzeiterkrankungen

Auch im Handel ist hinsichtlich der Verteilung der Krankheitsdauern ein charakteristisches Muster zu erkennen, das manche weit verbreiteten Annahmen über den Krankenstand widerlegt. Wie Abb. 21.6.3 deutlich zeigt, sind kurze und kürzeste Erkrankungen (4–7 bzw. 1–3 Tage) mit über 60% zwar für den größten Teil der Krankheitsfälle verantwortlich, verursachen aber nur 17,2% der Arbeitsunfähigkeitstage. Selbst wenn man berücksichtigt, dass ein Teil der Krankmeldungen mit einer Dauer von 1–3 Tagen von den Krankenkassen nicht erfasst wird[6], bleibt festzustellen, dass Kurzzeiterkrankungen, bei denen häufiger der Verdacht besteht, dass „krank gefeiert" wird, nur einen relativ geringen Anteil am Gesamtkrankenstand haben. Hingegen ist fast die Hälfte aller Fehltage auf eine relativ geringe Zahl von Fällen (8,0%) zurückzuführen, die vier Wochen oder länger dauern. Daher liegt in der Prävention von Langzeiterkrankungen ein wesentlich höheres Potenzial zur Reduzierung betrieblicher und volkswirtschaftlicher Krankheitskosten als in der Bekämpfung von Kurzzeiterkrankungen.

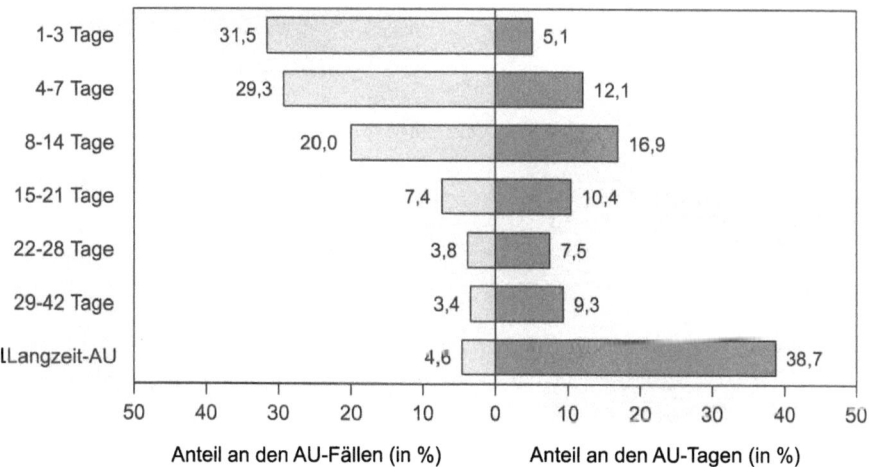

Abb. 21.6.3. Arbeitsunfähigkeitsfälle und -tage im Handel nach der Dauer, 1999

---

[6] Vgl. die Erläuterung im Einführungsteil, Kap. 21.1.5.

21.6.6 Krankenstand nach Bundesländern

Die regionalen Unterschiede im Krankenstand (Abb. 21.6.4) sind in dieser Branche nicht sehr stark ausgeprägt. Die höchsten Krankenstände waren 1999 in den Stadtstaaten Hamburg (5,8%) und Berlin (5,6%) und im Saarland (5,7%) zu verzeichnen. Obwohl die Werte für Sachsen und Thüringen seit dem Vorjahr (3,6 bzw. 3,8%) stark angestiegen sind, ist der Krankenstand dort mit inzwischen 4,1% bzw. 4,2% nach wie vor vergleichsweise niedrig.

In allen Bundesländern nahm 1999 die Zahl der Krankheitsfälle im Vergleich zum Vorjahr um 4,7–13,9% zu (Tabelle 21.6.4). Da gleichzeitig – abgesehen von Niedersachsen – die durchschnittliche Dauer

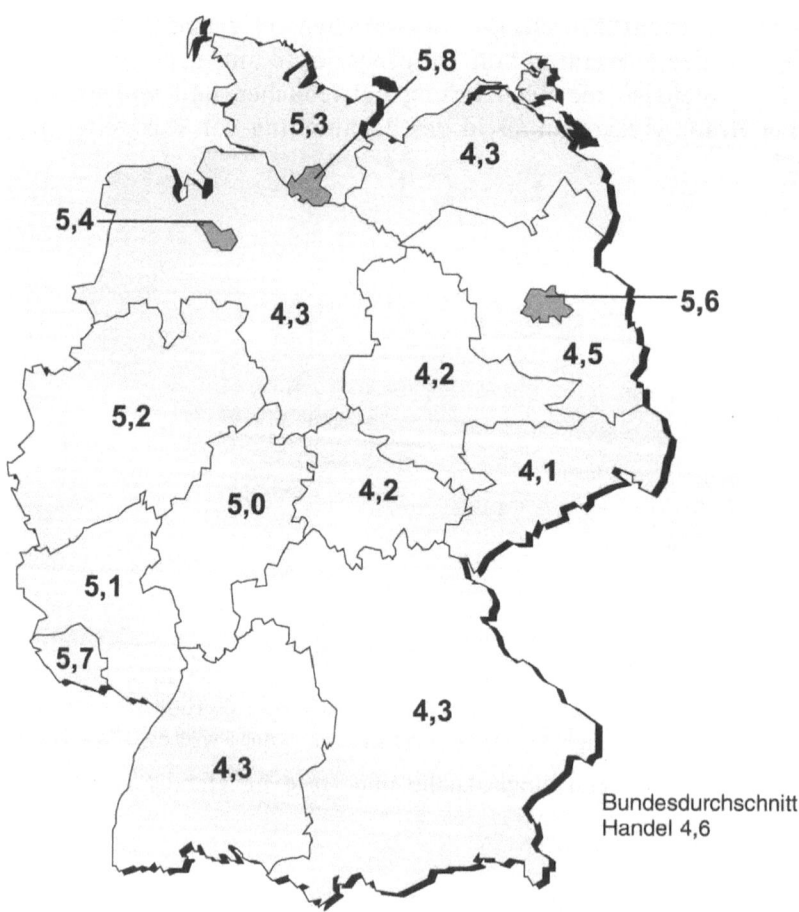

Abb. 21.6.4. Krankenstand (in %) im Handel nach Bundesländern, 1999

Tabelle 21.6.4. Handel, Arbeitsunfähigkeit nach Bundesländern, 1999 im Vergleich zum Vorjahr

	Arbeitsunfähigkeiten je 100 AOK-Mitglieder					
	AU-Fälle 1999	Veränd. z. Vorj. (in %)	AU-Tage 1999	Veränd. z. Vorj. (in %)	Tage je Fall 1999	Veränd. z. Vorj. (in %)
Baden-Württemb.	134,9	6,9	1572,0	2,5	11,7	-4,1
Bayern	127,4	5,7	1552,5	4,1	12,2	-1,6
Berlin	120,9	6,5	2055,2	1,7	17,0	-4,5
Brandenburg	114,2	6,5	1646,1	5,5	14,4	-0,9
Bremen	162,5	8,3	1987,4	3,2	12,2	-4,7
Hamburg	163,7	7,0	2125,6	0,3	13,0	-6,3
Hessen	156,2	6,3	1815,3	2,6	11,6	-3,4
Mecklenb.-Vorp.	115,0	8,8	1565,0	7,8	13,6	-0,9
Niedersachsen	143,2	8,9	1586,6	10,0	11,1	0,9
Nordrhein-Westf.	153,0	4,7	1913,7	0,4	12,5	-4,1
Rheinland-Pfalz	154,4	8,5	1847,9	1,2	12,0	-6,7
Saarland	141,5	9,0	2093,9	4,5	14,8	-4,1
Sachsen	108,1	13,9	1505,2	13,5	13,9	-0,4
Sachsen-Anhalt	112,1	8,2	1536,0	5,3	13,7	-2,7
Schleswig-Holstein	152,4	7,9	1933,0	5,6	12,7	-2,1
Thüringen	114,1	13,7	1548,2	10,8	13,6	-2,5
Bund	137,5	7,2	1695,1	3,8	12,3	-3,2

eines Falles fast überall zurückging (im Schnitt 3,2%), nahm der Krankenstand insgesamt nur moderat zu. Der stärkste Anstieg war mit 13,5% in Sachsen zu verzeichnen, wo einer stark steigenden Zahl an Fällen ein vergleichsweise bescheidener Rückgang der durchschnittlichen Krankheitsdauer gegenüberstand. Demgegenüber führte die höhere Zahl an Fällen in Hamburg und Nordrhein-Westfalen (7,0 bzw. 4,7%) durch einen ähnlich starken Rückgang der Krankheitsdauer (6,3 bzw. 4,1%) zu kaum nennenswerten Anstiegen der Krankenstände insgesamt.

21.6.7 Krankenstand nach Betriebsgröße

Die Höhe des Krankenstands in einem Betrieb ist – statistisch gesehen – auch von dessen Größe abhängig. Die Zahl der Arbeitsunfähigkeitstage steigt mit zunehmender Betriebsgröße[7]. So waren 1999 im Handel bei Betrieben mit 10–49 AOK-Mitgliedern durchschnittlich 17,7 Tage je AOK-Mitglied zu verzeichnen, bei Betrieben mit 1000 und mehr AOK-Mitgliedern dagegen 24,0 Tage.

Bei fast allen Betriebsgrößen fielen damit im Handel weniger Fehltage an als im allgemeinen Branchendurchschnitt. Lediglich bei Betrieben mit 1000 und mehr AOK-Mitgliedern war der Krankenstand im Handel höher (Abb. 21.6.5).

Wie der Vergleich der Wirtschaftsklassen im Handel zeigt (Tabelle 21.6.5), entwickeln sich die von der Betriebsgröße abhängigen Krankenstände im Handel in sehr unterschiedlicher Weise. Während 1999 die Zahl der Arbeitsunfähigkeitstage im Einzelhandel und beim „Sonstigen Handel" mit zunehmender Betriebsgröße kontinuierlich anstieg, lag der Spitzenwert im Großhandel bei den mittleren Betriebsgrößen, der niedrigste Wert dagegen bei den größten Betrieben mit 1000 und mehr AOK-Mitgliedern (16,5 Fehltage je Mitglied gegenüber 22,0 im Einzelhandel). Der Einzelhandel erreichte einen derart niedrigen Krankenstand nur bei der kleinsten erfassten Gruppe, den

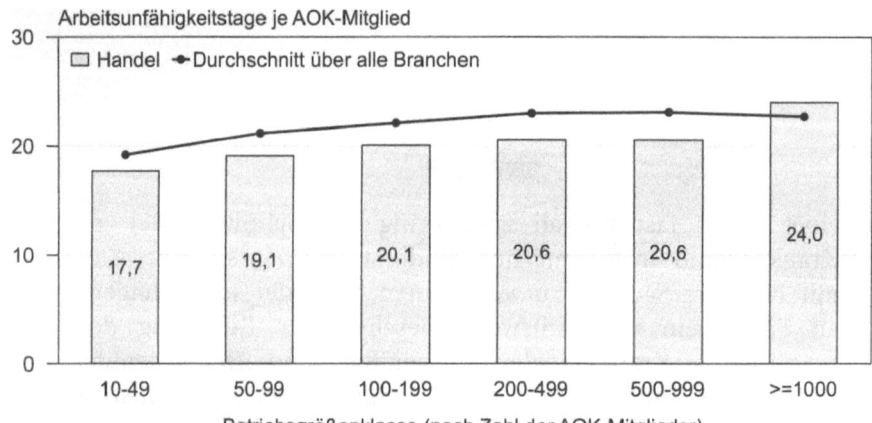

Abb. 21.6.5. Arbeitsunfähigkeitstage im Handel nach Betriebsgröße, 1999

---

[7] Als Maß für die Betriebsgröße wird hier die Zahl der AOK-Versicherten in den Betrieben zugrunde gelegt, die allerdings in der Regel nur einen Teil der Belegschaft ausmachen.

Tabelle 21.6.5. Handel Arbeitsunfähigkeitstage je AOK-Mitglied nach Betriebsgröße (Anzahl der AOK-Mitglieder), 1999

Wirtschaftsklasse	10–49	50–99	100–199	200–499	500–999	≥1000
Einzelhandel	16,2	17,6	18,8	19,3	22,8	22,0
Großhandel	19,3	20,6	21,6	22,2	18,9	16,5
Sonstiger Handel	17,2	18,0	20,2	21,1	22,4	27,0
Durchschnitt über alle Branchen	19,2	21,2	22,1	23,0	23,1	22,7

Betrieben mit 10–49 AOK-Mitgliedern. Den höchsten Krankenstand hatten, wie schon im Vorjahr, die größten Betriebe des sonstigen Handels zu verzeichnen, deren Mitarbeiter mit 27,0 Tagen fast vier Wochen im Jahr krankheitsbedingt fehlten.

21.6.8 Krankenstand nach Stellung im Beruf

Auch hinsichtlich der Krankenstände in Abhängigkeit von der Stellung im Beruf folgt der Handel dem Muster, das über alle Branchen hinweg erkennbar ist, wenngleich auf durchgehend niedrigerem Niveau (Abb. 21.6.6). Abgesehen von den in den meisten Branchen niedrigen Krankenständen der Auszubildenden sinkt der Krankenstand mit zunehmender Qualifikation vom Arbeiter mit durchschnittlich 21,8 Tagen bis zum Angestellten mit im Schnitt nur 12,5 Arbeitsunfähigkeitstagen pro AOK-Mitglied.

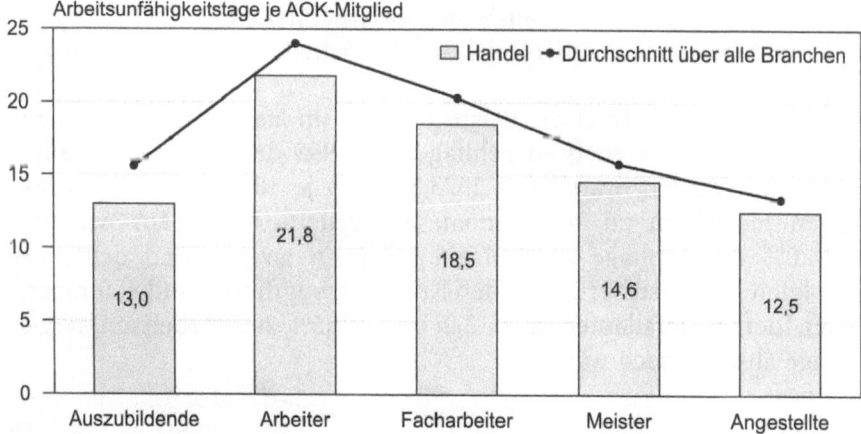

Abb. 21.6.6. Arbeitsunfähigkeitstage im Handel nach Stellung im Beruf, 1999

Tabelle 21.6.6. Handel, Krankenstand (in %) nach Stellung im Beruf, 1999

Wirtschaftsklasse	Auszubildende	Arbeiter	Facharbeiter	Meister	Angestellte
Einzelhandel	3,7	5,3	4,7	3,7	3,5
Großhandel	3,4	6,2	5,6	4,6	3,3
Sonstiger Handel	3,3	6,0	4,8	3,7	3,3

Tabelle 21.6.6 zeigt die Krankenstände nach der Stellung im Beruf in den einzelnen Wirtschaftsklassen des Handels. Auffällig ist, dass der Großhandel im gewerblichen Bereich – bei Arbeitern, Facharbeitern, Meistern – einen mit durchgehend 0,9 Prozentpunkten deutlich höheren Krankenstand aufweist als der Einzelhandel. Dies ist auch die Ursache für den höheren Gesamtkrankenstand im Bereich des Großhandels. Bei den Auszubildenden und den Angestellten sind dagegen keine großen Differenzen festzustellen.

21.6.9 Arbeitsunfälle

Wie Abb. 21.6.7 zeigt, waren 1999 im Handel 7,1% der Fehltage und 5,4% der Krankheitsfälle auf Arbeitsunfälle zurückzuführen. Damit lagen die Werte in beiden Dimensionen etwa einen halben Prozentpunkt niedriger als im allgemeinen Branchendurchschnitt. Allerdings lag der Anteil der Arbeitsunfälle an den Arbeitsunfähigkeitsfällen und -tagen im Großhandel leicht über dem Durchschnitt. Hier schlägt sich nieder, dass in diesem Bereich die Tätigkeit – bedingt durch die größeren Mengen, die umgeschlagen werden, und die Arbeit mit Fahrzeugen und Hebebühnen etc. – ein erheblich höheres Unfallrisiko mit sich bringt. Dies wird auch in der anschließenden Betrachtung der Krankheitsarten deutlich, auf die die Arbeitsunfähigkeiten zurückzuführen sind.

Tabelle 21.6.7 zeigt die Berufsgruppen im Handel mit dem höchsten Unfallrisiko. Die meisten Fehltage, die 1999 durch Arbeitsunfälle verursacht wurden, waren mit 2573,5 Tagen je 1000 AOK-Mitglieder bei den Fleischern zu verzeichnen, bei denen Unfälle am Arbeitsplatz 14,0% der Fehltage zur Folge hatten. An zweiter und dritter Stelle folgten die Berufsgruppen der Kraftfahrzeugführer und Raumausstatter, deren Unfallanteil mit 13,2 bzw. 12,5% der Arbeitsunfähigkeitstage ähnlich hoch war.

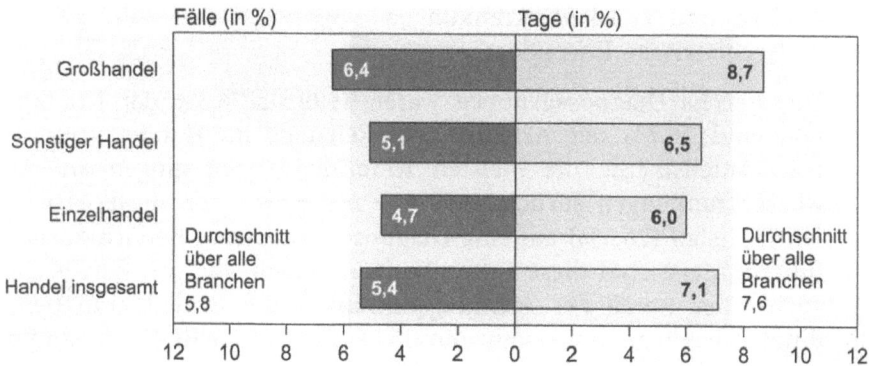

Abb. 21.6.7. Arbeitsunfälle im Handel nach Wirtschaftsgruppen, Anteil an den AU-Fällen und -Tagen in %, 1999

Tabelle 21.6.7. Handel, Arbeitsunfähigkeitstage durch Arbeitsunfälle nach Berufsgruppen, 1999

Tätigkeit	AU-Tage je 1000 AOK-Mitglieder	Anteil an den AU-Tagen insgesamt (in %)
Fleischer	2573,5	14,0
Kraftfahrzeugführer	2516,9	13,2
Raumausstatter	2274,2	12,5
Transportgeräteführer	2066,2	9,3
Lagerverwalter, Magaziner	1631,7	8,1
Warenprüfer, -sortierer	1616,5	7,4
Lager-, Transportarbeiter	1582,0	7,8
Warenaufmacher, Versandfertigmacher	1159,4	5,9
Raum-, Hausratsreiniger	650,6	4,0
Verkäufer	623,5	4,6

21.6.10 Krankheitsarten

Krankheiten nach ICD-Hauptgruppen

Das Arbeitsunfähigkeitsgeschehen wird im Handel, ebenso wie in den anderen Branchen auch, im wesentlichen von sechs großen Krankheitsgruppen bestimmt[8]:
- Muskel- und Skeletterkrankungen
- Atemwegserkrankungen
- Verletzungen
- Erkrankungen der Verdauungsorgane

---

[8] Krankheiten mit einem Anteil von mehr als 5% an den Arbeitsunfähigkeitstagen.

- Herz- und Kreislauferkrankungen
- Psychiatrische Erkrankungen.

Diese sechs Diagnosegruppen waren 1999 für 76,3% der Krankheitsfälle und 76,7% der Arbeitsunfähigkeitstage im Handel verantwortlich. Anteilsmäßig die meisten Krankmeldungen gingen auf Atemwegserkrankungen zurück. 1999 war mehr als jeder vierte Arbeitsunfähigkeitsfall (26,6%) auf eine Diagnose aus diesem Bereich zurückzuführen. Meist sind diese Erkrankungen jedoch nur von kurzer Dauer, sodass der Anteil der Atemwegserkrankungen an den krankheitsbedingten Fehltagen insgesamt nur 15,7% betrug. Beide Werte sind über einen Prozentpunkt höher als im Vorjahr (25,1 bzw. 14,4%), was auf die Grippeepidemie im Februar/März des Jahres zurückzuführen ist. Die meisten Arbeitsunfähigkeitstage waren durch Muskel- und Skeletterkrankungen bedingt, die zwar nicht so häufig, dafür aber oft chronisch und langwierig sind. 1999 war mehr als jeder vierte Fehltag (26,2%) auf diese Krankheitsart zurückzuführen. Der Anteil an den Fällen betrug allerdings nur 18,0%.

Wie aus Abb. 21.6.8 ersichtlich ist, unterscheidet sich die Verteilung der Krankheitsarten im Bereich Handel nur unwesentlich vom allgemeinen Branchendurchschnitt. Bezogen auf die Arbeitsunfähigkeitstage ist der Anteil der Muskel- und Skeletterkrankungen, der Verletzungen, der Herz- und Kreislauferkrankungen sowie der psychiatrischen Erkrankungen etwas geringer als dies durchschnittlich der Fall ist.

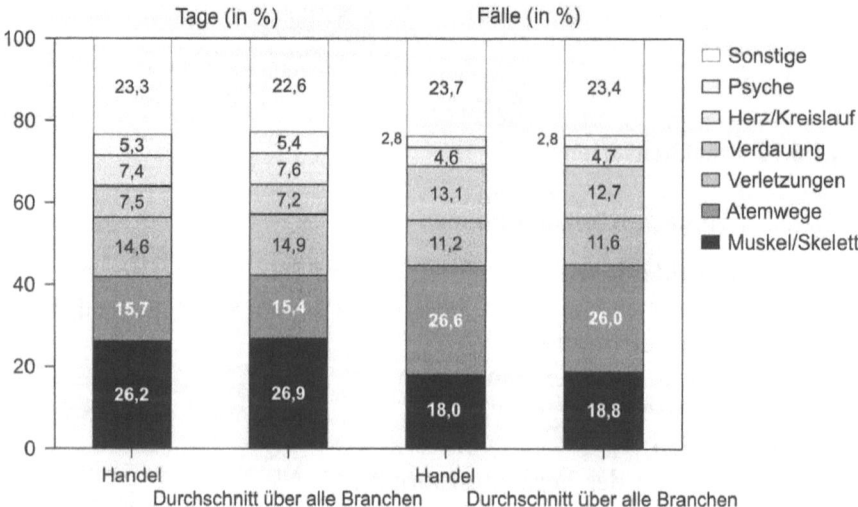

Abb. 21.6.8. Arbeitsunfähigkeit im Handel nach Krankheitsarten, 1999

Tabelle 21.6.8. Handel, Arbeitsunfähigkeitstage nach Krankheitsarten (in %), 1999

Wirtschafts-klasse	Muskel/ Skelett	Atem-wege	Verlet-zungen	Herz/ Kreislauf	Verdau-ung	Psyche	Sons-tige
Einzelhandel	24,9	16,2	13,9	7,0	7,6	5,9	24,6
Großhandel	28,0	14,9	15,7	7,8	7,3	4,5	21,8
Sonstiger Handel	25,4	16,1	14,2	14,2	7,5	5,5	17,2

Dagegen ist der Anteil der Atemwegserkrankungen und der Erkrankungen der Verdauungsorgane geringfügig höher.

Tabelle 21.6.8 zeigt die Verteilung der Diagnosegruppen in den einzelnen Wirtschaftsklassen des Handels. Hier schlagen sich die unterschiedlichen Arbeitsbedingungen in den jeweiligen Branchen deutlich nieder. So ist der Anteil der Muskel- und Skeletterkrankungen (28,0%) und Verletzungen (15,7%) an den Arbeitsunfähigkeitstagen im Großhandel deutlich höher als in den anderen Bereichen des Handels und liegt auch über dem allgemeinen Branchendurchschnitt. Auf den höheren Anteil an Arbeitsunfällen, der mit in die Gruppe der Verletzungen eingeht, wurde oben schon hingewiesen. Im Einzelhandel hingegen sind überdurchschnittliche Werte für Atemwegs- (16,2%) und psychiatrische Erkrankungen (5,9%) festzustellen. Hier mag der hohe Frauenanteil in diesem Bereich eine Rolle spielen, da bei Frauen insbesondere psychiatrische Erkrankungen allgemein häufiger diagnostiziert werden als bei Männern. Auffallend ist auch der hohe Wert an Herz-/Kreislauf-Erkrankungen im Bereich des „Sonstigen Handels", der sich gegenüber dem Vorjahr (7,6%) fast verdoppelt hat. Dabei ist aber zu beachten, dass es sich um eine sehr kleine Gruppe von Beschäftigten handelt, die den Gesamtwert der Branche (Abb. 21.6.8) kaum beeinflusst.

Erkrankungen des Verdauungsapparates sind über die Wirtschaftsklassen ähnlich stark verteilt.

Ein Blick auf Tabelle 21.6.9 zeigt, wie sich die einzelnen Diagnosegruppen zusammensetzen. So herrschten bei den Muskel- und Skeletterkrankungen, welche die meisten Fehltage verursachen, mit 59,6% der Fälle und 55,7% der Tage Rückenerkrankungen vor, gefolgt von Rheumatismus (21,7% der Fälle und 19,2% der Tage) und Gelenkerkrankungen (14,5% der Fälle und 19,9% der Tage).

Die 1999 mit einem Anteil von 14,6% an den Fehltagen drittgrößte Diagnosegruppe im Handel sind die Verletzungen. Sie werden klar dominiert von Verstauchungen, Zerrungen und Prellungen, auf deren

Tabelle 21.6.9. Handel, Arbeitsunfähigkeiten nach Krankheitsarten, Anteile der ICD-Untergruppen an den ICD-Hauptgruppen, 1999

ICD-Untergruppen	Anteil an den AU-Fällen (in %)	Anteil an den AU-Tagen (in %)
Muskel-/Skeletterkrankungen		
Rückenerkrankungen	59,6	55,7
Rheumatismus	21,7	19,2
Gelenkerkrankungen	14,5	19,9
Sonstige	4,2	5,2
Verletzungen		
Verstauchungen/Zerrungen	24,7	23,4
Prellungen	23,6	16,4
Oberflächliche Verletzungen	9,8	6,8
Komplikationen nach Verletzungen	7,3	5,8
Frakturen der unteren Extremitäten	6,0	14,6
Frakturen der oberen Extremitäten	3,9	9,4
Sonstige	24,7	23,6
Atemwegserkrankungen		
Akute Infektionen der Atmungsorgane	38,1	34,9
Chronische obstruktive Lungenkrankheiten und verwandte Affektionen	26,1	29,1
Lungenentzündung und Grippe	24,0	22,7
Sonstige Krankheiten der oberen Luftwege	8,8	9,7
Sonstige Krankheiten der Atmungsorgane	3,0	3,6
Herz-/Kreislauferkrankungen		
Krankheiten der Venen und Lymphgefäße	47,8	28,0
Hypertonie und Hochdruckkrankheiten	20,9	20,0
Ischämische Herzkrankheiten	11,4	19,7
Sonstige Formen von Herzkrankheiten	10,2	12,1
Krankheiten der Arterien, Arteriolen und Kapillaren	3,2	5,7
Krankheiten des zerebrovaskulären Systems	3,0	8,0
Sonstige	3,5	6,6
Verdauung		
Dünn- und Dickdarmentzündung	42,9	30,7
Mundhöhle/Speicheldrüse/Kiefer	21,3	9,2
Speiseröhre/Magen/Zwölffingerdarm	21,0	24,7
Sonst. Krankheiten Darm und Bauchfell	4,3	8,3
Sonst. Krankheiten der Verdauungsorgane	3,9	11,8
Sonstige	6,6	15,3
Psychiatrische Krankheiten		
Neurosen, Psychopathien und andere nichtpsychotische psychische Störungen	75,6	73,9
Andere Psychosen	20,7	23,1
Organische Psychosen	3,6	2,9

Konto fast die Hälfte (48,3%) der Verletzungsfälle bzw. 39,8% der verletzungsbedingten Krankheitstage gingen. Ein weiterer großer Anteil der Fälle (17,1%) wurde durch oberflächliche Verletzungen oder Komplikationen nach Verletzungen verursacht. Ein relativ hoher Anteil der verletzungsbedingten Fehlzeiten ist auf Frakturen der oberen und unteren Extremitäten zurückzuführen, die zusammen zwar nur etwa ein Zehntel aller Fälle, aber fast ein Viertel (24,0%) der Fehltage bedingten. Diese Werte wichen kaum von den allgemeinen Werten über alle Branchen hinweg ab.

Bei den Atemwegserkrankungen standen akute Infektionen wie Erkältungen (38,1% der Fälle) im Vordergrund, daneben spielten chronisch obstruktive Lungenkrankheiten (z.B. Asthma, chronische Bronchitis) mit 26,1% und Lungenentzündungen sowie Grippeerkrankungen mit 24,0% der Fälle eine gewichtige Rolle. Die Verteilung hinsichtlich der Arbeitsunfähigkeitstage war dem sehr ähnlich und entspricht auch weitgehend dem allgemeinen Branchendurchschnitt.

Herz- und Kreislauferkrankungen verursachten 1999 4,6% der Arbeitsunfähigkeitsfälle und 7,4% der -tage. Dabei sind sowohl hinsichtlich der Fälle (47,8%) als auch der Tage (28,0%) Krankheiten der Venen und Lymphgefäße im Handel klar vorherrschend, gefolgt von Hypertonie und Hochdruckkrankheiten (ca. ein Fünftel der Fälle und Tage), den ischämischen Herzkrankheiten (11,4% der Fälle und 19,7% der Tage) und den sonstigen Herzkrankheiten (10,2% der Fälle und 12,1% der Fehltage). Die langwierigsten Krankheiten der Diagnosegruppe sind die des zerebrovaskulären Systems (nur 3,0% der Fälle, aber 8,0% der Fehltage), wozu z.B. Schlaganfälle zu zählen sind, sowie die schon erwähnten ischämischen Herzkrankheiten.

Krankheiten des Verdauungssystems nahmen im Handel mit 7,5% der Fehltage und 13,1% der Krankheitsfälle einen etwas breiteren Raum ein als im Durchschnitt über alle Branchen. Hinsichtlich der Fälle dominierten mit 42,9% die Dünn- und Dickdarmentzündungen, gefolgt von Erkrankungen von Mundhöhle, Speicheldrüse und Kiefer (21,3%) sowie Krankheiten an Speiseröhre, Magen und Zwölffingerdarm (21,0%).

Der Bereich der psychiatrischen Erkrankungen verursachte im Handel 2,8% der Krankheitsfälle und 5,3% der Fehltage. Dabei ist die Gruppe der Neurosen, Psychopathien und anderen nichtpsychotischen psychischen Störungen mit 75,6% der Fälle und 73,9% der Fehltage – im Handel wie auch allgemein – gegenüber den Psychosen klar vorherrschend.

21.7 Land- und Forstwirtschaft

21.7.1 Kosten der Arbeitsunfähigkeit 405
21.7.2 Allgemeine Krankenstandsentwicklung 405
21.7.3 Krankenstandsentwicklung nach Wirtschaftsgruppen 407
21.7.4 Krankenstand nach Berufsgruppen 408
21.7.5 Kurz- und Langzeiterkrankungen 411
21.7.6 Krankenstand nach Bundesländern 412
21.7.7 Krankenstand nach Betriebsgröße 414
21.7.8 Krankenstand nach Stellung im Beruf 415
21.7.9 Arbeitsunfälle 417
21.7.10 Krankheiten 418

21.7.1 Kosten der Arbeitsunfähigkeit

1999 gab es im Bereich Land- und Forstwirtschaft 371 674 sozialversicherungspflichtig Beschäftigte[1]. Jeder Mitarbeiter in diesem Bereich (AOK-Mitglieder) war 1999 im Durchschnitt 18,3 Kalendertage krank geschrieben. Für die Branche insgesamt ergibt dies eine Summe von 6,8 Millionen krankheitsbedingten Fehltagen oder 18 630 Erwerbsjahren. Bei einem durchschnittlichen Bruttojahresverdienst von 33 268 DM[2] ergeben sich für das Jahr 1999 hochgerechnet auf alle Beschäftigten im Bereich Land- und Forstwirtschaft Kosten in Höhe von rund 620 Millionen DM aufgrund von Produktionsausfällen durch Arbeitsunfähigkeit[3]. Die finanzielle Belastung eines Betriebes mit 100 Mitarbeitern durch diese Kosten betrug durchschnittlich knapp 167 000 DM.

21.7.2 Allgemeine Krankenstandsentwicklung

Der Krankenstand im Bereich Land- und Forstwirtschaft lag 1999 bundesweit bei 5,0% (Tabelle 21.7.1). Die Zahl der Krankmeldungen nahm um 8,5% auf 144,7 Fälle je 100 AOK-Mitglieder zu. Die Land- und Forstwirtschaft liegt damit 7,8 Fälle unter dem Schnitt über alle Branchen. Die Beschäftigten waren im Durchschnitt 18,3 Kalendertage krank geschrieben, 0,7 Tage mehr als im Vorjahr. Die durchschnittliche Dauer einer Krankmeldung ging im Vergleich zum Vorjahr von 13,2 Tagen auf 12,6 Tage zurück. Der Anteil der Beschäftigten, die sich mindestens einmal arbeitsunfähig meldeten (AU-Quote), lag 1999 bei 46,6%. Im Vergleich zum Vorjahr nahm er um 0,9 Prozentpunkte zu.

---

[1] Quelle: Bundesanstalt für Arbeit, Beschäftigtenstatistik 1999.
[2] Quelle: Statistisches Bundesamt, Zahlen für 1999.
[3] Hinzu kommen noch die indirekten Kosten, die den Betrieben beispielsweise durch die Einstellung von Krankheitsvertretungen entstehen, vgl. die Diskussion in Kap. 21.1.2.

Tabelle 21.7.1. Krankenstandsentwicklung im Bereich Land- und Forstwirtschaft, 1999

	Kranken-stand (in %)	Arbeitsunfähigkeiten je 100 AOK-Mitglieder				Tage je Fall	AU-Quote (in %)
		Fälle	Veränd. z. Vorj. (in %)	Tage	Veränd. z. Vorj. (in %)		
West	4,7	149,6	4,9	1729,3	-0,3	11,6	45,3
Ost	5,5	135,4	13,2	2011,1	11,3	14,9	49,5
BRD	5,0	144,7	8,5	1826,6	3,6	12,6	46,6

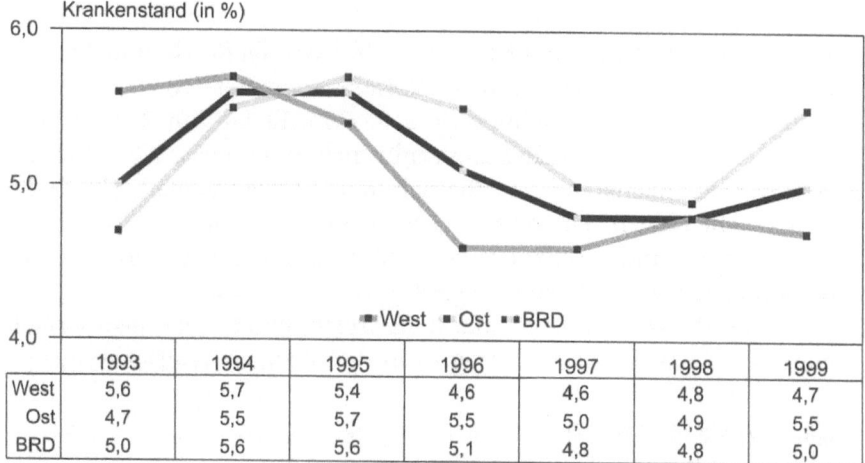

Abb. 21.7.1. Krankenstandsentwicklung im Bereich Land- und Forstwirtschaft 1993-1999

Während der Krankenstand im Westen 1999 im Vergleich zum Vorjahr um 0,1 Prozentpunkte geringfügig zurückging, stieg er in Ostdeutschland von 4,9% auf 5,5% an. Trotz des hohen Anstiegs der Fallzahlen im Osten (13,2 gegenüber 4,9% im Westen) waren in den neuen Bundesländern deutlich weniger Krankmeldungen zu verzeichnen als im Westen, diese dauerten jedoch erheblich länger (14,9 Tage gegenüber 11,6 Tage), sodass trotz geringerer Fallzahl in den neuen Bundesländern mehr krankheitsbedingte Fehltage anfielen als in den alten Bundesländern. Im Vergleich zum Vorjahr nahm in Westdeutschland die Zahl der Arbeitsunfähigkeitstage geringfügig ab (-0,3%), während sie in Ostdeutschland deutlich (11,3%) anstieg.

Abb. 21.7.1 zeigt die Krankenstandsentwicklung im Bereich Land- und Forstwirtschaft in den letzten sieben Jahren. Von 1995–1997 ging der Krankenstand kontinuierlich zurück und erreichte 1997 den niedrigsten Stand seit 1993. Im Jahr 1998 blieb er stabil. Durch den deutlichen Anstieg des Krankenstandes in den neuen Bundesländern stieg 1999 auch der gesamtdeutsche Krankenstand wieder an. Der seit 1997 zu beobachtende Trend einer Angleichung zwischen den Krankenständen in West- und Ostdeutschland kehrte sich 1999 wieder um. Lagen der Westen und der Osten 1998 nur um 0,1 Prozentpunkte auseinander, so betrug der Abstand 1999 0,8 Prozentpunkte (West: 4,7%; Ost 5,5%), die höchste Differenz seit 1996.

21.7.3 Krankenstandsentwicklung nach Wirtschaftsgruppen

Der höchste Krankenstand im Wirtschaftszweig Land- und Forstwirtschaft war 1999 – wie schon im Vorjahr – im Bereich der Forst- und Jagdwirtschaft zu verzeichnen (Tab. 21.7.2). Er lag mit 7,1% erheblich über dem Durchschnitt der Gesamtbranche von 5,0%. Am niedrigsten war der Krankenstand im Bereich der Landwirtschaft, Tierhaltung und -zucht (4,7%). Die Wirtschaftsgruppen Garten- und Weinbau sowie Fischerei und Fischzucht lagen hinsichtlich der krankheitsbedingten Fehlzeiten im mittleren Bereich.

Während der Krankenstand im Bereich Forst- und Jagdwirtschaft nahezu unverändert blieb, stieg er in den übrigen Wirtschaftsgruppen

Tabelle 21.7.2. Krankenstandsentwicklung im Bereich Land- und Forstwirtschaft nach Wirtschaftsgruppen, 1999

Wirtschaftsgruppe	Krankenstand (in %)		Arbeitsunfähigkeiten je 100 AOK-Mitglieder				Tage je Fall	AU-Quote (in %)
	1999	1998	Fälle	Veränd. z. Vorj. (in %)	Tage	Veränd. z. Vorj. (in %)		
Forst- und Jagdwirtschaft	7,1	7,2	182,7	2,0	2601,9	–0,5	14,2	60,6
Garten- und Weinbau	5,4	5,0	167,0	8,4	1970,0	7,8	11,8	51,5
Fischerei, Fischzucht	5,1	4,9	144,1	6,2	1878,8	4,5	13,0	52,3
Landwirtschaft, Tierhaltung und -zucht	4,7	4,6	134,5	11,1	1728,0	3,6	12,8	44,2

an, am stärksten im Garten- und Weinbau (0,4 Prozentpunkte). Wie Tabelle 21.7.2 zeigt, nahm die Zahl der Krankmeldungen in allen Wirtschaftsgruppen im Bereich Land- und Forstwirtschaft zu (um 2,0 bis 11,1%). Die durchschnittliche Dauer eines Krankheitsfalls ging dagegen im Vergleich zum Vorjahr in allen Wirtschaftsgruppen zurück (um 0,1–1,0 Tage je Fall), allerdings nicht so stark, dass dadurch die gestiegene Zahl an Arbeitsunfähigkeitsfällen ausgeglichen werden konnte. Innerhalb der Land- und Forstwirtschaft wies 1999 die Forst- und Jagdwirtschaft nicht nur die meisten Krankschreibungen auf (182,7 Fälle je 100 AOK-Mitglieder), sondern auch die längsten Krankheitsdauern (im Mittel 14,2 Tage je Krankmeldung), die höchste Arbeitsunfähigkeitsquote (60,6%) und die meisten Krankheitstage (2601,9 Tage je 100 AOK-Mitglieder).

21.7.4 Krankenstand nach Berufsgruppen

Der Durchschnittswert von 18,3 Fehltagen je AOK-Mitglied im Bereich der Land- und Forstwirtschaft setzt sich aus stark variierenden Fehltagen der einzelnen Berufsgruppen[4] innerhalb der Branche zusammen (Abb. 21.7.2). 1999 bewegte sich die Anzahl der Arbeitsunfä-

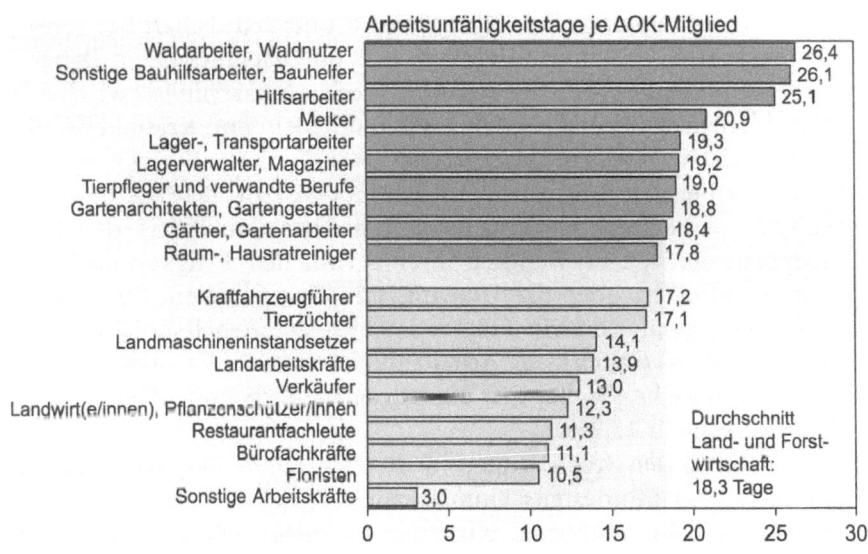

Abb. 21.7.2. 10 Berufsgruppen im Bereich Land- und Forstwirtschaft mit hohen und niedrigen Krankenständen

---

[4] Berufsgruppen mit mehr als 2000 AOK-Mitgliedern.

higkeitstage je AOK-Mitglied in Abhängigkeit von der Berufsgruppe zwischen 3,0 und 26,4 Kalendertagen.

Überdurchschnittlich hohe Fehltage innerhalb der Branche wiesen unter anderen die Berufsgruppen Waldarbeiter, Waldnutzer (26,4 Tage), sonstige Bauhilfsarbeiter und Bauhelfer (26,1 Tage) sowie Hilfsarbeiter (25,1 Tage) auf. Die niedrigsten Krankenstände waren bei sonstigen Arbeitskräften (3,0 Tage) und Floristen (10,5 Tage) zu verzeichnen. Vergleicht man die Berufsgruppen mit hohen und mit niedrigen Krankenständen miteinander, so fällt auf, dass sich Berufsgruppen mit vergleichsweise vielen Arbeitsunfähigkeitstagen je AOK-Mitglied im Rahmen ihrer beruflichen Tätigkeit häufiger im Freien aufhalten und teilweise schwere körperliche Arbeit leisten müssen. Die Berufsgruppen mit niedrigen Krankenständen üben eher Büro- bzw. Angestelltentätigkeiten aus und sind daher meist geringeren Gesundheitsgefährdungen am Arbeitsplatz ausgesetzt (neben den Floristen sind hier vor allem Verkäufer, Restaurantfachleute oder Bürokräfte gemeint).

Tabelle 21.7.3 weist überblickartig die Arbeitsunfähigkeitskennzahlen für einige ausgewählte Berufsgruppen aus dem Bereich der Land- und Forstwirtschaft aus.

Die Zahl der Krankmeldungen variierte zwischen 240,0 Fällen je 100 AOK-Mitgliedern bei Hilfsarbeitern und 26,0 Fällen bei sonstigen Arbeitskräften. Auch hinsichtlich der durchschnittlichen Dauer der Arbeitsunfähigkeitsfälle zeigen sich große Unterschiede zwischen den verschiedenen Berufsgruppen. Während sich ein Krankheitsfall bei den Floristen 1999 im Durchschnitt über 9,1 Kalendertage erstreckte, waren es bei den Melkern mehr als doppelt so viele Tage (20,1). Auffallend ist die hohe Gefährdung durch Arbeitsunfälle in den Berufsgruppen, die sich im Rahmen ihrer beruflichen Tätigkeit häufiger im Freien aufhalten oder die Umgang mit Tieren haben. So gingen im Jahr 1999 annähernd ein Fünftel (19,0%) der Arbeitsunfähigkeitstage der Landwirt(e/innen) auf Arbeitsunfälle zurück, bei den Waldarbeitern waren es 17,4%, bei den Tierpflegern 16,8% und bei den Melkern immerhin noch 15,2%.

Der Anteil der Beschäftigten im Bereich Land- und Forstwirtschaft, die sich 1999 mindestens einmal krank gemeldet haben (AU-Quote), schwankte zwischen den einzelnen Berufsgruppen erheblich, von 14,0% bei sonstigen Arbeitskräften bzw. 31,1% bei den Restaurantfachleuten bis zu 61,6% bei den Waldarbeitern und Waldnutzern.

Tabelle 21.7.3. Land- und Forstwirtschaft, Krankenstandskennzahlen nach ausgewählten Berufsgruppen, 1999

Tätigkeit	Krankenstand (in %)	Arbeitsunfähigkeiten je 100 AOK-Mitglieder		Tage je Fall	AU-Quote (in %)	Anteil Arbeitsunfälle an den AU-Tagen (in %)
		Fälle	Tage			
Bürofachkräfte	3,1	117,4	1114,3	9,5	39,6	3,1
Florsiten	2,9	115,2	1048,9	9,1	49,2	6,0
Gartenarchitekten, -gestalter	5,2	150,4	1881,5	12,5	50,9	8,4
Gärtner, Gartenarbeiter	5,0	170,7	1837,5	10,8	51,2	10,8
Hilfsarbeiter	6,9	240,0	2512,7	10,5	48,5	8,6
Kraftfahrzeugführer	4,7	119,7	1721,9	14,4	42,4	14,3
Lager-, Transportarbeiter	5,3	178,8	1927,2	10,8	47,7	8,7
Lagerverwalter, Magaziner	5,3	167,8	1924,4	11,5	50,5	6,8
Landarbeitskräfte	3,8	96,4	1386,9	14,4	38,3	15,7
Landmaschineninstandsetzer	3,9	107,8	1414,1	13,1	55,2	16,1
Landwirt(e)/innen, Pflanzenschützer/innen	3,4	118,6	1229,9	10,4	43,6	19,0
Melker	5,7	104,2	2090,6	20,1	54,6	15,2
Raum-, Hausratreiniger	4,9	140,5	1776,3	12,6	41,7	4,9
Restaurantfachleute	3,1	109,3	1129,8	10,3	31,1	4,7
Sonstige Arbeitskräfte	0,8	26,0	296,9	11,4	14,0	1,6
Sonstige Bauhilfsarbeiter, Bauhelfer	7,1	226,4	2608,5	11,5	47,1	12,0
Tierpfleger und verwandte Berufe	5,2	104,4	1895,1	18,1	50,6	16,8
Tierzüchter	4,7	107,9	1710,7	15,8	50,0	13,3
Verkäufer	3,5	123,2	1295,1	10,5	39,5	5,1
Waldarbeiter, Waldnutzer	7,2	195,5	2637,8	13,5	61,6	17,4

Berufsgruppen mit mehr als 2000 AOK-Versicherten

21.7.5 Kurz- und Langzeiterkrankungen

Die Verteilung der Erkrankungen hinsichtlich ihrer Dauer weicht in der Land- und Forstwirtschaft kaum von den anderen Branchen ab. Der überwiegende Teil der Krankmeldungen besteht aus Kurzzeiterkrankungen. Bei 30,0% der Arbeitsunfähigkeitsfälle der AOK-Mitglieder handelte es sich 1999 um Kurzzeitfälle von 1–3 Tagen Dauer (Abb. 21.7.3). Auf diese Fälle gingen aber lediglich 4,7% der Arbeitsunfähigkeitstage zurück.[5] Dagegen war ein Großteil der Arbeitsunfähigkeitstage (47,4%) in der Branche Land- und Forstwirtschaft auf eine relativ geringe Anzahl von Erkrankungen mit einer Dauer von mehr als 4 Wochen (8,4% der AU-Fälle insgesamt) zurückzuführen. Kurzzeiterkrankungen spielen demnach für den Krankenstand eine untergeordnete Rolle, die Höhe des Krankenstands wird vor allem von Langzeit-Erkrankungen bestimmt. Arbeitgeber sollten daher ihr Hauptaugenmerk bei Bemühungen zur Senkung des Krankenstands auf Präventiv-Maßnahmen mit dem Ziel der Reduzierung von Langzeitfällen richten.

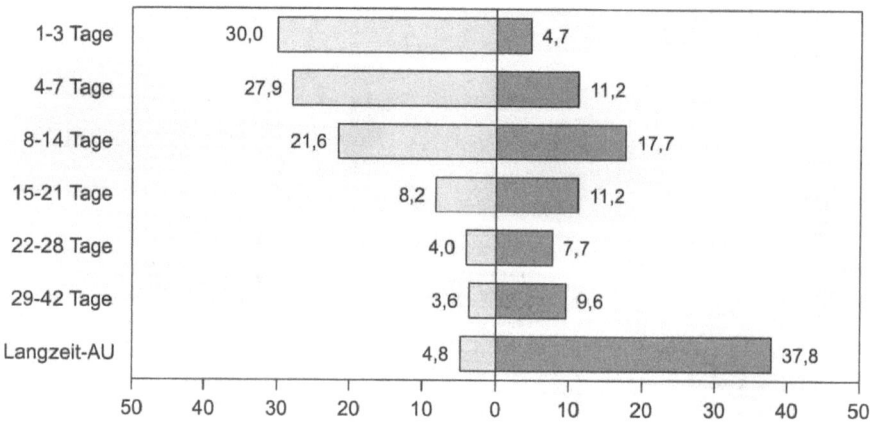

Abb. 21.7.3. Arbeitsunfähigkeitsfälle und -tage im Bereich Land- und Forstwirtschaft nach der Dauer, 1999

---

[5] Diese Verteilung gilt trotz der Tatsache, dass viele Arbeitgeber bei Erkrankungen bis zu drei Tagen kein ärztliches Attest verlangen und damit der Anteil der Kurzzeiterkrankungen in der Praxis höher liegt, als dies in den Daten der Krankenkassen zum Ausdruck kommt (vgl. die Diskussion in Kap. 21.1.2).

21.7.6 Krankenstand nach Bundesländern

Auch zwischen den einzelnen Bundesländern variiert der Krankenstand zum Teil erheblich (Abb. 21.7.4). Die höchsten Krankenstände im Bereich Land- und Forstwirtschaft waren 1999 im Stadtstaat Berlin (7,4%) und im Saarland (7,1%) zu verzeichnen. Die niedrigsten Krankenstände wiesen die Bundesländer Niedersachsen (3,8%) und Bayern (4,0%) auf. In Schleswig-Holstein (0,8 Prozentpunkte) und im Saarland (0,7 Prozentpunkte) lagen die Krankenstände deutlich über dem Durchschnitt über alle Branchen, in Niedersachsen 1,2 Prozentpunkte darunter (vgl. Abb. 21.1.9).

Im Vergleich zum Vorjahr war 1999 in den meisten Bundesländern eine Zunahme der Arbeitsunfähigkeitstage zu verzeichnen (Tabelle 21.7.4). Zurückzuführen war der Anstieg des Krankenstandes auf eine

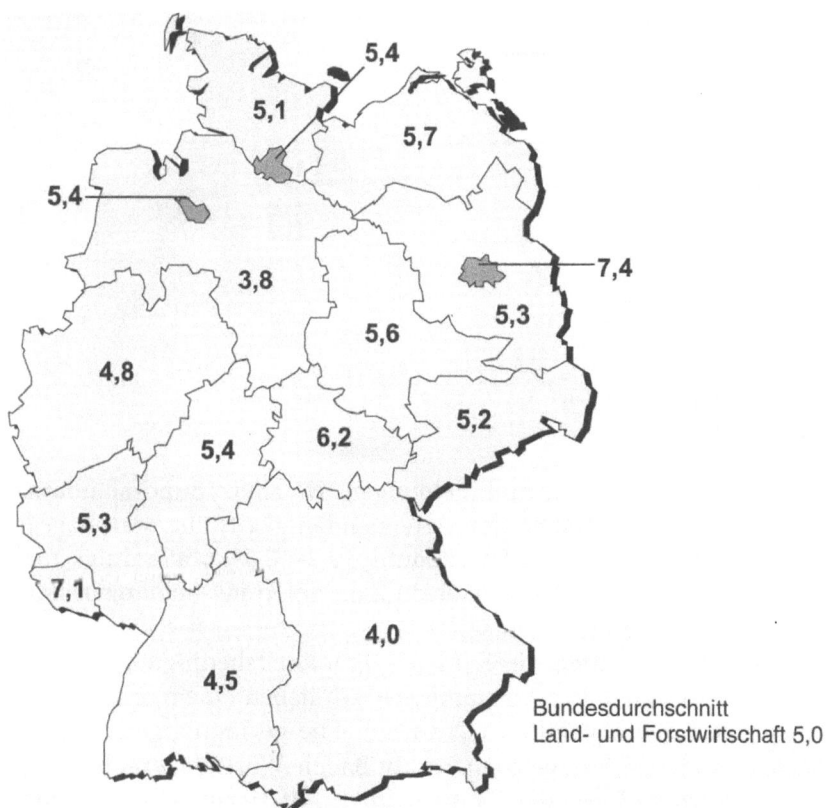

Abb. 21.7.4. Krankenstand (in %) im Bereich Land- und Forstwirtschaft nach Bundesländern

Tabelle 21.7.4. Land- und Forstwirtschaft, Arbeitsunfähigkeit nach Bundesländern, 1999 im Vergleich zum Vorjahr

	Arbeitsunfähigkeiten je 100 AOK-Mitglieder					
	AU-Fälle 1999	Veränd. z. Vorj. (in %)	AU-Tage 1999	Veränd. z. Vorj. (in %)	Tage je Fall 1999	Veränd. z. Vorj. (in %)
Baden-Württemb.	143,6	4,1	1646,3	-1,1	11,5	-4,9
Bayern	122,2	2,1	1452,1	-3,9	11,9	-5,9
Berlin	170,5	9,4	2707,1	6,3	15,9	-2,9
Brandenburg	127,1	11,6	1925,2	9,1	15,1	-2,2
Bremen	187,5	10,3	1958,6	12,2	10,4	1,8
Hamburg	150,9	13,5	1967,0	1,5	13,0	-10,5
Hessen	163,8	3,7	1970,9	-3,7	12,0	-7,1
Mecklenb.-Vorp.	132,4	22,8	2063,2	21,5	15,6	-1,1
Niedersachsen	134,7	10,2	1379,0	8,5	10,2	-1,6
Nordrhein-Westf.	158,1	3,7	1766,2	-2,0	11,2	-5,5
Rheinland-Pfalz	171,5	6,1	1943,4	-0,7	11,3	-6,4
Saarland	192,6	1,9	2601,2	0,7	13,5	-1,2
Sachsen	131,9	14,3	1904,7	10,1	14,4	-3,6
Sachsen-Anhalt	141,1	6,3	2038,8	6,7	14,5	0,4
Schleswig-Holstein	148,4	11,4	1879,3	11,2	12,7	-0,2
Thüringen	152,0	15,7	2271,6	14,4	14,9	-1,1
Bund	144,7	8,5	1826,6	3,6	12,6	-4,5

vermehrte Zahl an Krankmeldungen in allen Bundesländern. Die durchschnittliche Dauer der Arbeitsunfähigkeitsfälle war dagegen in der Mehrzahl der Länder rückläufig (0,2–10,5%), allerdings nicht so stark, dass dadurch die vermehrte Zahl an Krankmeldungen kompensiert werden konnte.

Am stärksten stieg die Zahl der krankheitsbedingten Fehltage mit 21,5% in Mecklenburg-Vorpommern, wo neben einem erheblichen Anstieg der Krankheitsfälle (22,8%) nur eine geringfügige Abnahme der Falldauer (1,1%) festzustellen war. In Baden-Württemberg, Bayern, Hessen, Nordrhein-Westfalen und Rheinland-Pfalz ging die Zahl der Ausfalltage zurück (0,7–3,9%), damit verbuchten diese Bundesländer im Vergleich zum Vorjahr einen geringfügig niedrigeren Krankenstand.

21.7.7 Krankenstand nach Betriebsgröße

Einen entscheidenden Einflussfaktor auf den Krankenstand stellt die Größe der Betriebe dar. Der Krankenstand steigt tendenziell mit zunehmender Betriebsgröße[6]. Wie aus Abb. 21.7.5 ersichtlich ist, galt dies 1999 sowohl für den Durchschnitt über alle Branchen als auch in der Land- und Forstwirtschaft für Betriebsgrößen bis 999 AOK-Mitglieder.

Während in Kleinbetrieben[7] mit 10–49 Mitarbeitern jedes AOK-Mitglied durchschnittlich 19,5 Tage krank gemeldet war, fielen 1999 bei einer Betriebsgröße von 200–499 AOK-Mitgliedern 28,2 Krankheitstage je AOK-Mitglied und bei Betrieben mit 500–999 Mitarbeitern sogar 30,0 Arbeitsunfähigkeitstage je Versichertem an. Betriebe mit 1000 oder mehr Arbeitnehmern verzeichneten dagegen mit durchschnittlich 19,0 Arbeitsunfähigkeitstagen je AOK-Mitglied einen der niedrigsten Krankenstände im Bereich der Land- und Forstwirtschaft[8].

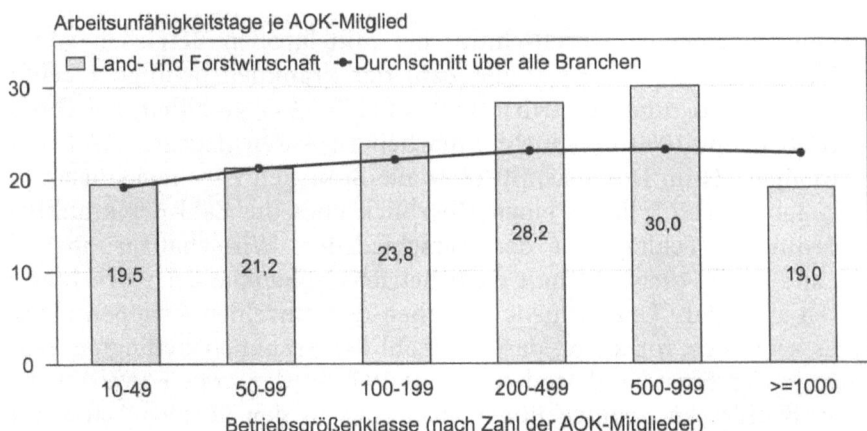

Abb. 21.7.5. Arbeitsunfähigkeitstage im Bereich Land- und Forstwirtschaft nach Betriebsgröße, 1999

---

[6] Als Maß für die Betriebsgröße wird hier die Anzahl der AOK-Mitglieder in den Betrieben zugrunde gelegt.

[7] Noch wesentlich niedriger sind die Werte bei den in Abb. 21.7.5 nicht dargestellten Kleinstbetrieben mit bis zu 9 AOK-Mitgliedern (14,4 Tage je AOK-Mitglied), welche in dieser Branche die häufigste Betriebsgrößenklasse darstellen.

[8] Die Besetzung der beiden größten Betriebsgrößenklassen ist in der Land- und Forstwirtschaft gering, daher sind die Werte hier nicht unbedingt repräsentativ. Betriebsgrößen mit 500 und mehr Beschäftigten sind in der Forst- und Jagdwirtschaft sowie in der Tierhaltung und Tierzucht im Datenbestand der AOK nicht vorhanden bzw. werden wegen zu geringer Zellbelegung aus Datenschutzgründen nicht ausgewiesen (Tabelle 21.7.5).

Tabelle 21.7.5. Land- und Forstwirtschaft, Arbeitsunfähigkeitstage je AOK-Mitglied nach Betriebsgröße (Anzahl der AOK-Mitglieder), 1999

Wirtschaftsgruppe	10–49	50–99	100–199	200–499	500–999	≥1000
Forst- und Jagdwirtschaft	28,0	28,3	25,9	27,9	–	–
Garten- und Weinbau	18,6	21,5	28,3	31,4	33,2	32,2
Fischerei, Fischzucht	19,6	20,3	16,6	30,8	–	–
Landwirtschaft, Tierhaltung und -zucht	19,1	20,5	22,8	25,9	24,0	17,4
Durchschnitt über alle Branchen	19,2	21,2	22,1	23,0	23,1	22,7

Bei den kleineren Betrieben von 10–100 Mitarbeitern entsprach die Anzahl der Arbeitsunfähigkeitstage je AOK-Mitglied 1999 in etwa dem allgemeinen Durchschnitt, bei mittelgroßen Betrieben von 100 bis 999 Mitarbeitern war die Zahl der krankheitsbedingten Fehltage in der Land- und Forstwirtschaft um 1,7–6,9 Tage höher, bei Großbetrieben mit 1000 und mehr Mitarbeitern waren dagegen 3,7 Fehltage weniger als im Durchschnitt über alle Branchen zu verzeichnen.

Tabelle 21.7.5 liefert einen Überblick über die Zahl der krankheitsbedingten Fehltage in den verschiedenen Wirtschaftsgruppen der Land- und Forstwirtschaft nach Betriebsgrößenklassen. Auch hier lassen sich klare Unterschiede zwischen den einzelnen Gruppen ablesen. Es zeigt sich vor allem, dass die Zahl der krankheitsbedingten Fehltage in der Forst- und Jagdwirtschaft 1999 in den ersten zwei Betriebsgrößenklassen deutlich höher ausfiel als in den übrigen Wirtschaftsgruppen. Die höchsten Krankenstände verzeichnete jedoch der Garten- und Weinbau in Betriebsgrößen ab 100 AOK-Mitgliedern. In den Kleinbetrieben mit 10–49 AOK-Mitgliedern fielen in dieser Wirtschaftsgruppe dagegen fast 10 Ausfalltage pro AOK-Mitglied weniger an als in der Forst- und Jagdwirtschaft.

21.7.8 Krankenstand nach Stellung im Beruf

Der Krankenstand variierte im Jahr 1999 in der Land- und Forstwirtschaft – wie in den anderen Branchen auch – erheblich in Abhängigkeit von der Stellung im Beruf (Abb. 21.7.6). Je höher die berufliche Stellung, desto niedriger ist nach den vorliegenden Daten der Krankenstand. Die meisten Fehltage je AOK-Mitglied (21,3 Tage) wiesen die Ar-

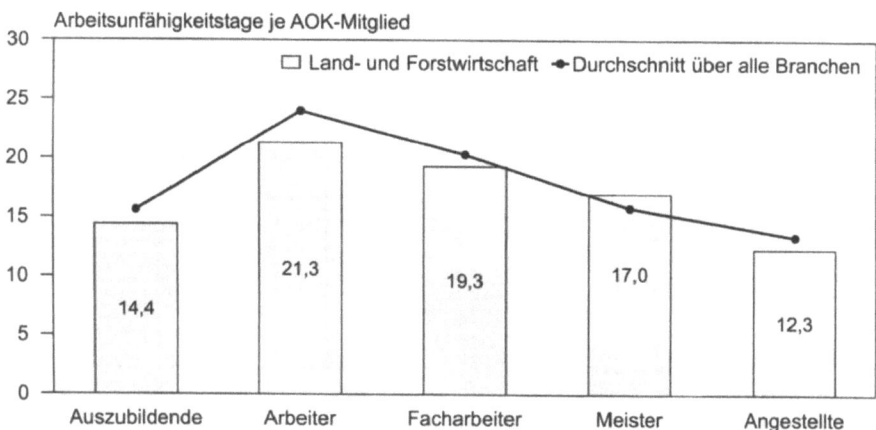

Abb. 21.7.6. Arbeitsunfähigkeitstage im Bereich Land- und Fortswirtschaft nach Stellung im Beruf, 1999

Tabelle 21.7.6. Land- und Forstwirtschaft, Krankenstand (in %) nach Stellung im Beruf, 1999

Wirtschaftsgruppe	Auszu-bildende	Arbeiter	Fach-arbeiter	Meister	Ange-stellte
Forst- und Jagdwirtschaft	4,9	7,7	7,6	7,1	3,6
Garten- und Weinbau	4,2	6,0	5,2	3,9	4,2
Fischerei, Fischzucht	4,0	6,6	5,3	2,2	3,2
Landwirtschaft, Tierhaltung und -zucht	3,8	5,7	5,1	4,7	3,3

beiter auf, die wenigsten die Angestellten (12,3 Tage). Die durchschnittlichen Ausfallzeiten der Arbeiter waren damit fast doppelt so hoch wie diejenigen der Angestellten. Zwischen diesen beiden Gruppen liegen die Facharbeiter mit 19,3 Tagen über dem brancheninternen Durchschnitt von 18,3 Arbeitsunfähigkeitstagen je AOK-Mitglied, die Meister (17,0 Tage) und die Auszubildenden (14,4 Tage) darunter.

Abgesehen von den Meistern, die 1,2 Arbeitsunfähigkeitstage mehr aufwiesen, war die Zahl der AU-Tage bei den genannten Gruppen im Bereich Land- und Forstwirtschaft niedriger als im Durchschnitt über alle Wirtschaftsabteilungen. Am größten waren die Unterschiede bei den Arbeitern. Während bei diesen 1999 im Bundesdurchschnitt 24 Fehltage je AOK-Mitglied anfielen, waren es bei den Arbeitern in der Land- und Forstwirtschaft durchschnittlich 2,7 Tage weniger.

Tabelle 21.7.6 zeigt, wie unterschiedlich 1999 die Krankenstände nach der Stellung im Beruf in den einzelnen Wirtschaftsgruppen ausfielen. Arbeiter verzeichneten in allen Wirtschaftsgruppen der Land- und Forstwirtschaft den höchsten Krankenstand, gefolgt von den Facharbeitern. Während die Meister in der Forst- und Jagdwirtschaft sowie der Landwirtschaft und Tierhaltung deutlich höhere Krankenstände aufwiesen als die Gruppen der Angestellten und der Auszubildenden lag ihr Krankenstand in den Bereichen Garten- und Weinbau sowie Fischerei deutlich niedriger als bei diesen Gruppen.

21.7.9 Arbeitsunfälle

Abbildung 21.7.7 gibt Aufschluss über das Unfallrisiko in den Wirtschaftsgruppen der Land- und Forstwirtschaft, gemessen am Anteilswert der Arbeitsunfälle an den Arbeitsunfähigkeitsfällen und -tagen im Vergleich zum Durchschnitt über alle Branchen.

Im Jahr 1999 waren in der Land- und Forstwirtschaft 7,8% der Arbeitsunfähigkeitsfälle und 10,7% der AU-Tage auf Arbeitsunfälle zurückzuführen. Damit war der Anteil der Arbeitsunfälle hier um 2 Prozentpunkte, der Anteil der unfallbedingten AU-Tage sogar um 3,1 Prozentpunkte höher als in den übrigen Branchen. Besonders häufig und langwierig waren die Krankmeldungen aufgrund von Arbeitsunfällen in der Forst- und Jagdwirtschaft mit einem Anteil von 10,8% an den Fällen und 15,7% an den Tagen. In allen Wirtschaftsgruppen der Land- und Forstwirtschaft war der Anteil der arbeitsbedingten Unfälle an den Arbeitsunfähigkeitsfällen und -tagen höher als im Durchschnitt über alle Branchen.

Aus Tabelle 21.7.7 ist ersichtlich, welche Berufsgruppen innerhalb der Land- und Forstwirtschaft 1999 besonders viele Arbeitsunfälle zu

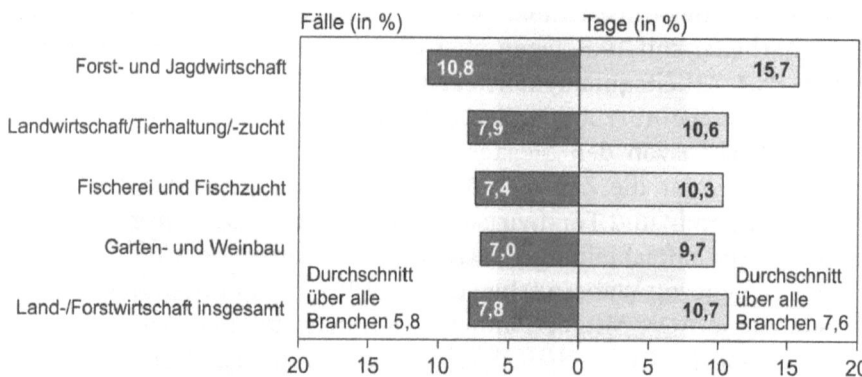

Abb. 21.7.7. Arbeitsunfälle im Bereich Land- und Forstwirtschaft nach Wirtschaftsgruppen, Anteil an den AU-Fällen und -Tagen (in %), 1999

Tabelle 21.7.7. Land- und Forstwirtschaft, Arbeitsunfähigkeitstage durch Arbeitsunfälle nach Berufsgruppen, 1999

Tätigkeit	AU-Tage je 1000 AOK-Mitglieder	Anteil an den AU-Tagen insgesamt (in %)
Waldarbeiter, Waldnutzer	4597,7	17,4
Melker	3186,6	15,2
Tierpfleger und verwandte Berufe	3183,9	16,8
Sonstige Bauhilfsarbeiter, Bauhelfer	3133,8	12,0
Kraftfahrzeugführer	2468,3	14,3
Landwirt(e/innen), Pflanzenschützer/innen	2332,3	19,0
Landmaschineninstandsetzer	2278,1	16,1
Tierzüchter	2270,6	13,3
Landarbeitskräfte	2180,9	15,7
Hilfsarbeiter	2168,5	8,6
Gärtner, Gartenarbeiter	1983,5	10,8
Lager-, Transportarbeiter	1684,0	8,7
Gartenarchitekten, -gestalter	1588,0	8,4
Lagerverwalter, Magaziner	1314,7	6,8
Verkäufer	664,9	5,1
Floristen	629,0	6,0

verzeichnen hatten. Die meisten Fehltage durch Unfälle wiesen die Waldarbeiter und Waldnutzer auf, bei denen 1999 im Durchschnitt jedes AOK-Mitglied 4,6 Tage aufgrund von Arbeitsunfällen krank geschrieben war. Einen besonders hohen Anteil an den Fehltagen hatten die Unfälle bei den Landwirt(en/innen) und Pflanzenschützern/innen mit 19,0%. Damit waren Arbeitsunfälle in diesen Berufsgruppen für fast ein Fünftel aller Krankheitstage verantwortlich. Alle Berufsgruppen im Bereich Land- und Forstwirtschaft mit relativ vielen Unfällen haben gemeinsam, dass sie mit einem hohen Maß an körperlichem Einsatz im Rahmen ihrer Tätigkeit verbunden sind.

Ein verhältnismäßig geringes Unfallrisiko weisen Lagerverwalter und Magaziner, Verkäufer und Floristen auf.

21.7.10 Krankheitsarten

Die dominierenden Krankheitsarten in der Land- und Forstwirtschaft waren 1999 die folgenden 5 großen Krankheitsgruppen:
- Muskel- und Skeletterkrankungen
- Atemwegserkrankungen
- Verletzungen
- Erkrankungen der Verdauungsorgane
- Herz- und Kreislauferkrankungen.

Diese Erkrankungen waren in der Land- und Forstwirtschaft für 74,7% der Krankheitsfälle und 74,3% der Krankheitstage ursächlich (Abb. 21.7.8). Die restlichen Tage und Fälle waren auf diverse sonstige Krankheitsarten zurückführen. Psychiatrische Erkrankungen spielten in der Land- und Forstwirtschaft eine relativ geringe Rolle; sie hatten 1999 lediglich einen Anteil von 4,3% an den krankheitsbedingten Fehltagen (gegenüber 5,4% im Durchschnitt über alle Branchen) und 2,5% an den Arbeitsunfähigkeitsfällen (gegenüber 2,8%).

Die meisten krankheitsbedingten Fehltage waren 1999 im Bereich Land- und Forstwirtschaft auf Muskel- und Skeletterkrankungen zurückzuführen. Diese hatten einen Anteil von 26,3% an den Arbeitsunfähigkeitstagen und 19,6% an den -fällen. Sie kamen etwas weniger häufig vor als in anderen Branchen, waren zudem von kürzerer Dauer. Als nächste große Krankheitsart verursachten Verletzungen 18,0% der Tage und 13,8% der Fälle. Damit hatten die Verletzungen in der Land- und Forstwirtschaft einen höheren Anteil an den Arbeitsunfähigkeitstagen (um 3,1 Prozentpunkte) und -fällen (um 2,2 Prozentpunkte) als im Durchschnitt über alle Branchen. Die Verteilung der übrigen drei großen Krankheitsarten wich nur geringfügig von den Durchschnittswerten ab, mit Ausnahme der Atemwegserkrankungen, die 1999 in der Land- und Forstwirtschaft 1,8 Prozentpunkte weniger der Fälle ausmachten als dies im Durchschnitt über alle Branchen der Fall war.

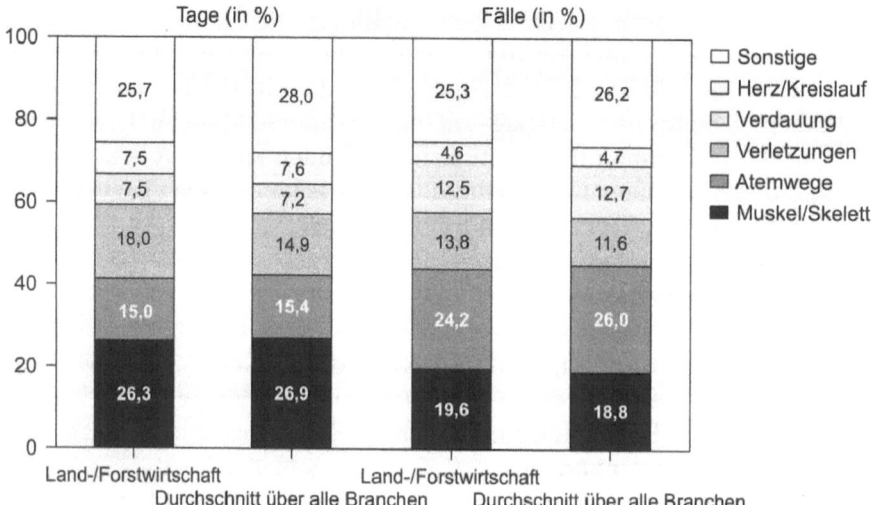

Abb. 21.7.8. Arbeitsunfähigkeiten im Bereich Land- und Forstwirtschaft nach Krankheitsarten, 1999

Tabelle 21.7.8. Land- und Forstwirtschaft, Arbeitsunfähigkeitstage nach Krankheitsarten (in %), 1999

Wirtschafts-gruppe	Muskel/Skelett	Atem-wege	Verlet-zungen	Herz/Kreis-lauf	Verdau-ung	Sons-tige
Forst- und Jagdwirtschaft	32,3	12,5	22,7	6,7	5,8	20,0
Garten- und Weinbau	26,6	16,2	17,5	7,1	7,8	24,8
Fischerei, Fischzucht	26,3	14,9	17,9	8,1	7,1	25,7
Landwirtschaft, Tierhaltung und -zucht	25,7	14,8	17,8	7,7	7,5	26,5

Tabelle 21.7.8 zeigt den Anteil der einzelnen Krankheitsarten an den Fehltagen in den verschiedenen Wirtschaftsgruppen der Land- und Forstwirtschaft. Hier wird deutlich, dass die Muskel- und Skeletterkrankungen 1999 ausnahmslos in allen Gruppen mit Abstand die meisten Arbeitsunfähigkeitstage verursachten; am höchsten war der Anteil dieser Erkrankungen mit 32,3% in der Forst- und Jagdwirtschaft. An zweiter und dritter Stelle der Krankheitsarten sind anteilsmäßig in allen Wirtschaftsgruppen Verletzungen und Atemwegserkrankungen zu finden. Den höchsten Anteil an Verletzungen (22,7%) wies 1999 die Forst- und Jagdwirtschaft – wo ein überdurchschnittlich hoher Anteil der Verletzungen auf Arbeitsunfälle zurückging – auf, den niedrigsten der Garten- und Weinbau (17,5%). Bezüglich der Atemwegserkrankungen findet sich der höchste Anteil an den Arbeitsunfähigkeitstagen im Garten- und Weinbau (16,2%). An vierter Stelle der Krankheitsarten stehen in fast allen Gruppen die Herz- und Kreislauferkrankungen, dann folgen anteilsmäßig die Erkrankungen der Verdauungsorgane.

In Tabelle 21.7.9 wird näher aufgeschlüsselt, welche Diagnosen (ICD-Untergruppen) bei den verschiedenen Krankheitsarten eine Rolle spielen.

Bei den Muskel- und Skeletterkrankungen dominierten 1999 klar die Rückenerkrankungen, die 60,7% der Arbeitsunfähigkeitsfälle und 56,4% der Arbeitsunfähigkeitstage verursachten. Der Rest verteilt sich auf Rheumatismus (20,9% der Fälle und 18,9% der Tage), Gelenkerkrankungen (14,8% der Fälle und 20,3% der Tage) und sonstige Erkrankungen. Damit entsprach die Verteilung hier weitestgehend dem Durchschnitt über alle Branchen.

Bei den Verletzungen überwogen 1999 Verstauchungen und Zerrungen sowie Prellungen. Während Prellungen den größten Anteil an den

Tabelle 21.7.9. Land- und Forstwirtschaft, Arbeitsunfähigkeiten nach Krankheitsarten, Anteile der ICD-Untergruppen an den ICD-Hauptgruppen, 1999

ICD-Untergruppen	Anteil an den AU-Fällen (in %)	Anteil an den AU-Tagen (in %)
Muskel-/Skeletterkrankungen		
Rückenerkrankungen	60,7	56,4
Rheumatismus	20,9	18,9
Gelenkerkrankungen	14,8	20,3
Sonstige	3,6	4,4
Verletzungen		
Verstauchungen/Zerrungen	21,2	20,2
Prellungen	24,3	17,3
Oberflächliche Verletzungen	11,1	7,8
Komplikationen nach Verletzungen	7,8	6,3
Frakturen der unteren Extremitäten	5,9	15,2
Frakturen der oberen Extremitäten	3,9	9,0
Sonstige	25,8	24,2
Atemwegserkrankungen		
Akute Infektionen der Atmungsorgane	39,9	36,5
Chronische obstruktive Lungenkrankheiten und verwandte Affektionen	26,8	30,0
Lungenentzündung und Grippe	22,2	21,2
Sonstige Krankheiten der oberen Luftwege	8,2	8,7
Sonstige Krankheiten der Atmungsorgane	3,0	3,6
Herz-/Kreislauferkrankungen		
Krankheiten der Venen und Lymphgefäße	42,0	24,6
Hypertonie und Hochdruckkrankheiten	25,4	22,9
Ischämische Herzkrankheiten	12,7	21,4
Sonstige Formen von Herzkrankheiten	10,7	13,4
Krankheiten des zerebrovaskulären Systems	3,1	7,5
Krankheiten der Arterien, Arteriolen und Kapillaren	2,8	4,6
Sonstige	3,3	5,5
Verdauung		
Dünn- und Dickdarmentzündung	39,4	27,8
Speiseröhre/Magen/Zwölffingerdarm	25,8	28,6
Mundhöhle/Speicheldrüse/Kiefer	21,1	8,5
Sonst. Krankheiten der Verdauungsorgane	4,8	13,0
Sonst. Krankheiten Darm und Bauchfell	3,9	7,0
Sonstige	5,0	15,1

Krankheitsfällen hatten (24,3%), waren Verstauchungen und Zerrungen anteilsmäßig bei den Fehltagen führend (mit 20,2%). Bei vielen der in Tabelle 21.7.9 ausgewiesenen Verletzungsarten wird deutlich, dass die Häufigkeit und die Dauer von Erkrankungen gegensätzlich ausgeprägt sein können. So waren Frakturen der unteren Extremitäten beispielsweise lediglich für 5,9% der Krankheitsfälle durch Verletzungen verantwortlich, verursachten aber vergleichsweise langwierige Ausfallzeiten und machten so immerhin 15,2% der verletzungsbedingten Fehltage aus.

In der Gruppe der Atemwegserkrankungen hatten 1999 akute Infektionen der Atmungsorgane mit 39,9% der Fälle und 36,5% der Tage den größten Anteil; dann folgten chronisch obstruktive Lungenkrankheiten (z.B. Bronchitis), Pneumonien (Lungenentzündungen und Grippe) sowie sonstige Atemwegserkrankungen, was in etwa der Verteilung über alle Branchen entsprach.

Bei den Herz- und Kreislauferkrankungen handelte es sich 1999 in erster Linie um Krankheiten der Venen und Lymphgefäße, welche 42,0% der Erkrankungsfälle und 24,6% der Krankheitstage verursachten. Diese Krankheiten führten zwar häufig zu Krankmeldungen, verursachten aber im allgemeinen keine lange Arbeitsunfähigkeit. Gemessen an den Krankheitsfällen folgen dann Hypertonie und Hochdruckkrankheiten (mit 25,4% der Fälle bei 22,9% der Tage – gegenüber lediglich 23,3% der Fälle und 21,4% der Tage im Branchendurchschnitt) und als dritte größere Krankheitsart die ischämischen Herzkrankheiten (wie Herzinfarkt und Angina Pectoris) mit 12,7% der Krankheitsfälle und 21,4% der Fehltage.

Die Verdauungskrankheiten wurden 1999 von 3 großen Untergruppen dominiert. Den größten Anteil an den krankheitsbedingten Ausfällen (39,4%) und Ausfalltagen (27,8%) hatten Dünn- und Dickdarmentzündungen, die allerdings einen im Verhältnis zu den anderen Branchen geringeren Anteilswert (41,2% der Fälle und 29,0% der Tage) ausmachten, dann folgten Erkrankungen der Speiseröhre, des Magens und des Zwölffingerdarms (mit 25,8% der Fälle und 28,6% der Tage) sowie Erkrankungen von Mundhöhle, Speicheldrüse und Kiefer (mit 21,1% der Fälle bei 8,5 der Tage).

21.8 Metallindustrie

21.8.1 Kosten der Arbeitsunfähigkeit 423
21.8.2 Allgemeine Krankenstandsentwicklung 423
21.8.3 Krankenstandsentwicklung nach Wirtschaftsgruppen 425
21.8.4 Krankenstand nach Berufsgruppen 427
21.8.5 Kurz- und Langzeiterkrankungen 429
21.8.6 Krankenstand nach Bundesländern 430
21.8.7 Krankenstand nach Betriebsgröße 431
21.8.8 Krankenstand nach Stellung im Beruf 433
21.8.9 Arbeitsunfälle 435
21.8.10 Krankheitsarten 438

21.8.1 Kosten der Arbeitsunfähigkeit

1999 waren in der größten deutschen Industriebranche, der Metallindustrie, 4,3 Millionen Arbeitnehmer sozialversicherungspflichtig beschäftigt[1]. Im Mittel war 1999 jeder Mitarbeiter in dieser Branche (AOK-Mitglieder) 20,3 Kalendertage krank geschrieben, 1,2 Tage mehr als im Vorjahr. Hochgerechnet auf die gesamte Metallbranche ergibt dies eine Summe von 87,3 Millionen krankheitsbedingten Fehltagen, oder 239 200 Erwerbsjahren. Bei einem durchschnittlichen Bruttojahresverdienst von rund 64 500 DM[2] ergeben sich so für die Metallindustrie insgesamt Kosten in Höhe von 15,4 Milliarden DM aufgrund von Produktionsausfällen durch Arbeitsunfähigkeit[3]. Einem Betrieb mit 100 Mitarbeitern entstand auf diese Weise eine finanzielle Belastung von durchschnittlich 359 700 DM.

21.8.2 Allgemeine Krankenstandsentwicklung

Der Krankenstand in der Metallindustrie stieg innerhalb eines Jahres von 5,2 auf 5,6% an und lag damit 1999 leicht über dem Bundesdurchschnitt. Im Mittel kam es zu 158,1 Krankheitsfällen je 100 AOK-Mitglieder, ein Anstieg von 7,4% verglichen mit dem Wert von 1998 (Tabelle 21.8.1). Zwar nahm die Dauer je Arbeitsunfähigkeitsfall geringfügig von 13,0 auf 12,8 Tage ab, dies konnte jedoch die gestiegenen Fallzahlen nicht kompensieren, sodass sich die Zahl der Ausfalltage von durchschnittlich 19,1 Tagen (1998) auf 20,3 Tage (1999) je AOK-Mitglied erhöhte.

---

[1] Quelle: Bundesanstalt für Arbeit, Beschäftigtenstatistik 2000 (mit eingerechnet sind hier die kleinen Betriebe mit weniger als 20 Beschäftigten).
[2] Quelle: Statistisches Bundesamt, amtliche Statistik 1998.
[3] Vgl. Kap. 21.1.2.

Tabelle 21.8.1. Krankenstandsentwicklung in der Metallindustrie, 1999

	Kranken-stand (in %)	Arbeitsunfähigkeiten je 100 AOK-Mitglieder				Tage je Fall	AU-Quote (in %)
		Fälle	Veränd. z. Vorj. (in %)	Tage	Veränd. z. Vorj. (in %)		
West	5,6	160,2	7,1	2050,6	5,7	12,8	64,1
Ost	5,0	137,7	10,8	1838,1	10,6	13,4	59,1
BRD	5,6	158,1	7,4	2030,5	6,1	12,8	63,6

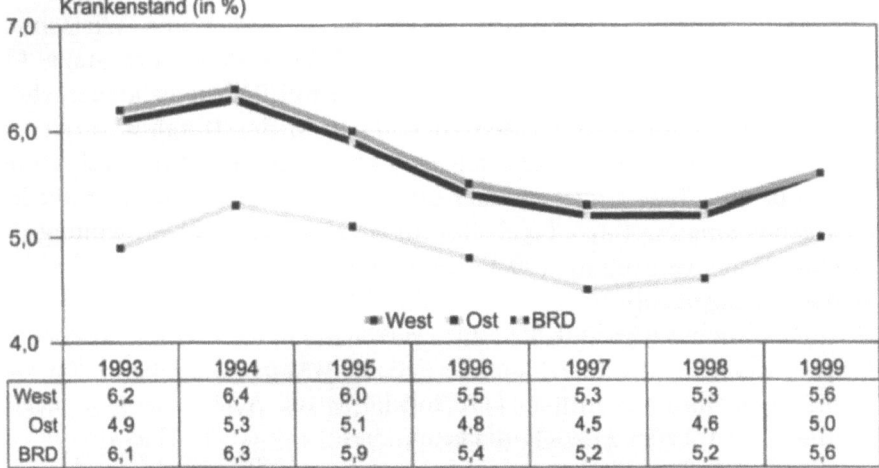

Abb. 21.8.1. Krankenstand in der Metallindustrie 1993–1999

Von allen Wirtschaftsabteilungen verbuchte die Metallindustrie mit 63,6% den höchsten Anteil von Beschäftigten, die sich einmal oder öfter arbeitsunfähig meldeten (AU-Quote). Damit lag die AU-Quote 8 Prozentpunkte über dem Bundesdurchschnitt.

In den neuen Bundesländern lag der Krankenstand in der Metallindustrie (5,0%) 1999 deutlich unterhalb des Westniveaus (5,6%) und auch deutlich unterhalb des Durchschnitts über alle Branchen von 5,4%. Dies ist darauf zurückzuführen, dass in Ostdeutschland erheblich weniger Krankmeldungen zu verzeichnen waren als im Westen (137,7 Fälle je 100 AOK-Mitglieder gegenüber 160,2 Fällen), die allerdings durchschnittlich 0,6 Tage länger dauerten. Obwohl die Zahl der Arbeitsunfähigkeitsfälle in den neuen Bundesländern im Vergleich zum Vorjahr wesentlich stärker zunahm als in den alten, bewegte sie sich nach wie vor auf einem deutlich niedrigerem Niveau als im Westen.

Abbildung 21.8.1 zeigt die Entwicklung des Krankenstandes in der Metallindustrie in den Jahren 1993 bis 1999. Während krankheitsbedingte Fehlzeiten von 1994 bis 1997 stetig zurückgingen, 1997 den niedrigsten Wert seit 1993 aufwiesen und bis 1998 nahezu stabil blieben, nahm der Krankenstand 1999 deutlich zu. Betrug der Abstand zwischen dem Krankenstand im Osten und im Westen 1993 noch 1,3 Prozentpunkte, so ist seitdem eine zunehmende Annäherung zu verzeichnen. Im Jahr 1999 lagen die neuen und die alten Bundesländer nur noch 0,6 Prozentpunkte auseinander.

21.8.3 Krankenstandsentwicklung nach Wirtschaftsgruppen

Innerhalb der Metallindustrie verzeichneten 1999 alle Wirtschaftsgruppen einen Anstieg der Arbeitsunfähigkeitsfälle und -tage (Tabelle 21.8.2). Die Entwicklung der durchschnittlichen Falldauer verlief dagegen heterogener. Bei den Gießereien, in der Uhrenindustrie und im Luftfahrzeugbau dauerte ein Krankheitsfall 1999 um durchschnittlich 0,2–0,3 Tage länger als dies im Jahr 1998 der Fall war. In der NE-Metallerzeugung (–0,8 Tage) und im Bereich der Stahlverformung und Oberflächenveredelung (–0,4 Tage) nahm die durchschnittliche Falldauer dagegen ab.

Die höchsten Krankenstände verzeichneten 1999 die Gießereien und der Schiffbau (je 7,1%). Die Fallzahl war bei den Gießereien zwar niedriger als im Schiffbau (178,2 Fälle je 100 AOK-Mitglieder gegenüber 192,4 Fällen), doch dauerten diese Krankheitsfälle im Durchschnitt 1,1 Tage länger. Die niedrigsten Krankenstände fanden sich 1999 in der EDV-Anlagen- und Büromaschinen- (4,1%) sowie in der Uhrenindustrie (4,5%). Während ein Mitarbeiter im Bereich Schiffbau im Mittel annähernd 26 Tage krankheitsbedingt ausfiel, lag dieser Wert im Bereich der EDV-Anlagen- und Büromaschinenherstellung bei nur 15 Tagen. Besonders in der Uhrenindustrie war gegenüber dem Vorjahr ein deutlicher Anstieg des Krankenstandes (0,7 Prozentpunkte) festzustellen. Aufgrund der erheblich gesunkenen durchschnittlichen Falldauer fiel der Anstieg des Krankenstands in der NE-Metallindustrie – trotz einer Zunahme der Fallzahlen um 7,6% – mit 0,1 Prozentpunkten im Vergleich zu den übrigen Wirtschaftsgruppen am geringsten aus.

Die Zahl der Krankmeldungen nahm im Vergleich zum Vorjahr neben der Uhrenindustrie (17,4%) am stärksten in den Wirtschaftsgruppen „Waggon-, Feld- und Industriebahnwagenbau" (9,7%), „Stahlverformung, Oberflächenveredelung und Härtung" (8,5%) sowie „Herstellung von Kraftwagen und Karosserien" (8,1%) zu. Mit 2,5% ver-

Tabelle 21.8.2. Krankenstandsentwicklung in der Metallindustrie nach Wirtschaftsgruppen, 1999

Wirtschaftsgruppe	Krankenstand (in %)		Arbeitsunfähigkeiten je 100 AOK-Mitglieder				Tage je Fall	AU-Quote (in %)
	1999	1998	Fälle	Veränd. z. Vorj. (in %)	Tage	Veränd. z. Vorj. (in %)		
Elektrotechnik	5,3	5,0	154,9	6,7	1924,3	4,9	12,4	61,1
Feinmechanik, Optik	4,6	4,3	146,4	7,8	1661,4	6,9	11,3	59,0
Gießereien	7,1	6,6	178,2	5,5	2597,7	7,4	14,6	68,8
Herst. Zahnräder u. sonst. Maschinenbauerzeugnisse	5,5	5,1	157,7	7,8	1996,8	6,7	12,7	65,0
Herstellung und Reparatur von Uhren	4,5	3,8	134,7	17,4	1659,2	19,4	12,3	58,4
Herstellung von EBM-Waren	6,0	5,7	166,5	7,4	2197,9	5,8	13,2	65,5
Herst. EDV-Anlagen und Büromaschinen	4,1	3,8	146,4	7,9	1486,4	8,2	10,1	54,7
Herstellung Kraft- und Fahrräder, Kinderwagen	5,7	5,5	155,4	2,5	2067,5	2,8	13,3	62,6
Kraftwagen- und Karosserieherstellung	5,5	5,1	150,2	8,1	2013,7	7,4	13,4	64,6
Luftfahrzeugbau	4,7	4,3	153,3	6,8	1705,5	9,5	11,1	62,9
Maschinenbau	5,1	4,8	152,6	8,0	1862,2	6,6	12,2	63,5
NE-Metallerzeugung	6,1	6,0	158,9	7,6	2243,0	2,1	14,1	65,7
Schiffbau	7,1	6,8	192,4	6,3	2599,7	4,9	13,5	70,0
Stahl-, Leichtmetall- und Behälterbau	6,1	5,8	166,1	7,4	2241,3	6,8	13,5	62,7
Stahlverformung	5,9	5,6	165,1	8,5	2143,7	4,9	13,0	64,7
Oberflächenveredelung								
Waggon-, Feld- und Industriebahnwagenbau	6,3	6,9	167,0	9,7	2296,2	6,6	13,8	68,2
Ziehereien und Kaltwalzwerke	6,6	6,2	164,5	6,4	2416,5	7,2	14,7	67,7

buchte der Bereich der Herstellung von Kraft- und Fahrrädern sowie Kinderwagen den niedrigsten Anstieg der Krankmeldungen.

Die längste durchschnittliche Krankheitsdauer war mit 14,7 Tagen bei Ziehereien und Kaltwalzwerken zu verzeichnen, in der EDV-Anlagen- und Büromaschinenherstellung konnten erkrankte Mitarbeiter durchschnittlich 4,6 Tage früher ihre Arbeit wieder aufnehmen.

21.8.4 Krankenstand nach Berufsgruppen

Innerhalb der Metallindustrie variierte der Krankenstand der einzelnen Berufsgruppen erheblich (Abb 21.8.2)[4]. Besonders bei Berufsgruppen mit belastenden Arbeitsbedingungen und stark beanspruchenden körperlichen Tätigkeiten finden sich in der Metallindustrie – wie auch in den meisten anderen Branchen – vergleichsweise hohe Krankenstände. Während die Groß- und Einzelhandelskaufleute sowie Einkäufer 1999 durchschnittlich 9,0 Fehltage je AOK-Mitglied verbuchten, lag der entsprechende Wert bei den Halbzeugputzern und sonstigen Formgießerberufen mit 27,6 Tagen mehr als dreimal so hoch. Neben den Halbzeugputzern und den Formgießerberufen ver-

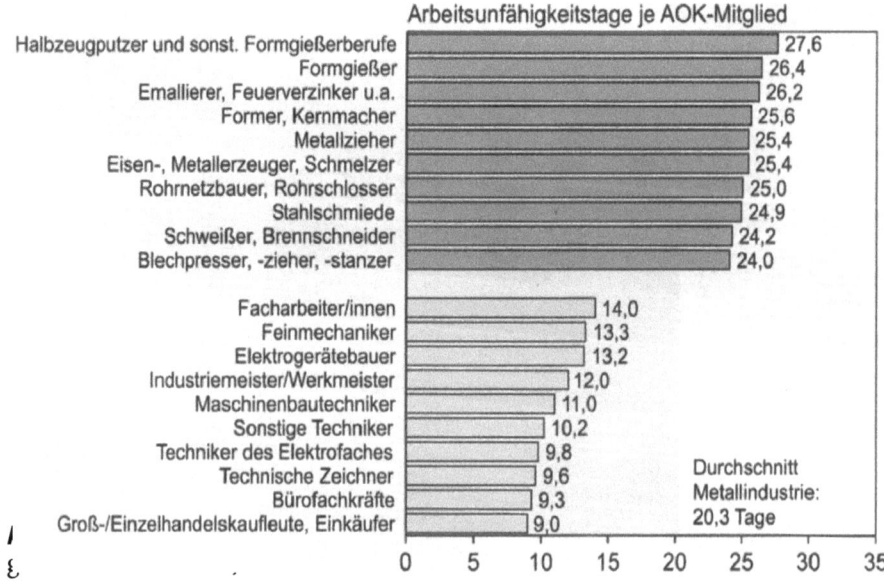

---

[4] Ausgewählte Berufsgruppen mit mehr als 2000 AOK-Mitgliedern.

zeichneten auch Emaillierer, Feuerverzinker, Former und Kernmacher sowie Metallzieher hohe Ausfallzeiten.

Obwohl der Berufstand der technischen Zeichner wesentlich mehr Krankheitsfälle je 100 AOK-Mitglieder zu verzeichnen hatte als die In-

Tabelle 21.8.3. Metallindustrie, Krankenstandskennzahlen nach ausgewählten Berufsgruppen, 1999

Tätigkeit	Krankenstand (in %)	Arbeitsunfähigkeiten je 100 AOK-Mitglieder		Tage je Fall	AU-Quote (in %)	Anteil Arbeitsunfälle an den AU-Tagen (in %)
		Fälle	Tage			
Blechpresser, -zieher, -stanzer	6,6	177,6	2398,7	13,5	69,7	8,7
Bürofachkräfte	2,5	112,2	928,1	8,3	49,2	2,6
Eisen-, Metallerzeuger, Schmelzer	7,0	169,8	2537,1	14,9	68,7	11,3
Elektrogerätebauer	3,6	135,4	1316,3	9,7	58,1	4,0
Emaillierer, Feuerverzinker u.a.	7,2	178,0	2622,4	14,7	68,8	9,8
Facharbeiter/innen	3,8	113,4	1398,4	12,3	39,4	7,9
Feinmechaniker	3,6	157,0	1326,9	8,5	61,9	5,8
Former, Kernmacher	7,0	176,8	2559,2	14,5	70,7	10,2
Formgießer	7,2	190,1	2638,5	13,9	71,5	10,4
Groß-/Einzelhandelskaufleute, Einkäufer	2,5	108,4	895,7	8,3	48,9	2,8
Halbzeugputzer, sonstige Formgießerberufe	7,6	197,9	2759,9	13,9	72,1	12,0
Industriemeister, Werkmeister	3,3	95,0	1197,9	12,6	50,5	6,5
Maschinenbautechniker	3,0	100,0	1096,5	11,0	50,2	7,7
Metallzieher	7,0	173,5	2537,4	14,6	72,0	12,9
Rohrnetzbauer, Rohrschlosser	6,8	158,1	2495,9	15,8	64,6	12,7
Schweißer, Brennschneider	6,6	178,0	2416,7	13,6	69,5	10,2
Sonstige Techniker	2,8	99,3	1018,2	10,3	50,1	3,5
Stahlschmiede	6,8	190,5	2491,7	13,1	72,4	11,7
Techniker des Elektrofaches	2,7	103,7	978,2	9,4	48,7	4,4
Technische Zeichner	2,6	132,3	956,5	7,2	55,0	1,7

Berufsgruppen mit mehr als 2000 AOK-Versicherten

dustrie- und Werkmeister (Tabelle 21.8.3), wies er mit 2,6% hinter den Groß-/Einzelhandelskaufleuten und Einkäufern sowie den Bürofachkräften (je 2,5%) den niedrigsten Krankenstand innerhalb der Metallindustrie auf. Im Gegensatz zu den Industrie- und Werkmeistern dauerte hier ein Krankheitsfall durchschnittlich nur 7,2 Tage und fiel damit um 5,4 Tage kürzer aus.

Der Anteil der Beschäftigten, die 1999 mindestens einmal krankgeschrieben waren, erreichte in der Berufsgruppe der Stahlschmiede (72,4%) den höchsten, in der Berufsgruppe der Facharbeiter/innen (39,4%) den niedrigsten Wert. Die längste Krankheitsdauer wiesen die Rohrnetzbauer und Rohrschlosser auf mit durchschnittlich 15,8 Tagen pro Krankheitsfall.

21.8.5 Kurz- und Langzeiterkrankungen

Fast die Hälfte aller Arbeitsunfähigkeitstage (49,5%) in der Metallindustrie resultierten 1999 aus einer relativ geringen Anzahl an Krankheitsfällen (8,8%) mit einer Dauer von über 4 Wochen (Abb. 21.8.3). Die meisten Krankheitsfälle in der Metallindustrie waren Kurzzeiterkrankungen mit einer Dauer von 1–3 Tagen (31,1%)[5]. Zusammen mit

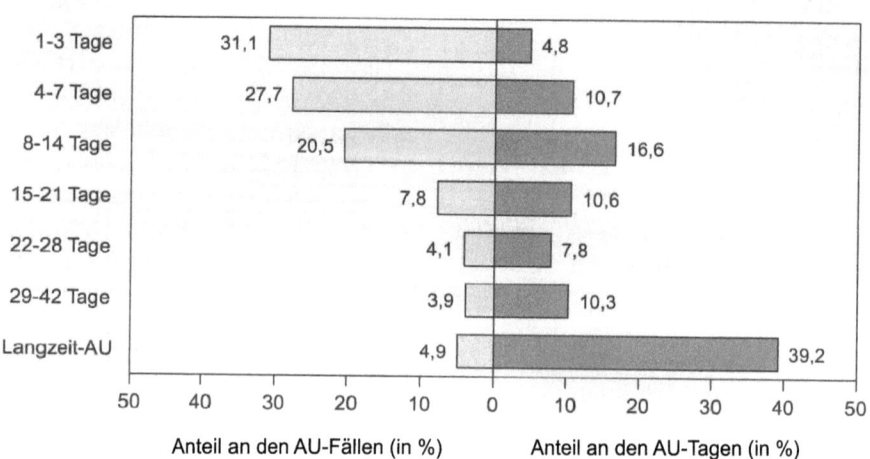

Abb. 21.8.3. Arbeitsunfähigkeitsfälle und -tage in der Metallindustrie nach der Dauer, 1999

---

[5] Da viele Arbeitgeber in den ersten drei Tagen einer Erkrankung keine ärztliche Arbeitsunfähigkeitsbescheinigung verlangen, liegt der tatsächliche Anteil der Kurzerkrankungen von 1–3 Tagen Dauer etwas höher (vgl. Kap. 21.1.5).

den Erkrankungen von bis zu einer Woche Dauer hatten sie einen Anteil von 58,8% an den Krankheitsfällen, waren dabei jedoch nur für 15,5% der Arbeitsunfähigkeitstage verantwortlich.

Die Verteilung der Ausfalltage und -fälle nach der Dauer der Arbeitsunfähigkeit unterscheidet sich in der Metallindustrie nur unwesentlich von der Verteilung über alle Branchen. Folglich gilt für die Metallindustrie ebenso wie für die anderen Branchen, dass in erster Linie Maßnahmen zur Reduktion von Langzeiterkrankungen den Krankenstand senken können. Geeignet hierzu wären auf lange Sicht vor allem frühzeitig ansetzende Präventionsmaßnahmen.

21.8.6 Krankenstand nach Bundesländern

Die Krankenstände der einzelnen Bundesländer unterscheiden sich zum Teil erheblich. Überdurchschnittlich hohe Krankenstände wiesen vor allem die Stadtstaaten Berlin (7,0%), Hamburg (6,8%) und Bremen (6,2%) sowie das Saarland (6,6%) und Nordrhein-Westfalen (6,5%) auf (Abb. 21.8.4). In den neuen Bundesländern bewegte sich der Krankenstand auf relativ niedrigem Niveau. In Brandenburg, Mecklenburg-Vorpommern, Sachsen-Anhalt und Thüringen betrug er jeweils 5,1%, in Sachsen lag er mit 4,9% knapp unter diesem Wert. Ähnlich niedrige Werte wie die neuen Bundesländer – und damit unterdurchschnittliche Werte innerhalb der alten Bundesländer – verbuchten Bayern, Baden-Württemberg (jeweils 5,1%) und Niedersachsen (5,2%).

Im Vergleich zu 1998 nahm die Zahl der Krankheitsfälle und -tage im gesamten Bundesgebiet deutlich zu (Tabelle 21.8.4). Allerdings fiel die Zunahme von Bundesland zu Bundesland sehr unterschiedlich aus. Vor allem Sachsen und Thüringen hatten überdurchschnittlich hohe Zuwachsraten von Arbeitsunfähigkeitsfällen und -tagen zu verzeichnen. Dagegen fiel der Anstieg der Fälle mit 3,1 bzw. 3,3% in Bremen und Brandenburg, der Anstieg der Tage in Hamburg (2,8%) und Schleswig-Holstein (3,4%) am geringsten aus. Die bundesweite Steigerungsrate der Arbeitsunfähigkeitstage (6,1%) ist insgesamt geringfügig niedriger als die der Krankheitsfälle (7,4%), da die durchschnittliche Dauer der Krankmeldungen rückläufig (-1,2%) war. In Bremen (5,8%), dem Saarland (3,0%), Sachsen-Anhalt (2,4%) und Niedersachsen (2,0%) nahm die durchschnittliche Falldauer entgegen dem Trend im Vergleich zu 1998 zu.

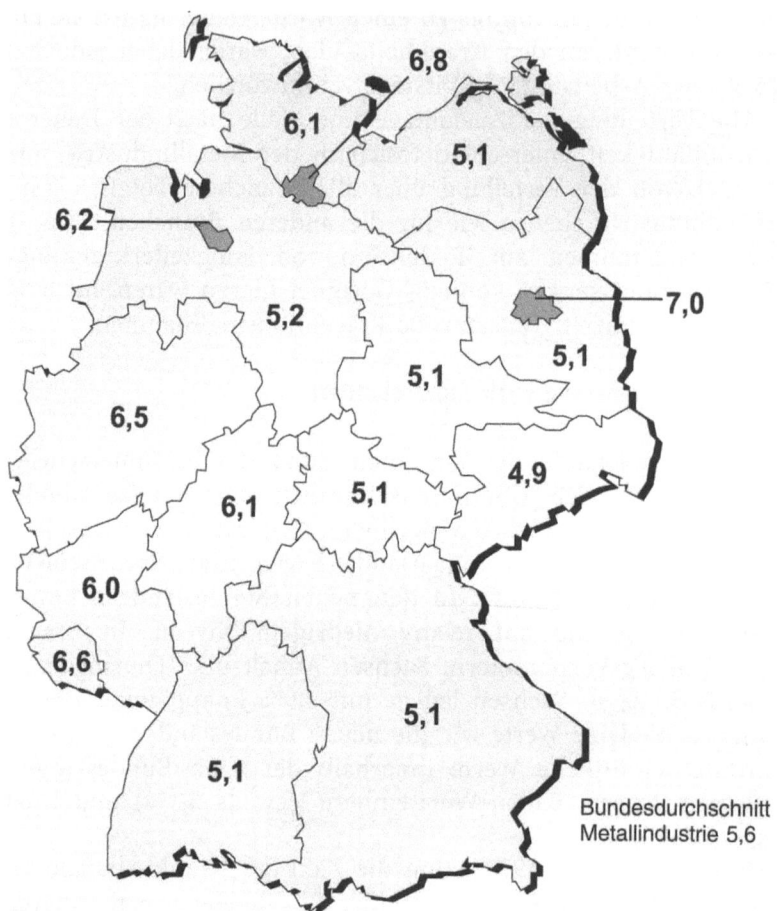

Abb. 21.8.4. Krankenstand (in %) in der Metallindustrie nach Bundesländern, 1999

21.8.7 Krankenstand nach Betriebsgröße

Der allgemeine Trend steigender Krankheitstage mit zunehmender Betriebsgröße lässt sich für die Metallindustrie im Jahr 1999 nicht eindeutig bestätigen (Abb. 21.8.5). Zwar steigt der Krankenstand bis zu einer Größe von 499 Mitarbeitern[6] mit zunehmender Betriebsgröße an (von durchschnittlich 19,5 Krankheitstagen je AOK-Mitglied in Betrieben unter 50 Mitarbeitern auf 22,0 Krankheitstage), doch mit einer maximalen Differenz von 2,5 Krankheitstagen je AOK-Mitglied

---

[6] Als Maß für die Betriebsgröße wird hier die Anzahl der AOK-Mitglieder in den Betrieben zugrunde gelegt.

Tabelle 21.8.4. Land- und Forstwirtschaft, Arbeitsunfähigkeit nach Bundesländern, 1999 im Vergleich zum Vorjahr

	Arbeitsunfähigkeiten je 100 AOK-Mitglieder					
	AU-Fälle 1999	Veränd. z. Vorj. (in %)	AU-Tage 1999	Veränd. z. Vorj. (in %)	Tage je Fall 1999	Veränd. z. Vorj. (in %)
Baden-Württemb.	152,7	8,8	1877,5	6,5	12,3	-2,2
Bayern	150,5	6,2	1854,3	5,0	12,3	-1,1
Berlin	144,8	8,9	2548,8	7,5	17,6	-1,2
Brandenburg	137,3	3,3	1866,7	3,0	13,6	-0,2
Bremen	182,7	3,1	2246,1	9,1	12,3	5,8
Hamburg	174,1	5,7	2485,4	2,8	14,3	-2,7
Hessen	174,1	6,8	2210,5	6,3	12,7	-0,4
Mecklenb.-Vorp.	143,4	4,4	1859,3	3,8	13,0	-0,6
Niedersachsen	169,1	7,5	1915,9	9,6	11,3	2,0
Nordrhein-Westf.	172,1	5,8	2380,7	4,9	13,8	-0,8
Rheinland-Pfalz	168,4	7,7	2181,4	5,5	13,0	-2,0
Saarland	153,5	4,8	2399,4	7,9	15,6	3,0
Sachsen	134,4	13,9	1805,3	13,5	13,4	-0,4
Sachsen-Anhalt	132,7	8,0	1862,0	10,6	14,0	2,4
Schleswig-Holstein	174,1	6,5	2235,7	3,4	12,8	-2,9
Thüringen	145,7	12,8	1864,2	11,4	12,8	-1,3
Bund	158,1	7,4	2030,5	6,1	12,8	-1,2

verteilen sich die Krankenstände sehr viel homogener auf die unterschiedlichen Betriebsgrößen als dies in den meisten anderen Branchen der Fall ist. Der Vergleich mit dem Durchschnitt über alle Branchen zeigt, dass in Betrieben der Metallindustrie mit bis zu 99 Mitarbeitern 1999 die Zahl der Ausfalltage je AOK-Mitglied annähernd dem allgemeinen Bundesdurchschnitt entsprach, bei Betrieben bis 499 Mitarbeitern knapp darunter und bei Betrieben über 499 Mitarbeitern deutlich unter dem Bundesdurchschnitt lag. So fielen in der Metallindustrie bei Betrieben mit 500–999 Mitarbeitern 1,6 Tage weniger, bei größeren Betrieben sogar 2,4 Krankheitstage weniger an als im Durchschnitt über alle Branchen.

Tabelle 21.8.5 liefert einen Überblick über die Zahl der krankheitsbedingten Fehltage in den verschiedenen Wirtschaftsgruppen der Me-

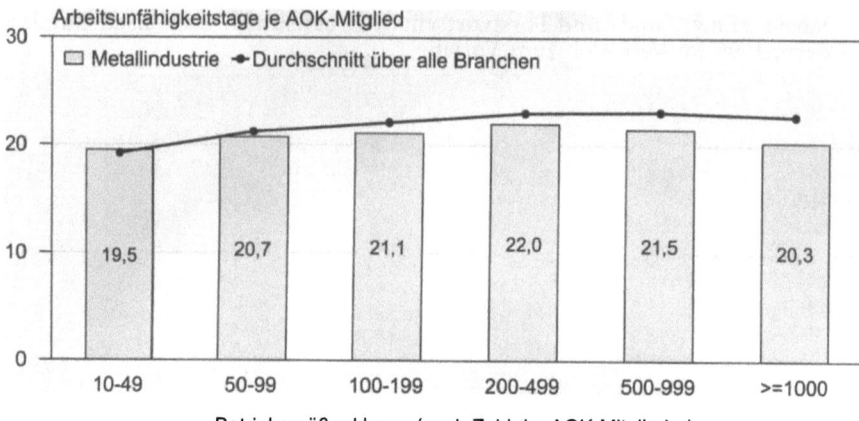

Abb. 21.8.5. Arbeitsunfähigkeitstage in der Metallindustrie nach Betriebsgröße, 1999

tallindustrie nach Betriebsgrößenklassen. In allen Unternehmensgrößen überdurchschnittlich viele Fehltage je AOK-Mitglied wiesen die Gießereien auf. Die niedrigsten Krankenstände fanden sich in der Uhrenindustrie (11,3 Krankheitstage in Betrieben mit 100–199 Mitgliedern) und der EDV-Anlagen- und Büromaschinenherstellung (14,9 Krankheitstage in Betrieben unter 50 Mitgliedern).

In der NE-Metallerzeugung verteilt sich der Krankenstand sehr uneinheitlich über die Betriebsgrößenklassen. Während die zweitgrößte Gruppe (500–999 Mitarbeiter) mit 19,6 Krankheitstagen je AOK-Mitglied den niedrigsten Krankenstand dieser Wirtschaftsgruppe aufwies, beträgt die Differenz zur größten Gruppe (ab 1000 Mitarbeitern) 12,1 Tage. Mit durchschnittlich 31,7 Tagen verzeichneten Betriebe der NE-Metallerzeugung mit 1000 und mehr Mitarbeitern den höchsten Krankenstand innerhalb der Metallindustrie.

21.8.8 Krankenstand nach Stellung im Beruf

Der Krankenstand in der Metallindustrie variiert erheblich in Abhängigkeit von der Stellung im Beruf (Abb. 21.8.6). Je höher die berufliche Stellung, desto niedriger ist der Krankenstand. Das gilt hier ebenso wie in anderen Branchen. Die meisten Fehltage je AOK-Mitglied (24,4) fanden sich bei den Arbeitern, die wenigsten bei den Angestellten (10,0). Der Krankenstand der Arbeiter war mehr als doppelt so hoch wie derjenige der Angestellten. Zwischen diesen beiden Gruppen bewegten sich die Auszubildenden (12,4 Tage), die Meister (13,7 Tage) und die Facharbeiter (19,6 Tage). Lag die Anzahl der Ausfalltage bei Arbeitern und

Tabelle 21.8.5. Metallindustrie, Arbeitsunfähigkeitstage je AOK-Mitglied nach Betriebsgröße (Anzahl der AOK-Mitglieder), 1999

Wirtschaftsgruppe	10–49	50–99	100–199	200–499	500–999	≥1000
Elektrotechnik	17,5	19,9	19,8	21,3	21,5	19,3
Feinmechanik und Optik	16,4	18,7	19,3	19,5	17,5	15,7
Giesserei	24,7	26,2	27,4	27,1	24,7	26,6
Herst. Zahnräder u. sonst. Maschinenbauerzeugnisse	18,7	20,4	19,9	21,7	21,9	20,3
Herstellung und Reparatur von Uhren	16,3	19,4	11,3	22,3	–	–
Herstellung von EBM-Waren	20,9	21,7	23,0	23,4	23,1	22,5
Herst. EDV-Anlagen und Büromaschinen	14,9	15,3	16,9	16,8	16,0	–
Herstellung Kraft- und Fahrräder, Kinderwagen	23,7	16,9	21,2	20,6	28,0	–
Kraftwagen- und Karosserieherstellung	18,1	18,7	20,4	22,8	20,4	19,9
Luftfahrzeugbau	15,8	15,9	17,7	19,1	18,7	17,1
Maschinenbau	18,5	18,5	18,9	19,3	19,5	20,1
NE-Metallerzeugung	20,9	21,7	23,9	22,9	19,6	31,7
Schiffbau	27,6	29,4	26,7	21,5	28,9	26,8
Stahl-, Leichtmetall- und Behälterbau	21,9	23,5	23,1	27,1	22,7	20,7
Stahlverformung, Oberflächenveredelung	21,0	21,9	22,6	22,4	23,8	18,9
Waggon-, Feld- und Industriebahnwagenbau	21,2	21,6	25,7	21,7	25,9	–
Ziehereien und Kaltwalzwerke	23,8	26,2	22,0	26,9	22,6	–
Durchschnitt über alle Branchen	19,2	21,2	22,1	23,0	23,1	22,7

Facharbeitern annähernd im allgemeinen Branchendurchschnitt, so fielen bei den übrigen Berufsgruppen deutlich weniger Arbeitsunfähigkeitstage je AOK-Mitglied an (Angestellte durchschnittlich 3,4 Tage, Auszubildende 3,2 Tage und Meister 2,1 Tage weniger).

Tabelle 21.8.6 zeigt, wie unterschiedlich 1999 die Krankenstände nach Stellung im Beruf in den einzelnen Wirtschaftsgruppen ausfielen. Den höchsten Krankenstand verzeichneten die Arbeiter in den

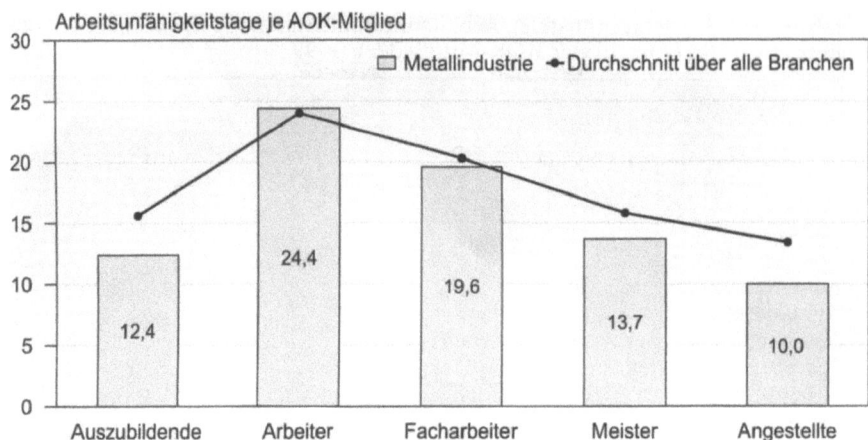

Abb. 21.8.6. Arbeitsunfähigkeitstage in der Metallindustrie nach Stellung im Beruf, 1999

Gießereien (8,0%), den niedrigsten die Meister und Poliere in der Computer- und Büromaschinenindustrie (1,9%). Die höchste Varianz findet sich bei den Meistern und Polieren, hier beträgt der Abstand zwischen dem niedrigsten Krankenstand und dem höchsten (5,7% im Schiffbau) 3,8 Prozentpunkte. Dagegen verteilt sich der Krankenstand bei den Angestellten relativ homogen auf die einzelnen Wirtschaftsgruppen (zwischen 2,4% bei den Ziehereien und Kaltwalzwerken sowie im Schiffbau und 3,8% in der Krafträder- und Kinderwagenherstellung). Besonders hohe Krankenstände waren bei Auszubildenden (5,5%), Arbeitern (7,7%) und Facharbeitern (7,2%) sowie Meistern und Polieren (5,7%) im Schiffbau festzustellen, bei den Angestellten waren in diesem Bereich allerdings die niedrigsten Krankenstände zu verzeichnen. Ein insgesamt geringer Krankenstand findet sich in der Computer- und Büromaschinenindustrie, wo er bei allen Berufsgruppen, sogar bei den Arbeitern (5,3%) unter dem brancheninternen Durchschnitt von 5,6% lag.

21.8.9 Arbeitsunfälle

Die Abb. 21.8.7 zeigt den Anteil von Arbeitsunfällen an den Krankmeldungen und Fehltagen in besonders betroffenen Wirtschaftsgruppen. Der Anteil der Arbeitsunfälle an den krankheitsbedingten Fällen betrug 1999 in der Metallindustrie 6,4%, der Anteil an den Tagen lag bei 7,3%. Damit war der Anteil an den Fällen um 0,6 Prozentpunkte höher als im allgemeinen Branchendurchschnitt; der Anteil an den Tagen

Tabelle 21.8.6. Metallindustrie, Krankenstand (in %) nach Stellung im Beruf, 1999

Wirtschaftsgruppe	Auszubildende	Arbeiter	Facharbeiter	Meister, Poliere	Angestellte
Elektrotechnik	3,1	6,4	4,9	3,6	2,7
Feinmechanik und Optik	3,1	5,9	4,1	3,3	2,9
Gießereien	4,1	8,0	6,3	4,9	3,2
Herst. Zahnräder u. sonst. Maschinenbauerzeugnisse	3,6	6,8	5,3	3,6	2,9
Herstellung und Reparatur von Uhren	3,9	5,8	3,7	2,2	3,2
Herstellung von EBM-Waren	3,6	6,9	5,5	4,3	2,8
Herst. EDV-Anlagen und Büromaschinen	2,5	5,3	4,3	1,9	2,6
Herstellung Kraft- und Fahrräder, Kinderwagen	3,8	6,0	5,2	2,9	3,8
Kraftwagen- und Karosserieherstellung	2,8	6,5	5,1	3,1	2,7
Luftfahrzeugbau	2,8	5,9	5,1	3,9	3,3
Maschinenbau	3,6	6,7	5,2	3,6	2,6
NE-Metallerzeugung	3,8	7,1	5,5	3,6	3,1
Schiffbau	5,5	7,7	7,2	5,7	2,4
Stahl-, Leichtmetall- und Behälterbau	4,6	6,6	6,6	4,6	3,1
Stahlverformung, Oberflächenveredelung	3,7	6,7	5,5	3,8	2,8
Waggon-, Feld- und Industriebahnwagenbau	3,9	7,4	6,4	3,5	3,0
Ziehereien und Kaltwalzwerke	4,0	7,3	6,3	5,2	2,4

allerdings aufgrund einer geringeren durchschnittlichen Falldauer etwas geringer als im Durchschnitt aller Branchen (um 0,3 Prozentpunkte). Besonders häufig waren Arbeitsunfälle im Schiffbau mit einem Anteil von 12,5% an den Fällen und 13,6% an den Tagen. Überdurchschnittlich viele Arbeitsunfälle waren auch im Stahl-, Leichtmetall- und Behälterbau, in Gießereien, im Waggon-, Feld- und Industriebahnwagenbau, bei Ziehereien und Kaltwalzwerken, in der NE-Metallerzeugung sowie im Bereich Stahlverformung und Oberflächenveredelung zu verzeichnen.

Aus Tabelle 21.8.7 ist ersichtlich, welche Berufsgruppen innerhalb der Metallindustrie 1999 besonders viele unfallbedingte Arbeitsunfähigkeitstage zu verzeichnen hatten. Die meisten Fehltage durch Unfälle wiesen Halbzeugputzer und sonstige Formgießerberufe sowie

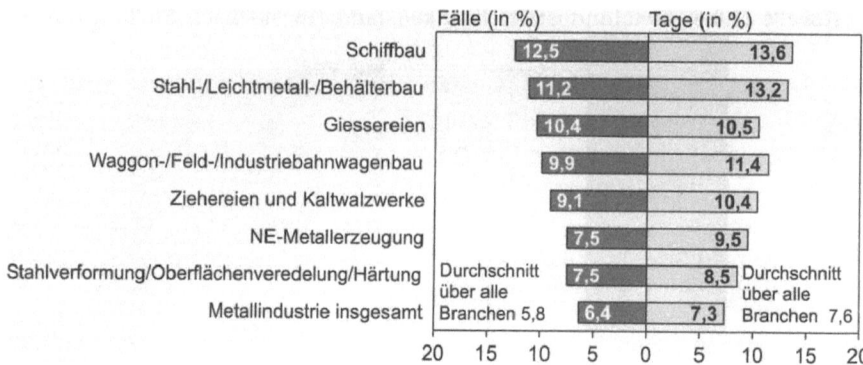

Abb. 21.8.7. Arbeitsunfälle in der Metallindustrie nach Wirtschaftsgruppen, Anteil an den AU-Fällen und -tagen (in %), 1999

Tabelle 21.8.7. Metallindustrie, Arbeitsunfähigkeitstage durch Arbeitsunfälle nach Berufsgruppen, 1999

Tätigkeit	AU-Tage je 1000 AOK-Mitglieder	Anteil an den AU-Tagen insgesamt (in %)
Halbzeugputzer, sonstige Formgießerberufe	3309,6	12,0
Metallzieher	3280,4	12,9
Rohrnetzbauer, Rohrschlosser	3163,9	12,7
Stahlschmiede	2920,7	11,7
Eisen-, Metallerzeuger, Schmelzer	2868,2	11,3
Formgießer	2736,6	10,4
Former, Kernmacher	2603,2	10,2
Emaillierer, Feuerverzinker u. a.	2560,1	9,8
Schweißer, Brennschneider	2462,9	10,2
Blechpresser, -zieher, -stanzer	2091,3	8,7
Facharbeiter/innen	1107,9	7,9
Maschinenbautechniker	844,4	7,7
Industriemeister, Werkmeister	783,9	6,5
Feinmechaniker	775,4	5,8

Metallzieher auf, bei denen im Durchschnitt jedes AOK-Mitglied etwa 3,3 Tage aufgrund von Arbeitsunfällen krank geschrieben war. Einen besonders hohen Anteil an den Fehltagen hatten die Unfälle neben den Metallziehern (12,9%) auch bei den Rohrnetzbauern und Rohrschlossern mit 12,7%.

21.8.10 Krankheitsarten

Die dominierenden Krankheitsarten in der Metallindustrie sind die folgenden 5 großen Krankheitsgruppen[7]:
- Muskel- und Skeletterkrankungen
- Atemwegserkrankungen
- Verletzungen
- Herz-/Kreislauferkrankungen
- Erkrankungen der Verdauungsorgane.

Diese Erkrankungen waren im Jahr 1999 für fast drei Viertel der Krankheitsfälle und -tage ursächlich. Die restlichen Tage und Fälle waren auf diverse sonstige Krankheitsarten zurückzuführen (Abb. 21.8.8).

Die häufigste Krankheitsursache waren 1999 die Atemwegserkrankungen. Mit einem Anteil von 26,1% an den Arbeitsunfähigkeitsfällen lagen sie in der Metallindustrie in etwa auf dem Niveau über alle Branchen, dauerten allerdings durchschnittlich 0,2 Tage länger.

Auch die Verteilung der übrigen großen Krankheitsarten wich nur geringfügig von den Durchschnittswerten ab, mit Ausnahme der Muskel-/Skeletterkrankungen (19,3% der Fälle gegenüber 18,8%) und der Verletzungen (12,3% der Fälle gegenüber 11,6%), die beide in der Metallindustrie häufiger auftraten als im Mittel über alle Branchen.

Tabelle 21.8.8 zeigt den Anteil der einzelnen Krankheitsarten an den Fehltagen in den verschiedenen Wirtschaftsgruppen der Metallindustrie. Hier wird ersichtlich, dass die Muskel- und Skeletterkrankungen in allen Gruppen mit Abstand die meisten Arbeitsunfähigkeitstage verursachten; bei der Herstellung von Kraft- und Fahrrädern sowie Kinderwagen gingen 1999 fast ein Drittel (31,6%) der Tage auf das Konto dieser Krankheitsart. Ein besonders hoher Anteil an Atemwegserkrankungen findet sich in der Computer- und Büromaschinenherstellung (20,6%), mehr als 7 Prozentpunkte höher als im Stahl-, Leichtmetall- und Behälterbau (13,5%). Die Verletzungsgefahr war in den Bereichen Stahl-, Leichtmetall- und Behälterbau sowie Schiffbau mit einem Anteil von 20,6 bzw. 19,0% an den Arbeitsunfähigkeitstagen besonders hoch, in der Elektrotechnik war sie dagegen mit 12,1% am niedrigsten. Variieren die Anteilswerte in diesen drei Krankheitsgruppen zum Teil erheblich von Wirtschaftsgruppe zu Wirtschaftsgruppe, so ist verglichen damit die Streuung der Werte für Herz-/Kreislauferkrankungen und Erkrankungen der Verdauungsorgane re-

---

[7] Krankheitsarten mit einem Anteil von mindestens 5% an den AU-Tagen.

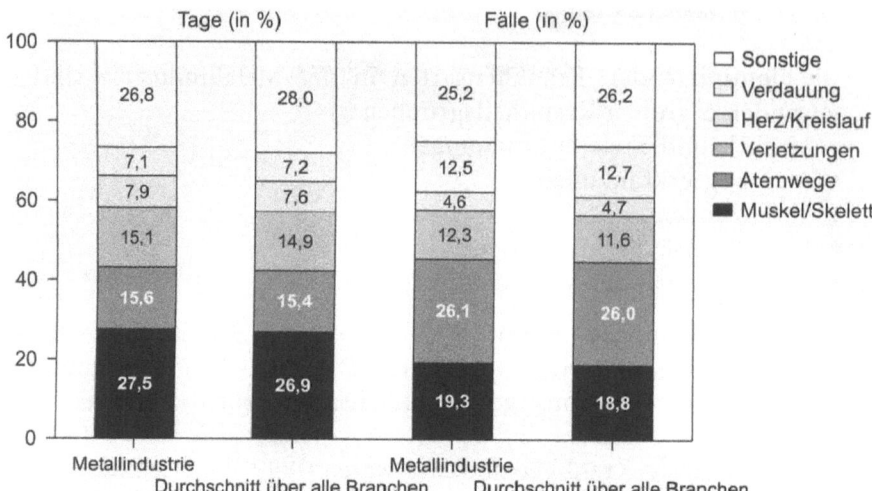

Abb. 21.8.8. Arbeitsunfähigkeiten in der Metallindustrie nach Krankheitsarten, 1999

lativ gering. Unter anderem im Schiffbau und bei den Gießereien sind die aufgelisteten fünf Krankheitsarten für über 76% aller Erkrankungstage ursächlich, während sie im Bereich der Feinmechanik und Optik nur etwa 69% der Krankheitstage erklären.

In Tabelle 21.8.9 wird aufgezeigt, wie sich die Diagnosen (ICD-Untergruppen) innerhalb der einzelnen Krankheitsarten verteilen und es wird der Frage nachgegangen, ob es Diagnosen gibt, die im Vergleich mit den übrigen Branchen besonders typisch für die Metallindustrie sind.

Innerhalb der Muskel- und Skeleterkrankungen nehmen die Rückenerkrankungen die dominante Position ein. Sie machten 58,7% aller Krankmeldungen und 55,7% aller Fehltage aus. Allerdings liegt der Anteilswert an den Fällen 0,7 Prozentpunkte unterhalb des Anteilswertes über alle Branchen. Einen deutlich höheren Anteil an den Muskel- und Skeleterkrankungen als im Durchschnitt aller Wirtschaftsabteilungen verzeichnen die rheumatischen Beschwerden (22,3% Anteil an den AU-Fällen) in der Metallindustrie.

Bei den Verletzungen dominieren die Prellungen sowie die Verstauchungen und Zerrungen. Während Prellungen den größten Anteil an den Krankheitsfällen haben (20,7%), sind Verstauchungen und Zerrungen anteilsmäßig bei den Fehltagen führend (mit 19,7%). Stärker als im branchenübergreifenden Vergleich sind die Folgen des Eindringens von Fremdkörpern in Körperöffnungen in der Metallindustrie für verletzungsbedingte Fehlzeiten ursächlich (Anteilswert von 5,7%

Tabelle 21.8.8. Metallindustrie, Arbeitsunfähigkeitstage nach Krankheitsarten (in %), 1999

Wirtschaftsgruppe	Muskel/ Skelett	Atemwege	Verletzungen	Herz/ Kreislauf	Verdauung	Sonstige
Elektrotechnik	26,5	16,3	12,1	7,4	7,2	30,5
Feinmechanik und Optik	23,4	17,6	12,5	7,6	7,8	31,1
Gießereien	29,5	14,8	16,6	8,4	6,9	23,8
Herst. Zahnräder u. sonst. Maschinenbauerzeugnisse	27,7	15,3	15,3	8,4	7,2	26,1
Herstellung und Reparatur von Uhren	23,6	15,3	14,1	6,5	5,7	34,8
Herstellung von EBM-Waren	28,8	15,1	13,9	7,9	7,0	27,3
Herst. EDV-Anlagen und Büromaschinen	22,8	20,6	12,3	7,3	7,7	29,3
Herstellung Kraft- und Fahrräder, Kinderwagen	31,6	14,8	13,9	7,8	6,9	25,0
Kraftwagen- und Karosserieherstellung	28,2	16,3	14,4	7,6	7,2	26,3
Luftfahrzeugbau	22.5	18,5	16,5	7,3	7,9	27,3
Maschinenbau	26,4	15,7	17,3	8,2	7,1	25,3
NE-Metallerzeugung	28,9	14,6	16,6	8,2	7,2	24,5
Schiffbau	29,0	14,8	19,0	8,4	6,0	22,8
Stahl-, Leichtmetall- und Behälterbau	28,1	13,5	20,6	8,0	6,7	23,1
Stahlverformung, Oberflächenveredelung	27,9	14,9	15,7	8,5	7,1	25,9
Waggon-, Feld- und Industriebahnwagenbau	28,3	14,5	18,0	7,8	8,2	23,2
Ziehereien und Kaltwalzwerke	29,6	13,7	16,6	9,0	6,9	24,2

an den AU-Fällen gegenüber 2,9% im branchenübergreifenden Vergleich). Hier, wie bei vielen der aufgelisteten Krankheitsursachen, wird deutlich, dass die Häufigkeit und die Dauer von Erkrankungen gegensätzlich ausgeprägt sein können. So sind die Folgen des Eindringens von Fremdkörpern in Körperöffnungen zwar für 5,7% der Krankheitsfälle durch Verletzungen verantwortlich, verursachen aber keine langwierigen Ausfallzeiten und machen daher weniger als 1% (0,8%) der verletzungsbedingten Fehltage aus.

Tabelle 21.8.9. Metallindustrie, Arbeitsunfähigkeiten nach Krankheitsarten, Anteile der ICD-Untergruppen an den ICD-Hauptgruppen, 1999

ICD-Untergruppen	Anteil an den AU-Fällen (in %)	Anteil an den AU-Tagen (in %)
Muskel-/Skeletterkrankungen		
Rückenerkrankungen	58,7	55,7
Rheumatismus	22,3	20,0
Gelenkerkrankungen	15,1	19,5
Sonstige	3,9	4,8
Verletzungen		
Prellungen	20,7	14,9
Verstauchungen/Zerrungen	20,0	19,7
Oberflächliche Verletzungen	10,7	7,4
Komplikationen nach Verletzungen	7,6	6,4
Folgen des Eindringens von Fremdkörpern in Körperöffnungen	5,7	0,8
Frakturen der unteren Extremitäten	5,4	13,9
Offene Wunden der oberen Extremitäten	5,3	4,7
Frakturen der oberen Extremitäten	4,2	10,1
Quetschungen	4,0	3,8
Sonstige	16,4	18,3
Atemwegserkrankungen		
Akute Infektionen der Atmungsorgane	38,7	35,1
Chronische obstruktive Lungenkrankheiten und verwandte Affektionen	25,7	29,0
Lungenentzündung und Grippe	22,7	21,7
Sonstige Krankheiten der oberen Luftwege	9,5	10,2
Sonstige Krankheiten der Atmungsorgane	3,3	4,0
Herz-/Kreislauferkrankungen		
Krankheiten der Venen und Lymphgefäße	40,6	23,0
Hypertonie und Hochdruckkrankheiten	23,0	19,7
Ischämische Herzkrankheiten	14,1	23,5
Sonstige Formen von Herzkrankheiten	11,3	12,6
Krankheiten des zerebrovaskulären Systems	3,7	6,4
Krankheiten der Arterien, Arteriolen und Kapillaren	3,3	8,0
Sonstige	4,0	6,8
Verdauung		
Dünn- und Dickdarmentzündung	40,4	28,1
Speiseröhre/Magen/Zwölffingerdarm	23,1	26,1
Mundhöhle/Speicheldrüse/Kiefer	23,0	8,7
Sonst. Krankheiten Darm und Bauchfell	4,6	8,4
Sonst. Krankheiten der Verdauungsorgane	8,9	28,7

In der Gruppe der Atemwegserkrankungen haben akute Infektionen der Atmungsorgane mit 38,7% der Fälle und 35,1% der Tage den größten Anteil; dann folgen chronisch obstruktive Lungenkrankheiten (z.B. Bronchitis), Lungenentzündungen und Grippe sowie sonstige Atemwegserkrankungen. Krankheiten der Venen und Lymphgefäße bilden die häufigsten Herz- und Kreislaufbeschwerden (40,6% Anteil an den AU-Fällen). Sie sind jedoch mit 23,0% Anteil an den AU-Tagen von relativ kurzer Dauer. Längerfristige Ausfälle verursachen dagegen ischämische Krankheiten (wie Herzinfarkt und Angina Pectoris), Krankheiten des zerebrovaskulären Systems und Krankheiten der Arterien, Arteriolen und Kapillaren.

Die Verdauungskrankheiten werden von 3 großen Untergruppen dominiert. Den größten Anteil an den krankheitsbedingten Fällen (40,4%) und Ausfalltagen (28,1%) haben Dünn- und Dickdarmentzündungen, dann folgen Erkrankungen der Speiseröhre, des Magens und des Zwölffingerdarms (mit 23,1% der Fälle und 26,1% der Tage) und Erkrankungen von Mundhöhle, Speicheldrüse und Kiefer (mit 23,0% der Fälle und 8,7% der Tage).

21.9. Öffentliche Verwaltung und Sozialversicherung

21.9.1 Kosten der Arbeitsunfähigkeit 443
21.9.2 Allgemeine Krankenstandsentwicklung 443
21.9.3 Krankenstandsentwicklung nach Wirtschaftsklassen 445
21.9.4 Krankenstand nach Berufsgruppen 446
21.9.5 Kurz- und Langzeiterkrankungen 448
21.9.6 Krankenstand nach Bundesländern 449
21.9.7 Krankenstand nach Betriebsgröße 451
21.9.8 Krankenstand nach Stellung im Beruf 452
21.9.9 Arbeitsunfälle 454
21.9.10 Krankheitsarten 455

21.9.1 Kosten der Arbeitsunfähigkeit

1999 gab es im Bereich der öffentlichen Verwaltung und Sozialversicherung 1,8 Millionen sozialversicherungspflichtig Beschäftigte[1]. Davon waren 50,9% (909 500) bei der AOK versichert. Jedes AOK-Mitglied war 1999 im Durchschnitt 23,2 Kalendertage krankgeschrieben. Für die Branche insgesamt ergibt dies eine Summe von 41,5 Millionen krankheitsbedingten Fehltagen oder 113 600 Erwerbsjahren. Bei einem durchschnittlichen Bruttojahreseinkommen im Jahr 1997 von 54 607[2] ergeben sich für das Jahr 1999 hochgerechnet auf alle Beschäftigten im Bereich der öffentlichen Verwaltung und Sozialversicherung Kosten in Höhe von 6,2 Milliarden DM aufgrund von Produktionsausfällen durch Arbeitsunfähigkeit[3]. Die finanzielle Belastung eines Betriebes mit 100 Mitarbeitern durch diese Kosten betrug durchschnittlich 347 100 DM.

21.9.2 Allgemeine Krankenstandsentwicklung

Der Krankenstand im Bereich der öffentlichen Verwaltung und Sozialversicherung lag 1999 bei 6,4%. Gegenüber dem Vorjahr stieg er geringfügig an (0,2 Prozentpunkte). Im Durchschnitt waren die Beschäftigten 23,2 Kalendertage krank geschrieben, 1998 waren es 22,5 Tage. Die Zahl der Krankmeldungen nahm um 5,7% zu. Die durchschnittliche Dauer einer Krankmeldung ging dagegen von 14,1 auf 13,8 Tage zurück. Der Anteil der Beschäftigten, die sich mindestens einmal ar-

---

[1] Quelle: Bundesanstalt für Arbeit, Beschäftigtenstatistik 1999.
[2] Quelle: Statistisches Bundesamt 1998. Neuere Werte waren bei Drucklegung nicht verfügbar.
[3] Nur die direkten Kosten durch Entgeltzahlungen. Zu weiteren Kosten s. Kap. 21.1.2.

Tabelle 21.9.1. Krankenstandsentwicklung im Bereich Öffentliche Verwaltung und Sozialversicherung, 1999

	Kranken-stand (in %)	Arbeitsunfähigkeiten je 100 AOK-Mitglieder				Tage je Fall	AU-Quote (in %)
		Fälle	Veränd. z. Vorj. (in %)	Tage	Veränd. z. Vorj. (in %)		
West	6,4	170,2	4,8	2347,0	2,1	13,8	62,9
Ost	6,1	163,7	9,0	2230,3	7,5	13,6	61,4
BRD	6,4	168,9	5,7	2323,4	3,2	13,8	62,6

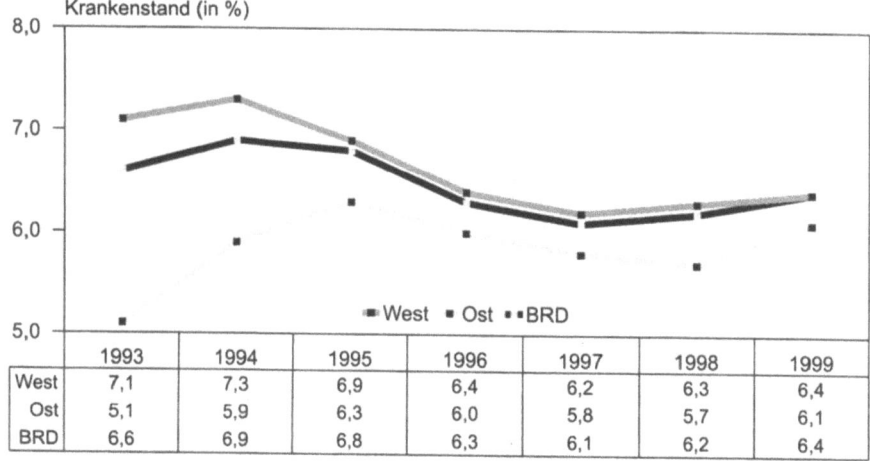

beitsunfähig meldeten (AU-Quote), lag 1999 bei 62,6%. Im Vergleich zum Vorjahr nahm er um 1,0 Prozentpunkte zu.

In Ostdeutschland waren die Krankenstände im Bereich der öffentlichen Verwaltung und Sozialversicherung 1999 immer noch etwas niedriger (0,3 Prozentpunkte) als im Westen (Tabelle 21.9.1). In den neuen Bundesländern lag sowohl die Zahl der Krankmeldungen als auch deren durchschnittliche Dauer auf einem niedrigeren Niveau als in den alten. Auch die AU-Quote war geringer als im Westen.

Die Zahl der Krankmeldungen ist sowohl im Westen (4,8%) als auch im Osten (9,0%) gestiegen, in den neuen Bundesländern allerdings stärker als in den alten. Die durchschnittliche Dauer der Arbeitsunfähigkeitsfälle war in Ost und West rückläufig.

Abbildung 21.9.1 zeigt die Krankenstandsentwicklung im Bereich der öffentlichen Verwaltung und Sozialversicherung in den Jahren 1993–1999. Seit 1995 ging der Krankenstand kontinuierlich zurück und erreichte 1997 den niedrigsten Stand seit 1993. 1998 hatte er in Westdeutschland erstmalig wieder geringfügig zugenommen. 1999 war nun auch in Ostdeutschland wieder eine Zunahme um 0,4 Prozentpunkte zu verzeichnen.

Bei den krankheitsbedingten Fehlzeiten, deren Ausmaß 1993 noch erheblich zwischen West- und Ostdeutschland divergierte, kam es in den letzten Jahren zu einer zunehmenden Angleichung. Während der Krankenstand in den neuen Ländern 1993 noch 2,0 Prozentpunkte niedriger war als im Westen, waren es 1999 nur noch 0,3 Prozentpunkte.

21.9.3 Krankenstandsentwicklung nach Wirtschaftsklassen

Die krankheitsbedingten Fehlzeiten im Bereich der Sozialversicherung (4,5%) fielen 1999 erheblich niedriger aus als in den übrigen Bereichen der öffentlichen Verwaltung (6,5% bis 6,7%). Auch der Anteil der von Arbeitsunfähigkeit Betroffenen war deutlich geringer (Tabelle 21.9.2). Dies ist darauf zurückzuführen, dass der Angestelltenanteil unter den AOK-Mitgliedern in diesem Bereich höher ist als in den übrigen Bereichen.

Tabelle 21.9.2. Krankenstandsentwicklung im Bereich Öffentliche Verwaltung und Sozialversicherung nach Wirtschaftsklassen, 1999

Wirtschaftsklasse	Krankenstand (in %)		Arbeitsunfähigkeiten je 100 AOK-Mitglieder				Tage je Fall	AU-Quote (in %)
	1999	1998	Fälle	Veränd. z. Vorj. (in %)	Tage	Veränd. z. Vorj. (in %)		
Politische Führung und zentrale Verwaltung	6,5	6,3	173,2	6,0	2403,5	3,3	13,9	63,1
Gerichtsbarkeit und Rechtsschutz sowie Strafvollzug	6,6	6,5	175,9	8,1	2419,6	1,7	13,8	63,1
Übrige öffentliche Verwaltung	6,7	6,5	180,5	6,1	2447,6	3,3	13,6	62,6
Sozialversicherung	4,5	4,3	137,0	6,2	1649,0	5,6	12,0	58,6

Die Krankenstände stiegen 1999 in allen Bereichen der öffentlichen Verwaltung und Sozialversicherung gegenüber dem Vorjahr geringfügig an (0,1–0,2 Prozentpunkte). Der Grund dafür war eine gestiegene Zahl an Krankmeldungen. Am stärksten nahm die Zahl der Arbeitsunfähigkeitsfälle im Bereich Gerichtsbarkeit, Rechtsschutz und Strafvollzug zu (8,1%). Die durchschnittliche Dauer der Krankmeldungen war dagegen in allen Bereichen rückläufig.

21.9.4 Krankenstand nach Berufsgruppen

Zwischen den einzelnen Berufsgruppen im Bereich der öffentlichen Verwaltung und Sozialversicherung[4] variieren die Krankenstände sehr stark (Abb. 21.9.2). 1999 bewegte sich die Anzahl der Arbeitsunfähigkeitstage in Abhängigkeit von der Berufsgruppe zwischen 4,0 und 30,0 Kalendertagen. Die höchsten Krankenstände wiesen Berufsgruppen aus dem gewerblichen Bereich auf, wie z. B. Straßenreiniger, Abfallbeseitiger (30,0 Tage) und Straßenbauer (29,1 Tage). Die niedrigsten Krankenstände waren bei Akademikern zu verzeichnen. So fehlten Hochschullehrer 1999 im Durchschnitt krankheitsbedingt nur 4,0 und Heimleiter und Sozialpädagogen 12,9 Tage.

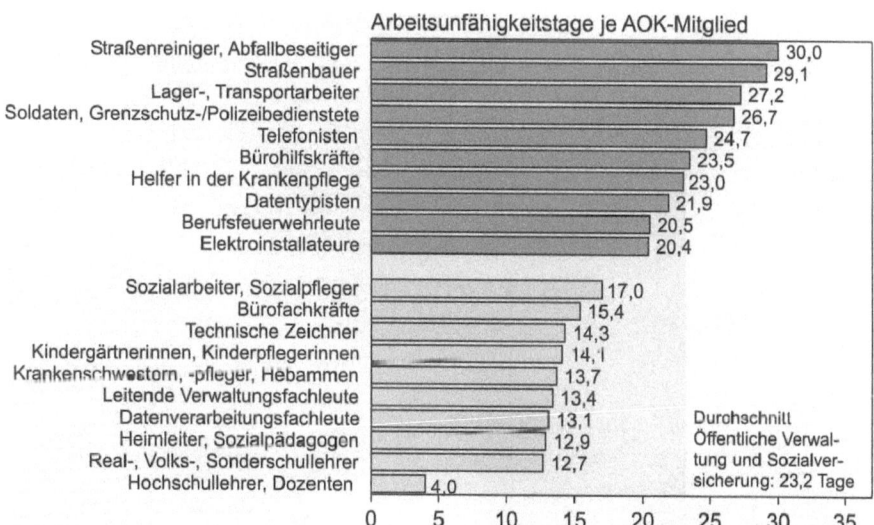

Abb. 21.9.2. 10 Berufsgruppen im Bereich Öffentliche Verwaltung und Sozialversicherung mit hohen und niedrigen Krankenständen, 1999

---

[4] Ausgewählte Berufsgruppen mit mehr als 2000 AOK-Mitgliedern.

Tabelle 21.9.3. Öffentliche Verwaltung und Sozialversicherung, Krankenstandskennzahlen nach ausgewählten Berufsgruppen, 1999

Tätigkeit	Krankenstand (in %)	Arbeitsunfähigkeiten je 100 AOK-Mitglieder		Tage je Fall	AU-Quote (in %)	Anteil Arbeitsunfälle an den AU-Tagen (in %)
		Fälle	Tage			
Berufsfeuerwehrleute	5,6	138,2	2053,9	14,9	59,7	6,4
Bürofachkräfte	4,2	143,0	1541,2	10,8	60,0	1,6
Bürohilfskräfte	6,4	173,2	2348,9	13,6	62,6	3,0
Datentypisten	6,0	172,3	2193,0	12,7	68,1	0,8
Datenverarbeitungsfachleute	3,6	123,7	1306,4	10,6	53,2	3,1
Elektroinstallateure	5,6	164,3	2036,6	12,4	67,5	5,3
Heimleiter, Sozialpädagogen	3,5	130,3	1286,8	9,9	55,7	3,2
Krankenpflegehelfer	6,3	161,6	2303,3	14,3	62,6	3,0
Hochschullehrer, Dozenten	1,1	41,1	396,9	9,7	17,8	2,2
Kindergärtnerinnen, Kinderpflegerinnen	3,9	167,4	1406,2	8,4	63,9	2,1
Krankenschwestern, -pfleger, Hebammen	3,8	121,8	1371,8	11,3	55,3	2,5
Lager-, Transportarbeiter	7,5	194,3	2721,3	14,0	68,4	6,4
Leitende Verwaltungsfachleute	3,7	104,8	1335,6	12,7	46,2	1,8
Real-, Volks-, Sonderschullehrer	3,5	117,1	1266,3	10,8	50,0	2,9
Soldaten, Grenzschutz-, Polizeibedienstete	7,3	202,8	2666,8	13,1	73,4	2,8
Sozialarbeiter, Sozialpfleger	4,7	152,3	1697,7	11,1	56,4	3,5
Straßenbauer	8,0	202,4	2910,6	14,4	73,0	7,3
Straßenreiniger, Abfallbeseitiger	8,2	208,0	3003,1	14,4	72,8	7,4
Technische Zeichner	3,9	170,4	1429,3	8,4	63,7	2,3
Telefonisten	6,8	173,0	2467,7	14,3	66,8	1,9

Der Anteil der Beschäftigten im Bereich der öffentlichen Verwaltung und Sozialversicherung, die sich 1999 mindestens einmal krank gemeldet haben, schwankte in Abhängigkeit vom Beruf zwischen 17,8% bei Hochschullehrern sowie Dozenten höherer Fachschulen und 73,4% bei Soldaten, Grenzschutz- und Polizeibediensteten.

Tabelle 21.9.3 zeigt überblicksartig die Arbeitsunfähigkeitskennzahlen für einige Berufsgruppen aus dem Bereich der öffentlichen Verwaltung und Sozialversicherung in alphabetischer Reihenfolge.

21.9.5 Kurz- und Langzeiterkrankungen

Bei der Mehrzahl der Arbeitsunfähigkeitsfälle (55,3%) im Bereich der öffentlichen Verwaltung und Sozialversicherung handelt es sich um Kurzzeiterkrankungen mit einer Dauer von maximal einer Woche. Auf diese Fälle gingen jedoch 1999 lediglich 13,9% der Arbeitsunfähigkeitstage zurück (Abb. 21.9.3). Auf Fälle mit einer Dauer von 1-3 Tagen, die häufig Anlass zu dem Verdacht geben, es werde krank gefeiert, entfielen nur 4,1% des Arbeitsunfähigkeits-Volumens.[5] Der Löwenanteil des Krankenstandes wird durch eine relativ geringe Zahl von Langzeitfällen verursacht. So waren 1999 9,7% der Fälle (mit ei-

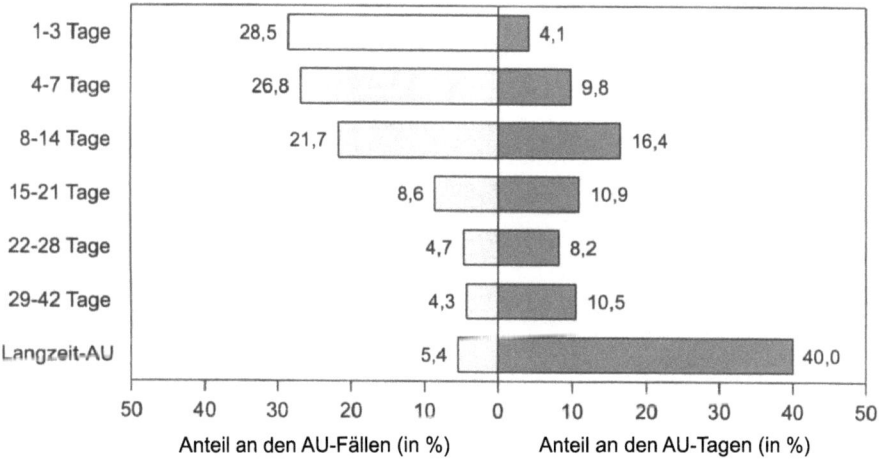

Abb. 21.9.3. Arbeitsunfähigkeitsfälle und -tage im Bereich Öffentliche Verwaltung und Sozialversicherung nach der Dauer, 1999

---

[5] Kurzzeiterkrankungen ohne ärztliche Arbeitsunfähigkeitsbescheinigung werden allerdings von den Krankenkassen nicht erfasst (vgl. dazu Kap. 21.1.5).

ner Dauer von mehr als 4 Wochen) für mehr als die Hälfte (50,5%) der krankheitsbedingten Fehltage verantwortlich. Eine effektive betriebliche Gesundheitspolitik sollte bei diesen Fällen ansetzen. Anders ist eine deutliche Senkung des Krankenstandes kaum zu erreichen.

21.9.6 Krankenstand nach Bundesländern

Der Krankenstand im Bereich der öffentlichen Verwaltung und Sozialversicherung differiert erheblich zwischen den einzelnen Bundesländern. Die höchsten Krankenstände waren 1999 im Saarland (9,0%) sowie in den Stadtstaaten Berlin (8,3%) und Bremen (8,2%) zu verzeichnen. Die niedrigsten Krankenstände wiesen die Bundesländer Baden-Württemberg (5,4%) und Sachsen (5,8%) auf (Abb. 21.9.4).

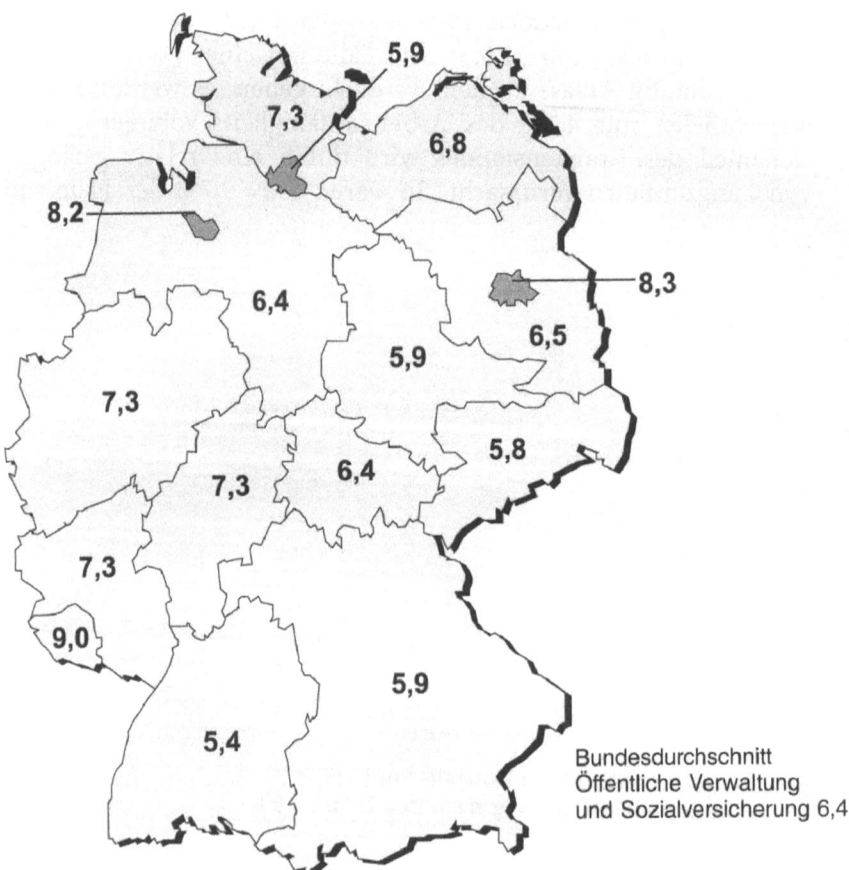

Abb. 21.9.4. Krankenstand (in %) im Bereich Öffentliche Verwaltung und Sozialversicherung nach Bundesländern, 1999

Während der hohe Krankenstand im Saarland vor allem auf eine weit über dem Branchendurchschnitt liegende Fall-Dauer (17,3 vs. 13,8 Tage) zurückzuführen ist, war in Berlin (226,1 Fälle je 100 AOK-Mitglieder) und Bremen (213,3 vs. 168,9 Bund) eine deutlich erhöhte Zahl an Krankmeldungen mit in etwa durchschnittlicher Dauer für die hohen Fehlzeiten verantwortlich (Tabelle 21.9.4).

Im Vergleich zum Vorjahr stieg der Krankenstand im Jahr 1999 in der Mehrzahl der Bundesländer, am stärksten in Thüringen (12,4%), Niedersachsen (11,2%) und Brandenburg (8,5%). In Hessen blieb er unverändert und in Hamburg ging er um 11,2% zurück. Der Anstieg des Krankenstandes war in erster Linie auf eine Zunahme der Krankmeldungen zurückzuführen, die teilweise erheblich war. So nahm die Zahl der Arbeitsunfähigkeitsfälle in Thüringen um 14,5% und Sach-

Tabelle 21.9.4. Öffentliche Verwaltung und Sozialversicherung, Arbeitsunfähigkeit nach Bundesländern, 1999 im Vergleich zum Vorjahr

	Arbeitsunfähigkeiten je 100 AOK-Mitglieder					
	AU-Fälle 1999	Veränd. z. Vorj. (in %)	AU-Tage 1999	Veränd. z. Vorj. (in %)	Tage je Fall 1999	Veränd. z. Vorj. (in %)
Baden-Württemb.	147,0	5,0	1967,8	2,1	13,4	-2,8
Bayern	144,3	3,4	2146,6	1,7	14,9	-1,6
Berlin	226,1	4,0	3020,3	4,3	13,4	0,3
Brandenburg	167,5	8,6	2376,2	8,5	14,2	-0,1
Bremen	213,3	6,5	3003,2	3,2	14,1	-3,1
Hamburg	191,8	-8,2	2152,0	-11,2	11,2	-3,2
Hessen	195,9	3,0	2653,7	0,0	13,5	-2,9
Mecklenb.-Vorp.	176,8	7,8	2463,9	6,4	13,9	-1,3
Niedersachsen	197,2	9,8	2327,9	11,2	11,8	1,3
Nordrhein-Westf.	189,0	4,1	2657,8	0,1	14,1	-3,9
Rheinland-Pfalz	184,9	6,6	2651,2	1,2	14,3	-5,1
Saarland	189,4	5,3	3281,1	1,7	17,3	-3,4
Sachsen	155,2	11,0	2099,7	8,1	13,5	-2,6
Sachsen-Anhalt	163,2	2,6	2162,7	2,4	13,3	-0,3
Schleswig-Holstein	187,8	8,3	2663,1	3,0	14,2	-4,8
Thüringen	170,1	14,5	2318,8	12,4	13,6	-1,8
Bund	168,9	5,7	2323,4	3,2	13,8	-2,4

sen um 11,0% zu. Die durchschnittliche Dauer der Krankheitsfälle war dagegen in den meisten Bundesländern rückläufig.

21.9.7 Krankenstand nach Betriebsgröße

Mit zunehmender Betriebsgröße[6] steigt die Anzahl der krankheitsbedingten Fehltage. Während 1999 im Bereich der öffentlichen Verwaltung und Sozialversicherung bei Kleinbetrieben mit 10–49 AOK-Mitgliedern durchschnittlich 21,7 Arbeitsunfähigkeitstage je Mitarbeiter anfielen, waren es bei einer Betriebsgröße von 500–999 AOK-Mitgliedern 26,4 Tage (Abb. 21.9.5). Bei Betrieben mit 1000 und mehr AOK-Mitgliedern fielen die Fehlzeiten dann wieder etwas geringer aus (24,4 Tage).

Der Krankenstand lag 1999 bei allen Betriebsgrößenklassen im Bereich der öffentlichen Verwaltung und Sozialversicherung über dem allgemeinen Branchendurchschnitt, besonders stark bei den Betrieben mit 10–49 und 500–999 AOK-Mitgliedern (2,5 bzw. 3,3 Tage).

Tabelle 21.9.5 weist die Anzahl der Arbeitsunfähigkeitstage in den einzelnen Wirtschaftsklassen im Bereich der öffentlichen Verwaltung und Sozialversicherung nach Betriebsgröße aus. Bei Betrieben mit 10–49 AOK-Mitgliedern waren 1999 die höchsten Fehlzeiten im Be-

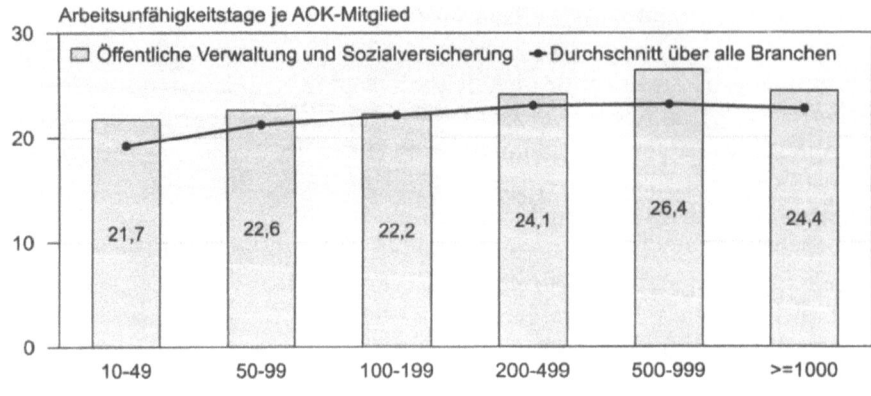

Abb. 21.9.5. Arbeitsunfähigkeitstage im Bereich Öffentliche Verwaltung und Sozialversicherung nach Betriebsgröße, 1999

---

[6] Als Maß für die Betriebsgröße wird hier die Anzahl der AOK-Mitglieder in den Betrieben zugrunde gelegt, die allerdings in der Regel nur einen Teil der gesamten Belegschaft ausmachen.

Tabelle 21.9.5. Öffentliche Verwaltung und Sozialversicherung, Arbeitsunfähigkeitstage je AOK-Mitglied nach Betriebsgröße (Anzahl der AOK-Mitglieder), 1999

Wirtschaftsklasse	10–49	50–99	100–199	200–499	500–999	≥1000
Politische Führung und zentrale Verwaltung	21,4	22,7	22,9	24,8	26,6	25,8
Gerichtsbarkeit und Rechtsschutz sowie Strafvollzug	28,3	21,8	–	–	–	–
Übrige öffentliche Verwaltung	23,2	24,2	25,5	26,6	29,1	25,5
Sozialversicherung	18,6	17,4	14,3	16,4	20,6	15,8
Durchschnitt über alle Branchen	19,2	21,2	22,1	23,0	23,1	22,7

reich Gerichtsbarkeit, Rechtsschutz und Strafvollzug zu verzeichnen. Bei den mittleren Betriebsgrößenklassen (50–999 AOK-Mitglieder) lagen die höchsten Werte im Bereich der „übrigen öffentlichen Verwaltung" vor und bei Betrieben mit 1000 und mehr AOK-Mitgliedern waren die meisten Arbeitsunfähigkeitstage im Bereich der politischen Führung und zentralen Verwaltung zu verzeichnen.[7]

21.9.8 Krankenstand nach Stellung im Beruf

Ebenso wie in anderen Branchen variiert der Krankenstand auch im Bereich der öffentlichen Verwaltung und Sozialversicherung erheblich in Abhängigkeit von der Stellung im Beruf (Abb. 21.9.6). Die höchsten Fehlzeiten weisen die Arbeiter auf (33,0 Tage), die niedrigsten die Auszubildenden (13,5 Tage). Zwischen diesen Extrempunkten liegen die Meister (19,7 Tage), die Angestellten (17,1 Tage) und die Facharbeiter (25,0 Tage). Der Krankenstand der Arbeiter war 1999 fast doppelt so hoch wie derjenige der Angestellten.

Abgesehen von den Auszubildenden war die Zahl der Arbeitsunfähigkeitstage bei allen Berufsgruppen deutlich höher als im allgemeinen Branchendurchschnitt. Dies gilt in besonderem Maße für die Arbeiter, bei denen 9 Tage mehr je AOK-Mitglied als durchschnittlich über alle Branchen hinweg zu verzeichnen waren.

---

[7] Im Bereich Gerichtsbarkeit, Rechtsschutz und Strafvollzug sind diese Betriebsgrößen im Datenbestand der AOK nicht vertreten.

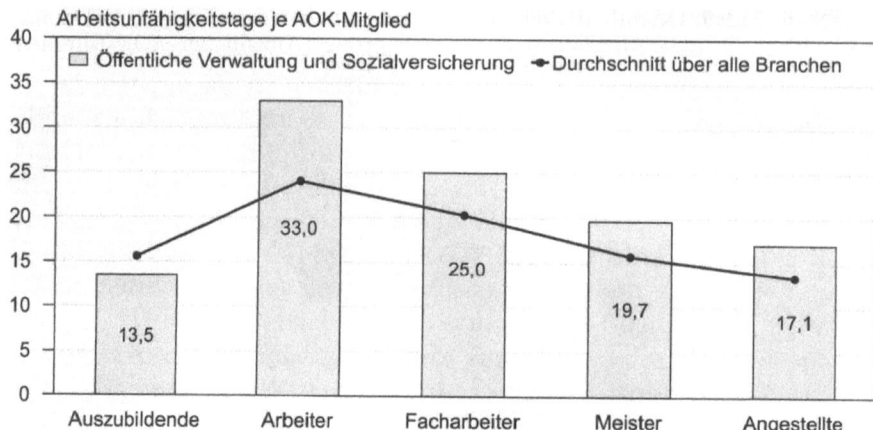

Abb. 21.9.6. Arbeitsunfähigkeitstage im Bereich Öffentliche Verwaltung und Sozialversicherung nach Stellung im Beruf, 1999

Tabelle 21.9.6. Öffentliche Verwaltung und Sozialversicherung, Krankenstand (in %) nach Stellung im Beruf, 1999

Wirtschaftsklasse	Auszubildende	Arbeiter	Facharbeiter	Meister, Poliere	Angestellte
Politische Führung und zentrale Verwaltung	3,8	9,1	6,9	5,7	4,8
Gerichtsbarkeit und Rechtsschutz sowie Strafvollzug	4,7	7,2	6,7	0,6	5,9
Übrige öffentliche Verwaltung	4,0	9,3	7,3	5,0	4,9
Sozialversicherung	2,7	7,7	4,1	6,2	4,1

Die Tabelle 21.9.6 zeigt die Krankenstände in den einzelnen Wirtschaftsklassen im Bereich der öffentlichen Verwaltung und Sozialversicherung in Abhängigkeit von der Stellung im Beruf. Das Ausmaß der krankheitsbedingten Fehlzeiten in den einzelnen Berufsgruppen wies 1999 eine erhebliche Schwankungsbreite in den verschiedenen Wirtschaftsklassen auf. Bei den Arbeitern und Facharbeitern wurden die höchsten Werte in der „übrigen öffentlichen Verwaltung" erreicht, bei den Meistern im Bereich der politischen Führung und zentralen Verwaltung und bei den Angestellten und Auszubildenden im Bereich Gerichtsbarkeit, Rechtsschutz und Strafvollzug.

21.9.9 Arbeitsunfälle

Der Anteil der Arbeitsunfälle an den Fehlzeiten ist im Bereich der öffentlichen Verwaltung und Sozialversicherung im Vergleich mit anderen Branchen nicht sehr hoch. 1999 gingen lediglich 3,5% der Arbeitsunfähigkeitsfälle und 4,5% der -tage auf Unfälle am Arbeitsplatz zurück. Damit war der Anteil der Unfälle deutlich niedriger als im allgemeinen Branchendurchschnitt (Abb. 21.9.7). Innerhalb des Bereichs der öffentlichen Verwaltung und Sozialversicherung war er am höchsten im Bereich der politischen Führung und der „übrigen Verwaltung".

Tabelle 21.9.7 zeigt besonders von Arbeitsunfällen betroffene Berufsgruppen aus dem Bereich der öffentlichen Verwaltung und Sozial-

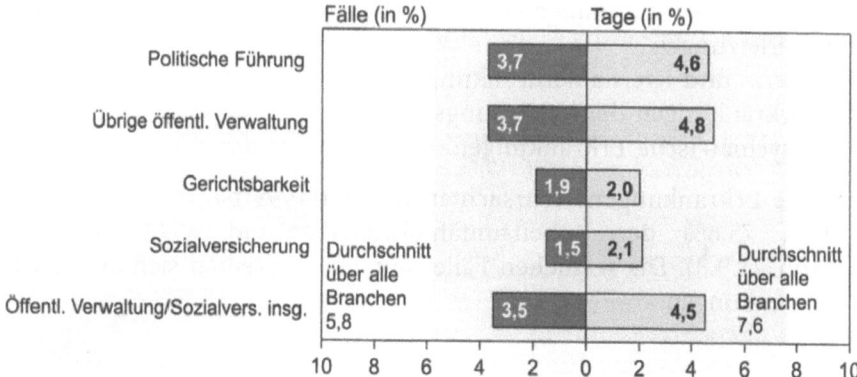

Abb. 21.9.7. Arbeitsunfälle im Bereich Öffentliche Verwaltung und Sozialversicherung nach Wirtschaftsgruppen, Anteil an den AU-Fällen und -Tagen in %, 1999

Tabelle 21.9.7. Öffentliche Verwaltung und Sozialversicherung, Arbeitsunfähigkeitstage durch Arbeitsunfälle nach Berufsgruppen, 1999

Tätigkeit	AU-Tage je 1000 AOK-Mitglieder	Anteil an den AU-Tagen insgesamt (in %)
Straßenreiniger, Abfallbeseitiger	2225,7	7,4
Straßenbauer	2121,6	7,3
Lager-, Transportarbeiter	1731,7	6,4
Berufsfeuerwehrleute	1305,4	6,4
Elektroinstallateure, -monteure	1088,4	5,3
Soldaten, Grenzschutz-, Polizeibedienstete	752,5	2,8
Bürohilfskräfte	698,8	3,0
Helfer in der Krankenpflege	689,0	3,0
Sozialarbeiter, Sozialpfleger	591,9	3,5
Telefonisten	480,1	1,9

versicherung. Besonders stark von Arbeitsunfällen betroffen waren Straßenreiniger und Abfallbeseitiger. Bei diesen fielen 1999 2225,7 Fehltage je 1000 AOK-Mitglieder aufgrund von Unfällen am Arbeitsplatz an. Der Anteil der unfallbedingten Ausfalltage an den Arbeitsunfähigkeitstagen insgesamt betrug immerhin 7,4%.

21.9.10 Krankheitsarten

Das Krankheitsgeschehen im Bereich der öffentlichen Verwaltung und Sozialversicherung wird ebenso wie in den meisten Wirtschaftszweigen im Wesentlichen von folgenden sechs großen Krankheitsgruppen bestimmt:
- Muskel- und Skeletterkrankungen
- Atemwegserkrankungen
- Verletzungen
- Herz- und Kreislauferkrankungen
- Erkrankungen der Verdauungsorgane
- Psychiatrische Erkrankungen.

Diese Erkrankungen verursachten im Jahr 1999 bei den AOK-Mitgliedern 75,6% der Arbeitsunfähigkeitsfälle und 76,0% der -tage (Abb. 21.9.8). Die restlichen Fälle und Tage verteilten sich auf sonstige Erkrankungen.

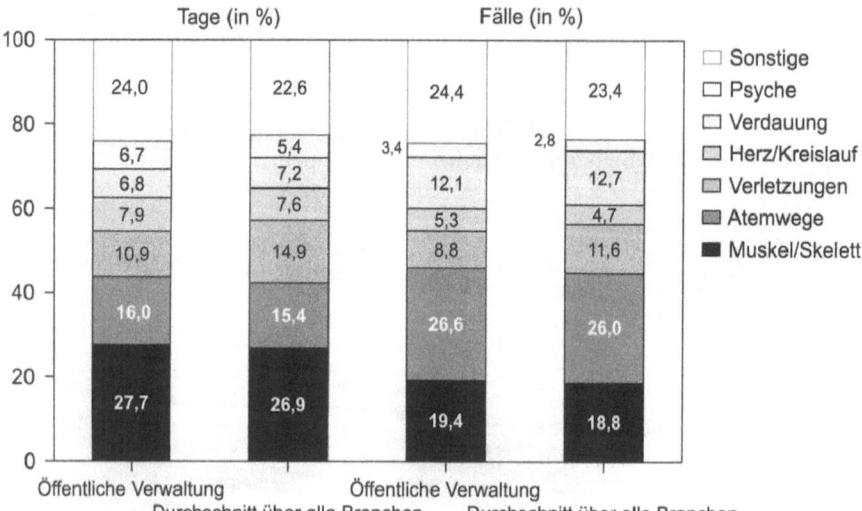

Abb. 21.9.8. Arbeitsunfähigkeit im Bereich Öffentliche Verwaltung und Sozialversicherung nach Krankheitsarten, 1999

Die meisten Krankmeldungen waren auf Atemwegserkrankungen zurückzuführen. 1999 ging mehr als jeder vierte Arbeitsunfähigkeitsfall (26,6%) auf das Konto dieser Krankheitsart. Allerdings führen Erkrankungen der Atemwege meist nicht zu langen Ausfallzeiten. Daher waren sie nur für 16,0% der krankheitsbedingten Fehltage verantwortlich. Mit Abstand die meisten Arbeitsunfähigkeitstage wurden durch Muskel- und Skeletterkrankungen verursacht, die zwar nicht ganz so häufig wie die Atemwegserkrankungen, dafür aber oft sehr langwierig sind. Oftmals handelt es sich dabei um chronische Erkrankungen, die nicht selten zu wiederholter Arbeitsunfähigkeit führen. Mehr als jeder vierte Krankheitstag (27,7%) war 1999 auf muskulo-skeletale Erkrankungen zurückzuführen.

Vor allem der Anteil der Verletzungen, aber auch der Anteil der Erkrankungen der Verdauungsorgane an den Fehlzeiten ist im Vergleich zum allgemeinen Branchendurchschnitt im Bereich der öffentlichen Verwaltung und Sozialversicherung geringer ausgeprägt (4,0 Prozentpunkte bzw. 0,4 Prozentpunkte weniger im Jahr 1999). Dagegen geht ein größerer Anteil auf das Konto von psychiatrischen Erkrankungen (1,3 Prozentpunkte), Muskel- und Skeletterkrankungen (0,8 Prozentpunkte), Atemwegserkrankungen (0,6 Prozentpunkte) sowie Herz- und Kreislauferkrankungen (0,3 Prozentpunkte).

Zwischen den unterschiedlichen Wirtschaftsklassen, die zum Bereich der öffentlichen Verwaltung und Sozialversicherung gehören, gibt es deutliche Unterschiede hinsichtlich der Verteilung der Krankheitsarten (Tabelle 21.9.8). Der Anteil der Muskel- und Skeletterkrankungen und der Herz- und Kreislauferkrankungen an den Arbeitsunfähigkeitstagen war 1999 am höchsten im Bereich der politischen Führung und zentralen Verwaltung (28,1% bzw. 8,0%). Verletzungen

Tabelle 21.9.8. Öffentliche Verwaltung und Sozialversicherung, Arbeitsunfähigkeitstage nach Krankheitsarten (in %), 1999

Wirtschaftsklasse	Muskel/ Skelett	Atemwege	Verletzungen	Herz/ Kreislauf	Verdauung	Psyche	Sonstige
Politische Führung und zentrale Verwaltung	28,1	15,7	11,0	8,0	6,8	6,5	23,9
Gerichtsbarkeit	26,0	16,1	9,8	7,7	5,4	9,7	25,3
Sozialversicherung	21,9	18,6	8,8	7,5	7,1	8,9	27,2
Übrige öffentliche Verwaltung	27,5	16,4	11,2	7,8	6,9	6,7	23,5

Tabelle 21.9.9. Öffentliche Verwaltung und Sozialversicherung, Arbeitsunfähigkeiten nach Krankheitsarten, Anteile der ICD-Untergruppen an den ICD-Hauptgruppen, 1999

ICD-Untergruppen	Anteil an den AU-Fällen (in %)	Anteil an den AU-Tagen (in %)
Muskel-/Skeletterkrankungen		
Rückenerkrankungen	58,5	55,0
Rheumatismus	21,3	19,0
Gelenkerkrankungen	16,1	21,0
Sonstige	4,1	5,0
Verletzungen		
Verstauchungen/Zerrungen	25,0	24,1
Prellungen	23,7	16,8
Oberflächliche Verletzungen	9,5	6,3
Komplikationen nach Verletzungen	7,0	5,5
Frakturen der unteren Extremitäten	6,4	15,0
Frakturen der oberen Extremitäten	4,0	9,6
Sonstige	24,4	22,7
Atemwegserkrankungen		
Akute Infektionen der Atmungsorgane	37,7	34,2
Chronische obstruktive Lungenkrankheiten und verwandte Affektionen	27,1	30,9
Lungenentzündung und Grippe	23,5	22,3
Sonstige Krankheiten der oberen Luftwege	8,6	9,0
Sonstige Krankheiten der Atmungsorgane	3,1	3,6
Herz-/Kreislauferkrankungen		
Krankheiten der Venen und Lymphgefäße	39,9	24,8
Hypertonie und Hochdruckkrankheiten	26,0	23,1
Ischämische Herzkrankheiten	12,8	19,6
Sonstige Formen von Herzkrankheiten	11,3	13,1
Krankheiten des zerebrovaskulären Systems	3,4	8,1
Krankheiten der Arterien, Arteriolen und Kapillaren	3,3	5,4
Sonstige	3,3	5,8
Verdauung		
Dünn- und Dickdarmentzündung	39,0	28,2
Speiseröhre/Magen/Zwölffingerdarm	23,4	26,2
Mundhöhle/Speicheldrüse/Kiefer	23,1	8,9
Sonst. Krankheiten der Verdauungsorgane	5,3	15,2
Sonst. Krankheiten Darm und Bauchfell	5,1	8,9
Sonstige	4,1	12,6
Psychiatrische Krankheiten		
Neurosen, Psychopathien und andere nichtpsychotische psychische Störungen	73,9	72,3
	22,6	25,0
Organische Psychosen	3,4	2,5

führten anteilsmäßig zu den meisten Ausfalltagen im Bereich der „übrigen öffentlichen Verwaltung" (11,2%). Der Anteil Atemwegserkrankungen (18,6%) und der Erkrankungen der Verdauungsorgane (7,1%) war am ausgeprägtesten im Bereich der Sozialversicherung. Der Anteil der psychiatrischen Erkrankungen lag am höchsten im Bereich Gerichtsbarkeit, Rechtsschutz und Strafvollzug (9,7%).

In Tabelle 21.9.9 wird näher aufgeschlüsselt, welche Diagnosegruppen (ICD-Untergruppen) innerhalb der verschiedenen Krankheitsarten eine Rolle spielten. Bei den Muskel- und Skeletterkrankungen dominierten in erster Linie die Rückenleiden. Auf ihr Konto gingen 1999 mehr als die Hälfte der Erkrankungen aus diesem Bereich (58,5% der Arbeitsunfähigkeitsfälle und 55,0% der -tage). Der Rest verteilte sich auf rheumatische Leiden, Gelenkerkrankungen und sonstige Krankheiten.

Bei den Atemwegserkrankungen standen akute Infektionen wie Erkältungen im Vordergrund (37,7% der Fälle). Daneben spielten vor allem chronisch obstruktive Lungenkrankheiten und ähnliche Erkrankungen (27,1%) sowie Lungenentzündungen und Grippefälle (23,5%) eine große Rolle.

Der größte Anteil der Verletzungen wurde durch Verstauchungen und Zerrungen (25,0% der Fälle) sowie Prellungen (23,7%) verursacht. Frakturen der oberen und unteren Extremitäten machten zwar nur 10,4% der verletzungsbedingten Arbeitsunfähigkeitsfälle aus, auf sie ging aber, da sie häufig sehr langwierig sind, etwa ein Viertel (24,6%) der Arbeitsunfähigkeitstage zurück.

Bei den Herz- und Kreislauferkrankungen war der größte Teil der Krankmeldungen durch Krankheiten der Venen und Lymphgefäße (39,9% der Fälle) bedingt. Der Anteil dieser Erkrankungen an den Ausfalltagen betrug allerdings nur 24,8%. Auf das Konto von Hypertonie und Hochdruckkrankheiten gingen 26,0% der Arbeitsunfähigkeitsfälle und 23,1% der -tage. Mit besonders langen Ausfallzeiten sind die ischämischen Herzkrankheiten verbunden, zu denen insbesondere Herzinfarkte und Angina-Pectoris-Fälle gehören. Sie waren 1999 zwar nur für 12,8% der Arbeitsunfähigkeitsfälle aufgrund von Herz- und Kreislauferkrankungen verantwortlich, ihr Anteil an den -tagen betrug aber 19,6%.

Bei den Erkrankungen der Verdauungsorgane handelte es sich überwiegend um Dünn- und Dickdarmentzündungen (39,0% der Fälle). Daneben spielten vor allem Krankheiten an Speiseröhre, Magen und Zwölffingerdarm (23,4%) sowie Erkrankungen von Mundhöhle, Speicheldrüse und Kiefer (23,1% der Fälle) eine Rolle.

Etwa drei Viertel (73,9% der Fälle) der psychiatrischen Erkrankungen gingen auf Neurosen, Psychopathien und andere nichtpsychotische Störungen zurück. Der Rest entfiel auf Psychosen.

21.10 Organisationen ohne Erwerbscharakter und private Haushalte

21.10.1	Kosten der Arbeitsunfähigkeit	459
21.10.2	Allgemeine Krankenstandsentwicklung	459
21.10.3	Krankenstandsentwicklung nach Wirtschaftsgruppen	461
21.10.4	Krankenstand nach Berufsgruppen	462
21.10.5	Kurz- und Langzeiterkrankungen	463
21.10.6	Krankenstand nach Bundesländern	465
21.10.7	Krankenstand nach Betriebsgröße	467
21.10.8	Krankenstand nach Stellung im Beruf	469
21.10.9	Arbeitsunfälle	470
21.10.10	Krankheitsarten	471

21.10.1 Kosten der Arbeitsunfähigkeit

1999 gab es bei Organisationen ohne Erwerbscharakter (Verbände, Parteien und Kirchen)[1] und privaten Haushalten 824 960 sozialversicherungspflichtig Beschäftigte[2]. Jeder Mitarbeiter in diesem Bereich (AOK-Mitglieder) war 1999 im Durchschnitt 21,8 Kalendertage krankgeschrieben. Für den Wirtschaftsbereich insgesamt ergibt dies eine Summe von 18,0 Millionen krankheitsbedingten Fehltagen oder 49 300 Erwerbsjahren. Bei einem durchschnittlichen Bruttojahresverdienst von 40 948 DM[3] ergeben sich für das Jahr 1999 hochgerechnet auf alle Beschäftigten bei Organisationen ohne Erwerbscharakter und privaten Haushalten Kosten in Höhe von 2,0 Milliarden DM aufgrund von Produktionsausfällen durch Arbeitsunfähigkeit[4].

Die finanzielle Belastung einer Organisation mit 100 Mitarbeitern durch diese Kosten betrug durchschnittlich 232 000 DM.

21.10.2 Allgemeine Krankenstandsentwicklung

Der Krankenstand bei den Organisationen ohne Erwerbscharakter und privaten Haushalten lag 1999 bei 6,0%. Er stieg damit gegenüber dem Vorjahr um 0,3 Prozentpunkte. Im Durchschnitt waren die Beschäftigten 21,8 Kalendertage krank geschrieben (Tabelle 21.10.1). Der Anteil der Beschäftigten, die sich mindestens einmal arbeitsunfähig meldeten

---

[1] In den Abbildungen wird aus Platzgründen die offizielle Bezeichnung „Organisationen ohne Erwerbscharakter und private Haushalte" durch die kürzere Bezeichnung „Verbände, Parteien und Kirchen" ersetzt. Die privaten Haushalte sind dabei mit eingeschlossen.
[2] Quelle: Bundesanstalt für Arbeit, Beschäftigtenstatistik 1999.
[3] Im Jahr 1997. Aktuellere Angaben waren bei Drucklegung nicht verfügbar. Quelle: Statistisches Bundesamt 1998.
[4] Nur die direkten Kosen durch Entgeltzahlungen. Zu weiteren Kosten s. Kap. 21.1.2.

Tabelle 21.10.1. Krankenstandsentwicklung bei Verbänden, Parteien und Kirchen, 1999

	Krankenstand (in %)	Arbeitsunfähigkeiten je 100 AOK-Mitglieder				Tage je Fall	AU-Quote (in %)
		Fälle	Veränd. z. Vorj. (in %)	Tage	Veränd. z. Vorj. (in %)		
West	5,7	182,6	7,6	2069,3	4,5	11,3	57,8
Ost	7,4	250,1	16,6	2700,5	10,5	10,8	59,6
BRD	6,0	194,8	9,3	2184,0	5,6	11,2	58,2

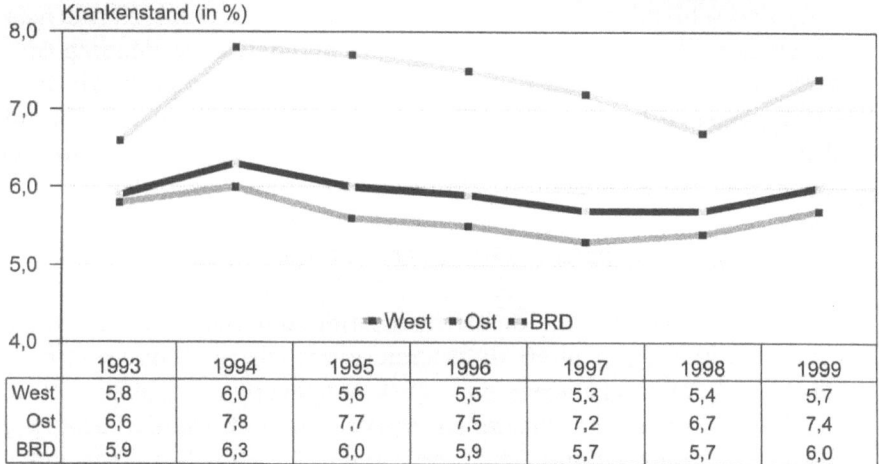

Abb. 21.10.1. Krankenstandsentwicklung bei Verbänden, Parteien und Kirchen 1993–1999

(AU-Quote) lag 1999 bei 58,2%. Im Vergleich zum Vorjahr nahm die AU-Quote um 1,4 Prozentpunkte zu. Die durchschnittliche Dauer einer Krankmeldung ging jedoch von 11,6 auf 11,2 Tage zurück.

In Ostdeutschland waren die Krankenstände bei den Organisationen ohne Erwerbscharakter und privaten Haushalten auch 1999 deutlich höher (1,7 Prozentpunkte) als im Westen. Dies ist darauf zurückzuführen, dass im Osten erheblich mehr Krankmeldungen zu verzeichnen waren als im Westen (250,1 Fälle gegenüber 182,6 Fällen je 100 AOK-Mitglieder). Die durchschnittliche Dauer eines Arbeitsunfähigkeitsfalls war zwar in den neuen Bundesländern etwas geringer als in den alten, aufgrund der hohen Zahl an Arbeitsunfähigkeitsfällen fielen aber dort dennoch wesentlich mehr Arbeitsunfähigkeitstage an als im Westen. Im Vergleich zum Vorjahr nahm die Zahl der krankheitsbedingten Fehltage sowohl in West- als auch in Ostdeutschland zu, allerdings in den östlichen Bundesländern mehr als doppelt so stark wie in den westlichen (10,5 vs. 4,5%). Der erhöhte Krankenstand war auf eine deutliche Zunahme der Zahl der Krankmeldungen zurückzuführen. Der Anteil der von Arbeitsunfähigkeit betroffenen Beschäftigten stieg. Die durchschnittliche Dauer der einzelnen Arbeitsunfähigkeitsfälle war dagegen weiter rückläufig.

Abbildung 21.10.1 zeigt die Krankenstandsentwicklung bei den Organisationen ohne Erwerbscharakter und privaten Haushalten in den Jahren 1993–1999. Seit 1995 ging der Krankenstand kontinuierlich zurück und erreichte 1997 den niedrigsten Stand seit 1993. Dieser Trend setzte sich 1998 in Ostdeutschland fort, während der Krankenstand in Westdeutschland geringfügig zunahm. 1999 stieg der Krankenstand sowohl in West- als auch in Ostdeutschland wieder deutlich an, in den neuen Ländern allerdings mehr als doppelt so stark wie in den alten (West: 0,3; Ost: 0,7 Prozentpunkte). Der Abstand zwischen den Krankenständen in Ost und West, die sich in den letzten Jahren einander angenähert hatten, ist damit wieder größer geworden.

21.10.3 Krankenstandsentwicklung nach Wirtschaftsgruppen

Die Krankenstände bei den Organisationen ohne Erwerbscharakter und privaten Haushalten differieren erheblich in den einzelnen zu diesem Bereich gehörenden Wirtschaftsgruppen (Tabelle 21.10.2). 1999 wiesen wie auch bereits im Vorjahr die politischen Parteien die höchsten Krankenstände auf. Bei diesen lag der Krankenstand 1,3 Prozentpunkte höher als im allgemeinen Branchendurchschnitt. Auch Organisationen des Wirtschaftslebens wie z.B. Berufsorganisationen, Wirtschafts- und Arbeitgeberverbände sowie Gewerkschaften wiesen überdurchschnittlich hohe Krankenstände auf. Bei den christlichen Kirchen und Orden sowie den privaten Haushalten lag der Krankenstand dagegen unter dem Branchendurchschnitt.

Gegenüber dem Vorjahr nahm die Zahl der Krankmeldungen in allen Bereichen der Wirtschaftsabteilung „Organisationen ohne Erwerbscharakter und private Haushalte" deutlich zu, am stärksten bei den Organisationen des Wirtschaftslebens (13,9%) und bei den privaten Haushalten (10,2%). Da jedoch gleichzeitig die durchschnittliche Falldauer weiter zurück ging, nahm die Zahl der Arbeitsunfähigkeitstage nicht im gleichen Maße zu (3,0–7,5%). Im Vergleich zum Vorjahr erhöhte sich in allen Wirtschaftsgruppen auch die Arbeitsunfähigkeitsquote (0,3–2,3 Prozentpunkte), d.h. ein größerer Anteil der Beschäftigten war von Arbeitsunfähigkeit betroffen.

Tabelle 21.10.2. Krankenstandsentwicklung bei Verbänden, Parteien, Kirchen nach Wirtschaftsgruppen, 1999

Wirtschafts-gruppe	Krankenstand (in %)		Arbeitsunfähigkeiten je 100 AOK-Mitglieder				Tage je Fall	AU-Quote (in %)
	1999	1998	Fälle	Veränd. z. Vorj. (in %)	Tage	Veränd. z. Vorj. (in %)		
Christliche Kirchen, Orden	4,9	4,8	144,2	5,4	1804,3	3,0	12,5	55,6
Organisationen des Wirtschaftslebens	6,3	5,8	238,2	13,9	2292,8	7,5	9,6	59,0
Politische Parteien	6,7	6,3	221,2	9,7	2432,0	6,0	11,0	60,8
Private Haushalte	3,3	3,0	89,3	10,2	1188,6	7,6	13,3	39,8

21.10.4 Krankenstand nach Berufsgruppen

Zwischen den einzelnen Berufsgruppen im Bereich der Organisationen ohne Erwerbscharakter und privaten Haushalte variieren die krankheitsbedingten Fehltage sehr stark. 1999 bewegte sich die Anzahl der Arbeitsunfähigkeitstage in Abhängigkeit von der Berufsgruppe zwischen 8,6 und 42,0 Kalendertagen (Abb. 21.10.2)[5]. Die höchsten Krankenstände wiesen Berufsgruppen aus dem gewerblichen bzw. handwerklichen Bereich auf. So waren Hilfsarbeiter im Jahr 1999 im Durchschnitt 6 Wochen, und Gärtner, Gartenarbeiter, Maler, Lackierer sowie Tischler mehr als 5 Wochen krank geschrieben. Die niedrigsten Krankenstände waren im Angestelltenbereich, insbesondere bei Berufsgruppen mit akademischer Ausbildung, zu verzeichnen. Beispielsweise fielen bei Real-, Volks- und Sonderschullehrern lediglich 8,6, bei Heimleitern und Sozialpädagogen 12,7 und bei Bürofachkräften 14,5 Arbeitsunfähigkeitstage an.

Der Anteil der Beschäftigten im Bereich der Organisationen ohne Erwerbscharakter und privaten Haushalte, die sich 1999 mindestens einmal krank gemeldet haben (AU-Quote), schwankte in Abhängigkeit vom Beruf zwischen 38,2% bei den „Seelsorge- und Kulthelfern"[6] und 74,7% bei Auszubildenden.

---

[5] Berufsgruppen mit mehr als 2000 AOK-Mitgliedern.
[6] Berufsbezeichnung nach dem Schlüsselverzeichnis der Bundesanstalt für Arbeit, 1992.

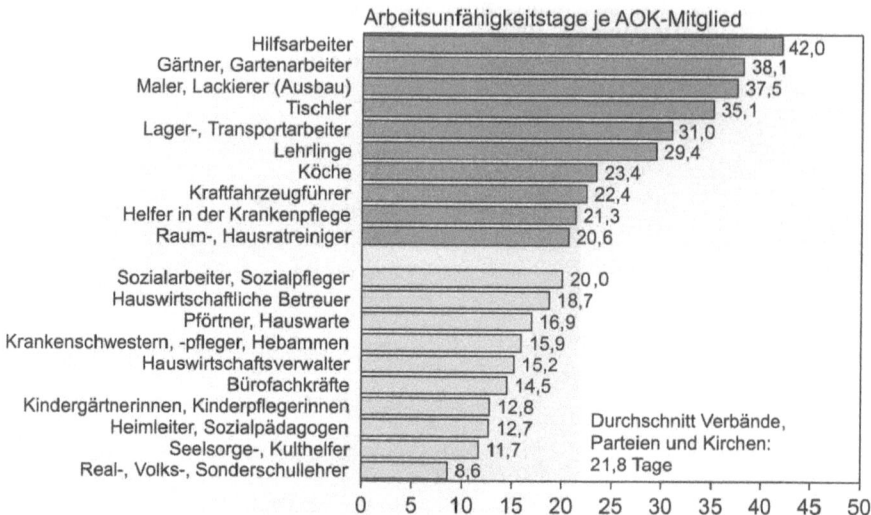

Abb. 21.10.2. 10 Berufsgruppen bei Verbänden, Parteien und Kirchen mit hohen und niedrigen Krankenständen, 1999

Tabelle 21.10.3 sind die Arbeitsunfähigkeitskennzahlen für die größten Berufsgruppen im Bereich der Organisationen ohne Erwerbscharakter und privaten Haushalte zu entnehmen.

21.10.5 Kurz- und Langzeiterkrankungen

Bei 33,4% der Arbeitsunfähigkeitsfälle im Bereich der Organisationen ohne Erwerbscharakter und privaten Haushalte (AOK-Mitglieder) handelte es sich 1999 um Kurzzeitfälle von 1–3 Tagen (Abb. 21.10.3). Auf diese Fälle gingen aber lediglich 5,9% der Arbeitsunfähigkeitstage zurück.[7] Dagegen war bereits mehr als ein Drittel der Arbeitsunfähigkeitstage (34,7%) auf eine geringe Zahl von Langzeitfällen, die länger als 6 Wochen dauerten, zurückzuführen (4,0% der Fälle). Ein effizientes betriebliches Gesundheitsmanagement sollte daher das Augenmerk nicht in erster Linie auf die Kurzzeiterkrankungen richten, sondern sollte sich vor allem auf die Entwicklung von Strategien zur Prävention von Langzeiterkrankungen konzentrieren.[8]

---

[7] Kurzzeiterkrankungen ohne ärztliche Arbeitsunfähigkeitsbescheinigung werden allerdings von den Krankenkassen nicht erfasst (vgl. dazu Kap. 21.1.5).
[8] Nähere Hinweise zu den Langzeiterkrankungen und den dafür verantwortlichen Krankheitsarten finden sich in Kap. 21.1.15.

Tabelle 21.10.3. Verbände, Parteien, Kirchen, Krankenstandskennzahlen nach ausgewählten Berufsgruppen, 1999

Tätigkeit	Krankenstand (in %)	Arbeitsunfähigkeiten je 100 AOK-Mitglieder		Tage je Fall	AU-Quote (in %)	Anteil Arbeitsunfälle an den AU-Tagen (in %)
		Fälle	Tage			
Bürofachkräfte	4,0	154,8	1453,0	9,4	52,8	2,4
Gärtner, Gartenarbeiter	10,4	373,9	3811,0	10,2	64,5	5,5
Hauswirtschaftliche Betreuer	5,1	148,9	1867,7	12,5	53,2	3,6
Hauswirtschaftsverwalter	4,2	136,5	1516,6	11,1	50,8	3,4
Heimleiter, Sozialpädagogen	3,5	125,9	1270,2	10,1	54,4	3,4
Helfer in der Krankenpflege	5,8	152,2	2132,3	14,0	58,9	3,2
Hilfsarbeiter	11,5	438,3	4202,3	9,6	65,4	4,8
Kindergärtnerinnen, Kinderpflegerinnen	3,5	156,6	1283,1	8,2	61,0	2,3
Köche	6,4	178,9	2344,8	13,1	63,2	3,9
Kraftfahrzeugführer	6,1	160,3	2241,1	14,0	56,2	6,9
Krankenschwestern, -pfleger Hebammen	4,4	118,5	1588,4	13,4	54,2	3,2
Lager-, Transportarbeiter	8,5	296,5	3098,2	10,4	61,6	6,2
Lehrlinge	8,1	502,7	2943,3	5,9	74,7	4,9
Maler, Lackierer (Ausbau)	10,3	565,1	3752,1	6,6	73,4	3,6
Pförtner, Hauswarte	4,6	116,1	1692,6	14,6	50,0	5,7
Raum-, Hausratreiniger	5,7	137,5	2062,8	15,0	55,8	2,9
Real-, Volks-, Sonderschullehrer	2,4	84,4	864,3	10,2	42,1	2,3
Seelsorge-, Kulthelfer	3,2	69,3	1174,1	16,9	38,2	5,4
Sozialarbeiter, Sozialpfleger	5,5	160,3	1995,9	12,4	57,6	3,4
Tischler	9,6	532,5	3511,4	6,6	72,4	6,6

Berufsgruppen mit mehr als 2000 AOK-Versicherte

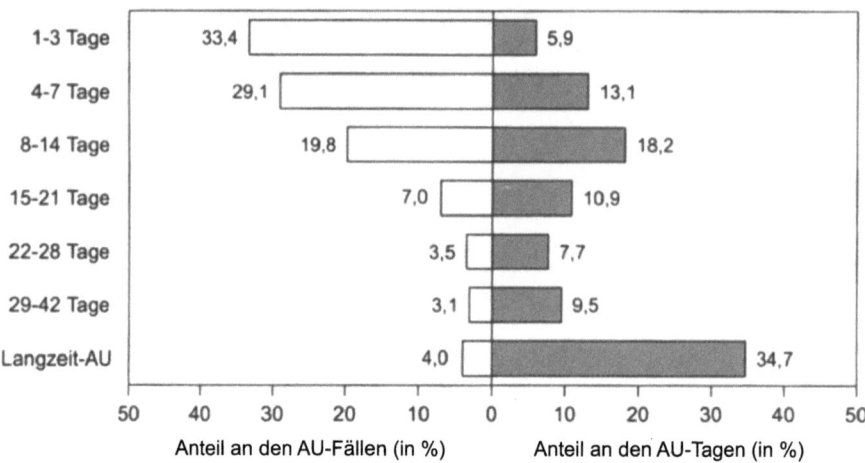

Abb. 21.10.3. Arbeitsunfähigkeitsfälle und -tage bei Verbänden, Parteien und Kirchen nach der Dauer, 1999

21.10.6 Krankenstand nach Bundesländern

Beim Krankenstand gibt es ein erhebliches regionales Gefälle zwischen den einzelnen Bundesländern. Die höchsten Krankenstände im Bereich der Organisationen ohne Erwerbscharakter und privaten Haushalte waren 1999 in den Stadtstaaten Berlin (10,0%) und Hamburg (9,2%) zu verzeichnen. Die niedrigsten Werte wurden in Süddeutschland und in Niedersachsen erreicht. In Bayern (4,5%) und in Baden-Württemberg (4,5%) war der Krankenstand nicht einmal halb so hoch wie in Berlin (Abb. 21.10.4).

Wo liegen, statistisch gesehen, die Ursachen für die extrem hohen Krankenstände in den Stadtstaaten? In Berlin lag 1999 sowohl die Zahl der Krankmeldungen als auch deren mittlere Dauer deutlich über dem Bundesdurchschnitt (Tabelle 21.10.4). In Hamburg waren noch erheblich mehr Arbeitsunfähigkeitsfälle als in Berlin zu verzeichnen, die jedoch von kürzerer Dauer waren als im Durchschnitt.

Im Vergleich zum Vorjahr nahm die Zahl der Krankmeldungen 1999 in allen Bundesländern zu, allerdings in sehr unterschiedlichem Ausmaß. Die stärksten Zunahmen waren in Mecklenburg-Vorpommern (23,2%), Sachsen (20,0%), Thüringen (19,3%) und Berlin (18,4%) zu verzeichnen. In Hamburg dagegen stieg die Zahl der Arbeitsunfähigkeitsfälle lediglich um 1,6%.

Die durchschnittliche Dauer der Krankmeldungen ging dagegen in den meisten Bundesländern weiter zurück (um 2,1–8,8%). Daher fie-

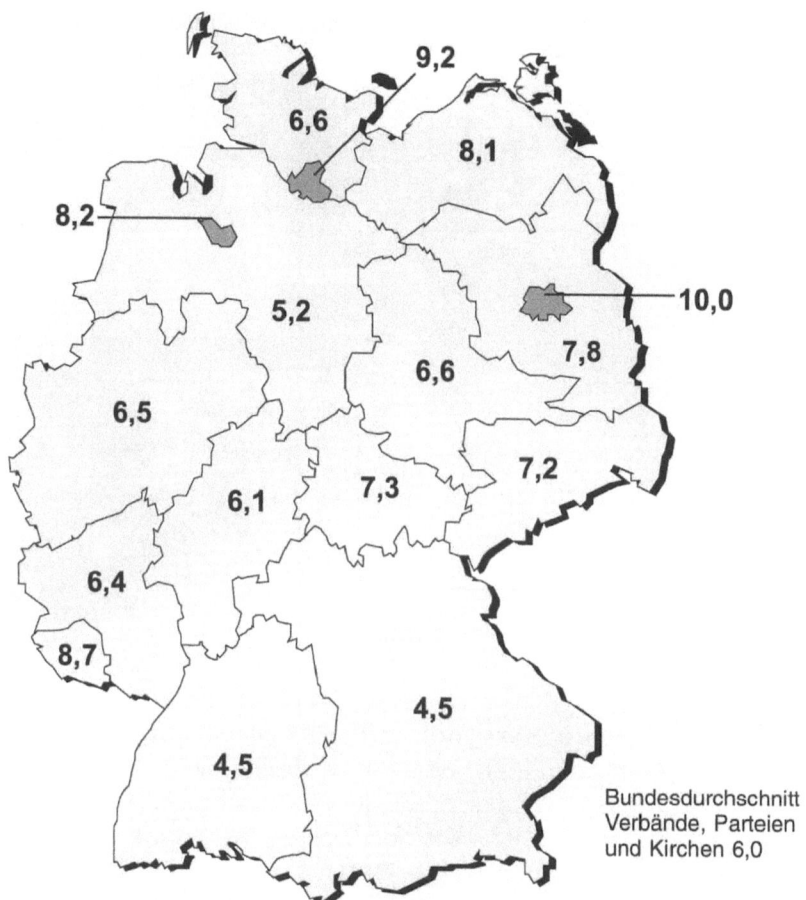

Abb. 21.10.4. Krankenstand (in %) bei Verbänden, Parteien und Kirchen nach Bundesländern, 1999

len die Steigerungsraten bei den Arbeitsunfähigkeitstagen nicht ganz so stark aus wie bei den Arbeitsunfähigkeitsfällen. Dennoch nahm die Zahl der krankheitsbedingten Ausfalltage, insbesondere in den drei bereits oben genannten östlichen Bundesländern, erheblich zu (13,7–16,8%). In Bremen, wo 1999 nur unwesentlich mehr Arbeitsunfähigkeitsfälle als im Vorjahr registriert wurden, kam es als einzigem Bundesland – bedingt durch die verkürzte durchschnittliche Falldauer – zu einem Rückgang der krankheitsbedingten Fehlzeiten.

Tabelle 21.10.4. Verbände, Parteien, Kirchen, Arbeitsunfähigkeit nach Bundesländern, 1999 im Vergleich zum Vorjahr

	Arbeitsunfähigkeiten je 100 AOK-Mitglieder					
	AU-Fälle 1999	Veränd. z. Vorj. (in %)	AU-Tage 1999	Veränd. z. Vorj. (in %)	Tage je Fall 1999	Veränd. z. Vorj. (in %)
Baden-Württemb.	141,1	8,7	1633,4	5,1	11,6	-3,3
Bayern	126,5	6,7	1624,3	7,5	12,8	0,8
Berlin	268,7	18,4	3645,5	8,0	13,6	-8,8
Brandenburg	265,6	12,0	2839,6	5,8	10,7	-5,5
Bremen	298,1	1,7	3006,6	-2,0	10,1	-3,6
Hamburg	317,7	1,6	3371,6	5,9	10,6	4,2
Hessen	214,9	5,8	2242,7	1,6	10,4	-4,0
Mecklenb.-Vorp.	257,7	23,2	2968,3	14,0	11,5	-7,5
Niedersachsen	180,8	8,0	1891,3	9,2	10,5	1,1
Nordrhein-Westf.	219,0	6,9	2361,1	2,1	10,8	-4,4
Rheinland-Pfalz	209,9	9,3	2344,7	3,6	11,2	-5,2
Saarland	332,9	9,6	3178,0	6,2	9,5	-3,0
Sachsen	260,9	20,0	2639,1	13,7	10,1	-5,2
Sachsen-Anhalt	224,2	4,5	2427,1	0,2	10,8	-4,1
Schleswig-Holstein	216,1	11,4	2409,9	8,6	11,2	-2,6
Thüringen	226,0	19,3	2647,8	16,8	11,7	-2,1
Bund	194,8	9,3	2184,0	5,6	11,2	-3,4

21.10.7 Krankenstand nach Betriebsgröße

Mit zunehmender Betriebsgröße[9] steigt in den meisten Branchen die Anzahl der krankheitsbedingten Fehltage. Dieser Trend ist zumindest ansatzweise auch im Bereich der Organisationen ohne Erwerbscharakter und privaten Haushalte zu beobachten (Abb. 21.10.5). Bis zu einer Betriebsgröße von 200–499 AOK-Mitgliedern nahm 1999 die Zahl der Arbeitsunfähigkeitstage kontinuierlich zu, von 21,1 Tagen bei Betrie-

---

[9] Da Angaben zur tatsächlichen Betriebsgröße nicht zur Verfügung standen, wurde hier als Maß für die Betriebsgröße die Anzahl der AOK-Mitglieder in den Betrieben zugrunde gelegt, die allerdings in der Regel nur einen Teil der gesamten Belegschaft ausmachen.

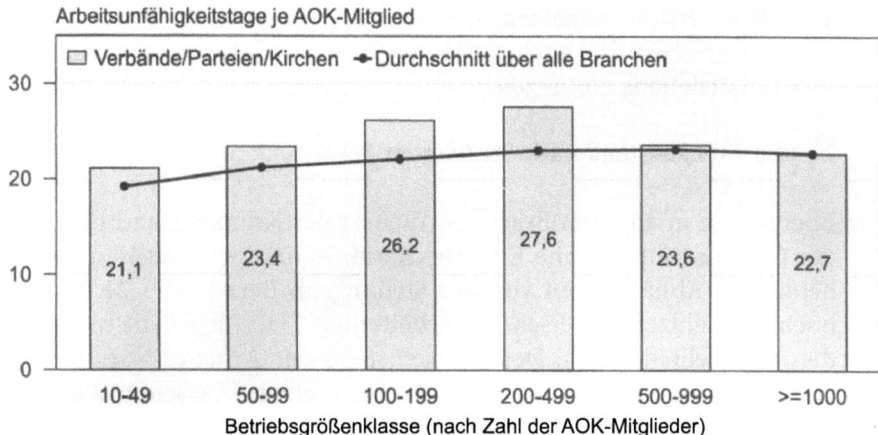

Abb. 21.10.5. Arbeitsunfähigkeitstage bei Verbänden, Parteien und Kirchen nach Betriebsgröße, 1999

Tabelle 21.10.5. Verbände, Parteien, Kirchen, Arbeitsunfähigkeitstage je AOK-Mitglied nach Betriebsgröße (Anzahl der AOK-Mitglieder), 1999

Wirtschaftsgruppe	10–49	50–99	100–199	200–499	500–999	≥1000
Christliche Kirchen, Orden	18,8	20,6	20,1	21,5	17,8	17,4
Organisationen des Wirtschaftslebens	18,9	23,9	28,5	33,2	31,0	51,8
Politische Parteien	22,3	24,0	27,9	29,2	26,4	29,5
Private Haushalte	14,3	16,5	–	18,6	–	–
Durchschnitt über alle Branchen	19,2	21,2	22,1	23,0	23,1	22,7

ben mit 10–49 AOK-Versicherten bis zu 27,6 Tagen bei Betrieben mit 200–499 Versicherten. Bei größeren Betrieben gingen die Werte allerdings wieder zurück. Bei Betrieben mit 1000 und mehr AOK-Mitgliedern waren schließlich nur noch 22,7 Tage zu verzeichnen.

Abgesehen von Betrieben mit 1000 und mehr AOK-Mitgliedern fielen 1999 im Bereich der Organisationen ohne Erwerbscharakter und privaten Haushalte bei allen Betriebsgrößen überdurchschnittlich viele krankheitsbedingte Fehltage an, insbesondere in Betrieben mit 100–499 AOK-Mitgliedern (Abb. 21.10.5).

Tabelle 21.10.5 zeigt die Krankenstände in den einzelnen Wirtschaftsgruppen im Bereich der Organisationen ohne Erwerbscharakter und privaten Haushalte in Abhängigkeit von der Betriebsgröße. Während bei einer Betriebsgröße bis zu 99 AOK-Mitgliedern politische Parteien die höchsten Krankenstände aufwiesen, waren bei größeren Betrieben die höchsten Fehlzeiten bei den Organisationen des Wirtschaftslebens zu verzeichnen.

21.10.8 Krankenstand nach Stellung im Beruf

Ebenso wie in anderen Branchen variiert der Krankenstand im Bereich der Organisationen ohne Erwerbscharakter und privaten Haushalte erheblich in Abhängigkeit von der Stellung im Beruf (Abb. 21.10.6). Die höchsten Fehlzeiten weisen die Arbeiter auf (33,5 Tage), die niedrigsten die Angestellten (16,8). Der Krankenstand der Arbeiter war 1999 etwa doppelt so hoch wie derjenige der Angestellten. Zwischen diesen Extrempunkten liegen die Meister (19,3), die Auszubildenden (22,6) und die Facharbeiter (23,1). Bei allen Gruppen fielen teilweise erheblich

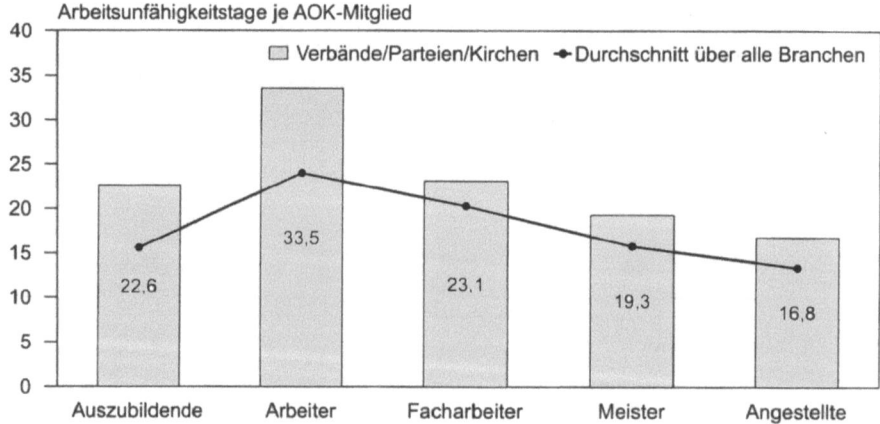

Abb. 21.10.6. Arbeitsunfähigkeitstage bei Verbänden, Parteien und Kirchen nach Stellung im Beruf, 1999

Tabelle 21.10.6. Verbände, Parteien, Kirchen, Krankenstand (in %) nach Stellung im Beruf, 1999

Wirtschaftsgruppe	Auszubildende	Arbeiter	Facharbeiter	Meister, Poliere	Angestellte
Christliche Kirchen, Orden	3,7	7,5	5,9	3,8	3,9
Organisationen des Wirtschaftslebens	8,1	9,4	6,7	4,6	3,9
Politische Parteien	6,3	10,6	6,9	6,2	5,0
Private Haushalte	2,8	3,4	3,6	2,7	2,9

mehr Fehltage an als im allgemeinen Branchendurchschnitt. Dies gilt in besonderem Maße für die Arbeiter, bei denen 9,5 Tage mehr als durchschnittlich zu verzeichnen waren.

Tabelle 21.10.6 zeigt die Krankenstände in den einzelnen Wirtschaftsgruppen im Bereich der Organisationen ohne Erwerbscharakter und privaten Haushalte in Abhängigkeit von der Stellung im Beruf. Mit Ausnahme der Auszubildenden wurden bei allen Gruppen die höchsten Krankenstände bei den politischen Parteien erreicht. Bei den Auszubildenden waren die höchsten Werte bei den Organisationen des Wirtschaftslebens festzustellen (8,1%).

21.10.9 Arbeitsunfälle

Der Anteil der Arbeitsunfälle an den krankheitsbedingten Fehlzeiten ist im Bereich der Organisationen ohne Erwerbscharakter und privaten Haushalte vergleichsweise gering (Abb. 21.10.7). 1999 gingen lediglich 3,0% der Arbeitsunfähigkeitsfälle und 4,1% der -tage auf Unfälle am Arbeitsplatz zurück, deutlich weniger als im allgemeinen Branchendurchschnitt. Am höchsten war der unfallbedingte Anteil an den Fehlzeiten bei den Organisationen des Wirtschaftslebens. Dort waren im Jahr 1999 Arbeitsunfälle für 3,5% der Fälle und 4,9% der Tage verantwortlich.

Tabelle 21.10.7 zeigt die Berufsgruppen im Bereich der Organisationen ohne Erwerbscharakter und privaten Haushalte, die ein besonders hohes Unfallrisiko aufweisen. Besonders hoch war die Zahl der unfallbedingten Fehltage bei Tischlern, Gärtnern, Gartenarbeitern und Hilfsarbeitern. Dort waren 1999 bezogen auf 1000 AOK-Mitglieder mehr als 2.000 Arbeitsunfähigkeitstage aufgrund von Arbeitsunfällen zu verzeichnen.

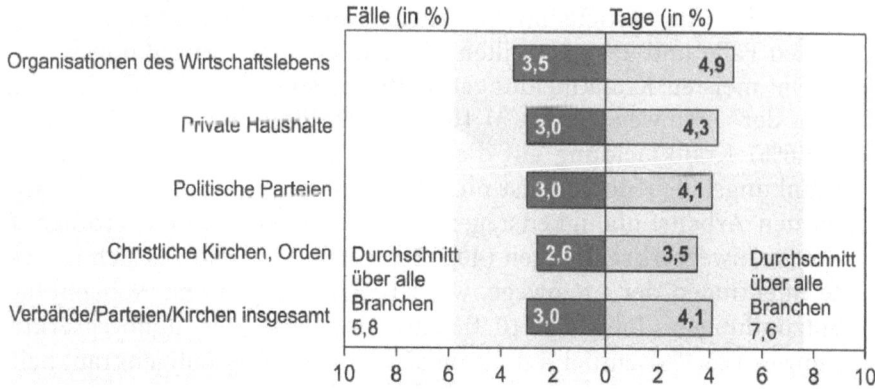

Abb. 21.10.7. Arbeitsunfälle bei Verbänden, Parteien und Kirchen nach Wirtschaftsgruppen, Anteil an den AU-Fällen und -Tagen in %, 1999

Tabelle 21.10.7. Verbände, Parteien, Kirchen, Arbeitsunfähigkeitstage durch Arbeitsunfälle nach Berufsgruppen, 1999

Tätigkeit	AU-Tage je 1000 AOK-Mitglieder	Anteil an den AU-Tagen insgesamt (in %)
Tischler	2332,9	6,6
Gärtner, Gartenarbeitr	2080,4	5,5
Hilfsarbeiter	2029,3	4,8
Lager-, Transportarbeiter	1918,1	6,2
Kraftfahrzeugführer	1553,7	6,9
Lehrlinge	1435,8	4,9
Maler, Lackierer (Ausbau)	1349,8	3,6
Pförtner, Hauswarte	962,7	5,7
Köche	911,2	3,9
Helfer in der Krankenpflege	690,7	3,2

21.10.10 Krankheitsarten

Das Krankheitsgeschehen im Bereich der Organisationen ohne Erwerbscharakter und privaten Haushalte wird ähnlich wie in den meisten Branchen im Wesentlichen von folgenden sechs großen Krankheitsgruppen bestimmt:
- Muskel- und Skeletterkrankungen
- Verletzungen
- Atemwegserkrankungen
- Herz- und Kreislauferkrankungen
- Erkrankungen der Verdauungsorgane
- Psychiatrische Erkrankungen.

Diese Erkrankungen verursachten im Jahr 1999 bei den AOK-Mitgliedern 75,2% der Arbeitsunfähigkeitsfälle und 75,4% der -tage. Die restlichen Fälle und Tage verteilten sich auf sonstige Erkrankungen.

Die meisten Krankmeldungen entfielen anteilmäßig auf Erkrankungen der Atemwege (Abb. 21.10.8). 1999 ging mehr als jede vierte (28,6%) Krankmeldung auf diese Krankheitsart zurück. Da diese Erkrankungsfälle jedoch meist nicht von langer Dauer sind, lag der Anteil an den Arbeitsunfähigkeitstagen nur bei 18,5%. Bei dem größten Teil der Atemwegserkrankungen (40,7% der Fälle) handelte es sich um akute Infektionen der Atemwege, wie z B. Erkältungen und Nebenhöhlenentzündungen (Tabelle 21.10.9). Etwa ein Viertel der Atemwegserkrankungen (25,7%) entfiel auf chronische obstruktive Lungenkrankheiten und ähnliche Erkrankungen, wie beispielsweise Bronchitis und Asthma. Ungefähr jeder fünfte Fall war auf Lungenentzündungen und Grip-

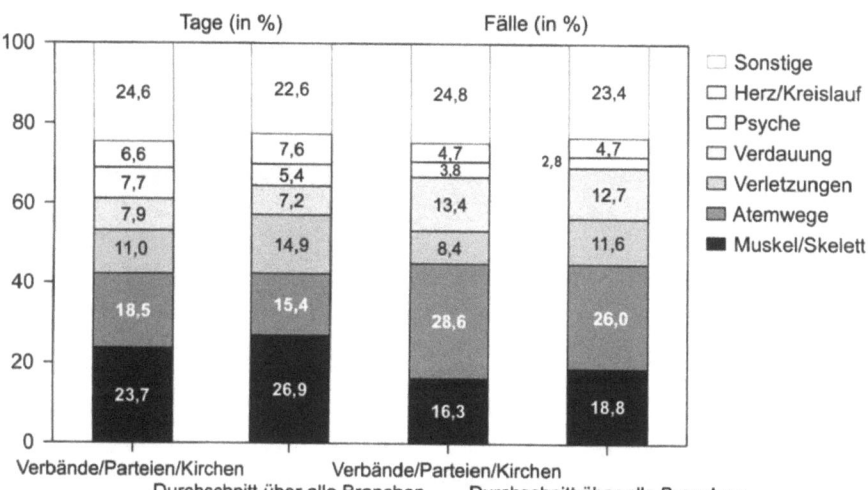

Abb. 21.10.8. Arbeitsunfähigkeit bei Verbänden, Parteien und Kirchen nach Krankheitsarten, 1999

Tabelle 21.10.8. Verbände, Parteien, Kirchen, Arbeitsunfähigkeitstage nach Krankheitsarten (in %), 1999

Wirtschafts-gruppe	Muskel/Skelett	Atem-wege	Verlet-zungen	Herz/Kreis-lauf	Verdau-ung	Psyche	Sons-tige
Christliche Kirchen, Orden	24,4	17,3	9,8	6,9	7,1	8,1	26,4
Organisationen des Wirtschafts-lebens	21,5	19,9	13,3	7,1	8,6	6,0	23,6
Politische Parteien	23,8	18,9	11,1	6,4	8,2	7,8	23,8
Private Haushalte	24,0	13,3	12,2	7,4	6,8	6,7	29,6

peerkrankungen zurückzuführen (22,1%). Der Rest verteilte sich auf sonstige Krankheiten. In den einzelnen Wirtschaftsgruppen im Bereich der Organisationen ohne Erwerbscharakter und privaten Haushalte bewegte sich der Anteil der Erkrankungen der Atemwege an den Arbeitsunfähigkeitstagen zwischen 13,3% bei den privaten Haushalten und 19,9% bei Organisationen des Wirtschaftslebens (Tabelle 21.10.8).

Für die meisten krankheitsbedingten Fehltage waren Muskel- und Skeletterkrankungen verantwortlich, die im Gegensatz zu den Atemwegserkrankungen oft sehr langwierig sind und häufig chronifizieren, sodass sie nicht selten zu wiederholter Arbeitsunfähigkeit führen. Auf ihr Konto gingen 1999 im Bereich der Organisationen ohne Erwerbs-

Tabelle 21.10.9. Verbände, Parteien und Kirchen, Arbeitsunfähigkeiten nach Krankheitsarten, Anteile der ICD-Untergruppen an den ICD-Hauptgruppen, 1999

ICD-Untergruppen	Anteil an den AU-Fällen (in %)	Anteil an den AU-Tagen (in %)
Muskel-/Skeletterkrankungen		
Rückenerkrankungen	61,9	56,8
Rheumatismus	20,4	19,1
Gelenkerkrankungen	13,8	19,0
Sonstige	3,9	5,1
Verletzungen		
Verstauchungen/Zerrungen	26,1	25,1
Prellungen	25,8	17,9
Oberflächliche Verletzungen	8,6	5,9
Komplikationen nach Verletzungen	6,8	5,5
Frakturen der unteren Extremitäten	5,7	14,2
Frakturen der oberen Extremitäten	3,7	9,3
Sonstige	23,3	22,1
Atemwegserkrankungen		
Akute Infektionen der Atmungsorgane	40,7	38,0
Chronische obstruktive Lungenkrankheiten und verwandte Affektionen	25,7	29,1
Lungenentzündung und Grippe	22,1	20,8
Sonstige Krankheiten der oberen Luftwege	8,8	9,1
Sonstige Krankheiten der Atmungsorgane	2,7	3,0
Herz-/Kreislauferkrankungen		
Krankheiten der Venen und Lymphgefäße	50,4	32,8
Hypertonie und Hochdruckkrankheiten	23,8	24,3
Sonstige Formen von Herzkrankheiten	9,1	11,2
Ischämische Herzkrankheiten	9,0	14,8
Krankheiten des zerebrovaskulären Systems	2,6	6,8
Krankheiten der Arterien, Arteriolen und Kapillaren	2,2	4,0
Sonstige	2,9	6,0
Verdauung		
Dünn- und Dickdarmentzündung	44,2	33,3
Speiseröhre/Magen/Zwölffingerdarm	28,7	29,4
Mundhöhle/Speicheldrüse/Kiefer	15,3	7,2
Sonst. Krankheiten der Verdauungsorgane	4,5	13,4
Sonst. Krankheiten Darm und Bauchfell	3,7	6,7
Sonstige	3,6	10,0
Psychiatrische Krankheiten		
Neurosen, Psychopathien und andere nichtpsychotische psychische Störungen	77,0	75,1
Andere Psychosen	18,5	21,4
Organische Psychosen	4,4	3,3

charakter und privaten Haushalte 23,7% der Fehltage. Bei mehr als der Hälfte der Muskel- und Skeletterkrankungen handelte es sich um Rückenleiden (61,9% der Fälle). Der Rest verteilt sich vor allem auf rheumatische Erkrankungen (20,4%) und Gelenkerkrankungen (13,8%). In den einzelnen Wirtschaftsgruppen in diesem Bereich variierte der Anteil der muskulo-skeletalen Erkrankungen an den Arbeitsunfähigkeitstagen zwischen 21,5% bei den privaten Haushalten und 24,4% bei christlichen Kirchen und Orden.

8,4% der Arbeitsunfähigkeitsfälle und 11,0% der -tage waren 1999 im Bereich der Organisationen ohne Erwerbscharakter und privaten Haushalte auf Verletzungen zurückzuführen. Bei den Verletzungen standen Verstauchungen und Zerrungen (26,1% der Fälle) sowie Prellungen (25,8%) im Vordergrund. Mit besonders langen Ausfallzeiten sind Frakturen der oberen und unteren Extremitäten verbunden. Sie hatten zwar nur einen Anteil von 9,4% an den verletzungsbedingten Fällen, verursachten aber 23,5% der entsprechenden Ausfalltage. Der Anteil der Verletzungen an den Fehlzeiten war 1999 am höchsten bei den Organisationen des Wirtschaftslebens (13,3%), wo auch der Anteil der Arbeitsunfälle am größten war (vgl. Kap 21.10.9).

Auf Erkrankungen der Verdauungsorgane gingen 13,4% der Arbeitsunfähigkeitsfälle und 7,9% der -tage zurück. Der größte Teil davon entfiel auf Dünn- und Dickdarmentzündungen (44,2% der Fälle). Erkrankungen von Speiseröhre, Magen und Zwölffingerdarm hatten einen Anteil von 28,7% an den Arbeitsunfähigkeitsfällen. Bei 15,3% der Fälle handelte es sich um Erkrankungen von Mundhöhle, Speicheldrüse und Kiefer. Der Rest verteilte sich auf sonstige Krankheiten. Der Anteil der Erkrankungen der Verdauungsorgane an den krankheitsbedingten Fehlzeiten war 1999 am höchsten bei den Organisationen des Wirtschaftslebens. Dort lag er bei 8,6%.

Psychiatrische Erkrankungen führen häufig zu langen Ausfallzeiten. Ihr Anteil an den Arbeitsunfähigkeitsfällen betrug 1999 zwar nur 3,8%, sie verursachten aber immerhin 7,7% der Fehltage. Bei dem überwiegenden Teil (77,0% der Fälle) handelte es sich um Neurosen, Psychopathien und andere nichtpsychotische Störungen. Der Rest entfiel auf Psychosen.

Auf Herz- und Kreislauferkrankungen gingen 4,7% der Arbeitsunfähigkeitsfälle und 6,6% der -tage zurück. Etwas mehr als der Hälfte der Fälle (50,4%) waren auf Krankheiten der Venen und Lymphgefäße zurückzuführen, wie z.B. Hypotonie, Krampfadern und Thrombosen. An zweiter und dritter Stelle folgten Hypertonie und Hochdruckkrankheiten (23,8%) sowie ischämische Herzkrankheiten (9,0%), zu denen insbesondere Herzinfarkte und Angina-Pectoris-Fälle gehören.

Der Anteil der Herz- und Kreislauferkrankungen war 1999 mit 7,4% bei den privaten Haushalten am höchsten.

Abschließend soll noch kurz auf die Frage eingegangen werden, wie sich der Bereich der Organisationen ohne Erwerbscharakter und privaten Haushalte hinsichtlich der Verteilung der für Arbeitsunfähigkeit verantwortlichen Krankheitsarten von anderen Branchen unterscheidet. Der Anteil der Atemwegserkrankungen, der psychiatrischen Erkrankungen und der Krankheiten der Verdauungsorgane an den krankheitsbedingten Fehlzeiten war 1999 im Bereich der Organisationen ohne Erwerbscharakter und privaten Haushalte höher als im allgemeinen Branchendurchschnitt (bezogen auf die Zahl der Fälle 2,6; 1,0; 0,7 Prozentpunkte mehr). Dagegen hatten Verletzungen sowie Muskel- und Skeletterkrankungen (3,2 bzw. 2,5 Prozentpunkte weniger) einen geringeren Anteil am Arbeitsunfähigkeitsgeschehen.

21.11 Verarbeitendes Gewerbe

21.11.1	Kosten der Arbeitsunfähigkeit	476
21.11.2	Allgemeine Krankenstandsentwicklung	476
21.11.3	Krankenstandsentwicklung nach Wirtschaftsgruppen	478
21.11.4	Krankenstand nach Berufsgruppen	481
21.11.5	Kurz- und Langzeiterkrankungen	483
21.11.6	Krankenstand nach Bundesländern	484
21.11.7	Krankenstand nach Betriebsgröße	486
21.11.8	Krankenstand nach Stellung im Beruf	488
21.11.9	Arbeitsunfälle	490
21.11.10	Krankheitsarten	491

21.11.1 Kosten der Arbeitsunfähigkeit

Im Verarbeitenden Gewerbe[1] waren Mitte 1999 4,0 Mio. sozialversicherungspflichtig Beschäftigte gemeldet[2]. Von den AOK-Mitgliedern in diesem Bereich war 1999 jeder im Durchschnitt 20,0 Kalendertage krank geschrieben. Für die Branche insgesamt ergibt dies eine Summe von 79,2 Mio. krankheitsbedingten Fehltagen bzw. 217 000 Erwerbsjahren. Bei einem durchschnittlichen Bruttojahreseinkommen von 61 638 DM[3] ergeben sich hochgerechnet auf alle Beschäftigten im Verarbeitenden Gewerbe Kosten in Höhe von 13,4 Mrd. DM durch Arbeitsunfähigkeit.

Für einen Betrieb dieser Branche mit 100 Beschäftigten bedeutete dies eine durchschnittliche finanzielle Belastung von DM 338 000 DM im Jahr 1999[4].

21.11.2 Allgemeine Krankenstandsentwicklung

Der Krankenstand im Bereich des Verarbeitenden Gewerbes betrug 1999 in der Bundesrepublik 5,5%. Damit war gegenüber dem Vorjahr ein im Vergleich mit anderen Branchen relativ starker Anstieg von 0,3 Prozentpunkten festzustellen. Dieser ist zum größten Teil auf die Entwicklung in den neuen Bundesländern zurückzuführen, wo der Krankenstand inzwischen fast das Westniveau erreicht hat. Die Ursache dafür liegt in der im Osten stark gestiegenen Zahl an Krankmeldungen (11,7%), wie aus Tabelle 21.11.1 hervorgeht. Da sich die Dauer der einzelnen Krankheitsfälle im Vergleich zum Vorjahr im Verarbeiten-

---

[1] Ohne Baugewerbe und Metallindustrie. Diese werden in separaten Kapiteln behandelt.
[2] Bundesanstalt für Arbeit, 2000.
[3] Statistisches Bundesamt, Fachserie 18, 2000.
[4] Nur direkte Kosten. Über die indirekten Kosten vgl. Kap 21.1.2.

Tabelle 21.11.1. Krankenstandsentwicklung im Verarbeitenden Gewerbe (ohne Baugewerbe und Metallindustrie), 1999

	Krankenstand (in %)	Arbeitsunfähigkeiten je 100 AOK-Mitglieder				Tage je Fall	AU-Quote (in %)
		Fälle	Veränd. z. Vorj. (in %)	Tage	Veränd. z. Vorj. (in %)		
West	5,5	154,0	6,9	2017,4	4,9	13,1	61,0
Ost	5,2	133,7	11,7	1887,6	11,6	14,1	57,5
BRD	5,5	151,5	7,5	2001,6	5,7	13,2	60,5

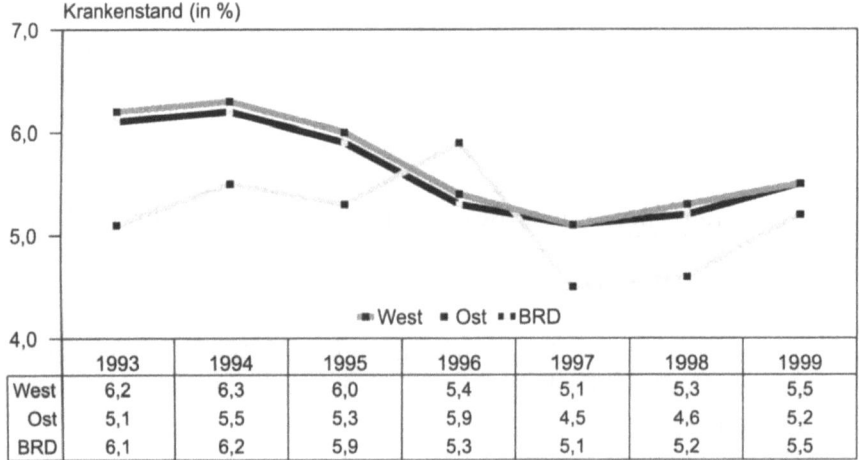

Abb. 21.11.1. Krankenstandsentwicklung im Verarbeitenden Gewerbe 1993–1999

den Gewerbe kaum verändert hat (1998 West: 13,3 Tage, Ost 14,1 Tage), stieg die Zahl der Fehltage je Versichertem näherungsweise in gleichem Umfang wie die Zahl der Erkrankungsfälle je Versichertem.

Der Anteil der Arbeitnehmer, die sich einmal oder mehrmals krank meldeten (AU-Quote), stieg im Westen um 1,6 Prozentpunkte auf 61,0%, im Osten um 3,7 Prozentpunkte auf 57,5%.

Abbildung 21.11.1 zeigt die Entwicklung des Krankenstands im Verarbeitenden Gewerbe in den Jahren 1993–1999. Im Zeitverlauf ist eine langsame Annäherung der Werte in Ost- und Westdeutschland festzustellen, die nur durch einen Ausreißer 1996 – als der ostdeutsche Wert über den westdeutschen stieg – unterbrochen wurde. Dabei gingen die Werte in der Summe von 1995–1997 zurück, während sie danach bis 1999 um insgesamt 0,4 Prozentpunkte anstiegen.

21.11.3 Krankenstandsentwicklung nach Wirtschaftsgruppen

In den unterschiedlichen Bereichen des Verarbeitenden Gewerbes schwankte der Krankenstand 1999 zwischen 4,1 und 6,6%. Bei den Mitarbeitern in der Produktion von Süß- und Dauerbackwaren waren mit 24,1 Tagen pro Jahr die meisten Fehltage zu verzeichnen, während im Bereich der Reparatur von Kraftfahrzeugen und Fahrrädern mit 15,0 Tagen pro Jahr die niedrigsten Krankenstände erreicht wurden.

Tabelle 21.11.2 gibt einen Überblick über die Krankenstandsentwicklung in den einzelnen Wirtschaftsgruppen des Verarbeitenden Gewerbes. Es zeigt sich, dass die hohen Fehlzeiten in der Süß- und Backwarenindustrie aus der branchenweit höchsten Zahl an Krankmeldungen (169,7 je 100 AOK-Mitglieder gegenüber 151,5 im Verarbeitenden Gewerbe insgesamt) mit einer überdurchschnittlich langen Dauer (14,2 Tage gegenüber 13,2 Tage in der Branche insgesamt) resultierten. Hingegen war der niedrige Krankenstand im Bereich der Reparatur von Kraftfahrzeugen und Fahrrädern nicht auf geringe Fallzahlen (154,3 Fälle je 100 Versicherte) zurückzuführen, sondern auf die branchenweit mit 9,7 Tagen kürzesten Krankheitsfälle.

Die höchste AU-Quote war im Bereich der Gummi- und Asbestverarbeitung zu verzeichnen, wo sich 1999 65,7% der Beschäftigten einmal oder mehrmals krank meldeten. Die Wirtschaftsgruppe mit den langwierigsten Erkrankungen war die Getränkeindustrie (durchschnittlich 15,5 Tage je Fall).

Im Vergleich zum Vorjahr nahm 1999 die Zahl der Arbeitsunfähigkeitstage in fast allen Wirtschaftsgruppen des Verarbeitenden Gewerbes zu. Der stärkste Anstieg ergab sich im Bereich der Ledererzeugung und -verarbeitung (11,5%) sowie in der Textilindustrie (9,5%).

Die Zunahme des Krankenstandes war in erster Linie darauf zurückzuführen, dass der Anteil der Beschäftigten, die sich krank meldeten, und mit ihnen die Zahl der Krankmeldungen in fast allen Bereichen stieg, am stärksten im Bereich der Mineralölverarbeitung (12,3%). Dagegen ging die durchschnittliche Dauer einer Krankmeldung gegenüber dem Vorjahr in den meisten Branchen leicht zurück, wodurch die gestiegene Zahl an Krankmeldungen allerdings nicht kompensiert werden konnte.

Tabelle 21.11.2. Krankenstandsentwicklung im Verarbeitenden Gewerbe nach Wirtschaftsgruppen, 1999

Wirtschaftsgruppe	Krankenstand (in %) 1999	Krankenstand (in %) 1998	Arbeitsunfähigkeiten je 100 AOK-Mitglieder Fälle	Veränd. z. Vorj. (in %)	Tage	Veränd. z. Vorj. (in %)	Tage je Fall	AU-Quote (in %)
Bearb. von Edel- und Schmucksteinen	4,5	4,2	135,7	9,1	1652,6	6,8	12,2	55,3
Bekleidungsgewerbe, Nähereien	4,9	4,5	134,4	11,1	1780,1	8,6	13,2	55,9
Chemische Industrie	5,6	5,5	162,6	5,2	2056,5	3,3	12,6	63,7
Druckerei und Vervielfältigung	4,8	4,6	134,8	6,0	1769,2	4,5	13,1	57,8
Eisen- und Stahlerzeugung	6,0	5,7	144,0	7,9	2201,0	5,3	15,3	63,0
Feinkeramik	6,0	5,9	154,3	5,7	2197,6	2,9	14,2	62,5
Getränkeherstellung	6,1	5,9	142,8	4,8	2210,9	2,2	15,5	61,3
Steine und Erden	5,8	5,6	141,4	6,9	2128,1	4,5	15,0	60,3
Gummi- und Asbestverarbeitung	6,4	6,0	162,6	7,7	2319,9	5,4	14,3	65,7
Herstellung und Reparatur von Möbeln	5,3	5,0	151,2	8,4	1933,5	6,9	12,8	60,9
Herstellung und Reparatur von Schuhen	5,6	5,3	138,0	11,6	2054,2	6,8	14,9	57,4
Glasherstellung und -verarbeitung	6,0	5,6	158,1	9,4	2197,4	8,2	13,9	64,0
Herstellung von Chemiefasern	5,7	5,3	151,0	8,1	2064,3	5,9	13,7	64,5
Herst. v. Backwaren und Nahrungsmitteln	5,3	5,1	144,0	7,2	1935,2	5,0	13,4	56,1
Prod. v. Süßwaren, Dauerbackwaren	6,6	6,3	169,7	6,3	2409,2	5,4	14,2	61,4
Kunststoffverarbeitung	5,8	5,4	166,1	7,9	2111,4	7,4	12,7	64,7
Ledererzeugung und -verarbeitung	6,3	5,6	167,8	9,9	2286,6	11,5	13,6	61,4
Montage u. Rep. von Lüftungs- u. sonst. Anlagen	5,4	5,0	154,9	7,2	1959,9	7,0	12,7	60,6
Instrumente-, Spielwaren und Sportgeräteherst.	5,4	5,1	146,7	5,3	1957,9	4,4	13,3	60,3
Papiererzeugung und -verarbeitung	6,0	5,6	159,3	7,5	2190,2	6,2	13,8	64,7
Polsterei und Dekorationsgewerbe	5,3	4,9	149,6	10,9	1923,2	6,8	12,9	58,4

Tabelle 21.11.2 (Fortsetzung)

Wirtschaftsgruppe	Krankenstand (in %) 1999	Krankenstand (in %) 1998	Arbeitsunfähigkeiten je 100 AOK-Mitglieder Fälle	Arbeitsunfähigkeiten je 100 AOK-Mitglieder Veränd. z. Vorj. (in %)	Arbeitsunfähigkeiten je 100 AOK-Mitglieder Tage	Arbeitsunfähigkeiten je 100 AOK-Mitglieder Veränd. z. Vorj. (in %)	Tage je Fall	AU-Quote (in %)
Kraftfahrzeug- und Fahrradreparatur	4,1	4,0	154,3	6,1	1500,8	4,1	9,7	58,9
Säge- u. Hobelwerke, Holzbearbeitung	5,7	5,4	151,7	6,9	2091,5	5,6	13,8	62,4
Schlachterei und Fleischverarbeitung	5,3	5,0	144,1	8,7	1939,2	6,9	13,5	55,9
Schlosserei, Schweißerei, etc	5,2	5,0	164,5	5,3	1909,8	3,9	11,6	58,7
Sonstige Holzbe- und -verarbeitung	5,9	5,5	152,6	8,1	2142,8	6,9	14,0	61,8
Tabakverarbeitung	6,1	6,0	152,6	7,4	2238,7	2,2	14,7	64,6
Mineralölverarbeitung	5,0	4,9	147,6	12,3	1840,2	2,4	12,5	59,0
Textilverarbeitung	5,9	5,4	147,2	11,0	2171,7	9,5	14,8	61,7

21.11.4 Krankenstand nach Berufsgruppen

Zwischen den einzelnen Berufsgruppen des Verarbeitenden Gewerbes variiert der Krankenstand sehr stark. Wie aus Abb. 21.11.2 hervorgeht, fielen die meisten Arbeitsunfähigkeitstage je AOK-Mitglied 1999 bei Fischverarbeitern an, die mit durchschnittlich 28,3 Kalendertagen vier Wochen im Jahr fehlten, gefolgt von Fleisch- und Wurstwarenherstellern mit 24,3 Tagen im Jahr, sowie Zucker- und Süßwarenherstellern, die 23,1 Fehltage je Versichertem aufwiesen[5]. Im Durchschnitt fehlte ein Beschäftigter des Verarbeitenden Gewerbes 20,0 Tage. Die niedrigsten Werte wiesen Berufsgruppen aus dem Angestelltenbereich auf. Nur etwas mehr als eine Woche im Jahr (8,9 Tage) fehlten die Bürofachkräfte, gefolgt von Bürohilfskräften, Kaufleuten und Einkäufern (10,1 bzw. 10,9 Fehltage im Jahr).

Die AU-Quote, also der Anteil der Beschäftigten, die sich 1999 einmal oder mehrmals krank meldeten, bewegte sich bei den einzelnen Berufsgruppen zwischen 37,6% bei den Bürohilfskräften und 68,5% bei den Gummiherstellern und -verarbeitern (Tabelle 21.11.3). Die Zahl der Krankmeldungen lag bei diesen beiden Berufsgruppen bei 81,0 bzw. 168,7 Fällen je 100 AOK-Mitglieder. Das Spektrum der

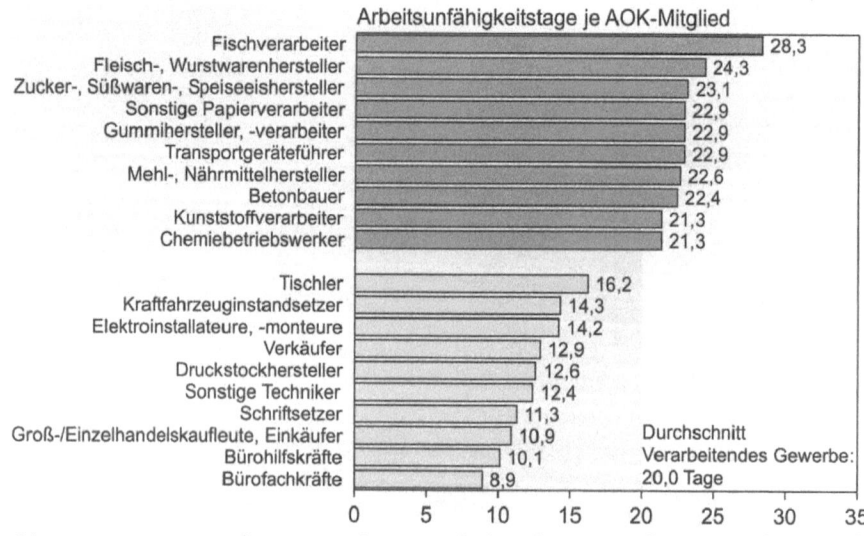

Abb. 21.11.2. 10 Berufsgruppen im Verarbeitenden Gewerbe mit hohen und niedrigen Krankenständen, 1999

---

[5] Berücksichtigt wurden nur ausgewählte Berufsgruppen mit mehr als 1000 AOK-Mitgliedern.

Tabelle 21.11.3. Verarbeitendes Gewerbe (ohne Baugewerbe und Metallindustrie), Krankenstandskennzahlen nach ausgewählten Berufsgruppen, 1999

Tätigkeit	Krankenstand (in %)	Arbeitsunfähigkeiten je 100 AOK-Mitglieder		Tage je Fall	AU-Quote (in %)	Anteil Arbeitsunfälle an den AU-Tagen (in %)
		Fälle	Tage			
Betonbauer	6,1	166,3	2238,9	13,5	64,6	17,4
Bürofachkräfte	2,4	102,1	892,9	8,7	45,8	2,7
Bürohilfskräfte	2,8	81,0	1014,6	12,5	37,6	2,6
Chemiebetriebswerker	5,8	171,9	2125,5	12,4	67,0	5,8
Druckstockhersteller	3,5	123,0	1262,7	10,3	56,5	2,7
Elektroinstallateure	3,9	131,0	1419,7	10,8	59,7	11,1
Fischverarbeiter	7,7	195,7	2826,1	14,4	65,8	6,3
Fleisch-, Wurstwarenhersteller	6,6	190,3	2426,6	12,7	65,8	9,8
Kaufleute, Einkäufer	3,0	115,2	1091,8	9,5	48,8	4,1
Gummihersteller, -verarbeiter	6,3	168,7	2292,0	13,6	68,5	5,1
Kraftfahrzeuginstandsetzer	3,9	163,0	1429,5	8,8	62,7	10,4
Kunststoffverarbeiter	5,8	175,1	2131,2	12,2	66,3	7,0
Mehl-, Nährmittelhersteller	6,2	169,7	2259,2	13,3	65,6	8,2
Schriftsetzer	3,1	108,4	1126,3	10,4	52,4	2,5
Sonstige Papierverarbeiter	6,3	171,5	2293,6	13,4	67,9	7,9
Sonstige Techniker	3,4	105,7	1236,6	11,7	51,0	6,7
Tischler	4,4	150,2	1623,8	10,8	60,9	13,4
Transportgeräteführer	6,3	161,1	2285,6	14,2	66,9	9,1
Verkäufer	3,5	111,4	1290,6	11,6	46,3	6,0
Zucker, Süßwaren-, Speiseeishersteller	6,3	163,7	2312,7	14,1	59,8	7,0

Berufsgruppen mit mehr als 2000 AOK-Versicherten

durchschnittlichen Krankheitsdauer reichte von 8,7 Tagen je Fall bei Bürofachkräften bis zu 14,4 Tagen je Fall bei den Fischverarbeitern. Den höchsten Anteil durch Arbeitsunfälle verursachter Fehltage wiesen die Betonbauer mit 17,4% auf, dagegen waren es bei den Bürohilfskräften nur 2,6%.

21.11.5 Kurz- und Langzeiterkrankungen

Die Verteilung der Arbeitsunfähigkeiten hinsichtlich ihrer Dauer folgt über alle Branchen einem charakteristischen Muster. Wie Abb. 21.11.3 zeigt, waren 1999 Kurzzeiterkrankungen von 1–3 Tagen Ursache von fast jedem dritten Arbeitsunfähigkeitsfall, bedingten aber nur 4,6% der Arbeitsunfähigkeitstage[6]. Hingegen waren über die Hälfte (50,7%) der Krankheitstage im Verarbeitenden Gewerbe auf Erkrankungsfälle mit mehr als vier Wochen Dauer zurückzuführen, obwohl diese nur 9,0% der Fälle ausmachten. Angesichts dieser Zahlen wird deutlich, dass Kurzzeiterkrankungen, für die oft motivationale Aspekte verantwortlich gemacht werden, für die Höhe des Krankenstandes von nachgeordneter Relevanz sind. Hingegen weisen Maßnahmen der betrieblichen Gesundheitsförderung, die auf die Verringerung von Langzeiterkrankungen abzielen, ein erhebliches, vor allem aber nachhaltiges Potential zur Senkung der Kosten des Krankenstandes auf.

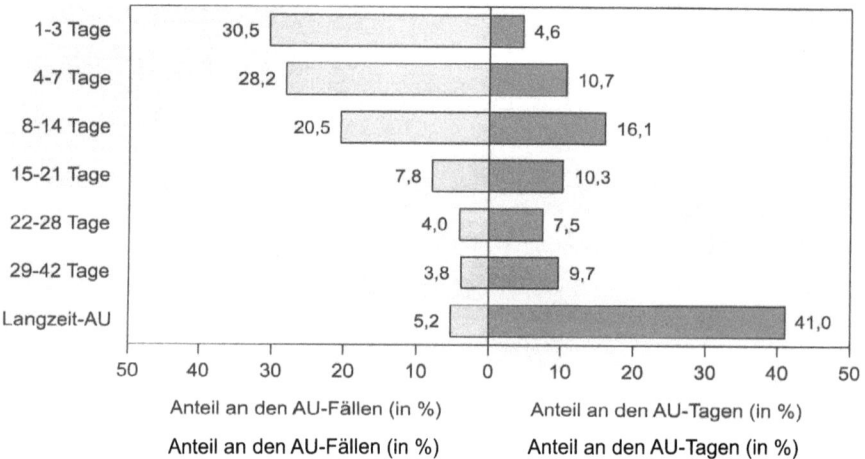

Abb. 21.11.3. Arbeitsunfähigkeitsfälle und -tage im Verarbeitenden Gewerbe nach der Dauer, 1999

---

[6] Kurzerkrankungen mit bis zu 3 Tagen Dauer sind aufgrund unterschiedlich gehandhabter Attestpflicht zu einem gewissen Grad nicht erfasst. Vgl. Kap. 21.1.5.

21.11.6 Krankenstand nach Bundesländern

Die Verteilung des Krankenstandes nach Bundesländern weist im Verarbeitenden Gewerbe kein klares Ost-/West- oder Nord-/Süd-Gefälle auf, wie dies zum Teil in den anderen Branchen der Fall ist (Abb. 21.11.4). Den höchsten Wert wies 1999 mit 7,0% Berlin auf, gefolgt von den anderen Stadtstaaten (Hamburg: 6,9%, Bremen: 6,4%). Am niedrigsten war der Krankenstand in Bayern mit 4,9%, gefolgt von Sachsen und Niedersachsen mit 5,0 bzw. 5,1%.

Tabelle 21.11.4 macht deutlich, dass ähnlich hohe Krankenstände wie in den Stadtstaaten auf zum Teil sehr unterschiedliche Weise zu-

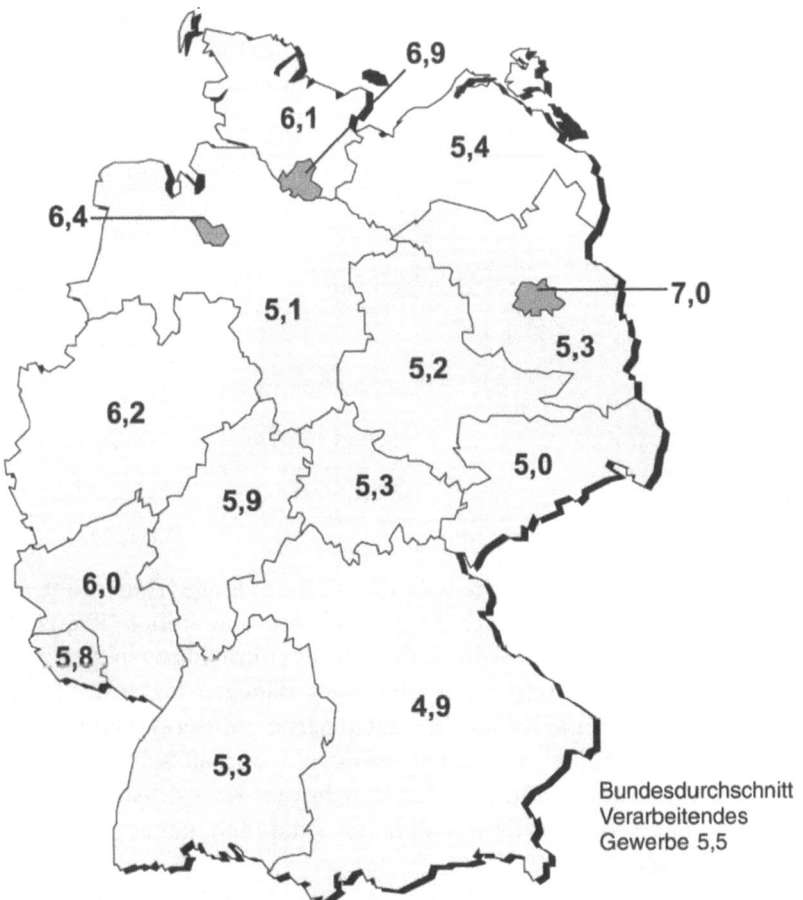

Abb. 21.11.4. Krankenstand (in %) im Verarbeitenden Gewerbe nach Bundesländern, 1999

Tabelle 21.11.4. Verarbeitendes Gewerbe (ohne Baugewerbe und Metallindustrie), Arbeitsunfähigkeit nach Bundesländern, 1999 im Vergleich zum Vorjahr

	Arbeitsunfähigkeiten je 100 AOK-Mitglieder					
	AU-Fälle 1999	Veränd. z. Vorj. (in %)	AU-Tage 1999	Veränd. z. Vorj. (in %)	Tage je Fall 1999	Veränd. z. Vorj. (in %)
Baden-Württemb.	152,2	8,0	1928,2	5,4	12,7	-2,4
Bayern	137,2	5,8	1803,2	4,2	13,1	-1,5
Berlin	144,2	7,6	2559,5	6,7	17,8	-0,8
Brandenburg	136,4	9,5	1949,6	9,9	14,3	0,4
Bremen	176,1	5,0	2325,0	5,5	13,2	0,5
Hamburg	166,6	9,5	2510,3	6,0	15,1	-3,2
Hessen	168,6	6,5	2170,7	3,5	12,9	-2,8
Mecklenb.-Vorp.	138,6	5,1	1955,4	7,6	14,1	2,4
Niedersachsen	162,2	9,0	1869,0	11,9	11,5	2,7
Nordrhein-Westf.	166,9	6,0	2281,2	3,4	13,7	-2,4
Rheinland-Pfalz	165,4	7,3	2190,8	5,4	13,2	-1,8
Saarland	132,3	9,1	2109,0	5,3	15,9	-3,5
Sachsen	127,8	13,8	1838,9	13,6	14,4	-0,1
Sachsen-Anhalt	131,9	8,4	1885,1	9,0	14,3	0,6
Schleswig-Holstein	168,1	7,3	2227,8	4,7	13,3	-2,4
Thüringen	141,3	13,7	1916,3	12,2	13,6	-1,3
Bund	151,5	7,5	2001,6	5,7	13,2	-1,6

stande kommen. In Berlin war die extrem lange Dauer der Krankheitsfälle (17,8 Tage; Bund: 13,2 Tage) für den hohen Krankenstand verantwortlich, während die Zahl der Krankmeldungen geringer war als im Bundesdurchschnitt. In Hamburg dagegen lag sowohl die Zahl der Arbeitsunfähigkeitsfälle als auch deren mittlere Dauer über dem Bundesdurchschnitt. In Bremen wiederum war ausschließlich die hohe Zahl an Krankmeldungen für den hohen Krankenstand ausschlaggebend, denn die mittlere Falldauer entsprach genau dem Bundesdurchschnitt.

Im Vergleich zum Vorjahr nahm die Zahl der Arbeitsunfähigkeitstage in allen Bundesländern zu, am stärksten in den Ländern mit den zuvor niedrigsten Werten, nämlich Sachsen, Thüringen und Niedersachsen (13,6, 12,2 und 11,9%). Diese Anstiege wurden in erster Linie durch eine vermehrte Anzahl von Krankmeldungen verursacht, die durchschnittliche Dauer der Fälle war dagegen bei der Mehrzahl der Bundesländer rückläufig (Tabelle 21.11.4).

21.11.7 Krankenstand nach Betriebsgröße

Einer der wesentlichen Einflussfaktoren hinsichtlich der Höhe des Krankenstands ist die Betriebsgröße. In der Regel ist der Krankenstand in kleineren Betrieben geringer als in großen. Dies dürfte u.a. auf unterschiedliche Formen der Arbeitsorganisation, beispielsweise unterschiedliche Grade innerbetrieblicher Arbeitsteilung, und sich mit der Betriebsgröße ändernde Tätigkeitsfelder zurückzuführen sein. Eine nicht unwesentliche Rolle dürften auch soziale Faktoren spielen, wie z.B. die mit der Zahl der Mitarbeiter steigende Anonymität im Unternehmen und die damit einhergehende geringere soziale Kontrolle[7]. Im Verarbeitenden Gewerbe fielen 1999 in Betrieben mit 10–49 AOK-Mitgliedern 19,1 Arbeitsunfähigkeitstage an, in Betrieben mit 500–999 Mitgliedern waren es dagegen 22,6 Tage (Abb. 21.11.5). Bei Betrieben mit 1000 und mehr AOK-Mitgliedern waren allerdings wieder etwas weniger Ausfalltage zu verzeichnen (20,4).

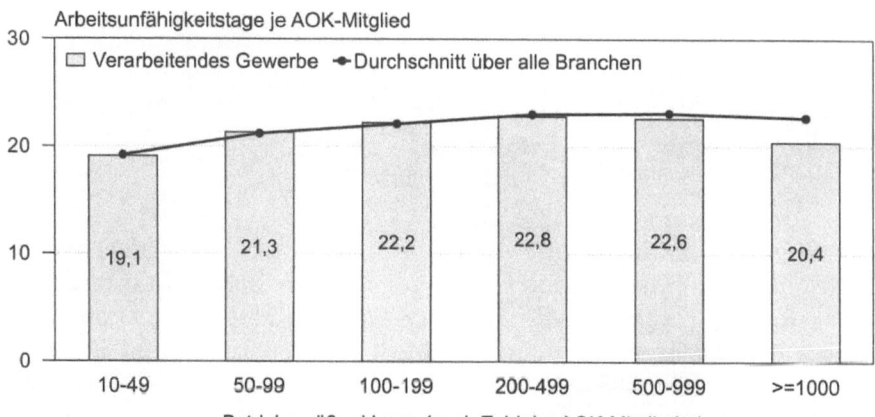

Abb. 21.11.5. Arbeitsunfähigkeitstage im Verarbeitenden Gewerbe nach Betriebsgröße, 1999

---

[7] Als Maß für die Betriebsgröße wird hier die Zahl der AOK-Versicherten in den Betrieben zugrunde gelegt, die allerdings in der Regel nur einen Teil der Belegschaft ausmachen.

Tabelle 21.11.5. Verarbeitendes Gewerbe (ohne Baugewerbe und Metallindustrie), Arbeitsunfähigkeitstage je AOK-Mitglied nach Betriebsgröße (Anzahl der AOK-Mitglieder), 1999

Wirtschaftsgruppe	10–49	50–99	100–199	200–499	500–999	≥1000
Bearbeitung von Edel- und Schmucksteinen	16,6	18,8	19,5	21,8	–	–
Bekleidungsgewerbe, Nähereien	16,5	18,7	19,8	19,6	22,5	–
Chemische Industrie	21,2	21,8	21,3	20,5	21,6	15,6
Druckerei und Vervielfältigung	17,0	18,6	19,8	20,9	23,3	–
Eisen- und Stahlerzeugung	25,6	24,6	26,0	23,8	23,8	16,5
Feinkeramik	20,2	21,9	21,0	25,2	22,9	–
Getränkeherstellung	21,0	22,6	23,8	24,7	–	–
Steine und Erden	21,3	22,2	21,2	23,6	26,0	–
Gummi- und Asbestverarbeitung	21,1	22,7	24,5	22,1	23,7	26,4
Herstellung und Reparatur v. Möbeln	18,4	21,3	22,7	22,9	22,0	20,1
Herstellung und Reparatur v. Schuhen	19,0	22,5	21,5	25,4	22,8	–
Glasherstellung und -verarbeitung	21,0	20,9	22,5	24,5	22,0	19,0
Herstellung von Chemiefasern	22,0	17,6	20,6	22,8	21,4	–
Herst. v. Backwaren und Nahrungsmitteln	17,3	20,4	22,6	23,5	21,4	26,3
Prod. v. Süßwaren, Dauerbackwaren	21,3	23,2	24,1	24,3	26,9	23,5
Kunststoffverarbeitung	20,1	22,5	22,0	22,0	20,8	18,8
Ledererzeugung und -verarbeitung	20,2	22,5	23,0	25,9	35,4	–
Montage u. Rep. von Lüftungs-, u. sonst. Anlagen	20,1	21,0	25,2	19,1	–	–
Instrumente-, Spielw. und Sportgeräteherst.	18,4	20,2	20,6	21,1	24,0	–
Papiererzeugung und -verarbeitung	21,4	22,3	22,9	22,8	21,2	16,9
Polsterei und Dekorationsgewerbe	18,4	24,1	24,1	24,0	–	–
Kraftfahrzeuge- und Fahrradreparatur	15,7	17,2	16,5	21,8	15,6	–
Säge- u. Hobelwerke, Holzbearbeitung	20,2	22,0	22,0	21,8	23,7	–
Schlachterei und Fleischverarb.	17,8	22,1	24,3	26,2	20,3	14,4
Schlosserei, Schweißerei, etc.	20,0	22,0	22,8	21,9	–	–

Tabelle 21.11.5 (Fortsetzung)

Wirtschaftsgruppe	10–49	50–99	100–199	200–499	500–999	≥1000
Sonstige Holzbe- und -verarbeitung	21,5	21,7	23,4	22,9	19,9	–
Tabakverarbeitung	20,0	32,9	23,1	21,8	22,5	–
Mineralölverarbeitung	19,1	19,6	28,4	15,6	–	–
Textverarbeitung	20,4	21,8	23,1	23,6	26,6	14,6
Durchschnitt über alle Branchen	19,2	21,2	22,1	23,0	23,1	22,7

Damit lag die Zahl der durchschnittlichen Fehltage je AOK-Mitglied im Verarbeitenden Gewerbe über alle Betriebsgrößen hinweg nahe am Branchendurchschnitt, mit Ausnahme von Betrieben mit 1000 und mehr Beschäftigten, wo ein Zehntel weniger Arbeitsunfähigkeitstage anfielen.

Tabelle 21.11.5 zeigt die Zahl der Arbeitsunfähigkeitstage in den verschiedenen Wirtschaftsgruppen des Verarbeitenden Gewerbes in Abhängigkeit von der Betriebsgröße.

21.11.8 Krankenstand nach Stellung im Beruf

Allgemein sinkt der Krankenstand – abgesehen von den Auszubildenden, die meist relativ niedrige Krankenstände aufweisen – mit zunehmender Qualifikation der Beschäftigten. Im Verarbeitenden Gewerbe

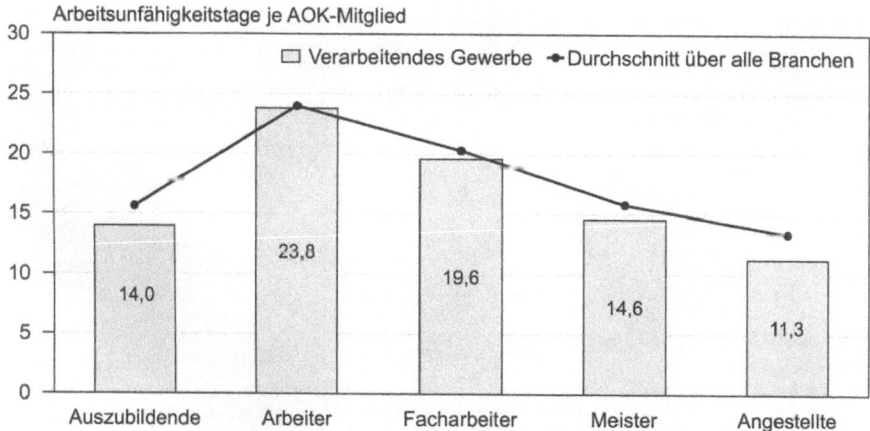

Abb. 21.11.6. Arbeitsunfähigkeitstage im Verarbeitenden Gewerbe nach Stellung im Beruf, 1999

Tabelle 21.11.6. Verarbeitendes Gewerbe (ohne Baugewerbe und Metallindustrie), Krankenstand (in %) nach Stellung im Beruf, 1999

Wirtschaftsgruppe	Auszubildende	Arbeiter	Facharbeiter	Meister	Angestellte
Bearb. von Edel- und Schmucksteinen	3,4	5,7	4,7	2,3	2,6
Bekleidungsgewerbe, Nähereien	3,3	5,7	4,7	2,9	3,1
Chemische Industrie	3,0	6,6	5,3	3,4	3,1
Druckerei und Vervielfältigung	3,1	6,4	4,4	4,0	3,0
Eisen- und Stahlerzeugung	3,8	7,1	5,4	3,9	3,6
Feinkeramik	3,4	6,8	5,4	3,8	3,3
Getränkeherstellung	3,2	6,9	6,5	3,8	3,5
Steine- und Erden	4,1	6,4	6,0	4,8	2,9
Gummi- und Asbestverarbeitung	3,9	6,9	6,3	4,3	3,2
Herstellung und Reparatur von Möbeln	3,8	6,3	5,4	4,2	2,7
Herstellung und Reparatur von Schuhen	3,5	6,6	5,7	3,8	2,6
Glasherstellung und -verarbeitung	4,7	6,6	5,8	5,6	2,7
Herstellung von Chemiefasern	2,3	6,4	5,0	3,6	2,3
Herst. v. Backwaren und Nahrungsmitteln	3,7	6,6	5,0	4,0	3,7
Prod. v. Süßwaren, Dauerbackwaren	3,3	7,2	5,6	4,9	3,4
Kunststoffverarbeitung	3,5	6,5	5,3	4,0	2,9
Ledererzeugung und -verarbeitung	3,7	6,5	6,0	4,2	3,3
Montage u. Rep. von Lüftungs- u. sonst. Anlagen	4,2	6,3	5,9	4,0	3,1
Instrumente-, Spielw. und Sportgeräteherst.	3,4	6,1	4,9	3,4	3,1
Papiererzeugung und -verarbeitung	3,7	6,8	5,6	3,9	3,0
Polsterei und Dekorationsgewerbe	4,0	6,5	5,3	5,3	2,6
Kraftfahrzeug- und Fahrradreparatur	4,1	5,1	4,5	3,6	2,7
Säge- u. Hobelwerke, Holzbearbeitung	3,8	6,4	5,6	4,1	2,7
Schlachterei und Fleischverarbeitung	4,2	6,7	5,6	4,7	3,5
Schlosserei, Schweißerei, etc.	4,4	6,1	5,4	4,1	2,5
Sonstige Holzbe- und -verarbeitung	3,9	6,7	5,5	4,5	3,0
Tabakverarbeitung	2,7	7,1	4,6	2,4	3,4
Mineralölverarbeitung	3,3	6,6	4,8	2,7	2,9
Textilverarbeitung	3,9	6,5	6,1	4,0	3,0

ist diese Tendenz besonders deutlich ausgeprägt. Hier wiesen die Arbeiter 1999 mehr als doppelt so viele Arbeitsunfähigkeitstage auf als die Angestellten (Abb. 21.11.6).

Tabelle 21.11.6 zeigt die Krankenstände in den verschiedenen Wirtschaftsgruppen des Verarbeitenden Gewerbes in Abhängigkeit von der Stellung im Beruf. Im wesentlichen folgt die Verteilung der krankheitsbedingten Fehlzeiten in den Wirtschaftsgruppen dem in Abb. 21.11.6 aufgezeigten Muster für die Branche insgesamt. Innerhalb der Berufsgruppen variierten die Werte in den unterschiedlichen Bereichen des Verarbeitenden Gewerbes am stärksten bei den Auszubildenden sowie bei den Meistern und Polieren. Bei den Auszubildenden bewegten sich die Krankenstände zwischen nur 2,3% im Bereich der „Herstellung von Chemiefasern" und 4,7% in der Glasherstellung und -verarbeitung. Die Meister und Poliere wiesen einen Krankenstand zwischen 2,3% in der Edel- und Schmucksteinverarbeitung und 5,6% auf, letzteres ebenfalls in der Glasherstellung und -verarbeitung.

21.11.9 Arbeitsunfälle

Der Anteil des betrieblichen Krankheitsgeschehens, der auf Unfälle zurückzuführen war, betrug 1999 im verarbeitenden Gewerbe 6,7% in bezug auf die Fälle und 8,2% in Bezug auf die Fehltage. Damit ist der Anteil der Arbeitsunfälle am Krankenstand gegenüber dem Vorjahr deutlich zurückgegangen.

Abb. 21.11.7 zeigt exemplarisch einige Wirtschaftsgruppen des Verarbeitenden Gewerbes, die erheblich höhere durch Arbeitsunfälle bedingte Fehlzeiten aufwiesen als der Branchendurchschnitt. Der

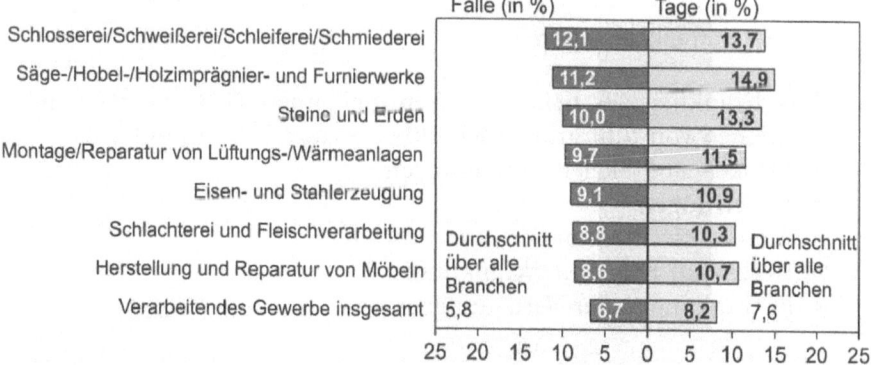

Abb. 21.11.7. Arbeitsunfälle im Verarbeitenden Gewerbe nach Wirtschaftsgruppen, Anteil an den AU-Fällen und -Tagen in %, 1999

Tabelle 21.11.7. Verarbeitendes Gewerbe (ohne Baugewerbe und Metallindustrie), Arbeitsunfähigkeitstage durch Arbeitsunfälle nach Berufsgruppen, 1999

Tätigkeit	AU-Tage je 1000 AOK-Mitglieder	Anteil an den AU-Tagen insgesamt (in %)
Betonbauer	3892,4	17,4
Fleisch-, Wurstwarenhersteller	2380,3	9,8
Tischler	2179,2	13,4
Transportgeräteführer	2078,9	9,1
Mehl-, Nährmittelhersteller	1863,6	8,2
Sonstige Papierverarbeiter	1800,6	7,9
Fischverarbeiter	1767,5	6,3
Zucker-, Süßwaren-, Speiseeishersteller	1626,8	7,0
Elektroinstallateure, -monteure	1573,1	11,1
Kunststoffverarbeiter	1499,3	7,0
Kraftfahrzeuginstandsetzer	1486,4	10,4
Chemiebetriebswerker	1231,7	5,8
Gummihersteller, -verarbeiter	1171,0	5,1
Sonstige Techniker	824,2	6,7
Verkäufer	774,0	6,0

höchste Anteil an den AU-Fällen war mit 12,1% im Schlosser-, Schweißer-, Schleifer- und Schmiedegewerbe zu verzeichnen, der höchste Anteil an den Fehltagen bei den Säge-, Hobel-, Holzimprägnier- und Furnierwerken. Mit 14,9% wurde hier fast jeder sechste Fehltag durch einen Arbeitsunfall verursacht.

Tabelle 21.11.7 zeigt, welche Berufsgruppen innerhalb des Verarbeitenden Gewerbes 1999 besonders viele unfallbedingte Arbeitsunfähigkeitstage aufwiesen. Angeführt wird die Liste von den Betonbauern (3892,4 Tage je 1000 AOK-Mitglieder). Bei dieser Berufsgruppe waren 17,4% der Arbeitsunfähigkeitstage auf einen Unfall zurückzuführen.

21.11.10 Krankheitsarten

Das Krankheitsgeschehen im Verarbeitenden Gewerbe wird im wesentlichen von fünf großen Krankheitsgruppen bestimmt[8]:
- Muskel- und Skeletterkrankungen
- Verletzungen
- Atemwegserkrankungen
- Herz- und Kreislauferkrankungen
- Erkrankungen der Verdauungsorgane.

---

[8] Krankheiten, die mehr als 5% der Arbeitsunfähigkeitstage verursachen. Psychiatrische Erkrankungen erreichten 1999 diesen Wert im Verarbeitenden Gewerbe nicht und werden deshalb hier nicht weiter expliziert.

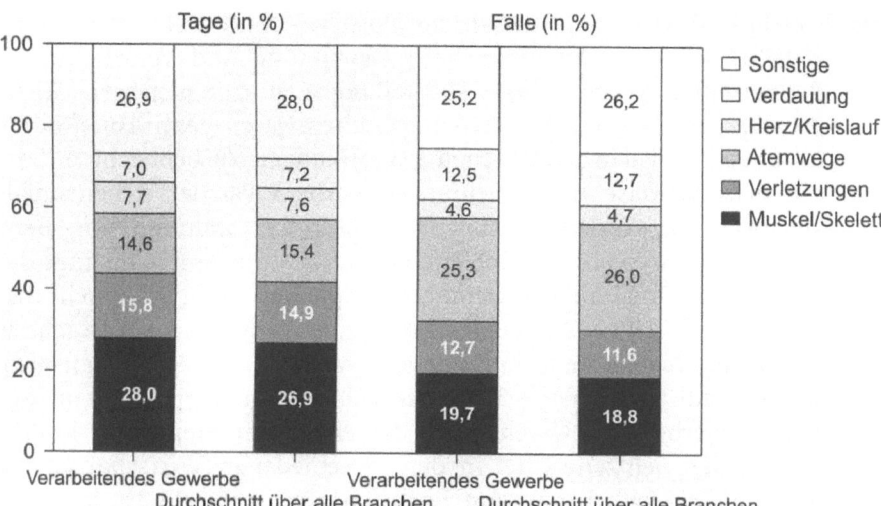

Abb. 21.11.8. Arbeitsunfähigkeit im Verarbeitenden Gewerbe nach Krankheitsarten, 1999

Diese Krankheiten waren 1999 im Verarbeitenden Gewerbe für 74,8% der Krankheitsfälle und 73,1% der -tage verantwortlich (Abb. 21.11.8). Am häufigsten traten Atemwegserkrankungen auf, die für jeden vierten Arbeitsunfähigkeitsfall (25,3%) verantwortlich waren. Da Atemwegserkrankungen jedoch meist nicht von langer Dauer sind, verursachten sie nur 14,6% der Arbeitsunfähigkeitstage. Die meisten Fehltage gingen im Verarbeitenden Gewerbe auf das Konto von Muskel- und Skeletterkrankungen, die oft langwierig sind, häufig chronifizieren und nicht selten zu wiederholter Arbeitsunfähigkeit führen. Sie waren für mehr als jeden vierten (28,0%) krankheitsbedingten Ausfalltag verantwortlich. Neben den muskulo-skeletalen Erkrankungen verursachten auch Verletzungen und Vergiftungen einen hohen Anteil der Fehltage (15,8%). Beide Diagnosegruppen spielen im Verarbeitenden Gewerbe eine größere Rolle als in anderen Branchen. 1999 war ihr Anteil an den Arbeitsunfähigkeitstagen 1,1 bzw. 0,9 Prozentpunkte höher als im allgemeinen Branchendurchschnitt. Atemwegserkrankungen, Krankheiten der Verdauungsorgane und psychiatrische Erkrankungen hatten dagegen einen geringeren Anteil an den Fehlzeiten.

Aus Tabelle 21.11.8 geht hervor, welchen Anteil die Krankheitsarten an den Fehltagen in den verschiedenen Wirtschaftsgruppen des Verarbeitenden Gewerbes hatten. Dabei zeigen sich sehr große Unterschiede bezüglich der einzelnen Diagnosegruppen. Besonders hoch war z.B. der Anteil der Muskel- und Skeletterkrankungen im Bereich der

Getränkeherstellung (30,6%), im Polsterei- und Dekorationsgewerbe (30,4%) sowie in den Bereichen „Gewinnung und Verarbeitung von Steinen und Erden" und „Herstellung von Chemiefasern" (jeweils 29,9%). Die höchsten Schwankungsbreiten waren beim Anteil der Verletzungen und den psychischen Erkrankungen zu beobachten. So waren beispielsweise im Bekleidungsgewerbe 9,4% der Arbeitsunfähigkeitstage auf Verletzungen zurückzuführen, während im Bereich Schlosserei, Schweißerei, Schleiferei und Schmiederei – bedingt durch den hohen Anteil an Arbeitsunfällen (vgl. Kap. 21.11.9) – mehr als jeder fünfte (22,4%) Ausfalltag durch eine Verletzung verursacht war. Durch psychiatrische Erkrankungen waren in der Wirtschaftsgruppe „Steine und Erden" nur 3,2% der Fehltage bedingt, während es im Schuhgewerbe 7,2% waren. Auch der Anteil der Atemwegserkrankungen an den Fehlzeiten fiel in den verschiedenen Wirtschaftsgruppen sehr unterschiedlich aus. Am höchsten war er mit 18,3% im Bereich der Reparatur von Kraftfahrzeugen und Fahrrädern, am geringsten in der Getränkeherstellung, wo nur 12,0% der Arbeitsunfähigkeitstage auf das Konto von Atemwegserkrankungen gingen.

Die Restgruppe der „Sonstigen Erkrankungen" umfasst Diagnosegruppen, die in der Regel weniger als 5% der Fehltage verursachen. In einigen Wirtschaftszweigen sind jedoch diese Krankheitsarten stärker ausgeprägt, wobei berufsspezifische Risiken eine Rolle spielen dürften. Als Beispiel sei hier nur die Wirtschaftsgruppe mit dem höchsten Anteil sonstiger Erkrankungen (Bearbeitung von Edel- und Schmucksteinen: 28,9% „Sonstige") erwähnt, wo zwei Diagnosegruppen relativ häufig vorkommen, die ansonsten nur von relativ geringer Bedeutung für das Arbeitsunfähigkeitsgeschehen sind. Es handelt sich dabei um Neubildungen, die 5,2% der Fehltage (1,9% der Fälle) verursachten, und die Gruppe der Krankheiten des Nervensystems und der Sinnesorgane, auf die 6,2% der Tage und 5,2% der Fälle zurückzuführen waren.

Im folgenden soll nun abschließend noch darauf eingegangen werden, welche Krankheitsarten innerhalb der einzelnen Diagnosegruppen bestimmend sind. In Tabelle 21.11.9 ist zu sehen, dass die Muskel- und Skeletterkrankungen, die 1999 19,7% aller Krankheitsfälle der Branche verursachten, sehr stark von den Rückenerkrankungen dominiert werden, die einen Anteil von 58,5% an den Fällen aufwiesen. Zwei weitere große Gruppen waren Rheumatismus und Gelenkerkrankungen, die zusammen genommen bei 37,5% der Erkrankungen diagnostiziert wurden.

Bei den Verletzungen, die 12,7% aller Krankheitsfälle verursachten, waren Verstauchungen, Zerrungen und Prellungen mit zusammen

Tabelle 21.11.8. Verarbeitendes Gewerbe (ohne Baugewerbe und Metallindustrie), Arbeitsunfähigkeitstage nach Krankheitsarten (in %), 1999

Wirtschaftsgruppe	Muskel/Skelett	Atemwege	Verletzungen	Herz/Kreislauf	Verdauung	Psyche	Sonstige
Bearb. von Edel- und Schmucksteinen	22,7	15,9	11,4	6,7	7,2	7,2	28,9
Bekleidungsgewerbe, Nähereien	27,4	14,7	9,4	8,0	6,5	6,7	27,3
Chemische Industrie	27,1	16,5	12,9	7,9	7,4	5,4	22,8
Druckerei und Vervielwältigung	26,9	15,3	13,2	8,2	7,3	6,1	23,0
Eisen- und Stahlerzeugung	27,4	14,2	18,4	8,8	7,1	4,1	20,0
Feinkeramik	29,6	14,0	13,0	8,4	7,1	4,7	23,2
Getränkeherstellung	30,6	12,0	16,5	8,3	6,3	4,4	21,9
Steine und Erden	29,9	12,3	19,3	8,8	6,5	3,2	20,0
Gummi- und Asbestverarbeitung	29,5	15,5	13,1	7,9	7,6	4,9	21,5
Herstellung und Reparatur v. Möbeln	29,5	13,5	19,4	7,5	6,7	3,6	19,8
Herstellung und Reparatur v. Schuhen	28,1	13,3	10,7	7,8	7,0	7,2	25,9
Glasherstellung und -verarbeitung	27,8	13,6	16,3	8,5	7,3	4,4	22,1
Herstellung von Chemiefasern	29,9	16,3	12,3	7,6	7,9	3,6	22,4
Herst. v. Backwaren und Nahrungsmitteln	27,2	15,1	15,0	7,2	7,3	5,2	23,0
Prod. v. Süßwaren, Dauerbackwaren	29,6	15,6	11,5	7,0	7,1	5,3	23,9
Kunststoffverarbeitung	28,1	15,3	14,5	7,4	7,3	4,9	22,5
Ledererzeugung und -verabeitung	27,8	15,0	12,4	7,8	7,0	4,9	25,1
Montage u. Rep. von Lüftungs-, u. sonst. Anlagen	29,7	14,3	20,4	7,1	6,6	3,4	18,5
Instrumente-, Spielw. und Sportgeräteherst.	28,0	15,2	12,3	8,5	7,0	5,2	23,8
Papiererzeugung und -verarbeitung	28,5	14,2	14,6	8,1	6,9	5,1	22,6
Polsterei und Dekorationsgewerbe	30,4	14,7	14,8	6,3	6,2	5,3	22,3
Kraftfahrzeug- und Fahrradreparatur	23,8	18,3	20,7	6,3	8,0	3,4	19,5

Tabelle 21.11.8 (Fortsetzung)

Wirtschafts-gruppe	Muskel/ Skelett	Atem-wege	Verlet-zungen	Herz/ Kreis-lauf	Verdau-ung	Psyche	Son-stige
Säge- u. Hobel-werke, Holz-bearbeitung	27,9	12,9	21,5	7,3	6,8	3,5	20,1
Schlachterei und Fleischverarbeitung	26,5	13,1	17,3	7,6	7,1	4,5	23,9
Schlosserei, Schweißerei, etc.	25,9	14,9	22,4	7,0	7,1	3,3	19,4
Sonstige Holzbe- und -verarbeitung	28,5	13,7	16,4	8,2	6,5	4,6	22,1
Tabakverarbeitung	28,9	14,8	10,5	7,5	5,9	6,7	25,7
Mineralölverarbeitung	29,2	15,7	13,7	7,5	7,2	5,6	21,1
Textilverarbeitung	27,5	14,5	18,4	7,4	6,8	4,2	21,2

43,5% der Fälle die bestimmenden Beschwerden, mit weitem Abstand gefolgt von oberflächlichen Verletzungen und Komplikationen nach Verletzungen (11,3 bzw. 7,8%). Mit besonders langen Fehlzeiten sind Frakturen der unteren und oberen Extremitäten verbunden; sie waren zusammen zwar nur für 9,5% der verletzungsbedingten Fälle verantwortlich, auf sie gingen aber 23,3% der Arbeitsunfähigkeitstage zurück.

Atemwegserkrankungen waren von der Fallzahl her gesehen mit 25,3% die am häufigsten attestierte Diagnosegruppe im Verarbeitenden Gewerbe. Auch hier waren drei Krankheitsarten bestimmend, nämlich die akuten Infektionen der Atemwege (36,9% der Fälle), die chronisch obstruktiven Lungenkrankheiten und verwandte Affektionen (z. B. Asthma und Bronchitis, 26,7%) sowie Lungenentzündungen und Grippe (25,2%).

Die Herz- und Kreislauferkrankungen verursachten im Verarbeitenden Gewerbe 4,6% aller Krankheitsfälle und 7,7% der Krankheitstage. Dabei dominierten Krankheiten der Venen und Lymphgefäße (43,1% der Fälle), die allerdings mit 24,9% einen verhältnismäßig geringen Anteil an den Arbeitsunfähigkeitstagen in dieser Diagnosegruppe zur Folge hatten. Hypertonie und Hochdruckkrankheiten (22,2% der Fälle), gefolgt von ischämischen und sonstigen Formen von Herzkrankheiten (13,1 bzw. 11,0% Anteil) waren weitere häufige Diagnosen. Die vergleichsweise langwierigsten Erkrankungen waren die ischämischen Herzkrankheiten und Krankheiten des zerebrovaskulären Systems (u. a. Schlaganfälle) mit einem Anteil an den AU-Tagen von 21,5 bzw. 7,9%.

Tabelle 21.11.9. Verarbeitendes Gewerbe (ohne Baugewerbe und Metallindustrie), Arbeitsunfähigkeiten nach Krankheitsarten, Anteile der ICD-Untergruppen an den ICD-Hauptgruppen, 1999

ICD-Untergruppen	Anteil an den AU-Fällen (in %)	Anteil an den AU-Tagen (in %)
Muskel-/Skeletterkrankungen		
Rückenerkrankungen	58,5	55,3
Rheumatismus	22,3	19,4
Gelenkerkrankungen	15,2	20,4
Sonstige	4,0	4,8
Verletzungen		
Prellungen	22,2	15,4
Verstauchungen/Zerrungen	21,3	20,5
Oberflächliche Verletzungen	11,3	7,9
Komplikationen nach Verletzungen	7,8	6,4
Frakturen der unteren Extremitäten	5,5	13,7
Offene Wunden der oberen Extremitäten	5,1	4,7
Frakturen der oberen Extremitäten	4,0	9,6
Quetschungen	3,6	3,4
Folgen des Eindringens von Fremdkörpern in Körperöffnungen	3,1	0,5
Sonstige	16,1	17,9
Atemwegserkrankungen		
Akute Infektionen der Atmungsorgane	36,9	33,3
Chronische obstruktive Lungenkrankheiten und verwandte Affektionen	26,7	30,2
Lungenentzündung und Grippe	25,2	23,5
Sonstige Krankheiten der oberen Luftwege	8,0	9,0
Sonstige Krankheiten der Atmungsorgane	3,1	3,9
Herz-/Kreislauferkrankungen		
Krankheiten der Venen und Lymphgefäße	43,1	24,9
Hypertonie und Hochdruckkrankheiten	22,2	20,0
Ischämische Herzkrankheiten	13,1	21,5
Sonstige Formen von Herzkrankheiten	11,0	13,0
Krankheiten der Arterien, Arteriolen und Kapillaren	3,5	6,3
Krankheiten des zerebrovaskulären Systems	3,3	7,9
Sonstige	3,8	6,4
Verdauung		
Dünn- und Dickdarmentzündung	41,3	28,2
Speiseröhre/Magen/Zwölffingerdarm	23,3	26,0
Mundhöhle/Speicheldrüse/Kiefer	21,7	8,2
Sonst. Krankheiten Darm und Bauchfell	4,6	8,2
Sonst. Krankheiten der Verdauungsorgane	4,2	12,4
Sonstige	4,9	17,0
Psychiatrische Krankheiten		
Neurosen, Psychopathien und andere nichtpsychotische psychisch Störungen	74,9	73,8
Andere Psychosen	21,6	23,4
Organische Psychosen	3,4	2,6

Bei den Erkrankungen der Verdauungsorgane waren von der Zahl der Fälle her gesehen Dünn- und Dickdarmentzündungen mit 41,3% vorherrschend. Krankheiten von Speiseröhre, Magen und Zwölffingerdarm mit 23,3% und Mundhöhle, Speicheldrüse und Kiefer (21,7%) stellten die beiden anderen großen Diagnoseuntergruppen dieses Bereichs dar.

Bei den psychiatrischen Erkrankungen entfiel der größte Teil auf Neurosen, Psychopathien und andere nichtpsychotische Störungen (74,9% der AU-Fälle und 73,8% der -tage). Bei einem Viertel der Fälle wurden Psychosen diagnostiziert.

21.12 Verkehr und Transportgewerbe

21.12.1 Kosten der Arbeitsunfähigkeit 498
21.12.2 Allgemeine Krankenstandsentwicklung 498
21.12.3 Krankenstandsentwicklung nach Wirtschaftsgruppen 500
21.12.4 Krankenstand nach Berufsgruppen 501
21.12.5 Kurz- und Langzeiterkrankungen 504
21.12.6 Krankenstand nach Bundesländern 505
21.12.7 Krankenstand nach Betriebsgröße 507
21.12.8 Krankenstand nach Stellung im Beruf 508
21.12.9 Arbeitsunfälle 510
21.12.10 Krankheitsarten 511

21.12.1 Kosten der Arbeitsunfähigkeit

Im Bereich des Verkehrs- und Transportgewerbes gab es in der Bundesrepublik Deutschland Ende Juni 1999 1,44 Mio.[1] sozialversicherungspflichtig Beschäftigte, von denen 47% (679000) bei der AOK versichert waren. Jedes in dieser Branche beschäftigte AOK-Mitglied war durchschnittlich 19,9 Tage krank geschrieben. Insgesamt summierten sich die krankheitsbedingten Fehlzeiten auf 28,7 Mio. Tage bzw. umgerechnet 78700 Erwerbsjahre. Bei einem durchschnittlichen Bruttolohn in der Branche von 50271 DM[2] ergeben sich für das Jahr 1999 hochgerechnet auf alle Beschäftigten im Bereich Verkehr und Transport Kosten durch Arbeitsunfähigkeit in Höhe von 3,96 Mrd. DM.

Bei einem Betrieb mit 100 Beschäftigten und durchschnittlichem Krankenstand entspricht dies einer Belastung von etwa 274000 DM[3], die im Jahr 1999 durch die Abwesenheit erkrankter Mitarbeiter entstand.

21.12.2 Allgemeine Krankenstandsentwicklung

Der Krankenstand im Verkehrs- und Transportgewerbe lag 1999 in der BRD bei 5,5%, im Vorjahr waren es 5,3%. Im Mittel war ein Arbeitnehmer der Branche innerhalb dieses Jahres 1,34-mal krank geschrieben, wobei die Krankheitsdauer mit durchschnittlich 14,8 Kalendertagen die längste im Vergleich auf Branchenebene war. In Ostdeutschland fiel der Krankenstand mit 4,8% deutlich niedriger aus als in Westdeutschland (5,6%), was vor allem auf die um fast ein Drittel niedrigere Zahl an Arbeitsunfähigkeitsfällen je 100 AOK-Versicherte

---
[1] Bundesanstalt für Arbeit, Beschäftigtenstatistik 2000.
[2] Statistisches Bundesamt, Fachserie 18, 2000.
[3] Nur Lohnkosten. Hinzu kommen noch indirekte Kosten, vgl. Kap. 21.1.2.

Tabelle 21.12.1. Krankenstandsentwicklung im Bereich Verkehr und Transport, 1999

	Krankenstand (in %)	Arbeitsunfähigkeiten je 100 AOK-Mitglieder				Tage je Fall	AU-Quote (in %)
		Fälle	Veränd. z. Vorj. (in %)	Tage	Veränd. z. Vorj. (in %)		
West	5,6	139,5	5,9	2037,8	2,9	14,6	51,8
Ost	4,8	107,6	8,8	1765,7	7,6	16,4	48,5
BRD	5,5	134,3	6,6	1993,5	3,7	14,8	51,3

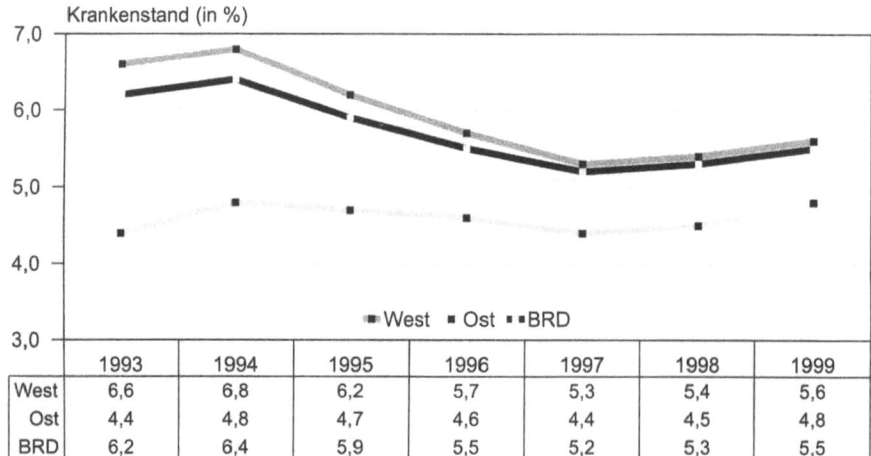

	1993	1994	1995	1996	1997	1998	1999
West	6,6	6,8	6,2	5,7	5,3	5,4	5,6
Ost	4,4	4,8	4,7	4,6	4,4	4,5	4,8
BRD	6,2	6,4	5,9	5,5	5,2	5,3	5,5

Abb. 21.12.1. Krankenstandsentwicklung im Bereich Verkehr und Transport 1993–1999

zurückzuführen ist, denen allerdings eine längere durchschnittliche Dauer der einzelnen Fälle gegenüber steht (Tabelle 21.12.1). Im Westen war auch der Anteil der Arbeitnehmer, die sich mindestens einmal krank meldeten, etwas höher als im Osten (AU-Quote West: 51,8%, Ost: 48,5%).

Im Vergleich zum Vorjahr stieg 1999 die Zahl der Arbeitsunfähigkeitstage im Bereich Verkehr und Transport um 3,7%, wobei die Zunahme in den neuen Bundesländern – wie schon im Vorjahr – stärker war als in den alten (7,6 gegenüber 2,9%). Der Anstieg des Krankenstandes war darauf zurückzuführen, dass sich ein größerer Teil der Arbeitnehmer krank meldete (51,3 gegenüber 50,4% im Vorjahr) und eine deutlich höhere Zahl an Arbeitsunfähigkeitsfällen (6,6% mehr) zu verzeichnen war. Die durchschnittliche Dauer der Krankmeldungen dagegen ging um 0,5 Tage auf 14,8 Tage zurück.

Abbildung 21.12.1 zeigt die Entwicklung des Krankenstands im Verkehrs- und Transportgewerbe in den Jahren 1993–1999. Von 1994 ging er bis 1997 von 6,4% auf 5,2% zurück. Danach stieg er wieder geringfügig an, befand sich aber dennoch 1999 nach wie vor auf einem niedrigeren Stand als in den Jahren 1993–1995.

1993 war der Krankenstand in Westdeutschland noch 2,2 Prozentpunkte höher als in Ostdeutschland. In den folgenden Jahren verringerte sich der Abstand zwischen den Krankenstandswerten in Ost und West kontinuierlich, 1999 betrug er nur noch 0,8 Prozentpunkte.

21.12.3 Krankenstandsentwicklung nach Wirtschaftsgruppen

Zwischen den einzelnen Wirtschaftsgruppen im Bereich des Verkehr- und Transportgewerbes gibt es teilweise erhebliche Unterschiede in der Höhe des Krankenstandes (Tabelle 21.12.2)[4]. Der mit Abstand höchste Wert wurde im Bereich „Schifffahrt, Wasserstraßen und Hä-

Tabelle 21.12.2. Krankenstandsentwicklung im Bereich Verkehr und Transport nach Wirtschaftsgruppen, 1999

Wirtschafts-gruppe	Krankenstand (in %)		Arbeitsunfähigkeiten je 100 AOK-Mitglieder				Tage je Fall	AU-Quote (in %)
	1999	1998	Fälle	Veränd. z. Vorj. (in %)	Tage	Veränd. z. Vorj. (in %)		
Luftfahrt, Rohrleitungs-transport, Verkehrsgewerbe	5,4	5,2	162,5	3,2	1977,1	3,6	12,2	58,1
Schifffahrt, Häfen, Wasserstraßen	7,2	7,0	151,6	5,9	2644,6	3,6	17,4	58,3
Spedition, Lagerei, Kühlhäuser	5,7	5,5	144,0	8,1	2091,4	5,0	14,5	53,3
Straßenverkehr	5,3	5,1	122,5	6,3	1934,3	3,3	15,8	49,5

---

[4] Versehentlich wurden im Fehlzeitenreport 1999 bei den beiden Wirtschaftsgruppen „Luftfahrt, Rohrleitungstransport, Verkehrsgewerbe" und „Straßenverkehr" die Datenzeilen vertauscht. Wir bitten, dies bei Vergleichen mit dem Vorjahr zu berücksichtigen.

fen" erreicht, was mit den spezifischen Arbeitsbedingungen und -belastungen in dieser Wirtschaftsgruppe zusammenhängen dürfte. Dort lag der Krankenstand 1999 bei 7,2% und war damit 1,7 Prozentpunkte höher als im Branchendurchschnitt. Auch im Bereich „Spedition, Lagerei und Kühlhäuser" waren überdurchschnittlich hohe Fehlzeiten zu verzeichnen. Dort betrug der Krankenstand 5,7% gegenüber 5,5% im Bereich Verkehr und Transport insgesamt.

Tabelle 21.12.2 gibt auch Aufschluss darüber, wie die Krankenstände in den einzelnen Wirtschaftsgruppen zustande kamen. 1999 waren im Bereich der Schifffahrt die durchschnittlich längsten Krankheitsdauern zu verzeichnen, bei gleichzeitig auch hohen Fallzahlen in der Wirtschaftgruppe. Relativ langwierige Krankheiten fielen auch im Bereich Straßenverkehr an, allerdings war der Anteil der von Arbeitsunfähigkeit betroffenen Arbeitnehmer sehr niedrig (AU-Quote). Durch die geringe Zahl an Krankheitsfällen weist der Straßenverkehr in der Summe einen unter dem Durchschnitt liegenden Krankenstand aus.

Die Entwicklung des Krankenstands vollzog sich in den verschiedenen Wirtschaftsgruppen der Branche vergleichsweise gleichförmig. Bezogen auf das Vorjahr stieg 1999 die Zahl der Krankheitsfälle in allen Bereichen an, durch meist rückläufige Krankheitsdauern fiel der Anstieg der Arbeitsunfähigkeitstage aber – mit Ausnahme der Wirtschaftgruppe „Luftfahrt, Rohrleitungstransport und Verkehrsgewerbe" – verhältnismäßig moderat aus.

21.12.4 Krankenstand nach Berufsgruppen

Die Zahl der krankheitsbedingten Fehltage je AOK-Mitglied und Jahr variierte 1999 in den unterschiedlichen Berufsgruppen der Verkehrs- und Transportbranche zwischen 9,2 und 26,5 Kalendertagen (Abb. 21.12.2)[5]. Die höchsten Krankenstände wiesen Berufsgruppen aus dem gewerblichen Bereich auf, deren Tätigkeit mit schwerer körperlicher Arbeit bzw. hoher Verantwortung für die Sicherheit Anderer verbunden ist, wie z.B. den Schienenfahrzeugführern (26,5 Tage), Fahrbetriebsreglern und Schaffnern (25,4 Tage) oder Fahrzeugreinigern und Möbelpackern (25,2 bzw. 24,9 Tage). Die geringsten Krankenstände hatten Berufsgruppen aus dem Angestelltenbereich, wie z.B. Fremdenverkehrsfachleute (9,2 Tage), Bürofachkräfte (11,0) und Verkehrsfachleute (12,1 Tage).

---

[5] Berücksichtigt wurden nur ausgewählte Berufsgruppen mit mindestens 1000 AOK-Versicherten.

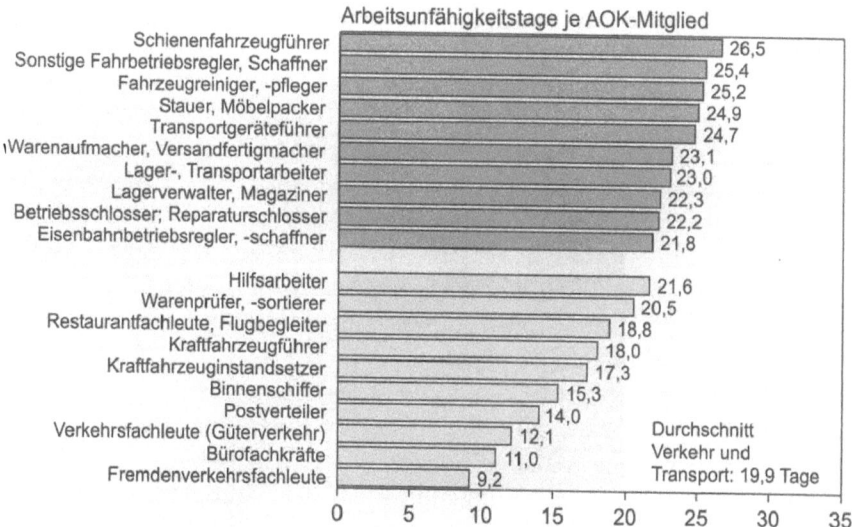

Abb. 21.12.2. 10 Berufsgruppen im Bereich Verkehr und Transport mit hohen und niedrigen Krankenständen, 1999

Bei Betrachtung der Parameter, die den Krankenstand bestimmen, zeigen sich auch hier im Detail Unterschiede. Wie in Tabelle 21.12.3 zu sehen ist, waren beispielsweise bei den Warenprüfern und -sortierern mit 213,3 Fällen je 100 Versicherten zwar die meisten Krankheitsfälle und auch eine relativ hohe AU-Quote zu verzeichnen, aber nicht der höchste Krankenstand. Diesen finden wir bei den Schienenfahrzeugführern mit 7,2%, die mit 71,0% eine sehr hohe AU-Quote und mit 15,4 Tagen je Fall auch überdurchschnittliche Krankheitsdauern aufwiesen. Die kürzesten Krankheitsdauern hingegen hatten die Fremdenverkehrsfachleute mit einem Mittelwert von 8,0 Tagen. Die längsten Falldauern waren mit 20,5 Tagen bei den Binnenschiffern zu verzeichnen, gleichzeitig wies diese Berufsgruppe aber die niedrigste AU-Quote auf (33,8%). Dies dürfte damit zusammenhängen, dass es für Binnenschiffer nicht ohne weiteres möglich ist, einen Arzt aufzusuchen, um sich krank zu melden. Durch die resultierende Untererfassung von Kurzerkrankungen beeinflussen Krankheiten mit langer durchschnittlicher Dauer den Mittelwert hier stärker als bei anderen Berufsgruppen. Auf den gleichen Effekt dürfte auch der hohe Anteil unfallbedingter Fehltage (19,0% der Fehltage) bei den Binnenschiffern zurückgehen.

Tabelle 21.12.3 gibt einen Überblick über die Krankenstandskennzahlen der größten Berufsgruppen des Verkehrs- und Transportgewerbes.

Tabelle 21.12.3. Verkehr und Transport, Krankenstandskennzahlen nach ausgewählten Berufsgruppen, 1999

Tätigkeit	Krankenstand (in %)	Arbeitsunfähigkeiten je 100 AOK-Mitglieder		Tage je Fall	AU-Quote (in %)	Anteil Arbeitsunfälle an den AU-Tagen (in %)
		Fälle	Tage			
Betriebsschlosser, Reparaturschlosser	6,1	160,7	2218,4	13,8	63,2	10,1
Binnenschiffer	4,2	74,4	1525,3	20,5	33,8	19,0
Bürofachkräfte	3,0	108,4	1101,9	10,2	44,2	3,2
Eisenbahnbetriebsregler, -schaffner	6,0	150,6	2176,1	14,5	59,0	6,9
Fahrzeugreiniger, -pfleger	6,9	175,6	2518,1	14,3	60,0	6,7
Fremdenverkehrsfachleute	2,5	115,1	922,7	8,0	45,2	2,5
Hilfsarbeiter	5,9	161,5	2157,0	13,4	42,0	13,9
Kraftfahrzeugführer	4,9	114,7	1800,3	15,7	48,3	13,4
Kraftfahrzeuginstandsetzer	4,7	143,6	1728,3	12,0	60,8	13,1
Lager-, Transportarbeiter	6,3	187,0	2299,4	12,3	59,1	10,6
Lagerverwalter, Magaziner	6,1	181,6	2229,7	12,3	60,3	9,5
Postverteiler	3,8	136,0	1401,6	10,3	39,3	9,1
Restaurantfachleute Flugbegleiter	5,2	193,9	1883,1	9,7	60,7	2,0
Schienenfahrzeugführer	7,2	172,0	2645,3	15,4	71,0	6,0
Sonstige Fahrbetriebsregler, Schaffner	7,0	142,4	2541,1	17,8	56,3	6,2
Stauer, Möbelpacker	6,8	184,3	2486,2	13,5	56,8	14,0
Transportgeräteführer	6,8	177,4	2469,0	13,9	65,5	8,8
Verkehrsfachleute (Güterverkehr)	3,3	149,7	1208,7	8,1	53,7	4,4
Warenaufmacher, Versandfertigmacher	6,3	205,1	2308,5	11,3	56,6	7,3
Warenprüfer, -sortierer	5,6	213,3	2046,1	9,6	55,2	10,1

Berufsgruppen mit mehr als 1000 AOK-Versicherten

21.12.5 Kurz- und Langzeiterkrankungen

Die durchschnittliche Dauer der Arbeitsunfähigkeitsfälle war 1999, wie auch bereits in den Vorjahren, im Verkehrs- und Transportgewerbe deutlich höher als im Durchschnitt aller Branchen (14,8 vs. 12,9 Tage). Dies spiegelt sich auch in der Verteilung der Fälle nach Dauerklassen wider (Abb. 21.12.3). Kurzzeiterkrankungen von 1–3 Tagen spielten im Verkehrs- und Transportgewerbe eine wesentlich geringere Rolle als in anderen Branchen[6]. Ihr Anteil an den Arbeitsunfähigkeitsfällen betrug 1999 lediglich 25,1%, im Branchendurchschnitt waren es dagegen 30,7%.

Der Anteil der Langzeiterkrankungen (sechs Wochen und mehr) an den Fehltagen war im Verkehrs- und Transportgewerbe mit 42,4% um 2,8 Prozentpunkte höher als im Durchschnitt aller Branchen. Ein noch höherer Wert wurde nur im Baugewerbe registriert. Dabei ist zu beachten, dass nur 6,1% der Krankheitsfälle dieser Branche Langzeiterkrankungen waren.

Im Gegensatz dazu waren die Kurzzeiterkrankungen mit einer Dauer von 1–3 Tagen im Verkehr- und Transportgewerbe nur für 3,4% der Ausfalltage verantwortlich. Diese Zahlen machen unmissverständlich deutlich, dass das größte Potenzial zur Reduzierung der Kranken-

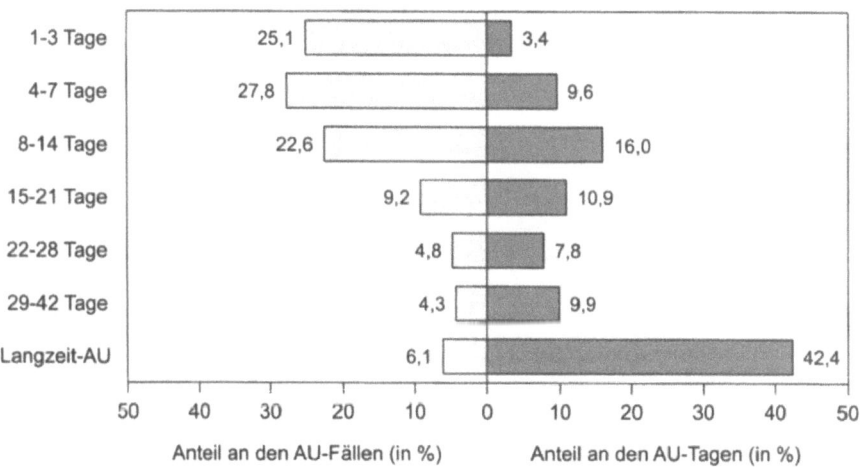

Abb. 21.12.3. Arbeitsunfähigkeitsfälle und -tage im Bereich Verkehr und Transport nach der Dauer, 1999

---

[6] Kurzerkrankungen werden allerdings von den Krankenkassen nicht in vollem Umfang erfasst, vgl. Kap. 21.1.5.

stände und der damit verbundenen Kosten in der Prävention der Langzeiterkrankungen steckt. Hingegen ist das Einsparungspotenzial in Bezug auf Kurzerkrankungen eher gering.

21.12.6 Krankenstand nach Bundesländern

Zwischen den einzelnen Bundesländern gibt es bezüglich des Krankenstands teilweise erhebliche Unterschiede (Abb. 21.12.4). 1999 waren die höchsten Krankenstände in den Stadtstaaten Berlin (7,6%), Bremen (7,0%), Hamburg (6,8%) und im Saarland (6,5%) zu verzeichnen. Am geringsten waren die krankheitsbedingten Fehlzeiten in den neuen Bundesländern, in Niedersachsen und im Süden der Republik (4,5–5,0%).

Wo liegen – statistisch gesehen – die Gründe für die hohen Krankenstände in den Stadtstaaten und im Saarland? Wie uns Ta-

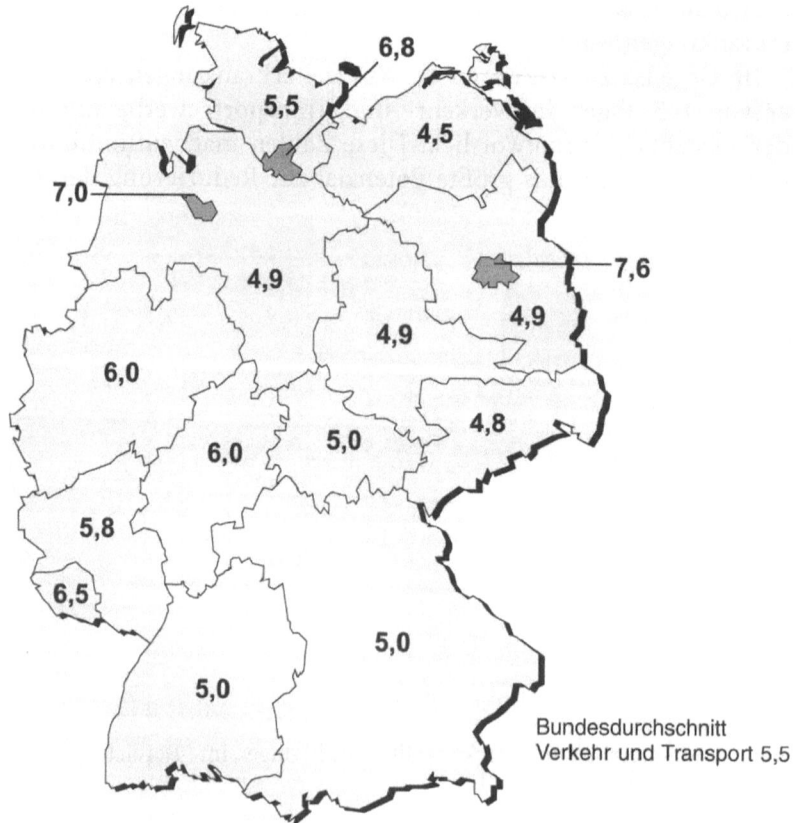

Abb. 21.12.4. Krankenstand (in %) im Bereich Verkehr und Transport nach Bundesländern, 1999

belle 21.12.4 zeigt, war in Berlin weniger die nur leicht überdurchschnittliche Zahl der Krankmeldungen ausschlaggebend für den hohen Krankenstand, sondern in erster Linie die extrem lange mittlere Dauer der Fälle. Während ein Arbeitsunfähigkeitsfall im Bundesdurchschnitt in der Branche Verkehr und Transport 14,8 Tage dauerte, waren es in Berlin 19,8 Tage. Für das Saarland gilt ähnliches. Dort waren sogar verhältnismäßig wenige Krankmeldungen zu verzeichnen, diese dauerten aber fast so lang wie in Berlin. In Bremen wiederum stellt sich die Lage umgekehrt dar. Hier war eine extrem hohe Zahl an Arbeitsunfähigkeitsfällen (168,9 vs. 134,3 im Branchendurchschnitt) mit nur leicht überdurchschnittlicher Dauer für den hohen Krankenstand verantwortlich. In Hamburg hingegen lag sowohl

Tabelle 21.12.4. Verkehr und Transport, Arbeitsunfähigkeit nach Bundesländern, 1999 im Vergleich zum Vorjahr

	Arbeitsunfähigkeiten je 100 AOK-Mitglieder					
	AU-Fälle 1999	Veränd. z. Vorj. (in %)	AU-Tage 1999	Veränd. z. Vorj. (in %)	Tage je Fall 1999	Veränd. z. Vorj. (in %)
Baden-Württemb.	134,3	6,2	1828,7	2,3	13,6	-3,6
Bayern	123,2	5,7	1825,2	4,1	14,8	-1,5
Berlin	139,5	3,5	2758,7	2,9	19,8	-0,6
Brandenburg	107,3	3,9	1779,6	2,9	16,6	-1,0
Bremen	168,9	2,2	2557,2	-1,8	15,1	-4,0
Hamburg	151,9	7,2	2467,7	6,0	16,2	-1,2
Hessen	170,0	4,4	2203,7	4,2	13,0	-0,2
Mecklenb.-Vorp.	104,9	5,3	1648,9	5,5	15,7	0,2
Niedersachsen	134,6	11,3	1772,2	11,8	13,2	0,4
Nordrhein-Westf.	144,3	5,4	2199,0	1,6	15,2	-3,6
Rheinland-Pfalz	143,0	8,4	2102,6	0,5	14,7	-7,3
Saarland	125,2	4,2	2376,9	-0,6	19,0	-4,6
Sachsen	107,0	12,5	1764,0	10,7	16,5	-1,6
Sachsen-Anhalt	105,8	6,3	1778,2	5,1	16,8	-1,1
Schleswig-Holstein	129,1	9,0	1993,0	4,5	15,4	-4,2
Thüringen	112,4	10,5	1815,5	9,6	16,2	-0,8
Bund	134,3	6,6	1993,5	3,7	14,8	-2,7

die Zahl der Krankmeldungen als auch deren Dauer deutlich über dem Durchschnitt. Auffallend sind auch die Werte für Hessen. Hier fielen zum einen zwar die meisten Krankheitsfälle je 100 Versicherte an. Gleichzeitig wiesen diese jedoch auch die geringste Dauer auf, d.h. der Anteil an Langzeiterkrankungen war hier relativ niedrig.

Im Vergleich zum Vorjahr stieg die Zahl der Arbeitsunfähigkeitsfälle in allen Bundesländern mit Werten zwischen 2,2 und 12,5% an (Tabelle 21.12.4). Die stärksten Anstiege war in Sachsen, Thüringen und Niedersachsen zu verzeichnen. Durch den Rückgang der Krankheitsdauer von durchschnittlich 2,7% fiel der Anstieg der Fehltage nicht ganz so hoch aus, in Bremen und im Saarland führte er sogar zu einer Reduktion der Fehlzeiten um 0,6 bzw. 1,8%.

21.12.7 Krankenstand nach Betriebsgröße

Empirisch ist ein deutlicher Zusammenhang zwischen Betriebsgröße und Höhe des Krankenstandes feststellbar. Aus Gründen, die in der größeren innerbetrieblichen Anonymität, der leichteren Ersetzbarkeit im Arbeitsablauf und in der unterschiedlichen Ausgestaltung von Arbeitsteilung und -organisation liegen können, nimmt die Zahl der durchschnittlich je Arbeitnehmer zu verzeichnenden Fehltage mit der Größe des betrachteten Betriebs zu. Im Bereich Verkehr und Transport waren 1999 bei Kleinbetrieben mit 10–49 AOK-Mitgliedern durchschnittlich 19,5 Arbeitsunfähigkeitstage je Mitarbeiter zu verzeichnen, bei Betrieben mit 1000 und mehr AOK-Mitgliedern 28,2 AU-Tage je Mitarbeiter[7]. Damit war insbesondere der Krankenstand der letztgenannten Gruppe mit mehr als vier Wochen je Arbeitnehmer weit höher als der entsprechende Wert in den anderen Wirtschaftsabteilungen, während er bei Betrieben mit 100–999 AOK-Mitgliedern nur leicht über dem allgemeinen Branchendurchschnitt lag und bei kleineren Betrieben mit 10–99 AOK-Mitgliedern etwa den Durchschnittswerten entsprach (Abb. 21.12.5).

Tabelle 21.12.5 zeigt die Anzahl der Arbeitsunfähigkeitstage in den einzelnen Wirtschaftsgruppen des Verkehrs- und Transportgewerbes in Abhängigkeit von der Betriebsgröße. 1999 wurden bei allen Betriebsgrößen die höchsten Werte im Bereich „Schifffahrt, Wasserstraßen und Häfen" erreicht. Die niedrigsten Krankenstände waren dagegen bei Betrieben mit bis zu 500 AOK-Mitgliedern im Bereich „Luft-

---

[7] Als Maß für die Betriebsgröße wird hier die Zahl der AOK-Versicherten in den Betrieben zugrunde gelegt, die allerdings in der Regel nur einen Teil der Belegschaft ausmachen.

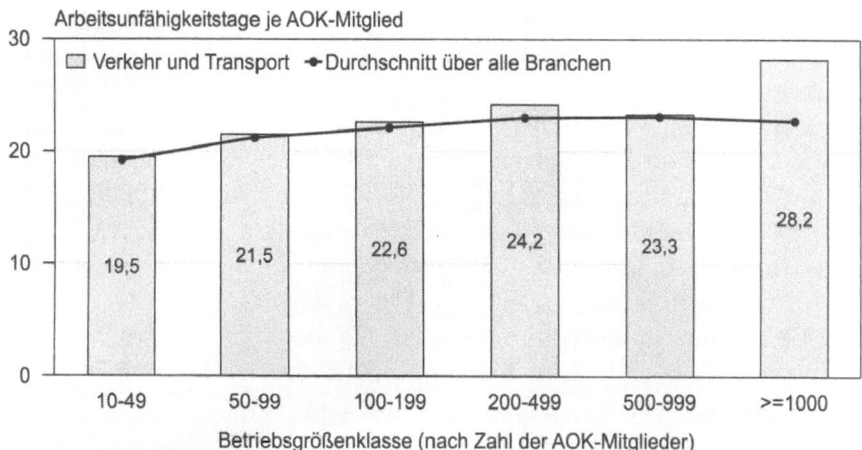

Abb. 21.12.5. Arbeitsunfähigkeitstage im Bereich Verkehr und Transport nach Betriebsgröße, 1999

Tabelle 21.12.5. Verkehr und Transport, Arbeitsunfähigkeitstage je AOK-Mitglied nach Betriebsgröße (Anzahl der AOK-Mitglieder), 1999

Wirtschaftsgruppe	10–49	50–99	100–199	200–499	500–999	≥1000
Luftfahrt, Transport in Rohrleitungen und Verkehrsgewerbe	16,7	19,3	20,2	22,2	25,1	27,4
Schifffahrt, Häfen und Wasserstraßen	26,4	25,0	33,5	33,0	30,7	31,9
Spedition, Lagerei, Kühlhäuser	20,9	22,2	22,5	24,1	28,0	18,1
Straßenverkehr	18,7	21,0	23,5	26,3	23,9	30,6
Durchschnitt über alle Branchen	19,2	21,2	22,1	23,0	23,1	22,7

fahrt, Rohrleitungstransport und Verkehrsgewerbe" zu verzeichnen. Auffallend ist der mit 18,1 Fehltagen je Beschäftigtem sehr niedrige Wert in der Größenklasse 1000 und mehr Mitarbeiter im Bereich Speditionen, Lagereien und Kühlhäuser.

21.12.8 Krankenstand nach Stellung im Beruf

Die Unterschiede im Krankenstand hinsichtlich der beruflichen Stellung entsprechen in der Branche Verkehr und Transport weitgehend denen über alle Branchen hinweg. Mit zunehmender Qualifikation sinkt, abgesehen von den Auszubildenden, der Krankenstand. Bei den

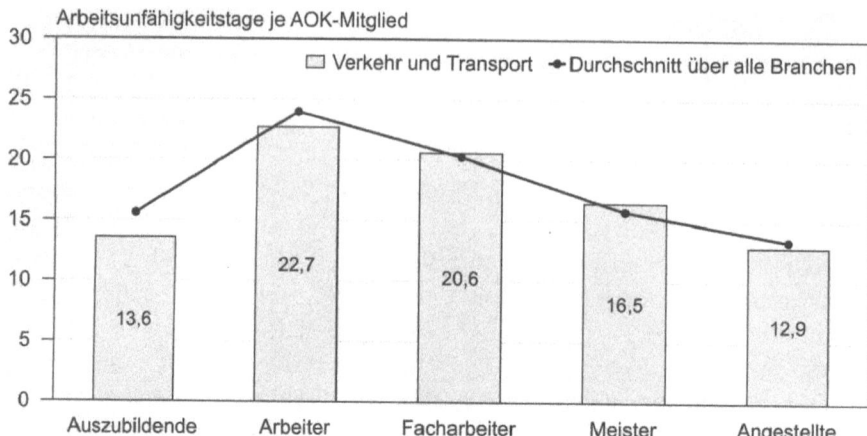

Abb. 21.12.6. Arbeitsunfähigkeitstage im Bereich Verkehr und Transport nach Stellung im Beruf, 1999

Tabelle 21.12.6. Verkehr und Transport, Krankenstand (in %) nach Stellung im Beruf, 1999

Wirtschaftsgruppe	Auszubildende	Arbeiter	Facharbeiter	Meister, Poliere	Angestellte
Luftfahrt, Rohrleitungstransport, Verkehrsgewerbe	3,0	7,7	6,2	3,4	3,9
Schiffahrt, Häfen und Wasserstraßen	4,7	8,3	7,6	5,7	3,7
Spedition, Lagerei, Kühlhäuser	3,7	6,5	6,0	4,9	3,3
Straßenverkehr	4,0	5,9	5,4	4,1	3,3

Arbeitern waren 1999 fast doppelt so viele Arbeitsunfähigkeitstage zu verzeichnen wie bei den Angestellten (22,7 vs. 12,9 Tage). Wie Abb. 21.12.6 zu entnehmen ist, lagen die Werte für Auszubildende, Arbeiter und Angestellte etwas unter dem allgemeinen Branchendurchschnitt, während der Krankenstand der Facharbeiter und mehr noch der Meister über dem allgemeinen Schnitt angesiedelt war.

Tabelle 21.12.6 zeigt die jeweiligen Krankenstände der Wirtschaftsgruppen im Verkehrs- und Transportgewerbe in Abhängigkeit von der Stellung im Beruf. Die krankheitsbedingten Fehlzeiten in den einzelnen Berufs- und Wirtschaftsgruppen variierten zum Teil recht stark, insbesondere bei Arbeitern und Facharbeitern. Diese wiesen im Bereich „Schifffahrt, Wasserstraßen und Häfen" die höchsten Krankenstände auf. Auch im Bereich „Luftfahrt, Rohrleitungstransport und Verkehrsgewerbe" waren bei den Arbeitern weit über dem Branchendurchschnitt liegende Krankenstände zu verzeichnen. Durchgehend niedrige Krankenstände finden sich hingegen im Straßenverkehr.

21.12.9 Arbeitsunfälle

Wie Abb. 21.12.7 deutlich zeigt, waren 1999 im Verkehrs- und Transportgewerbe wesentlich mehr Arbeitsunfälle zu verzeichnen als im Durchschnitt über alle Branchen. Abgesehen vom Bereich „Luftfahrt, Rohrtransport, sonstiger Verkehr" war der Anteil der Unfälle an den Erkrankungsfällen in der Branche wesentlich höher als der Bundesdurchschnitt von 5,8%. Dabei wich vor allem der Bereich „Schifffahrt, Wasserstraßen und Häfen" mit 9,7% nach oben ab. Der Anteil an den Arbeitsunfähigkeitstagen reichte von relativ geringen 5,5% in der Wirtschaftsgruppe „Luftfahrt, Rohrtransport, sonstiger Verkehr" bis zu 13,8% im Bereich „Schifffahrt, Wasserstraßen und Häfen" und wies so eine relativ große Streuung auf.

Tabelle 21.12.7 zeigt die Berufsgruppen im Verkehrs- und Transportgewerbe, die 1999 am stärksten von Arbeitsunfällen betroffen waren. Die meisten unfallbedingten Ausfalltage fielen bei den Stauern und Möbelpackern an, bei denen 3472,6 Fehltage je tausend AOK-Mitglieder zu verzeichnen waren. Ebenfalls viele Ausfalltage aufgrund von Arbeitsunfällen hatten auch Hilfsarbeiter und Binnenschiffer (3008,8 bzw. 2897,9). Bei den letzteren war der Anteil der unfallbedingten Fehltage an den Fehlzeiten mit 19,0% im Bereich des Verkehrs- und Transportgewerbes am höchsten. Allerdings ist dieser Wert aufgrund einer berufsspezifischen Verzerrung (vgl. Kap. 21.12.4) mit Vorsicht zu betrachten.

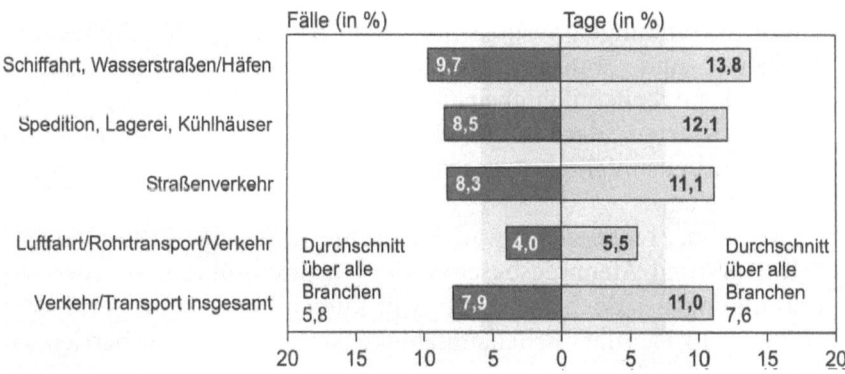

Abb. 21.12.7. Arbeitsunfälle im Bereich Verkehr und Transport nach Wirtschaftsgruppen, Anteil an den AU-Fällen und -Tagen in %, 1999

Tabelle 21.12.7. Verkehr und Transport, Arbeitsunfähigkeitstage durch Arbeitsunfälle nach Berufsgruppen, 1999

Tätigkeit	AU-Tage je 1000 AOK-Mitglieder	Anteil an den AU-Tagen insgesamt (in %)
Stauer, Möbelpacker	3472,6	14,0
Hilfsarbeiter ohne nähere Tätigkeitsangabe	3008,8	13,9
Binnenschiffer	2897,9	19,0
Lager-, Transportarbeiter	2430,5	10,6
Kraftfahrzeugführer	2419,4	13,4
Kraftfahrzeuginstandsetzer	2260,1	13,1
Betriebsschlosser, Reparaturschlosser	2247,2	10,1
Transportgeräteführer	2161,4	8,8
Lagerverwalter, Magaziner	2109,8	9,5
Warenprüfer, -sortierer	2074,5	10,1
Fahrzeugreiniger, -pfleger	1699,6	6,7
Warenaufmacher, Versandfertigmacher	1683,0	7,3
Schienenfahrzeugführer	1590,7	6,0
Sonstige Fahrbetriebsregler, Schaffner	1577,0	6,2
Eisenbahnbetriebsregler, -schaffner	1505,0	6,9
Postverteiler	1282,1	9,1

21.12.10 Krankheitsarten

Das Krankheitsgeschehen wird im Verkehrs- und Transportgewerbe im Wesentlichen von fünf großen Krankheitsgruppen bestimmt[8]:
- Muskel- und Skeletterkrankungen
- Verletzungen
- Atemwegserkrankungen
- Herz- und Kreislauferkrankungen
- Erkrankungen der Verdauungsorgane.

Diese Erkrankungen verursachten 1999 bei den AOK-Mitgliedern im Verkehrs- und Transportgewerbe 75,5% aller Krankheitsfälle und 74,6% der Arbeitsunfähigkeitstage. Der Rest verteilte sich auf sonstige Krankheitsarten, darunter auch die psychiatrischen Erkrankungen, die im Arbeitsunfähigkeitsgeschehen dieser Branche keine allzu große Rolle spielten.

Wie Abb. 21.12.8 zeigt, war der größte Anteil der Erkrankungsfälle mit 23,8% auf Atemwegsbeschwerden zurückzuführen. Da Atemwegserkrankungen jedoch meist nur von kurzer Dauer sind, verursachten sie nur 13,7% der Arbeitsunfähigkeitstage. Von den betrieblichen Fehlzeiten her betrachtet waren Muskel- und Skeletterkrankungen mit

---

[8] Krankheitsgruppen mit einem Anteil von mehr als 5% an den AU-Tagen.

einem Anteil von 27,5% an den Fehltagen die wichtigste Diagnosegruppe. Ein weiterer großer Teil der Arbeitsunfähigkeitstage ging auf Verletzungen zurück. Ihr Anteil an den Fehltagen lag bei 17,5% und war damit erheblich höher als im Bundesdurchschnitt (2,6 Prozentpunkte mehr). Die Herz- und Kreislauferkrankungen sowie die Muskel- und Skeletterkrankungen hatten ebenfalls einen höheren Anteil an den Ausfalltagen (1,1 bzw. 0,6 Prozentpunkte). Dagegen spielten die Atemwegserkrankungen eine geringere Rolle im Arbeitsunfähigkeitsgeschehen (1,7 Prozentpunkte weniger).

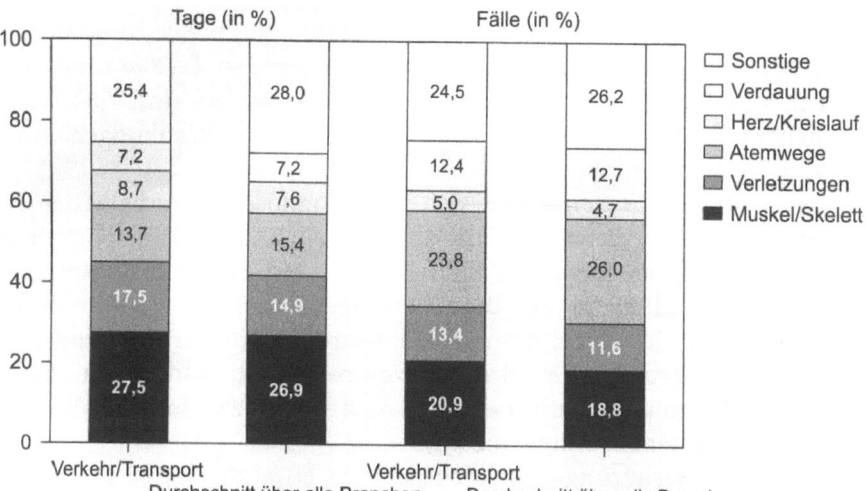

Abb. 21.12.8. Arbeitsunfähigkeit im Bereich Verkehr und Transport nach Krankheitsarten, 1999

Tabelle 21.12.8. Verkehr und Transport, Arbeitsunfähigkeitstage nach Krankheitsarten (in %), 1999

Wirtschaftsgruppe	Muskel/Skelett	Atemwege	Verletzungen	Herz/Kreislauf	Verdauung	Psyche	Sonstige
Luftfahrt, Rohrleitungstransport, Verkehrsgewerbe	25,8	19,3	12,2	7,3	7,8	5,6	22,0
Schifffahrt, Häfen und Wasserstraßen	33,2	11,6	20,1	7,7	5,9	3,7	17,8
Spedition, Lagerei, Kühlhäuser	28,7	13,4	18,2	8,4	7,1	3,8	20,4
Straßenverkehr	26,9	13,0	17,6	9,2	7,1	4,3	21,9

Im folgenden nun ein Blick auf die Verteilung der Diagnosegruppen innerhalb der unterschiedlichen Wirtschaftsgruppen des Verkehrs- und Transportgewerbes (Tabelle 21.12.8). Hier sind zum Teil erhebliche Unterschiede festzustellen. So schwankte der Anteil der Muskel- und Skeletterkrankungen am Krankenstand zwischen 26,9% in der Wirtschaftsgruppe Straßenverkehr und 33,2% im Bereich „Schifffahrt, Wasserstraßen und Häfen". Bemerkenswert sind auch die großen Unterschiede bei den Atemwegserkrankungen, die im Bereich „Luftfahrt, Rohrleitungstransport und Verkehrsgewerbe" sehr viele (19,3%) Arbeitsunfähigkeitstage verursachten, im Bereich „Schifffahrt, Wasserstraßen und Häfen" hingegen einen relativ geringen Anteil an den Ausfalltagen hatten (11,6%). Das umgekehrte Bild bietet sich bei den Verletzungen, die in der Schifffahrt etc. 20,1% der Krankheitstage verursachten, im Bereich „Luftfahrt etc." aber nur 12,2%. Krankheiten des Verdauungssystems hatten Anteile zwischen 5,9 und 7,8% an den Arbeitsunfähigkeitstagen, Herz- und Kreislauferkrankungen Anteile von 7,3 bis zu 9,2%.

Tabelle 21.12.9 zeigt, wie sich die Diagnosen innerhalb der ICD-Hauptgruppen verteilten. Für das Verkehrs- und Transportgewerbe zeigt sich dabei folgendes Bild: Bei den Muskel- und Skeletterkrankungen, die 1999 in der Branche einen Anteil von 20,9% der Fälle und 27,5% der Tage ausmachten, waren Rückenerkrankungen mit 62,3% der Arbeitsunfähigkeitsfälle dominierend, gefolgt von rheumatischen Erkrankungen mit einem Anteil von 20,2% und Gelenkerkrankungen mit einem Anteil von 14,0%.

Bei den Verletzungen handelte es sich etwa zur Hälfte um Prellungen (26,3% der Fälle) bzw. Verstauchungen und Zerrungen (25,2% der Fälle). Der Rest war bestimmt durch oberflächliche Verletzungen und Frakturen der Extremitäten (zusammen 19,7%) sowie diverse kleinere Symptomgruppen. Auffällig, wenn auch wenig überraschend ist, dass Frakturen der Extremitäten zusammen zwar nur 10,8% der Fälle ausmachten, aber für 24,7% der AU-Tage verantwortlich waren.

Die Atemwegserkrankungen, im Verkehrs- und Transportgewerbe für 23,8% aller Krankheitsfälle und 13,7% der Fehltage verantwortlich, waren hauptsächlich bestimmt durch akute Infektionen (36,4% der Fälle), chronisch obstruktive Lungenkrankheiten und verwandte Affektionen (z.B. Asthma, chronische Bronchitis, 27,8% der Fälle) sowie Lungenentzündungen und Grippeerkrankungen, die für 24,3% der Fälle ursächlich waren.

Bei den Herz- und Kreislauferkrankungen dominierten mit 35,5% der Fälle Krankheiten der Venen und Lymphgefäße, gefolgt von Bluthochdruck (25,0% der Fälle), einem relativ hohen Anteil ischämischer

Tabelle 21.12.9. Verkehr und Transport, Arbeitsunfähigkeiten nach Krankheitsarten, Anteile der ICD-Untergruppen an den ICD-Hauptgruppen, 1999

ICD-Untergruppen	Anteil an den AU-Fällen (in %)	Anteil an den AU-Tagen (in %)
Muskel-/Skeletterkrankungen		
Rückenerkrankungen	62,3	59,8
Rheumatismus	20,2	17,7
Gelenkerkrankungen	14,0	18,4
Sonstige	3,5	4,2
Verletzungen		
Prellungen	26,3	18,4
Verstauchungen/Zerrungen	25,2	23,3
Oberflächliche Verletzungen	8,9	6,3
Frakturen der unteren Extremitäten	6,6	15,3
Komplikationen nach Verletzungen	6,3	5,1
Frakturen der oberen Extremitäten	4,2	9,4
Sonstige	22,5	22,2
Atemwegserkrankungen		
Akute Infektionen der Atmungsorgane	36,4	32,8
Chronische obstruktive Lungenkrankheiten und verwandte Affektionen	27,8	31,0
Lungenentzündung und Grippe	24,3	22,9
Sonstige Krankheiten der oberen Luftwege	8,6	9,4
Sonstige Krankheiten der Atmungsorgane	3,0	3,9
Herz-/Kreislauferkrankungen		
Krankheiten der Venen und Lymphgefäße	35,5	18,5
Hypertonie und Hochdruckkrankheiten	25,0	21,5
Ischämische Herzkrankheiten	17,4	26,8
Sonstige Formen von Herzkrankheiten	11,2	13,0
Krankheiten der Arterien, Arteriolen und Kapillaren	4,1	6,8
Krankheiten des zerebrovaskulären Systems	3,9	9,1
Sonstige	2,9	4,3
Verdauung		
Dünn- und Dickdarmentzündung	38,9	26,9
Speiseröhre/Magen/Zwölffingerdarm	24,5	28,3
Mundhöhle/Speicheldrüse/Kiefer	22,0	8,1
Sonst. Krankheiten Darm und Bauchfell	4,9	9,2
Sonst. Krankheiten der Verdauungsorgane	4,6	11,8
Sonstige	5,1	15,7
Psychiatrische Krankheiten		
Neurosen, Psychopathien und andere nichtpsychotische psychische Störungen	78,6	78,4
Andere Psychosen	17,7	19,0
Organische Psychosen	3,6	2,6

(17,4%) und sonstiger Formen von Herzkrankheiten (11,2% der Fälle). Besonders langwierig sind die ischämischen Krankheiten, die hinsichtlich der Fehltage einen Anteil von 26,8% repräsentierten, und die Krankheiten des zerebrovaskulären Systems (u. a. Schlaganfälle) die zwar nur bei 3,9% der Fälle diagnostiziert wurden, gleichzeitig aber für 9,1% der Fehltage in dieser Diagnosegruppe verantwortlich waren.

Die Erkrankungen des Verdauungssystems, die innerhalb der Branche 12,4% der Fälle und 7,2% der Fehltage verursachten, setzten sich zusammen aus Dünn- und Dickdarmentzündungen (38,9% der Fälle), Krankheiten an Speiseröhre, Magen und Zwölffingerdarm (mit 24,5% der Fälle außergewöhnlich hoch) und Erkrankungen von Mundhöhle, Speicheldrüse und Kiefer (22,0% der Fälle). Auffallend ist die hohe Divergenz zwischen dem prozentualen Anteil an den Fällen und dem an den Arbeitsunfähigkeitstagen. Relativ kurzen Erkrankungen von Mundhöhle, Speicheldrüse und Kiefer stehen sehr hohe Werte für die sonstigen Krankheiten gegenüber. In diesem Zusammenhang seien die Eingeweidebrüche erwähnt, die allgemein zwar nur in etwa 3% der Krankheitsfälle dieser Diagnosegruppe vorliegen, aber 11% der Fehltage verursachen.

Anhang

Übersicht der Krankheitsartengruppen
nach dem ICD-Schlüssel (9. Revision, 1979)

I. Infektiöse und parasitäre Krankheiten
001-009 Infektiöse Krankheiten des Verdauungssystems
010-018 Tuberkulose
020-027 Zoonosen durch Bakterien
030-041 Sonstige bakterielle Krankheiten
042-044 HIV und AIDS
045-049 Poliomyelitis (Kinderlähmung) und sonstige nicht durch Arbo-Viren hervorgerufene Viruskrankheiten des Zentralnervensystems
050-057 Viruskrankheiten im Exanthem
060-066 Durch Arthropoden übertragene Viruskrankheiten
070-079 Sonstige durch Viren und Chlamydien übertragene Krankheiten
080-088 Rickettsiosen und sonstige Infektionskrankheiten, durch Arthropoden übertragen
090-099 Syphilis (Lues) und sonstige Geschlechtskrankheiten
100-104 Sonstige Spirochätenkrankheiten
110-118 Mykosen
120-129 Helminthosen (Wurmkrankheiten)
130-136 Sonstige infektiöse und parasitäre Krankheiten
137-139 Spätfolgen von infektiösen und parasitären Krankheiten

II. Neubildungen
140-149 Bösartige Neubildungen der Lippe, der Mundhöhle und des Rachens
150-159 Bösartige Neubildungen der Verdauungsorgane und des Bauchfells
160-165 Bösartige Neubildungen der Atmungs- und intrathorakalen Organe
170-175 Bösartige Neubildungen der Knochen, des Bindegewebes der Haut und der Brustdrüse

179-189 Bösartige Neubildungen der Harn- und Geschlechtsorgane
190-199 Bösartige Neubildungen sonstiger n. n. bez. Sitze
200-208 Bösartige Neubildungen lymphatischen und hämatopoetischen Gewebes
210-229 Gutartige Neubildungen
230-234 Carcinoma in situ
235-238 Neubildungen unsicheren Verhaltens
239 Neubildungen unbekannten Charakters

III. Endokrinopathien, Ernährungs- und Stoffwechselkrankheiten sowie Störungen im Immunitätssystem
240-246 Krankheiten der Schilddrüse
250-259 Krankheiten sonstiger endokriner Drüsen
260-269 Ernährungsmangelkrankheiten
270-279 Sonstige Stoffwechselkrankheiten im Immunitätssystem

IV. Krankheiten des Blutes und der blutbildenden Organe
280-289 Krankheiten des Blutes und der blutbildenden Organe

V. Psychiatrische Krankheiten
290-294 Organische Psychosen
295-299 Andere Psychosen
300-316 Neurosen, Persönlichkeitsstörungen (Psychopathien) und andere nichtpsychotische psychische Störungen
317-319 Oligophrenien

VI. Krankheiten des Nervensystems und der Sinnesorgane
320-326 Entzündliche Krankheiten des Zentralnervensystems
330-337 Hereditäre und degenerative Krankheiten des Zentralnervensystems
340-349 Sonstige Krankheiten des Zentralnervensystems
350-359 Affektionen des peripheren Nervensystems
360-379 Affektionen des Auges und seiner Anhangsgebilde
380-389 Krankheiten des Ohres und des Warzenfortsatzes

VII. Krankheiten des Kreislaufsystems
390-392 Akutes rheumatisches Fieber
393-398 Chronische rheumatische Herzkrankheiten
401-405 Hypertonie und Hochdruckkrankheiten
410-414 Ischämische Herzkrankheiten
415-417 Krankheiten des Lungenkreislaufs
420-429 Sonstige Formen von Herzkrankheiten

Anhang

430–438 Krankheiten des zerebrovaskulären Systems
440–448 Krankheiten der Arterien, Arteriolen und Kapillaren
451–459 Krankheiten der Venen und Lymphgefäße sowie sonstige Krankheiten des Kreislaufsystems

VIII. Krankheiten der Atmungsorgane
460–466 Akute Infektionen der Atmungsorgane
470–478 Sonstige Krankheiten der oberen Luftwege
480–487 Pneumonie (Lungenentzündung und Grippe)
490–496 Chronische obstruktive Lungenkrankheiten und verwandte Affektionen
500–508 Pneumokoniosen (Staublungenkrankheiten) und sonstige Lungenkrankheiten durch äußere Wirkstoffe
510–519 Sonstige Krankheiten der Atmungsorgane

IX. Krankheiten der Verdauungsorgane
520–529 Krankheiten der Mundhöhle, der Speicheldrüse und der Kiefer
530–537 Krankheiten der Speiseröhre, des Magens und des Zwölffingerdarms
540–543 Appendizitis
550–553 Eingeweidebrüche
555–558 Nichtinfektiöse Enteritis und Kolitis (Dünn- und Dickdarmentzündung)
560–569 Sonstige Krankheiten des Bauchfells
570–579 Sonstige Krankheiten der Verdauungsorgane

X. Krankheiten der Harn- und Geschlechtsorgane
580–589 Nephritis (Nierenentzündung), nephrotisches Syndrom und Nephrose
590–599 Sonstige Krankheiten der Harnorgane
600–608 Krankheiten der männlichen Geschlechtsorgane
610–611 Krankheiten der Brustdrüse
614–616 Entzündliche Krankheiten der weiblichen Beckenorgane
617–629 Sonstige Affektionen der weiblichen Geschlechtsorgane

XI. Komplikationen der Schwangerschaft, der Entbindung und im Wochenbett
630–639 Schwangerschaft mit nachfolgender Fehlgeburt
640–648 Komplikationen, die hauptsächlich im Zusammenhang mit der Schwangerschaft auftreten

650-659 Normale Entbindung sowie andere Indikationen zur Behandlung während der Schwangerschaft, bei Wehen und Entbindung
660-669 Komplikationen, die hauptsächlich im Verlauf der Wehen und der Entbindung auftreten
670-676 Komplikationen im Wochenbett

XII. Krankheiten der Haut und des Unterhautzellgewebes
680-686 Infektionen der Haut und des Unterhautzellgewebes
690-698 Sonstige entzündliche Krankheiten der Haut und des Unterhautzellgewebes
700-709 Sonstige Krankheiten der Haut und des Unterhautzellgewebes

XIII. Krankheiten des Skeletts, der Muskeln und des Bindegewebes
710-719 Arthropathien (Gelenkleiden) und verwandte Affektionen
720-724 Dorsopathien (Rückenleiden)
725-729 Rheumatismus, ausgenommen des Rückens
730-739 Osteopathien, Chondropathien und erworbene Deformitäten des Muskelskelettsystems

XIV. Kongenitale Anomalien
740-759 Kongenitale Anomalien

XV. Bestimmte Affektionen, die ihren Ursprung in der Perinatalzeit haben
760-779 Bestimmte Affektionen, die ihren Ursprung in der Perinatalzeit haben

XVI. Symptome und schlecht bezeichnete Affektionen
780-789 Symptome
790-796 Unspezifische Befunde
797-799 Schlecht bezeichnete und unbekannte Krankheits- und Todesursachen

XVII. Verletzungen und Vergiftungen
800-804 Schädelfraktur (Schädelbruch)
805-809 Fraktur (Bruch) der Wirbelsäule und des Rumpf-Skeletts
810-819 Frakturen (Brüche) der oberen Extremitäten
820-829 Frakturen (Brüche) der unteren Extremitäten
830-839 Luxationen (Verrenkungen)

Anhang

840–848 Verstauchungen (Distorsionen), Gelenk- und Muskelzerrungen
850–854 Intrakranielle (im Schädelinnern) Verletzungen, ausgenommen solche mit Schädelbruch
860–869 Innere Verletzungen der Brust, des Bauches und des Beckens
870–879 Offene Wunden des Kopfes, Halses und Rumpfes
880–887 Offene Wunden der oberen Extremitäten
890–897 Offene Wunden der unteren Extremitäten
900–904 Verletzungen der Blutgefäße
905–909 Spätfolgen von Verletzungen, Vergiftungen und sonstigen äußeren Einwirkungen
910–919 Oberflächliche Verletzungen
920–924 Prellung ohne Hautverletzung
925–929 Quetschungen
930–939 Folgen des Eindringens von Fremdkörpern in Körperöffnungen
940–949 Verbrennungen
950–957 Nerven- und Rückenmarksverletzungen
958–959 Bestimmte Komplikationen nach Verletzung und n. n. bez. Verletzungen
960–979 Vergiftung durch Drogen, Medikamente, Seren und Impfstoffe
980–989 Toxische Wirkungen von medizinisch nicht gebräuchlichen Substanzen
990–995 Sonstige n. n. bez. Schädigungen durch äußere Einflüsse
996–999 Komplikationen nach chirurgischen Eingriffen und ärztlicher Behandlung, anderweitig nicht klassifiziert

Verzeichnis der Wirtschaftszweige
(Bundesanstalt für Arbeit, 1973[1])

I. **Land- und Forstwirtschaft, Tierhaltung und Fischerei**
00 Landwirtschaft, Tierhaltung und -zucht
01 Garten- und Weinbau
02 Forst- und Jagdwirtschaft
03 Hochsee-, Küsten-, Binnenfischerei, Fischzucht

II. **Energiewirtschaft und Wasserversorgung, Bergbau**
04 Wasser-, Gas- und Elektrizitätsversorgung
05 Stein-, Braun- und Pechkohlenbergbau
06 Erzbergbau
07 Gewinnung von Erdöl, Erdgas und bituminösen Gesteinen
08 Kali- und Steinsalzbergbau sowie Salinen, übriger Bergbau

III. **Metallindustrie**
18 NE-Metallerzeugung (einschl. Halbwerkzeuge)
19 Gießerei
20 Ziehereien und Kaltwalzwerke
21 Stahlverformung, Oberflächenveredlung, Härtung
23 Stahl-, Leichtmetall- und Behälterbau
24 Waggon-, Feld- und Industriebahnwagenbau
26 Maschinenbau (ohne Herstellung und Reparatur v. Büromaschinen sowie Zahnrädern und Getrieben usw.)
27 Herstellung von Zahnrädern und sonstigen Maschinenbauerzeugnissen
28 Herstellung von Kraftwagen, Kraftfahrzeugteilen und Karosserien
29 Herstellung von Krafträdern, Fahrrädern und Kinderwagen
31 Schiffbau

---

[1] Abweichend von der Systematik der Wirtschaftszweige der Bundesanstalt für Arbeit, wo das verarbeitende Gewerbe auch die Metallindustrie umfasst, wird diese hier separat ausgewiesen.

Anhang

32 Luftfahrzeugbau
33 Herstellung von EDV-Anlagen und Büromaschinen
34 Elektrotechnik
35 Feinmechanik und Optik
36 Herstellung und Reparatur von Uhren
37 Herstellung von EBM-Waren

IV. Verarbeitendes Gewerbe (ohne Baugewerbe und Metall)
09 Chemische Industrie
10 Herstellung von Chemiefasern
11 Verarbeitung von Mineralöl
12 Kunststoffverarbeitung
13 Gummi- und Asbestverarbeitung
14 Gewinnung und Verarbeitung von Steinen und Erden
15 Feinkeramik
16 Herstellung und Verarbeitung von Glas
17 Eisen- und Stahlerzeugung
22 Schlosserei, Schweißerei, Schleiferei und Schmiederei
25 Montage u. Rep. von Lüftungs-, Wärme- und Gesundheitstechnischen Anlagen
30 Reparatur von Kraftfahrzeugen und Fahrrädern
38 Musikinstrumente-, Spielwaren- und Sportgeräteherstellung
39 Bearbeitung von Edel- und Schmucksteinen, Herstellung von Schmuck
40 Säge-, Hobel-, Holzimprägnier- und Furnierwerke
41 Herstellung und Reparatur von Möbeln
42 Sonstige Holzbe- und -verarbeitung
43 Papiererzeugung und -verarbeitung
44 Druckerei und Vervielfältigung
45 Ledererzeugung und -verarbeitung
46 Herstellung und Reparatur von Schuhen
47 Verarbeitung von textilen Grundstoffen auf Wollverarbeitungsmaschinen
48 Verarbeitung von textilen Grundstoffen auf Baumwollverarbeitungsmaschinen
49 Verarbeitung von textilen Grundstoffen auf Seidenbearbeitungsmaschinen
50 Verarbeitung von textilen Grundstoffen auf Leinen- und Handarbeitsmaschinen
51 Sonstige Verarbeitung von textilen Grundstoffen sowie Veredelung von Textilien
52 Bekleidungsgewerbe, Nähereien

53 Polsterei und Dekorationsgewerbe
54 Herstellung von Nahrungsmitteln und Backwaren
55 Herstellung von Süßwaren sowie Dauerbackwaren
56 Schlachterei und Fleischverarbeitung
57 Getränkeherstellung
58 Tabakverarbeitung

V. Baugewerbe
59 Bauhauptgewerbe
60 Zimmerei und Dachdeckerei
61 Ausbau- und Bauhilfsgewerbe

VI. Handel
62 Großhandel, Einzel- und Versandhandel

VII. Verkehr
63 Eisenbahnen
64 Deutsche Bundespost
65 Straßenverkehr
66 Schifffahrt, Wasserstraßen und Häfen
67 Spedition, Lagerei, Kühlhäuser
68 Luftfahrt, Transport in Rohrleitungen u. Verkehrsgewerbe

VIII. Kreditinstitute und Versicherungsgewerbe
69 Kredit- und sonst. Finanzierungsinst., Versicherungsgw.

IX. Dienstleistungen, soweit nicht anderweitig genannt
70 Gaststätten sowie Verpflegungseinrichtungen
71 Kinder-, Ledigen-, Alters- und ähnliche Heime
72 Wäscherei und Reinigung
73 Friseur- und sonstige Körperpflegegewerbe
74 Wissenschaftliche Hochschulen und sonstige Einrichtungen
75 Sonstige Unterrichtsanstalten und Bildungsstätten
76 Kunst, Theater, Film, Rundfunk und Fernsehen
77 Verlags-, Literatur- und Pressewesen
78 Gesundheits- und Veterinärwesen
79 Rechtsberatung sowie Wirtschaftsberatung und -prüfung
80 Architektur- und Ingenieurbüros, Laboratorien
81 Grundstücks- und Wohnungswesen, Vermögensverwaltung
82 Wirtschaftswerbung und Ausstellungswesen
83 Fotografisches Gewerbe (nicht Licht- und Fotopauserei)
84 Hygienische und ähnliche Einrichtungen

Anhang

85 Leihhäuser, Versteigerungen, Vermietung beweglicher Sachen
86 Sonstige Dienstleistungen

X. Organisationen ohne Erwerbscharakter und private Haushalte
87 Organisationen des Wirtschaftslebens
88 Politische Parteien, sonstige Organisationen ohne Erwerbscharakter
89 Christliche Kirchen, Orden
90 Private Haushalte

XI. Gebietskörperschaften und Sozialversicherung
91 Allgemeine öffentliche Verwaltung
92 Verteidigung, öffentliche Sicherheit
93 Sozialversicherung
94 Botschaften etc.

Die Autoren

Christoph Acker

Wissenschaftliches Institut der AOK (WIdO)
Kortrijker Str. 1
53177 Bonn

Jahrgang 1972. Studium der Soziologie, der Politischen Wissenschaften und der Anglistik an der Rheinischen Friedrich-Wilhelms-Universität Bonn. Februar 2000 Abschluss als Magister Artium der Soziologie. April bis August 2000 Mitarbeit im Projektbereich Verhütung arbeitsbedingter Gesundheitsgefahren am Wissenschaftlichen Institut der AOK.

Prof. Dr. Bernhard Badura

Universität Bielefeld
Fakultät für Gesundheitswissenschaften
Postfach 10 01 31
33501 Bielefeld

Geboren 1943. Dr. rer. soc., Studium der Soziologie, Philosophie, Politikwissenschaften in Tübingen, Freiburg, Konstanz, Harvard/Mass.; Professor der Fakultät für Gesundheitswissenschaften der Universität Bielefeld; Leiter der Arbeitsgruppe Sozialepidemiologie und Gesundheitssystemgestaltung; Sprecher des Nordrhein-Westfälischen Forschungsverbunds Pub-

lic Health. Arbeitsschwerpunkte: Sozialepidemiologie, Stressforschung, Gesundheitsförderung, Evaluationsforschung, Rehabilitation, Gesundheitspolitik.

Dr.-Ing. Wilhelm Bauer

Fraunhofer-Institut für Arbeitswirtschaft
und Organisation (IAO), Stuttgart
Nobelstraße 12
70569 Stuttgart

Nach Studium der Arbeitswissenschaften und Datenverarbeitung sowie Promotion an der Universität Stuttgart ist Dr. Wilhelm Bauer heute Mitglied im Führungskreis am Fraunhofer-Institut für Arbeitswirtschaft und Organisation (IAO). Er leitet dort die Bereiche Human Engineering und Virtual Reality und ist Leiter des Verbundforschungsprojektes Office 21 sowie des Office Innovation Center der Fraunhofer-Gesellschaft. Schwerpunkte seiner Forschungsarbeiten liegen im Bereich der Zukunft der Arbeit und ihrer Implikationen auf die Gestaltung von Organisation, IT-Infrastruktur und Arbeitsraumgestaltung.

Prof. Dr.-Ing. habil. Prof. e.h. Dr. h.c. Hans-Jörg Bullinger

Fraunhofer-Institut für Arbeitswirtschaft
und Organisation (IAO), Stuttgart
Nobelstraße 12
70569 Stuttgart

Nach Ausbildung zum Betriebsschlosser und Maschinenbaustudium (Fachrichtung Fertigungstechnik) promovierte und habilitierte Prof. Hans-Jörg Bullinger an der Universität Stuttgart. Nach einer Professur an der Universität Hagen ist er seit 1982 o. Professor an der Universität Stuttgart. Er leitet dort das Institut für Arbeitswissenschaft und Technologiemanagement (IAT) und das Fraunhofer-Insitut für Arbeitswirtschaft und Organisation (IAO), Stuttgart. Die Schwerpunkte der Institutsarbeit liegen im Bereich Informationsmanagement (Unternehmensführung, Informationssysteme, Arbeitsgestaltung) und Produktionsmanagement (Produktionsplanung, F & E-Management, Personalmanagement). An den Instituten IAO und IAT sind z.Zt. 240 Mitarbeiter und ca. 400 wissenschaftliche Hilfskräfte beschäftigt. Die Finanzierung der Institutsarbeit erfolgt zu über 90% aus eigenen Erträgen – davon kommen ca. 65% aus der Wirtschaft.

Clemens Dieterich

Wissenschaftliches Institut der AOK (WIdO)
Kortrijker Str. 1
53177 Bonn

Jahrgang 1966. Studium der Soziologie, der Psychologie und des Städtebaus an der Universität in München. Nach einem Forschungsprojekt zur Diskontinuität von Erwerbsverläufen an der Universität der Bundeswehr in Neubiberg bei München seit Mai 1999 wissenschaftlicher Mitarbeiter im Arbeitsbereich „Verhütung arbeitsbedingter Gesundheitsgefahren" am Wissenschaftlichen Institut der AOK.

PD Dr. Gabriele Elke

Ruhr-Universität Bochum
Fakultät für Psychologie
Gebäude GAFO
(Geisteswissenschaften
Fachbereich Ost)
44780 Bochum

Jahrgang 1948; 1. u. 2. Staatsexamen Lehramt 71/73; Diplom in Psychologie 1979; Promotion Dr. phil. 1986, Habilitation 1999; seit 1979 Mitarbeiterin an der Fakultät für Psychologie der Ruhr-Universität Bochum, ab 1984 im Bereich Arbeits- und Organisationspsychologie; Arbeitsschwerpunkte: Arbeits- und Organisationsgestaltung, Personal- und Organisationsentwicklung, Führung, Qualitätsmanagement, Management des betrieblichen Arbeits- und Gesundheitsschutzes; Beratungstätigkeiten und Entwicklungsprojekte in Industriebetrieben aus verschiedenen Branchen (u.a. Chemie, Metallverarbeitung, Bergbau) sowie im Dienstleistungssektor (Öffentliche Verwaltung, Krankenhaus, Berufsgenossenschaften, Behörden, Bildungseinrichtungen).

Michael Ertel

Bundesanstalt für Arbeitsschutz
und Arbeitsmedizin
Gruppe AM 4.1 „Wirkung von Stress
und psychosozialen Faktoren"
Nöldnerstr. 40/42
10317 Berlin

Geboren 1960 in Frankfurt am Main. Studium der Soziologie, der Politischen Wissenschaften und der Volkswirtschaftslehre an der Johann-Wolfgang-Goethe-Universität in Frankfurt am Main; Abschluss als Diplom-Soziologe. Nach dem Zivildienst Mitarbeit an einem Projekt zur Innovationsforschung und Tätigkeit in einer Werbeagentur. 1989 Einstieg in das Themenfeld „Arbeit und Gesundheit". Mitarbeit an mehreren empirischen Studien zu Arbeitsbelastungen und Ansatzpunkten der betrieblichen Gesundheitsförderung in der Computerbranche (Auftraggeber: DAG, DGB, Hans-Böckler-Stiftung) und Tätigkeit in der gewerkschaftlichen Bildungsarbeit. Seit 1993 wissenschaftlicher Mitarbeiter in der Bundesanstalt für Arbeitsschutz und Arbeitsmedizin in Berlin, Fachgruppe „Wirkung von Stress und psychosozialen Faktoren".

Arbeitsschwerpunkte: psychische Beanspruchungen, Entstehung und Bewältigung von Stress, gesundheitliche Dimensionen der Arbeitszeitgestaltung, Arbeit und außerberufliche Lebensbereiche, Arbeitsbelastungen und gesundheitliche Folgewirkungen bei neuen Arbeitsformen (insbesondere Telearbeit).

Vorträge und Veröffentlichungen zu den genannten Themenbereichen.

Anja Gerlmaier

Universität Dortmund
Lehrstuhl für Grundlagen und Theorien
der Organisationspsychologie
Prof. Dr. Dr. M. Kastner
Emil-Figge-Str. 50
44227 Dortmund

Anja Gerlmaier studierte Psychologie (Dipl.-Psych.) und arbeitet seit 1998 als wissenschaftliche Mitarbeiterin der Universität Dortmund, Lehrstuhl für Grundlagen und Theorien der Organisationspsychologie von Prof. Dr. Dr. Kastner.

Schwerpunktmäßig beschäftigt sie sich mit Auswirkungen neuer Arbeits- und Organisationsformen auf die Sicherheit und den Gesundheitsschutz sowie der Entwicklung von Personalmanagement- und Stressbewältigungskonzepten für neue Arbeitsformen.

Prof. Dr. phil. Dr. med. Michael Kastner

Universität Dortmund
Lehrstuhl für Grundlagen und Theorien
der Organisationspsychologie
Emil-Figge-Str. 50
44227 Dortmund

Michael Kastner studierte Psychologie (Dipl.-Psych.), Philosophie (Dr. phil.) und Medizin (Dr. med.). Er war von 1972–1983 wissenschaftlicher Mitarbeiter an der RWTH Aachen, habilitierte sich in Psychologie und übernahm 1983 eine Professur für Organisationspsychologie an der Universität BW München und 1990 einen entsprechenden Lehrstuhl an der Universität Dortmund. Seit 1987 ist er zusätzlich wissenschaftlicher Leiter des Instituts für Arbeitspsychologie und Arbeitsmedizin (IAPAM) in Herdecke.

Im wissenschaftlichen Bereich beschäftigt er sich vorwiegend mit Themen der psychologischen Diagnostik, der Stress- und Depressionsforschung sowie systemischen Ansätzen der Organisationsentwicklung, Personalentwicklung und Personalpflege.

Heinz Kowalski

Direktor des Instituts für Betriebliche
Gesundheitsförderung BGF GmbH
Domstraße 49–53
50668 Köln

H. Kowalski arbeitet seit 15 Jahren in der betrieblichen Gesundheitsförderung. Er war stellvertretender Geschäftsführer der AOK Gummersbach und Regionaldirektor der AOK Erftkreis. Seit 1996 leitet er das Institut für Betriebliche Gesundheitsförderung der AOK Rheinland, das seit 1998 als GmbH betrieben wird.

Prof. Dr. Detlef Krüger

Fachhochschule Hamburg
Lobrügger Kirchstraße 65
21033 Hamburg

Geboren 1946 in Berlin. Ingenieurstudium an der Technischen Universität Berlin, Studium der Sozialwissenschaften mit Promotion an der Freien Universität Berlin. Seit 1985 Hochschullehrer an der Fachhochschule Hamburg. In der Lehre im Bereich der Arbeits- und Gesundheitswissenschaften im Studiengang Public Health tätig. Arbeitsschwerpunkte: Arbeitsgestaltung, Organisations- und Personalentwicklung, Prävention, betriebliche Gesundheitsförderung, Evaluationsmethoden.

Prof. Dr. Karl Kuhn

Bundesanstalt für Arbeitsschutz
und Arbeitsmedizin
Friedrich-Henkel-Weg 1–25
44149 Dortmund

Studium der Sozialwissenschaften an den Universitäten Tübingen, Lund und Stockholm. Direktor und Professor bei der Bundesanstalt für Arbeitsschutz und Arbeitsmedizin, Leiter der Gruppe „Soziale und wirtschaftliche Rahmenbedingungen". Arbeitsgebiete sind Arbeitsschutz und Wirtschaftlichkeit, Betriebliche Gesundheitsförderung, Ältere Arbeitnehmer, Arbeitsorganisation u. v. m.

Martin Litsch

Wissenschaftliches Institut der AOK (WIdO)
Kortrijker Str. 1
53177 Bonn

Geboren 1957, Studium der Soziologie und Volkswirtschaftslehre an der Universität Trier, Abschluss als Dipl.-Soz. 1983. Danach Forschungsprojekte im Bereich Stadt- und Regionalforschung. Seit 1989 im Wissenschaftlichen Institut der AOK (WIdO), zunächst als Projektleiter im GKV-Arzneimittelindex, später wechselnde Aufgaben in verschiedenen Bereichen. Seit 1998 Institutsleiter im WIdO; Forschungsschwerpunkte sind neben der Arzneimittelmarktforschung der stationäre Versorgungsbereich, die betriebliche Gesundheitsförderung sowie Forschungen zu diversen Einzelthemen des Gesundheitssystems mit gesundheitsökonomischem Schwerpunkt. Gründungsgeschäftsführer in der AOK-Consult GmbH seit 1997 mit Projekten zur Umsetzung innovativer Versorgungs- und Kostenmanagementkonzepte. Derzeit schwerpunktmäßig mit betriebswirtschaftlichen Herausforderungen im Zusammenhang mit dem unternehmerischen Wandel in einigen AOKs befasst.

Dr. Martina Morschhäuser

ISO-Institut
Trillerweg 68
66117 Saarbrücken

Diplom-Psychologin und Sozialwissenschaftlerin, wissenschaftliche Angestellte am Institut für Sozialforschung und Sozialwirtschaft (ISO-Institut) in Saarbrücken.
Arbeitsschwerpunkte: Arbeitswelt und Gesundheit, Arbeitsorganisation und Arbeitsbedingungen im Wandel, demographische Ver-

änderungen in Unternehmen, Organisationsentwicklung, Frauen in Gesellschaft und Beruf.

Prof. Dr.-Ing. B. H. Müller

Bergische Universität – GH Wuppertal, Fachbereich 14 „Sicherheitstechnik", Fachgebiet „Arbeitssicherheit/Ergonomie"
Gaußstr. 20
42097 Wuppertal

Arbeitswissenschaftler/Univ.-Professor für das Fachgebiet „Arbeitssicherheit/Ergonomie" an der Bergischen Universität Wuppertal, 52 Jahre, seit 1997 Vorsitzender des Vorstandes am Institut ASER, seit 1985 Gutachter für Arbeitswissenschaft in verschiedenen Fachausschüssen.

Forschungsschwerpunkte: Belastung und Beanspruchung an industriellen Arbeitsplätzen unterschiedlicher Branchen; Einfluss technologischer Veränderung auf die Belastungs-, Beanspruchungs- und Gefährdungsprofile industrieller Arbeitsplätze; Informationsmanagement im Arbeits- und Gesundheitsschutz.

Uwe Osterholz

AOK Institut für Gesundheitsconsulting
Karlsruher Str. 2 c
30519 Hannover

Studium der Biochemie in Bochum und der Medizinsoziologie in Berlin. Mitarbeiter im Projekt Familienhilfe in Berlin von 1977 bis 1982. In dieser Zeit Ausbildung in Kinder- und Gesprächspsychotherapie. 1983–1994 Mitarbeiter im Bereich der medizinischen Soziologie und danach in der klinischen Biomechanik des Universitätskrankenhauses Eppendorf in Hamburg. Seit 1994 Mitarbeiter der AOK in der betrieblichen Gesundheitsförderung. Zunächst mit Akzent auf den Gebieten Fehlzeitenanalyse und Evaluation, seit 1996 Projektleiter der Erprobungsregelung „Prospektiver Beitragsbonus".

Prof. Dr. phil. Holger Pfaff

Leiter der Abteilung Medizinische Soziologie am Institut für Arbeits- und Sozialmedizin der Universität zu Köln
Joseph-Stelzmann-Str. 9
50924 Köln

Geboren 1956 in Schramberg/Kr. Rottweil; 1975–1981 Studium der Sozial- und Verwaltungswissenschaften in Erlangen, Nürnberg und Konstanz; 1988 Promotion zum Dr. phil.; 1983–1995 Tätigkeiten als wissenschaftlicher Mitarbeiter und wissenschaftlicher Assistent am Institut für Soziologie der Universität Oldenburg und am Institut für Soziologie der TU Berlin; 1995 Habilitation im Fach Soziologie; seit 1977 Professor für Medizinische Soziologie an der Universität zu Köln. Arbeitsschwerpunkte: Sozialepidemiologie, Arbeit und Gesundheit, betriebliche Gesundheitsförderung, Mitarbeiterbefragungen, Krankenhausforschung, klinisches Risikomanagement, Patientenbefragungen.

Dr. Ulrich Pröll

Landesinstitut Sozialforschungsstelle (sfs) Dortmund
Evinger Platz 17
44339 Dortmund

Dr. rer. pol., Diplom-Sozialwissenschaftler, geboren 1952 in Dortmund; Studium der Sozialwissenschaften an der Ruhr-Universität Bochum; nach wissenschaftlicher Tätigkeit im Institut für Landes- und Stadtentwicklungsforschung (1979-1980) und bei der Gesellschaft für Arbeitsschutz- und Humanisierungsforschung (1981-1985) Wechsel an die Sozialforschungsstelle Dortmund; 1991 Promotion über „Arbeitsschutz und neue Technologien"; Aufbau und Koordination der Forschungsgruppe „Arbeit und Gesundheit" an der sfs; Arbeitsschwerpunkte: Arbeitsschutz- und Präventionsforschung, betriebliche Arbeitsschutzsysteme, staatliche Intervention und Regulierung, regionale und sektorale Präventionsnetzwerke, Prävention in Kleinbetrieben.

Inken Riese

Gesellschaft für Betriebliche
Gesundheitsförderung (BGF)
Glasgower Str. 16
13349 Berlin

Geboren 1968, Diplom-Psychologin, Studium an der Technischen Universität Berlin mit Schwerpunkt Arbeits- und Organisationspsychologie. Seit mehreren Jahren in der betrieblichen Gesundheitsförderung tätig. Arbeitsschwerpunkte: Gesundheitszirkel, Evaluation.

Karin Scherrer

Bergische Universität
Gesamthochschule Wuppertal
Transfer- & Kooperationsstelle
Hofaue 39
42103 Wuppertal

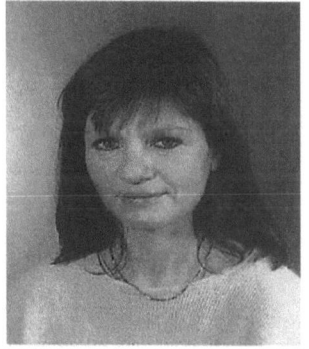

Karin Scherrer leitet seit 1997 die Transfer- und Kooperationsstelle für Arbeitsgestaltung an der Bergischen Universität Gesamthochschule Wuppertal. Nach einer naturwissenschaftlichen Lehre in der Industrie studierte sie Psychologie mit dem Schwerpunkt Arbeits- und Organisationspsychologie.

Die Transferstelle hat die Aufgabe, aktuelle Forschung mit der Entwicklung von Dienstleistungen zur Optimierung betrieblicher Prozesse zu verbinden. Tätigkeitsschwerpunkte sind dabei Gesundheitsförderung, Arbeitsgestaltung in Neuen Arbeits- und Organisationsformen, Qualifizierungen, Moderation und Beratung.

Susanne Schott

AOK Institut für Gesundheitsconsulting
Karlsruher Str. 2c
30519 Hannover

Wurde 1972 geboren. Studium der Wirtschaftswissenschaften, Abschluss als Diplom-Ökonomin. 12/97 bis 11/98: Tätigkeit als freie Mitarbeiterin bei der Landesdirektion der AOK – Die Gesundheitskasse für Niedersachsen, Hannover, im Bereich Betriebliche Gesundheitsförderung. Schwerpunkt der Tätigkeit war die Datenanalyse. Seit 12/98 Mitarbeiterin im Projekt „Arbeitsbedingte Gesundheitsgefahren in der Bauwirtschaft" (gefördert durch das BMA).

Prof. Dr. rer. soc. Wolfgang Slesina

Universität Halle-Wittenberg
Medizinische Fakultät
Institut für Medizinische Epidemiologie, Biometrie und Medizinische Informatik
Sektion Medizinische Soziologie
Harz 42/44
06097 Halle

Wolfgang Slesina, Dr. rer. soc., ist Professor für Medizinische Soziologie an der Universität Halle-Wittenberg. Frühere Stationen seiner wissenschaftlichen Tätigkeit waren die Fakultät für Soziologie der Universität Bielefeld, das Institut für Medizinische Soziologie der Universität Düsseldorf und das Institut für Arbeits- und Sozialmedizin der Universität zu Köln. Seine Arbeitsschwerpunkte sind arbeitsbedingte Erkrankungen, Gesundheitsförderung in der Arbeitswelt, Interventions- und Evaluationsforschung, Gesundheitssystemforschung und Selbsthilfegruppen.

Dr. rer. sec. Rainer Tielsch

Institut für Arbeitsmedizin, Sicherheitstechnik und Ergonomie (ASER e.V.)
an der Bergischen Universität – GH Wuppertal
Corneliusstr. 31
42329 Wuppertal

Arbeitswissenschaftler/Arbeitspsychologe, Sicherheitswissenschaftler, 51 Jahre, verheiratet, 2 Kinder, seit 20 Jahren am Institut ASER, Mitglied der Geschäftsführung.
Arbeitsschwerpunkte: Analyse und Gestaltung von Arbeitsplätzen unter Belastungs- und Beanspruchungsaspekten, Informationsvermittlung im Arbeits- und Gesundheitsschutz, Konzipierung und Aufbau von Informationsnetzwerken, Arbeitsgestaltung in neuen Organisationsformen und -strukturen.

Christian Vetter

Wissenschaftliches Institut der AOK (WIdO)
Kortrijker Str. 1
53177 Bonn

Diplom-Psychologe. Geboren 1957 in Kleve. Studium der Psychologie, Soziologie und Philosophie an der Universität Münster. 1988 bis 1991 freiberufliche Tätigkeit im Bereich der Erwachsenenbildung und Personalentwicklung, u.a. Referent am Management-Institut Dr. Kitzmann. 1991–1993 Durchführung von Modellprojekten im Bereich der betrieblichen Gesundheitsförderung für die AOK für den Kreis Warendorf. Seit 1993 wissenschaftlicher Mitarbeiter am Wissenschaftlichen Institut der AOK (WIdO). Seit 1996 verantwortlich für den Projektbereich „Verhütung arbeitsbedingter Gesundheitsgefahren" im WIdO.

Arbeitsschwerpunkte: Arbeit und Gesundheit, psychische Belastung am Arbeitsplatz, Gesundheitsmanagement in Unternehmen, betriebliche und branchenbezogene Gesundheitsberichterstattung, Fehlzeitenanalysen, Mitarbeiterbefragungen, Evaluation von Präventionsprogrammen.

Volker Weißmann

AOK Bayern – Die Gesundheitskasse
Zentrale
Gesundheitsförderung
Frauentorgraben 40
90330 Nürnberg

Diplom-Sportökonom; geboren 1966 in Würzburg. Ab 1996 Sport- und Bewegungsfachkraft der AOK Bayern, dort seit 1997 Berater für Betriebliche Gesundheitsförderung in Unterfranken. Arbeitsschwerpunkt: Gesundheitsmanagement in Unternehmen.

Jens Wellendorf

Gesellschaft für Betriebliche
Gesundheitsförderung (BGF)
Reichenberger Str. 29
10999 Berlin

Jahrgang 1972. 1999 Diplom in Psychologie an der Technischen Universität Berlin. Seit sechs Jahren Arbeit in der betrieblichen Gesundheitsförderung mit den Schwerpunkten statistische Analysen, Berichtswesen und Evaluation.

Dr. phil. Gerhard Westermayer-Matzke

Gesellschaft für Betriebliche
Gesundheitsförderung (BGF)
Gubener Str. 25
10243 Berlin

Geboren 1956, Studium der Psychologie an der TU Berlin, Ausbildung in Organisationsentwicklung am Gestalt Institute Cleveland. Gesellschafter der BGF, Gesellschaft für Betriebliche Gesundheitsförderung, Gesellschafter der Cci, Corporate culture international. Zahlreiche Beratungsprojekte zur Betrieblichen Gesundheitsförderung, Organisationsentwicklung und Führungskräfteentwicklung bei namhaften Großunternehmen.

Prof. Dr. Rainer Wieland

Bergische Universität – GH Wuppertal
Projektgruppe MenBIT
Gebäude 512
Gaußstr. 20
42097 Wuppertal

Geboren 1949, seit 1993 Universitätsprofessor an der Bergischen Universität Gesamthochschule Wuppertal im Arbeitsbereich „Arbeits- und Organisationspsychologie". Studium der Psychologie an der Freien Universität Berlin, 1977 Diplomprüfung im Fach Psychologie, 1983 Promotion zum Dr. phil., 1990 Habilitation für das Fach Psychologie. Forschungsschwerpunkte: Psychische Belastungen und Beanspruchung, Bildschirmarbeit, Arbeitsgestaltung, neue Arbeits- und Organisationsformen (Leiharbeit, Call Center, Telearbeit, virtuelle Unternehmen) sowie Arbeits- und Gesundheitsschutz. Publikationen u.a.: Kognition, Emotion und psychische Beanspruchung,

Erholungsforschung, Gestaltung beanspruchungsoptimaler Bildschirmarbeit, Mitherausgeber des SANUS-Handbuches; Bildschirmarbeit auf dem Prüfstand.

Werner Winter

AOK Bayern – Die Gesundheitskasse
Zentrale
Gesundheitsförderung
Frauentorgraben 49
90330 Nürnberg

Diplom-Sozialpädagoge und Verwaltungs-Betriebswirt; Jahrgang 1959. Arbeitet seit 1982 in verschiedenen Feldern der Gesundheitsförderung. Seit 1989 Mitarbeiter der AOK Bayern; dort seit 1993 in der Betrieblichen Gesundheitsförderung tätig. Arbeitsschwerpunkte: Organisation der Betrieblichen Gesundheitsförderung; Organisationsentwicklung, psychosoziale Belastungen, Sucht.

Dr. Andreas Zimber

Qualifizierungskonzepte
für die Sozialwirtschaft (q.s.)
Blumenstraße 28
69115 Heidelberg
Geboren 1967, Diplom-Psychologe. Ausbildung in klientenzentrierter Gesprächsführung und Verhaltenstherapie.
1994–März 2000 Wissenschaftler am Zentralinstitut für Seelische Gesundheit, Mannheim. Mitarbeit in Forschungsprojekten zur Epidemiologie psychischer Erkrankungen im höheren Lebensalter; Leitung von Projekten zur Arbeitsbelastung (z. B. „ABBA-Studie") sowie zur Gesundheitsförderung in den Pflegeberufen; Zeitschriften- und Buchveröffentlichungen.

Seit April 2000 selbständiger Wissenschaftler und Berater in der Sozialwirtschaft; Arbeitsschwerpunkte: wissenschaftliche Gutachten (z. B. „Situation der Pflegeberufe in Deutschland"); Potenzialanalysen; Fort- und Weiterbildung, Supervision und Training für Mitarbeiter und Leitungskräfte in Pflegeeinrichtungen.

Prof. Dr. Bernhard Zimolong

Ruhr-Universität Bochum
Fakultät für Psychologie
Gebäude GAFO
(Geisteswissenschaften
Fachbereich Ost)
44780 Bochum

Jahrgang 1944, Studium der Psychologie in Münster, Diplom 1970, Promotion Dr.rer.nat. 1974 an der TU Braunschweig, Habilitation 1981. Seit 1984 Professor für Arbeits- und Organisationspsychologie an der Ruhr-Universität Bochum.

Arbeitsschwerpunkte: Entwurf und Gestaltung von Softwaresystemen, Management des Arbeits- und Gesundheitsschutzes in Betrieben, Analyse und Gestaltung von Arbeitsorganisationen. Die Forschungsarbeiten sind in über 130 Publikationen dokumentiert. Mitglied im wissenschaftlichen Beirat von internationalen Zeitschriften und Kongressen. Mitinitiator, Sprecher und stellvertretender Sprecher des Sonderforschungsbereichs 187: Neue Informationstechnologien und flexible Arbeitssysteme (1989–1996) mit 15 Forschergruppen. Beratungstätigkeiten und Entwicklungsprojekte in der chemischen Industrie, im Bergbau, Maschinenbau, in den Berufsgenossenschaften, im Krankenhaus und in der öffentlichen Verwaltung.

Sachverzeichnis

ABA-Gruppe (Arbeitsbelastungsanalysegruppe) 251, 256 ff.
Abbrecher 219
AK Gesundheit (Arbeitskreis Gesundheit) 250, 252, 253
Aktionsmedien 107
Aktionspläne 184
Aktionsteams 125
Akzeptanz 232, 244
Alten- und Pflegeheime 213, 356
Altersstruktur 25, 26
Alterungsprozess 24
Änderungsvorschläge (*siehe auch* kontinuierlicher Verbesserungsprozess) 203
Anerkennung 216
Anforderungen (*siehe auch* Beanspruchung) 35
AOK-Mitglieder nach Wirtschaftsabteilungen 280
Arbeiter 295
Arbeitnehmer, gesundheitlich beeinträchtigte leistungsgeminderte 28
Arbeits- und Organisationsformen 34
Arbeitsanforderungen 31
Arbeitsbeanspruchung (*siehe* Beanspruchung)
Arbeitsbelastung (*siehe* Belastung)
Arbeitsbelastungsanalysegruppe (ABA-Gruppe) 251, 256 ff.
Arbeitsgemeinschaft Influenza 282
Arbeitsgestaltung 46, 67, 77
Arbeitsintensität 41, 54
Arbeitskreis Gesundheit (AK Gesundheit; *siehe auch* Steuerungsgremium) 200, 234, 235, 250, 252, 253, 266
Arbeitsmotivation 222

Arbeitsorganisation 16, 18, 68, 71, 76, 77, 239, 240
Arbeitsplatzunsicherheit 243
Arbeitsplatzwechsel 37
Arbeitsschutz 15, 19, 22, 91
Arbeitsschutzgesetz 83, 257
Arbeitsschutzorgane 132
Arbeitssituation 19
Arbeitssystemgestaltung 114, 120, 123
Arbeitsszenarien 7
Arbeitsunfähigkeit 27, 57
– Kosten 389
– – Banken und Versicherungen 320
– – Baugewerbe 337
– – Dienstleistungsgewerbe 320
– – Energiewirtschaft 320
– – Handel 389
– – Land- und Forstwirtschaft 405
– – Metallindustrie 423
– – Öffentliche Verwaltung und Sozialversicherung 443
– – Verarbeitendes Gewerbe 476
– – Verkehr und Transportgewerbe 498
– nach Krankheitsarten 303–308
– krankheitsbedingte 277
– nach Landes-AOKs 293
– Verteilung 283
Arbeitsunfähigkeitsbescheinigung 289
Arbeitsunfähigkeitsdaten (AU-Daten) 250
Arbeitsunfähigkeits-Fälle 27
Arbeitsunfähigkeitsquote 283, 284
Arbeitsunfähigkeits-Tage 27
Arbeitsunfälle 299, 300, 308, 399, 400

- Banken und Versicherungen 330, 330
- Baugewerbe 347–349
- nach Berufsgruppen 302, 303
- Dienstleistungsgewerbe 364–366
- Energiewirtschaft 383, 384
- Handel 399, 400
- Land- und Forstwirtschaft 417, 418
- Metallindustrie 435–437
- Öffentliche Verwaltung und Sozialversicherung 454
- in Ost- und Westdeutschland 301
- Verarbeitendes Gewerbe 490, 491
- Verkehr und Transportgewerbe 510, 511
- nach Wirtschaftszweigen 300, 301
Arbeitsunzufriedenheit 225
Arbeitsverhalten 204
Arbeitswelt, Wandel 48
Arbeitszeit 54
Architekturbüros 356
„ARGEPLAN" 133, 137, 138
„ARGEPLAN-Agent" 137
„ArGU!ment" 106
ASER 132
Asthma 315
Atemwegserkrankungen 303, 307, 315
Attestpflicht 289
AU-Daten (Arbeitsunfähigkeitsdaten) 250
Aufgabenzuschnitt 71, 73, 76
Ausbaugewerbe 339
Ausstellungswesen 356
Auszubildende 295
„Avatare" 9

Banken und Versicherungen 285, 320–335
- Arbeitsunfähigkeit, Kosten 320
- Arbeitsunfälle 330, 330
- Krankenstand 320, 321
- - nach Berufsgruppen 323, 324
- - nach Berufsstellung 329, 330
- - nach Betriebsgröße 328, 329
- - nach Bundesländern 326
- - nach Wirtschaftsklassen 321
- Krankheitsarten 332–336
- Kurzzeiterkrankungen 325
- Langzeiterkrankungen 325
Baugewerbe 285, 337–352
- Arbeitsunfähigkeit, Kosten 337

- Arbeitsunfälle 347–349
- Krankenstand 337, 338
- - nach Berufsgruppen 340, 341
- - nach Berufsstellung 346, 347
- - nach Betriebsgröße 344–346
- - nach Bundesländern 343, 344
- - nach Wirtschaftsgruppen 339
- Krankheitsarten 349–352
- Kurzzeiterkrankungen 342
- Langzeiterkrankungen 342
Bauhauptgewerbe 339
Bauhilfsgewerbe 339
Baukastensystem 110
Beanspruchung(en) (*siehe auch* Belastungen) 65, 67, 73, 75, 205, 208
- körperliche 213
- psychische 34, 55
- psychophysische 219
Beanspruchungsfolgen 222
Beanspruchungsmanagement 35
Beanspruchungspotenzial, dysfunktionales 40
Bedarfsermittlung 226
bedarfsorientierter Einsatz 226
Befindlichkeit, körperliche 171–173
Befragung 237
Behälterbau 426
Bekleidungsgewerbe 479
Belastung(en) (*siehe auch* Beanspruchung) 35, 57, 65, 66, 76, 77, 97, 199, 200, 203, 225
- psychische 213
- psychosoziale 181
Belastungsdiagnostik 38
Belastungseffektivität 204
Belastungskonstellationen 46
Belastungsprofile 40
Belastungsquellen 45
Beratungsgespräch 265
Bergbau (*siehe* Energiewirtschaft)
berufliche Kompetenz 213
Beschäftigung, geringfügige 80, 87
Beschäftigungsformen 14, 16
Beschwerden, körperliche 181
Beschwerdeprävalenz 210
Beteiligung 119, 125
betriebliche(s)
- Gesundheitsförderung 231, 234
- Gesundheitsmanagement 145, 146, 156, 159
- Prävention 15, 18, 19, 22
- Vorschlagswesen (*siehe* kontinuierlicher Verbesserungsprozess)

Sachverzeichnis

Betriebsbesichtigung 265
Betriebsklima 164, 166, 168, 170, 180
Bewältigungsstile, individuelle 38
Bewältigungsverhalten, gesundheitsriskantes 54
Bewegungsanalyse am Arbeitsplatz 266
Bewegungspause 274
Bildungsstätten 356
bituminöse Gesteine 373
„blauer Montag" 298
Braunkohlenbergbau 373
Bronchitis 315
Bundesanstalt für Arbeit 279
Bundesanstalt für Arbeitsschutz und Arbeitsmedizin 49
Bundesministerium für Gesundheit 280
Burnout 214
Büroarbeit 42
Büromaschinen 426

Call Center 39, 61, 62
Change Assessment Inventar (CAI) 176
Chemiefasernherstellung 479
Chemische Industrie 479
Chondropathien 313
Christliche Kirchen 462
chronisch obstruktive Lungenkrankheiten 315
Club of Rome 12

Dachdeckerei 339
Dauerbackwaren 479
Deformitäten des Muskel-Skelett-Systems 313
Dekorationsgewerbe 479
Demenzkranke 215
Dequalifizierung 44
Diagnose 180
Diagnosenverschlüsselung 280
Diagnosewerkstatt 182
Dienstleister, externe 90
Dienstleistungsgewerbe 285, 353–370
– Arbeitsunfähigkeit, Kosten 353
– Arbeitsunfälle 364–366
– Krankenstand 353–355
– – nach Berufsgruppen 357, 358
– – nach Berufsstellung 362–364
– – nach Betriebsgröße 361, 362

– – nach Bundesländern 359–361
– – nach Wirtschaftsgruppen 355
– Krankheitsarten 366–371
– Kurzzeiterkrankungen 359
– Langzeiterkrankungen 359
Dokumentationshilfen 105
Drop-out 227
Druckerei und Vervielfältigung 479

EBM-Waren 426
E-Commerce 3
EDV-Anlagen 426
Effektivität 245
– der Maßnahme 232, 233
Effizienz 232
EFQM-Modell für „business excellence" 160
Eigenverantwortung 32
Einbeziehung (siehe Beteiligung)
Einbindung (siehe Beteiligung)
Eingeweidebrüche 316
Einkommensniveau 296
Einzelhandel 391
Eisen- und Stahlerzeugung 479
Elektrizitätsversorgung 373
Elektrotechnik 426
Energiegewerbe 285
Energiewirtschaft (Wasserversorgung, Bergbau) 371–388
– Arbeitsunfähigkeit, Kosten 371
– Arbeitsunfälle 383, 384
– Krankenstand 371–373
– – nach Berufsgruppen 374–376
– – nach Berufsstellung 381, 382
– – nach Betriebsgröße 380
– – nach Bundesländern 377–379
– – nach Wirtschaftsgruppen 373, 374
– Krankheitsarten 384–388
– Kurzzeiterkrankungen 376, 377
– Langzeiterkrankungen 376, 377
Entscheidungsspielraum 41
Entspannung 216
Entzündungen der oberen Atemwege 315
Epidemiologie 154
Erdgas 373
Erdöl 373
Erfahrungswissen 199
Erfolg
– Kontrolle 117, 126
– langfristiger 114, 123, 127
Erfolgsfaktoren 191

Erfolgsmessung 192
Ergebnisevaluation 184, 200, 201, 232, 232, 244
- explorative 188
Ergonomie 72, 76
Erholung 39
Erholungsunfähigkeit 54
Erkrankungen der Verdauungsorgane 309, 310
Erschöpfung 53
Erwerbsarbeit 114
Erwerbspersonenpotenzial 24, 25
Erwerbsverläufe 31
Erzbergbau 373
Evaluation 145, 151, 154–156, 176, 180, 200, 231, 232, 240
- Dokumentation 232
- Durchführungsevaluation 221
- Ergebnisevaluation 222
- explorative 187
- formative 235
- hypothesenprüfende 187
- Ziele 232–234, 239
Evaluationsforschung 218
Evaluationsinstrument 176, 177
Evaluationskriterien 233
evidenzbasierte Medizin (EBM) 206
Expertenpool 140

Facharbeiter 295
Fachkompetenz 10, 37
FAGS (Fragebogen zum Arbeits- und Gesundheitsschutz) 124
Fahrräder 426
Fahrradreparatur 480
Fallzahl 227
Fehlzeiten 171, 172, 180, 277 ff.
- krankheitsbedingte 115, 126
- Zielvereinbarung 183
Feinkeramik 479
Feinmechanik 426
Feldbahnwagenbau 426
Fernsehen 356
Film 356
Fischerei 407
Fischzucht 407
Fleischverarbeitung 480
Flexibilisierung 35, 48, 50
- Medienbranche 49
Flexibilisierungsstrategie 49
Flexibilität 92
Fluktuationsrate 213
formative Evaluation 235

Forst- und Jagdwirtschaft 407
Fort- und Weiterbildung 215
Fotografisches Gewerbe 356
Fragebogen „Gesundheit am Bildschirmarbeitsplatz" 49
Fragebogen zum Arbeits- und Gesundheitsschutz (FAGS) 124
Freelancer (*siehe auch* Telearbeit) 6
Friseurgewerbe 356
Führung 239, 243, 246
Führungsarbeit 74, 77
Führungskonzepte 10
Führungsstil 157, 178, 185
Führungsverantwortung, organisatorische 104
Führungsverhalten 152, 153

GAMAGS
- Einführung 117, 120–124
- Entwicklung 117
- Evaluation 117, 126, 127
- Feldstudie 115
- Integration 120
- Konzept 117
- Maßnahmen 122
ganzheitliches Management 114–127
Garten- und Weinbau 407
Gaststätten 356
Gasversorgung 373
Gebäudereinigung 80–88
- Arbeitsbedingungen 82
- Arbeitsschutzgesetz 83
- Beschäftigung, geringfügige 80, 87
- Gefährdungen 85, 86
- Gefährdungsbeurteilung 83, 86
Gefährdungs- und Belastungsanalysen 125
Gefährdungsanalyse 257
Gefährdungsbeurteilung 105
Gefährdungspotenziale 184
Gelenk- und Muskelzerrungen 314
Gelenkleiden 313
Gerichtsbarkeit 445
geringfügige Beschäftigung 80, 87
gesina-Projekt 38
Gestaltungsbedarf 40
gesunde Kommunikation 194
Gesundheit 34
gesundheitlich beeinträchtigte leistungsgeminderte Arbeitnehmer 28

Sachverzeichnis 549

Gesundheitsbericht 236, 237
Gesundheitseffektivität 204
gesundheitsförderliche Effekte 227
Gesundheitsförderung 21, 22, 30, 176, 199, 214, 232
- betriebliche 161
- Hauptansatzpunkte 120
- Massnahmen 114, 123
- Projekt 184, 191, 235
Gesundheitsmanagement 176
- betriebliches 161–163
Gesundheitspotenziale 184
Gesundheits-Preis-Träger 194
Gesundheitsressourcen 199
Gesundheitsrisiken 214
Gesundheitsschutzmanagement 83
Gesundheitssituation, betriebliche 160, 164, 165, 172
- körperliche Befindlichkeit 171–173
- Krankenstand 162, 170
- Kennzahlen 165, 167, 170
Gesundheitsverhalten 56
Gesundheitswerkstatt 181
Gesundheitszirkel (siehe auch Arbeitsbelastungsanalysegruppe) 181, 199–211, 231, 239, 246, 244, 273
Getränkeherstellung 479
Gießereien 426
Glasherstellung und -verarbeitung 479
Global Engineering Teams 4
Grippeerkrankungen 315
Grippewelle 282
Großhandel 391
Gruppendiskussion 181
Gummi- und Asbestverarbeitung 479

Häfen 500
Handel 285, 389–404
Handlungsspielraum 63, 69, 70, 71, 78, 296
Hans-Böckler-Stiftung 286
Herz- und Kreislauferkrankungen 29, 310, 312, 317, 318
- Risikofaktoren 54
Herzkrankheiten, ischämische 317
Hilfe zur Selbsthilfe 133
Hobelwerke 480
Hochdruckkrankheiten 317
Hochschulen 356

Holzbearbeitung 480
Humanressourcen 15, 18, 104
hygienische Einrichtungen 356
Hypertonie 317

ICD 280
IG Medien 49
Immobilienverwaltung 356
Industriebahnwagenbau 426
Infektionen der Atmungsorgane 315
Information und Kommunikation 118, 123
- zum Arbeits- und Gesundheitsschutz 137
- Daten 119
- Verbesserung 125
Informationsdefizit 130, 131
Informationsgesellschaft 16
Ingenieurbüros 356
Initiativgruppen 183
Innungswesen 103
Institut der Deutschen Wirtschaft 289
Instrumentenherstellung 479
Internet 111
Intervention 176, 180
- direkte 183
- indirekte 183
Interventionsplanung 182
Interventionswerkstatt 182, 183
Interviews 242
ischämische Herzkrankheiten 317

Kalibergbau 373
Kaltwalzwerke 426
Kapazitätsdefizit 131
Karosserieherstellung 426
Kinderheime 356
Kinderwagen 426
Kirchen 285
KMU-spezifische Besonderheiten 262, 273
Knochenbrüche 314
Kommunikation 178, 215
- gesunde 194
Kommunikationsarbeit 71
KomNet 133
Kompetenz 219
- berufliche 213
- methodische 215
- soziale 215
Kompetenz-Center 136

Kompetenzerwerb 107
Kompetenznetz Arbeitsschutz 134, 135
Konfliktlösungen 194
kontinuierlicher Verbesserungsprozess (KVP) 162, 163, 165, 184, 251, 256, 257
Kontinuität 226
Kontrollgruppe 204, 221
Kooperation 178, 186
Kooperationszirkel 93
körperliche
- Beanspruchung 213
- Beschwerden 181
Körperpflegegewerbe 356
Kosten 233
Kraftfahrzeugreparatur 480
Krafträder 426
Kraftwagenherstellung 426
Krankenstand 162, 170, 205, 235, 236, 241, 242, 246
- altersstandardisierte Werte 291
- Altersstruktur 291
- Banken und Versicherungen 320, 321
- - nach Berufsgruppen 323, 324
- - nach Berufsstellung 329, 330
- - nach Betriebsgröße 328, 329
- - nach Bundesländern 326
- - nach Wirtschaftsklassen 321
- Baugewerbe 337, 338
- - nach Berufsgruppen 340, 341
- - nach Berufsstellung 346, 347
- - nach Betriebsgröße 344-346
- - nach Bundesländern 343, 344
- - nach Wirtschaftsgruppen 339
- nach Berufsgruppen 297
- nach Betriebsgröße 294
- nach Branchen 285
- nach Bundesländern 290, 292
- Dienstleistungsgewerbe 353-355
- - nach Berufsgruppen 357, 358
- - nach Berufsstellung 362-364
- - nach Betriebsgröße 361, 362
- - nach Bundesländern 359-361
- - nach Wirtschaftsgruppen 355
- Energiewirtschaft 371-373
- - nach Berufsgruppen 374-376
- - nach Berufsstellung 381, 382
- - nach Betriebsgröße 380
- - nach Bundesländern 377-379
- - nach Wirtschaftsgruppen 373, 374

- Entwicklung 281, 282, 285-288
- Handel 389-391
- - nach Berufsgruppen 392, 393
- - nach Berufsstellung 398
- - nach Betriebsgröße 397
- - nach Bundesländern 395, 396
- - nach Wirtschaftsklassen 391
- im Jahresverlauf 282
- Land- und Forstwirtschaft 405-407
- - nach Berufsgruppen 408-410
- - nach Berufsstellung 415, 416
- - nach Betriebsgröße 414, 415
- - nach Bundesländern 412, 413
- - nach Wirtschaftsgruppen 407
- Metallindustrie 423-425
- - nach Berufsgruppen 427-429
- - nach Berufsstellung 433-435
- - nach Betriebsgröße 431-433
- - nach Bundesländern 430
- - nach Wirtschaftsgruppen 425-427
- Öffentliche Verwaltung und Sozialversicherung 443-445
- - nach Berufsgruppen 446-448
- - nach Berufsstellung 452, 453
- - nach Betriebsgröße 451, 452
- - nach Bundesländern 449-451
- - nach Wirtschaftsgruppen
- in Ost- und Westdeutschland 287
- Senkung 289
- nach Stellung im Beruf 295
- verdeckter 56
- Verkehr und Transportgewerbe 498-500
- - nach Berufsgruppen 501-503
- - nach Berufsstellung 508-510
- - nach Betriebsgröße 507, 508
- - nach Bundesländern 505-507
- - nach Wirtschaftsgruppen 500, 501
- - nach Wochentagen 298
- Verarbeitendes Gewerbe 476, 477
- - nach Berufsgruppen 481, 482
- - nach Berufsstellung 488-490
- - nach Betriebsgröße 486-488
- - nach Bundesländern 484-486
- - nach Wirtschaftsgruppen 478-480
Krankheitsarten 400-404
- und Arbeitsunfähigkeit 303-308
- Banken und Versicherungen 332-336

Sachverzeichnis

- Baugewerbe 349–352
- Dienstleistungsgewerbe 366–371
- Energiewirtschaft 384–388
- Handel 400–404
- Land- und Forstwirtschaft 418–422
- Metallindustrie 438–442
- Öffentliche Verwaltung und Sozialversicherung 455–458
- in Ost- und Westdeutschland 304, 305
- Verarbeitendes Gewerbe 491–497
- Verkehr und Transportgewerbe 511–515
krankheitsbedingte Fehlzeiten 115, 126
Krankheitsverhalten 56
Krebserkrankungen 312
Kritik 216
Kühlhäuser 500
Kunst 356
Kunststoffverarbeitung 479
Kurzzeiterkrankungen 278, 288, 289, 295, 394
- Banken und Versicherungen 325
- Baugewerbe 342
- Dienstleistungsgewerbe 359
- Energiewirtschaft 376, 377
- Handel 394
- Land- und Forstwirtschaft 411
- Metallindustrie 429
- Öffentliche Verwaltung und Sozialversicherung 448
- Verarbeitendes Gewerbe 483
- Verkehr und Transportgewerbe 504
KVP (kontinuierlicher Verbesserungsprozess) 184, 251, 256, 257

Labors 356
Lagerei 500
Land- und Forstwirtschaft 285, 405–422
- Arbeitsunfähigkeit, Kosten 405
- Arbeitsunfälle 417, 418
- Krankenstand 405–407
- – nach Berufsgruppen 408–410
- – nach Berufsstellung 415, 416
- – nach Betriebsgröße 414, 415
- – nach Bundesländern 412, 413
- – nach Wirtschaftsgruppen 407
- Krankheitsarten 418–422
- Kurzzeiterkrankungen 411

- Langzeiterkrankungen 411
Langzeitarbeitsunfähigkeit 312, 313
Langzeiterkrankungen (Langzeitfälle) 278, 288, 289, 394
- Banken und Versicherungen 325
- Baugewerbe 342
- Dienstleistungsgewerbe 359
- Energiewirtschaft 376, 377
- Handel 394
- Land- und Forstwirtschaft 411
- Metallindustrie 429
- Öffentliche Verwaltung und Sozialversicherung 448
- Verarbeitendes Gewerbe 383
- Verkehr und Transportgewerbe 504
Ledererzeugung und -verarbeitung 479
Leichtmetallbau 426
Leiharbeit 39
Leihhäuser 356
Leistungsfähigkeit 27
„lernende Organisation" 107
Lernkreislauf, datengestützter 180
Linienverantwortung 183
Literaturwesen 356
Luftfahrt 500
Luftfahrzeugbau 426
Lüftungsanlagen 479
Lungenentzündungen 315

Magenkrankheiten 315
Management-by-Objectives 10
Managementhandbuch für den Arbeits- und Gesundheitsschutz 259
Managementsystem, integriertes 84, 86, 87
Mandelentzündungen 315
Maschinenbau 426
Maschinenbauerzeugnisse 426
Meister 295
Mensch 34
Metallindustrie 423–442
- Arbeitsunfähigkeit, Kosten 423
- Arbeitsunfälle 435–437
- Krankenstand 423–425
- – nach Berufsgruppen 427–429
- – nach Berufsstellung 433–435
- – nach Betriebsgröße 431–433
- – nach Bundesländern 430
- – nach Wirtschaftsgruppen 425–427

- Krankheitsarten 438–442
- Kurzzeiterkrankungen 429
- Langzeiterkrankungen 429
Methodenkompetenz 10, 37, 215
Mikrobetriebe 103
Mineralölverarbeitung 480
Mitarbeiterbefragung 166, 177, 192, 245, 250, 251, 255, 256, 268, 269
- Akzeptanz 167
- Benchmark 168, 169
- Rücklaufquote 167
Mitarbeiterdiagnose 181–183
Mitarbeiterführung 215
Mitarbeitergespräch (*siehe auch* Gesundheitszirkel) 216, 273
- leitfadengestütztes 110
Mitarbeiterzufriedenheit 164–166, 168
Mobbing 181
Möbelherstellung 479
Morbiditätsstrukturen in Ost- und Westdeutschland 280
Motivation 194, 296
Motivationsdefizit 130, 131
Multimorbidität 281
Mundhöhlenerkrankungen 315
Muskel- und Skeletterkrankungen 29, 303, 306, 312, 313

Nähereien 479
Nahrungsmittel 479
Nebenhöhlenentzündungen 315
NE-Metallerzeugung 426
Netzwerke 103, 129
Neubildungen 312
Neurosen 318
nichtpsychotische psychische Störungen 318
Non-Profit-Tätigkeiten 12
Nutzen 233
- ökonomischer 241

Oberflächenveredelung 426
„offenes Mehrschnittstellenmodell" 36
Öffentliche Verwaltung und Sozialversicherung 285, 443
- Arbeitsunfähigkeit, Kosten 443
- Arbeitsunfälle 454
- Krankenstand 443–445
- - nach Berufsgruppen 446–448
- - nach Berufsstellung 452, 453
- - nach Betriebsgröße 451, 452

- - nach Bundesländern 449–451
- - nach Wirtschaftsgruppen
- Krankheitsarten 455–458
- Kurzzeiterkrankungen 448
- Langzeiterkrankungen 448
ökonomischer Nutzen 241
Oligophrenien 318
Optik 426
Orden 462
Ordnersysteme 110
Organisation 34
Organisationen ohne Erwerbscharakter und private Haushalte 459–475
- Arbeitsunfähigkeit, Kosten 459
- Arbeitsunfälle 470, 471
- Krankenstand 459–461
- - nach Berufsgruppen 462, 463
- - nach Berufsstellung 469, 470
- - nach Betriebsgröße 467–469
- - nach Bundesländern 465–467
- - nach Wirtschaftsgruppen 461, 462
- Krankheitsarten 471–475
- Kurzzeiterkrankungen 463–465
- Langzeiterkrankungen 463–465
Organisationsdiagnose 180, 183
Organisationseffizienz 178
Organisationsentwicklung 95, 104, 246
Organisationskultur 92, 152, 181
Osteopathien 313
Outsourcing 89

Papiererzeugung und -verarbeitung 479
Parteien 285
Partizipation (*siehe auch* Beteiligung) von Beschäftigten 199
Pechkohlenbergbau 373
„personale" Kompetenz 215
Personalentwicklung 226
Personalleasing 11
Persönlichkeitsstörungen 318
Pflegedienstleitung 217
Pflegepersonal 213
Pflegeversicherung 213
Poliere 295
Politische
- Führung 445
- Parteien 462
Polsterei 479
Potenzialanalyse 226

Sachverzeichnis

Potenzialentwicklung 33
Prävention 15, 19, 20
- betriebliche 15, 18, 19, 22
„Präventions-Management" 105
Präventionstechniken 107
Praxistransfer 226
Prellungen 314
Pressewesen 356
Prioritätenfolge 109
Private Haushalte 462
Problemlösen 216
Programmevaluation 218
Projekt 183
Prozessevaluation 200, 201, 207, 232, 233, 244
Prüfkriterien 107
psychiatrische Erkrankungen 310, 312, 318
- nach Branchen 311
psychische Beanspruchungen 34, 55, 181, 213
Psychopathien 318
Psychosen 318

Qualifizierung 62, 74, 76, 78, 214, 218
Qualifizierungsmaßnahmen 10
Qualifizierungsprogramm 218
Qualifizierungsstrategie 215
Qualitätsmanagement 83, 184, 227
Qualitätsmanagementsysteme 87
quasi-experimentelles Design 218

Rachenentzündungen 315
Rechtsberatung 356
Rechtsschutz 445
Regelkreise 162
Reinigung 356
Reizbarkeit 53
Ressourcen 204
retrospektive Vorher-Nachher-Mitarbeiterbefragungen 207
rheumatische Erkrankungen 313
Risikofaktroren 296
Rohrleitungstransport 500
Rücken- und Kreuzschmerzen 53
Rückenerkrankungen 193, 313
Rückentraining 267 ff.
Rundfunk 356

Sabbaticals 11
Sägewerke 480

Satellitenbüros 7
Schichtleitung 217
Schiffbau 426
Schifffahrt 500
Schlachterei 480
Schlosserei 480
Schlüsselqualifikationen 215
Schmuck- und Edelsteinbearbeitung 479
Schuhherstellung 479
Schulter- und Nackenschmerzen 53
Schweißerei 480
Schwerbehinderte 285
Selbstbewertung („self assessment") 160, 163, 166
- Nutzenaspekte 163
Selbstorganisation 6, 38
Selbstreflexion 216
Selbstregulation 38
Selbststeuerung 6
Selbstverwirklichung 11
Sicherheit, soziale 15
Sicherheitsmanagement 93
Sinnstiftung 12
soziale(r)
- Kompetenz 37, 215
- Sicherheit 15
- Unterstützung 41, 73, 76
- Wandel 14-18
Sozialforschungsstelle Dortmund 102
Sozialkompetenzen 10
Sozialpolitik 15
Sozialversicherung 445
Spedition 500
Speicheldrüsenerkrankungen 315
Speiseröhrekrankheiten 315
Spielwarenherstellung 479
Sportgeräteherstellung 479
Stahlbau 426
Stahlverformung 426
Standards 147-149, 151, 156, 176
Stationsleitung 217
Steine und Erden 479
Steinkohlenbergbau 373
Steinsalzbergbau 373
Steuerungsgremium 266
Strafvollzug 445
Straßenverkehr 500
Stress 215
Stressbewältigung 216
Strukturevaluation 200, 207, 232, 244, 245

Studientypen, Evaluation 203
Sturkturevaluation 201
subsidiäre Netze 105
Supervision 226
Süßwaren 479

Tabakverarbeitung 480
Tätigkeitsspektrum 42
Tätigkeitsspielräume 40
Teamgeist 178, 181, 186
Technik 34
technischer Wandel 14, 19
Telearbeit 7, 48-59
- Arbeitsbelastung 51, 57
- Arbeitsintensität 54
- Arbeitsunfähigkeit 57
- Arbeitswelt, Wandel 48
- Arbeitszeit 51, 52, 54
- Beanspruchungen, psychische 55
- Bewältigungsverhalten, gesundheitsriskantes 54
- Bundesanstalt für Arbeitsschutz und Arbeitsmedizin 49
- Erhohlungsunfähigkeit 54
- Flexibilisierung 48, 50
- - Medienbranche 49
- Flexibilisierungsstrategie 49
- Fragebogen „Gesundheit am Bildschirmarbeitsplatz" 49
- gesundheitliche Beschwerden 53
- - Erschöpfung 53
- - Herz-Kreislauferkrankungen, Risikofaktor 54
- - Rücken- und Kreuzschmerzen 53
- - Schulter- und Nackenschmerzen 53
- Gesundheitsverhalten 56
- häuslicher Arbeitsplatz, Einrichtung und Gestaltung 51
- IG Medien 49
- Krankenstand, verdeckter 56
Krankheitsverhalten 56
- psychische Beanspruchungen 55
- Reizbarkeit 53
- Wandel der Arbeitswelt 48
Teleheimarbeit 39
Telekommunikation 62
Telelernen 10
Telezentren 7
Textilverarbeitung 480
Theater 356
Themenkatalog 110

Tierhaltung und Tierzucht 407
TIME-Branchen 4
Trainingseffekte 218
Transferlücke 131
Transportgewerbe 285

Übungen 226
Uhren 426
UMTS 9
Unternehmenskultur 153, 157
Unternehmensphilosophie 246
Unterrichtsstätten 356
Unterweisungshilfen 107

Validität, interne 187, 188
Venen- und Lymphgefäßerkrankungen 317
Veränderungsmessung 177, 187, 188
Verarbeitendes Gewerbe 285, 476-497
- Arbeitsunfähigkeit, Kosten 476
- Arbeitsunfälle 490, 491
- Krankenstand 476, 477
- - nach Berufsgruppen 481, 482
- - nach Berufsstellung 488-490
- - nach Betriebsgröße 486-488
- - nach Bundesländern 484-486
- - nach Wirtschaftsgruppen 478-480
- Krankheitsarten 491-497
- Kurzzeiterkrankungen 483
- Langzeiterkrankungen 383
Verbände 285
Verbesserungsprozess, kontinuierlicher 162, 163, 165, 184, 251, 256, 257
Verbesserungsvorschläge 199, 203
Verdauungsorgane, Erkrankungen 315
verdeckter Krankenstand 56
Verhaltenstherapie 217
Verkehrs- und Transportgewerbe 498-515
- Arbeitsunfähigkeit, Kosten 498
- Arbeitsunfälle 510, 511
- Krankenstand 498-500
- - nach Berufsgruppen 501-503
- - nach Berufsstellung 508-510
- - nach Betriebsgröße 507, 508
- - nach Bundesländern 505-507
- - nach Wirtschaftsgruppen 500, 501

Sachverzeichnis

– Krankheitsarten 511–515
– Kurzzeiterkrankungen 504
– Langzeiterkrankungen 504
Verkehrsgewerbe 285, 500
Verlagswesen 356
Verletzungen 308, 314
Vermietung beweglicher Sachen 356
Vermögensverwaltung 356
Vernetzung 4–7
Versichertenstruktur 279
Versicherungen (*siehe auch* Banken) 285
Verständnis 186
Verstauchungen 314
Vertrauen 178, 186
Veterinärwesen 356
virtuelle Unternehmen 6

Waggonbau 426
Wandel
– der Arbeitswelt 48
– sozialer 14–18
– technischer 14, 19
Wäscherei 356
Wasserstraßen 500

Wasserversorgung (*siehe auch* Energiewirtschaft) 373
Wertschöpfungsprozesse 6
Wertvorstellungen 10
Wirtschaftsabteilung 279
Wirtschaftsberatung 356
Wirtschaftsgruppen 279
Wirtschaftsgruppensystematik 279
Wirtschaftsklassen 279
Wirtschaftswerbung 356
Wirtschaftsprüfung 356
Wissen 4
Wissensarbeiter 7
Wohlbefinden 181
Würfelmodel 137

Zahnradherstellung und sonstige Maschinenbauteile 426
Zeitarbeit 36, 37, 44
Zeitmanagement 216
zentrale Verwaltung 445
Ziehereien 426
Zielvereinbarung 183
Zimmerei 339
Zwölffingerdarmerkrankungen 315

MIX
Papier aus verantwortungsvollen Quellen
Paper from responsible sources
FSC® C105338

If you have any concerns about our products,
you can contact us on
ProductSafety@springernature.com

In case Publisher is established outside the EU,
the EU authorized representative is:
**Springer Nature Customer Service Center GmbH
Europaplatz 3, 69115 Heidelberg, Germany**

Printed by Libri Plureos GmbH
in Hamburg, Germany